U0524314

壹卷
YE BOOK

洞 见 人 和 时 代

李伯重
文集

江南之外
中国史论集

李伯重 著

四川人民出版社

图书在版编目（CIP）数据

江南之外：中国史论集 / 李伯重著. -- 成都：四川人民出版社，2024.6
ISBN 978-7-220-12560-7

Ⅰ.①江… Ⅱ.①李… Ⅲ.①中国历史—文集 Ⅳ.①K207-53

中国版本图书馆CIP数据核字（2022）第038391号

JIANGNAN ZHI WAI: ZHONGGUOSHI LUNJI

江南之外：中国史论集

李伯重　著

出 版 人	黄立新
策划统筹	封　龙
责任编辑	戴黎莎　李如一
版式设计	张迪茗
封面设计	周伟伟
责任印制	周　奇
出版发行	四川人民出版社（成都市三色路238号）
网　　址	http://www.scpph.com
E-mail	scrmcbs@sina.com
新浪微博	@四川人民出版社
微信公众号	四川人民出版社
发行部业务电话	（028）86361653　86361656
防盗版举报电话	（028）86361661
照　　排	四川胜翔数码印务设计有限公司
印　　刷	成都东江印务有限公司
成品尺寸	145mm×210mm
印　　张	11.875
字　　数	270千
版　　次	2024年6月第1版
印　　次	2024年6月第1次印刷
书　　号	ISBN 978-7-220-12560-7
定　　价	78.00元

■版权所有·侵权必究

本书若出现印装质量问题，请与我社发行部联系调换
电话：（028）86361656

总　序

面对着封龙先生发来的文集校稿，不禁五味杂陈，心潮起伏。从文集所收的第一篇文章《蔡上翔和他的〈王荆公年谱考略〉》发表至今，已是半个世纪过去了。在这半个世纪中，世界发生了巨大的变化，而在整个世界上，中国发生的变化更是巨大。作为这个巨变的亲历者，我也从一个徘徊于史学之门的青年，变成一个被人称为"历史学家"的古稀老人了。

在这半个世纪中，我发表了不少学术论文，具体数量没有统计，应该有一两百篇吧。出版的著作，近来做了一个统计，居然有16部，合著、译著尚不在其中（详见附于各书之后的《李伯重著作目录》）。此外，还有不少学术讲演、笔谈、访谈以及史学随笔等文字，也在各种媒体上流传。四川人民出版社提出为我出个四卷本的文集，我欣然接受了他们的盛意。然而问题就来了，要从以往半个世纪发表的各种作品中，选出哪些作品来呢？我经过反复考虑，为挑选作品制定了两条标准：第一，挑选各个时期中那些比较有代表性的作品；第二，挑选那些目前读者不太方便获得的作品。根据这两条标准，我选出了62篇作品及一部专著，由此分别构成了四卷本文集。这四卷的内容大致如下：

第一卷《走进史学》，共收文章14篇。这些都是我早期的作品，这些作品显现了我在一种非常艰苦的条件下，是如何努力探索走入史学之门的。

第二卷《发展与制约：明清江南生产力研究》，是我的博士论文。1981—1985年，我在厦门大学就读时，在恩师傅衣凌先生指导下攻读中国经济史博士学位。我所作学位论文，题为《明清江南工农业生产六论》，完成于1985年春，并于当年夏通过了由经济史学泰斗吴承明先生主持的论文答辩，取得博士学位。自厦大毕业后，我对论文继续加工，增益修润，于1988年写成此书初稿。承台湾"中研院"刘石吉先生将书稿推荐给台湾著名的学术出版社联经出版事业公司，联经公司请了台湾"中研院"院士刘翠溶先生进行审阅，刘先生对拙稿做了精心审查，提出了很多非常精辟的意见，我根据这些意见做了修改。出版之前，承蒙先家父李埏先生惠题书名，并承吴承明教授和日本科学院院士斯波义信先生惠赐序文。傅衣凌先生、李埏先生、吴承明先生、斯波义信先生、刘翠溶先生和刘石吉先生都是著名的中国经济史学家，此书有幸得到他们的指教，实为学术史上的一段佳话。我对他们的指教一直深为感激。如今，其中傅衣凌先生、李埏先生、吴承明先生已经驾鹤仙去，斯波义信先生、刘翠溶先生和刘石吉先生也都进入了耄耋之年。重新刊出此书，也可以表达我对他们的感激和思念。此外，因为此书在国内不易获得，借此机会收入文集刊出，可以使更多学者读到。

第三卷《江南之外：中国史论集》，所收是一些我在江南经济史研究之外的作品，共16篇。我从1978年到厦门大学攻读研究生开始，就一直主要做江南经济史研究。但是如苏东坡诗"不识庐山真面目，只缘身在此山中"，要更好地研究江南，就必须对江南之外的情况有更多的了解。因此，在江南经济史之外，我也写了若干关于经济史理论和中国整体或者中国其他地区经济史的文章，并且翻译了一些相关的著作。这些作品，有助于年轻学者开阔眼界，从而把所研究的问题放到一个更大的视野中进行讨论。

第四卷《新视野，新历史：讲演、书序与书评》，选收了各种题材的文章32篇，包括我近年来所作的一些学术讲演、书序与书评。我在做经济史的研究时，也密切关注中外学界的新动向，力求从中获取新的知识，扩展自己的视野。由于新知识的启迪，我也不断产生新的看法。把这些新看法讲出来或者写出来，以便能够和学界内外人士进行交流，以检验这些看法是否有问题。其中的讲演，主要是面向经济史学界之外的朋友。书序与书评虽然主要是面向经济史学界中人，但学界之外的朋友也可能会感兴趣。不论是界内还是界外的朋友，如果对历史有兴趣，希望这些文章能够有助于他们更多了解中文史学领域的一些新进展，从中获取一些新的知识。

总而言之，这部文集虽然所收作品有限，但也从一个方面反映了我半个世纪的学术生涯的情况。我的学术生涯并非独特，因为和我一辈的许多学者也有着类似的经历。2017年，我接受了作家、书评人许金晶先生的采访。他采访的对象除了我，还有莫砺锋、陶思炎、胡星亮、钱乘旦、俞可平、马敏、罗钢、庄孔韶和葛剑雄九位学者，连同我总共十位，都是新中国建立学位制度后，文科各个专业方向的第一位博士。许先生和《大众考古》杂志编辑孙海彦先生将这十位学者的采访录编成《开山大师兄：新中国第一批文科博士访谈录》一书，于2019年由江苏人民出版社刊出。读者倘若有兴趣和时间，不妨读一读此书，从中可以看到我们这一辈学者所走过的治学之路，也可以看到每一位学者的人生之路是和国家的命运紧密联系在一起的。没有改革开放，这十位学者的命运就完全不同了，也很可能就没有这十位学者了。不仅是学者，每个中国人的个人命运都和国家命运紧密联系在一起。这一点，也是我在重读这本文集校稿时的最大感想。

文集所收的作品写作于不同的时期，在这些时期，由于当时学术环境的限制，这些作品在所论的主题、行文表达方式乃至所用词语等方面都有不同之处。这些不同是由中国史学在这半个世纪中发生的变化所致，因此可以作为中国学术史演变的一个见证。为了使今天的学者（特别是青年学者）能够更好地认识和体会新中国史学的变迁历史，文集对所收作品尽可能保存原貌，除了对原文中的错别字和标点符号进行了更正之外，基本上没有做出更多的改动。这一点，在此对读者作一个说明。

四川人民出版社和封龙先生及其同事在文集的编校和出版工作方面投入了大量的精力，力求做到精益求精。因为他们出色的工作，使得文集能够以现在这个面貌和读者见面。在此，我对他们深表谢忱。

2024年4月29日于燕园

目 录

论 文

关于均田令中农民授田标准的依据问题 / 003

均田令中的"桑田二十亩"与"课种桑五十株" / 017
  一、一个普通农户一般种桑多少株？/ 018
  二、一亩桑地种桑多少株？/ 021
  三、均田令中关于桑田与桑树之间关系的规定 / 027

略论唐代的"日绢三尺" / 031
  一、"日绢三尺"的实质是什么？/ 031
  二、"日绢三尺"由什么决定？/ 037
  三、"日绢三尺"产生和存在的条件是什么？/ 042

"中国的脊梁"
  ——读《大唐大慈恩寺三藏法师传》/ 047

水转大纺车及其历史命运
——兼论明清中国何以未能发生工业革命 / 061

楚材晋用：中国水转大纺车与英国阿克莱水力纺纱机 / 078
  一、谁首先发明和使用了水力纺纱机：是18世纪中期英国的阿克莱，还是元代中国的无名工匠？/ 079
  二、阿克莱水力纺纱机：是否仿制中国的水转大纺车？/ 087
  三、同种发明，两样后果 / 096

什么是"中国"？
——经济史中的"微观"研究 / 106

纸币千年：中国在世界货币史上的第二项伟大贡献
——创新与滞后：中国古代货币发展的"早熟而又不成熟"（之二）/ 115
  一、中国纸币的兴起 / 115
  二、中国纸币的历史演进 / 120
  三、民间信用货币的兴起 / 130
  四、中国纸币的世界影响 / 137

中国全国市场的形成，1550—1840年 / 146
  一、全国市场形成的基础：国内贸易条件的改善 / 147
  二、全国市场形成的动力：跨地区贸易的发展与区域市场的整合 / 165
  三、要素市场的形成：生产要素的流动 / 173

四、商品市场：19世纪初期中国全国市场的规模 / 181

　　五、19世纪初期中国全国市场的空间结构 / 191

"乡土之神""公务之神"与"海商之神"
——简论妈祖形象的演变 / 201

　　一、作为"乡土之神"的妈祖 / 202

　　二、作为"公务之神"的妈祖 / 209

　　三、从"福建海商之神"到"全国海商之神" / 214

小问题，大历史：全球史视野中的"永历西狩" / 227

　　一、"西狩"：永历朝廷的唯一选择吗？ / 228

　　二、云南：为什么成为南明政权最后指望的"复兴基地"？ / 233

　　三、缅甸：为什么成为南明政权最后的栖身之所？ / 239

　　四、云南和缅甸：为什么不能挽救永历朝廷？ / 243

　　五、结语 / 246

中国资本主义萌芽问题研究两议 / 252

　　一、资本主义萌芽是什么阶段上的资本主义生产关系？ / 252

　　二、资本主义萌芽成长的主要障碍是什么？ / 254

中国经济史学中的"资本主义萌芽情结" / 257

　　一、资本主义萌芽：中国经济史学的永恒主题和
　　　　中国史家的执着信念 / 257

　　二、为什么说对于资本主义萌芽的信念只是一种情结？ / 260

三、"资本主义萌芽情结"：感情基础和认识基础的剖析 / 264

四、摆脱史家旧情结，开创史学新局面 / 268

译　文

中国农业史上的耕具及其作用 / 279

中国与西欧农村工业与经济发展的比较研究 / 301

一、西欧的农村工业与人口变化 / 301

二、中国的农村工业与人口变化 / 304

三、从原始工业化到工业化 / 305

四、在各种环境中农村工业的延续 / 310

五、农村工业与城市工业化的比较 / 312

明清时期的官箴书与中国行政文化 / 317

一、官箴书与治国精英的形成 / 317

二、官箴、指南与公牍：一个暂时的分类 / 335

三、结论 / 359

李伯重著作目录 / 361

论 文

关于均田令中
农民授田标准的依据问题

在各朝均田令中,农民授田标准有所不同。以亩数计,北魏时一个普通农户(一丁户)授田为120亩(桑乡),或136亩(麻乡);北齐、北周和隋为140亩;唐用丁计,则为一百亩。以实际面积计,差别更大一些。因北朝及隋以240步为亩,6尺为步,唐亦以240步为亩,5尺为步,其他各朝尺度也略有出入,但差异甚小,每尺差异不超过6%。[①]如略去后者的差异不计,则唐100亩,仅当北朝及隋的83亩强。如以北魏桑乡农民授田面积为100%,则麻乡农民授田数为113%,北齐、北周、隋为117%,唐为69%。可见,自北魏至唐,对农民授田数都作了明确的规定。有了这种规定,我们才知道每户农民"应受田""已受田"和"未受田"究为若干,是"已足"还是"未足";同时,也才知道一个地方是"狭乡"抑或"宽

[①] 据杨宽《中国历代尺度考》,北魏通用尺(以中尺计),一尺合0.2796036米;东魏及北齐尺,一尺合0.3003372米;北周通用尺(市尺),一尺合0.2957656米;隋通用尺(开皇官尺)及唐通用尺(大尺),尺长同于北周市尺。东魏北齐尺比北周市尺长1.55%,北魏中尺比北周市尺短5.46%,因此各朝尺度差异在6%以下。

乡"。超过规定多占田的要受到法律的处罚；①无地少地的依照法令也会被授予一些土地，②尽可能达到规定的数量。这个规定就是农民授田的标准。

何以要制定农民授田标准？根据什么而制定这种标准？历朝农民授田标准为何不同？本文拟就这几个问题略抒己见。

我们知道，均田制产生和实行的背景，一方面是黄河流域经战乱之后，大片耕地被抛荒，另一方面又有许多农民缺少耕地，因而出现了"人有余力，地有遗利"③的矛盾现象。这当然不利于封建国家的赋税收入。封建统治者力图通过均田制这一手段，使农民与土地结合起来，"使土不旷功，民罔游力"。④

农民的生产能力有一定限度。他所耕种的土地如果超出了他所能耕种的限度，就不能较好地利用土地，出现"地有遗利""土有旷功"的情况。曹魏后期，因屯田土地上"日增田顷亩之课"超过了屯田客和佃兵的生产能力，以至收获减少，甚至"不足偿其种"，⑤恰好说明了这一点。但是，如果农民耕种的土地太少，那么他的生产能力又无从充分发挥，形成"人有余力""民有游力"的局面。统治者要克服上述矛盾，在当其制定均田令时，就不能不依

---

① 《唐律疏议》卷一三"户婚律·占田过限"条："诸占田过限者，一亩笞十，十亩加一等；过杖六十，二十亩加一等；罪止徒一年。若于宽闲之处者不坐。"疏议曰："王者制法，农田百亩，……非宽闲之乡，不得限外更占。"
② 《唐律疏议》卷一三"户婚律·里正授田课农桑"条："诸里正依令授人田、课农桑，假应受而不授，应还不收，应课而不课，如此事类，违法者失一事笞四十。"疏议曰："依田令，……授田先课役后不课役，先无后少，先贫后富。"
③ 《魏书·高祖纪上》载太和元年三月诏书云："……一夫制治田四十亩，中男二十亩，无令人有余力，地有遗利。"由此可知当时"人有余力，地有遗利"的现象是很突出的。
④ 《魏书·李孝伯传附李安世》。
⑤ 《晋书·傅玄传》。

据当时农民生产的实际情况,以作为农民授田标准的根据。均田制创立者之一李安世说:均田制的目的,是要"令分艺有准,力业相称"。[①]这清楚地说明了均田令中农民授田标准,正是以农民生产能力为基础的。否则,"分"与"艺"就无"准","力"与"业"就不"称"了。

当然,农民的生产能力,由于各方面的因素,彼此之间有所不同。但是在黄河流域平原地区,各地自然条件差别不大,农民所使用的生产工具,所运用的生产技术,所从事的生产活动的内容,也都大致相同。农民的个体家庭成员一般也在数口之内,劳动力数量彼此相近,因此,各户农民的生产能力,出入一般不太大,有一个相对的平均水准。均田制就是以这个平均水准来制定农民受田标准的。

现在,就让我们看看这个农民平均生产能力有多大吧。

三国、两晋、南北朝以及隋唐,是我国农业发展史上的一个重要时期。在这个时期,农业生产技术较前有颇大提高,出现了新的跃进。由于耕种工具的改进,利用畜力来耕翻、耙平土地,播下种子,再覆盖、碾压土地的旱地耕种连续作业法得以确立。较之此前的秦汉时期,畜力在农民生产中的作用更为加强。因此,可以说,在这个时期,农民的耕种能力,主要取决于畜力。

黄河流域平原地区所使用的耕畜以牛为主。当时普通农户(一丁户)有牛一头是普遍的情况。唐开元二十二年(734)五月敕说:"定户之时,百姓非商户,郭外居宅及每丁一牛,不得将入货

---

① 《魏书·李孝伯传附李安世》。

财数"。①也就是说,每丁一牛,是农民生产的必需条件,因此不把此牛列入资财数而征户税。

一头牛的耕作能力有多大呢?这主要取决于土壤的性质、耕具的效能以及生产节令的要求等因素。历朝均田制的实行地区,都以黄河流域平原为主,土壤主要是松软的黄土,性质大致相同。在耕具方面,自北魏至唐,北方旱地作业使用的各种耕具(犁、耙、耢、耧、挞等),种类基本一致,效能也相差不大。②在生产节令的要求方面,由于这一时期黄河流域粮食作物均以粟为主,因此粟的生产节令要求起着很大的作用。下面,我们就当时黄河流域平原地区粟的生产情况,来看一看其时一头牛的耕作能力。

据北魏农书《齐民要术》和唐代农书《四时纂要》,③粟的最佳播种期(上时)是农历二月上旬,一般播种期(中时)是三月中旬,最迟播种期(下时)是四月上旬。

在播种以前,需要耕翻、耙平土地。耕地的时间,一般从正月初土地解冻后开始,至迟到二月内结束。如果耕地时间拖得太久,就会影响耕平土地、播下种子以及覆盖、碾压土地的工作,从而延

---

① 《唐会要》卷八三《租税上》。
② 宋兆麟同志根据《朝野佥载》及唐代壁画中的牛耕图,认为唐代黄河流域地区已广泛使用曲辕犁(《唐代曲辕犁研究》,载《中国历史博物馆馆刊》1980年第4期)。但所据《朝野佥载》中的记述过于简略,而陕西三原李寿墓壁画牛耕图中的犁又颇简陋,与后来的曲辕犁差别还很大。敦煌莫高窟445窟壁画牛犁图的曲辕犁已较完备,但仅见一例,而其他众多的牛耕图中的犁皆系直辕犁。因此,在盛唐以前,黄河流域是否已普遍使用曲辕犁,尚待进一步研究。
③ 《四时纂要》一书的真伪问题,农史界有争议。本文采取日本学者守屋美都雄和天野元之助的看法,认为此书系唐代真本,但少数地方杂有后代记述。参阅守屋美都雄为《四时纂要》影印本所作的《题解》,载于山本书店昭和三十六年影印的《四时纂要》书后;天野元之助:《中国农业史研究》,御茶の水书房1979年7月15日第1版增补,第206—208页。

误节令。因此,《齐民要术》卷三《杂说第三十》说:播种粟之前的春耕,在正月和二月,然后看地纳粟(即播种)。

两个月的时间内,一头牛能耕多少土地呢?《齐民要术》说:在当时的齐地,一具(两头)牛,两个月可耕地小亩三顷。以齐地大亩来计,约合120亩上下。[1]根据李长年等先生的意见,齐地大亩,就是北魏的通用亩。[2]两头牛在种粟之前可耕120亩左右,则一牛平均约耕60亩。

此后一直到唐代,一头牛所能耕的土地面积都在这个数量上下,没有太大变化。开元二十五年(737)屯田令规定:"诸屯田应用牛之处,山原川泽,土有硬软,至于耕垦,用力不同。土软处每一顷50亩配牛一头,强硬处一顷20亩配牛一头。当屯之内有软有硬,亦依此法。"[3]

这个配牛标准,显然是将休闲地也包括在内的。否则无论在此前的北魏,或是后世,一头牛负担的土地面积,都远达不到这个数量。开元时代的屯田,多在西北边地,即今日的甘肃、青海、新疆、宁夏、内蒙古等地。这些地区冬季严寒,作物不能越冬,一年仅能一作。当时屯田主要种粟,粟不宜连作,田须"岁易"休闲。因此,每年实际耕种的土地,一般仅为总耕地的一半。黄河流域平

---

[1] 《齐民要术》卷三《杂说第三十》说:"假如一具牛,总营得小亩三顷。"原注:"据齐地大亩一顷三十五亩也。"对于这个注文的解释,李长年、石声汉两位先生意见不同,李先生认为是小亩三顷合大亩一顷三十五亩(《齐民要术研究》,第39页),而石先生认为是小亩一顷合大亩三十五亩(《齐民要术今释》,第21页)。三顷则合大亩一顷零五亩,二说不知孰是,兹取中数定小亩三顷合大亩二十亩。
[2] 此处依李长年先生意见,参阅《齐民要术研究》第39页。又,《中国农学史》(初稿)上册第244页亦采取李说。
[3] 《通典》卷二《食货》二《屯田》。

原地区土质一般较松软，应属于屯田令中所说的"土软处"，是以在此地区一头牛每年平均实际耕粟田面积就是上述令文中的一顷50亩的一半，约合75亩。

这一点，我们还可以从唐代其他记载中得到证实。天宝时，据史敬思说，"十头壮牛……每年耕田十顷"。① 贞元时，德宗诏诸道进耕牛，委京兆府"勘责有地无牛百姓，量其地著，以牛均给之。其田五十亩以下人不在给限"。② 盛唐、中唐时代，黄河中下游平原地区已普及粟、麦、豆等作物的复种制，土地已不再休闲，因此农民每年实际耕种的土地，也就是农民的全部耕地。这两个例子都在关中，前一例说一头壮牛一年耕地一顷，一般的牛所耕当少些，所以这是牛耕能力的最高限；后一例说不到50亩不给牛，可见50亩是牛耕能力的最低限。取乎其中，约为75亩。这大概就是当时普通一头牛一年所能耕的面积。这就证明了开元屯田令中所说的，确乎是休闲制下的情况。至于每头牛每年实际耕田的面积，则与内地无大异。唐代亩制与北朝及隋亩制不同，若不考虑各朝尺度上的微小差异，则唐制75亩，相当于其前诸朝的62.5亩；若把这个差异计算在内，则当北魏制60亩。③

由此可见，自北魏至唐，黄河流域平原地区耕牛每头每年实际耕地面积，都在北魏制60亩左右。

当然，除了粟之外，农民也种黍、麦等作物。但是，黍的播种期是三月上旬至五月上旬，④ 这与粟的播种期接近，在用牛方面有

---

① 《资治通鉴》卷二一五，《天宝六载十一月辛酉条考异》引《唐历》。
② 《旧唐书·袁高传》《新唐书·袁恕己传附袁高》。
③ 以北魏中尺计，北魏1亩约当1市亩；以唐大尺计，唐1亩约当0.8市亩。
④ 《齐民要术》卷二《黍穄第四》。

矛盾，因此若是种粟，就不能种黍。麦的播种期在八九月，[①]而粟田的秋耕，也大致在这两个月，所以耕牛只能耕其中之一，难以兼顾。这样一来，不论农民种粟或黍、麦，都只能种其中的一种，因而耕牛每年实际耕地面积，并不因为作物的不同而变化。若是想要更充分地利用牛力和地力，那么就必须根据各种作物对节令的不同要求，把某些作物安排在同一块土地上轮流种植，即采取复种制。但是谷物复种技术，到了唐代才在黄河流域各地广泛实行。[②]在唐以前，普遍种植的是粟，粟田须"岁易"（即休闲），因此实行的是粟田休闲制。当然，在休闲地上也常常种些豆类作物以助地力恢复，不过这不是主要的生产。

了解了上述情况，我们就能够明了历朝均田令中农民受田标准制定的具体根据及这种标准变化的原因了。

北魏均田令规定：一夫一妇授露田60亩。露田就是实际耕种的田，当时主要是粟田。因粟田须岁易，因此"所授之田率倍之"，即再授一倍的土地以备休闲，这就是倍田。如果是土地不好，要休闲两年才能耕种，那么倍田还要加一倍，即"三易之田再倍之"。可见，虽然在一般情况下农民一夫一妇户授田120亩，但每年实际耕种的是60亩，即一头牛所能耕的面积。因此，北魏均田令关于露田、倍田的规定，确实是以农民的生产能力为依据的，而农民的生产能力，主要又取决于生产的动力——耕牛的耕作能力。在当时，

[①] 《齐民要术》卷二《大小麦第十》。
[②] 参阅西嶋定生《中国经济史研究》（东京大学出版会，1975，第3版）第一部第一章第三节《华北陆田农业的展开》、第五章《碾硙的彼方——华北农业における二年三毛作の成立》；天野元之助：《中国农业史研究》（增补版），第829—830页。

一牛每年实际耕地面积为60亩,农民一般一户有牛一头,所以一户每年实际可耕种粟田60亩。均田令规定一户授露田60亩,即因此故。又因为粟田需要休闲,所以要授以倍田。

在倍田中,还包括桑田20亩。从《齐民要术》卷五《种桑柘第四十五》中可知,当时桑田种桑密度颇疏,每亩不过二至三株。[①]因此,在桑田上也要种粟、豆等庄稼。[②]地虽有露田、桑田之分,但所种庄稼都是粟、豆(露田休闲时也常种豆肥田),所以农民每年的耕种作业,并未受到这种区分的影响。

至于麻田,情况就不同了。据《齐民要术》卷二《种麻第八》,麻的播种期在夏至前后十天,即约在农历五月与六月初,[③]在用牛上与种粟没有冲突,因此可在种粟之外再种麻。同时,麻田上不能种粟、豆,如果把麻田计算在露田内,就会减少粟田面积;如果算在倍田内,则因麻耗地力很大,会造成粟、麻两种作物争肥的矛盾而导致土地肥力衰竭。为了解决这种矛盾,所以麻田只能列在露田及倍田(即粟田及其休闲地)之外,北魏均田令规定"麻布之乡,男夫及课,别给麻田十亩,妇人五亩",原因即在于此。麻田中不可种树,故还须给地一亩栽种榆枣。一夫一妇共授麻田15亩,榆枣田一亩,加上粟田(即露田)及粟田的休闲地(即倍田)各60

[①] 《齐民要术》卷五《种桑柘第四十五》:桑树"率十步一树"即每100平方步种桑1株,1亩240平方步,故可种桑2.4株。为了提高土地利用率,《齐民要术》又提出"行欲小掎角,不用正相当"。即采用后代常用的品字行列,每株桑与周邻4株的距离仍为10步,则合每87平方步种桑1株,1亩可种2.8株。因此每亩种桑约在2至3株之间。
[②] 《齐民要术》卷五《种桑柘第四十五》。
[③] 据王祯《农书》卷一一《田制门》"授时图",在一般年份里,夏至在五月下半月。夏至前后各十天,即包括五月与六月上旬。

亩，总共136亩。

麻乡农民一户授田136亩，而桑乡农民仅授田120亩，从数量上来说有失均平。又，桑田因桑树生长期长而为世业，麻田则要还授，所有权关系不同；桑田因为地种粟，田土被桑树荫蔽，粟生长受影响，收获少于露田。还有，麻乡农民授田数畸零，不便于计算等等。这些都与均田制的"均"相矛盾，执行起来也颇不方便。为了解决这些问题，北齐河清三年（564）均田令对农民授田标准作了修改。此令规定农民一户（一夫一妇）授露田120亩，即把倍田也通计入其中，简化了授田种类；露田之外，丁男再授桑田或麻田，数量皆为20亩，均不还授，以为世业。这样不仅桑麻田数量相等，所有权关系相同，而且数目也便于计算。一户农民，共授田140亩，实际上就是北魏麻乡农民授田数136亩，不过为了计算方便，再加上四亩，凑成整数。北周均田令虽未提及桑麻田的问题，但是，一户农民（一夫一妇）授田总数也与北齐相同，桑麻田的数量当亦同于北齐，不过关中直到盛唐时仍寡蚕桑，[①]农民所种多为麻，北周田令未提及桑麻田，或者即因此之故。所以北周农民授田亩数，仍由北魏麻乡农民授田标准演化而来。隋统一北方后，"其丁男中男永业露田，皆遵后齐之制"，[②]与北齐相同。

到了唐代，情况发生了很大变化。

自北朝后期以来，由于生产力的发展，谷物复种技术逐渐在黄河流域流行起来。关于当时谷物复种制的具体内容，史学界尚有争议，主要意见有："粟—麦—豆—休闲"的两年三作制；"粟—麦—

[①] 《唐六典》卷三《户部郎中员外郎》。
[②] 《隋书·食货志》。

粟—休闲"的两年三作制;"粟—豌豆—麦—荞豆—休闲"的三年四作制,以及"黍—荞麦—大小豆—休闲"的两年三作制。① 从当时农业技术水平来看,似乎第三种实行的可能性最大。但是不论哪一种,均以麦为主要复种作物,而豆类则作为恢复和增进地力的重要作物。

谷物复种制在黄河流域平原各地的普及,是在入唐以后的事情,但像关中、河南等地,在隋代已较早地普及了。作为这种种植制度广泛实行的一个重要标志,是这些地区内麦的加工事业大大发展起来了。麦的加工工具磨,北方称为硙,②在隋代以前很少以水为推磨动力(粟的加工工具是碾和碓,早已用水为动力,而且记载颇多),③这反映出原先麦的种植不广,产量不多,自无必要运用加工能力很大的水硙。到了隋代,关中、河南地区的水硙多起来了。如杨素在"都会之处","邸店、水硙并利,田宅以千百数",④主要即在两京一带。大业中,长安东郊王堡人王文同"夙与僧争水硙之

---

① 参阅西嶋定生《中国经济史研究》第一部第五章《碾硙の彼方——华北农业における二年三毛作の成立》及《补论》;米田贤次郎:《齐民要术と二年三毛作》(《东洋史研究》第十七卷);古贺登:《唐代两税·三限考》(《东洋学报》)第四十四卷,天野元之助:《魏晋南北朝における农业生产力の展开》(《史学杂志》第六十六篇),等等。
② 唐僧玄应:《一切经音义》卷一四《舂磨》:"硙,北土名也,江南呼为磨。"日本天长十年(相当于唐大和七年)编撰的《令义解》卷一《职员令》注及清和、醍醐天皇时(相当于唐懿宗至后唐明宗时)编撰的《令集解》卷四《职员令》释文都说"作米曰碾,作面曰硙",是照抄中国的解释。
③ 《魏书·崔亮传》说晋代杜预作八磨;《白氏六帖事类集》卷二四《舂》十七引傅畅《晋诸公赞》说杜预作"连机水硙",但《崔亮传》接着又指出这是水碾,而《白帖》也说是用来加工谷米的。《太平御览》卷七六二《器物部七》引《晋诸公赞》与《白帖》不同,称杜预所作为"连机碓"。可见,杜预所作者,实为加工谷米的水碾或水碓,而非加工麦面的水硙。
④ 《独异志》卷上;《隋书·杨素传》。

利"。①唐武德时,太宗(时为秦王)施给河南嵩山少林寺田地四十顷,水碾、硙各一具。②这都说明隋代这些地区确已广泛种麦,所以水硙才如此发达。太宗施给少林寺田地及水碾、硙,更反映出这些田地是复种粟、麦的。隋末河南受到战争破坏,唐初仍实行复种制,则隋代盛时这里已实行复种制,当可确信。

谷物复种制之所以较早在关中、河南等地普及,原因有二。一是因为复种制集约程度较高,需要较多的人力,所以最先采用的是人口较稠密、劳动力较充足的地区。二是因为在人口稠密的地区,农民平均占有土地较少,只有趋向集约化的精耕细作,才能多获得一点生活资料,这无异于迫使农民向集约化发展,因此这些地区不得不较先采用集约程度较高的复种制。在隋代,人口最稠密的地区就是关中渭河流域平原和三河、东都畿一带。文帝时,"京辅及三河地少而人众,衣食不给,议者咸欲徙就宽乡",文帝为此"发使四出,均天下之田,其狭乡每丁才至二十亩,老小又少焉"。③可见这些狭乡多在京辅、三河一带。经过隋末战乱,至唐初年,全国户口虽然锐减,但这些地区土地紧张的程度并未减轻多少。贞观十八年,太宗至灵口,见其"村落逼侧,问其受田,丁三十亩",由是"诏雍州录尤少田者,并给复,移之于宽乡"。④在这样的地区,完全有条件并且也能够较早地实行谷物复种制,传统的一年一作休闲制显然已不能再行用。

唐初均田令颁布于武德七年(624)(河北、江南战争的结束分

---

① 《广弘明集》卷六。
② 《金石萃编》卷七四《少林寺柏谷坞庄碑》。
③ 《隋书·食货志》。
④ 《册府元龟》卷一〇五《帝王部·惠民》。

别在武德六年和七年)。当时由于隋炀帝的暴政和隋末战争的摧残,"黄河之北,则千里无烟;江淮之间,则鞠为茂草",[1]"自伊洛之东,暨乎海岱,灌莽巨泽,苍茫千里,人烟断绝,鸡犬不闻"。[2]就是在河南,直到唐高宗显庆时,也还是"田地极宽,百姓太少",[3]只有东都畿一带人口较多。这样,在武德七年颁布均田令时,全国各主要农业区中,唯有关中、剑南和东都以西到潼关一带相对完好,成为当时全国经济重心所在。其中剑南是否实行过均田制,不得而知。因此,武德七年均田令虽是颁行全国,但实际主要是根据关中、三河、东都畿一带的农业生产实际情况而制定的,而且首先以这些地方为主要实施区域,这些地方在隋代已普及了谷物复种制,这个现实当然不会不反映到均田令中来。

在复种制下,土地不再像过去那样种一年休闲一年,农民每年耕种的总是同一块土地,所以农民拥有的地亩,也就是他每年实际耕种的土地。而农民每年实际所能耕种的土地的限度,又是一头牛所能耕的土地。因此一头牛所能耕的土地,就是农民一户生产能力的限度。均田令以农民生产能力为依据,因此农民受田标准大体就与耕牛所能耕之地相符。

一头牛所能耕的土地,约合唐制75亩左右,即北魏露田之数。为了执行的方便,唐代均田令去其畸零,提高为80亩,授给农民作为口分田。口分田相当于北魏的露田,即每年实际耕种的种粮田。永业田20亩,即齐、隋的桑麻田,依然沿用齐、隋之制(虽然由于

---

[1] 《隋书·杨玄感传》。
[2] 《旧唐书·魏征传》。
[3] 《通典》卷七《历代盛衰户口》。

步制的变化而实际面积减少了1/6，但亩数未改）。这是因为在桑麻种植方面，这时较前未有太大变化的缘故。

在谷物复种制尚未普及的地区，口分田仍从北魏倍田法。武德均田令说："其地薄，岁一易者倍受之，宽乡三易者不倍受。"开元均田令亦云："其给口分田者，易田则倍给（注云：宽乡三易以上者，仍依乡法易给）。"[1]在唐代士人书判科考试中，也有不少有关倍田的问对，可见倍田法是实行了的。唐统一后，全国长期安定和平，农民生产条件有所改善，所以谷物复种制很快也在黄河流域其他主要农业区普及开来。这样一来，倍田便逐渐消失。

可见，自北魏至唐，历朝均田令中农民受田标准的不同，乃是根据农民生产中所出现的变化而作出的修改。如略去各朝尺度的微小差异，则唐代一户农民受田面积仅为齐周隋的60%，但从农户每年实际耕种面积来看，唐却为齐、周、隋的107%以上。[2]也就是说，唐代农民受田标准虽低于前代，但每年实际耕种面积却反而扩大，我们可以由此窥见北朝、隋、唐时期黄河流域农民生产水平提高之一斑。

尽管均田令的实施，并未能在各地都按上述标准对农民授田，而且农民授田常不足，因而这个标准事实上反而变成农民授田的最高限额。但是，有这个标准和没有这个标准，情况是不相同的。由于各朝在实行均田制时，都曾经按照这个标准对农村土地占有关系或多或少地作过一些调整，使占地不耕的现象有所减少，无地、少

---

[1] 《文献通考》卷二《田赋考》；《通典》卷二《田制》；并参《唐令拾遗》卷二二。
[2] 齐、周、隋桑麻田及唐永业田，皆以一年一作休闲制计。但实际上唐代永业田已实行复种制，兹不详论。

地的农民也多少得到一些土地，虽未能真正做到"令分艺有准，力业相称"，但"人有余力，地有遗利"的矛盾却因之有所缓和。在造成北朝到隋唐时期黄河流域农业生产重大发展的许多原因中，这也是一个不容忽略的方面。

均田令中的
"桑田二十亩"与"课种桑五十株"

历代均田令都规定一个普通农户（一丁户）可授桑田（或永业田）20亩，[①]并被课种桑50株。但是，"桑田二十亩"与"桑树五十株"之间究竟是什么关系？到底是这五十株桑树种在20亩桑田上，还是这20亩桑田每亩都种桑50株？……对于这些问题，学者们意见纷纭，迄今尚无定论。唐长孺、杨志玖、松井秀一先生等认为20亩桑田总共种桑50株，而王仲荦、宫崎市定先生等则认为是20亩桑田每亩都种桑树50株。[②]前说的主要依据是《魏书·食货志》、《隋书·食货志》、《唐律疏议》卷一三《户婚律》所引北朝与唐初的均田令；而后说的主要依据则是《通典》卷二《田制》下、《册府

[①] 据《文献通考》卷二《历代田赋之制》所引"武德七年均田令"："永业之田，树以榆、桑、枣及所宜之木"，情况与北魏桑田同。
[②] 分见唐长孺《北魏均田制中的几个问题》（收于唐代《魏晋南北朝史论丛续编》，生活·读书·新知三联书店，1959）；杨志玖：《论均田制的实施及其相关问题》（刊于《历史教学》1962年第4期）；王仲荦：《魏晋南北朝初唐史》上册（上海人民出版社，1979），第380页；松田秀一：《中國律令制期の蠶桑に關する若干問題について》（刊于《史學雜誌》第90编第1号）；宫崎市定：《晉武帝の戶調式の就て》（刊于《東亞經濟研究》第19卷第4号）。

元龟》卷四九五《邦计部·田制门》以及《山堂群书考索》前集卷六五《地理门·田制类》所引的唐开元二十五年（737）均田令。唐长孺、古贺登先生认为《通典》等记载有误，衍入了"每亩"二字；相反宫崎市定先生则认为《魏书》等脱漏了"每亩"二字。① 但是双方都未能提出有力的证据来证实其说。

我认为，要判别这两种意见究竟孰是孰非，除了需要在版本校勘方面作进一步的努力外，更重要的是应把这两种意见放到均田制时代的历史环境中，用当时蚕桑业生产的实践来加以检验，然后再得出结论。为此必须了解：（1）当时一个普通农户一般种桑多少株？（2）当时一亩桑地一般种桑多少株？（3）均田令中关于桑田与桑树之间关系的规定上的歧义是怎么产生的？反映了什么问题？如果把这三个问题都弄清楚了，前面所争论的问题也自然就有了答案。下面就顺次讨论这三个问题。

一、一个普通农户一般种桑多少株？

均田制时代的一个普通农户一般种桑多少株？是50株还是1000株？②由于史料缺乏，不可能找到直接的证据。但是我们可根据距离均田制时代还不太久的五代时期的材料，对均田令的有关规定进行对比，看看一个普通农户究竟种桑多少。

后汉乾祐二年（949），太子中允侯仁宝上言："诸州府长吏，劝课农桑，随户人力胜栽荫桑枣，小户岁十本至二十本，中户三十

---

① 详阅上引唐长孺、宫崎市定文，以及古贺登《夏税·秋税の源流》。
② 桑田20亩，每亩种桑50株，共种1000株。

至四十，大户五十至一百，始能广栽，不限本数。"这个建议被采纳与否不得而知。稍后的后周在显德三年（956）正式下令："课民种植，每县定民籍为五等，第一等种杂木百，每等减二十为差，桑枣半之。"嗣后北宋建隆二年（961）又再度声明此令。据此可知，五代宋初，华北农村五等户岁课种桑树为10株（枣亦10株），四等户20株（枣亦20株）。课种年限令文未言，但依照以前历朝惯例，当为三年。因此四五等户课种桑树的总数应在30至60株之间。后周、北宋的乡村四五等户主要是小自耕农。他们一户种桑30至60株，平均45株。而北魏至唐初均田制下的一丁户，其经济地位与后周、北宋的乡村四五等户差近；他们一户若种桑50株，当在情理之中。可见，北魏至唐初均田令中所说的"课桑五十树"，应是一户农民通常种桑之数。在这个时期，有桑千株的，只是如唐初李袭誉那样的贵族官僚者流。①

那么，农民在20亩桑田上，每亩都种桑树50株，从而共种桑1000株，是否有可能呢？在讨论这个问题之前，我们先来看一看此说所本的开元二十五年均田令的有关令文。此令最初出现于《通典》卷二《田制》下，其文为："丁男给永业田二十亩。……诸户内永业田，每亩课种桑五十株以上，榆枣各十株以上，三年种毕。"这段令文只谈到永业田每亩课种桑榆枣之数，并未明确地说明这20亩永业田是否全部都要拿来种桑榆枣，因此我们难以确知此令究竟要求农民在20亩永业田上种桑榆枣各多少株。

但是可以肯定的一点是，此令绝对没有要求农民在20亩永业田

---

① 《旧唐书》卷五九《李袭誉传》，袭誉自称："近京城有赐田十顷，耕之可以充食；河内有赐桑千树，蚕之可以充衣。"

上共种桑1000株以上及榆枣各200株以上的意思,因为一个只有一丁的小农户,既无此必要,也无此能力种植如此多的树木。同时,榆、枣都是高大的乔木,不能修剪为低矮的树型,根据《齐民要术》所谈的种枣法,每亩地仅可种枣2.7株,[1]榆大约也差不多。唐制一亩仅当北魏制0.75亩,[2]因此绝不可能在一唐亩土地上除种枣、榆各10株以上,再种桑50株以上。我们认为这段令文的意思应当是:永业田若种桑,每亩应种50株以上,若种榆枣,则应各种10株以上;至于在20亩永业田中拿出几亩来种桑或榆枣,则未作统一规定,但至少为一亩。换言之,政府要求农民种桑树的下限是50株,多于此数者则未加限制,亦即北魏均田令中"于桑榆地分杂莳余果及多种桑榆者不禁"之意。如果农民把20亩永业田中的19亩拿来种桑(余一亩种榆枣),则可种桑950株以上,这样,一户农民的种桑树就在50至950株之间,概言之,即一户农民种桑数10株至数100株不等。

一户农民种桑数百株,在明清长江下游地区并不足为奇,但是在均田制时代却尚未发现例证。均田制时代结束后不久的中晚唐时期,倒有一些诗文反映了这种情况。《全唐诗》卷五九九所收的于濆的《田翁叹》就描写了一个"手种千树桑"的农民,因徭役繁重,不得不将这些桑树卖给"富家郎"。诗中所言"千树桑"不一定是确数,但肯定为数不少,而且诗中两次提到,可见未必完全是袭用典故。总之,透过此诗我们可以看到,在唐代后期,农民一户

---

[1] 据《齐民要术》卷四《种枣第三十三》,当时种枣"三步一树,行欲相当",即株行距皆为三步,按口字形排列。因此每亩地可种枣2.7株。
[2] 参阅拙著《唐代江南农业的发展》,农业出版社,1990,第13页。

种桑数百株的情况是存在的。更为有力的证据是五代十国时期的情况。据陆游《南唐书》卷一《烈祖记》，南唐升元三年（939），李昪下诏："民三年艺桑及三千本者，赐帛五十匹；每丁垦田及八十亩者，赐钱二万。皆五年勿收租税。"诏中所说的"民"，与"丁"并举，当以户为单位。一户种桑3000株，当然不是一般农户所能达到的。①种桑3000株，盖为农村中大户方能胜任。不过由此我们可以断定南唐统治下的江淮地区一般农户种桑之树，虽然未必能达3000株之多，但肯定也远在50株以上。否则，李昪劝农民种桑3000株，就完全不可思议了。

由此而言，从开元二十五年均田令中推得的一个农户种桑数十至数百株的说法，也是可以成立的。不过从时间上和地域上来看，这种情况当主要是存在于唐代中期以后的长江下游的一些地区。

这样，我们便可以得出结论：在整个均田制时代（以后一直到宋初），华北地区一般农户每户通常种桑50株左右；而在均田制时代末期以来（以后一直到五代），长江下游地区一般农户通常则种桑数十至数百株。②

二、一亩桑地种桑多少株？

一亩桑地可以种多少株桑树？这要取决于许多因素，其中最主要的是桑树的种植方式。

---

① 明代后期湖州长工人可治桑4—7亩，每亩种桑200株左右（参阅拙文《关于沈氏农书中一段文字之我见》，刊于《中国农史》1984年第2期）。因此即使在明代后期浙江湖州地区，一个男劳动力也仅可治桑1000株上下。
② 开元二十五年均田令未提到长江下游，这一点，在后文中还要说明。

从农艺学的角度来看，桑树的种植方式主要有两种：在隙地野地上的随意散种和在桑园中有规则的种植。桑园，根据经营目的的不同又分为两种：一种是以桑叶生产及粮菜等作物生产并重的间作桑园，另一种则是以桑叶生产为主的专业桑园。这两种桑园中的桑树，其种植方式也不相同。

从《齐民要术》卷五《种桑柘第四十五》来看，北魏时的华北地区一般采用的是桑粮间作制，因此均田令把这种间作桑园径称为"桑田"。为了兼顾桑田上的间作作物，桑树的株行距都相当大，一般是"十步一树"。桑树的排列方式，常见的有口字形与品字形两种（后者为北魏时的创新）。品字形排列，用贾思勰的话来说即"行欲小掎角，不用正相当"；后代的《蚕桑萃编》更明确地解释为"栽宜分行布列，不宜对栽，如品字形最好。第一行与第三行对栽，第二行与第四行对栽，余皆仿此"。据上述株行距，每亩地可种桑2.4株。

桑粮间作制一直到盛唐、中唐时代仍在华北行用，这在储光羲、韩愈、李翱等人的诗文里都有反映。[①]李翱在《平赋书》中特别指出，禾田种桑，密度要适中，否则桑"太寡则乏于帛，太多则暴于田"。适中的种桑密度究竟是多少？李翱未说，不过与《平赋书》差不多同时期的元和七年四月诏则说得很清楚："诸道州府有田户无桑处，每检一亩，令种桑两根，勒县令专勾当。"[②]可见当时种桑密度是每亩2株左右，折合北魏制每亩2.7株左右，与北魏一般种

[①] 详见《全唐诗》卷一三七储光羲《行次田家澳梁作》；《韩昌黎集》卷六《过南阳》以及李翱《平赋书》。
[②] 此诏收于《册府元龟》卷七〇《帝王部·务农门》。

桑密度（每亩2.4株）接近。此诏虽是发向全国，也未确言桑种于田中，但据诏书所说"如闻闾里之间，蚕织尤寡，所宜劝课，以利于人"之语来看，其所针对的范围主要是华北朝廷政令所及之地，因为在这时朝廷实际控制地区中，关中向来蚕桑业不发达，而江淮、剑南早已是政府主要的绢帛征收地，不会"蚕织尤寡"了。据元和时人韩愈、李翱的诗文，我们知道华北还实行着桑粮间作。因此，元和七年四月诏书主要是针对华北地区的，而此时华北地区的桑树种植方式与《齐民要术》所言没有多大差别，种桑密度仍在每亩2—3株之间。

长江下游地区以水田生产为主，而"桑地宜高平而不宜低湿。低湿之地，积潦伤根，（桑树）万无活理"，[①]因而桑树不能像华北那样种在田中实行桑粮间作，只能在隙地野地散植，或在少数排水良好的高平之地建立专业桑园密植。同时，长江下游地区气候温暖，降雨充沛，桑树年生长期长，生长速度快，可多加修剪，养成低矮树型，从而提高种植密度。

每亩种桑五十株的桑园是一种种植密度尚不很高的专业桑园。但是在南宋以前，除王褒《僮约》外，我们尚未发现有关这种专业桑园种桑情况的记载。据《僮约》，东汉时蜀地桑树种植情况为："种植桃、李、梨、柿、柘、桑，三丈一树，八赤（尺）为行，果类相从，纵横相当。"亦即株距8尺，行距3丈，按口字形排列。汉代亩制是6尺为步，240步为亩，据上述株行距及排列方式，每亩可种桑36株。东汉行用汉大亩，1亩约当唐制0.8亩，[②]每东汉亩种桑36

---

① 《广蚕桑说辑要》卷上《桑地说》。
② 拙著《唐代江南农业的发展》，第13页。

株，合每唐亩45株，与开元二十五年均田令中所说的每亩种桑50株以上相差已不远。但是《僮约》所言在汉代文献中找不到旁证。因此我们仅能说东汉时蜀地可能已经出现了密植的专业桑园。至于其普及情况如何，以及是否延续了下来，则因史料缺乏，难以知晓。

到了南宋时期，密植的专业桑园的种桑情况方比较清楚地为人所知。据成于绍兴十九年（1149）的《陈旉农书》卷下《种桑之法篇》，南宋初年江浙一带的种桑方法是："先行列作穴，每相距二丈许，穴广各七尺，穴中填以碎瓦石，约六七分满，乃下肥火粪三两担于穴中所填碎瓦石上，然后于穴中央植一株，下土平填紧筑。"文中"行距作穴，每相距二丈许"，当指桑树行距，而"穴广各七尺"，则应为行内株距。[①]株距七尺，行距二丈，则每亩可种桑约42.9株。绍熙三年（1192）朱熹在福建漳州教民种桑，所作《劝农文》说："蚕桑之务，亦是本业。而本州从来不宜桑柘，盖缘民间种不得法。今仰人户常于冬月多往外路买置桑栽，相地之宜，遂根相去一二丈间，深开窠窟，多用粪壤，试行栽种。"[②]如果逐根相去（即株行距）以1.5丈计，每亩可种桑26.6株。漳州农民原不会种桑，此时才学种，种植密度比江浙稍低，也是很自然的。可见，南宋初年长江下游一些地区每亩种桑之数大约在40至50株之谱。

唐代桑园种桑是否已经达到了这样的密度？由于史料缺乏，我们难以作出明确的回答。不过可以肯定的一点是：盛唐以来，长江下游的若干地区已经具备了实行桑树密植所必需的技术条件和社会

---

① 《僮约》说东汉蜀地种桑是"三丈一树，八尺为行"；《沈氏农书》则说明代湖州桑树"种法以稀为贵，纵横各七尺。"可见说株距七尺左右，应当不致过谬。
② 此文收于《朱文公集》卷一〇〇。

经济条件，因而开元二十五年均田令中的"每亩种桑五十株"之说是有其现实背景依据的。

桑树密植很大程度上取决于人工剪定养型技术。若不能把桑树剪养成低矮的树型，任其自然长成，就不能密植。唐代以前，尚不知此项技术，因此桑树都很高大，采叶时"必须长梯高机，数人一树（原注：梯不长，高枝折；人不多，上下劳）"，①自然很难进行密植。到了唐代，人工剪定养型技术出现了。成于唐代后期、主要反映长江下游地区生产情况的农书《四时纂要》首次记载了这项新技术："每年及时科斫，以绳系石，坠四向枝，令婆娑，中心亦屈却，勿令直上难系。"②经过这样的处理，桑株变得低小，从而为密植奠定了基础。此项技术在唐末已见于农书，则其发明和传布当在此前很久。因此可以说，在唐末以前很久，长江下游一带农民就已知道桑树人工剪定养型技术。换言之，密植所必需的主要技术条件已经具备。

桑树密植还需要一定的社会经济条件，其中相对充裕的劳动人手是一个重要内容，因为管理密植的桑园是一种劳动集约程度较高的生产活动，所需投入的劳动很多。唐代以前，长江下游地区种桑不多。例如南齐时，沈瑀为建德令，"课一丁种桑十五株，女丁半之，人咸悦，顷之成林"。③一夫一妇仅种桑22.5株，尚不及同时代北方一丁课种数的一半。种桑如此之少，散植于隙地野地即可，自无必要建立专业桑园实行密植。其所以然的原因之一，就在于当

---

① 《齐民要术》卷五《种桑柘第四十五》。
② 《四时纂要》记当时种桑"五步一树"，松井秀一已指出此记载有误，不足为凭（见上引松井秀一文）。以下引文见《四时纂要》卷一《正月》。
③ 《梁书》卷五三及《南史》卷七〇《沈瑀传》。

时长江下游地区土广人稀,劳动力缺乏。入唐以后,经过百余年的生养休息,到盛唐时,长江下游地区已非昔日之旧。自贞观十三年至天宝元年(639—742)的一个世纪中,在润、常、苏、湖、杭、越、明七州,户数竟增加了3.4倍,而同期全国总户数增加不到2倍。[①]安史之乱后,长江下游地区在籍户口虽有减少,但仍保持着相当高的密度。例如浙西苏、杭、湖、润、常、睦六州,元和时的户数比天宝元年的户数减少了约60%,尽管如此,户均田亩数仍达18.5亩(15市亩弱),相当于明万历六年(1578)苏州府的户均田亩数。[②]在这种人口密度下,劳动人手相对充裕。同时,唐代长江下游地区农、工、商业(特别是丝织业)迅速发展,也为桑业的迅速发展提供有利条件。因此,在长江下游地区平原地区宜桑之地,有限而劳动力相对充裕的条件下,桑业的发展必然走密植之路。

在上述技术与社会经济条件下,唐代长江下游地区桑树密植达到了什么水平呢?明代后期长江下游地区的密植水平(每亩200株左右)看来还达不到,但南宋初年江浙一带的水平(每亩大约50株)应当是达得到的。[③]开元二十五年均田令中"每亩种桑五十株"的规定恰恰出现于此时,绝非偶然。把它与上述背景及南宋时的情况联系起来看,是有现实根据的。

因此,我们可以下结论说:北魏以来,直至中唐,华北地区通

[①] 拙著《唐代江南农业的发展》,第69页。
[②] 元和时户均田亩数见拙著《唐代江南农业的发展》,第153页。万历六年苏州府的户均田亩数见梁方仲《中国历代人口、田地、田赋统计》,上海人民出版社,1980,第435页。唐亩与明亩折算见《唐代江南农业的发展》,第13页。
[③] 明代江南主要种植的湖桑等适于密植的桑树品系宋时尚未培育出,另外唐宋时人工桑树剪定养型技术也较明代原始。

行桑粮间作制，在桑粮间作田上，每亩约种桑2—3株；而自盛唐以来，长江下游一些地区出现并普及了密植的专业桑园，其种桑密度大约为每亩50株左右，直到南宋，情况犹然。

三、均田令中关于桑田与桑树之间关系的规定

现在，我们以上面两节所论为基础，看一看文首所引关于均田令的两种解释，究竟哪一种正确。

第一种看法（即桑田20亩共种桑树50株）无疑是正确的。既然自北魏至五代，华北普通农户一户一般种桑50株左右，而自北魏至中唐，华北桑地一般一亩种桑2—3株，那么种桑50株，需地大约20亩，这是很明了的。也正是因为在这个时期内，华北地区农民桑业生产的情况变化不大，因而自北魏至唐初的历次均田令关于桑田与桑树的规定也大致相同。当然，小的差异还是有的。例如北朝及隋以6尺为步，240步为亩；而唐以5尺为步，240步为亩。除去各朝尺度的变化不计外，从规定上来说，唐亩的面积已比以前减少了1/6，因此唐代种桑实际密度有所提高；又，唐初均田令中对桑田上课种榆、枣树的数目也比北魏多出1.5倍以上，[1]这对种桑当然也有一定影响。

那么，第二种看法（即桑田每亩种桑50株者）错了吗？也不然，既然盛唐以来长江下游一些地区农民种桑者一户可种桑树十至数百株不等，而每亩大约可种50株左右，因而开元二十五年均田令

---

[1] 北魏均田令规定桑田种枣5株，榆3株。而唐初均田令规定桑田种榆、枣各10株以上。

仅对种桑密度作出规定，而不言及种桑亩数及课种桑树总数，这无疑是符合当时长江下游一带农民桑业生产实情的。因此此种看法也是可以成立的。

这里，我们要强调上述看法的时空局限性。第一种看法虽然在整个均田制时代基本上都可以说是正确的，但其范围仅限于华北，出了华北就未必正确了；第二种看法则仅对均田制时代末期的长江下游来说是正确的，超出了这个范围，正确也会变为谬误。

最后，我们还要看看均田令中关于桑田与桑树的规定的两种不同令文是怎么出现的？它反映了什么样的问题？

唐以前的令文基本一致，原因已如上述。唐初的均田令有关令文①也大略同于前代。这固然是由于唐初统治集团本出于北朝及隋系统，制度多遵前代之旧，但更主要的是由于当时的实际情况。当时华北以外地区蚕桑业不发达，故唐初均田令有关规定虽然面向全国，但实即针对华北并依据华北蚕桑业生产的实际，而华北蚕桑业生产情况又与前代无大异，所以袭用前代令文是必然的。

开元二十五年均田令，原文已不可见，所见者系杜佑追述，②时已相隔60余年。③如上所述，在盛唐时代的长江下游地区出现每亩种桑50株左右的专业桑园是可能的，因此这种情况被反映到法令里也是可能的。但是无论如何，以此为据来制定全国性法令是绝不可能的。盛唐时专业桑园仅限于长江下游一些地区，而在这些地区蚕桑业虽有发展，但其地位尚不能与华北相匹。成于开元二十五年

---

① 见于永徽四年（653）《唐律疏议》。
② 《册府元龟》《山堂群书考索》成书较晚，或袭杜氏之文。
③ 《通典》成书于贞元十七年（794）。

的《大唐六典》对均田制作了最为详细完备的记载，但其中恰恰没有关于永业田与桑树之间关系的规定。这一点是很耐人寻味的。我认为正是由于盛唐时代南北农民种桑情况差异甚大，已不可能对此作出统一的规定，因而《大唐六典》的修撰者有意将此付之阙如。

那么，杜佑所追述的开元二十五年均田令的有关条文是不是子虚乌有呢？我认为也不是。作为一个治学严谨的学者和精通典章的理财专家，杜佑不会凭空杜撰出这样的条文。一种可能的解释是：在开元时代，由于南北种桑情况差异日大，已不可能作出统一规定，因而朝廷曾对华北和长江下游两大蚕桑区的种桑情况分别作了规定：前者基本沿用旧令，后者则据其时出现的新情况而制定了新令。[①]到了半个多世纪之后杜佑修《通典》时，情况已非盛唐之旧。此时华北的主要蚕桑区关东地区，大部为藩镇所据，且饱经战争摧残，桑业已不复如昔日之盛。长江下游地区虽亦几经战乱，但破坏较小，蚕桑业有颇大发展，因而成为朝廷的主要的绢帛征收地。杜佑在撰成《通典》之前，长期任职于长江流域各地，《通典》一书也是在扬州写成的。华北主要蚕桑区关东，杜佑并未曾亲履其地，关西则又历来蚕桑寡少。因此他所习见的，主要是以扬州为中心的长江下游一带的桑业生产情况。这样，他在撰写《通典》时，便不觉把专谈南方的开元二十五年新令当作全国性法令来追述了。

均田制时代末期长江下游地区蚕桑业的兴起，是我国古代经济史上的一件大事。尔后，这一地区的蚕桑业日益发展，逐渐成为全

---

① 因其被制定于开元二十五年，故被称为开元二十五年令。

国蚕桑业中心之所在。与此同时，华北地区的蚕桑业却日渐衰微。因此长江下游地区的种桑技术继续在发展，而华北的种桑技术则停滞不前甚至倒退。因此以太湖地区为代表的密植桑园，成了明清中国桑树种植的代表，而华北曾经流行的种桑方式则被人忽视。不过，从近代中国桑园地理分布情况来看，其格局仍然基本同于均田制末期的盛唐时代，即在黄河流域以间作桑园为主，而在长江流域则以专业桑园为主。可见，后代蚕桑业的发展，仍是均田制时代末期蚕桑业发展的继续。由此而言，透过均田令来了解我国蚕桑业生产的变化与发展，了解唐代在我国古代经济史上的重要地位，将是十分有意义的。

略论唐代的"日绢三尺"

唐代律令规定：一个丁男（包括农民和普通工匠）一日的劳动，可折绢三尺（或布三尺七寸五分）。官府在折役、计赃、平功庸、给雇直……时，都以此为准。简言之，就是"日绢三尺"。

"日绢三尺"的规定，实质是什么？是由什么所决定的？它产生和存在的条件如何？……这些问题是我们在研究唐代社会经济史时所必须解答的。本文就此提出一些看法，以供讨论。

一、"日绢三尺"的实质是什么？

一个丁男一日的劳动可折为绢三尺，从马克思价值学说的观点来看，就是一个丁男一日劳动所创造的价值量等于三尺绢所包含的价值量。因此"日绢三尺"，用政治经济学的术语来说，就是一个丁男一日劳动所创造出来的价值表现为三尺绢。但是，这三尺绢所包含的价值是丁男一日劳动所创造的全部价值？抑或是全部价值中的一部分？学者们对此看法却有分歧。例如，李埏先生认为这是丁匠平均一日劳动所能创造的价值，即全部价值，而吕思勉先生和日野开三郎先生则认为是工资或劳赁,亦即全部价值中的一部分——劳动力的价值。[①]

虽然李先生和吕先生、日野先生在其著作中对其论断都未作详细论证,但这些在唐代律令中都有根据。据《唐会要》《唐六典》《通典》等书所载,唐武德七年(624)令称:"凡丁岁役二旬,……若不役则收其庸,每日三尺。"开元七年(719)令说:"凡丁岁役二旬,有闰之年加二日,……无事则收其庸,每日三尺,布加五分之一。"开元二十五年令则为:"诸丁匠岁役二十日,有闰之年加二日。……不役者收庸,无绢之乡绝布三尺(原注:绝绢各三尺,布则三尺七寸五分)。"开元二十五年令文末句有错落,应据其注予以修正。[②]从这一系列令文可见,唐代丁(农民)匠(工匠)的正役折庸,标准都是日绢(或绝)三尺,或布三尺七寸五分。绢和绝都是普通丝织品,价值大致相等;而布一尺二寸五分合绢一尺,则是唐代通行的折算标准。这在敦煌、吐鲁番资料中也可以得到证明。

我们知道,丁匠所服的正役,是他们对封建国家所不得不尽的义务。在服役期间,丁匠的一切生活费用必须自备,即所谓"各唯(准)役赍私粮"。[③]因此,这是一种超经济强制下的无酬劳动。丁匠在这二十天的徭役劳动中所创造的全部价值,统统都为国家所占有。既然国家占有的是丁匠服役期间劳动所创造的全部价值,而这

---

① 参阅李埏《略论唐代的"钱帛兼行"》;吕思勉:《隋唐五代史》,中华书局,1959,第829页;日野开三郎:《唐代租调庸法の研究》(课输篇)第四章第一节、第二节。
② 参阅日野开三郎《唐代租调庸法の研究》(课输篇)第四章第二节。
③ 仁井田陞:《唐令拾遗》赋役令第二十三条五。

种徭役劳动又可以以每日三尺的标准纳绢代替，那么这三尺绢自然就是丁匠一日劳动所创造的全部价值了。

然而，唐代律令中的另外一些规定，却又证明"日绢三尺"只是丁匠一日必要劳动所创造的劳动力的价值。例如，《唐律疏议》卷四《名例律》"平赃者"条说："平功庸者，计一人一日为绢三尺"；卷十一《职制律》"役使所监临"条也说："借使人功，计庸一日绢三尺。人有强弱，力役不同，若年十六以上、六十九以下，犯罪徒役，其身庸依丁例。其十五以下、七十以上及废疾，既不任徒役，庸力合减正丁，宜准当乡庸作之价。若准价不充绢三尺，即依减价计赃科罪；其价不减者，还依丁例。"文中所说的功庸，即是工作的报酬，亦即雇直，所以第二段律文又说老小废疾的功庸"准当乡庸作之价"。正因如此，《新唐书》卷四五《百官志》明确地指出："凡工匠……雇者日为绢三尺。"因此，"日绢三尺"是丁匠的雇直，即劳动力的价值。

虽然从以上分析来看，两种说法似乎都可成立，但是从马克思的价值学说来看，丁匠的劳动包括必要劳动和剩余劳动两个部分，必要劳动创造劳动力的价值，而剩余劳动创造剩余价值。既然丁匠劳动所创造的全部价值包括劳动力的价值与剩余价值两个部分，那么它必然大于其中的任何一个部分。因而，上述对"日绢三尺"的两种看法也就不能同时成立。那么，究竟哪一种看法才是正确的呢？为了更清楚地说明这个问题，我们需要对唐代的输庸代役制度与和雇制度的实质以及它们之间的关系，进行必要的分析。

唐代的徭役劳动是每一个丁男（农民和手工业者）对国家必须尽的义务。国家在履行其公共职能以及满足统治者的生活需要等方面，都离不开这种徭役劳动。这样，在丁男与国家之间，就形成了一种徭役劳动上的供求关系。由于每个丁男每年服役日数固定，而在正常情况下，相邻几年中丁男人数一般变动不太大，[①]因此全国丁男每年所提供的徭役劳动量，在一个短时期内，相对稳定，接近于一个恒量。但国家对徭役劳动的需要却在各个年份中出入很大，是一个波动幅度颇大的变量。这样，在徭役劳动的供求之间，常常发生脱节现象，形成时间性的供求不平衡。另外，即使在同一年内，也还存在着地区性的供求不平衡。事实上，较之时间性的供求不平衡，地区性的供求不平衡更为严重，因为在唐代前期，对徭役劳动需求量最大的地区主要在关中与西北，而全国大多数的人口却在关东、江淮和剑南。由于在徭役劳动的供求方面有上述不平衡，因此常常在一个时期，一个地区出现徭役劳动的过剩或不足。当然，当徭役劳动过剩（即供过于求）时，国家不愿白白放弃徭役劳动；反之，当徭役劳动不足（即求过于供）时，国家要强行凭空大量增加徭役征发，也有很大的困难（隋朝的灭亡就是一个很好的前例）。为了解决这个矛盾，唐代统治者一方面立法规定超期加役者量免租调，一方面又把役轻（即徭役劳动过剩）地区的丁匠调到役重（即徭役劳动不足）地区服役，通过这些办法来缓和上述的矛盾。

但是，这些办法并不能彻底地解决问题。例如，超期加役而免租调有一定的限度（加役十五日免调，三十日免租），超过这个限

[①] 据贞观十三年（639）至天宝元年（742）全国户数计算，每年户数增长率百分之一。两年户数均据《旧唐书·地理志》，并参阅日野开三郎《贞观十三年户口统计之地域察》，《东洋史学》第24辑。

度，就会严重影响服役丁匠自身的生产活动，促使他们破产。从外地征调役丁，由于路途往来要花费许多时间，也会影响到他们的生产活动，而且官府还要支付一大笔程粮。要是路途较远的话，情况就更为严重。①而早在唐初，征调的役丁就有"往来五六千里"的，其路途往返的时间，早已超过正役二十日，官府提供的程粮，也大大超过二十日劳动所创造的全部价值。于官于民，都大不合算。

因此，要更为彻底地解决问题，只有采取其他的办法。办法之一，是让应役丁匠在役少或无役的年份，将应役而未役的天数中原应花费的费用积蓄下来，作为役多年份加役时的补偿，亦即将今年之役挪到明年。办法之二，是役轻地区的应役丁匠拿出一笔经费，交给役重地区的丁匠，让后者代役，亦即把一部分役丁的役，转移到另一部分役丁身上，这就是"凡诸州匠人长上者，则率其资纳之，随以酬顾"②"当番请纳资者亦听之"③的实际内容，这样，从相邻几年的年平均役日数，或从一年中全国役丁役日总数来看，都没有太大变化，但是上述徭役劳动的供求不平衡情况却大为缓解。不过要指出的是，上述的活动，不是丁匠自己来进行，而是由官府出面经办的。

很显然，这种办法实际上包含着两个方面：一是当役而不役者出资请人代役，一是不当役者受资为人服役（在上述将今年之役挪到明年的情况里，情况也差不多，不过出资者与代役者同为一人而已，亦即役丁自己今年出资，明年受资代己服今年之役）。前者就

---

① 参阅唐耕耦《唐代的资课》，《中国史研究》第3期，1980。
② 《唐六典》卷三三《将作监》。
③ 《新唐书·百官志》。

是输庸代役,而后者则是和雇。唐长孺先生指出:纳庸代役制与和雇制是"并生的""彼此互相关联的"。①唐耕耦先生也认为这两者是"一个问题的两面",②其道理就在于此。

既然输庸者出资请人代役,那么其所出之资当然就是雇直。雇直既然是"日绢三尺",那么庸绢也自然是"日绢三尺"了。因此,"日绢三尺"是一个丁匠一日劳动所得的报酬,即劳动力的价值,而不是他一日劳动所创造的全部价值。

可能有人要问:(1)输庸者与代役者之间的这种雇佣活动既然是官府出面经办的,而出人却都是"日绢三尺",那么官府岂不是白白经办而无利可图了?(2)输庸者如服现役,役期所负担的仅是其个人消费,但如输庸免役,输的却是雇直。雇直是他的劳动力的价值,不仅包括他个人的消费,而且还包括其家属的消费,这样一来,输庸者岂不是受损失了吗?

显然,这两个问题并不难回答。对于第一个问题,我们仅需指出:输庸代役,并未减少全国丁匠徭役劳动的总日数,相反,却减少了路途往返中的役丁人数与日数,从而为官府节省了一大笔程粮开支,因此官府在输庸代役与和雇中已得到了很大的好处;同时,让一部分丁匠比较长期地从事某项劳动,有助于改进生产技术,提高生产效率,对官府更为有利。特别是官府指定代役者,大多"取材力高强、技能工巧者",③其工作效率比一般丁匠更高。对于第二个问题,我们应当看到:丁匠在服役期内的支出,实际上常常远在雇直之

---

① 唐长孺:《魏晋南北朝史论丛续编》,生活·读书·新知三联书店,1955,第70页。
② 唐耕耦:《唐代的资课》。
③ 《唐六典》卷七《工部》。

上。史言服役的情况是："去者资装，自须营办，既卖家粟，倾其机杼，经途死亡，复在其外"，[①]"入军者督其戎仗，从役者责其糇粮，尽室经营，多不能济"，以致"一人从役，举家便废"。[②]输二十日的雇直，免去这些困扰，对输庸者来说，所得也远远超过所失了。

综上所述，唐代律令中的"日绢三尺"的实质，就是一个丁男一日必要劳动所创造的劳动力的价值，而非全部价值。李埏先生在分析这三尺绢的内容时，实际上也是将它作为劳动力的价值来看待的。因此，"日绢三尺"是丁男劳动所创造的劳动力的价值这一命题，确乎是能够成立的。

二、"日绢三尺"由什么决定？

为什么唐代一个丁男一日必要劳动所创造的劳动力的价值表现为三尺绢，而不表现为二尺或四尺绢？也就是说，为什么丁男一日必要劳动所创造的劳动力价值的量，恰好与三尺绢所包含的价值量相等？当然，这绝不是一种巧合。下面，我们就对此问题试作分析。

马克思指出，劳动力的价值，是劳动者养活自己和他的家属以保证劳动力的生产与再生产所需要的生活资料的价值（此外还包括劳动者的学习费用，不过这对于普通劳动力来说是微乎其微的）。因此劳动力的价值的量也就是这些生活资料的价值量。虽然劳动力的价值可因各种原因而在量上有所不同，但是在一定的国家、一定的时期，由于必要生活资料的平均范围是一定的，因而劳动力的价

[①] 《旧唐书·褚遂良传》。
[②] 《旧唐书·戴胄传》。

值量的平均范围也是一定的。①

唐代农民和普通工匠养活自己及其家属所必需的生活资料的价值量如何呢？鉴于史料的缺乏，难以进行全面的估算。这里仅据《唐六典》卷三《尚书刑部》"都官郎中员外郎"、卷一九《太仓署》中关于官奴婢及另外一些人给衣粮盐的规定，来对农民和工匠及其家属最必需的生活资料的价值量进行粗略的分析。《唐六典》在说明官奴婢给衣粮盐的规定时，首先指出这些官奴婢"男子入于蔬圃，女子入于厨馔"，说明这个给衣粮盐的规定仅是针对这些从事生产和家务劳动的官奴婢的，而不包括那些不参加劳动的官奴婢在内。用这些劳动奴婢的情况来推求农民和工匠的情况，应属合理。

按《唐六典》的规定，官奴婢"四岁以上为小，十一以上为中，二十以上为丁。春衣每岁一给，冬衣二岁一给，其粮则季一给。丁奴春（给）头布一，布衫裤各一件，皮靴一量，并毡；官婢春给裙、衫各一，绢襌一，鞋二量。[丁奴婢]冬给襦、复裤各一，牛皮靴一量，并毡。十岁以下男：春给布衫一，鞋一量；女：给布衫一，布裙一，鞋一量；冬，男女各给布襦一，鞋袜一量。官户长上者准此。其粮：丁口日给二升，中口一升五合，小口六合。诸户留长上者，丁口日给二升五合，中男给二升"。又，"丁男日给米二升，盐两勺五撮，妻妾、老男、小则减之"。

从这些规定来看，官奴婢的待遇比其他人都低，但从实际而言，规定的给衣之数恐怕又太多，因为敦煌的雇农一般一年从雇主手里仅得到春衣一对、汗衫一领、裈裆一腰、皮鞋一量（粮食在

---

① 《马克思恩格斯全集》第23卷，人民出版社，1975，第192—195页。

外)。①不过，上述官奴婢的给衣规定是一个具有较大实施范围的规定，有一定的普遍意义，因此在尚未得到其他更完备更可靠的资料之前，姑且参照这个规定来了解农民和工匠的衣着消费，因为从法律地位和一般情理来说，农民和工匠的情况较官奴婢总要好一些。

下面，我们就据此对农民和工匠及其家属的衣、粮、盐三项消费进行分析。在分析中，我们假设这个农民或工匠的家庭成员有一夫一妇和子女三人，子女中一为中口，二为小口。这样组成的五口之家，具有较为普遍的意义。

按照官奴婢给衣规定，春衣每岁一给，冬衣二岁一给。在我们假设的这个农民或工匠家庭里，为计算方便，夫妇衣服的用布量均以成年男子计；三个子女衣服的用布量总共以一个半成人计；每套冬衣的用布量以两套春衣计。这样，这个家庭每年的衣服消费大约为七套成年男子的春衣用布量。

唐人服式与今不同，用布量亦异。据《天宝六载四月交河郡佛寺给家人春衣历》，②衫一件用絁一段，袴用絁一丈二尺。每段尺寸，据该历中所载数字计算，应为半端（25尺），③与日本的一段相同。据此，衫一件当用布半端，与仿效唐装的日本和服用布量相类。④衫袴合计，共用布37尺，即0.74端。衫袴7套，共用布5.2端，

---

① 详见中国科学院历史所资料室编《敦煌资料》第1辑，中华书局，1961，收S3877、S6452、S5598及北图生字25号雇工契残卷25号。
② 引自池田温《中国古代籍帐研究》，中华书局，2007，第472页。
③ 据原文，给衫共七段，给袴、裤共52尺，三者合计共九段。据此，每段合26尺，即0.52端，但段作为一个与端配合使用的面积单位，其比例应为整数（二段一端），故应为25尺。又，日本一段亦合唐制1/2端。
④ 中等身材的男子和服，一件用布一段。日本一段合唐0.625匹，即25尺，参阅《唐代租调庸法的研究》，第384—385页。

加上头布、鞋袜、裈等，约计5.5端。

当然，对许多农民和工匠来说，五口之家一年平均共制新衣七套恐怕不一定做得到。不过，这里要说明的是：第一，这个推算的根据是《唐六典》中关于官奴婢给衣的规定，而这个规定是现在可以见到的、比较全面地反映唐代劳动者衣着消费情况的唯一资料；第二，这个规定未包括官奴婢衣着之外的其他对布的需要。如果我们根据这个规定推算出来的用布量作为农民和工匠家庭对布的总消费量来看待（亦即除了衣着之外，还包括被褥帐帘等方面的用布量在内），或许接近事实。因此，在未有其他更有力的证据之前，姑且以此作为农民和工匠家庭用布总量。一年用布5.5端，可折绢5.5匹。

在口粮方面，《唐六典》的规定比较近乎实际。据卷三《尚书户部》"仓部郎中员外郎"条："凡在京诸司官人及诸色人应给仓食者，皆给粳米"，可知官奴婢的口粮是给米。据官奴婢给粮规定，大口二、中口一、小口二，一日当给米6.7升，这个数量比《新唐书·食货志》载代宗时议者所述的"少壮相均，人食米二升"（据此五口之家一日食米一斗）或晚唐陆龟蒙自言"予家大小之口二十，月费米二十斛"①（据此平均每口一日食米1.7升，五口一日食米8.5升）都低了许多，因此当近乎农民和工匠之家的消费。一家一日食米6.7升，一年约合24石。据盛唐时代的绢米价格计算，大约是1.4石米相当于1匹绢（据胡如雷先生的研究，这也是唐代正常年份中的绢米比价）。②据此，24石米可折绢17.1匹。

---

① 《唐甫里先生集》卷一六《送小鸡山樵人序》。
② 参阅胡如雷《论唐代农产品与手工业品的比价及其变动》，《光明日报》1962年12月31日。

除了"身上衣裳口中食"之外，食盐也是必不可少的。据前引《唐六典》的规定，丁男日给盐二勺五撮，妻妾老少则减之。若依大口、中口、小口给米量的比例计算，则上述的五口之家一日当给盐8.4勺，一年合3斗。天宝时盐斗10钱，绢匹200钱，以此计算，3斗可折绢0.15匹。

将上面所得的衣、粮、盐三项基本生活资料的折绢数相加，共计约23匹绢，也就是说，农民和工匠的五口之家，最起码的三项生活资料的价值，与23匹绢所包含的价值大约相同。23匹绢除以360日，平均每日2.6尺绢。若再加上其他一些必不可少的开支（如建房舍、购日常生活用品、医药费用，等等）的平均数，其数当略大于此数，因此总计约在3尺上下。李埏先生在分析三尺绢的使用情况时指出：根据开、天时物价，三尺绢约合15钱，购米一斗约需13钱，余2钱则为其他一切支出。若据《唐六典》的给米规定，五口之家一日当购米6.7升，合8.7钱，加上盐钱，以9钱计，则余6钱，为其他一切开支。可见，三尺绢的价值，确乎近于丁匠一日必要劳动所创造的劳动力价值。

以上结论系推算所得。这个推算的结果，是否与史实相符呢？还需要从史料中寻找证据。

据《册府元龟》卷五〇三《邦计部·屯田》，建中时，严郢说京兆府募内园丁种稻，雇价为每人每岁米7.2斛，钱96贯；而募人去丰州屯田，雇价为每人每岁米7.2斛，钱63贯。[①]建中时米价每斗200

---

① 《唐会要》卷八九《疏凿利人》，《新唐书·严郢传》作"钱九百六十"和"钱六百三十"，与同处所言总数不符，明显地为96贯和63贯之误。

钱，绢价诸书记载不一，出入颇大，兹以每匹3500钱计。[①]据此，则京兆内园营田的雇价合每岁31.5匹绢，每日平均3.5尺；而丰州屯田的雇价合每岁22.1匹绢，每日平均2.5尺。虽然两地雇价有差别，但是可以看出，雇价是在每日3尺绢上下浮动的。

三、"日绢三尺"产生和存在的条件是什么？

"日绢三尺"的规定，产生于唐代，并且也只存在于唐代前半期。建中两税法颁布后，随着正役的取消，输庸代役制度随之消失，和雇制度也发生了变化，于是"日绢三尺"的规定也不复存在了。

那么，"日绢三尺"之所以产生并存在于唐代前半期的条件是什么呢？

显然，"日绢三尺"的规定是输庸代役制与和雇制的内容之一，因此输庸代役制与和雇制产生和存在的条件也就是"日绢三尺"的规定产生和存在的条件。

关于唐代输庸代役制与和雇制的渊源、形成与发展，史学界已有深入的研究，兹可不赘。这里仅探讨这两种制度产生并存在于唐代前半期的条件究竟是什么？

第一，如前引唐长孺、唐耕耦先生所言，输庸代役制与和雇制实际上是一回事，即出资雇人代役。出资雇人代役能成为一种全国性的制度，其前提是整个社会的经济发展达到一定的高度，使得雇

---

① 据上引胡如雷《论唐代农产品与手工业品的比价及其变动》。

佣劳动在社会生产的各个领域里得到更广泛的运用，从而劳动力向商品转化的程度有所加强。这样，出资才雇得到人，劳动力的价值也才会获得货币表现，即价格。"日绢三尺"是一个丁匠一日的劳动力价格。如果没有雇佣劳动的一定程度的发展这样一个经济上的先决条件，输庸代役制与和雇制就不可能出现，或者不可能成为一项具有普遍意义的制度。唐代以前魏晋南北朝时期的情况就是这样。马克思指出："君主们在任何时候都不得不服从经济条件，并且从来不能向经济条件发号施令。无论是政治的立法或市民的立法，都只是表明和记载经济关系的要求而已。"①唐代的输庸代役制与和雇制，也不过只是表明和记载了当时社会生产中雇佣劳动有所发展以及这一发展的要求而已。因此，"日绢三尺"之所以产生的根本条件是雇佣劳动的一定程度的发展。

第二，在唐代，社会分工比过去有所扩大，但仍然不够大，因此简单劳动与复杂劳动的差别还比较小。这也是"日绢三尺"的规定存在的条件。农民劳动一般以简单劳动为主。所以唐代律令对于成丁、人老、废疾等有关男体力状况的各个方面都作了明确的规定，但是对于他们的劳动技术方面的差异却付之阙如。也就是说，这些律令对于劳动，只是从体力的角度来看待。第一节中所引《唐律疏议》卷十一《职制律》"役使所监临"条说："人有强弱，力役不同，若年十六以上、六十九以下，犯罪徒役，其身庸依丁例；其十五以下，七十以上，既不任徒役，庸力合减正丁。"说明劳动所创造价值的大小，主要决定于体力，故庸直亦依体力强弱而异。丁

---

① 《马克思恩格斯全集》第4卷，人民出版社，1975，第121—122页。

男既然体力一般相差不太大,因而他们的庸直也就可以用相同的标准来支付。工匠的劳动虽然一般说来比农民的劳动复杂一些,但在唐代,一般工匠的劳动与农民的劳动的差别也不是很大。恩格斯指出:欧洲中世纪的城市手工业者,"在某种程度上也还是一个农民,他们不仅有菜园和果园,而且往往还有一小块土地,一两头母牛,猪,家禽,等等"。①唐代的工匠情况与此相类。法令明文规定工匠也要受田,而且在交租调、服徭役等方面,与农民无异。一些诏敕里,也明白地指出工匠有农可营,或有地可税。②唐长孺先生指出:唐代从各州"工巧"征发来的所谓短番匠,"实际上很少是独立的手工业者,而是以某种手工业作为副业的农民"。只有那些不纳资的长上匠、巧手,"始是真正的手工业者"。③在整个工匠队伍中,像长上匠、巧手这样的真正的手工业者,只是很少的一部分,即使在官府作坊中也是如此,④尽管官府作坊中强制留用着较多的这类真正的手工业者。由于大多数的工匠与农民差别不大,所以前引《通典》载开元二十五年令中,丁匠并称,并且加役免租调、纳庸免役之制也相同。"日绢三尺"的规定之所以通用于二者,原因就在于他们的一日劳动所创造的价值大致相同。

第三,唐代的所谓和雇,并非如官府所说的那样是两相情愿的雇用。相反,这种雇佣方式还带有浓厚的超经济强制色彩。正

---

① 《马克思恩格斯全集》第25卷,人民出版社,1975,第107页中恩格斯所作增补。
② 如《全唐文》卷三七《营兴庆宫德音》、《册府元龟》卷四九〇开元十九年《幸东都敕》等。
③ 唐长孺:《魏晋南北朝史论丛续编》,第70页。
④ 据《新唐书》卷四八《百官志》注,少府监和将作监属下的工匠中,短番匠都占绝大多数。

因为这一点，所以国家才能够制定出一个全国统一的雇值标准。在当时，虽然农民和一般工匠劳动情况的差别还不是很大，但是他们同那些真正的手工业者之间，简单劳动和复杂劳动的差别就相当大了。据《新唐书》卷四八《百官志》，少府监属下作坊里的工匠，学习工伎都有一定的期限，从四年到九个月不等，因此他们的劳动应当属于复杂劳动。少量复杂劳动等于多量的简单劳动。从事复杂劳动的劳动者，其劳动力的价值也应当较高。但是在唐代律令里，这一点却未得到反映。虽然代人服役的长上匠、巧手等[①]技巧较高，但是他们的雇值却与农民和一般工匠的雇值没有什么差别，所以《新唐书》卷四五《百官志》说："凡工匠……雇者日为绢三尺。"这当然是很不合理的，但是唐代官府却可以用超经济强制的手段强迫长上匠、巧手接受这个低于其劳动力价值的雇值。又，劳动力的价值取决于所需生活资料的价值，但生活资料的价值往往因时因地而异。特别对于中国这样一个幅员辽阔的大国，更是如此。唐代的情况自然也不例外。在自然条件较差的地方，或收成不佳的年份，同样的生活资料的价值，就会高于一般地区或一般年份。因此雇值当然也应因时因地而异。前引《唐律疏议》卷十一《职制律》"役使所监临"条说："其十五以下，七十以上及废疾，既不任徒役，庸力合减正丁，宜准当乡庸作之价。若准价不充三尺，即依减价计赃科罪，其价不减者，还依丁例"，说明各地的庸作之价不同，有的地方较高，故老小废疾之人的庸价也达到官方所定的正丁

[①] 长上匠，据《唐六典》卷二三《将作监》和《新唐书》卷四八《百官志》，他们的雇值的来源是当番不上的工匠纳的资绢，因此他们实际上是代后者服役。巧手，也"应以长上为多"（唐长孺：《魏晋南北朝史论丛续编》，第70页），情况或与长上匠相同。

庸价("日绢三尺")。因此,不分时间地点,一律以"日绢三尺"为标准,自然也有不合理之处,但是,国家却可以用强制的办法迫使人民接受统一的雇值标准。由于同样的原因,折役输庸也才能具有全国统一的标准。

第四,唐代一个丁男一日必要劳动创造的劳动力价值表现为"日绢三尺",这与绢帛在唐代商品流通中所扮演的特殊角色是分不开的。首先,在唐代(特别是唐代前半期),绢帛是主要的货币之一,[①]因此劳动力价格(即劳动力价值的货币表现形式)也就能够并且也才能够是绢帛。其次,绢帛是农民和工匠家庭普遍生产的东西,人们都知道一尺绢含有多少劳动。因之,在铜钱流通尚有局限的情况下,它最适宜体现社会劳动。通过无数次的不自觉的比较,人们逐渐体会到了一个丁男一日的劳动力价值大致相当于"三尺绢"所包含的价值,而这"三尺绢"同时又具有货币商品的职能,因此就成为劳动力的价格——雇值。

很显然,以上诸条件都是"日绢三尺"的规定产生和存在的必要条件。如果不具备这些条件,这个规定就不能产生;如果这些条件发生了变化,这个规定就不能存在。"日绢三尺"的规定之所以产生和存在于唐代前半期,正是因为这些条件在彼时都已具备。也正因如此,中唐以后,随着社会经济的变化,这些条件或多或少地发生了改变,从而使这个规定也逐渐废弃了。因此,从"日绢三尺"规定的废止中,也可以窥见唐代后半期及唐代以后社会经济发展变化的信息。不过,限于篇幅,这个问题在这里就不作讨论了。

---

① 详参李埏《略论唐代的"钱帛兼行"》。

"中国的脊梁"

——读《大唐大慈恩寺三藏法师传》

一

年轻时读鲁迅先生的作品,特别为他的一段话感到震撼:"我们从古以来,就有埋头苦干的人,有拼命硬干的人,有为民请命的人,有舍身求法的人,……虽是等于为帝王将相作家谱的所谓'正史',也往往掩不住他们的光耀,这就是中国的脊梁。"①

虽然鲁迅先生对佛教并无好感,但他说到"舍身求法的人"也是"中国的脊梁"。这使我感到意外,但随后不由得想到玄奘法师。

幼年时读《西游记》,对那个神秘的"西域"充满好奇。先君见状,令我读释慧立本、释彦悰笺的《大唐大慈恩寺三藏法师传》。②先君说:"佛教是一门高深的学问,你现在不可能懂。你今

---

① 鲁迅:《中国人失掉自信力了吗》,《且介亭杂文》,人民文学出版社,1973。
② 本文凡未注明出处的文言引文,均出于《大慈恩寺三藏法师传》,巴蜀书社,1992。

天读这本书，可以跳过书中谈论佛教的内容，只要专注玄奘法师个人的经历就行了。你要把他当作一个普通人，一个和我们一样的人，去了解他的一生。你读后肯定会感到有收获的。"于是我依照先君指示的方法开始读这本书。自此之后，我又多次读此书，每次都会受到心灵的震撼。特别是在"文化大革命"十年中，精神上极度苦闷，在感到迷茫无助和对前途绝望之时，咀嚼此书中的玄奘法师那种对知识的渴求和为求知而不惧艰难险阻的坚强意志，对我具有特别的意义。

傅雷先生翻译的罗曼·罗兰《名人传》的序写道："不幸的人啊！切勿过于怨叹，人类中最优秀的和你们同在。汲取他们的勇气做我们的养料罢；倘使我们太弱，就把我们的头枕在他们膝上休息一会罢。他们会安慰我们。在这些神圣的心灵中，有一股清明的力和强烈的慈爱，像激流一般飞涌出来。甚至毋须探询他们的作品或倾听他们的声音，就在他们的眼里，他们的行述里，即可看到生命从没像处于患难时的那么伟大，那么丰满，那么幸福。"[①]可以说，是玄奘法师这样的先贤，支持我度过了那个悲惨和痛苦的年代，由于心中有他们作为榜样，因此也没有虚度年华，在逆境中依靠自学读完了"我的大学"。

到了改革开放以后，我依然不时重读此书。

随着年龄增长，对玄奘法师的认识也不断加深。虽然我至今依然不是佛门弟子，但对这位伟人的崇敬却与日俱增，确信在鲁迅先生所说的"中国的脊梁"中，玄奘法师必然占有突出的一席。

[①] 傅雷：《傅雷译文集》第11卷，安徽人民出版社，1983，第13页。

二

年轻时对玄奘法师的敬仰，首先是源自他那对学问的热爱和为追求学问而一往无前的精神。玄奘法师年轻时，为了学习佛学的真谛，遍访国内佛学重镇，求教高僧大德，学识已远超侪辈，成为中土佛学的翘楚。但是他觉得中国佛学水平和印度佛学水平仍有差距，"所悲本国法义未周，经教少阙，怀疑蕴惑，启访莫从。以是毕命西方，请未闻之旨，欲令方等甘露，不但独洒于迦维，决择微言庶，得尽沾于东国"。于是决意西去求法，时年二十六。其时唐朝建立未久，边疆多事，禁约百姓不许出蕃。"李大亮为凉州都督，既奉严敕防禁特切。有人报亮云有僧从长安来欲向西国，不知何意。亮惧，追法师问来由，法师报云欲西求法，亮闻之逼还京。"法师坚持西行，"不敢公出，乃昼伏夜行遂至瓜州"。到瓜州后，"凉州访牒又至，云：'有僧字玄奘欲入西蕃，所在州县宜严候捉。'"法师又赶快逃走，一位熟悉西域道路的胡人老翁对他说："西路险恶沙河阻远，鬼魅热风过无达者，徒侣众多犹数迷失。况师单独，如何可行？愿自斟量勿轻身命。"法师回答说："贫道为求大法，发趣西方，若不至婆罗门国，终不东归，纵死中途非所悔也。"正是这种精神，支持他经历了难以想象的艰难险阻，勇往直前。出了玉门关之后，"孑然孤游沙漠矣。唯望骨聚马粪等渐进"。特别是到了莫贺延碛，"长八百余里，古曰沙河，上无飞鸟，下无走兽，复无水草。……时行百余里失道，觅野马泉不得，下水欲饮袋重失手覆之，千里行资一朝斯罄，又失路盘回不知所趣。乃欲东归还第四烽，行十余里，自念我先发愿若不至天竺，终不东归一步，今何故来？宁可就西而死，岂归东而生。于是旋辔，专念观音西北而进。是时四顾茫然，人鸟俱绝，夜则妖魑举火，烂若繁星，昼则惊风拥沙，散如时雨。虽遇如是心无所惧，但苦水尽渴不能前，是时四夜五日，无一滴沾喉，口腹干燋，几将殒绝不复能进"。一路上还遇到盗贼，几乎殒命。就这样，经历了千辛万苦，最终到达目的地——当时世界佛学中心所在的那烂陀寺。

在印度前后十七年，玄奘法师努力学习，掌握了印度佛教的大小乘各种学说，成为公认的佛学大师。当时印度正值学术盛世，各种思想流派之间展开热烈的论战。玄奘法师针对佛教内外对大乘唯识学说的批评，用典雅的梵文撰写了一千六百颂的《制恶见论》作为回应。为了深入讨论，戒日王在曲女城举办了辩论大会，"遍诸天竺，简选贤良，皆集会所，遣外道、小乘，竞申论诘"。玄奘法师成为大会的主角，弘扬大乘佛教的义理，破除小乘佛教与外道的各种异见。"大师立量，时人无敢对扬。"最后，戒日王"将法师袈裟遍唱曰：'支那国法师立大乘义破诸异见，自十八日来无敢论者，普宜知之。'诸众欢喜，为法师竞立美名。大乘众号曰'摩诃耶那提婆'，此云'大乘天'；小乘众号曰'木叉提婆'，此云'解脱天'，烧香散花礼敬而去。自是德音弥远矣"。可以说，这是自古至今，中国学者在世界学术舞台上最亮丽的表现。玄奘法师誉满印度，但他始终不忘初衷，婉辞了那烂陀寺的大力挽留，携带梵文佛教经论657部，又经历艰难险阻，回到中国。

三

玄奘法师把学问当作自己的终生志业,为了寻求学问的真谛,他不仅不惜以身历险,战胜各种艰难险阻去印度取经,而且不慕荣利,把功名利禄视为草芥。

在西行取经路上,高昌国王麴文泰深慕玄奘法师的人品学问,提出"直以国无导师故,屈留法师以引愚迷耳",恳请法师留在高昌国,"止受弟子供养以终一身,令一国人皆为师弟子"。法师坚辞,"王乃动色攘袂大言曰:'弟子有异途处师,师安能自去?或定相留,或送师还国,请自思之,相顺犹胜。'法师报曰:'玄奘来者为乎大法。今逢为障只可骨被王留,识神未必留也。'因呜咽不复能言。王亦不纳更使增加供养,每日进食王躬捧槃。法师既被停留,违阻先志,遂誓不食以感其心。于是端坐,水浆不涉于口三日。"最后感动了麴文泰,才放法师西行。

曲女城大会后,印度上层社会对玄奘法师大为敬佩。"(鸠摩罗王)谓法师曰:'师能住弟子处受供养者,当为师造一百寺。'法师见诸王意不解,乃告以苦言曰:'支那国去此迢远,晚闻佛法,虽沾梗概不能委具,为此故来访殊异耳。今果愿者,皆由本土诸贤思渴诚深之所致也。以是不敢须臾而忘。'"坚拒了他们的盛情挽留。

玄奘法师回国后,受到唐太宗的敬重。太宗"察法师堪公辅之寄,因劝归俗助秉俗务。法师谢曰:'玄奘少践缁门,伏膺佛道,玄宗是习,孔教未闻。今遣从俗,无异乘流之舟,使弃水而就陆,不唯无功,亦徒令腐败也。愿得毕身行道,以报国恩,即玄奘之幸甚。'如是固辞，乃止"。他恳辞了太宗让他从政的盛意，唯愿毕身行道，"自此之后，专务翻译，无弃寸阴。每日自立程课，若昼日有事不充，必兼夜以续之，过乙之后，方乃停笔摄经已。复礼佛行道，至三更暂眠，五更复起。读诵梵本，朱点次第，拟明旦所翻。每日斋讫，黄昏二时讲新经论，及诸州听学僧等，恒来决疑请义"。

虽然学贯中西，名满天下，但玄奘法师译经依然殚精竭虑，一丝不苟。他"翻大般若经，经梵本总有二十万颂。文既广大，学徒每请删略"。但他却"不敢更删，一如梵本。佛说此经，凡在四处。……法师于西域得三本，到此翻译之日，文有疑错，即校三本以定之。殷勤省覆，方乃著文，审慎之心古来无比。……法师翻此经，时汲汲然，恒虑无常。谓诸僧曰：'玄奘今年六十有五，必当卒命于此伽蓝。经部甚大，每惧不终。努力人加勤恳，勿辞劳苦。'至龙朔三年冬十月二十三日，功毕绝笔，合成六百卷，称为《大般若经》焉。合掌欢喜告徒众曰：'此经于汉地有缘。'"

玄奘法师及其弟子共译出佛典75部、1335卷。他本人的译典著作有《大般若经》《心经》《解深密经》《瑜伽师地论》《成唯识论》等篇幅浩大、翻译艰深的重要经典。此外，他还根据亲身经历，写出《大唐西域记》这部研究中古时期印度和中亚历史和地理的最重要的著作。

玄奘法师是伟大的学者，这不仅是因为他学术精深，学贯中西，而且因为他真正热爱学问，以学术为志业。马克斯·韦伯在那篇脍炙人口的《以学术为志业》的著名文章中说：一个真正的学者，必须有"我只为我的天职而活着"的信念，献身于学术而非利用学术谋求私利，"我们不知道有哪位伟大的艺术家，他除了献身于自己的工作，完全献身于自己的工作，还会做别的事情。……不是发自内心地献身于学科，献身于使他因自己所服务的主题而达到高贵与尊严的学科，则他必定会受到败坏和贬低"。只有这样，才会有对学术充满发自内心深处的热情。"没有这种被所有局外人所嘲讽的独特的迷狂，没有这份热情，坚信'你生之前悠悠千载已逝，未来还会有千年沉寂的期待'……没有这些东西，这个人便不会有科学的志向，他也不该再做下去了。"[①]玄奘法师正是这样，发自内心地献身于学问，献身于使他因自己所服务的主题而达到高贵与尊严的学问，因此生前身后都受到人们的尊重和敬仰。

四

玄奘法师不仅是伟大的学者，而且更是伟大的真理追求者。他把他的全部聪明才智、他的毕生精力都毫无保留地献给他心目中的真理——佛学。

我少年时代开始读《三藏法师传》时，和大多数我的同龄人一样，对佛教不仅一无所知，而且充满偏见，认为那是"迷信"，因而不屑一顾，甚至盲目地反对。后来，随着知识渐长，偏见也慢慢消减，体会到佛教是一个博大精深的思想体系，从而也渐生敬意。确实，佛教思想体系的宏大精妙，在近代以前的世界史上罕有其匹。到了科学昌明的今天，像爱因斯坦那样的大科学家对佛教的伟大也予以高度的肯定。"我不是一名宗教徒，但如果我是的话，我愿

[①] 马克思·韦伯：《学术与政治——韦伯的两篇演说》，冯克利译，生活·读书·新知三联书店，2005。

"中国的脊梁"　053

成为一名佛教徒。"

由于悟性低下,我至今还是未能领会佛学真谛,但是佛教的一些基本理念却令我深感敬服。《长阿含经》说:"尔时无有男女、尊卑、上下,亦无异名,众共生世故名众生。"《大般涅槃经》更进一步提出"以佛性等故,视众生无有差别",因此"一切众生皆可成佛"。这个"众生平等""一切众生皆可成佛"之说,是人类历史上第一次出现的"人人平等"的理念,在等级森严的传统社会中,是一个革命性的观念,也是中国儒家文化所缺乏的。

佛教以慈悲为本,《大智度论》说:"慈悲乃佛道之根本。"《观无量寿佛经》也说:"佛心者,大慈悲是。"魏晋南北朝是中国历史上的最为长久的"黑暗时代",在这四百年的漫长时期,中国到处腥风血雨,血流成河,"铠甲生虮虱,万姓以死亡。白骨露于野,千里无鸡鸣。生民百遗一,念之断人肠"①,成了暗无天日的人间地狱。原有社会秩序崩溃解体,使得广大人民陷于无边苦海之中而不能自拔。在此时,佛教的慈悲精神和为此采取的各种社会救助手段,给陷于极度苦难中的中国人民提供了精神上的慰藉和物质上的帮助。在佛教所倡导的福田思想的影响下,广大信众通过救助贫乏、赈济饥荒、举办斋会、施医舍药、瘗葬贫民等方式,践行佛教倡导的"菩萨行"思想。这突破了以往中国社会中仅依靠血缘和地缘维系,对本团体人群进行的救助方式的局限,使得千千万万流离失所、绝望无助的人得到起码的救援,从而得以存活下来。也正是因为如此,佛教在这个"黑暗时代"获得了长足发展,成为社会最

---

① 曹操:《蒿里行》,余冠英选注《三曹诗选》,人民文学出版社,1997,第4—5页。

主要的精神支柱,以致儒家思想的坚定捍卫者韩愈痛心地说:"周道衰,孔子没,火于秦,黄老于汉,佛于晋、魏、梁、隋之间。其言道德仁义者,不入于杨,则归于墨;不入于老,则归于佛。入于彼,必出于此。"[①]

在所有的宗教中,佛教是最具有和平精神的宗教,这已为人们所共许,这也许是它在中国成功的一个重要原因。在中国历史上,多种外来宗教进入中国,但只有佛教是不依靠政治、军事、经济的势力支持而传入并传播开来的。正是因为这种和平方式,大大减轻了中国人民对这种外来宗教的抵触,使它能够在广大民众心里扎下根,因此虽然有多次由统治者发动的"灭佛"运动,但佛教在民间依然香火昌盛。因为它已经为广大人民所接受,因此后来也得到儒家正统的宽容和接纳。宋代儒学吸收和采纳了佛教的众多理念和思想,使得佛教也充分地融入了以儒家为核心的中华文明体系中。这也是外来宗教成功地成为广大中国人民普遍信奉的宗教的唯一例子。

由于佛教体现了一种与儒家完全不同的文明和价值观,因此其传入是一个对中国传统文化的冲击。既有冲击,就有回应。特别是佛教关于"众生平等"的基本价值观,和以"君君、臣臣、父父、子子""三纲五常"为核心的中国儒家价值观是截然对立的。正是因为这个原因,佛教传入中国后,引起固守传统的保守人士的强烈反感。早在南朝,范缜就作了著名的《神灭论》,痛斥佛教:"佛在西域,言妖路远,汉译胡书,恣其假托。故使不忠不孝,削发而揖君亲";"演其妖书,述其邪法,伪启三途,谬张六道,恐吓

[①] 韩愈:《原道》,《韩昌黎文集》,上海古籍出版社,1986,第14页。

愚夫，诈欺庸品。"①到了唐代，那位"文起八代之衰"，被陈寅恪先生誉为"唐代文化学术史上承先启后转旧为新关捩点之人物"的韩愈，也抨击佛教说："夫佛本夷狄之人，与中国言语不通，衣服殊制；口不言先王之法言，身不服先王之法服；不知君臣之义，父子之情。"②北宋大文豪欧阳修也说："彼为佛者，弃其父子，绝其夫妇，于人之性甚戾，又有蚕食虫蠹之弊"，"今佛之法，可谓奸且邪矣。"③因此，许多著名学者都坚信佛教就是祸国殃民的邪教："洎于苻、石，羌胡乱华，主庸臣佞，政虐祚短，皆由佛教致灾也"；④"浮屠西来何施为，扰扰四海争奔驰"；⑤佛教流行，是"夷狄之术，行于中华，故吉凶之礼谬乱，其不尽为戎礼也无几矣"，"溺于其教者，以夷狄之风而变乎诸夏，祸之大者也，其不为戎乎幸矣"。⑥这种对佛教的排斥态度也导致了中国佛教史上的"三武之祸"，即运用国家权力禁绝佛教。

在这样的历史背景下，玄奘法师以毕生精力促进佛教在中国的发展，这对居于主流的儒家保守人士来看，无疑是传播邪说。但是，玄奘法师却为了追寻、捍卫和传播他所笃信的佛学真谛，献出了自己的一生。和《西游记》中那位善良、软弱、有点昏庸和无能的白面和尚"唐僧"不同，真实的玄奘法师仪表堂堂、聪明过人，不仅学识渊博、辩才无双，而且洞察人情世故，能够很好地处理人

---

① 范缜：《神灭论》，严可均辑《全梁文》，商务印书馆，1999，第479页。
② 韩愈：《论佛骨表》，《韩昌黎文集》，上海古籍出版社，1986，第615—616页。
③ 欧阳修：《本论》，《欧阳修全集》第17卷，中华书局，2001，第288—289页。
④ 范缜：《神灭论》。
⑤ 韩愈：《韩愈集》，岳麓书社，2000，第87页。
⑥ 李翱：《去佛斋论》，王水照主编《传世藏书·集库·总集》7—12《全唐文》，海南国际新闻出版中心，1996，第4423页。

际关系。玄奘法师的才干，受到多位君主的赏识和敬佩，其中就包括中国历史上最英明的皇帝之一的唐太宗。"使李将军，遇高皇帝，万户侯何足道哉！"因此不论是在中国还是西域、印度，如果他要还俗出仕或者留在佛门之内成为"国师"，前景都无限光明。但是他却坚定不移地拒绝了各国统治者主动送上的"良机"，笃守初衷，潜心探求真理，将个人荣辱乃至生死都置之度外。这种为探究真理而牺牲一切的精神，使他成为一个与众不同的人。罗曼·罗兰在《名人传》序说："我称为英雄的，并非以思想或强力称雄的人；而只是靠心灵而伟大的人。……没有伟大的品格，就没有伟大的人，甚至也没有伟大的艺术家，伟大的行动者；所有的只是些空虚的偶像，匹配下贱的群众的：时间会把他们一齐摧毁。成败又有什么相干？主要是成为伟大，而非显得伟大。"我想正是因为如此，鲁迅先生把"舍身求法"的人也列入"中国的脊梁"，而其中玄奘法师无疑占有突出一席。

孟子说："居天下之广居，立天下之正位，行天下之大道。得志，与民由之；不得志，独行其道。富贵不能淫，贫贱不能移，威武不能屈，此之谓大丈夫。"玄奘法师就是这样一位"大丈夫"。孟子所说的"大丈夫"，我觉得就是鲁迅先生所说的"中国的脊梁"。

五

玄奘法师圆寂之后，虽然还出现了像明末顾炎武、黄宗羲、王夫之那样的大思想家和阎若璩、钱大昕、段玉裁、王念孙、王引之那样的大学问家，但像玄奘法师那样学贯中西、学识精深而又坚定追寻真理，甘愿为真理的引进、研究和传布献身、堪称"中国的脊梁"的"知识分子"却已不复多见。

到了宋代，真宗皇帝写了那篇脍炙人口的文章《励学篇》，为中国有志青年指出了一条走向未来的通途："富家不用买良田，书中自有千钟粟。安居不用架高堂，书中自有黄金屋。出门莫恨无人随，书中车马多如簇。娶妻无媒毋须恨，书中有女颜如玉。男儿欲遂平生志，勤向窗前读六经。"自此以后，"一心只读圣贤书""学而优则仕"成了中国"读书人"的人生信条。吴敬梓在《儒林外史》中，以入木三分的笔调，描绘出了当时"读书人"的人生百态。其中最能够体现他们人生价值观的，就是科举制度下的成功者周进对一位年轻学子所做的点拨："当今天子重文章，足下何须讲汉唐？"还有一位科举制度下的失败者马纯上（马二先生），对一位忘年交做了这样的忠告："'举业'二字是从古及今人人必要做的。就如孔子生在春秋时候，那时用'言扬行举'做官，故孔子只讲得个'言寡尤，行寡悔，禄在其中'，这便是孔子的举业。……到本朝用文章取士，这是极好的法则，就是夫子在而今，也要念文章、做举业，断不讲那'言寡尤，行寡悔'的话，何也？就日日讲究'言寡尤，行寡悔'，那个给你官做？孔子的道也就不行了"，"人生世上，除了这事，就没有第二件可以出头"。换言之，出头的唯一途径就是读书做官。由于科举考试严格限定读书范围，所以"读书人"的全部聪明才智就集中在怎么背诵四书五经，怎么写好应试文章。只要四书五经背得熟，八股文做得好，"一鞭一条痕，一掴一掌血"，别的"都是野狐禅、邪魔外道"。这样，他们的整个精神世界，就局限在建立在"三纲五常"等儒家教条基础之上的狭小天地中，即如《儒林外史》中王德兄弟所言："我们念书的人，全在纲常上做工夫，就是做文章，代孔子说话，也不过这个理。"①

鲁迅先生对这种教育制度进行了深刻的批判。他说："我出世的时候是清朝的末年，孔夫子已经有了'大成至圣文宣王'，这一个阔得可怕的头衔，不消说，正是圣道支配了全国的时代。政府对于读书的人们，使读一定的书，即四书和五经；使遵守一定的注释；使写一定的文章，即所谓'八股文'，并且使发一定的议论。然而这些千篇一律的儒者们，倘是四方的大地，那是很知道的，但一到圆形的地球，却什么也不知道，于是和四书上并无记载的法兰西和英吉利打仗而失败了。"但是，"儒生在私塾里揣摩高头讲章，和天下国家何涉。但一登第，真是'一举成名天下知'，他可以修史，可以衡文，可以临民，可以治河，到清朝之末，更可以办学校，开煤矿，练新军，造战舰，条陈新政，出洋考察了。成绩如何呢？不待我多说"。

这种情况并未随着清朝的灭亡而消失。到了民初，虽然新式教育日益发展，但传统的教育制度和思想依然强势存在。鲁迅先生说："对'教育当局'谈教育的根本误点，是在将这四个字的力点看错了：以为他要来办'教育'，其实不然，大抵是来做'当局'的"，而所谓做"当局"，"说得露骨一点，就是做官"。在这样的氛围之下，读书、做学问，都成为博取功名、谋求私利的工具。清代学者俞樾说："今人以时文为敲门砖，宋人已如此矣。"② 鲁迅先生进一步说："清朝人称八股为'敲门砖'，因为得到功名，就如打开

---

① 吴敬梓：《儒林外史》，人民文学出版社，1977，第3、5、11、13、15回。
② 俞樾：《焚时文》，《茶香室丛钞》，中华书局，1995。

了门，砖即无用。"①既然已经无用，还再要它作甚。倘若还要为学问、为真理吃苦，那就愚不可及了，"聪明人"绝不会为之。像玄奘法师那样舍身求法，为了追求学问真谛，为了寻觅人生真理，不惧艰难困苦，视功名利禄为敝屣的"不识时务"的人，也理该被淘汰出局了。在那些"识时务"的"俊杰"们大展身手的康雍乾时代，中国出现了史无前例的经济繁荣，成为世界第一大经济体。然而，与此同时，欧亚大陆另一端出现了改变人类命运的意义深远的科学革命、技术革命和思想革命。而沉醉在"康雍乾盛世"之中的千千万万中国"知识分子"，对这些的伟大革命茫然无知，没有作出任何贡献。这，应当就是回答"李约瑟难题"的一个答案吧。

到了20世纪，虽然世界已经发生了巨大变化，但是爱德华·萨义德仍然感叹说："当今世界更充满了专业人士、专家、顾问，总之，更充满了知识分子，而这些人的主要角色就是以其心力提供权威，同时获取巨利"，②像玄奘法师这样的大丈夫已不多见。因此，读读像《大唐大慈恩寺三藏法师传》这样的名著，重温鲁迅先生称为"中国的脊梁"的那些先贤的光辉事迹，对于我们来说是十分有意义的。

---

① 鲁迅：《吃教》，《准风月谈》，人民文学出版社，2006；鲁迅：《反"漫谈"》，《而已集》，人民文学出版社，2006。
② 爱德华·W.萨义德：《知识分子论》，单德兴译，生活·读书·新知三联书店，2002，第4页。

水转大纺车及其历史命运

——兼论明清中国何以未能发生工业革命

宋元时代的中国,曾经是世界上最先进的国家,经济发展水平远远居于欧洲各国之上。此后,欧洲逐渐赶了上来,但直至18世纪中期以前,中国和欧洲还大致处于一种雁行的状态,彼此差距还不十分明显。18世纪中期英国工业革命发生,从此以后,中国便被远远地抛到了后面。①"由先进到落后"这个中国历史地位的巨大转变,是怎么发生的?为什么会发生?毫无疑问,这是中国经济史上头等重大的问题。长期以来,中外史家为寻求这个问题的解答,进行了大量的工作,提出了众多的见解,取得了丰硕的成果。当然,由于问题本身的复杂和深奥,对其答案的探求至今还未达到止境,因此尚有待于继续进行努力,本文拟从纺织业中机器的使用这一问题入手,对中国何以未能出现工业革命的一些重要原因进行探讨。

马克思指出,机器是"工业革命的起点"。这是因为"生产方式的变革,在工场手工业中以劳动力为起点,在大工业中以劳动资

---

① 参阅宫崎市定《宋代の石炭と铁》,载于《东方学》第18辑。

料为起点。因此,首先应该研究,劳动资料如何从工具转变为机器"。①马克思又指出,"棉、毛、麻、丝等的纺织业",是"最早依靠水力、蒸汽和机器而发生革命的工业部门",因而是"现代生产方式的最初产物"。②因此,纺织业中机器的发明与使用情况,是经济史研究中的一个重大课题。

18世纪后期的英国工业革命,实际上以水力纺纱机的发明和使用为开端,虽然意大利人很早就已利用水力捻丝,而英国人托马斯·隆柏取得了意大利人的秘密后于1719年在德比建立了第一个水力缫丝厂,但是在18世纪60年代以前,英国纺织业中还未运用水力纺纱机。③直到1769年,具有实用价值的阿克莱的水力纺纱机定型并推广,嗣后克隆普顿又将阿克莱的水力纺纱机与哈格里夫斯的"珍妮"纺纱机加以改进并结合,于1779年发明出更优良的改良水力纺纱机——"骡机"以后,英国纺织业才进入突飞猛进的时代,成为工业革命中的主导工业部门。④

但是,出乎一般人意料之外的是,具有伟大历史意义的水力纺纱机的发明与最早使用,并不是在18世纪后期的英国,而是在以前400余年的元代中国。虽然水力纺纱机的历史结局在中英两国迥然不同,但是,作为一项对人类文明史的伟大贡献,中国古代那些无名的能工巧匠,完全有资格与阿克莱、哈格里夫斯和克隆普顿等人

---

① 《马克思恩格斯全集》第23卷,第330页。
② 《马克思恩格斯全集》第23卷,第408页。
③ 约翰·克拉潘:《简明不列颠经济史——从最早时期到1750年》,范定九、王祖康译,上海译文出版社,1980,第314页。
④ P. Deane and W. A. Cole, *British Economic Growth, 1688—1959: Trends and structure*, the Cambridge University Press, 2nd Edition, pp.182–183.

一样名垂青史。而且，为什么水力纺纱机在中英两国具有截然不同的历史命运，引起完全不同的历史后果，更是一个值得我们深思的问题。

14世纪中国已发明并使用了水力纺纱机：这在王祯《农书》中有翔实的记载。王祯把这种水力纺纱机称为"水转大纺车"。并且以文字和图样详细地介绍了水转大纺车的结构与性能，以及当时水转大纺车的使用情况，从而以确凿不移的证据证实了世界上最早的水力纺纱机的存在。

从王祯的记述（分见于殿本《农书》卷一九《农器图谱十四·利用》与卷二二《农器图谱二十·麻苎门》）里，我们可以看到：这种水转大纺车，已经是一种相当完备的机器了。它已具备了马克思所说"发达的机器"所必备的三个部分——发动机、传动机构和工具机，因而具有良好的工作性能和很高的工作效率。诚如王祯所赞的那样，"大小车轮共一弦，一轮才动各相连。机随众筳方齐转，垆上长纤却自缠。可代女工兼浣省，要供布缕未征前""车纺工多日百斤，要凭水力捷如神！""比用陆车，愈便且省"。

从工艺学的观点来看，水转大纺车已达到很高水平。其发动机部分为水轮，系马克思所说的那种"接受外部某种现成自然力的推动"的发动机；[①]传动机构为皮带；而工具机则为大纺车。在这三个部分中，除传动机构外，水轮与大纺车都已相当完备了。王祯说：水轮"与水转碾磨工法俱同"，而水转碾磨在此之前已有上千年的发展历史，可以说是相当成熟了。

[①] 马克思语见《马克思恩格斯全集》第23卷，第410页。

尤其值得重视的是大纺车。马克思说,"工具机是十八世纪工业革命的起点。在今天,每当手工业或工场手工业生产过渡到机器生产时,工具机也还是起点"。①而水转大纺车的工具机(即大纺车)所达到的工艺技术水平,即使是用18世纪后期英国工业革命纺纱工具机的尺度来衡量,也是非常卓越的。例如,著名的"珍妮"纺纱机最初仅拥有8个纱锭,后来才增至12—18个纱锭,而大纺车却拥有32个纱锭。"珍妮"纺纱机仅可靠人力驱动,而大纺车却可以水力、畜力或人力为动力。而且,大纺车稍作修改,缩小尺寸,又可用来捻丝("又新置丝线纺车,一如上[法],但差小耳")②,具有相当好的适应性。伊懋可把大纺车和18世纪后期及19世纪初期英国工业革命中的亚麻纺纱机作了对比之后发现:二者在结构上"惊人地相似",他甚至认为后者可能就是前者经印度传入英国后略加改良的产物。③

更加值得重视的是,和许多古代的伟大发明的存在情况不一样,水转大纺车已经不只是伟大发明家的天才构想和设计。它已经走出了实验室,被广泛使用于生产实践之中,这个事实其意义之重大,并不逊于发明本身。因此,无论是从科学技术史的角度来看,还是从社会经济史的角度来看,水转大纺车都占有极重要的地位。

关于水转大纺车的使用情况,王祯说:"中原麻苎之乡,凡临流处所多置之。"由于水转大纺车工效高,因此往往多户人家合用一车:"或众家绩多,乃集于车下,秤绩分缕,不劳可毕。"可见,

---

① 《马克思恩格斯全集》第23卷,第410页。
② 《农政全书》卷三六《蚕桑广类》引《农书》时增此"法"字。
③ Mark Elvin, *The Pattern of the Chinese Past: A Social and Economic Interpretation*, Stanford University Press, 1973, p.198。

在14世纪初期的中原的某些沿河地区，水转大纺车的运用已比较普遍。

作为一个目光远大、重视民生的伟大科学家，王祯看到了水转大纺车的重大经济价值。因此，他积极地宣传鼓吹其优越性，"特图其制度，欲使地方之民视其机括关键，仿效成就，可为普利"，"画图中土规模在，更欲他方共得传"。他这种令人感佩的努力有没有结果？换言之，自《农书》写成后，在中原以外的地区（特别是南方地区），有没有采用水力纺纱机的情况？过去史坛一直未能予以回答。然而，这个问题却难以回避。因为这不仅涉及王祯所述的水转大纺车已较为普遍地运用于生产实践之说是否有孤证之嫌，而且还涉及对元代中国经济发达的南方地区纺织业发展水平的评价问题，因此，这个问题必须回答。

对于这个问题之所以一直未能作出回答的原因，是未发现必要的证据。其实，这样的证据是存在的。我近来在《古今图书集成》中，发现了一则非常有价值的文字，从而对上述问题作出了解答。

据《古今图书集成·职方典》卷五九八《成都府部·艺文二》所收元人揭傒斯的《蜀堰记》，顺帝至正元年（1341）重修都江堰，效果很好。修堰之前，"常岁或水之用仅数月，堰辄坏。今虽缘渠所置碓碾纺绩之处以千万数，四时流转而无穷。"

从这段文字里，我们可以清楚地看出：第一，都江堰下游，"缘渠所置"的"碓碾纺绩之处"，毫无疑义是借助水力推动的水转碓碾和水转纺车；第二，"缘渠所置碓碾纺绩之处以千万计"，说明这里的水转碓碾与水转纺车不仅数量众多，而且十分集中；第三，"四时流转无穷"，亦即水转碓碾与水转纺车常年运转，四季不停,可见设备利用程度很高。

由于文字过简,揭傒斯的文章并未确言此时此地的水力纱绩机就是王祯记述的水转大纺车。但是,我们认为都江堰一带的水力纺绩机应当就是或者近似于王祯记载的水转大纺车。因为王祯《农书》成书于皇庆二年(1313),距修都江堰的至正元年(1341)已近三十年,而中原地区使用水转大纺车,从其普遍程度来判断,肯定还在《农书》成书之前很久。也就是说,对于都江堰一带的纺纱业来说,中原的水转大纺车早已提供了一个历史的成规,况且王祯《农书》的刊出又为之广作宣传:因此这已不成为一种难以仿效的技术秘密了。其次,从制造与使用的可能性来看,成都平原是有条件制造并使用水转大纺车的。四川盛产木材,而且当时都江堰所在的成都平原上还有比较发达的铁工业(这从此次重修都江堰时情况可得到证实:据前引《蜀堰记》,此次修堰共用去铁六万五千斤,役使铁工七百人),这就从物质上保证了较一般农家纺车用木、铁更多,且制造工艺更复杂的水转大纺车的大量制作。同时,当时成都平原上拥有发达的纺织业。在此次修堰前三四十年的大德年间(1298—1307),马可·波罗在此"见有城村甚众,皆有墙垣,其中纺织数种丝绢","彼等恃工业为活,其续织美丽Cenolaux及其他布匹,且在成都府城纺织也"。[1]这就为水转大纺车的使用提供了可能的背景,因此,元代后期都江堰下游缘渠所置的数量众多的水力纺绩机,即是王祯《农书》所载的水转大纺车或其相似物,当可肯定。

---

[1] 《马可·波罗行纪》第13章《成都府》,沙海昂注,冯承钧译,商务印书馆,1936。

这个记载，不仅以一个具有确切的时间与地点的实例，证实了元代水转大纺车的使用并不只限于中原麻苎之乡，而且还向我们显示了元代纺织业中机器使用所达到的令人惊异的高度。如上所述，都江堰一带水转大纺车为数众多，一年四季运转不息。换言之，在此时此地，此种机器不仅得到广泛使用，而且机器利用率也很高。与此相较，中原地区河流水量季节差异太大，机器不能常年运转，利用率远不及此，而且王祯《农书》所言过简，未能使我们得知当时中原地区水转大纺车的具体使用地点，以及在一个地区内的机器数量，等等。不过，从一般的情况推测，其在一个地区内的机器数量，恐不及都江堰一带集中，并且其所依托的经济背景，谅亦不及成都平原优越。因此，从某种意义上可以这样说，元代后期的都江堰一带，乃是当时中国最普遍、最集中、最充分使用了水力纺纱机的地区，因而也是世界上第一个在纺纱业中建立起雏形的机器生产体制的地区。

在欧洲，比较有意义的机器使用始于工场手工业时代。但是这种机器使用，如马克思所说，仅是"间或"的使用，而且主要集中"在某些需要大量人力、费力很大的简单的最初过程"。[1]纺织业中，虽然也使用了一些机器，但在凯伊"飞梭"纺织机和阿克莱水力纺纱机出现以前，纺织业中机器使用意义尚很有限。当时所使用的纺织机器还很简陋，不足以和水转大纺车相匹，更没有出现像成都平原上那种水力纺纱机集中使用的情况。仅就这一点而言，元末成都平原是走在18世纪初期英国之前的。这不能不令人感到惊讶。

---

[1] 《马克思恩格斯全集》第23卷，第386页。

马克思还指出，"机器在17世纪的间或应用是极其重要的"。①因而12—13世纪水力纺纱机在人类历史上的首次使用，意义也自然非同寻常。可能是有鉴于此，所以伊懋可在评价王祯《农书》所说的水转大纺车的工艺成就时说，"这种机器虽然还不是非常有效，但如沿其所代表的方向进一步发展的话，那么中古时代的中国很可能会比西方早四百多年就出现一场纺织品生产上的真正的工业革命"。②从某种意义上来说，情况似乎确实如此。特别是上述成都平原西部都江堰一带的纺织品生产，似乎已经处于这场革命的前夜，再前进一步，似乎就会跨入工业革命的门槛了。因为工业革命的过程，正如马克思所描述的那样，正是由纺纱业的革命所带动的："一个工业部门生产方式的变革，必定引起其他部门生产方式的变革。……有了机器纺纱，就必须有机器织布，而这二者又使漂白业、印花业和染色业必须进行力学和化学革命。"③

然而，无论是成都平原，还是中原地区，或者中国其他任何一个地方，这场看上去似乎可能会发生的工业革命并没有发生，而且在此后直至鸦片战争为止的数百年中，我们也看不到中国的纺织业或是其他生产部门有发生或将要发生工业革命的迹象。更加令人费解的是：水力纺纱机，这个成为英国工业革命开端的机器在元代中国曾经一度得到相当广泛的使用之后，就像一现的昙花，在以后的生产实践中失去了它的踪影。只有在徐光启《农政全书》中，还保留着王祯《农书》的有关图文，这似乎成为对昔日盛景的惆怅

---

① 《马克思恩格斯全集》第23卷，第386—387页。
② *The Pattern of Chinese Past*, p.198。
③ 《马克思恩格斯全集》第23卷，第421页。

追忆。

就这样，在人类生产工具发展史和社会经济史上具有伟大意义的水转大纺车，在一度广泛运用于中国南北的麻纺业之后，又神秘地销声匿迹了。要再等待四个世纪之久，它才又以新的面目出现于英国的棉纺业，并引起一场改变人类历史的伟大革命。为什么如此？为什么水转大纺车仅仅是像一颗光辉夺目的流星在中国历史上一晃而过，而未引起似乎可能出现的工业革命？埃尔温以及其他人，对此感到困惑不解，感到深深的遗憾和惋惜。到底是为什么？这成了中国经济史上的一个谜，一个令人费解而又意思深远的历史之谜。

水转大纺车在结构工艺上还不是很完善，还存在着一些较大的缺陷，特别是在传动机构方面。大纺车（工具机）与水轮（动力机）之间仅仅通过皮带来传动，而皮带运动不够规则，难以保证纱锭的均速转动。而且，由于在皮带之外别无调节机件，因而不能根据生产需要随时调整纱锭转速。这样，纺出来的纱就时粗时细、时松时紧，质量不均。同时在纺纱过程中还容易断头，因而用水转大纺车纺出的纱，在质量上很可能不如一般手摇纺车纺出的纱。随着人们对纺织品质量要求的提高，水转大纺车就难于再继续使用下去。

但是我们应当看到，在当时的工艺技术条件下，水转大纺车的上述主要缺陷不是不可以克服的。例如工业革命期间的英国麻纺机的传动机构，也仅是传动皮带之外再加上一个螺旋调节装置，使操作工人能够根据需要拉紧或放松皮带，达到皮带运动的规则化。同时，在转动轴与纱锭之间，用齿轮传动装置取代另外一条传动皮带。这样，即可使得纱锭运转匀速，从而保证纺出的纱粗细松紧均一,不易断头。而这些改进所需的工艺技术知识,"并未超过元代中国人的技巧之所及"。此外,在水力动力机(水轮)方面也还有若干需要改进之处,但是"对于一个早在宋代就已制造出双动活塞投掷机(double-acting piston flame thrower)的民族来说,这应非不可克服的困难"。唯一的问题仅在于,没有人去进行这些方面改进工作的努力。

大纺车不适于纺棉(特别是纤维短、拉力小的中国棉),这是客观的事实。但是,对大纺车加以改进,使之适于纺棉,在当时的技术条件下并未存在着不可克服的障碍。事实上,哈格里夫斯的"珍妮"纺纱机,不过就是把传统的手摇纺车的纱锭由1个增到8个,同时在这种新的多锭纺车上,安放了两根可前后滑动的木杆,并用一个木托架代替执棉条的那只手而已。纺纱时,纺工用手托住木托架,使之来回行动,另一只原来就是摇纺车转动曲柄的手,仍然摇动曲柄使纱锭转动,这时棉条从两根木杆中间穿过绕到锭上,由于木杆的移动,棉条在受到拧绞的同时得到拉伸,从而解决了纺棉纱的关键技术问题。阿克莱的纺纱机用4对由1个轮子推动、但速度不同的滚筒代替了木杆,使得拉伸工作更为规范比。这些改进在工艺上并不困难,而且,有意思的是,据说阿克莱是在德比研究了当时的水力捻丝机后受到了启发的(而水转大纺车恰恰就是最早的水力捻丝机);另一说更有意思:阿克莱之领悟纺纱机的原理,是由于他"听到一个水手叙述中国人所用的机器"。[①]当时中国纺棉纱尚未用机器,人们已知的唯一纺机只有水转大纺车。水转大纺车虽

---

① 保尔·芒图:《十八世纪产业革命》,杨人楩、陈希秦、吴绪译,商务印书馆,1983,第174页。

然早已不使用,但有关图文昭然俱在。该水手大约是从在中国传教的西方传教士那里得知这种机器的。西方传教士为了便于在中国传教,不会不注意到明末身居内阁大学士的天主教徒徐光启的著作,而徐光启的《农政全书》又几乎原封不动地保存了水转大转车的图文。因此,不论实际情况如何,阿克莱的水力纺棉机,与水力捻丝机(特别是中国的水力捻丝纺麻机),是有一定渊源关系的。

附文

传动带(前1世纪)

(引自坦普尔·罗伯特:《中国:发明与发现的国度——中国科学技术史精华》,中译本,21世纪出版社,1995,第98—99页)

传动带将动力从一个轮子传递到另一个轮子,并产生连续的旋转运动。它早在公元前1世纪便出现在中国。这可由公元前15年扬雄《方言》一书中的一段文字("河济之间,络谓之给")得到证实。研制传动带与缫丝机的使用有关,尤其是一种称为卷纬机的机器,它将长长的丝纤维卷绕在绕丝架上以备织工的梭子使用。这种机器的特点是有一个大轮子、一条传动带和一个小皮带轮,于公元230年至公元232年间编撰的《广雅》一书再一次提到这种机器。

传动带对于纺车的发明是至关重要的,后者另有条目介绍(参见"纺车")。传动带不仅可以围绕有轮缘的普通轮子旋转(无论轮于是否带凹槽),还可以围绕无轮缘的轮子旋转。无轮缘的旋转轮乍听起来可能显得语义矛盾,而且使用无轮缘轮子的传动带一开始就似乎是非分之想,然而,事实上,处于稍稍突出或两套被交替安装的轮辐之间的纤维的摇架,可以为皮带创造一种十分适合的连接。李约瑟博士正好拍下了公元1942年陕西还在使用的这样一台古代纺车的照片。公元1270年的纺车竟原模原样地流传到现代,想起来真令人惊奇。中国还有一项在无轮缘轮子上使用传动带的技术,这就是将有凹槽轮装在轮辐的末端并通过连续的槽来带动传动带。

传动带再改进后,便成为中国于公元976年发明的传动链。传动链基本上是传动带,代替实心带的是一些链节构成的链,链节与轮上的轮齿咬合,整个传动链缠绕在轮子上。

传动带显然是被从中国返回的游客传到意大利的卷丝及纺丝车技术的一部分而进口到欧洲去的。欧洲有关传动带的最早的实际形象物于公元1430年出现在卧式旋转磨石上。公元18世纪至公元19世纪以前传动带在欧洲一直极其罕见,这表明欧洲人在三个多世纪里并不重视把纺织机的这一特殊机件用于其它目的。在欧洲,扁平皮带和钢丝缆绳用作传动带是在公元19世纪才开始的。

链式传动装置:(10世纪)

(引自前书第135—136页)

用链式传动装置传输动力是中国的张思训于公元976年发明的。他将链式传动装置用在他的大型机械钟中。自公元2世纪起,中国就有了方形板叶链式水车(龙骨车),至公元10世纪,即张思训所处的年代,数十万架龙骨车已遍布中国乡村。当张思训遇到他的时钟的动力传输问题时,他肯定受到了人们熟悉的龙骨车上链轮链原理的启发。尽管这种链本身并不传输动力,但张思训显然认识到采用类似的设计方法传输动力是可行的,并将这一重要发明用于他的时钟中。

公元1090年,张氏的一位后继者,著名的发明家苏颂建成了巨大的天文钟楼。最初他曾试图使用主垂直传动轴,但未能成功,进而他采用了被他称为"天梯"的链式传动装置。很幸运,我们现有一张苏颂制造的链式传动装置的图,该图于公元1090年刊印在他写的《新仪象法要》一书中。显然,这是世界上最古老的环状动力传输的链式传动装置图。人们发现,提高机械效率的关键问题是如何消除所有机械连接部位的松弛,而又短又紧的链式传动装置正符合这种要求。

尽管我们没有公元976年关于张氏的最早的链式传动装置的详细材料,但却知道公元1090年苏颂关于这方面的一些较详细的材料。苏颂的链条是双连接式的,链式传动把时钟机械的主驱动轴与小齿轮箱中的一串三个小齿轮连接起来,它们驱动浑天仪(时钟中的天文部分)旋转。苏颂在他的书中叙述链式传动时说:这天梯,有六米长,成一条铁链,连在一起,形成一种环路,从上部链轮悬吊下来,绕着传动轴的下部链轮传动。

在古代西方,拜占庭的菲隆(Philon)约于公元前200年设计了松链条和五边形链轮(不过很难说它们是否制造出来了);但他设计它们时并不是想到了动力传输,而只是为了用来给石弩连续装填石弹。即使这一机械真的造成了,它也不是真正的链式传动装置。

第一个真正的欧洲链式传动装置是由雅克·德沃坎逊(Jacquesde Vaucanson)于公元1770年制作的,用于缲丝和推动磨机。公元1869年,J. F. 特雷兹(J. F. Tretz)使用链式传动装置制造自行车。虽然自行车现在在中国是最主要的交通工具之一,但可笑的是，在使用自行车的中国人中，只有少数人知道自行车链式传动装置是中国人的发明。这一发明比西方制出这种装置早800年，比欧洲人把它应用于自行车上早900年。

曲柄摇把（前2世纪）

（引自前书第82页）

如果为某种机械目的你想使装配在某个位置的轮子转动，那么仅用手推着轮子转显然是愚笨的，最好的办法是在轮子边上固定一个棒作为把手，来转动轮子，这就是曲柄摇把。但是，这种方法被中国人于公元前2世纪使用以前，还从来没有人想到过。

中国人发明曲柄摇把，是将其用在农业上，即用在旋转式风扇车上，这是十分重要的，直到那时，人类才知道在轮子边上装一个和轮面成直角的棒，可作为转动轮子的把手。而西方人在1100年以后才开始使用同样的办法。

除了中国人之外，只有古埃及人接近作出了与曲柄摇把相类似的发明。他们在公元前2500年采用了一种斜的原始曲柄佣来转动原始手摇钻。这种装置的特点是在轮子的顶端用一个倾斜的把手来转动轮子，这个把手既不固定在轮子上，也不和轮面成直角。

中国人还把曲柄摇把用于井的辘轳、手推磨、磨机和丝绸工业的许多机器上。最早刊印的曲柄摇把图片见于公元1313年王祯的《农书》。现存曲柄摇把最早的式样见于汉代古墓出土的小型陶制农家庭院模型上，其年代大约为公元前1世纪。而最早在欧洲使用的曲柄摇把的证据见于公元830年的荷兰乌得勒支《圣经·诗篇》（Utrecht Psalter）的一份手稿中的轮转石磨画。

纺车（11世纪）

（引自前书第233—234页）

唤起人们对欧洲村舍生活方式和印度农村生产力相似想象的家用纺车起源于中国。欧洲已知的对纺车的最早介绍，是在公元1280年左右出版的德国斯佩那尔一个行会章程中间接提到的。李约瑟博士相信，纺车以及与纺织品有关的其他机械是元代由到中国旅游的意大利人传入欧洲的。他指出："因为我们发现，从那以后不久，在意大利的卢卡等城市，缫丝厂使用的机器酷似中国的。由此推测，是那时到东方旅游的某个或某些欧洲商人把设计图样装在鞍囊中带回国的。"

纺车是从中国人用来加工丝绸纤维的机械派生出来的。一根丝线有几百米长，其抗拉强度为每平方厘米4570公斤，这比我们已知的任何一种植物纤维的强度都高，并接近某些工程材料的强度。在中国最迟不晚于公元前14世纪，蚕已被驯化，丝绸工业已经发展起来。虽然很显然，从那以后的好几个世纪里养蚕和丝绸工业有了发展，但从一开始丝绸业就会需要绕丝机来处理如此绵长的丝纤维。这种机器在公元121年刊印的《说文解字》里提到过，在公元230年刊印的《广雅》中又一次提及。而于公元1237年刊印的《耕织图》丛书，第一次将上述机器描绘出来了。

这种把丝线绕到筒管上的卷纬机也传到了欧洲，而且似乎比纺车进入欧洲还要早一点。在查特里斯大教堂的橱窗里被展示过。按年代推算，公元1240年至公元1245年的纺织机就是卷纬机，其中有一种图样描绘得更清楚的机器可以在大约公元1310年出版的伊普里斯（Ypres）的《贸易》（Book of Trades）中见到。

卷纬机在中国至少可以追溯到公元前1世纪。现在还不清楚纺车是什么时候从卷纬机派生出来的。如果保守一点，我们可以说，到公元11世纪时便发生了这种变化。这时棉花的栽培已经遍及全中国。很明显，为了处理棉纱，纺车便从卷纬机中分化出来了。当然，通过传送带把纺锤（锭子）与大轮子连接起来从而使纺锤（锭子）高速运转，这是最聪明的办法了。

纺织和染色技术传入法国

（引自韩琦《中国科学技术的西传及其影响》，第163—164页）

中国被誉为丝绸之国，丝绸技术可能早已传入欧洲。大航海之后，丝绸成为葡萄牙和西班牙人的主要贸易商品。虽然欧洲17、18世纪也自己生产生丝，但丝绸贸易仍极为重要，中国丝绸以价廉物美在欧洲市场具有颇强的竞争力，也使欧洲商人获得了巨额利润。当时浙江省因产丝而闻名世界，在当时的著作中就屡有记载。中国美丽的丝绸源源不断输入法国，迎合了法国贵族阶层的需要。伴随着丝绸贸易，有关纺织技术也传入法国。这些技术的传播者，主要是耶稣会士。《农政全书》是明末杰出科学家徐光启撰写，由门人陈子龙整理，于1639年出版。此书共六十卷，对以前的农书和相关文献进行了系统的摘编，并增加了许多评语，是古代农业科学遗产的总汇。书中用六卷的篇幅，详细介绍了栽桑。养蚕。纺织的方法，并刊载了许多插图。它在18世纪初就引起了耶稣会士的兴趣。

1735年，杜赫德《中华帝国通志》详细谈到了养蚕技术，是根据中国古书节译的,^①也介绍了丝绸业,^②从此书刊载的养蚕、缫丝和织机插图看,显然采用了《农政全书》卷三——三四《蚕桑》及卷三五—三六《蚕桑广类》的内容。^③

18世纪耶稣会士在中国进行了大量的传统工艺技术的调查,其中就包括纺织技术,他们绘制了大量织机图寄回法国,现仍保存在巴黎国立图书馆。这些纺织图谱包括棉、麻纺织,有出棉子(籽)、织布、织麻夏布等图;更多的是丝绸织机,包括织云龙缎、花带、罗斗纱、香云纱、大花缎、大花边、灯笼纱、熨绒、栏干、边带、素绫、花素锦等各种织物所需的织机(还有探花机),种类繁多,是迄今为止最为详细的织机图谱,对复原古代传统织物的织机类型,将有很大帮助,其中有的图上有"仁和"字样,说明这些织机图是在杭州一带所绘。此外还包括经纬线的准备,以及拔更、放更、扳更、穿箱、续更、刮绸,直至成衣的各个工序。^④此外,中国的耕织图,也通过贸易等途径传入欧洲。

---

① J-B. du Halde, *Description gbophique, hstorique, chronologique, politique et physique de'la Chine et de la Tartarie chinoise*, Haye, 1736, Tome 2, pp. 250-267。转引自韩琦《中国科学技术的西传及其影响》,河北人民出版社,1999,第163—164页。
② 同上注, pp. 246-250。这部分内容是殷弘绪翻译介绍的,参见Mme Yves de Thomoz Bossirer, *Francois-Xavier Dentrecolles et l' Appport de la Chine a l'l'Europe du XVIIIe Siecle*. Paris, 1982, pp. 114-117。韩琦:《中国科学技术的西传及其影响》,第163—164页。
③ 潘吉星:《中外科学之交流》,香港中文大学出版社,1993,第484—486页。
④ 巴黎国立图书馆还保存着和纺织相关的一些图谱,包括棉花的种植、加工,从布到成衣(染漂等工艺),从麻的种植、收割到纺织等。

楚材晋用：
中国水转大纺车与英国阿克莱水力纺纱机

开始于18世纪中叶英国的工业革命，因其在世界历史上具有"头等的重要性"，被视为"把人类历史分开的分水岭"。[1]虽然对这一伟大事件的发生及其原因至今还在探讨之中，不过按照比较普遍的看法，工业革命主要是指用机器代替人工进行生产，从而造成生产方式的变革。[2]而机器普遍用于生产，又首先出现于纺织业。因此之故，作为工业革命完成阶段见证人的马克思，对工业革命的过程作出了如下总结："棉、毛、麻、丝等的纺织业"，是"最早依靠水力、蒸汽和机器而发生革命的工业部门"，是"现代生产方式的最初产物"。[3]因此，纺织机器的发明与使用，是人类历史上的伟

---

[1] 前句出自 L. S. 斯塔夫里阿诺斯《全球通史：1500年以后的世界》，上海社会科学院出版社，1999，第276页，后句出自 North Douglas, *Structure and Change in Economic History*. W. W. Norton Company, 1981, p.158。

[2] 马克思指出：机器是"工业革命的起点"。这是因为"生产方式的变革，在工场手工业中以劳动力为起点，在大工业中以劳动资料为起点。因此，首先应该研究，劳动资料如何从工具转变为机器"。《马克思恩格斯全集》第23卷，第330页。

[3] 《马克思恩格斯全集》第23卷，第330、408页。

大事件。

依照宫崎市定的说法，中国在宋元时代的经济发展水平远居同时代欧洲之上，直至18世纪中期以前，中国和欧洲还大致处于一种雁行的状态，彼此差距还不十分明显。但是18世纪中期英国工业革命发生后，中国便被远远地抛到了后面。[①]这个"由先进到落后"的巨大变化是怎样发生的和为什么会发生？成为中国经济史上头等重大的问题。我曾发表过一篇文章，从元代的水转大纺车的问题入手，对上述问题进行过一些探讨。[②]本文的讨论则将集中到水力纺纱机本身的情况，并且看看这一重大技术发明在中国和英国有何不同的结局。

一、谁首先发明和使用了水力纺纱机：是18世纪中期英国的阿克莱，还是元代中国的无名工匠？

据一般的看法，英国工业革命以水力纺纱机的发明和使用为开端。虽然托马斯·隆柏于1719年在德比建立了英国历史上第一个水力缫丝厂，但是在18世纪60年代以前英国还未运用水力纺纱。[③]直到1769年，具有实用价值的阿克莱水力纺纱机方定型并推广，嗣后克隆普顿又将阿克莱水力纺纱机与哈格里夫斯发明的"珍妮"纺纱

---

① 参阅宫崎市定《宋代の石炭と铁》，《东方学》第18辑。
② 李伯重：《水转大纺车及其历史命运——兼论明清中国何以未能发生工业革命》，《平准学刊》第3辑上册，1986。
③ 意大利人很早就利用水力捻丝，托马斯·隆柏的水力缫丝厂是在他取得意大利人的秘密后建立起来的。约翰·克拉潘《简明不列颠经济史——从最早时期到1750年》，范定九、王祖康译，第314页。

机加以改进并结合，于1779年发明出更优良的改良水力纺纱机——"骡机"。此后，英国纺织业便在大机器生产的道路上发展，成为工业革命的领头工业部门。[1]因此阿克莱水力纺纱机的发明，通常被认为是英国工业革命开始的标志。

但是出乎一般人意料之外的是，水力纺纱机的发明与最早使用并不是在18世纪中期的英国，而是在此前四个世纪的元代中国。元代中国发明了水力纺纱机，这在《王祯农书》中有翔实的记载。[2]王祯把这种水力纺纱机称为"水转大纺车"，详细地介绍了其结构、性能以及当时的使用情况，并且附有简要图样，从而以确凿不移的证据，证实了世界上最早的水力纺纱机的存在。

根据王祯的记述，这种水转大纺车已经是一种相当完备的机器。它已具备了马克思所说的"发达的机器"所必备的三个部分——发动机、传动机构和工具机。其发动机（今日学界也称之为动力机、原动机）为水轮。[3]王祯说水转大纺车的水轮"与水转碾磨工法俱同"，而中国的水转碾磨在元代之前已有上千年的发展历史，从工艺上来说相当成熟。水转大纺车的传动机构由两个部分组成，一是传动锭子，二是传动纱框，用来完成加捻和卷绕纱条的工作。工作机与发动机之间的传动，则由导轮与皮弦等组成。按照一定的比例安装并使用这些部件，可做到"弦随轮转，众机皆动，上

---

[1] 参阅 P. Deane and W. A. Cole, *British Economic Growth, 1688–1959: Trends and Structure.* Cambridge University Press, 1964, pp. 182–183。
[2] 王祯：《王祯农书》"农器图谱十四·利用门"与"农器图谱二十·麻苎麻门"，王毓瑚校，农业出版社，1981。
[3] 水轮系马克思所说的那种"接受外部某种现成自然力的推动"的发动机。马克思语见《马克思恩格斯全集》第23卷，第410页。

080 江南之外：中国史论集

下相应，缓急相宜"。工具机即加捻卷绕机构，由车架、锭子、导纱棒和纱框等构成。为了使各纱条在加捻卷绕过程中不致相互纠缠，在车架前面还装置了32枚小铁叉，用以"分勒绩条"，同时还可使纱条成型良好，作用与缫车上的横动导丝杆相同。这里要指出的是，水转大纺车的工具机所达到的工艺技术水平，即使是用18世纪后期英国工业革命时代纺纱机器中的工具机为尺度来衡量也是非常卓越的。例如著名的"珍妮"纺纱机最初仅拥有8个纱锭，后来才增至12—18个纱锭；而大纺车却拥有32个纱锭。"珍妮"机仅可靠人力驱动，而大纺车却可以水力、畜力或人力为动力。而且，大纺车虽然是用于纺麻，但稍作修改，缩小尺寸，又可用来捻丝，①因而具有相当好的适应性。这种纺纱机在构造上非常卓越，因此博得了李约瑟的高度赞扬，认为它"足以使任何经济史家叹为观止"。②应当说，这并不是溢美之词。

由于水转大纺车确实已达到很高水平，因此它的工作性能颇佳，工作效率甚高。诚如王祯所赞的那样，"大小车轮共一弦，一轮才动各相连。机随众檠方齐转，纼上长纤却自缠。可代女工兼倍省，要供布缕未征前"；"车纺工多日百斤，要凭水力捷如神!""比用陆车，愈便且省"。③

元代出现这种复杂的纺纱机并非王祯个人的天才发明，而是中国纺纱工具长期发展的产物。仅就现存的古代文献而言，早在东

---

① 《王祯农书》说："又新置丝线纺车，一如上［法］，但差小耳。"其中"法"字为《农政全书》卷三六《蚕桑广类》引用时增此。
② 李约瑟:《中国科学技术史》第4卷《物理学及相关技术》第2分册《机械工程》，科学出版社、上海古籍出版社，1999，第456页。
③ 王祯:《王祯农书》"农器图谱二十·麻苎麻门"。

晋时代中国就已有了足踏三锭纺车。这种纺车也出现在大画家顾恺之为刘向《列女传》"鲁寡陶婴"作的配画中,可见其使用已经并不罕见。顾氏原画虽然失传,但是从宋代翻刻的《列女传》中仍可见到妇女使用这种纺车的配画。三锭纺车是纺车发展史上的重大进步,为更多锭数的纺车的出现开辟了道路。三锭纺车进一步发展,锭子由3个增加到5个,就是《王祯农书》中的"小纺车"。依照王祯所述,小纺车在元代运用很广,"凡麻苎之乡,在在有之"。①从机械学的角度来看,三锭纺车和小纺车在机构和工艺方面相差不大,同时主要作用都是对麻缕进行加捻与和线。②李约瑟认为:"在14世纪早期(中国的)纺车上已有3个甚至5个锭子,全体由一根绳传动,这似乎是成熟的特征,意味着它们已有很长的发展历史了。"③多锭纺车的出现、改进和普及是纺纱机械发展史上的重大事件。元代多锭纺车发展到5锭纺车,在当时的世界上是一个伟大的成就。

小纺车有5个锭子,而5锭已是足踏纺车所能设置的纱锭数目的极限,要再增加锭数,就必须对纺车进行重大改革。换言之,就必须使用大纺车。大纺车与小纺车的差别不仅在于体积大小,也在于工作方式的不同。使用小纺车是在锭子旋转时,手持一段麻缕使其加捻和合并,待纺好后将其绕在锭子上,也就是把加捻和卷绕分两

---

① 王祯:《王祯农书》"农器图谱二十·麻苎麻门"。
② 它们都由脚踏和纺纱两种机构组成。其中脚踏机构又由踏杆、凸钉和曲柄三个部分组成,运用杠杆原理工作;而纺纱机构则由绳轮和锭子两个部分组成。参见陈维稷主编《中国纺织科学技术史》,科学出版社,1984,第172—174页。
③ 李约瑟:《中国科学技术史》第4卷《物理学及相关技术》第2分册《机械工程》,第107页。

次完成。而使用大纺车则把待加捻的麻缕预先绕在锭子上，纺纱时锭子一边旋转，一边给从锭子上抽出的麻缕加捻，同时这些加捻的麻缕穿过一个铁叉绕到纱框上。因此在纺纱机构上，大纺车与小纺车有重大差异，即锭子不仅由横卧变为竖立，而且被从纺车的上部移到纺车的下部，此外还增置了传动锭子、传动纱框等部件。不过尽管有这些重要改变，大纺车的基本工作原理仍然与小纺车一致，即锭子基本上仍然按照脚踏纺车的原理，采用绳弦集体传动方式来带动锭子旋转。因此就纺纱机构而言，小纺车与大纺车之间具有一种承继的关系。元代小纺车已经广泛使用，这就为大纺车的出现奠定了基础。当然，小纺车与大纺车在纺纱机构上存在着重大差异。但是，从薛景石《梓人遗制》所体现出来的金元之际华北机械（特别是织机）制作技术来看，要克服这些差异并不是做不到的。[①]

在动力机构方面，大纺车与过去的纺车有较大差异。过去的纺车（包括小纺车）都是依靠人力驱动，而大纺车却可以用人力、畜力或水力驱动。即使就人力驱动而言，大纺车所用的驱动方法也与过去纺车使用的方法不同。过去的单锭纺车，靠一只手转动曲轴来驱动；而较为先进的足踏纺车，则靠足踩踏板来驱动。人力大纺车的驱动从后代的情况来看，工作原理与单锭纺车相似。但是大纺车由于锭子数目多，因此要把转轮直径增大，用双手转动纺轮上的曲轴来驱动。水力大纺车，王祯《农书》已经说得很清楚，采用的是水磨、水碾所使用的水轮驱动方法；而畜力大纺车大约是采用类似畜力碾磨所使用的方法。水力和畜力碾磨在元代以前已有长久的使用历史，

[①] 参见上海市纺织科学研究院《纺织史话》编写组《纺织史话》，上海科学技术出版社，1978，第76—77页。

技术上已颇为成熟，因此在纺纱机上使用这些技术绝非难事。

水转大纺车是宋元中国机械制作技术成就之集大成者，这意味着它是民间应用技术的产物，而非一个伟大发明家的天才构想和设计。换言之，和许多古代的伟大发明的存在情况不一样，它是一种已被广泛使用于生产实践的实用技术。而一种技术是否得到运用，其意义之重大，并不逊于这种技术的发明。

关于水转大纺车使用情况的记载，主要仍见于王祯《农书》。该书说："中原麻苎之乡，凡临流处所多置之。"由于水转大纺车工效高，因此往往多户人家合用一车："或众家绩多，乃集于车下，秤绩分缕，不劳可毕。"可见，在14世纪初期的中原的某些沿河地区，水转大纺车的运用已颇为普遍。在中原以外的地区有没有采用水力纺纱机的情况？这个问题史坛过去一直未回答，但我们却不能回避。否则王祯关于水转大纺车已颇为普遍地运用于生产实践的重要说法，就会因孤证而难以令人确信。因此寻找其他证据对于此说至为关键。

我曾在元人揭傒斯的《蜀堰记》中发现了一则史料，表明在14世纪中叶，某种形式的水力纺纱机曾运用于四川成都平原上。据该文，顺帝至正元年（1341）重修都江堰，效果很好，修堰之前，"常岁或水之用仅数月，堰辄坏。今虽缘渠所置碓磑纺绩之处以千万计，四时流转而无穷"。[①]从这段文字里，我们可以清楚地看出：第一，都江堰"缘渠所置"的"碓磑纺绩之处"，应当就是借助水力推动的碓磑和纺车。此处的"碓磑"是指水碓，自无问题，

[①] 此文收于揭傒斯《揭文安公全集》（四部丛刊本），亦见于《古今图书集成》《职方典》卷五九八《成都府部·艺文二》。

但"纺绩之处"是否指水力纺车,可能有人会感到怀疑。但是如陈维稷所言,所谓绩麻,就是现今的合股加捻。自秦汉至清末,中国所使用的主要绩麻方法是"纺纱法",所用工具为纺车,基本上以人力为动力,但亦有用水力推动者。[①]所以揭傒斯文中谈到的"纺绩",即纺麻纱。这里的纺麻纱机沿都江堰而置,自当为水力纺纱机无疑。第二,"缘渠所置碓磑纺绩之处以千万计",说明这里的水转碓磑与水转纺车不仅数量众多,而且十分集中。第三,"四时流转无穷",亦即这些碓磑与纺车依靠水力推动,常年运转,四季不停。可见在14世纪前半期的成都平原上,水力纺纱机的使用已十分普遍。此外,从当时的客观环境来看,水力纺纱机在都江堰一带得到普遍使用。金元之际人薛景石写《梓人遗制》是一部由民间木工写成的织机与坐车制作工艺专著,可以说是当时木制机械实际制作经验的总结。该书中体现了非常值得重视的机械工艺知识,例如作者把分部零件和总装配图都刻画得非常具体,立体图更是形象逼真,"每一器(按:即每一机件)必离析其体而缕数之"。不仅详细说明了每个零件的尺寸大小和安装部位,而且也简要讲述了各种机件的制作方法,"分则各有其名,合则共成一器"。[②]他所谈到的织机与坐车制作技术,对于大纺车的发明肯定是有启发的。也是非常可能的。当时成都平原纺织业颇为发达,在此次修堰前三四十年的大德年间(1298—1307),马可·波罗在成都平原上,"见有城村甚众,皆有墙垣,其中纺织数种丝绢","彼等恃工业为活,其纺织美

[①] 参见陈维稷主编《中国纺织科学技术史》,第172—174页。
[②] 参见陈维稷主编《中国纺织科学技术史》,第213页;胡维佳主编《中国古代科学技术史纲·技术卷》,辽宁教育出版社,1996,第16—18页。

丽Cenolaux及其他布匹,且在成都府城纺织也"。①这一带不仅盛产木材,而且还有比较发达的铁工业。②这就从物质上和工艺上保证了水力纺纱机的大量制作。

由于文字过简,揭傒斯文未详言此时都江堰一带使用的是何种水力纱绩机械,但是我认为这里的水力纺绩机,应当就是一种类似水转大纺车的纺纱机。首先,揭傒斯所记述的情况,距王祯《农书》成书已近30年。③而中原地区使用水转大纺车,从王祯《农书》中所记载的运用的普遍程度来判断,其发明肯定还在《农书》成书之前很久。也就是说,对于都江堰一带的纺纱业者来说,中原使用的水转大纺车早已不是什么技术秘密。其次,即使中原的水转大纺车先前没有传入成都平原,到王祯《农书》刊出后,他们也完全可以据此制作水力纺纱机。作为一个重视民生的伟大科技专家,王祯看到了水转大纺车的重大经济意义,因此"特图其制度,欲使地方之民视其机括关键,仿效成就,可为普利","画图中土规模在,更欲他方共得传"。由于大纺车的基本构造在王祯《农书》中已有图文并茂的记述,因此只要具有一定经验的木匠,即可"依样画葫芦",造出一部类似的大纺车来。因此之故,元代后期都江堰下游缘渠所置的数量众多的水力纺绩机,应即王祯《农书》所载的水转大纺车或其相似物。

---

① 马可·波罗:《马可·波罗行纪》,第440、441页(后一句引文见第441页注6,出自法文本)。梁生智译《马可·波罗游记》(中国文史出版社,1998)第160页则为"可以看见许多上等的住宅、城堡和小市镇,居民以农业维持生活,城中有各种制造业,特别是能织出美丽的布匹、绉纱及薄绸"。
② 这从此重修都江堰可得到证实,据前引《蜀堰记》,此次修堰共用铁65000斤,役使铁工700人。
③ 王祯《农书》成书于皇庆二年(1313),重修都江堰则在至正元年(1341)。

揭傒斯文以一个具有确切的时间与地点的实例，证实了元代水力纺纱机的使用并不仅限于中原麻苎之乡。不仅如此，此记载还表明都江堰一带水力纺纱机的使用达到令人惊异的程度。王祯《农书》虽然谈了中原麻苎之乡使用水转大纺车，但惜乎所言过简，不能使我们得知当时中原地区水转大纺车的具体使用地点，以及在一个地区内的机器数量、使用率等。从这种大纺车的工作效率、中原的水利条件和当时中原麻苎生产的一般情况来推测，这种纺纱机在一个地区内的数量不会很多，一年中实际使用的时间也十分有限。与此相对照，在成都平原的都江堰一带，水力纺纱机不仅分布集中，而且一年四季运转不息。因此，从某种意义上可以这样说，元代后期的都江堰一带，乃是当时中国使用水力纺纱机最集中和最充分的地区，因而也是世界上第一个在纺纱业中建立起水力推动的机器生产体制的地区。

二、阿克莱水力纺纱机：是否仿制中国的水转大纺车？

阿克莱水力纺纱机的发明，与中国的水转大纺车之间是否有某种关联呢？这是一个饶有兴趣的问题。伊懋可（Mark Elvin）把王祯《农书》中的水转大纺车和18世纪后期及19世纪初期英国工业革命中的亚麻纺纱机作了对比之后，发现二者在结构上"惊人地相似"。因此他认为后者可能就是前者经印度传入英国后略加改良的产物。[①]虽然他未提供证据，但是他的推测却是十分可能的。据

[①] Mark Elvin, *The Pattern of the Chinese Past: A Social and Economic Interpretation* Stanford University Press, 1973, p. 198.

说，理查德·阿克莱是在对比研究了当时的水力捻丝机后受到了启发后，才设计出其水力纺纱机来的。当时英国的水力捻丝机是意大利捻丝机的仿制品，① 而意大利捻丝机，如李约瑟所说，又是在元代时期由中国传入："因为我们发现，从那以后不久，在意大利的卢卡等城市，缫丝厂使用的机器酷似中国的［机器］。由此推测，是那时到东方旅游的某个或某些欧洲商人把设计图样装在鞍囊中带回国的。"② 而在元代中国，唯一可知的水力捻丝机恰恰就是水转大纺车。③ 由此而言，阿克莱纺纱机与水转大纺车之间应当具有某种关系。另一说则更为直接：阿克莱之领悟纺纱机的原理，是由于他"听到一个水手叙述中国人所用的机器"。④ 18世纪中期以前中国唯一所知道的水力纺纱机只有水转大纺车，因此阿克莱听说的中国机器，应当就是水转大纺车。不论如何，阿克莱水力纺纱机与王祯《农书》中的水转大纺车，应当有一定渊源关系。倘若把这种渊源关系放在近代早期欧洲与中国之间的技术交流的背景下来看，是十分清晰的。

在近代早期的欧洲，曾有一个主要是通过传教士（特别是耶稣会士）把中国的工艺技术知识介绍到欧洲的浪潮。在这些知识中，纺织技术占有重要的地位。18世纪在华耶稣会士对中国的纺织技

---

① 据卡洛·波尼的研究，1716—1717年英国安装的第一部捻丝机，是英国人在意大利刺探了两年工业情报后仿制的，被誉为"英国拥有的第一台名副其实的加工机械"。转引自布罗代尔《15至18世纪的物质文明、经济和资本主义》第2卷，生活·读书·新知三联书店，1993，第637—638页。
② 转引自罗伯特·坦普尔《中国：发明与发现的国度——中国科学技术史精华》，21世纪出版社，1995，第233—234页。
③ 据《王祯农书》，水转大纺车亦可用于捻丝。参阅冯承钧译《马可·波罗行纪》及梁生智译《马可·波罗游记》。
④ 保尔·芒图：《十八世纪产业革命》，第174页。

进行了相当广泛的调查，绘制了大量织机图寄回法国（现仍保存在巴黎国立图书馆）。这些纺织机具图种类繁多，是迄今为止最为详细的织机图谱。[①]此外，还介绍了从经纬线的准备，到拔更、放更、扳更、穿箱、续更、刮绸，直至成衣的各个工序的生产操作情况。[②]有关技术资料的来源除了实际调查之外，传教士们也广泛地利用了中国已刊出的科技著作。在其中，明末身居内阁大学士的天主教徒徐光启的科技著作（特别是《农政全书》），更是他们注意的对象。1735年出版的杜赫德的《中华帝国全志》，详细谈到了养蚕与丝织业技术。[③]从此书刊载的养蚕、缫丝和织机插图看，显然采用了《农政全书》卷三一至三四"蚕桑"及卷三五至三六"蚕桑广类"的内容。[④]元代水转大纺车的有关图文，几乎原封不动地保存在《农政全书》中。因此水转大纺车在18世纪中叶以前，已通过传教士介绍到西欧，应是无可置疑的。不仅如此，即使目前还未有确切的证据证实阿克莱水力纺纱机与元代水转大纺车之间具有直接承继关系，我们也可以从李约瑟等人的研究中，看到中国关于水力机

---

① 在这些图谱中，有棉、麻纺织机具图谱（包括除棉籽、织布、织麻夏布等机具图谱），更多的则是丝绸织机图谱（包括织云龙缎、花带、罗斗纱、香云纱、大花缎、大花边、灯笼纱、熨绒、栏干、边带、素绫、花素锦等各种织物所需的织机以及探花机图谱）。
② 巴黎国立图书馆还保存有和纺织相关的一些图谱，包括棉花的种植、加工，从布到成衣（染漂等工艺），从麻的种植、收割到纺织等。
③ J‒B. du Halde, *Description gbophique, historique, chronologique, politique et physique de'la Chine el de la Tartarie Chinoise*, Haye, 1736, Tome 2.pp. 250-267. 以及同书pp. 246-250（此部分内容是殷弘绪翻译介绍的，参见Mme Yves de Thomoz Bossirer, *Francois-Xavier Dentrecolles et l'Appport de la Chine a l'Europe du XvIIIe Siecd* Paris, 1982, pp. 114-117）。转引自韩琦《中国科学技术的西传及其影响》，河北人民出版社，1999，第163—164页。
④ 参见潘吉星《中外科学之交流》，香港中文大学出版社，1993，第484—486页。

械和纺纱机械的知识，确实对近代早期西欧的纺织机器的改进（包括阿克莱水力纺纱机的发明）起到了重大作用。下面，我们就根据罗伯特·坦普尔对李约瑟等人的研究所作的总结，选择其中的一些关键技术作一简要介绍。

1.纺车

卷纬机是中国人用来加工丝绸纤维的机械。在121年刊印的《说文解字》里就已提到这种机械，而1237年刊印的《耕织图》更第一次将其描绘出来。早在元代，卷纬机就已传到欧洲的意大利。[①]而到了18世纪，《耕织图》又通过贸易等途径传入欧洲，[②]从而使得关于这种机械的知识，不再成为一种技术秘密。

纺车是从卷纬机派生出来的，但究竟是何时才派生出来的，现在还不清楚。保守一点说，可以认为到11世纪时，为处理棉纱用的纺车已从卷纬机中分化出来了。通过传送带把纺锤（锭子）与大轮子连接起来，从而使纺锤（锭子）高速运转，是最聪明的办法。在欧洲，迄今所知的关于纺车的最早的介绍，是在1280年左右出版的德国斯佩那尔一个行会章程，其中间接提到了纺车。李约瑟相信：在欧洲，纺车以及与纺织品有关的其他机械，是元代由从中国归来的意大利人传入的。[③]李氏并且指出：达·芬奇的多锭制绳机是1313年以后所绘的中国多锭纺车的几乎一模一样的摹本。[④]

---

① 参见《中国：发明与发现的国度——中国科学技术史精华》，第233—234页。
② 参见韩琦《中国科学技术的西传及其影响》，第164页。
③ 参见罗伯特·坦普尔《中国：发明与发现的国度——中国科学技术史精华》，第233—234页。
④ 李约瑟：《中国科学技术史》第4卷《物理学及相关技术》第2分册《机械工程》，第107页。

2.传动带

传动带将动力从一个轮子传递到另一个轮子，并产生连续的旋转运动。它早在公元前1世纪便出现在中国。研制传动带与缫丝机的使用有关，尤其是一种称为卷纬机的机器，它将长长的丝纤维卷绕在绕丝架上以备织工的梭子使用。这种机器的特点是有一个大轮子、一条传动带和一个小皮带轮，公元230—232年间编撰的《广雅》一书再一次提到这种机器。

传动带对于纺车的发明至关重要。传动带不仅可以围绕有轮缘的普通轮子旋转（无轮轮子是否带凹槽），还可以围绕无轮缘的轮子旋转。无轮缘的旋转轮听起来可能显得语义矛盾，而且使用无轮缘轮子的传动带一开始就似乎是非分之想，然而，事实上处于稍稍突出或两套被交替安装的轮辐之间的纤维的摇架，可以为皮带创造一种十分适合的连接。中国还有一项在无轮缘轮子上使用传动带的技术，即将有凹槽轮装在轮辐的末端并通过连续的槽来带动传动带。

传动带显然是作为自中国归来的游客带到意大利的卷丝及纺丝机械技术的一部分而传入欧洲的。欧洲有关传动带的最早的实际形象物于1430年出现在卧式旋转磨石上。19世纪以前传动带在欧洲一直极其罕见，这表明欧洲人在三个多世纪里并不重视把纺织机的这一特殊机件用于其他目的。在欧洲，扁平皮带和钢丝缆绳用作传动带只是在19世纪才开始。[①]

3.链式传动装置

传动带再改进后，便成为传动链。传动链基本上是传动带，代

---

① 参见罗伯特·坦普尔《中国：发明与发现的国度——中国科学技术史精华》，第98—99页。

替实心带的是一些链节构成的链。链节与轮上的轮齿咬合，整个传动链缠绕在轮子上。用链式传动装置传输动力，是中国人张思训于976年发明的，他将这种装置用在他的大型机械钟里。此时龙骨车已遍布中国乡村，因此当张思训的时钟遇到了动力传输问题时，肯定受到了龙骨车上链轮链原理的启发。著名的发明家苏颂于1090年建成了巨大的天文钟楼。最初他曾试图使用主垂直传动轴，但未能成功。后来他采用了他称之为"天梯"的链式传动装置，从而获得成功。他还绘制了关于链式传动装置的图，收于1090年出版的《新仪象法要》一书中。这是世界上最古老的环状动力传输的链式传动装置图。提高机械效率的关键问题是如何消除所有机械连接部位的松弛，而又短又紧的链式传动装置正符合这种要求。

在古代西方，拜占庭的菲隆（Philon）约于公元前200年设计了松链条和五边形链轮（不过很难说它们是否制造出来了）。但他设计它们时并不是想到了动力传输，而只是为了用来给石弩连续装填石弹。即使这一机械真的造成了，它也不是真正的链式传动装置。在欧洲，第一个真正的链式传动装置是由雅克·德沃坎逊（Jacques de Vaucanson）制作的用于缫丝和推动的磨机。不过这已是1770年时的事了。[1]

4.曲柄与偏心凸耳

"在一切机械发明中，曲柄的发明可能是最重要的，因为它使人有可能最简单地实现旋转运动和往复运动的相互变换。"[2]而在纺

---

[1] 参见罗伯特·坦普尔《中国：发明与发现的国度——中国科学技术史精华》，第135—136页。
[2] 李约瑟：《中国科学技术史》第4卷《物理学及相关技术》第2分册《机械工程》，第116页。

纱机中，这种相互变换是至为关键的。因此，此项技术对于纺纱机的改进也具有重要意义。

曲柄摇把是中国发明的。[①]早在公元前，中国人已将曲柄摇把用于旋转式风扇车、辘轳、手推磨、磨机和丝绸工业的许多机器上。现存曲柄摇把最早的式样见于汉代古墓出土的小型陶制农家庭院模型上，其年代大约为公元前1世纪。在欧洲，使用曲柄摇把的最早证据见于830年的荷兰乌得勒支《圣经·诗篇》(Utrecht Psalter)的一份手稿中的轮转石磨画。但是到了1100年以后，欧洲人才开始把曲柄摇把用于旋转式风扇车。最早刊印曲柄摇把的图样，见于1313年王祯的《农书》。[②]因此后来传教士介绍中国技术到欧洲时，应当也包括这种机械在内。怀特（Lynn White）说："中国已懂得曲柄，但是曲柄至少有19个世纪没有加以利用，它对于应用力学的爆炸性潜力没有为人所知和运用"。但李约瑟指出此说不妥，因为在马可·波罗时代以前三四百年中，曲柄在中国工农业生产中的许多机械上（包括在纺织机的缫丝机和纺麻机上），就已得到广泛运用。与曲柄相近的偏心凸耳，也是中国的发明。到了11世纪，这种装置被运用到缫丝机上。这种装置在技术史上具有重要地位，对于蒸汽机之发明及其用于生产尤为重要。[③]

---

① 除了中国人之外，只有古埃及人接近作出了与曲柄摇把相类似的发明。他们在公元前2500年采用了一种斜的原始曲柄用来转动原始手摇钻。这种装置的特点是在轮子的顶端用一个倾斜的把手来转动轮子，这个把手既不固定在轮子上，也不和轮面成直角。参见罗伯特·坦普尔《中国：发明与发现的国度——中国科学技术史精华》，第82页。
② 参见罗伯特·坦普尔《中国：发明与发现的国度——中国科学技术史精华》，第82页。
③ 参见李约瑟《中国科学技术史》第4卷《物理学及相关技术》第2分册《机械工程》第121、128页。

以上与纺纱机有关的重要技术知识介绍到欧洲后，对于纺织工具改良起到了重要的参考作用。因此即使阿克莱水力纺纱机并未直接模仿水转大纺车，它也会从上述介绍中受惠匪浅。在此意义上我们可以说，以王祯《农书》中的水转大纺车为代表的中国纺织机械技术知识之西传，对于以阿克莱水力纺纱机为代表的欧洲近代机器的产生，确实具有重要的促进作用。

当然，与阿克莱水力纺纱机相比，王祯《农书》中的水转大纺车在结构工艺上还不够完善，还存在着一些较大的缺陷。在传动机构方面，大纺车（工具机）与水轮（动力机）之间仅仅通过皮带来传动，而皮带运动不够规则，难以保证纱锭的均速转动。同时，在皮带之外别无调节机件，不能根据生产需要随时调整纱锭转速，因此纺出来的纱不仅会时粗时细，时松时紧，质量不均，而且在纺纱过程中还容易断头。更重要的是，大纺车上没有牵伸机构，因此只能用于对纤维较长的麻、丝进行合股、加捻和卷绕，而不能用来纺纤维较短的棉（特别是纤维短、拉力小的亚洲棉）。元代以后，麻纺织业逐渐让位于棉纺织业，因此不能从事棉纺的水转大纺车也随之销声匿迹，似乎是很合乎逻辑的。

但是我们应当看到，在明清的工艺技术条件下，水转大纺车的上述缺陷是可以克服的。例如，在传动机构方面，工业革命期间的英国麻纺机的传动机构，也仅是传动皮带之外再加上一个螺旋调节装置，使操作工人能够根据需要拉紧或放松皮带，达到皮带运动的规则化。同时，在转动轴与纱锭之间，用齿轮传动装置取代另外一条传动皮带，即可使得纱锭运转匀速，保证纺出的纱粗细松紧均一，不易断头。

大纺车没有牵伸机构，因此不适于纺棉（特别是亚洲棉），这是客观的事实。但是，对大纺车加以改进使之适于纺棉，在当时的技术条件下并未存在着不可克服的障碍。事实上，哈格里夫斯发明的"珍妮"纺纱机上的牵伸机构，不过就是安放了两根可前后滑动的木杆，并用一个木托架代替执棉条的那只手而已。纺纱时，纺工用手托住木托架，使之来回行动，另一只原来就摇纺车转动曲柄的手，仍然摇动曲柄使纱锭转动，这时棉条从两根木杆中间穿过绕到锭上，由于木杆的移动，棉条在受到拧绞的同时得到拉伸，从而解决了纺棉纱的关键技术问题。阿克莱的纺纱机用4对由1个轮子推动、但速度不同的滚筒代替了木杆，使得拉伸工作更为规范化。这些改进在工艺上并不困难，其所需的工艺技术知识，也"并未超过元代中国人的技巧之所及"。[①]事实确实如此。到了清代，创造出了利用张力和捻度控制牵伸的纺纱用大纺车（即多锭纺纱车），一直沿用到20世纪中期。这种大纺车不仅设有罗拉作为牵伸机构，而且增加了加压装置以调节棉纱的粗细，同时在纺纱的方法上也与过去传统的方法有相当的不同。[②]经过这些改进，大纺车完全可以胜任棉纺工作。

　　此外，在水力动力机（水轮）方面，王祯《农书》中的水转大纺车也还有需要改进之处。但是正如伊懋可所说，"对于一个早在宋代就已制造出双动活塞投掷机（Double-acting piston thrower）的民族来说，这应非不可克服的困难"。唯一的问题仅在于没有人去进

---

① Elvin, *The Pattern of Chinese Past*, p.199.
② 参见陈维稷主编《中国纺织科学技术史》，第196页。

行这些方面的改进工作。①

三、同种发明，两样后果

元代中国水转大纺车和阿克莱水力纺纱机的出现，无论两者之间是否有直接的渊源，它们都是世界科技发明史上的重大事件。但是这两个伟大发明的后续影响，却形成鲜明对照。

过去许多学者（包括我本人在内）都认为水转大纺车在元代以后即销声匿迹，并对此感到大惑不解。但是这个看法是不正确的，应当加以更正。

首先，在元代以后，仍然有关于使用水力纺纱机械的记载。李约瑟从朝鲜史籍中搜寻到一条非常宝贵的史料，足以证实一直到18世纪末，华北有些地方还在使用水力机械来缫丝。朝鲜李朝著名学者朴趾源于1780年在华北旅行时，亲眼目击了这种机器。他在回忆录中写道："当我路过河北三河县时，我看到各方面都使用了水力，熔炉和锻炉的鼓风机、缫丝、研磨谷物——没有什么工作不是利用水的冲击力来转动水轮进行的。"②这是我们今天唯一能够见到的有关元代以后水力纺织机使用的记载，而且它也没有具体说明朴氏所见到的缫丝机的形状、构造及其他情况，但是它仍然以一个明确的时间和地点，证实了元代以后水力缫丝机的使用。

其次，虽然水力驱动的大纺车在元代以后确实罕见，但是人力

---

① Elvin, *The Pattern of Chinese Past*, p. 199.
② 原出于朴趾源《燕岩集》卷一六，转引自李约瑟《中国科学技术史》第4卷《物理学及相关技术》第2分册《机械工程》，第456页。

驱动的大纺车却并未消失，在一些地方直到清代后期仍然在使用。这里要强调的是，得到使用的不仅有元代发明出来的丝大纺车，而且还有新发明出来的棉大纺车。

使用大纺车对蚕丝等进行加捻及合线，自元代一直沿袭使用了下来。从晚清卫杰所著《蚕桑萃编》所记载的江浙、四川等地丝大纺车的图文来看，清代的丝大纺车在结构上比元代有相当大的改进。这些改进包括：首先，车架由长方形体变为梯形体，上狭下阔，因而稳定性更好。其次，锭子的排列由单面变为双面，使得锭子数量随之大大增加。因此元代的大纺车，每台仅有纺锭32枚，明清时则增至50—56枚。再次，明清时的丝大纺车，上面加上了给湿定型装置（江浙水纺车上是竹壳水槽，四川旱纺车上是湿毡），使得纱管上卷绕的丝条保持潮湿，提高了丝条张力，防止加捻时脱圈，同时也有利于稳定捻度和涤净丝条，从而提高了产品的质量。虽然强捻的经纬丝条可以在手摇纺车或脚踏纺车上加工，但是生产效率与捻丝质量远远不及大纺车。①在丝织业发达的江南城镇中，丝大纺车一直在使用。清代中期江南使用的丝大纺车（大车），一般有纺锭50枚。每部大车需二车1—2部、小车1—2部、洋车4部配合。②但是与王祯《农书》中的水转大纺车不同的是，这种丝大纺车不是靠水力推动，而是靠人力推动。

在棉纺织业中，改进更为显著。如前所述，元代的大纺车因无牵伸细纱条的能力，所以只是用来对丝、麻等准长纤维进行加

---

① 参见陈维稷主编《中国纺织科学技术史》，第193—196页。
② 徐新吾：《关于麻丝棉大纺车及三锭棉纺车的历史过程与议论》，收于徐氏《中国经济史料考证与研究》，上海社会科学院出版社，1999。另参见徐新吾主编《近代江南丝织工业史》，上海人民出版社，1991，第49—51页。

捻合线。到了清代,由于"纺棉纱、织棉布在广大农村中已成家户恒业",因此"经过纺纱人们长期精心研究,终于创造了利用张力和捻度控制牵伸的纺纱用大纺车,即多锭纺车。这种纺车至今在某些农村还在继续使用"。一些地方可能出现使用大纺车纺棉纱的情况。陈维稷对"现在浙江农村沿用的多锭纺纱车"的实际构造进行了研究。这种纺车设有罗拉作为牵伸机构,纺锭多达40—80个,分别竖立在车架两面;车上使用了飞轮、手柄、偏心轮等机件,为王祯《农书》中的大纺车所无。陈氏还指出:这种大纺车的纺纱原理与方法是从手摇纺纱工艺中继承和改进而来的,但在结构上与方法上都大有创新。①不过与清代使用的丝大纺车一样,这种棉大纺车也是依靠人力而非水力推动的。另外,这种棉大纺车出现于何时?陈氏仅说是"约在清代"而未提出证据,亦未作任何说明。徐新吾认为可能是清末甚至是清代以后之事。②换言之,人力驱动的棉大纺车在清末以前即使有使用,肯定也是非常局限。

因此,在明清绝大部分时间内,水力纺纱机除了个别的地方(如前面提到的三河县)外,不见使用的记载。人力大纺车虽然有改进,但是人力作为机器动力不仅不理想,而且不划算。③虽然不同形式的大纺车在元代以后还在中国的某些地方使用,但是这些大纺车由于不再是水力纺纱机,因此可以说以王祯《农书》中的水转大纺车为代表的、以水力为动力的大型纺纱机,在中国纺织业发达地区基本上已销声匿迹。

---

① 陈维稷主编《中国纺织科学技术史》,第193页。
② 徐新吾:《关于麻丝棉大纺车及三锭棉纺车的历史过程与议论》。
③ 即使在劳动力资源丰富的清代中期的江南,情况也如此。例如道光十六年江南造出大型龙尾车,因"全资人力",故"率归废弃焉"。见郑光祖《一斑录》杂述六。

与上述情况相反，阿克莱水力纺纱机发明出来之后，不仅在当时就迅速地普及，而且还与稍后出现的其他发明（如哈格里夫斯的"珍妮"机、克隆普顿的"骡机"等）相结合，导致了纺纱生产的革命。这些新型纺纱机的使用大大提高了纺纱的效率，造成了纺与织两大主要工序的新的不平衡，于是引起了织布机器的改进。[①]这样，传统的手工纺织就逐步机械化，成为机器纺织业。这又促进了其他产业部门的机械化，正如马克思所描述的那样，"一个工业部门生产方式的变革，必定引起其他部门生产方式的变革。……有了机器纺纱，就必须有机器织布，而这二者又使漂白业、印花业和染色业必须进行力学和化学革命"。[②]阿克莱水力纺纱机的发明和使用被视为工业革命的开端，原因也就在于此。

这里要强调的是，从西欧历史来看，在工业革命所赖以发生的诸多条件中，水力推动的机器的发达是不可或缺的关键技术条件。虽然工业革命以使用机器生产为特征，但是机器的使用并不是工业革命时代的特有现象。金培尔（J. Gimpell）把机器的使用称为"［欧洲］中世纪经济发展中头等重要的因素"。[③]而马克思则认为"机器在17世纪的间或应用是极其重要的"。[④]因此即使在工业革命以前，机器之用于生产，已不是一种微不足道的现象。然而，欧洲中世纪后期的机器使用并不会引起工业革命。原因之一是这些机器主要仍然以人力推动，因而严重制约了机器自身的发展。马克思在分析近代早期欧洲机器的变革时说："工具机是18世纪工业革命的

---

① 参见斯塔夫里阿诺斯《全球通史：1500年以后的世界》，第286—287页。
② 《马克思恩格斯全集》第23卷，第421页。
③ ジ・ギヤンペル（J. Gimpell）：《中世の产业革命》，岩波书店，1978，第2页。
④ 《马克思恩格斯全集》第23卷，第386—387页。

起点。在今天,每当手工业或工场手工业生产过渡到机器生产时,工具机也还是起点。"①但是工具机必须有合适的动力才能工作。马克思曾对蒸汽动力出现以前的各种生产动力的优劣作了比较。他指出:人力太微,"更不用说人是产生划一运动和连续运动的很不完善的工具了";风力"太不稳定,而且无法控制",难以有效使用。②而在余下的两种主要动力——畜力和水力之中,水力又具有比畜力更大的优越性,因而对机械与机器使用的意义尤为重要。③因此只有具备了必要的水力条件,"原先只是用人当简单动力的那些工具,如推磨、抽水、拉风箱、捣臼等,才能发展成为机器"。④因此,是否使用水力,对于机器自身的发展至为关键。从英国工业革命的历史来看,在传统的人力机械到蒸汽动力推动的机器之间,往往需要一个过渡的阶段,即水力推动的机器的阶段。一般而言,只有当水力推动的机器发展相当完备时,使用蒸汽动力才有可能。其原因不难理解:如前所述,动力机只是"发达的机器"必备的三大组成部分之一。只有动力机而无相应的传动机构和工具机,它也无用武之地。相反,如果水力推动的机器在以上三个方面都已经比较完善,则用蒸汽动力取代水力就是一件相当简单的事了。英国工业革命时代的水力纺纱机之所以能够迅速转变为蒸汽纺纱机,就是这个道理。因此可以说,水力推动的机器为蒸汽推动的机器奠定了

---

① 《马克思恩格斯全集》第23卷,第410页。
② 《马克思恩格斯全集》第23卷,第412页。
③ J. Gimpell 说:"水能在中世纪的重要性,不下于石油在今天的重要性",因为"水力机械的运用是中世纪经济发展中头等重要的因素"。参见前引ジ・ギヤンペル《中世の产业革命》第2页。
④ 《马克思恩格斯全集》第23卷,第412页。

基础。菲律斯·迪安（P. Deane）认为英国工业革命的技术变革的两大特征之一是"非畜力驱动的机器的使用"。①而在蒸汽机使用之前，唯一的"非畜力驱动的机器"就只有水力驱动的机器。在此意义上来说，使用水力推动的机器是工业革命的前奏。虽然由于自然条件所限，水力推动的机器的使用不可能非常普遍，但是这种使用对近代大工业的产生所具有的影响却非常大。马克·布劳格（Mark Blaug）指出：在亚当·斯密的《国富论》面世时，"一座典型的以水力为动力的工厂已拥有300—400个工人"，而"在整个不列颠群岛，这类工厂仅有二三十座"。②但是正是在这些工厂中所发展起来的机器生产体制，却成了日后近代大工业生产以及近代工厂制度之滥觞。③

上述现象在英国表现得最为典型，但却不局限于英国。日本早在19世纪初，就有一些地方的缫丝业中已运用水力缫丝（水车缫）。④在棉纺业中，20世纪70年代长野县的卧云辰发明了土纺机。这种纺纱机"与洋式棉纺机相比，技术上有显著悬隔，因此不能迎上产业革命的主流"，但是它"与水结合起来，一个女工能照管100锭到250锭"。因此"在19世纪80年代，使用土纺机的棉纺业迅速在

---

① 卡洛·M. 奇波拉主编《欧洲经济史》第4卷上册《工业社会的兴起》第3章（迪安执笔），商务印书馆，1989，第131页。
② Mark Blaug, *Economic Theory in Retrospect*, Cambridge University Press, 1985, p. 37.
③ 马克思指出："在纺织工场手工业初期，工厂的厂址取决于水流的位置，而且这种水流必须具有足以推动水车的落差。"参见《马克思恩格斯全集》第23卷，第414页。
④ 根岸秀行：《幕末开港期における生丝缫丝技术转换の意义について》，《社会经济史学》第53卷第1期。

全国推广，作为零细的手工工场而发展"。[1]此外以水力为动力的鹿儿岛纺织所也于1872年投产。[2]这些水力推动的机器的广泛使用，可以说是日本纺织业生产近代化的前驱。

由此而言，在人类历史上，阿克莱水力纺纱机的出现，代表了近代大工业时代的开端。这与王祯《农书》中的水转大纺车所遭遇的命运形成了鲜明的对比。伊懋可评论水转大纺车时说："虽然这种机器还不是非常有效，但如沿其所代表的方向进一步发展的话，那么中古时代的中国很可能会比西方早四百多年就出现一场纺织品生产上的真正的工业革命。"[3]然而，这场看上去似乎有可能会发生的工业革命并没有发生。不仅如此，连水力纺纱机本身也像一现的昙花，失去了踪影。又要再等待四个世纪之久，它才又以新的面目重新出现于英国，并引起一场改变人类历史的伟大革命。元代水转大纺车后来所遭遇的情况，令人浩叹不已。

然而，把人类历史作为一个整体来看，我们也不必为水力纺纱机在中国的坎坷命运而过分感到惋惜。中国古语说"楚材晋用"，如果把这个成语中的"材"解读为重大技术发明，那么"楚材晋用"应当是一种普遍现象。在人类历史上，一种伟大的发明出现于某一个地方，但是经过漫长时间后，在另一个地方才得到广泛运用，并取得辉煌的成就，这是十分正常的。从技术上来说，开始于18世纪中期的英国工业革命，所依靠的技术成果绝非英国自身的发明，而是此前欧亚许多地区技术成就的汇集。不仅欧洲大陆，而且

---

[1] 守屋典郎：《日本经济史》，周锡卿译，生活·读书·新知三联书店，1963，第65页。转引自徐新吾《关于麻丝棉大纺车及三锭棉纺车的历史过程与议论》。
[2] 刘天纯：《日本产业革命史》，吉林人民出版社，1984，第66页。
[3] Elvin, *The Pattern of Chinese Past*, p. 198.

就是像中国这样遥远的国家,从技术上都对英国工业革命作出过直接或者间接的贡献。本文所谈到的中国水力纺织机器(捻丝机、纺纱机、丝织机等),通过各种不同的渠道与方式,辗转传到意大利与法国,然后再传到英国,促进了以阿克莱水力纺纱机为代表的纺纱机的变革,从而对工业革命的出现与发展作出了积极的贡献。因此从世界史的角度来看,水力纺纱机不论在中国、意大利等地遭遇了什么样的命运,最后它仍然对人类命运起了重大作用,因此其发明确实具有了不起的意义。由此而言,不管后来的成败利钝,元代的水转大纺车作为在人类历史上首次出现的水力纺纱机,理应得到高度的评价。发明出这种水转大纺车的元代中国无名工匠,也完全有资格与阿克莱、哈格里夫斯和克隆普顿等人一样名垂青史。

最后,大多数读者读了这篇文章后都难免会提出这样一个问题:为什么同种技术发明,会产生两种截然不同的影响?这个问题与著名的"李约瑟之谜"实际上就是一个问题,即为什么中国的"中世纪技术革命"没有把中国带到工业革命,而过去比中国在技术上落后的西欧到了近代早期却不断出现技术进步,从而跨入工业化时代。[1]

这个问题是一个很大的问题,因此不可能在这篇文章里进行充分讨论。我在此仅指出几点:首先,在讨论"李约瑟之谜"这样的问题时,我们心里不能预先存有"技术进步必定能够引起工业革命"这样一个"真理"。像工业革命这样重大的经济变革,绝非

---

[1] 雷纳托·赞格里和卡洛·波尼早已提出这样的问题:为什么15世纪的意大利的米兰和伦巴第等城邦国家已使用相当先进的纺织机器进行生产,却未能发生工业革命?见前引布罗代尔《15至18世纪的物质文明、经济和资本主义》,第637页。

仅靠技术进步就能够引起。工业革命到底是什么原因引起和怎样发生的，到今天还是一个没有一致结论的问题。因此简单地认为"技术进步必定能够引起工业革命"，显然是错误的。其次，虽然技术进步对经济发展具有重要的作用，但是技术进步本身并不能直接引起经济发展。在此方面，最典型的例子是蒸汽机。远在公元1世纪末，赫罗（又译为赫伦）就已发明出了最早的蒸汽机，并已达到相当高的工艺水平。[1]在文艺复兴时代，赫罗著作被译为多种文字出版，受到欧洲各国人士的重视，他们在此基础上不断地研究蒸汽机的改进问题。[2]关于蒸汽机的基本知识，在18世纪以前的欧洲已经不再是秘密。但是在18世纪后期以前，这项技术进步并未成为推动经济发展的强大力量。再次，技术进步本身也只有在各种必要因素都齐备时，才能得到进一步改进和广泛运用。迪安（Philis Deane）认为英国工业革命的技术变革的两大特征是：（1）非畜力驱动的机器的使用；（2）旧的原材料由新的更有效的原材料取代。[3]此外，还有第三个重要特征，即矿物能源的普遍使用。雷格莱（Edward Anthony Wrigley）说：近代工业化实际上是一个从"发达的有机经济"（advanced organic economy）向"以矿物能为能源基础的经济"（mineral-based energy economy）的转变，"要成功地摆脱有机经济所受的制约，一个国家不仅需要那种一般意义的资本主义化，以达

---

[1] 今日科技史学家兰德尔斯根据赫罗的蓝本将该蒸汽机复制出来，每分钟转速高达1500转以上。参阅彼得·詹姆斯、尼克·索普《世界古代发明》，世界知识出版社，1999，第144页。
[2] 哈孟德夫妇：《近代工业的兴起》，商务印书馆，1962，第102—104页。
[3] 卡洛·M.奇波拉主编《欧洲经济史》第4卷上册《工业社会的兴起》第3章（迪安执笔），第131页。

到近代化；而且也需要下述意义上的资本主义化，即越来越多地从矿藏中，而非从农业产品中获取原料，尤其是能够开发大批能源储备，而非依赖各种过去提供生产所需热能与动力的可再生能源。英国经济正是在上述两种意义上资本主义化了的"。[①]因此，即使出现了某种重大的技术进步，倘若不同时具备材料、能源等其他必要条件，这种技术进步也不可能产生重大的经济影响。从这个意义上来说，水转大纺车虽然是一项伟大的发明，但是仅靠它本身是不可能引起像工业革命那样重大的经济变革的。伊懋可说把元代中国的水转大纺车改进为英国工业革命的水力纺纱机，对于明清的中国人来说并无不可克服的困难；唯一的问题仅在于没有人去进行这些方面的改进工作。但是，由于当时中国并不具有工业革命所需要的各种条件，因此即使明清技术专家成功地进行了这项工作，也不可能像巧逢各种条件齐备的阿克莱的水力纺纱机那样得以风云际会，成为工业革命的先驱。这也正是水转大纺车在世界经济史上没有、也不可能占有像阿克莱的水力纺纱机那样显赫地位的原因。

---

① E. A. Wrigley, *Continuity Chance and Change: The Character of the Industrial Revolution in England*, Cambridge University Press, 1981, p. 115.

什么是"中国"?

——经济史中的"微观"研究

我今天圆桌会议发言的题目,是《什么是"中国"?——经济史中的"微观"研究》。这个题目是我在过去几十年做研究中始终在考虑的问题。我们研究中国经济史,但是什么是中国?这个问题却很少被关注。在文化上、政治上,可以说从秦始皇统一中国之后,"中国"就是个明确的概念。但是就经济史来说,这个问题却很大。这是因为中国广土众民,各地经济状况千差万别,很难一概而论。

这里,我就以昨天和文凯和陈志武两位讲到的一个问题-——"清代中国的识字率"——作为由头讲起。众所周知,教育与经济之间有着很密切的关系。在近代经济发展中,劳动者必须受过一定程度的教育,才能比较容易地学习和掌握近代生产技术。识字教育是初等教育的起点,一个社会或者一个群体识字率的高低,在一定程度上是这个社会或者群体经济发展水平的反映,因此识字率问题是经济史研究的一个重要内容。珀金斯(Dwight Perkins)说中国传统文化一个主要特点是高度重视正规教育。教育有各种各样,正规教育就是读书,学习识字和写作。这是中国传统社会的一个重要的特点。但是,虽然有这个特点,实际的情况又如何呢?

这里我要问一问,什么是清代的"中国的识字率"?这个"中国的识字率"到底是中国某一个地区的识字率,还是中国全国的识字率?在20世纪以前的中国,没有做过任何关于识字率的调查,所以现在我们所讲到的清代中国的识字率,都只是一些学者进行的估计。和、陈两位都谈到罗友枝(Evelyn Rawski)等学者关于18—19世纪中国识字率的估计。他们的估计是在20世纪70年代做的,结论是"拥有某种读写能力的男性约占30%到45%,而女性只占2%到10%"。这是对全中国识字率所作的估数,我在关于明清江南教育的文章中也引用过这个估数。但罗友枝等并没有对这个问题做第一手研究,而是通过参考近代调查所得识字比例,侧重考察科举制度、教育制度、书籍出版等问题,间接推断出来的清代识字率。现在我们可以看到的比较可靠的清代识字率的数字,是港英政府1911年在香港新界地区做的统计。1898年6月9日,英国政府与清政府在北京签订《展拓香港界址专条》,从中国强行租借了广东省新安县境内由九龙界线以北,至深圳河以南土地,连同附近233个岛屿,为期99年。1911年时,新界基本上还是一个农村地区。根据港英政府做的这个统计,当时香港新界北区男子识字率是42%—56%,南区是51%—60%。这里说的"识字",其实只是认字,而并不是能写文章或读比较困难的书,与罗友枝说的"拥有某种读写能力"意思相近。由此而言,我们看到,罗友枝所得出的18—19世纪中国识字率,虽然低于清末香港新界地区,但很可能接近珠三角地区的识字率。

广东之外的识字率，有一些20世纪前半期的调查数字。在我所看到的材料中，比较可靠的是毛泽东1930年在赣南寻乌县进行的调查（即《寻乌调查》）所得到的数字。当时寻乌县有12万人，有150所初级小学（1—3年级），7所高小（4—6年级），没有中学。赣南是一个很穷困的地区，寻乌县大约3%的土地是河谷平原，其他97%是山地和丘陵。但是在寻乌县，全部人口的识字率达到40%。其中女子识字率不过300人，几乎可以说全部不识字，因此男子的识字率达到80%。这个数字很让我吃惊。毛泽东说的"识字"的标准，其下限是识200个字及以上，大体相当于罗友枝所说的"拥有某种读写能力"。对经济史研究来说，能识200个字有很大意义。一个农民认识200个字，就可以看懂自己的名字、简单契约、汉字数字和一些计量单位，这是进行最基本的商业活动所必需的。珀金斯说19世纪中国农村已经具有相当的商业知识和才能，能够进行一些简单的买卖、借贷、典当、抵押、租佃、雇佣、承包等行为，而且知道书面文契的重要性。没有一定的识字能力，这些知识和才能是很难获得的。从以上两个例子可见，中国东南沿海识字率很高，中部贫困山区识字率也不算低，从而为这些地区的商业化创造了人力资源方面的条件。但是在西北地区，情况就大不相同了。中共领导的红军长征到西北后，建立了陕甘宁边区。根据1941年6月5日的《解放日报》和边区文教主管徐特立提供的数字，当时整个边区有200万人，仅只有120所小学，文盲率达98%，小学老师的水平也低得惊人。这不单是因为这里农民穷，孩子上不起学，实际上，无论国民党还是共产党在这个地区的政府都试图实行义务教育，但农民仍然不愿意让孩子去读书。政府规定如果不让孩子去读书，家长要罚款

5块大洋。在当地，5块大洋是一个很大的数字，但大多数人宁愿缴纳罚款，也不愿意让孩子读书。为什么？因为他们认为一个孩子去上学，家里就少了一个劳动力。这导致的超低识字率，也是这个地区经济上贫穷落后的原因之一。

由上面的比较我们可以看到，在20世纪前半期的中国，东南、中部、西部识字率差别如此之大，因此我们不能把广东、赣南、西北任何一个地区的识字率当作全中国的识字率的代表。在这样的情况下，对于什么是中国的识字率这个问题，在目前的情况下是无法回答的。唯一的办法只能是对各个地区进行"微观"研究，然后在以各个地区研究为基础的情况下，才能对全国识字率问题进行"宏观"研究。否则，所做出的关于全国识字率的任何结论都是有问题的。

这就涉及我今天要谈的"微观研究"的问题了。微观研究并不等同于地方性研究，除了地方性研究之外，还包括多方面的研究。比如就识字率问题而言，不仅各地的识字率有很大差别，而且不同的阶层、不同的职业人群的识字率也差别非常大。识字率是教育的结果，过去教育史方面做得比较多的是科举制度下的教育。但这只是精英教育，此外还有大众教育。受过科举教育的人群，识字率当然很高。而大众教育导致的识字率，过去研究很不够，主要是因为史料不足，只能从地方志、笔记小说等来源收集一些零星的记载来进行研究，而这些史料来源因时因地而异，不是到处都可以获得的。我搜集到的史料是明清江南的苏州、湖州、杭州、嘉兴的史料，这些史料表明在这些地方，大众教育在明清时期已经开始普及。在16世纪后期到19世纪前期，这里农村的男孩都要去私塾读三年书。但我们仍然无法知道具体识字率有多高，只能就更小的地域进行计算。至于其他地方的材料，我就不清楚了，需要大家去找。因此，我只敢就明清江南的情况说事，其他地方则不敢瞎猜。

也正是因为这个原因，我研究江南几十年，从来不说江南就是中国。相反，我常常说明江南不具有典型性，而中国也不仅仅是江南一个地区。在今天，在江南地区，从直辖市到省级市、地级市，再到县级市，共有16个各级"市"，总人口8000多万。这个地区的人均GDP，超过苏联集团中除捷克外的任何国家，可以说已经跨入发达地区的门槛。这样一个地区，和我国的西藏、甘肃等地相比，在经济发展水平上差别非常大，难道可以说江南能够代表这些地区吗？昨天会议上一些学者提到"大分流"的问题。"大分流"理论的提出至今已经有20年了，很多学者都指出这个理论有尚不完善之处。我认为确实如此，但"大分流"理论中有一点很正确的是，研究中国也好，欧洲也好，不应该在现代民族国家的框架中进行研究，而要打破国家界限，一个地区、一个地区地进行研究。这就是"全球史"的主要理念。

现在再回到识字率的问题上。如果从"微观"研究出发，我最近在读近代早期英国史专家怀特森（Keith Wrightson）的书，觉得他的研究方法很值得参考。他讲到在14世纪后期，英国上过某种形式学校的人不超过总人口的10%。16、17世纪英国出现了"教育革命"，导致了识字率的明显提高。1642年英国革命爆发，国会要求英格兰各教区内的所有成年男性都去签名，表示拥护国会。以能否签名为识字与否的标准，结果发现不同区域识字率的差别很大。例如在英格兰南部，成年男子识字率为90%，中部为50%，而西部和北部就很低了。不仅如此，城镇识字率大大高于农村。此外，不管在城市、农村，识字率都有明显的社会等级性。在农村，比较富裕的自耕农（yeoman）识字率为33%左右，卖苦力的雇工（laborers）则100%不识字。整个农村里商贩和工匠能够签名的比例为42%，而城市里不能签名的商贩和工匠只有28%。就英格兰地区而言，只有30%的成年男子能够签自己的名字，而70%的成年男子不识字，只能画押。这个研究表明：我们研究识字率的问题，应当先把这些"微观"问题弄清，在此基础上才能得到宏观的结论。中国在地域和人口规模上比英国大得多，更不能把从某些地区得到的估数当成全国的情况。

这个结论不仅适用于社会经济史研究，而且也适用于整个中国史研究。就目前的情况而言，这种"全国平均数"之类的全国性结论，有许多因为缺乏坚实的微观研究作为基础，因此难以成为评判中国历史状况的重要指标。我们现在亟需进行的工作，是对中国历史上各时期、各地区、各行业、各社会阶层等方面的具体状况进行深入的"微观"研究，在此基础之上，才能进行全国性的"宏观"研究。

进行"微观"研究，不仅是我们目前需要做的工作，而且我们在这方面可以做很多有意思的工作。比如就识字率研究而言，它所体现的教育水平问题，不仅对于经济史和社会史的研究，而且对政治史、军事史、制度史等的研究，都很有意义。例如，在政治史和制度史研究中，国家决策机制是一个重要课题。国家重大决策由谁来做？这是决策机制的关键。我前些日子做了一个关于明代国家决策机制的研究，其中讲到在晚明时期，国家大政的决策，事实上主要由"廷议"进行。这种"廷议"是常设机构，由在朝的文官组成，但皇室、宦官乃至内阁成员不得参加。他们每月在东华门内开会，就国家当前遇到的各种重要问题和重大人事任命问题进行讨论，提出各自解决方法，然后投票，票决出几条决策，送请皇帝批准。当时英国有一个相似的决策机构，就是议会。明朝有资格参加廷议的官员都是进士出身。要获得进士功名，必须接受长期而严格的儒家教育，并经过全国性的公平的考试，层层选拔，才能取得。因此他们是接受了当时高等教育的人。在这个时期的英国，有牛津、剑桥等有限的几所大学是全国高等教育的中心。这些大学虽然也有像牛顿这样的伟大学者，但主要进行的还是宗教教育，并不比中国的儒家教育高明多少。从某种程度上可以说，这个时期中国进士功名获得者和英国大学毕业生，都代表了当时两国受过高等教育的政治精英。在晚明，100%的廷议官员都拥有进士功名。而在英国，1563年国会议员里只有26%上过大学，这个比例到1642年增加到50%。也就是说，在参与决策者的政治精英的教育程度方面，明代中国明显高于英国。在地方上，英国有6个县的地方材料表明，在1562年，地方治安官只有5%的人上过大学，这个比例到1630年上升到62%。与此大体相当的是明代中国的县巡捕官。明代的县巡捕官一般是从县丞、主簿和典史三者中选出一员来任此工作。嘉靖之后，县巡捕官职权逐渐向典史集中。县丞和主簿都是品官，通常要有举人的功名方能任职，可以说受过高等教育。典史是"群史之长"，即负责统领县的吏员；"其职专掌案牍，先署书然后达于上而完署之，不然则否。"这句话是说，县政府（县衙）所有的公文先由各房吏员禀报首领官，经过首领官初步处理并签署之后才能上报知县签署实行。必须受过相当的教育,才能从事这种工作。典史虽然未入流,但也要经过考核才能入选,考核的内容,依照明代后期的规定,包括"刑名、行移、写字"。要能通过这样的考核,并非只是接受过识字教育就行的。因此,两相比较,可以看到在基层政府任职的官员的受教育程度,明代中国也比同期的英国高。这样的"微观"研究,有助于我们认识一个非常重要的现象:为什么在明清中国,一支规模很有限的官员队伍,能够相当有效地治理一个人口众多的大国,原因之一就是这支队伍具有较高的教育程度。

最后,我们再回到清代经济史研究来。经济史研究必须建立在充分和可靠的资料基础之上,即如吴承明先生所言:"史料是史学的根本,绝对尊重史料,言必有证,论从史出,这是我国史学的优良传统。治史者必须从治史料开始,不治史料而径谈历史者,非史学家。"研究近代以前的中国经济史,史料(特别是做计量研究所需的史料)不足是一个严重问题,所以我们当务之急或者说一个主要任务,是努力搜集、发掘地方的各种史料,就像刘志伟先生他们做历史人类学研究那样。在此基础上,进行深入的"微观"研究。在做了相当数量的"微观"研究的基础上,再做关于全国性的"宏观"研究。如前所说,中国广土众民,各地区在经济上的差异巨大,要做长时段和全国性的经济史研究非常困难。因此就目前而言,一个合理的方法是选择若干资料条件较好的地区和合适的时期,逐个进行深入研究,在此基础上,再进行全国性和长时段的研究。选择一个小地区和短时段进行的研究,结论可能是重大的。马克垚先生指出:"西方学者把封建作为一个政治、法律制度概括时,所依据的主要是狭小的罗亚尔河、莱茵河之间地区9到13世纪的材料。用这些有限的材料概括出简单的封建主义的理想典型。"可见,以一个小地域作为研究重点,构建出一个封建社会的理论。这个理论的内容是"宏大叙事"。由此而言,微观研究只要做得足够好,也能变成未来宏大叙事的重要组成部分。

当然,我提倡做"微观"研究,并非反对做"宏观"研究。从某种意义上来说,"微观史"(micro-history)提供的是一种"地方性知识"(local knowledge)。微观史研究如果不放进一个大的历史框架之中,有可能导致研究的碎片化,其所获得的"地方性知识"的价值就会大打折扣。古尔迪(Jo Guldi)和阿米蒂奇(David Armitage)指出:在20世纪后期的西方史学界,"微观史成了史学的主流",而"'宏大叙事'(grand narratives)——大框架、大过程、大比较——变得愈发不受欢迎"。有感于此,他们于2014年发表《历史学宣言》(*The History Manifesto*),指出"微观史若不与更大的历史叙事相联系,不明确交代自身的研究想要推翻什么、坚持什么,那就很容易被人称为好古癖。我们希望复兴的是这样一种历史,它既要延续微观史的档案研究优势,又须将自身嵌入到更大的宏观叙事",而"微观史档案研究与宏观史框架的完美结合将为历史研究展现了一种新的境界"。由于我们清代经济史研究队伍人数众多,如果大部分人都找一个合适的题目进行"微观"研究,把大家的成果汇集起来,在此基础上进行"宏观"研究,相信这将会使我们的清代经济史研究达到古尔迪和阿米蒂奇所说的这种"新的境界"。

纸币千年：中国在世界货币史上的第二项伟大贡献

——创新与滞后：中国古代货币发展的"早熟而又不成熟"（之二）

在本系列文章的第一篇《天圆地方的铜钱：中国在世界货币史上的第一项伟大贡献》中，我谈到在世界货币史上，中国做出过两项伟大的发明，对世界历史产生了深远的影响。第一项伟大发明是圆形方孔的铜铸币（即我们通常说的铜钱），第二项则是纸币。由于篇幅所限，本文集中讲述第二项伟大发明。关于这两项伟大的发明为何未能演化为现代货币以及与之密切相关的货币白银化的问题，我将在《"早熟而又不成熟"：中国在世界货币史上的两大伟大贡献的命运》中进行讨论。

一、中国纸币的兴起

我在《天圆地方的铜钱：中国在世界货币史上的第一项伟大贡献》一文中，谈到铜钱具有各种优点，使得千千万万小生产者能够进入市场经济，以致布罗代尔说"近代以前，在初级市场这个阶梯上，最完善的经济组织是中国"。但铜钱也有两个重大缺点：第一，仅适于小额交易和本地交易，而不适于大额交易和长途交易；第二，铜钱生产受制于资源和运输条件的限制，因此其供应量也有一定的限度。随着经济的发展，社会对货币的需求量越来越大，而铜钱的产量无法满足社会需求，从而形成铜钱供应不足，即"钱荒"。为了解决这些问题，唐代实行了一种"钱帛兼行"的货币制度。"钱帛兼行"这个现象是李埏先生发现的。他指出：在我国货币史上，唐代可以称为一个"钱帛兼行时期"。他指出：什么是"钱帛兼行"呢？就是绢帛也"当作流通手段发生机能"，成了"货币商品"，和铜钱同时流通。这种状况，用唐人的成语来说，就叫作"钱帛兼行"。为什么会有"钱帛兼行"这个事实？为什么在有铜钱流通的情况下，还要把绢帛当作货币来使用？为什么与钱兼行的，不是别的商品，而是绢帛？……对于这些问题，李埏先生都做了深入的研究，从而揭示了"钱帛兼行"的实质。[①]

绢帛作为货币使用，可能今天的人们觉得匪夷所思。但在唐代，这却是切实存在的实际情况。

首先，我们从大家耳熟能详的白居易的名作《卖炭翁》来看看绢帛是怎么用作货币的。这首诗写道："卖炭翁，伐薪烧炭南山中。满面尘灰烟火色，两鬓苍苍十指黑。卖炭得钱何所营？身上衣裳口中食。可怜身上衣正单，心忧炭贱愿天寒。夜来城外一尺雪，晓驾炭车辗冰辙。牛困人饥日已高，市南门外泥中歇。翩翩两骑来是谁？黄衣使者白衫儿。手把文书口称敕，回车叱牛牵向北。一车炭，千余斤，宫使驱将惜不得。半匹红纱一丈绫，系向牛头充炭

---

① 李埏：《略论唐代的钱帛兼行》，《历史研究》第1期，1960。

直。"这首诗说的故事是在终南山有个卖炭翁,靠烧炭出售为生,他赶着牛车拉了一车炭,到长安的市场去卖,到了市场门口,来了两个宦官把这车炭拿去了。但是宦官并不认为他们是抢劫,为什么?因为他们支付了"炭直",支付的是丝织品,即半匹红纱一丈绫。白居易这首诗并非空穴来风,而是以当时现实为素材写的。唐代的《顺宗实录》写道:"尝有农夫以驴负柴至城卖,遇宦者称宫市取之,才与绢数尺,又就索门户,仍邀以驴送至内。农夫涕泣,以所得绢付之,不肯受。曰:'须汝驴送至内。'农夫曰:'我有父母妻子,待此然后食。今以柴与汝,不取值而归,汝尚不肯,我有死而已。'遂殴宦者。街吏擒以闻。诏黜此宦者,而赐农夫绢十匹。"一个农夫用驴子载了柴去卖,被宦官用几尺绢强卖去,农夫反抗,殴打宦官,被官府抓起来。但唐顺宗得知此事,惩罚了强卖的宦官,赏赐给农夫10匹绢。因此,用绢帛作为货币买东西,这是唐代的普遍现象。甚至在小额交易中也如此,"开成中,物价至微。村落买鱼肉者,俗人买以胡绢半尺"。不过,绢帛剪一尺半尺,变得零碎了,就很不好用作衣料,从而其价值也就减少了。因此绢帛主要还是用于大额交易。至于为什么用绢帛做货币,李埏先生做了详细的说明,大家可以去读他的文章,这里就不再复述了。

虽然绢帛可以作为商品交易的媒介,但绢帛是一种丝织品,是一种在国际市场上有广阔销路的高价值商品,如果多次转手或裁为小幅作货币用,其本身的使用价值会大大降低,最后成为无用之物。此外,丝织品也不能像金属货币那样长期保存,因此并不是理想的货币。由于这些原因,到了唐代后期,绢帛作为货币的功能越来越减退,人们还是更重视铜钱,而如前所述,铜钱供给落后于需求,以致"钱荒"愈演愈烈。既然绢帛不是理想的货币,铜钱数量又不够,那么怎么解决货币问题呢?经过不断尝试,中国人创造出了一种全新的货币形式——纸币。

卡比尔·塞加尔(Kabir Sehgal)把货币分为"硬钱"(hard money)和"软钱"(soft money),前者是贵金属制成的硬币或由其支持的纸币,后者则是不是由贵金属等商品支撑的货币。[1]更多的学者把货币分为金属货币和信用货币。最初的纸币是兑换券,代表金属货币流通,之所以被接受是因为其随时可以兑换成金属货币,因此也可以说是塞加尔说的"硬钱"。但是如果建立起普遍信用,一般不会出现全部纸币同时兑换为铸币的情况,因此纸币的发行数量上可以超过金属货币的数量,这时纸币实际上很大部分实际上就成了脱离金属本位的"软钱"。在中国历史上,由金属铸币(铜钱)以及由贵金属(主要是白银)支撑的纸币虽然屡次出现,但都为时短暂,因此中国历史上的纸币,基本上是"软钱",即信用货币。[2]

信用货币和金属货币之间的关系很复杂。特别是如何约束发行方面,纸币比金属货币的问题要大得多。要控制纸币的发行规模,通常采用金/银本位制度。金/银本位制度可以是贵金属货币的本位制度,同时也可以用来约束纸币的发行,后者可以通过制定纸币的含金量或含银量来实现,因此以金属货币为本位的纸币在数量上仍

---

[1] Kabir Sehgal, *Coined: the Rich Life of Money and How its History has Shaped Us*, John Murray, 2015, pp.9.
[2] 何平把这种情况称为"30宿命",即北宋交子开启的古代中国纸币流通没有一个王朝价值稳定维持超过30年的。见何平《明代中后期货币"使用处方"的转变——从"重钱轻银""行钞废银"到"三者相权"》,《中国钱币》第5期,2020。

然受到实际的金属铸币量的制约。在实践中，因为一般不会出现全部纸币同时兑换为铸币的情况，因此纸币的发行数量上可以超过金属货币的数量，因此有一定比例的准备金就可以了。但是由于发行者（主要是政府）通常不能约束自己，总是超量发行纸币，使得发行的纸币数量超出准备金，或者发行者根本就没有建立准备金。这样，纸币就成了一种仅依靠发行者的信用而流行的货币，即法定货币（Fiat Money）。法定货币简称法币，是政府发行的纸币。政府没有将货币兑现为实物的义务，只依靠政府的法令使其成为合法通货的货币。法定货币的价值来自持有者相信货币将来能维持其购买力，但货币本身并无内在价值（Intrinsic value）。历史上，在政府强制规定纸钞以及非稀有金属（如铜、镍等材质）的硬币为法定货币之前，大多数流通的货币也具有一定的内在价值，例如金币、银两，此种货币称为商品货币（Commodity Money）。布雷顿森林体系中，35美元能兑换一盎司黄金，所以不是法币。布雷顿森林体系崩溃后，美元与黄金脱钩，成为法币，也就成了"软钱"。

由于纸币是不同于金属货币的信用货币，因此是一种新型货币。1024年，北宋益州交子务发行了全新的、脱离金属本位的货币——官方交子，由此纸币以一种新的货币形态出现于中国，堪称一场"货币革命"。维瑟福德（Jack McIver Weatherford）认为在世界历史上，货币有三次重大突变（mutation），第一次是硬币的发明，第二次是纸币的发明，而第三次则是今天的电子货币的发明。[①]
戈尔伯格（Dror Goldberg）更指出，认为现代货币起源于没有财产

---

① Jack McIver Weatherford, *The History of Money: From Sandstone to Cyberspace*, New York: Crown Publishers Inc, 1997, forward pp.xii, xiii.

（土地和金属）作为支撑的纸币。[1]而这种纸币实际上也起源于宋代中国。因此中国纸币的出现，成为一场改变世界货币史的革命，也是世界历史上的一次"货币革命"的开端。

二、中国纸币的历史演进

就我所读到的文献而言，最早对中国纸币的起源和最初形态问题开展研究的是欧美学者。1822年，德国汉学家克拉普罗特（M. Klaproth，1783—1835）发表了《纸币的起源》一文，随后美国汉学家皮克林（John Pickering，1777—1846）将此文从法文译为英文，于1844年在美国刊出。[2]皮克林在对这篇文章的介绍中说："有一个常见的说法，是机智的中国人在三个最重要的发现上比欧洲人提前了几个世纪——航海用的罗盘、印刷术和火药。但是，我们认为，很少有人意识到，现代金融意义上的纸币他们从十世纪就开始使用了。"克拉普罗特在文章里，谈到最早的纸币就是宋代的交子。但是更深入的研究，是日本和中国学者在20世纪30年代和20世纪40年代分别开始的。在日本，经济史学家加藤繁是这个研究的开创者，他的研究成果有《交子的起源》《官营后益州的交子制度》《北宋四川交子的界分》《陕西交子考》《交子、会子、关子的语意》《南宋初期的见钱关子、交子和会子》《南宋时代银的流通以及银和会子的关系》等。在中国，李埏先生是开创者，他的研究成果有《北宋

---

[1] Dror Goldberg, "The Massachusetts Paper Money of 1690". in *The Journal of Economic History*, Vol. 69, No. 4（DECEMBER 2009）, pp. 1092-1106.

[2] 转引自 John Pickering, "The History of Paper Money in China". in *Journal of the American Oriental Society*, Vol. 1, No. 2（1844）, pp. 136-142。

楮币起源考》《北宋楮币史论述》《北宋楮币起源考》《北宋四川交子兑界考》《宋金楮币史系年》《从钱帛兼行到钱楮并用》等。这些研究成果为纸币史研究奠定了坚实的基础。此后，彭信威、叶世昌、萧清、高聪明、汪圣铎、刘森、李幹、陈高华、前田直典、岩村忍、高桥弘臣、万志英（Richard von Glahn）等学者在其关于中国货币史的论著中都对中国历史上的纸币问题进行了进一步的研究。特别是近年来，何平、戴建兵、王文成等学者在此研究方面所取得的成果尤为重大。经过几代中外学者的努力，我们对世界史上最早的纸币——交子和会子——的来龙去脉有了清楚的了解。这里我主要以李埏先生的研究成果为基础，对中国纸币在初始阶段的情况，进行一个简要的介绍。

因为大量的铜钱使用起来不方便，唐代后期出现了铜钱寄存、汇兑等的专门业务，从事这种业务的机构叫做"柜坊""僦柜""寄附铺"，专门经营信托寄存铜钱。商人为了方便将现钱存入柜坊，换领信物和帖（票据）等支付凭证，取钱时需要提供这些支付凭据。这些票据在本地市面上可以流通，因此具有初步的货币功能。不仅如此，由于铜钱运输困难，加上政府限制铜钱异地流动，特别是在长安的商人不能运钱出境，于是汇兑方法应运而生，出现了"飞钱"等方法。"飞钱"是商人发明的，在长安的商人将铜钱交给各地方政府在长安的进奏院（相当于今天的"驻京办"）等机构，得到取钱凭证，回到本地后，到当地政府"合券乃取之"，即和当地政府核对凭证后，在当地取得铜钱。因为不需要搬运铜钱，因此被称为"飞钱"。"飞钱"又称"便换"，但"便换"这个词用得更多，因此唐朝以后就只称"便换"而不再称"飞钱"了。飞钱不限于京师,使用飞钱的人也不限于商人。这种实质上是一种汇兑业务,在减少商人前往外地贸易须携带大量钱币不便的同时,也降低了对铜钱的需求,一定程度上缓解了钱荒的矛盾。但飞钱本身不介入流通,不行使货币的职能,只是一种汇兑凭证。这里,我们要注意"合券乃取之"一语。它表明,券(即凭证)的合与不合是支付的主要依据,而不问求兑的人究竟是谁。这是可以理解的,因为在相距很远的两地,券之合与不合易辨,人之是否其人很难识别。商贾流动不居,乍来即去,怎么能让支付者认识不误呢?这种合券乃取的方法把信用向前推进了一大步,使"认票不认人"的信用票据树立起它的权威,人们于是有可能并不立即要求兑取铜钱,而辗转把它用作支付手段。这样,它就和后来的纸币接近了。

唐朝灭亡后,中国陷入分裂,统一的货币制度也随之崩溃。五代时,南方诸国行用各种铁钱、铅锡钱。宋朝统一后,按理不能令这些割据政权铸造的货币继续同时流通,可是要做到这一点,就必须大量增加铸造铜钱的数量。但铜来源有限,因此只好在这些地方(特别是四川)"听仍用铁钱"。为了避免中原铜钱不外流,宋朝政府禁铜钱进入四川等地,这实在是并非得已。以后宋朝铸钱越来越多,到宋神宗元丰时,每年高达五六百万贯,历史上没有哪个朝代能出其右。但是这些铜钱仍只局限在于开封府界和京东西、河北、淮南、两浙、福建、江南东西、荆湖南北、广南东西等十三路使用。四川的成都府、梓州、利州、夔州四路始终专行铁钱。宋朝的政策是令四川尽用铁钱。有时虽也除铜钱入川之禁,但铁钱却不许出境,结果是四川行使的货币只有铁钱。

由于全国统一和平,宋代四川的商品经济在此前的基础上更加发展。它的手工业和农业所出产的商品占有很广阔的市场。这些商品的交换、集散、运输……相应地需要大量的货币流通，商人必须把巨额钱币调来调去。然而，现在流通的货币是铁钱，铁钱与铜钱同重，而按通常比值，铁钱十文才抵铜钱一文，从而对商业资本的运动也就增加了十倍的困难。这样，笨重的铁钱使矛盾更激化，四川的货币流通就出现了严重的矛盾。

为了解决这个矛盾，到了宋真宗时，四川一些大商户联合起来，提供担保，发行一种新的地方金融票据——交子。这些商户就是"交子铺户"。他们发行交子，完全是民间自发的，因此宋代大学者吕祖谦说"交子之法，出于民之所自为"。交子用同一色纸印造，上面印有屋木人物，铺户押字，还隐秘题号，朱墨间错，以为私记。交子上可以填写钱币的贯数，不限多少。商人可以向这些商户交钱，领取交子，不论远近都可以行用，动及百万贯，街市交易也都尽用之。如果用交子去交子铺户那里取现钱，每贯交三十文作为手续费。每年到丝蚕、米麦将熟时，这些交子铺户又印交子一两番，比铸钱快得多。用交子进行交易比用铜钱方便，因此人们用交子去收买蓄积，广置邸店屋宇、园田宝货。但是使用交子的问题也不少，例如有些交子铺户把作为保证金的铜钱都用出去了，因此不能按时兑换现钱。有时有多人去兑换钱，交子铺户无法提供足够的钱，只好关闭门户不出，从而激起民愤。还有些交子铺户欺负贫民，人家拿一贯的交子去兑换，多的也只得到七八百文。此外还有人造假，引起词讼。到了宋真宗景德年间（1004—1007），益州知府张泳对交子铺户进行了一次整顿，清退了那些实力不济、信誉不佳的铺户，最后挑选16户有实力的富商负责主持交子的发行，代价是每年夏秋两季须给官府出一定量的人工和物料。官府将此前分散的交子铺户集中起来，希望以联保的方式克服以往的弊端。到了天禧（1017—1021）末年，寇瑊、张若谷、薛田等人任蜀中大吏时，对交子出现的问题进行了讨论。寇瑊主张将成都以及外县的交子铺全部关闭，废止交子；张、薛则认为铁钱太重，"街市买卖至三五贯文，即难以携持。自来交子之法，久为民便"，不能废止；"合是交子之法，归于官中"，建议设置专门的管理机构——交子务。宋仁宗天圣元年（1023）四月，薛田接替寇瑊出任益州知府，受命对交子的存废问题提出处理意见。朝廷采纳张、薛的意见，于十一月设益州交子务，次年即天圣二年（1024）二月，首放第一界交子。交子票面钱数分一贯、十贯两种；形式及出纳手续，一依十六户之旧，并规定收入人户现钱后发给交子，将现钱置库收藏，回纳交子时立即兑现。至此，交子取得了法定货币的地位，和铁钱相权而一同流通。纸币发展的序幕于是宣告结束，铜钱和纸币共用的"钱楮并用"的时代遂正式展开。因此，公元1023年成为世界纸币元年。

之后，在天圣三年（1025）第二次发行官交子时，又制定了分界、限额、准备本钱、新旧相因的官交子发行管理制度，有效地保证了作为钱币价值符号的交子，能够像钱币一样行使流通支付的货币职能。宋神宗熙宁五年（1072）为防止交子因用纸取自民间而易伪造的弊病，于成都设立了专门的造纸机构，开始由政府生产特制的纸印刷交子，这对于防止伪造具有重要意义。交子最初的票面金额，依据存款人所交现钱数额而定，临时填写。官府接办后，票额从一贯到十贯不等，后又固定为五贯和十贯两种。规定两年一界，每界发行交子1256340贯，准备本钱36万缗，约占发行总量的28%，兑换时收取3%的纸墨手续费。

交子出现后，又为钱引所接替，两者始终都只是在四川使用。到了南宋，演化为会子。会子也是民间出现的，宋高宗绍兴三十年（1160）二月被收归官营，成为南宋全境使用的纸币。会子共有6种面值，是不可兑换纸币。宋理宗景定五年（1264）十月发行新纸币——金银见钱关子，这种纸币面额仍保留"贯文"单位，且以"每百七十七足陌"的省陌计算，但却以金银见钱为名，把纸币的价值与金银联系在了一起。这意味着纸币与金银直接联系在一起，在某种程度上成为一种可兑换的货币了。

北宋灭亡后，金朝统治了中原，金代先后使用过铜钱、银币、纸币三种货币，其中最重要的是纸币。金代所发行的纸币，名称像铜钱，如贞祐通宝、兴定宝泉、元光珍货、元光重宝、天兴宝会等。金世宗大定二十九年（1189），金朝政府允许交钞永久使用，不限年月，并停止铸钱，为纸币流通区域的迅速扩大创造了条件。纸币从先前的有界期（即期限）行用发展到无限期流通是金代的创举，这标志着纸币在商品交换中取得了更加重要的地位。金代交钞较南宋会子无界发行早了将近60年，这在纸币发行史上具有划时代的重要意义。

蒙元使用纸币是受了金朝的影响。忽必烈称帝之前，蒙古人就在华北地区发行过三次纸币。中统元年（1260）忽必烈即位，听从了刘秉忠的意见，认为不适宜使用铜钱，于是专行纸币。中统元年（1260）十月，发行了中统元宝钞。至元二十四年（1287），颁布的《至元宝钞通行条画》是一个比较全面的币制条例，为中国货币史上第一部比较完善的法规。具体措施主要有三条：一是发行至元宝钞，与中统钞并行，公私通用；二是禁止民间买卖金银；三是推出了宝钞与金银兑换价格（卖出和买入）的规定，亦即纸币和金银在一定条件下可以进行买卖。大体而言，元朝继承了金朝的"银钞相权"货币流通格局，以中统元年（1260）发行中统钞、中统四年（1263）设平准库为标志，在蒙元辖区全面确立。正因为如此，蒙元纸币的面额虽然仍以贯文为单位，但实际价值与白银相联系，货币单位以"锭—两—钱—分—厘"计，最小面额的纸币"厘钞"，所对应的也正是流通中白银的最小单位"厘"。

元代的纸币制度在宋金的基础之上多有创新，纸币从印制、分发、推行，到以旧换新、销毁以及违犯钞法的处罚，在《元典章》中都有具体的规定，较宋金的纸币制度更为完备。元代纸币统一由户部发行，不限年月，不分地域，诸路通行，是一种具有无限法偿能力的不兑换纸币，与之配套的是比较完善的管理办法和措施，基本上已经具备了近代纸币的雏形。与之相配套的是，贵金属金银及铜钱都不许流通。因此从一个方面来看，这是世界上最早以国家法令的形式强制推行的纯纸币制度的尝试，但事实上，元朝还专门设置平准库从事金银与宝钞兑换，并最终恢复铸行铜钱，因此这个尝试仅只是一种愿望而非已成现实。

明朝建立后，于明太祖洪武八年（1375）发行纸币"大明通行宝钞"，通称"大明宝钞"。"大明宝钞"大体沿袭了元代纸币的形制，但是名称上与元钞有所不同，元钞以年号为名，如"中统元宝交钞""至元通行宝钞""至大银钞"等，都冠以年号；明代的宝钞则以国号为名，且只有"大明通行宝钞"一种，而且都由中央政府发行。而在宋代，除了朝廷统一发行的纸币外，另有多种地方性的纸币，如川引、银会、湖会、淮交等。因此，明代的宝钞是我国古代形制最为规范和统一程度最高的纸币。"大明宝钞"面额有一百文、二百文、三百文、四百文、五百文、一贯，共计6等，洪武二十二年（1389）为了便于宝钞在市面上的流通，户部另外又增发了十文、二十文、三十文、四十文、五十文等5种小面额的宝钞。因此，宝钞共有大小11种面额。面额以一贯为最高，即使到后来发生通货膨胀，也没有发行面额更大的宝钞。虽然这些宝钞面额不同，但都仅有一个统一的尺寸，折合成现在的标准则是长338毫米、宽220毫米。宝钞与铜钱、白银以及黄金的兑换比例是，宝钞1贯等于铜钱1000文，值银1两，四贯合黄金一两，金银比价为1∶4。此外，"大明宝钞"不分界，不限时间，不定发行限额，也没有准备金。

明朝政府采取了措施来防范伪钞，规定："若诸人将宝钞赴仓场库务折纳诸色课程，中买盐货，及各衙门起解赃罚，须要于钞背用使姓名私记，以凭稽考。若有不行用心辨验，收受伪钞及挑剜描褫钞贯在内者，经手之人杖一百，倍追所纳钞贯，伪挑钞贯烧毁。其民间关市交易，亦许用使私记，若有不行仔细辨验误相行使者，杖一百，倍追钞贯，止问见使之人，若知情行使者，并依本律。"[①]使用伪钞无论知情与否，都要承担法律责任。

在货币政策方面，明朝一方面继承了元朝的一些做法，例如为了维持钞的流通，实行了禁止金银、铜钱流通的方式，并且像

---

① 《大明会典》卷之一六四《律例五·户律二·仓库·钞法》。

元朝那样，在财政收支中，以货币方式进行的部分专用纸币；在交易中，也在原则上禁止使用铜钱、金、银等支付而专用纸币。但是与宋、金、元朝流通纸币的情况相比，明朝的宝钞，是试图在不否定铜钱法定地位的同时恢复元朝的"银钞相权"，即通过国家法令明确宝钞同时与白银和铜钱的法定数量关系，实际流通中则"钱钞并行"。但这种办法存在着一系列严重问题，因此明朝宝钞不但没有宋、金、元纸币的良好表现，甚至很难维持其流通。到了明代中期宝钞已不被民众所接受，大明宝钞作为一种信用货币体系也崩溃了。

入清之后，清朝统治者接受了明朝货币制度的经验教训，对纸币的态度十分谨慎。鉴于历代印发纸币的弊端，清政府认为纸币只能作为权宜之计，不宜作为国家长期的货币制度。嘉庆十九年（1814），侍讲学士蔡之定奏请印发纸币，遭到嘉庆帝的严厉训斥，认为印发纸币"其弊百端"，并命"交部议处，以为妄言乱政者戒"。出于这种谨慎，清朝只发行过两次纸币。第一次是在顺治时期，当时因国内战争尚未平息，政府财政入不敷出，朝廷企图采用发行纸币以为弥补亏空，于顺治八年（1651）发行一种称为钞贯的纸币，以制钱（即清朝中央政府发行的铜钱）一贯为单位，但发行数额不多，每年不过12.8万余贯，值银12.8万余两。至顺治十八年（1661），明永历帝被执，大局已定，纸币也就停止发行。这次纸币发行前后仅10年，所发不足128万余贯。第二次发行纸币是在咸丰时期，因太平天国战争，财政极度吃紧，同时清朝铸钱的铜主要来自云南，运往北京制作制钱，此时因战火原因难以北运；还有，自鸦片战争后白银外流日益加重，使得原本的银—钱货币体系遭到严重破坏。在此困难时刻,印发纸币便成了清政府的一个选择。咸丰帝对此态度颇为谨慎,经过户部和各省官员的讨论后,于咸丰三年发行"户部官票"和"大清宝钞"。"户部官票"又名"银票",是以库平银两为单位的纸币;"大清宝钞"又名"钱钞",是以制钱的钱文为单位的纸币;二者合称"官票宝钞"或"银票钱钞",简称"钞票"。官票的主要作用是代替白银,宝钞的发行则主要是代替铜钱。官票和宝钞均为皮纸制造,官票票面以满汉文字印有"户部官票"字样,"其票上天、地、宇、宙四字号头,系按奏定章程一两、五两、十两、五十两票四种,依次编列……俟后拟再增制三两票一种,即为日字号,以便畸零搭放之用"。凡是民间交纳地丁钱粮、盐课、关税等,均可以官票充抵一般实银,官票银兑换白银时可同值兑换。宝钞票面额部书写"大清宝钞"4字,满汉平列,中标准足制钱若干文,足部书写:"此钞即代制钱行用,并准按成交纳地丁钱粮及一切税课捐项,京、外各库一概收解。"[①]到了咸丰十年,内阁奉上谕著,停发钞票。咸丰一朝的发钞政策就此寿终正寝,前后不过8年。因此,顺治朝与咸丰年间两次发行纸币,都是因为财政困难不得已而为之,前后都未超过10年。因此在顺治十八年(1661)到咸丰二年(1852)的191年间,清政府不仅没有再印发纸币,且不允再有行钞之议。

光绪三十一年(1905),清政府设立的户部银行正式成立,这是近代中国第一家国家银行,清朝政府将其定位为"中央银行",并印制户部银行纸币,这是"中央政府发行银行兑换券之始"。户

---

① 郭琪:《咸丰朝的纸钞发行运动》,《中国档案》第8期,2020。

部银行的纸币包括银两票、银元票和钱票三大类，标准的银两票为库平银，共有一两、五两、十两、五十两、一百两五种。这是在西方影响下，由银行发行的钞票，已经是近代纸币，和中国传统的纸币有了很大差别，这里就不再谈论了。

三、民间信用货币的兴起

在今天，信用货币是由国家和银行提供信用保证的流通手段，包括现金（纸币与辅币）、期票、银行券、支票、银行存款以及电子货币等。

在清代，除了政府发行的纸币外，还出现了大量的民间自发的金融票据。这些票据种类繁多，遍布各地。在鸦片战争前一个世纪内，出现了银/钱票（银票或钱票），庄票和会票几种金融票据。票据票在民间有不少其他的称呼，如"花帖""期票""库帖""存票""钱条""帖子""钱帖"等。其中银/钱票是银号、钱庄、当铺或者其他商号发行的商业票据，用以代替铜钱或银两流通。庄票是钱庄应顾客的要求而发行的一种期票。会票大体相当于汇票，但还可用作清偿债务的凭证，用于多种债务的结算，其性质与现代银行托收结算颇为相近。这几种金融票据都是信用货币。

银/钱票大体可分为四种：一是持去即可以取钱、认票不认人的票据；二是见到本人才发给银钱的票据；三是定期取银或钱，尚未届期则不能取的票据；四是票上注写"外兑或换外票字样"的不能兑现的票据。其中第一种是正常的、合法的银/钱票，第二种文献中多称之为"期票"，第二至第四种是嘉道年间官府法律所不允许的银/钱票，因为它们都不能当时兑现，所以在窃盗案中也不能计入实际赃款数目。在道光年间的对民间金融票据的整顿行动中，后三种都是官府禁止的。银/钱票的流行情况，道光十八年山西巡抚申启贤在奏折中做了一个概述。他说："晋省行用钱票，有凭帖、兑帖、上帖名目。凭帖系本铺所出之票，兑帖系此铺兑与彼铺，上帖有当铺上给钱铺者，有钱铺上给钱铺者。此三项均系票到付钱，与现钱无异，应听照常行使，无庸禁止。此外有别项铺户并非钱店所出之帖，亦曰上票；又有年节被债所逼索，自行开给钱票，盖用图章，以为搪账地步，俗名谓之壶瓶帖。言其装入壶瓶，并无实用，民间亦不甚流通。又期帖系易银时希图多得钱文，开写迟日之票，期到始能取钱。以上三项，均非现钱交易，应请禁止。"[1]据此，当时山西民间发行的票帖就有凭帖、兑帖、上帖、上票、壶瓶帖、期帖之分，对于可以随时兑现的前三种票帖，申氏力主"听其照常行使"；至于非钱店所出的"上票"以及无法随时取现的"壶瓶帖"和"期帖"，则应禁止。依戴建兵采用现代票据法概念作为民间信用货币的判断标准，[2]上述凭帖、兑帖、上帖、上票都属于可以随时兑现的本票，壶瓶帖与期帖则属于在规定时间里兑现的本票。本票型商业票据，票面时间即立票时间，也无兑现时间的规定，戴建兵将这类货币称为钱票、私票，即各种经营性或行政部门发行的小区域流通货币，多在县或县以下的乡村流通。

汇票型、支票型的商业票据也属于信用货币，其流通范围比本

---

[1] 中国人民银行总行参事室金融史料组编《中国近代货币史资料》第1辑，中华书局，1964，第130页。
[2] 戴建兵：《中国钱票》，中华书局，2002，前言第1页。

票型商业票据大得多,有的甚至通行全国。

会票的使用很早,唐代的飞钱实际上就是会票,所以清初学者陆世仪说:"楮者,如唐之飞钱,今之会票。"到了明代中后期,江南与北京之间银钱往来已使用会票。到了康熙初年,陆世仪说:"今人家多有移重赀至京师者,以道路不便,委钱于京师富商之家,取票至京师取值,谓之'会票',此即飞钱之遗意。"①由此可见苏州与北京之间以会票来完成款项拨兑,已颇为常见。可能成书于康熙初年的白话小说《豆棚闲话》里也讲到徽商兴哥到了苏州,"不一月间,那一万两金钱,俱化作庄周蝴蝶。正要寻同业亲戚,写个会票,接来应手"。②1982年,发现了北京前门外打磨厂日成祥布店遗留下来的自康熙二十二年(1683)到二十五年(1686)间的23张会票实物,证明了清初不同地区的商人经常利用会票完成款项的拨兑以清算商业往来,并且表明在专业汇兑银钱的票号出现之前,在江南与北京等地之间通过票据结算商业往来已普遍使用。

山西票号兴起后,汇票的使用更大大扩展了。汇兑是票号的主业,汇款人将款项交给票号,由票号开出汇票交给汇款人,汇款人将该汇票带到汇款地或寄给收款人,就可以持票向票号的当地分号取款。汇票分为"即票"与"期票"两种,"即票"是见票即付,"期票"则是按照票面上所写日期进行兑款。此外,票号还发展了"信汇""逆汇"(也称倒汇)等汇兑方式。"信汇"是汇款人交款给票号之后,写信给收款人,同时写信通告汇款地的分号或联号;收

---

① 陆世仪:《论钱币》,收于贺长龄、魏源等编《清经世文编》卷五三《户政二七》。
② 艾衲居士编《豆棚闲话》,上海古籍出版社,1983,第28页。

款人接到汇款人的信后,持信到当地票号中提取款项,票号接到交款的通知,即行付款。一般的汇票与"信汇"均是顺汇,即甲地先收款,乙地后付款。而逆汇或倒汇则与此相反,即先付款后收款。根据刘建生的计算,19世纪50年代150个总分号每年所发行的汇票约为4662万两。①

从18世纪以来,银号发行的庄票已在中国流通越来越广泛。②道光二十一年闰三月二十一日《上海县告示碑》,显示钱庄的庄票早就起着支付手段和流通手段的作用。商人在买卖豆、麦、花、布时,不仅可以用钱庄庄票支付货价,而且可以"到期转换",也可以"收划银钱"。③可见当时钱庄银票在钱庄的业务以及豆、麦、棉、布的贸易中都得到广泛使用,而这些贸易正是中国长途贸易的重要内容。

民间信用货币广泛使用于社会各界的日常生活中,特别是在涉及大笔钱款时,使用金融票据更为方便和安全。清代乾隆时期的长篇小说《野叟曝言》中讲了一个故事,说一财主家的小妾,和他人通奸,被丈夫撞破,自缢而死。夫家想私了此事,决定赔偿小妾之父340两银。但是夫家的管账先生说:如果把这些银子给了小妾的父亲,万一他收了银子还要去报官,且不是我们出了钱还要吃官司。不如让我同他一起到解铺里,把银子交给解铺,解铺开一张银

---

① 刘建生:《山西票号业务总量之估计》,《山西大学学报(哲学社会科学版)》第3期,2007。
② 王业键:《中国近代货币与银行的演进(1644—1937)》,台北:"中研院"经济研究所,1981。
③ 道光二十一年闰三月二十一日《上海县告示碑》,收于江苏省博物院编《江苏省明清以来碑刻资料选集》,生活·读书·新知三联书店,1959,第485页。

票给小妾父亲，等到小妾出殡下葬后，再让解铺给他银子，这样他就不能变卦了。这个故事里所说的银票可以代替白银进行支付，因此已具有货币的功能。故事说到的解铺就是当铺。清代当铺名称五花八门，如解库、解铺、典库、典铺、解典库、解当铺、当铺、质库、质铺、印子铺等，是一种民间信用机构。解铺发行的银票，通常运用范围较小。

钱铺、银号、钱庄、票号等专业金融机构出现后，发行的票据的信用货币功能就很明显了。钱铺、银号、钱庄源于明代中期，主要从事白银和铜钱的兑换业务。至明末以后，业务由银钱兑换发展到了兑换、放款、存款和发行钱票、银票和庄票等票据，以及开展汇兑等多种业务，形成一个多种业务的、综合性的金融机构。尤其是到了清代乾嘉以后，发展更加迅速。它们发行钱票、银票和庄票等，是作为替代现银和现钱的票据。这些票据不但执行大额资金的支付职能，而且也具有商品的购买职能，使用这些票据即可完成商品交换，债权债务的清理，成为一种流通手段，在一定范围内流通，起着代替货币职能的作用。乾隆年间，银/钱票开始盛行，当铺乃至其他一般的商铺也开始了钱票开发。嘉庆、道光年间，江苏常熟人郑光祖说："我邑常昭城市中钱铺用票，乾隆、嘉庆间此风大行，十千百千只以片纸书数，即可通用，辗转相受，穷年不向本铺点取，日积而多存贮盈万。该铺以此钱营谋生息，蜃楼海市，计亦良得……若乡镇店口多小本经营。福命甚薄，艳钱铺之谢利，竟出百文钱小票通用，嘉庆十五六年此风最盛。"[①] 在北京，这些民间金

---

① 郑光祖：《一斑录》卷二《人事》，《海王邨古籍丛刊》本，中国书店，1990，第3页。

融票据也广泛流行。道光二十年，御史祥璋在奏折说："向来京城旗、民使用钱票，因其便于携带，亦为例所不禁，……伏查京城内外，钱铺不下千余家"。①道光十八年（1838），四川总督宝兴在奏折说道"民间所使，不惟房产地亩，即日用零星之物，亦以钱票互易。至道光十四五年间，外间票钱积至一千四五百万吊，……现在京外钱铺所出钱票，皆写外兑或换外票字样"。他认为银贵钱贱与钱铺滥发钱票有关，奏请"严禁各钱铺不准支吾磨兑，总以现钱交易"。清廷发出上谕，要求步军统领衙门、顺天府和各省督抚妥议具奏。回复的意见基本上是"听从民便"，"仍听其便"，只需禁止支吾磨兑，不许以票易票。②也就是说，民间金融票据在京外大大小小的交易中均被广泛使用。因此有学者认为在清代中叶，民间纸币（主要是钱票）成为货币体系的新生力量。

也是在道光十八年，山西巡抚申启贤在给道光帝的奏折中，对中国各地的货币使用情况做了一个简单概括，说："查民间贸易货物，用银处少，用钱处多，是以江、浙、闽、广等省行用洋钱，直隶、河南、山东、山西等省行用钱票。若一旦禁用钱票，势必概用洋钱，更受外洋折耗。再各省藩库所存制钱无多，民间藏钱亦不充足，今将钱票禁止，则现钱必日见其少，恐致商民交困。"③由此可见，钱票在华北已广泛使用，成为通用货币。但是该奏折说"江、

---

① 中国人民银行总行参事室金融史料组编《中国近代货币史资料》第1辑《清政府统治时期（1840—1911）》，中华书局，1964，第139页。
② 中国人民银行总行参事室金融史料组编《中国近代货币史资料》第1辑《清政府统治时期（1840—1911）》，第125—141页。
③ 张宁：《从钱票流通看清中叶的金融变革——兼论金融史研究的本土视角》，《中国社会经济史研究》第3期，2022。

浙、闽、广等省行用洋钱"则并不准确。事实上,在这些地方,钱庄发行的庄票使用已很广泛。

在清代海上贸易中心之一的上海,在乾隆年间,钱庄便已存在,其数量和规模也都较其他各省为大。乾隆四十一年(1776),上海已经设立了钱业公所,有石源隆、三泰源等25家钱庄承办公所事务。其后20年中,承办公所事务的钱庄计有106家。钱庄成立公所,为的是"集思广益,出谋发虑",为维护同业利益服务,这说明上海金融业的发展达到了较高的水平。到了嘉庆初年,资力大小不同的上海钱庄已经发展到124家,其中资力雄厚的钱庄大多与行走南北洋的沙船业发生资金联系。通过沙船运输,商人在北方(东北、山东、河北)沿海大量购买当地盛产的豆货(大豆、豆油)以及麦、枣等产品,运到上海,在江南各地销售,同时在上海购进土布等货物前往北方销售。此外,商人还从上海乘船到福建、广东等地购买蔗糖、茶叶、木材等运回上海,在江南销售,并将江南的棉布(南京布)运到福建、广东销售。这项贸易规范非常大,贸易额为当时中国国内贸易之首。上海的钱庄每在沙船出海时,经常以大宗款项贷予沙船主,以便后者这种贩运贸易规模大,需要大量投资,在交易中需要大量货币。钱庄提供的庄票,就是这些贸易赖以进行的基础。道光二十一年(1841)上海县的一则告示中称:"钱庄生意或买卖豆、麦、花、布,皆凭银票往来,或到期转换,或收划银钱"。此项记载虽出现于1841年,但所反映的内容显然是指在此以前相当长的时间内上海银钱业活动的实际情况,表明从那时以来,在上海,不仅商品交易可以通过钱庄签发的票据成交,而且债权债务关系的清理,也可以通过庄票"到期转换,收划银钱,"相互抵销。此外，这则公告还提到：经钱业公议，"遗失票银千两，有人拾取送还，酬谢银十两，视票银多少增减"。这表示当时上海钱庄所签发的庄票其银额达千两者，已非希罕。凡此都反映了上海银钱业在信贷活动上所达到的水平，远较沿海其他城市和内地城镇为高。

这些民间金融票据中的一些，事实上已经作为货币在流通，因此可以说是民间纸币。在此意义上我们可以说，在鸦片战争之前，各种类型的纸币在中国已经相当广泛地流通了。

四、中国纸币的世界影响

纸币出现后，其影响并不局限在中国。纸币的使用范围，首先从中国内地逐渐扩展到边疆地区。1979年，甘肃省文物部门在黑城采集到一张纸币残片；1983—1984年，内蒙古文物考古所等在黑水城考古发掘出土一大批纸币；1985年，内蒙额济纳旗吉日格郎图苏木牧民发现被风刮出埋在沙土中的一批纸币。这些纸币主要是元代晚期印造的至元钞和至正交钞。

中国纸币首先传到西亚。元朝时期，蒙古人统治下的伊利汗国统治者在元朝丞相孛罗的具体指导下，仿照元朝发行纸币。1294年，伊利汗国国王乞合都汗宣布印刷纸币的诏令，开始印刷纸币。伊利汗国印刷纸币伊朗印刷纸币采取中国的"钞印用木为版"的技术，纸币在形式上仿元朝纸币，纸币上印有纸币印刷的时间、币值及伪造纸币的惩罚措施等，纸币上还印有汉字"钞"及其音译，还钤印官印。研究者认为伊利汗国印刷发行的纸币为木刻版印刷，印版刻字及纸币印刷由汉人进行，穆斯林工匠参与合作完成印刷纸币。1294年9月12日，乞合都汗在帖必力思城颁布流通纸的诏令，规定拒绝使用纸币者立即处死，并开始了试推行纸币。波斯语中至今仍将纸币称作"钞"（Chao）。元顺帝至正六年（1346），摩洛哥旅行家伊本·白图泰来中国游历也注意到："中国人交易时，不使用金银硬币，他们把得到的硬币，如上所述铸成锭块。他们交易时却使用一种纸币，每纸大如手掌，盖有素丹（按：指元朝皇帝）的印玺。如该项纸币旧烂，持币人可去像我国的造币局一样的机构，免费调换新纸币，因局内主管人员都由素丹发给薪俸。该局由素丹派一大长官主持。如有携带金银硬币去市上买东西者，则无人接受。"[1]

  在东亚的儒家文化圈中，中国纸币也被其他国家模仿。在李氏朝鲜，大庆宗时期（1401—1417）开始印制仿中国明朝的"建文楮货"和"永乐楮货"纸币，但是流通不畅。在日本，江户时代开始发行的纸币——藩札，形状也模仿中国纸币的形状，而且和中国一样也多为银、铜的价值符号。其中备后国的福山藩于宽永七年（1630）发行藩札，越前国井藩宽文元年（1661）发行银札，一直到宝永四年（1707）时幕府将军下令禁止藩札特别是银札的发行。享保四年（1719），幕府又实行了申报制度，规定一些藩可以发行藩札，还规定了流通期限，这实际上是解除了原来的禁止命令。到了明治二年（1869），为了统一币制，日本公布了禁止藩札增印令，并停止流通以前发行的藩札。明治四年（1871）政府又一次下

---

[1] 《伊本·白图泰游记》，马金鹏译，宁夏人民出版社，1985（2000年重印），第542页。

令，藩札必须兑换成新发行的纸币，并于明治五年（1872）开始实施，到明治十二年（1880）的时候，藩札的收兑工作才结束。在越南，陈朝顺宗光泰九年（1396年，明朝洪武二十九），下令收回所有的铜钱，仿照中国发行纸币。十文的纸币上画有藻；三十文的上面有浪花；一陌钱的上面有云朵；二陌钱的上面有龟；三陌钱上面有麒麟；五陌钱上有凤；一贯的纸币上有一条龙。也均为中国传统吉祥图案。当时政府规定，纸币发行后任何人都必须使用，伪造和使用铜钱要斩首。当时还规定了铜钱与纸币的兑换率为一贯纸币值铜钱一贯二。[1]

欧洲人是到了元朝才知道纸币这种闻所未闻的新奇货币的。1253年，罗马教廷派遣出使蒙古的传教士鲁布鲁克，在给教皇的报告中，提到了蒙哥二年（1252）布智儿在燕京行省印造的宝钞，他写道："契丹（即中国）通行的钱是一种棉纸，长宽为一巴掌，上面印有几行字，像蒙哥印玺上的一样。"[2]这是欧洲人对中国纸币的最早记载。但是，因为鲁布鲁克的报告是给教皇的报告，社会影响有限；而伊本·白图泰的游记主要在伊斯兰世界传布，因此对欧洲的影响也不大。真正向欧洲人介绍中国纸币的是马可·波罗，他在游记中对此做了比较全面的讲述："此币用树皮作之，树即蚕食其叶作丝之桑树。此树甚众，诸地皆满。人取树干及外面粗皮间之白细皮，旋以此薄如纸之皮制成黑色纸，既造成，裁为下式。……此种纸币之上，钤盖君主印信，由是每年制造此种可能给付世界一切帑

---

[1] 戴建兵：《浅议中国与朝鲜的货币文化交流》，收于中国中外关系史学会编《登州与海上丝绸之路——登州与海上丝绸之路国际学术研讨会论文集》，2008。
[2] 《柏朗嘉宾蒙古行纪 鲁布鲁克东行纪》，耿昇、何高济译，中华书局，1985，第285页。

藏之纸币无数，而不费一钱。既用上述之法制造此种纸币以后，用之以作一切给付。凡州郡国土及君主所辖之地莫不通行。臣民位置虽高，不敢拒绝使用，盖拒用者罪至死也。兹敢为君等言者，各人皆乐用此币，盖大汗国中商人所至之处，用此纸币以给费用，以购商物，以取其售物之售价，竟与纯金无别。其量甚轻，致使值十金钱者，其重不逾金钱一枚。尚应知者，凡商人之携金银、宝石、皮革来自印度或他国而莅此城者，不敢售之他人，只能售之君主。有贤明能识宝货价值之男爵十二人专任此事。君主使之用此纸币偿其货价，商人皆乐受之，盖偿价甚优，可立时得价，且得用此纸币在所至之地易取所欲之物，加之此种纸币最轻便可以携带也。……此种货币虽可持久，然亦有敝坏者，持有者可以倒换新币，仅纳费用百分之三。诸臣民有需金银、宝石、皮革用以制造首饰、器皿、衣服或其他贵重物品者，可赴造币局购买，惟意所欲，即以此种纸币给价。"① 从此，中国以纸为币之举，才广为欧洲人所知。

  欧洲在近代早期，贸易有了迅速发展，大额交易所需货币数量也越来越多。虽然在这些贸易中可以使用价值较高的金银铸币，但是大量铸币不易携带，把一堆铸币搬运几百英里，往往要花费一个月的时间，不仅耗时多，而且沿途容易失窃。同时，当时欧洲小国林立，每个国家都有自己的货币，每到一个国家做生意，都要兑换当地货币，兑换费用很高。而且，铸币的质量往往也良莠不齐，极易损坏和贬值。1529年，法国国王法兰西斯一世为赎回两个在他被捕之后替他充当人质的儿子，向西班牙人支付了1200万埃斯库多

---

① 《马可·波罗行纪》，冯承钧译，上海书店出版社，2001，第239—240页。

（escudo），西班牙人花了4个月的时间才数清并检验完这些铸币，其中4万个铸币因不合格被拒绝。因此，欧洲人也急切地希望找到一种更理想的货币，于是纸币也应运而生。

纸币在欧洲出现和的历史，戴维·欧瑞尔（David Orrell）和罗曼·克鲁帕提（Roman Chlupaty）在《人类货币史》中做了讨论，[①]这里就依据此书所论作一简述。

欧洲人从马可·波罗讲述的中国故事中受到启发，见识到了纸币的可能性。纸币的理念在1650年借助于英国一本无名氏写作的《财富的关键》或《改善贸易的新方法：合法、容易和有效》的小册子得以传播。于是欧洲银行家和金匠（金匠需要一定量的黄金作为周转）开始发行可以兑换储蓄的纸质本票，这种本票可以支付给任何拥有它们的人。同时，欧洲人也发明了汇票。汇票最初是要求别国银行或代理人代表写信人付款的信件。假设威尼斯的一个商人想要从法国供应商那里进口一些货物，他可以在银行用铸币购买一张汇票，这样他就可以以固定汇率在法国的银行或代理人那里提取等量的货币。银行收取约10%的手续费，包含在汇率中。汇票对于所有不同种类的货币来说都是一种单一、统一的货币，因此每张汇票都对应两套汇率（对应两种货币）。不同于14世纪末出现的支票，汇票必须持票人亲自储蓄或提现。由于汇票代表某一时间段的贷款，银行或代理人的佣金当中还包括利息费用。汇票的主要优势是可以不必携带大量铸币就可以进行国际贸易，很快成为欧洲新兴商人阶层喜爱的支付体系并被用于跨国交易，因此汇票等诸多进步

[①] 戴维·欧瑞尔、罗曼·克鲁帕提：《人类货币史》，朱婧译，中信出版社，2017，第52页。

也被视为现代金融的先驱。到了17世纪,欧洲投资者可以买卖汇票或公司、政府债券凭证。金匠和公证处等机构会给储蓄铸币和金银的储户开具收据。后来,人们发现,与其让黄金原封不动地待在家里,倒不如将大部分黄金借出去,并收取贷款利息,或者将黄金的收据以票据形式借给别人。借到票据的人可以用票据支付他人。拿到票据的人可以选择赎回黄金,或者用于支付第三方等。票据有时会兑现,有时会像货币一样无限流通下去。发行票据是一种利润非常可观的生意,自1609年起,阿姆斯特丹汇兑银行允许商人建立账户,进行转账,因此可以以书面形式安全便捷地完成交易。但是在该时期,人们认为货币是金银,而纸币却不具备铸币那样的物理吸引力。

到了17—18世纪之交,人们对纸币的认识更加清楚了。一位当过法国财政总监的英国经济学家约翰·罗(John Law, 1671—1729)在《论货币和贸易:兼向国家供应货币的建议》一书中写道:"人们一直采用各种方法来保存和增加货币,一些国家采用的方法正好和另一些国家采用的方法相反,即使同一国家也往往采用截然不同的方法,它们这样做并不是因为各自的条件不同。某些国家增大货币的单位,而另一些国家则缩小货币的单位;某些国家降低货币的成色,而另一些国家降低货币成色后又恢复其成色;某些国家严厉禁止输出货币,而另一些国家则明文允许输出货币;某些国家一心想增加货币,迫使其商人在输入货物的同时,要带回贵金属。大多数国家都采用过其中的某些或全部方法,或采用过其他与此相类似的方法。它们有时采用这种方法,有时采用那种方法,是出于这样一种想法,既然已经采用的方法不奏效,那么相反的方法也许会奏效；可是人们发现，这些方法当中没有一种能够保存或增加货币，有些方法甚至起了相反的作用。"那么，应当怎么办呢？他接着写道："利用银行来增加货币，是迄今所采用的最好的方法。"他进一步解释说：建立起了银行，人们可以把货币抵押在银行，从而获得信用，以信用作为支付手段，由此而便利了贸易。荷兰人因此建立了阿姆斯特丹银行，他们把白银当作货币，但他们的贸易额如此之大，以致用白银付款也感到很不方便。阿姆斯特丹银行是个安全的地方，商人把货币抵押在那里，从而获得借以进行贸易的信用。银行除了使付款更方便、更迅速外，还使人节省了兑换费、保管费和运输费，人们再不会因货币质量低劣而遭受损失，而且把钱存入银行比放在自己家里更为安全，因为银行采取了必要的防火、防盗措施。[1]他所说的信用，就是纸币。

在西方，虽然纸币的理念已经多次付诸实施，但是不可兑换的法定纸币，最早是出现在英国的北美殖民地。1690年，马萨诸塞州地方政府发行了一种没有财产（主要是地产和金属）支撑的纸币，戈尔伯格（Dror Goldberg）认为现代货币即起源与此。[2]但是这种货币是当时战争情况下的产物，而且使用范围很小。而由国家背书的纸币，最早出现是在1694年的英国，由英格兰银行发行。此时英国在1690年的比奇角战役当中被法国击败，英王威廉三世迫切需要1200万英镑重建海军。他采取主要方法就是开一家类似荷兰和瑞典国家银行的银行，即英格兰银行。英格兰银行最初获得的许

---

[1] 约翰·罗：《论货币和贸易》，朱泱译，商务印书馆，1986，第24—25页。
[2] Dror Goldberg, "The Massachusetts Paper Money of 1690". in *The Journal of Economic History*, Vol. 69, No. 4（2009），pp. 1092-1106.

可当中并没有提到钞票,和其他银行一样,英格兰银行也发放储蓄票据、放贷生息。这些票据由出纳手书,承诺即期支付持票人票据上的数额,因此任何人都可以将票据全部或部分兑换为铸币(在票据拥有恰当背书的情况下)。由于这些票据得到了皇室的许可和支持,所以很快就作为货币开始流通。英格兰银行以公私合营的形式成立,它将货币头尾两个方面分别对应的责任区别开了。政府(即"头")提供规定货币价值的官方印记,私营部门(即"尾")用贮存的贵金属作为货币的后盾。英格兰银行设法巧妙地在币值稳定和供应充足之间保持平衡,因此发行钞票成为英格兰银行最成功之处。1776年,亚当·斯密在《国富论》中写道:"英格兰银行和英国政府一样稳定",一个原因是英格兰银行是实行"部分准备金"制度的代表。这时英格兰银行发行的已经是完全的现代纸币了,纸币的优越性也得到充分的体现,亚当·斯密对此予以高度评价:"用低廉的纸币代替昂贵的金银币进行交换,是因为纸币更便于流通。纸币好比流通界的新轮,其建立费和维持费比旧轮便宜得多。"[1]新轮比旧轮更有利于经济运行,因此纸币也成为近代经济成长的重要推手。由于纸币的优越性得到公认,美国国父之一的本杰明·富兰克(Benjamin Franklin)在《贸易原理》中写道:"我们已经体验到,由于纸币的发行而使我们的通货增加,在何等程度上推进了我们的贸易。……可以认为,经常保持充足的货币是贸易国的最高利益。"[2]他相信是纸币刺激了商业,而且还认为纸币可以比贵金属更加稳定。他的这个看法代表了18世纪后期欧美人对纸币功用的高度

---

[1] 亚当·斯密:《国富论》,胡长明译,人民日报出版社,2009,第133、146页。
[2] 《富兰克林经济论文选集》,商务印书馆,1989,第3、16页。

肯定，而这种近代经济必需的货币的祖宗就是中国的早已发明并使用的纸币。

因此，我们完全可以说：在世界货币史上，中国人发明的纸币是一项具有伟大历史意义的重大发明。但是中国的传统纸币，后来也未能发展成为现代货币。为什么？这个问题颇为复杂的问题，我将在《"早熟而又不成熟"：中国在世界货币史上的两大贡献的命运》中进行专门的讨论。

中国全国市场的形成，1550—1840年

明清中国是否出现了全国市场是中国经济史上的重大问题。对此问题的研究，对于我们正确认识西方到来之前的中国经济状况具有极为重要的意义。学界对"鸦片战争以前的中国是否有全国市场"的问题上一直存在重大争议，但对于究竟什么是"全国市场"，迄今为止，并未提出一个明确的定义。换言之，参加争论的各位学者，都是依照自己个人的理解来判断明清中国是否已有一个全国市场。但是，如果对"什么是全国市场"这个核心概念没有一个共同的理解，就无法深入讨论中国是否有全国市场的问题。因此我们首先要做的工作，是确定一个适合中国国情的"全国市场"的定义，由此出发进行研究。

本章所讨论的全国市场是一个外来的概念，在英文中为national market。在国内，早先有人将此术语直译为"民族市场"，但这个"民族市场"的术语后来被大多数学者抛弃，原因是在欧洲"全国市场"的出现与"民族国家"的形成这两个重要历史现象之间有相辅相成的密切关系，故一个民族国家范围内的全国市场可称为民族市场；而在中国，情况则非常不同，因此把"民族市场"这个具

有特定的欧洲背景的概念搬到中国来是不恰当的。尔后,又有学者把national market等同于"国内市场"(domestic market)。但"国内市场"是与国外市场相对而言的;同时,国内市场并不一定是统一的,也可以是一些分散的区域市场,故英文中亦可用复数(domestic markets)。这里讨论的"全国市场"(national market)是一个全国性的、整合的市场,也就是国内一些学者所说的"统一的国内市场"。

一、全国市场形成的基础:国内贸易条件的改善

从根本上来说,全国市场的形成就是一个国家内的主要区域市场通过跨地区贸易的发展而实现的整合。因此跨地区贸易的主要条件的改善对于全国市场的形成具有关键作用。

在明清时期(1840年以前),中国发生了若干意义深远的变化,为中国全国市场的形成奠定了基础。这些变化包括:

(一)制度改善

在明清时期出现的主要制度改善方面,以下三点最为重要:

1.国家对贸易的自由放任政策

过去许多学者认为明清国家奉行传统的"抑商"政策,但是事实上恰恰相反,在明清大部分时间(特别是在18世纪)内,国家实行的是一种自由放任的贸易政策。[1]在许多情况下,大规模的粮食贸易以

---

[1] 吴承明说:"明代徽商、西商等大商人资本兴起的时候,曾引起地主阶级的惊慌,不断发出'末富居多,本富尽少'的慨叹和'金令司天,钱神卓地'的责难。同时,商人以'致富皆在千里或万余里外,不资地力',有'不置土田''不置产''江南大贾强半无田'的倾向。到清代,大商人资本发展了,由

中国全国市场的形成,1550—1840年　147

及其他一些民生产品的贸易受到国家的鼓励。上层官僚也已认识到商业与农业同样重要,因此必须通过削减商税来鼓励商业发展。①

除了在一些地方设置税关征税外,明清(特别是清)国家通常很少干预国内贸易。与明代相比,清代前中期的商税征收制度更为完善,征税方式更加规范,②因此虽然随着贸易的增长商税也增加了,但是整体而言,商税在政府财政收入中的地位仍然远不及农业税收。③清代前中期的商税税率,一般浮动在3%—6%之间,④与前

几十万两级进至几百万两级,以至千万两级。但对'钱神'的责难反而少了;'重本抑末'被康熙的'便民恤商'所代替。"许涤新、吴承明主编《中国资本主义发展史(第一卷)——中国资本主义的萌芽》,人民出版社,1985,第693页。

① 例如张居正就认为:"古者为国者使,商通有无,农力本穑。商不得通有无以利农,则农病;农不得力本穑以资商,则商病。故商农之势,常若权衡。然至于病,乃无以济也……余以为欲物力不屈,则莫若省征发,以厚农而资商;欲民用不困,则莫若轻关市,以厚商而利农。"张居正:《张太岳集》,收于《张太岳集》卷八,上海古籍出版社,1984,卷八《赠水部周汉浦榷竣还朝序》。汪道昆也向皇帝提出:"窃闻先王重本抑末,故薄农税而重征商,余则以为不然,直壹视而平施之耳。日中为市……盖与耒耜并兴,交相重矣……商何负于农?"汪道昆:《太函集》卷六五,黄山书社,2005。

② 参阅邓亦兵《清代前期关税制度研究》,燕山出版社,2008,第92、224、425页。

③ 例如,康熙二十一年(1682),盐课和关税约合岁入地丁银的1/5左右,而到乾隆三十一年(1766)相当于地丁银的1/3(许涤新、吴承明主编《中国资本主义发展史(第一卷)——中国资本主义的萌芽》,第697页)。到道光二十九年(1849),政府岁入为4250万两银,其中77%来自农业,其余来自商业(魏光奇:《清代后期中央集权财政体制的瓦解》,刊于《近代史研究》第1期,1986)。

④ 何本方:《清代商税制度刍议》,刊于《社会科学研究》第1期,1987。何氏认为税则即税率,所以他的估计也是以税则为基础的。但是邓亦兵在《清代前期关税制度研究》中与何氏就此问题进行了商榷,指出税则与税率有关系,但并非同一个概念。同时,每种商品都有一个税率,相同的商品在不同的地点,即设关地点,税率是不一样的,因此很难有一个数字说明税率。主要是税率与商品价格有关。因此,如果要说明这个问题,只能是描述。总体上,税则在雍正朝有一次较大变化,乾隆时有部分调整,以后就没有大的改变了,但物价是不断上升的,所以税率当是下降趋势。正因为此,每年的税收数量就达不到定额,给征管人员留下了苛收的空间。

朝相比是很低的。^①这个税率往往长期不变，故实际税负会因物价上升而减轻。^②不仅如此，由于清代商税是从量计征，商品价格上涨，若税则不变，则税率呈下降趋势。^③对商业课以低税并非清代国家缺乏征税能力，而是因为其奉行的轻赋政策。^④一些学者认为尽管税率低，但是商人所受的各种勒索和捐献数量很大，从而使得商人实际负担很重。但是这些现象由来已久，并非明清所独然，而且与过去相比，这些勒索和贡献在清代前中期并不算严重。同时，商人也有种种办法逃避勒索。^⑤此外，商人也通过种种手段与官吏

---

① 宋代商税在政府财政收入中占颇大比重，故有"州郡财计，除民租之外全赖商税"之说（许涤新、吴承明主编《中国资本主义发展史（第一卷）——中国资本主义的萌芽》，第697页）。在晚清，1849年中国国家的财政收入为4250万两，其中77%来自农业，其余来自商业。到了1885年，财政收入上升到7700万两以上，而这个增加主要是由于商税增加了三倍。在1911年（即清朝的最后一个财政年度），财政收入接近于30200万两，其中田赋从1885年的3000万两增至5000万两，各种杂税约为44500万两，商税则超过20700万两（魏光奇：《清代后期中央集权财政体制的瓦解》）。
② 吴承明指出："榷关税理论上按值计征3%左右，实际是按斤、匹、包、件等征银若干。据许檀、经君健最新研究，此项税额有时依市价调整，但只占很小部分，绝大多数商品的税额数十年乃至百余年未曾变动，故实际税负会因物价上升而减轻。"（吴承明：《18与19世纪上叶的中国市场》，《中国的现代化：市场与社会》，生活·读书·新知三联书店，2001）
③ 邓亦兵：《清代前期关税制度研究》，北京燕山出版社，2008，第224、226—229页。
④ 在引用魏光奇的话时，王国斌说："清廷具有以此方式增加收入的能力，这很难说是国家虚弱的表现。在近代早期的欧洲国家，中央集权化的表现之一就是征税。中国中央政府对海关税控制的发展是国家创建新的基础设施能力的一个明显表现。……不论晚清国家有多虚弱，征税能力肯定不弱。"（R Bin Wong, *China Transformed—Historical Change and the Limits of European Experience*, Cornel University Press, 1998, pp. 155-156）因此清代前中期实行低赋政策，并非出于国家无力征税。
⑤ 例如在大运河漕运中，所有漕船也都夹带为商人私货。商人还往往买通一个路过的官员，打着他的旗号行船，从而避免榷关检查和征税。

勾结偷税漏税，从而减轻了实际损失。①

总而言之，清代的制度环境比前代更有利于商业。因此之故，在18世纪和19世纪初期，商人及其财富也有了极大的发展。②

2.国内贸易障碍的消除

王国斌指出：以清代的政治和经济政策为基础，清代中国由四个主要"政治经济区"组成，即核心区、腹地区、陆地边疆区和沿海边疆区。在18世纪，清代国家成功地将这四个政治经济区整合成为一体。③作为结果，在中国内地基本上没有贸易障碍。顺治时全国有十九个榷关，主要沿明万历之制。康熙增设十一个关，包括四川二关及江浙闽粤四海关。康熙二十五年（1686）定户部二十四关，工部五关之制，以后无大变动。④较之前代，明清榷关的数量已大为减少。⑤

明代国家出于安全的考虑，在内地与边疆地区之间设置了不少贸易障碍。但是到了清代，由于对边疆地区的有效统治，这些贸易障碍的绝大多数也逐渐消除了。因此清代内地和边疆的贸易增长非

---

① 吴承明指出："邓亦兵估计乾隆时榷关之贪污偷漏约占税额的150%，以嘉、万皇帝之昏庸、政治之腐败，当远过之"（吴承明：《16与17世纪的中国市场》，《中国的现代化：市场与社会》）。
② 详见下节。
③ 王国斌：《中国之政治经济区》，《中国社会历史评论》第2辑，天津古籍出版社，2000。
④ 吴承明：《18与19世纪上叶的中国市场》，《中国的现代化：市场与社会》。
⑤ 例如，1077年宋朝有大约两千个税关征收转运税和出售税，数量随时间推移增加。到1205年，仅广州、肇庆、惠州三州就有83个税关，都设在"农村定期集市"的地点。如果这个数字代表全国范围的平均密度，此时中国南方的商税关总数已接近一万（Mark Elvin, *The Pattern of the Chinese Past*, Stanford University Press, 1973, p. 167）。与此相对照的是，明清（特别是清）税关的数量不仅非常少，而且没有设置在农村集市上的。

常迅速。①特别是其中自然资源最丰富和经济发展潜力最大的东北地区,到了19世纪初期已发展成为中国主要的粮食(豆、麦)和肥料(豆饼)的主要输出地之一,东北与江南之间的豆—布贸易也成为当时中国规模最大的双边贸易之一。②

因此在某种意义上可以说,近代早期欧洲人指望一个"民族国家"在推动全国市场形成方面去做的大部分事情,明清(特别是清代)国家都做了。

3.货币制度的变化

在明清时期,中国的货币制度也出现了重大变化,这首先是货币"白银化"的重大进展。③国家出于财政的原因,在推进"白银化"方面扮演了关键的作用。④作为"白银化"的结果,白银变成了标准货币,铜钱则成了次要货币,仅只在小额交易中使用。此外还有票据也在流行。这种以白银为标准、辅以铜钱和票据的货币体系,在当时的条件下无疑是最佳选择。⑤

---

① 例如江南丝织品对新疆的输出,在明代则不仅贸易规模小,而且不稳定,而到了清代,已达到相当的规模而且变成一种长期而稳定的贸易(参阅范金民《清代江南与新疆地区的丝绸贸易(上)》,《新疆大学学报》第4期,1988年)。
② 本文中所说的"江南",包括明清的苏、松、常、镇、宁、杭、嘉、湖八府以及从苏州府析出的太仓州,其地域范围大致相当于长江三角洲。这样界定的理由,见李伯重《简论"江南地区"的界定》,《中国社会经济史研究》第1期,1991。
③ 依照万志英的看法,这个"白银化"开始于15世纪(Richard von Glahn, *Fountain of Fortune: Money and Monetary Policy in China, 1000 to 1700*, University of California, 1996),但是依照王文成的看法,早在宋代就已开始了(王文成:《宋代白银货币化研究》,云南大学出版社,2001)。
④ 这是因为大部分赋税要以白银交纳,同时绝大部分政府开支也以白银支付。见吴承明《18与19世纪上叶的中国市场》;千家驹、郭彦刚:《中国货币演变史》,上海人民出版社,2005,第171页。
⑤ 伊懋可指出:"危害中国传统后期金融制度的弊端之一是多种形式的银锭、铜钱和票据同时流通。这需要大批的人来从事这些通货的鉴别和兑换。但是如果与

这个"白银化"对于长途贸易具有非常重大的意义,因为它不仅使得商人省去了在不同的货币之间的复杂折算,也使得在以前朝代发行铜钱和纸币中经常出现的通货膨胀得以避免,从而使得大规模的长途贸易得以在一种相对统一而稳定的货币制度下进行。一些学者认为明清货币制度十分落后,因为这时使用白银是作为称量货币而非铸币来使用,同时,由于各地计量单位不一,不同地区有不同的平码,[①]白银成色也不易控制,因此需要大量的专业人员来进行折算和鉴别。但是我们要看到白银作为称量货币来使用,虽有其缺陷,但也避免了铸币会招致的各种问题。[②]在称量白银时,不同地区有不同的平码,但是应强调全国也通行全国性的标准计算单位——"漕平"和"库平"。[③]此外,在实际商业活动中,还通用"公码平"和"钱平",彼此

此相较,采用其使用的办法所引起的流通手段的短缺,却更为严重。虽然一种管理妥善的统一纸币无疑更加可取,但是我们并没有很令人信服的理由去批评中国政府,说它没有朝此方向努力。维持这样一种通货十分困难,因此在货币政策方面采取自由放任当然是更加明智的抉择"(Mark Elvin, *The Pattern of the Chinese Past*, p. 294)。

① 叶世昌指出:据民国初年"中国银行"的调查,各地平码有170多种,尚不包括云南、甘肃、广西、新疆四省(叶世昌:《中国古代金融通史》,复旦大学出版社,2001,第158页)。在鸦片战争前,由于中央权威尚在,各地平码可能会少一些。

② 铸币不仅会导致更大的地方差异,而且会导致劣币、盗铸等问题,从而引起通货膨胀。在使用铸币的国家,这些问题是很难避免的。例如在唐宋等朝代,铜钱因政府铸造大钱以及盗铸引起的恶性通货膨胀反复发生。而在西欧,使用铸币的国家更是多种铸币共存并行,例如在16世纪中期的德国,每个地区都有自己的货币(Robert L. Heilbroner, *The Worldly Philosophers: the Lives, Times, and Ideas of the Great Economic Thinkers*, Simon & Schuster, 1980, p. 80)。

③ 清朝政府在各地指定银匠充当"官炉",专管银锭熔铸和鉴定宝银,并有私人自设的炉房进行这种工作。见千家驹、郭彦刚《中国货币演变史》,第171页。尔后到了道光三十年(1850),安徽汪氏在上海租界创设公估局,专司银炉熔铸银两的鉴定。公估局估银分称量和看色。称量定宝银的重量,看色判断质量和成色。成色好的为"申水"(即升水,增加),差的为"耗水"(即"减水",减少)。升耗数量,用墨笔记于宝银中央凹部。质量和成色低于规定限度退回不批或改铸再批。

依照规定的比例进行折算。①依据晚近的研究,在19世纪初期,票号还发展出了"本平"制度,对各地不同的秤量单位进行准确而便捷的折算。为了方便其员工运用,他们还编写了《银色歌》,将各种地方标准之间的折算简明化,使之一目了然。在19世纪初期这种制度得到广泛采用,在大笔款项的异地转移中起了重要作用。②

出现于18世纪的"虚银两"是货币制度方面的另一大进步。"虚银两"是宝银的价值符号,只规定这种银两的名称、重量、成色和按照当地的行用方法,没有白银实物存在。它仅代表白银来发挥货币的职能作用,是政府和民间公认的能在市场上流通使用的标准银两,主要是作为记账单位和清算单位。③"虚银两"的发明对于跨地区贸易具有重大意义。由于有了这种虚拟货币,前述白银使用中的问题就可以得到有效的解决。同时,在铜钱的铸造方面,几经整治,清代铜钱的制作也比过去更为统一。④

除上所述外,还有其他一些制度创新。其中很有意思的一个是商标的使用。虽然商标出现得很早,但是到了清代,由于市场竞争日益加剧,商标使用流行了起来。从清代文献中我们可以看到,在布匹、药品、金银、庄票、珠宝、茶叶、酒、瓷器、文具、铜器等商品上,都有使用商标的。许多商标得到政府和家族组织的保护。⑤

---

① 千家驹、郭彦刚:《中国货币演变史》,第176页。虽然公码平和钱平主要是在晚清普遍运用,但在清代中期肯定已经出现并得到相当广泛的运用。
② 黄鉴晖:《山西票号史》(修订本),山西经济出版社,2002,第114—129页。
③ 参见千家驹、郭彦刚《中国货币演变史》,第171页。
④ 特别是在清代。参王德泰、强文学《雍正朝货币制度改革的背景、内容和意义》,《中国钱币》第4期,2006。
⑤ 黎志刚:《中国近代的国家与市场》,香港教育图书公司,2003,第8—33页。1825年上海著名布号绮藻堂发布关于其商标注册和使用的规定,仿冒和滥用者将受到惩罚。

（二）交通运输的发展

长途贸易发展的一个主要障碍是运费。由于陆运运费高昂，那些单位价值低而体积大的货品很难进入跨地区的长途贸易。[1]水运比陆运便宜得多，[2]但是只有在拥有良好的水道系统的地方，才有廉价的水运可得。

明清时期，中国的水运系统出现了两大进步。一个进步是在中国最重要的长江水道上，原来彼此隔绝的航段逐渐连接起来了。宋代的长江贸易主要集中在下游，明初也还是这样。明后期，沙市、九江成为新兴商业城市，这样就与长江下游连接起来了。到了清代，长江上游（即宜宾至宜昌段）随着四川的开发，与中游航段连接起来。乾隆初为运云南铜矿，还在宜宾以上疏凿险滩，开通金沙江船路1300余里。至此，长江全线通航。另一个进步是北洋航线的开通。由上海绕山东半岛到天津的北洋船线辟于元代，但基本上是用于官漕。明代废海漕，航道几乎湮灭。清代康熙朝重辟，并由

---

[1] 例如，用牲口驮运粮食200英里（约321.9公里）远，运费就等于粮食在产地的价格（Dwight Perkins, *Agricultural Development in China, 1368-1968*, Aldine Publishing Co, 1969, p. 120）。

[2] 例如，在运输费用方面，大运河船运比陆运优越得多。同量货物的大运河航运运费，在明代仅及陆运运费的70%。而据全面抗战前的调查，在运河许多航段上，民船（即木帆船）的单位运费仅为独轮车的1/16—1/5，驴车的1/15—2/5。而在长江中下游航运中，运费更低得多。据光绪时英国人的报告，长江大木帆船运费仅为陆运运费的1/20—1/30。而据20世纪30年代的调查，用木帆船由芜湖运米至上海，每吨运费尚低于轮船和铁路。因此由长沙用木帆船运米至苏州后米价的增加，不超过原价的30%（李伯重：《明清江南与外地经济联系的加强及其对江南经济发展的影响》，《中国经济史研究》第2期，1985；李伯重：《发展与制约：明清江南生产力研究》，台北：联经出版事业股份有限公司，2002，第302—304页）。

天津延至营口，与辽河联运，每年沙船运北方豆、麦、枣、梨等到江浙；运布、茶、糖等南货去华北、东北，成为南北一大干线。至于南洋沿海航线，明代已经开通，但在清代，台湾贸易又颇有发展。①以此为基础，一个巨大的水运网最终形成。这个水运网表现为三个巨大的"T"形。这三个"T"形有一条共同的东西向长臂和三条分离的南北向长臂。东西向长臂是中国最主要的水运主干线——长江，连接着长江上、中、下游主要地区，南北向长臂则将是中国南北主要地区联系起来的三条水运干线：第一条为沿海航线，第二条为大运河—（长江）—赣江，第三条则为汉江—（长江—洞庭湖）—湘江。其中湘江和赣江又通过灵渠运河或陆路与珠江水系连接。②以这三个T形干线为基础的水道网，把施坚雅所确定的中国九大经济巨区中的八个联系了起来，只有西北地区不在其中。但是西北由于经济落后，对全国市场所起作用非常有限。

以上述进步为基础，清代中国的水运系统大大扩大了。中国内河航运的总里程增加了好几倍，在1840年前达到了5万公里左右；沿海航运里程也有很大增加，在1840年前已约有1万公里。③这个巨大的水运网覆盖了中国的大多数地区。在水运里程增加的同时，航运能力也提高了。到了19世纪中期，中国水域中航行船只总数超过

---

① 吴承明：《论明代前期国内市场和商人资本》《论清代前期我国国内市场》，均收于吴承明《中国资本主义与国内市场》，中国社会科学出版社，1985。
② 赣江与珠江水系之间有60公里的陆路，即著名的大庾岭商路。湘江与珠江水系则有灵渠相连。大庾岭商路和灵渠都在秦代就已开通，并在中国商业发展中扮演着重要作用。在鸦片战争以前，大多数中国向西方出口的商品即通过这两条路线运到广州。
③ 吴承明：《中国资本主义与国内市场》，第245、247—249页。

20万艘,总载量达400万—500万吨。①

上述重大发展导致了全国性水运网的形成。该水运网可以胜任那些体积大而单位价值低的货物运输。在此方面,竹木长途贸易是一个很好的例子。邓亦兵的研究表明清代前中期出现了一个以水运为基础的竹木贸易网。②由于木材贸易成为一项大规模贸易,政府共设立15处征收竹木的税关,集中在水运交通要道上。③由此可以清楚看到水运系统成了中国国内运输网的基础,而税关的地域分布也可以代表该运输网内各地长途贸易的发展情况。

这个水运网的形成导致了长江和沿海贸易的急剧扩展。以国内商税作为一个指标,④可以看到在1578—1812年间大运河贸易量增加了8倍,而在1735—1812年间,沿海贸易增加了近8倍,长江贸易增加了102倍;在1578—1812年间,长江贸易在国内长途贸易中所

---

① 与此相对照,19世纪世界海上霸主英国在1800年仅拥有1700艘船,总载量185万吨;到1841年,其总载量增至283万吨,但仍远逊中国。见樊百川《中国轮船航运业的兴起》,四川人民出版社,1985,第47—48、82—85页。
② 这个贸易网涵盖了中国大部分地区。具体而言,在乾隆时期,按各地河流的竹木运输量从大到小排列,依次为长江、运河、滦河及其支流、闽江及其支流、黄河中游、赣江及其支流、广东三江及其支流、辽河及其支流、汾河及其支流、潮河及其支流、松花江及其支流牡丹江。邓亦兵:《清代前期竹木运输量》,《清史研究》第2期,2005。
③ 其中专门征收竹木的税关有7处,另有5处兼征其他税,由工部管辖,还有4处由户部管辖的关也兼征竹木税,所以有16处征收竹木的税关。这些税关,按各关竹木数量从多到少排列,依次为芜湖工关、九江关、龙江关、南新关、荆关、辰关、潘桃口(含通永道所管各口)、杀虎口、渝关、赣关、太平关、胡纳胡河口、武元城、古北口、吉林三关。邓亦兵:《清代前期竹木运输量》,《清史研究》第2期,2005。
④ 吴承明说:"用商税考察市场兴衰乃常用之法。"因此把税关的变化作为贸易变化的一个指标是有道理的。尽管用税关税额记录来评判贸易变化是颇成问题的,但是这些记录仍然是关于贸易变化的最重要的资料来源之一。特别是在其他资料无法获得时,税关记录就更为重要了。吴承明:《16与17世纪的中国市场》。

占的比重从7%上升到34%；而在1735—1812年间，沿海贸易的比重由20%增加到30%。①另外一项研究也表明：从康熙到嘉庆全国关税总额从120万两增至480万两；其中沿海诸关税额增长最快，从18万两增至180余万两，所占比重也从15%上升到38%；长江各关税额从37万两增至134万两，所占比重基本保持在30%上下；运河诸关税收从60万两增至一百四五十万两，数额虽有增长，但它在全国关税总额中所占比重则从清初的50%降至30%左右。这三条水道合计，税收额占全国关税总额的80%—90%。到清代中叶，长江、沿海、运河三条水道在全国商品流通中三分天下的格局已经确立，而长江、沿海航运的后来居上之势方兴未艾。②1820年以后，由于大运河湮塞，长江贸易和沿海贸易的份额还有进一步提高。

此外，在明清时期（主要是在清代），陆运的发展也十分显著。到19世纪初，一个由12条商业干道组成的陆运网已形成。这些干道不仅将中国所有的内地省份和大多数主要城市连接了起来，并且也把蒙古、新疆、西藏、青海等边疆地区和内地连接了起来。③

（三）地区专业化与劳动分工的发展

王业键指出：经过长期的发展，中国在19世纪以前已形成了三个主要的经济地带。第一个地带是发达地带，包括东部、北部和东南部十个省份。第二个地带是不发达地带，包括东北、内蒙古、青

---

① I-chun Fan, *Long-distance trade and market integration in the Ming-Ch'ing period, 1400-1850*, Ph. D. dissertation, Stanford University Library, 1992, p. 130.
② 许檀：《清代前期流通格局的变化》，《清史研究》第3期，1999；许檀：《明清时期中国经济发展轨迹探讨》，《天津师范大学学报》第2期，2002。
③ 刘秀生：《清代商品经济与商业资本》，中国商业出版社，1993，第163—226页。

海、西藏。第三个地带则是发展中地带，包括上述发达与不发达两个地带之间的其他省份。①但是我认为从18世纪的情况来看，东北可以计入发展中地带而非不发达地带。这三个地带之间在经济发展水平上的差异与在人口密度方面的差异颇为相似。发达地带人口稠密，发展中地带人口密度次之，不发达地带人口稀少。

在清代，这三个地带在经济变化和人口变化方面也各不相同。在18世纪，发达地带工业和商业有重大发展，而发展中地带农业发展迅速。但与此同时，发达地带人口增长缓慢，而发展中地带人口增长快速。至于在不发达地带，经济和人口的变化都不大。②

三个地带之间的关系，颇类似于近代发达国家与发展中国家、不发达国家之间的关系。具体而言，发达地带从发展中地带以及不发达地带获得粮食、肥料、矿产品、木材和多种原料，同时向后两个地带提供制成品、资金、技术、人力乃至财政支持。③以这种地域分工为基础，中国形成了一个以江南为核心、上述三个地带为腹地的经济整体。这三个地带如同三个同心圆围绕着核心，人口与财富集中的程度依次递减。江南不仅是中国水运系统的中心，而且也是中国贸易、工业、商业、金融乃至文化的中心，几乎整个中国都

---

① 王业键：《近代中国农业的成长及其危机》，《"中研院"近代史研究所集刊》第7期，1978。
② 李伯重：《控制增长，以保富裕：清代前中期江南的人口行为》，《新史学》第5卷第3期，1994；《清代前中期江南人口的低速增长及其原因》，《清史研究》第2期，1996；James Lee and Feng Wang, *Malthusian Mythology and Chinese Reality—The Population History of One Quarter of Humanity*, Harvard University Press, 1999.
③ 参阅王业键《近代中国农业的成长及其危机》。

在其最大商业腹地的范围之内。①

总之，正如王国斌和濮德培所总结的那样："虽然还需要更多的研究，但是我们现在已可以暂且地说，在18世纪的中国，就像在其他近代经济中那样，市场整合促进了地区专业化。"②

（四）货币供给的增加

上述中国货币"白银化"是以白银供给的巨大增加为基础的。据吴承明估计，中国国产白银的年产量从明代的20万—30万两，增加到了清代的40万—50万两。③此外中国也从邻国（主要是日本，以及缅甸、越南等）进口相当数量的白银。④

比上述增加更加重要得多的是美洲白银的输入。在1840年以前的三个世纪中流入中国的美洲白银的数量，有各种不同的估计。据全汉昇的估计，西属美洲所产银约有1/2流入中国，估计在1571—

---

① 有些学者没有采纳这种三个地带划分法，但是也把中国作了类似的划分。例如许檀认为明清中国有四个主要经济区，即（1）江南，以高效农业与丝、棉纺织业并重为特色；（2）珠江三角洲，以外贸为导向迅速崛起；（3）华北平原，经历了种植结构的调整与棉纺织业的发展；（4）长江中上游地区，成为全国最大的商品粮输出区，此外还有初步开发中的边疆地区。这些区域都通过贸易结合在一起。详见许檀《明清时期区域经济的发展》，《中国经济史研究》第4期，1999。

② R Bin Wong & Peter Perdue, *Grain Market and Food Supplies in Eighteenth—Century Hunan*, in Thomas Rawski & Lillian Li eds: *Chinese History in Economic Perspective*, University of California Press, 1992.

③ 吴承明：《16与17世纪的中国市场》《18与19世纪上叶的中国市场》。

④ 在这些国家中，日本是主要产银国，在16世纪中期到18世纪中期生产了8000—9000吨银，绝大部分输往中国（Satoshi Ikeda, "The history of the capitalist world-system vs history of East-Southeast Asia", in Review 19, No1, 1996; Richard von Glahn, "Myth and reality of China's seventeenth century monetary crisis", in *The Journal of Economic History* 56 (No2, 1996); Andre Gunder Frank, *Re-Orient: Global Economy in the Asian Age*, Vistaar Publications, 1998, p. 146）。

1822年间的西班牙银元有2亿元以上。①吴承明估计1650—1833年间有13800万两银（约4310吨）从西方流入中国，②而同期中国国内银产量仅有7000万两（约2190吨）。③晚近弗兰克（Andre Gunder Frank）估计在17、18两个世纪，有48000吨白银从欧洲和日本流入中国，再加上中国自产和从东南亚、中亚输入的白银（10000吨），流入中国的白银共达60000吨，占世界白银产量的一半。④

铜钱的铸造量在清代也有很大增加。由于云南铜矿的开发，官铸钱数从康熙末年的30多万贯增加到嘉庆初年的100多万贯。此外私铸数量也越来越大。因此王业键认为在18世纪后期，铜钱的增加程度比白银更大。⑤

特别要强调的是信用工具的出现。在18世纪后期和19世纪初期，中国出现了四种信用工具：（1）钱票（或银票）；（2）庄票；（3）会票；（4）过账制度。钱票（或银票）是银号、钱庄、当铺或者其他商号发行的商业票据，用以代替钱（或银）而流通。会

---

① 全汉昇：《明清间美洲白银的输入中国》，《中国文化研究所学报》第2卷第1期，1969。
② 其中1650—1699年间流入的为1550万两，1700—1749年间流入的为5620万两，1750—1799年间流入的为95.9万两，1800—1833年间流入的为2940万两。更早的估计显然过高。例如孙毓棠估计在1571—1821年间有1亿银元（大约合7100万两）从西属菲律宾输入中国；1700—1828年间有超过5亿银元（约35700万两）从英国和其他欧洲国家输入中国；1784—1833年间有1亿银元从美国输入中国。但是王业键已指出从英国和欧洲输入的数字实际上已包括从菲律宾和美国输入的数字，应当降至3亿银元（王业键：Secular Trends of Rice Prices in the Yangzi Delta, 1638-1935）。而按照全汉昇的估计，同期从菲律宾输入的总数大约为2亿银元（全汉昇：《明清间美洲白银的输入中国》）。
③ 吴承明：《18与19世纪上叶的中国市场》。
④ Andre Frank Gunder, Re-Orient: Global Economy in the Asian Age, pp. 147-149.
⑤ 王业键：《中国近代货币与银行的演进（1644—1937）》，台北："中研院"经济研究所，1981。

票大体相当于汇票,但是还可用作清偿债务的凭证,用于多种债务的结算,其性质与现代银行托收结算颇为相近。[①]"过账制度"是一种19世纪前期宁波商人发明的、以信用作为基础的会计结算制度。[②]所谓"过账"即是在贸易结算、信用往来活动中,不必现金交易,而是双方通过自己开户钱庄去划账。庄票则是钱庄应顾客的要求而发行的一种期票。从18世纪以来,银号发行的庄票已在中国流通越来越广泛。[③]一份1841年上海县官府发布的告示显示:钱庄的庄票早就起着支付手段和流通手段的作用。商人在买卖豆、麦、花、布时,不仅可以用钱庄庄票支付货价,而且可以"到期转换",也可以"收划银钱"。[④]可见当时钱庄银票在钱庄的业务以及豆、麦、棉、布的贸易中都得到广泛使用,而这些贸易正是长途贸易的重要内容。此外,到了19世纪中期,以票号为代表的金融机构发展出了大规模的信贷业务。有人估计道光后期遍布全国的票号,一个分号每年放款额大约为30万两。[⑤]这些放款业务也主要是通过票据来进行的。这些私人金融机构的信用工具的出现和广泛使用,

---

[①] 刘秋根:《15—18世纪中国资金市场发育水平蠡测》,提交长江商学院中国管理研究院组织的"中国金融与市场史专题学术研讨会"论文。
[②] 咸丰八年(1858),薛福成在回忆录中写道:"宁波殷实富室所开钱庄,凡有钱者皆愿存钱于庄上,随庄主略尝息钱,各业商贾向庄上借钱,亦略纳息钱。进出只登帐簿,不必银钱过手也。"(转引自孙仰芳"过帐码头":老宁波的城市名片,《宁波日报》2008年7月16日)。由此可知这种制度在咸丰以前很久就已盛行。
[③] 王业键:《中国近代货币与银行的演进(1644—1937)》。
[④] 道光二十一年闰三月二十一日《上海县告示碑》(收于中国人民银行上海分行编《上海钱庄史料》,上海人民出版社,1960,第12页)。
[⑤] 张海鹏与张海瀛主编《中国十大商帮》,黄山书社,1993,第40—43页。

大大增加了实际流通货币的数量。①

(五) 商人集团与商人资本的成长

建立在地缘纽带基础之上的十个最大的商人集团,即一般所说的"十大商帮",出现于16世纪后期,而在以后的几个世纪中有迅速的发展。这些商帮全都从事长途贸易,创建了各自的跨地区的商业网。其中最强大的徽商和晋商两大商帮所建立的商业网,更几乎涵盖了全国。

在明代后期以来的三个世纪中,大商号发展迅速。明代大商人的资本组织还限于家族范围,清代则已有信贷发展,使得商号规模得以进一步扩大。②康熙时,徽商"虽挟资行贾,实非已资,皆称贷于四方大家,而偿其什二三之息"。③在此方面,晋商最为成功。根据清末曾在俄国驻华领事馆中供职的俄国官员鲍戈亚夫连斯基说:"汉族人特别喜欢联合行事,特别喜欢各种形式的合股。……有些商行掌握了整省的贸易,甚至是整个大区的贸易。……因此,中国早已有了现代美国托拉斯式企业的成熟样板。当前在中国西部地区活动的主要是山西和天津的商行。"④这种情况在19世纪中期甚至更早就已出现,其基础是两大制度创新:联号制和股份制。这两种新

---

① 这一点,郑光祖说得很清楚:"我邑常昭城市中钱铺用票(原注:乾隆、嘉庆间此风大行),十千百千只以片纸书数,即可通用,辗转相授,穷年不向本铺点取,日积而多,存贮盈万。该铺以此钱营谋生息……若乡镇店口,多小本经营(原注:福命甚薄),艳钱铺之射利,竟出百文钱小票通用(原注:嘉庆十五六年此风最盛),颇为乡里害,而其败立见"(郑光祖《醒世一斑录》,道光二十三年青玉山房刊本,卷二《人事·福命有一定之限量》)。
② 吴承明:《论清代前期我国国内市场》。
③ 康熙《徽州府志》卷八《蠲赈》。
④ 转引自张海鹏与张海瀛主编《中国十大商帮》,第22—23页。

制度对于扩大商业企业规模和业务规模,都具有极为重要的作用。

在这三个多世纪中,还出现了商业资本加速集中到大商人手中的趋势。吴承明指出:我们所见明中叶以来兴起的大商人,如徽商、山西商、陕西商,都是在盐、茶、布、丝等长距离贩运贸易中发家的。这种大商人的资本量,在明代还是银五十万两级、最高百万两水平;[1]到了清代,则数百万两已属常见,进入千万两级。[2]何炳棣也估计18世纪后半期盐商总盈利约二亿五千万两,30个场商每年各可获利150万到200万两。[3]这样大的资本量,在当时的世界上也是罕见的。[4]

(六)商业通信系统的发展

商业通信系统的发展对于中国的长途贸易的发展具有重要意

---

[1] 如与同时期的西欧商人相比,明代大商人拥有的资本已经颇为惊人。例如据《孔恩文件》记载,万历四十年(1612)已出现拥资达5500英镑至7500英镑的帆船商人,这已接近1602年荷兰东印度公司最大股东勒迈尔(Isaäc le Maire)拥资8100英镑的数额(转引自叶显恩、周兆晴《明后期广州市场的转型》,刊于《珠江经济》第5期,2008。而上述帆船商人尚非中国最大的商人。

[2] 其中淮盐商人"办运者百数十家,有挟资千万者,最少亦一二百万","淮商资本之充实进以千万计,其次亦以数百万计",山西巨商"元氏号称数千万两"。广州行商伍怡和的资本有2600万元,其他大的行商亦在千万两左右。以上见吴承明:《论清代前期我国国内市场》。

[3] 何炳棣:《扬州盐商:十八世纪中国商业资本的研究》,《中国社会经济史研究》第2期,1992。

[4] 濮德培(Peter Perdue)对此作了一个很有意思的比较:许多人相信内森·罗斯柴尔德(Nathan Rothschild,死于1836年)是18世纪初期世界上最富有的人。但是他的财产与同时代的广东行商伍秉鉴相比,就是小巫见大巫了。据估计罗氏的财产约合530万美元(1828年美元),而伍氏的财产约合5600万美元,远远超过罗氏家族的财产。伍氏并非主要投资于土地,而是与波士顿的福布斯(the Forbes family)家族一起投资于商业。见Peter Perdue, *Lucky England, Normal China: Review on Kenneth Pomeranz's The Great Divergence: China, Europe, and the Making of the Modern World Economy*, in H-World(August),2000.

义。自秦统一后，中国就已建立了全国性的政府通信系统——邮驿系统。到了明清（特别是清），这种系统已经非常完善，清朝政府为了保证邮驿职能的正常发挥，制定了严密的组织管理制度，并有严格的立法保障。不仅在内地，而且在边疆地区，这个系统都运作完好。[1]虽然邮驿系统由政府经营并为政府服务，但是在一些情况下，与官府或官员有关系的商人也可能通过这个系统传送商业信件。不过就大多数商人而言，在18世纪以前，彼此通信可能主要是派遣私人信使传送。这种方式对于大多数普通商人来说不仅费用过于昂贵，而且在许多情况下并不一定非常有效。为了满足日益增长的商业通信的需要，出现了一种完全由私人兴办的新通信系统——民信局。这种系统何时出现，没有明确记载，[2]但到了19世纪初期已经成熟。仅只上海一地，就有70余家民信局。它们与江南各地的民信局，担当了民间信函的传送。1838年狄听奏陈："臣籍隶江苏，深知上海县地方滨临海口，……江苏省外州县民间设有信船、带货

---

[1] 例如在福建、山东、贵州等地，参阅张燕清《清代福建邮驿制度考略》，刊于《福建论坛（人文社会科学版）》第6期，2001；张苓苓《清代山东邮驿制度考略》曲阜师范大学硕士毕业论文，2006；吴晓秋：《论清代贵州传统邮驿的历史变革》，《贵州文史丛刊》第3期，2007。

[2] 胡婷说："明永乐年间，由于资本主义的萌芽在东南沿海商业比较发达的城镇，产生了民信局，并逐渐向内地发展。清同治、光绪年间，民信局进入全盛时期"（胡婷：《民信局的取缔与邮政的近代化》，《重庆邮电大学学报（社会科学版）》第19卷第1期，2007）。但黄鉴晖认为明代有民信局是不可能的，说在乾隆朝出现亦恐太早，应当是在嘉道时期（黄鉴晖：《山西票号史》，山西经济出版社，2002，第40页）。但是戴鞍钢则指出：广州一口通商时，长江三角洲地区的商人已雇有专人专事信息传递，"盖因丝货、茶叶产于江浙，而洋货则来自广东，此往彼来，殆无虚日。且有常川住居广东之人谓之坐庄，专为探听货物之多寡、价值之低昂而设。遇有可以贸利或有某货滞销不可运往者，即专递捷足兼程赶回，不过数日可到"（见戴鞍钢《口岸城市与周边地区近代交通邮电业的架构——以上海和长江三角洲为中心》，《复旦学报》第1期，2007）。因此民信局的出现至迟应在乾隆朝。

船各数只,轮日赴苏递送书信并代运货物。"[1]在汉口、重庆等商业城市,至迟到道光初年都已开设了民信局。[2]到了19世纪中期,民信局的工作已高度专业化了。[3]这种专业的民间通信系统的出现和发展,对长途贸易作用之大当然自不待言。

上述这些变化,为中国全国市场的形成奠立了基础。下面,我们就来看看中国全国市场的形成。

二、全国市场形成的动力: 跨地区贸易的发展与区域市场的整合

由于区域市场只能通过跨地区贸易结合起来,因此跨地区贸易的发展对于中国区域市场的统合就是关键。在明清时期,跨地区贸易发展迅速,从而导致了中国主要区域市场的统合。

(一) 跨地区贸易的发展

在16世纪中叶至19世纪中叶的三个世纪中,中国的跨地区贸易有了巨大的发展。

首先,进入长途贸易的商品种类有很大增加。在16世纪中期

---

[1] 戴鞍钢:《口岸城市与周边地区近代交通邮电业的架构——以上海和长江三角洲为中心》。
[2] 黄鉴晖:《山西票号史》,第40页。
[3] 1900年甬江信局全盛等人禀称:"信业在长江南北洋,自乾隆朝创始迄今已百余年,内河之局数百年,纳捐已有数十年,自祖父辈传下,幼习此业者居多,走从小船,不辞辛劳,栉沐而为,业此者四五万人,万难改图别为"(中国近代经济史数据丛刊编辑委员会编《中国海关与邮政》,中华书局,1983,第138页)。

以前，长途贸易的商品以奢侈品以及盐、铁等少数特殊商品为主。民生产品（特别是体积大而单位价值低的产品如粮食和布匹）的买卖，则主要限于地方市场上的交易，在跨地区贸易中所占的比重很小，绝对规模也不大。到了16世纪中期以后（特别是到了18世纪），长途贸易的内容发生了巨大变化。跨地区贸易的商品，无论在品种还是数量上都大为增加。民生产品的贸易取代奢侈品的贸易成为长途贸易的主体。同时，布代替盐，成为市场上占主导地位的工业品，市场上工业品总值超过农产品，成为流通发展的真正动力。①

其次，长途贸易量有了巨大增加。吴承明对长途贸易中的七种主要商品（粮食、棉花、棉布、生丝、丝织品、盐、茶）的增加情况作了估计。从他的估计可以看到：自明代后期到清代中期，粮食总量从不到1000万石增加到3000万石，②而棉布总量则从1500万—2000万匹增加到4500万匹。长途贸易的丝和丝织品的总值，从30万两飙升到248万两。③根据这些数字计算，跨地区贸易中的粮食和布匹的总量，在这三个多世纪中增加了三倍，而丝织品的数量则增加了8倍。关于长途贸易中的商品量，我们在下文中还要讨论。仅从以上所述，我们已可清楚看到：在鸦片战争以前的三个多世纪内，跨地区贸易增长非常迅速。这一点也从商税的增加得到证实。若以钞关税收为参数，那么按照范毅军的计算，1400—1850年间中国

---

① 吴承明：《论清代前期我国国内市场》，《历史研究》第1期，1983。
② 还要注意的是，进入长途贸易的粮食，在明代后期主要是在一些经济巨区内部交易，但是到了清代中期，则被运到数百乃至数千里以外的地方销售。
③ 吴承明：《论清代前期我国国内市场》，许涤新、吴承明主编《中国资本主义发展史（第一卷）——中国资本主义的萌芽》，第282—284、255—263页。

的长途贸易量增长了39倍之多。[1]依照许檀与经君健的研究，尽管税额没有很大变化，国内钞关每年税收总数，从1685年的122万两增加到了1812年的481万两，增加了294%。[2]这个增加的幅度已经颇为惊人，但是如果我们对上述估计中一些明显偏低的情况进行修正，并加入更多种类的商品一同计算，那么长途贸易量所占的比重还更高。

晚近的研究表明：以往学界对明清（特别是清）时期的长途贸易量估计明显偏低，原因是吴承明的研究中忽略了一些快速增长的贸易。尔后其他学者的研究显示，除了上述商品之外，还有一些商品的贸易量增加也十分可观，例如：

（1）木材：嘉庆时，仅只大运河上的漕船夹带的竹木量就"较从前多至五六倍，统计江广三省粮船跨木不下六七十万根之多"。[3]

（2）豆货（包括豆和豆饼）：在18世纪后半期，每年大约有500万石华北豆货沿大运河南下（走私的豆货尚未包括在内）。[4]到了19世纪初期，从东北和华北南运到上海的豆货数量远远超过此数。[5]

（3）蔗糖与烟草：在17和18两个世纪中，台湾地区每年输出

---

[1] Fan I-chun, *Long-distance trade and market integration in the Ming-Ch'ing period, 1400-1850*, pp. 130-132.
[2] 许檀、经君健：《清代前期商税问题新探》，《中国经济史研究》第2期，1990。这些税关的绝大多数是位于水运路线上。不过，在此文中，"税额"这个词的含义不够明确，没有分清定额与实际税收数额，因为定额的增加是比较多的，不是没有很大变化。如果是按其文中所述是税收总数的话，这个数字可能有出入。参阅邓亦兵《清代前期关税制度研究》，第8章，邓氏在该章中分别列表，说明定额和实际税收数。
[3] 转引自邓亦兵《清代前期竹木运输量》。
[4] 陈慈玉：《从清代前期淮安关功能论官商的关系》，台北"中研院"近代史研究所编《近代中国初期历史讨论会论文集》，1988。
[5] 详细讨论见下文。

蔗糖的数量增加了50倍,从200万斤增加到1亿斤。①烟草贸易量增加速度更为惊人。烟草于17世纪后期引入中国,但仅只一个半世纪后,就已成为中国长途贸易中的主要商品之一。

这里,我要强调东北与中国沿海各地之间的海上贸易。在18世纪之前,这项贸易规模很小,但是在18世纪发展非常迅速,以至于到了19世纪初期,已成为中国最大的跨地区贸易之一。贸易的内容也体现了清代长途贸易的基本特点:作为一个新开发地区,东北向江南以及东南沿海(但主要是江南)输出豆货、"杂粮"(主要是麦和高粱)、人参等药材、梨枣等水果,而从江南及东南沿海输入棉布、丝绸、茶叶、蔗糖、纸张、瓷器以及其他制成品。由于东北与中国东部沿海地区(特别是江南)之间的贸易迅速增长,税关的税额也有大幅度增加。②

总之,在鸦片战争以前的三个世纪中,跨地区贸易有巨大的增长。关于此问题,我在下面谈到跨地区贸易的规模时还要详细讨论。

(二) 主要区域市场的整合

近来的研究已证实在18世纪的中国,在一些主要经济区中出现了市场整合,而且这种整合达到了令人惊异的程度。例如李中清

---

① Fu-mei Chen & Ramon Myers, *Some distinctive features of commodity markets in late imperial China: three case studies*. 但是穆素梅(Sucheta Mazumdar)估计到了19世纪80年代,台湾地区每年输出蔗糖也只有6000万斤(Sucheta Mazumdar, *Sugar and Society in China: Peasants, Technology, and the World Market*, Harvard University Press, 1997, p. 663)。

② 例如,在18世纪,山海关的征税的年税额从2.5万两增加到111129两,而每年实际收税12万—13万两。许檀:《清代前中期东北的沿海贸易与营口的兴起》,《福建师范大学学报》第1期,2004。

(James Lee)对清代价格进行方差分析,得到云贵地区的米市场的价格方差相关系数为0.39。[1]而陈春声和马立博对18世纪中期岭南经济区的米价所作的相应分析的结果分别为:广东和广西东部的相关系数为0.63(1750—1769),整个两广地区为0.67(1738—1769)。[2]如与威尔(David Weir)所得到的18世纪法国的相应数字(0.38)相比,[3]上述这些数字非常之高。即使我们对中国其他地区的情况还需要研究,但现也已可以肯定:在19世纪中期以前,中国主要的经济巨区内的市场整合已达到非常高的水平。

上述这些发展导致了中国主要区域市场的整合。施坚雅(G. William Skinner)认为中国的跨地区贸易的空间结构是受长江、大运河和东南沿海航运支配的,这些航路将九大经济巨区中的五个——长江下游、长江中游、华北、东南沿海和岭南联系了起来。这五个"经济巨区"是中国最主要的经济区,中国人口和经济的大部分都集中在这些地区。至于余下的四个巨区,施氏特别强调长江三峡之险和崇山峻岭之艰,将长江上游及云贵两大经济巨区与上述五个"经济巨区"之间的贸易降到了最小。[4]但是事实上是到了清代,长江上游与中游航段联成一体,长江上中游商运发展的结果导致汉口镇这样大的商业城市的出现,不仅长江上中游商货汇集于此,淮

---

[1] James Lee, *State and Economy in Southwest China, 1400-1800*,待刊。
[2] 陈春声:《市场机制与社会变迁——十八世纪广东米价分析》,中山大学出版社,1992,第143页;马立博:《清代前期两广的市场整合》,收于叶显恩主编《清代区域社会经济研究》,中华书局,1992。
[3] 吴承明:《利用粮价变动研究清代的市场整合》,收于吴承明《中国的现代化:市场与社会》。
[4] G. William Skinner, "Marketing Systems and Regional Economies: Their Structure and Development", *Paper presented for the Symposium on Social and Economic History in China from the Song Dynasty to 1900*, Beijing, Oct 26–Nov 1, 1980。

盐、苏布、东南洋广杂货也在此集散；鸦片战争前，年贸易额达到1亿两左右。①金沙江上游的云南和西康以及处于长江和珠江上游的贵州也成为中国主要的铜与木材的来源地。②由于粮食、木材和金属都是长江上游和云贵地区的主要产品，这些产品大规模沿长江下游东下，表明长江上游和云贵区域市场与长江中下游市场结合起来了。在北方，东北与长江下游通过海路贸易的市场整合更加显著。③作为这种整合的结果是，在19世纪之前，东北与长江下游两地区之间的贸易已发展成为中国最大的贸易之一。因此，我们可以清楚看到，在19世纪中期以前，中国主要的区域市场都已整合起来了。

此外，近来的研究也表明：这个市场整合的程度比过去想象的要深得多。即使是大多数学者都认为商业化水平比较低的河南，也较前更深卷入了跨地区贸易，因此在18世纪和19世纪初期，在河南也兴起了一些从事大规模长途贸易的中心。④许多边远地区也卷入

---

① 吴承明：《论清代前期我国国内市场》。
② 李伯重：《江南的早期工业化（1550—1850年）》，社会科学文献出版社，2000，第330—334、368页。
③ 随着东北的开发，到了19世纪中期，营口取代锦州成为东北最大的港口城市，原因是比起锦州，营口拥有更大的经济腹地和更好的交通位置，因为营口位于当时东北主要水运要道——辽河河口。参阅许檀《清代前中期东北的沿海贸易与营口的兴起》。
④ 在这些中心中，位于河南东部的周口镇和位于河南南部的赊旗镇特别值得注意。这两个镇都不是政治和行政中心，而是商业中心。它们兴起于17世纪初期，而在19世纪中期达到全盛，在中国南—北向和东—西向的跨地区贸易中扮演着重要作用。周口镇还是一个中国对俄茶叶出口的转运站。在19世纪中期，这两个镇上各有1000家以上的商铺，年贸易额达到500万—600万两（周口）和400万—500万两（赊旗）。与此相对照，河南省第二大城洛阳（也是一个跨地区贸易中心）的年贸易额仅为400万—500万两。详参许檀《清代河南的商业重镇周口》，《中国史研究》第1期，2003；许檀：《清代中叶的洛阳商业》，刊于《天津师范大学学报》第2期，2003；许檀：《清代河南赊旗镇的商业——基于山陕会馆碑刻资料的考察》，《历史研究》第2期，2004。

了长途贸易。例如，由于华东和华北的森林资源早已耗尽，①而森林资源主要集中地湖南、四川、云南、贵州的山区就成了中国主要的木材来源地。在16世纪中期以前，上述地区的森林资源基本上还没有受到大规模的商业开采。②但是从16世纪中期开始，私人经营的商业开采就繁荣了起来，而且日益向西推进，深入以往人迹罕至的深山老林。他们采伐的大部分木材进入了长途贸易。③当时的一些人士指出在山高水急的金沙江林区与数千里之外的江南之间有着密切的经济联系。以至于位于川西金沙江林区的建昌卫，因有大量木材沿江东下输往江南，故"虽僻远万里，然苏杭种种文绮，吴中贵介未披而彼处先得"。④

在明清时期的中国，确实有一些区域市场并未与其他区域市场紧密联系在一起。但是如上所言，只要主要的区域市场结合为一个市场，我们就可称之为全国市场了。⑤

---

① 特别是在中国经济最发达的江南地区，早在明初就已出现了严重的木材供给匮缺（李伯重：《明清江南生产中的木材问题》，《中国社会经济史研究》第1期，1986；李伯重：《江南的早期工业化（1550—1850年）》，第321页）。
② 明初政府曾在这些地区大规模伐木，营造北京的宫殿和造船，但宣德以后这类活动已少。而商业性的伐木业则很少见于记载。
③ 经君健：《清代前期民商木竹的采伐和运输》，《燕京学报》第1期，1995；邓亦兵：《清代前期竹木运输量》。
④ 王士性：《广志绎》卷五《西南诸省》。参阅李伯重《江南的早期工业化（1550—1850年）》，第382—383页。
⑤ 唐文基认为：16至18世纪国内大宗商品的远距离贸易，是大宗商品在不同的经济区内交换，导致了五个大"经贸区"的形成，即江南经贸区、珠江三角洲经贸区、长江上中游经贸区、华北经贸区和西北经贸区。虽然这五个经贸区并没有覆盖中国所有地区，但是五个经贸区之外的许多地区，如福建、江西、云南、贵州等，其产品也大量进入各个经贸区，商人更是在经贸区的市场大显身手。五个经贸区之间，五个经贸区与其他地区之间的大宗商品远距离贸易，使全国范围内各层次的市场融为一体，形成了一个大网络。商品流通的规模，无论是数量之多、范围之广，均前所未有。全国性大市场从而形成。见唐文基《16至18世纪中国商业革命和资本主义萌芽》，《中国史研究》第3期，2005。

那么，这些区域市场结合得有多紧密呢？从王业键对中国两家变动的研究中，我们可以清楚地看到那些最重要的区域市场相互联系非常紧密。他对鸦片战争之前两个世纪中长江下游、长江中游、东南沿海、岭南和华北五个主要经济巨区的米价作了皮尔逊相关分析（Pearson correlation analysis），表明在中国主要的经济巨区中的价格变动基本上是同步的，相关系数是正的，大多数相对值高达6.0或者6.0以上。换言之，中国主要的区域市场之间的价格变化系数的一致性非常明显，从而显示了大多数区域市场是彼此紧密相联系的。[1]

以上所述表明：在19世纪之前，一个整合的全国市场已经形成。在这样一个整合的全国市场中，货物可以自由流动，因此剧烈的竞争也是不可避免的。棉布就是一个例子。来自不同地方的棉布之间的竞争日益加剧，结果是江南棉布占据了中国棉布的高端市场，而其他地方的棉布则占据了低等棉布的地方市场和区域市场。[2]

总之，在19世纪中期以前，中国已有一个规模巨大而且整合颇为良好的全国市场。当然这种整合良好是以近代以前的标准而言的，正如王国斌（R. Bin Wong）和濮德培（Peter Perdue）在其关于18世纪湖南的粮食市场和食物供给的研究中所指出的那样，"过去学界长期流行的清代中国的农村经济是自给自足而非商业化的印象，最后将会不得不屈服于关于活跃的和整合的市场的日益增多的证

---

[1] Yeh-chien Wang, "Secular Trends of Rice Prices in the Yangzi Delta, 1638-1935", in Thomas Rawski & Lillian Li eds: *Chinese History in Economic Perspective*, University of California Press, 1992。
[2] 李伯重：《江南的早期工业化（1550—1850年）》，第326—377页。

据。但是在输出地区之外,也还存在未被稻米市场整合影响到的地区。这提醒我们:中国作为一个市场社会的图像是不完全的"。[1]

三、要素市场的形成:生产要素的流动

按商品形态的不同,市场客体可分为生产资料和生活资料商品、技术商品等。据此,市场也可分为消费品市场、生产资料市场、劳动力市场、资金市场、土地市场、技术和信息市场等。前两者常并称为"商品市场",后几类则常合称为"生产要素市场"。

在一个发达的市场中,不仅商品,而且主要生产要素,都能够自由流动。而只有商品和生产要素都能够在全国范围内大规模地自由流动,这个市场才能称为全国市场。在此意义上来说,可以把这种流动的发展视为全国市场形成的主要标志。不仅如此,由于生产要素的自由流动体现了市场发展的更高水平,因此可以将其视为衡量市场发育程度的一个标准。

在鸦片战争前的三个世纪内,中国各主要经济区之间的商品和生产要素流动有了巨大的增长。由于商品流动的情况在本文其他部分已有较多讨论,在此我们集中讨论主要生产要素的流动情况。生产要素是在生产经营活动中利用的各种经济资源的统称,一般包括土地、劳动力、资本、技术和信息等。这里我们将讨论劳动力、资本、技术和信息。

---

[1] R. Bin Wong & Peter Perdue, *Grain Market and Food Supplies in Eighteenth-Century Hunan*.

(一)劳动力

持续的大规模国内移民,是明代中期到清代中期中最显著的历史现象之一。这个时期的移民活动与以前的国内移民活动相比,不仅在规模上,而且在性质上,都颇为不同。在16世纪之前,大规模的移民主要是政治性的和强制性的。[1]但在17世纪以后,经济性移民逐渐成了主流。在大多数情况下,国家即使不是积极支持、至少也是默许这种移民的。大多数移民从人口稠密、经济比较发达的东部地区,流向人口较少、经济比较落后的中部、西部以及东北和台湾地区,以寻求较好的发展机会。移民的总数在1776年达到1.2亿,即中国户籍人口的40%。[2]值得注意的是,颇大一部分移民从东部发达地区移居到中西部相对落后的地区,并不意味着他们因此而与全国市场隔离。事实上,移民在其新居住的地方,甚至会更深地卷入商业化和长途贸易。[3]

---

[1] 在大多数情况下,国家在这些人口迁移活动中起着关键作用,并将其作为加强边防或者维护国内秩序的手段。

[2] James Lee & Feng Wang, *Malthusian Mythology and Chinese Reality—The Population History of One Quarter of Humanity*, p. 118. 按照曹树基的估计,1776年时中国人口(包括边疆地区的人口)的18.4%都是国内移民或国内移民的后代。在中国西南地区,这个比重高达39.3%,但是还并非最高者。在中国东北与西北地区,这个比重高达97.5%,而台湾地区则为94.4%(参阅曹树基《中国移民史》第6卷,福建人民出版社,1997,第619页)。虽然他所说的"国内移民或国内移民的后代"的含义并不很清楚,但是清代前中期移民规模巨大是无可置疑的。

[3] 傅衣凌指出:山区自然资源丰富,有利于商品生产的一面,"在僻远的、自然经济占主导地位的个别山区,有时商品生产也有一定程度的发展。那是为什么呢?因为山区生产不是矿物煤、铁之类,就是栽种经济作物如松、杉、漆、麻、烟、茶、甘蔗、蓝靛、果树,或农产品加工成品的纸、夏布等。这些产品都不是农民自身所能消费得了的,必须投向市场出卖,以进行交换",因此中国"(农业资本主义)萌芽的产生,不同于一般的封建国家,而走自己的发展道路。它的发展规律:大致先从山区发展到平原,从经济作物发展到稻田生

另外一个值得注意的情况是人口从农村移居城镇。特别是在东部发达地区，不断发展的城镇从附近农村和国内其他地区吸收了数量可观的移民。[①]不论在全国何处，都可以见到有移民在从事农业、工业和商业。在江南许多繁荣的工商业城镇里，外来劳工甚至成了纺织品加工业（踹染业）中的主要劳动力。[②]以我对江南城镇人口所作的估计为基础，方行认为在1850年以前的江南已有一个发达的劳动市场，城镇雇佣劳动者的总人数当在150万人以上。[③]在这些市场上，劳动力可以自由地在不同的地方和不同的职业之间流动。

因此，这些大规模的移民表现了劳动力在中国各地区之间的自由流动。

（二）技术

在明清中国，由于基本上不存在对技术传播的人为障碍，因此技术可以比较容易地从一个地方传到另一个地方。这种传播还可归功于以下原因：出版业发达、官府鼓励、商人活动，等等。但是最

产"（傅衣凌：《明清社会经济史论文集》，人民出版社，1982，第154—155页）。当然，开发山区，在山区进行商品生产，首要条件是有充足的和具有相当商业化知识的劳动者，而从东部来的移民恰恰就是这样的劳动者。因此他们移居各地山区，便大大促进了商品生产的发展。他们在山区从事商品生产得出的许多产品（如傅氏列举的那些产品），很大部分进入长途贸易。

① 例如，在17世纪初期到19世纪中期的两百多年中，长江三角洲的城市化水平大约提高了一倍，从10%增加到了20%。大多数迁入此地区城镇的移民是商人与工匠，来自全国各地，尽管此地区已是当时世界上人口最为稠密的地区。参阅李伯重：*Agricultural Development in Jiangnan, 1620-1850*, Macmillan Press Ltd & St Martin Press Inc, 1998, p. 21。

② 李伯重：《江南的早期工业化（1550—1850年）》，第423—426页；李伯重：《工业发展与城市变化：明中叶至清中叶的苏州》，《清史研究》第3、4期，2001；第1期，2002。

③ 方行：《清代前期江南的劳动力市场》，《中国经济史研究》第2期，2004。

中国全国市场的形成，1550—1840年　175

重要的可能是移民,而在此方面最重要的例子就是美洲农作物的传播。15世纪末欧洲人发现了美洲,并在16世纪将红薯、玉米、马铃薯、烟草、辣椒等美洲作物带到了中国。在以后的两个世纪中,关于这些作物的知识迅速传遍整个中国,并变成中国许多新开发地区(特别是东北和西南地区)的主要农作物,而这些地区远离新作物引入中国的东南沿海。

(三) 资本

在明清时期内,中国的金融制度发生了意义重大的变化。这个变化使得大规模的资金流动变得越来越容易。在18世纪以前,商人携带大量现款(例如数千乃至数万、数十万两银)跋涉数百里或数千里,到遥远的市场去采购商品,乃是常见现象。[1]可见其时从事资金转移的金融机构还不发达。到了18世纪,出现了账局、钱庄、票号等从事资金转移的金融机构。[2]在18世纪初期,在北京与江南之间已有频繁的和大规模的金钱转移业务,而这种业务主要由徽商经营。他们的钱庄发行的会票,不仅用于汇兑,而且也用作支付或者结算手段。但是在江南和中国其他地方(如山东、东北等地)之间的汇兑业务还不很发达。[3]到了19世纪初期,晋商创建了更为发达的金融机构——票号,并建立起了全国性的金融网。在1823—1827年

---

[1] 典型的描述如叶梦珠所言:"(松江)标布,……俱走秦晋。……前朝标布盛行,富商巨贾操重赀而来市者,白银动以数万计,多或数十万两,少亦以万计。"(叶梦珠:《阅世编》卷七《食货五》,上海古籍出版社,1981)
[2] 关于账局与票号,见张海鹏、张海瀛主编《中国十大商帮》,第40—43页;关于账房,见范金民《明清江南商业的发展》,第178—183、214页。
[3] 范金民:《明清江南商业的发展》,第181—183页。

间票号从日昇昌1家增至11家，每家又有多个分号，①遍及27个主要城市。据估计，一个分号的年汇兑额在50万—120万两银之间，②因此通过票号而实现的资金流动总额，每年应当达数千万两乃至上亿两。③由于这一进展，大笔资金的自由流动，变得十分容易了。

汇兑只是票号的主要业务之一。除了汇兑，票号也从事存贷款业务，④把资金充裕地区的社会闲散资金转移到资金紧缺地区，向急需资金的商人放款，以期资金收益的最大化。⑤不仅如此，票号发行的票据已在长途贸易中广泛采用。⑥这种活动使得资金的自由流动变动更加方便。

（四）信息

信息的自由流通是市场整合不可缺少的内容。前述民信局的兴起，对于商业信息流动具有重大意义。但是除此之外，我们还可看

---

① 据冯桂芬在咸丰二年（1852）写的《用钱不废银议》中说："今山西钱票，一家辄分十数铺，散布各省，会票出入，处处可通。"该文收于冯桂芬《显志堂稿》卷一一（续修四库全书本），上海古籍出版社，1999年。
② 张海鹏、张海瀛主编《中国十大商帮》，第40—43页。
③ 11家票号，每家分号依照前引冯桂芬所言为10余个，兹以13个计，则总数为143个，每个汇兑额以50万—170万两之中数85万两计，则所有票号的年汇兑总额为1.2亿两。
④ 从一些残存的记载来看，在19世纪40年代与50年代之交，日昇昌有17个分号，存款可能有72万两，而放款达81万两。参阅黄鉴晖《山西票号史》（修订本），山西经济出版社，2002，第146页。
⑤ 例如在19世纪40年代与50年代之交，山西4家票都通过其社会闲散资金充裕的北京的分号吸收存款，然后在因资金较为紧缺而利率较高的苏州和清江浦发放贷款（黄鉴晖：《山西票号史》，第147页）。
⑥ 这一点，道光八年（1828）江苏巡抚陶澍在奏折中说得非常清楚："苏城为百货聚集之区，银钱交易全藉商贾流通。向来山东、山西、河南、陕西等处，每年来苏办货，约可到银数百万两……自上年秋冬至今，各省商贾，具系汇票往来，并无现钱运到……"（陶澍：《为请暂借铜本易制钱以平市价折》，收于陶氏《陶云汀先生奏疏》续修四库全书本，卷二二，上海古籍出版社，1996）。

到其他一些制度性的变化。

首先,早在16世纪之前很久,中国就已建立了国家的物价报告制度。这种制度在清代已非常完备。清代的粮价奏报开始于康熙朝,而自乾隆初年开始,地方官吏需按时将当时、当地粮食市场的价格情况进行统计汇总,层层上报到朝廷。这种制度有人称为"雨雪粮价奏报制度",认为是世界上仅有的、对地方气候变化及农田耕作等监测严密、奏报详细的制度。①朝廷的粮食供给政策,就是根据奏报上来的全国各地的气候和粮价来确定的,通过贵籴贱买、外地调拨、减免赋税等手段来调节粮价,维持粮价稳定。对于商人来说,这是一个非常重要的信息来源,因为通过与官员的交往,这些信息是不难获得的。

还应当注意的是,在明清时期,传统的政府信息流通系统——邸报制度,发展到了十分完备的程度。②虽然主要仍然是刊载谕旨、奏疏下阁者等官方文件,但是这些文件中也包含了相当多的社会新闻。③

---

① 刘子扬、张莉:《康熙朝雨雪粮价史料——清代专题档案》,线装书局,2007。
② 永瑢等:《历代职官表》,上海古籍出版社,1980。卷二一说:"国朝定制,各省设在京提塘官,隶兵部以本省武进士及候补候选守备为之,由督抚遴选送部充补,三年而代。……谕旨及奏疏下阁者,许提塘官誊录事目,传示四方,谓之邸抄。"
③ 邸报刊载的谕旨及"奏疏下阁者",包括全国的重要人事任免命令、豁免灾区赋税的命令、皇帝的恩赐、皇帝的重要行动、对特殊功勋的奖赏、外番使节的觐见、各处的进贡礼物,等等。此外,邸抄上还登载一些全国发生的特殊事故,如老年人瑞、违法失职的官吏处分等,甚至于奸淫案件也登在内。在战争时期,军事上的胜利、叛乱的镇压也登在邸抄上。《红楼梦》第七十五回,尤氏与荣府嬷嬷悄声议论江南甄家的事:"昨日听见你老爷说:看见抄报上,甄家犯了罪,现今抄没家私,调取进京治罪……"第九十九回则说到贾政在江西粮道衙门,"桌上堆着许多邸报",贾政一一看去,读到了薛蟠行凶杀人的案情报道,下面还注着"此稿未完",因为怕"牵连着自己,好不放心,即将下一本开看,偏又不是,只好翻来覆去,将报看完,终没有接这一本的"。可见有不少社会新闻。

又,虽然邸报实际上普通人也可以看到,①但是邸报从朝廷向各地发送的管道是各省督抚派驻北京的提塘官,其他省级以下道府州县欲看抄报,还得另外花费向督抚提镇转抄,辗转费时。为了克服此弊端,便出现了省级以下衙署绕过提塘官,直接从北京获取抄报的现象。为了适应这种需求,私营报房应运而生,经营者多系京师衙门中的胥吏或与之有联系的"消息灵通人士",搞一份"正版"的提塘抄报,再雇人抄写一批副本发卖牟利,地方州县衙署便是他们的主要客户。②由于小报是私自发行,政府很难对其施加有效的控制。于是,出于政治上的需要,从明代后期开始,政府允许民间自设报房,翻印部分邸报稿件,公开出售。这样,从事抄报和送报工作,就成了一个有利可图的行业,因此出现了获准公开发行报纸的民间报房。③这些民间报房所出的报纸统称"京报"。京报通过其所刊载的宫门抄、上谕和章奏等稿件,为读者提供大量社会新闻。这些京报还通过各种关系,利用驿递系统迅速传送到各地。京外发行和外省发行,由专门的送报人送至各地。还可由信局递送,甚至在

---

① 例如谈迁自述编写《国榷》经过,就谈到对邸抄的访求(谈迁:《北游录》)。《儒林外史》第一回中,也说到乡农秦老爹进城去,带了一本邸抄回来给王冕看。这些都说明邸报流传民间的现象是普遍的。见完颜绍元《古代官府的"内参"》,收于完颜绍元《趣说古代官场生态》,福建人民出版社,2006。
② 这种损害提塘发报权益的做法,如果得不到上级和有关方面的谅解与认同,是很难长期操作的,道光初年的"抄写京报私借印信官封递送案",就是在这种情况下发生的。见完颜绍元《古代官府的"内参"》。
③ 成于乾隆七年《六部成语批注》"京报起源"条称:"凡朝廷示谕京外大臣一切应办之事,以及用人行政并有当使天下人共知之件,若无月报,则何而知之?故由内阁衙门发钞,改名邸抄,交报局刊印通行。其机密大事则不发钞。至报局之设,虽系禀知官府,然其主人实同开铺牟利无别。其设立之始,从本朝定国之初,因明朝之制而稍为改变者。"这种报局,实即乾隆以后盛行的民间报房。公慎、公德等,都是乾隆年间有名称可考并公开发行京报的报房。

外地翻刻。在新式报纸产生以前,京报成了臣民获知朝政和国家大事的主要信息来源。①这些信息对于进行长途贸易的商人来说是十分重要的。

其次,在明代中期到清代中期的三个多世纪中,有两种商业情报收集方式在中国商人集团中得到了普遍运用。一种主要行用于晋商中,另一种则多为徽商采用。晋商的大型商号,通常实行联号制,总号设在山西原籍,而在外地重要城市广设分号。分号与总号之间进行频繁的信息交流,以掌握各地市场动向。②徽商则主要通过宗族纽带来收集商业情报。大商人常常借祭祀等机会召集在各地经商的族人集会,交流各种信息。③至于众多的独立经营的中小商人,则多借助商人会馆进行商业信息交流。在此时期,商人会馆增加十分迅速。到了19世纪初期,会馆已遍及全国主要城市甚至若干市镇,从而使得商业情报的传播十分容易。

由于主要生产要素可以在全国范围内自由流动,因此它们也可以被合理配置,以实现利益最大化。例如,在18世纪或者19世纪初期,苏州书贾鉴于江南劳动力价格较高,在本地刻书不够划算,于是"往往携书入粤,售于坊肆,得值就[顺德县]马岗刻所欲刻之板。板成未下墨刷印,即携旋江南,以江纸印装分售,见者以为苏

---

① 方汉奇:《中国新闻事业通史》第1卷,中国人民大学出版社,2000,第213页;方汉奇:《关于中国古代报纸的几个问题的考释》,原刊于《北京日报》,转载于www.bjd.com.cn;刘家林:《中国新闻通史》,武汉大学出版社,1996,第34—35页。
② 张海鹏、张海瀛主编《中国十大商帮》,第21—22页。
③ 张海鹏、张海瀛主编《中国十大商帮》,第484—485页;张海鹏、王廷元主编《徽商研究》,安徽人民出版社、人民出版社,2010,第426—427页。

板矣"。①所需要的纸张,则主要来自皖南、浙东、江西与福建。其中特别是江西和福建,地位更为重要。②生产出来的最终产品(书籍),则不仅畅销江南,而且还大量运售外地乃至外国,成了江南一项重要输出产品。③这种分工所涉及的各个地方相互距离数百里乃至数千里,之所以形成这种分工,乃是出于全国市场中形成的各地产品和服务的比较优势。④这个例子充分表现了在18世纪和19世纪初期的中国,劳动力、技术、资本和信息是如何自由流动和市场是如何有效运作的。

总之,商品、劳动力、资金和信息的流动,在明代中期到清代中期的三个多世纪中确实有重大进展。这一进展显示出:到19世纪中期以前,一个整合良好的全国市场已在中国形成。

四、商品市场:19世纪初期中国全国市场的规模

一个市场的大小主要取决于长途贸易的规模。在本节中,我们将通过对长途贸易中主要商品量的分析,来推测19世纪初期中国市场规模的大小。

在19世纪以前,中国的跨地区贸易已达到了很大的规模。现把

---

① 咸丰《顺德县志》卷三。
② 为保证纸张供应,江南出版商还到江西、福建等纸产地去专门订购或包买纸张(即"压槽"),压槽的规模相当大,因此福建著名的建阳竹纸(建阳扣),自康熙以来,被"吴中书坊每岁以值压槽,禁不外用,故闽人不得建阳扣"(郭柏苍:《闽产录异》卷一,岳麓书社,1986)。
③ 李伯重:《明清江南的出版印刷业》,《中国经济史研究》第3期,2001。
④ 以上参阅李伯重《江南的早期工业化,1550—1850年》,第187、368、387、425页。

吴承明关于鸦片战争前夕中国国内贸易、长途贸易和对外贸易中七种主要商品的贸易额的估计列于下表（表1和表2）。

表1　鸦片战争前主要商品市场估计

商品种类	商品量	商品值 银（万两）	比重（%）	商品量在总产量中的比重（%）
粮食	245.0亿斤	16333.3	42.14	10.5
棉花	255.5万担	1277.5	3.30	26.3
棉布	314517.7万匹	9455.3	24.39	52.8
丝	7.1万担	1202.3	3.10	92.2
丝织品	4.9万担	1455.0	3.75	
茶	260.5万担	3186.1	8.22	
盐	32.2亿斤	5852.9	15.10	
合计		38762.4		

表2　鸦片战争前主要商品流通额（调整）

商品种类	国产商品流通额 银（万两）	比重（%）	净进口（+）净出口（-）银（万两）
粮食	13883.3	39.71	
棉花	1085.9	3.11	+302.5
棉布	9455.3	27.04	+80.2
丝	1022.0	2.92	-225.2

续表

商品种类	国产商品流通额 银（万两）	比重（%）	净进口（+）净出口（-）银（万两）
丝织品	1455.0	4.16	已计入丝中
茶	2708.2	7.75	-1126.1
盐	5352.9	15.31	
合计	34962.6		

吴氏总结说：到了鸦片战争前夕，以上述粮食、棉花、棉布、生丝、丝织品、盐、茶七大商品为代表，长途贸易量大约占到了国内贸易量的20%。①这个比例尽管比过去一般想象的要大，但是似乎并不很高，由此可以推出下列结论：长途贸易的相当规模并不很大。

吴承明是第一位对19世纪中期以前中国全国总产量和主要商品数量进行估计的学者。他的研究具有开创性，为尔后学界对明清市场的研究提供了重要的基础。但是吴氏后来也发现其过去所作的估计有一些问题。这些问题主要是：（1）以往的估计有明显的低估倾向；（2）这些估计未将许多重要商品包括在内。

为了克服这两方面的缺陷，吴承明参考吴慧对1840年中国贸易的估计，并对原有的估计作了一些修正。吴慧的估计包括了更多的商品种类，并对这些商品的贸易额作了新的计算。②虽然除了粮食的商品额外，吴慧关于相关商品的贸易额的估计与吴承明的估计颇

---

① 吴承明：《论清代前期我国国内市场》；许涤新、吴承明：《中国资本主义发展史（第一卷）——中国资本主义的萌芽》，第282—284、318—329页。
② 吴慧的估计源自其未刊书稿《中国商业史》，兹转引自吴承明《论清代前期我国国内市场》附记，收于吴承明《中国的现代化：市场与社会》。

为接近。但是由于吴慧对粮食的商品值的估计比吴承明的高得多，同时吴慧估计中还包括了更多的商品种类，因此他对国内贸易贸易总额的估计也大大高于吴承明的估计。①吴承明后来采纳了吴慧的估计，把国内贸易总额由原先的3亿两修正为5亿两，比原先的估计高出40%。②

表3 1840年中国的国内贸易（万两）

商品种类	吴承明估计	吴慧估计
粮食	16333.3	29505.5
棉花	1277.5	1169.6
棉布	9455.3	9455.3
丝	1202.3	1100.7
丝织品	1455.0	1455.0
茶	3186.1	2916.9
盐	5852.9	5352.9
铁	—	600.0
铜	—	100.0
瓷器	—	450.0
染料	—	382.7
合计	38762.4	52488.1

① 吴慧估计国内贸易总额为5亿2488万两，比吴承明的相应估计3亿8762万两高出35%。
② 吴承明：《论清代前期我国国内市场》附记。吴氏总结说："看来鸦片战争前国内市场商品值（不是交易值）5亿余两，大体可行。我原估3.5亿两，主要是粮食商品量估计过低了。"

由于吴慧的著作一直未刊出,因此我们不知道他是如何得到其估计的,但是他的估计中似乎也存在与吴承明的估计相同的问题。这里,我们仍然以吴承明的估计为基础,进行补充和修正。

首先,吴承明的估计存在低估的倾向,这可见于以下方面:

(1)吴承明自己已指出他以往对1840年中国长途贸易中的粮食总量的估计(3000万石)可能过低。① 之所以过低,是因为他在作上述估计时,未将一些规模较大的跨省粮食贸易计入。② 其他学者对清代长途贸易中的粮食的数量的估计,都大大高于吴承明的估计。例如,郭松义估计在18世纪后期,长途贸易(即跨省)中的粮食为4350万—5450万石,此外还有中途(即省内)贸易中的粮食300万石。③ 邓亦兵则估计18世纪后期沿内河水道贸易的粮食总量为6200万石。④ 如果我们接受郭氏的估计,将长途贸易中的粮食以中数5000万石计,则将比吴氏的估计高出40%。

(2)吴承明估计关东海运到上海的豆、麦为1000万官石(或苏石),⑤ 而据我的估计,从东北和华北运到江南的麦、豆和水果,

---

① 吴承明:《论清代前期我国国内市场》附记。
② 例如,他忽略了山东的跨省贸易,而据许檀的研究,山东每年的跨省粮食贸易量为500万—800万石,价值500万—800万两(许檀:《明清时期山东商品经济的发展》,中国社会科学出版社,1998)。
③ 郭松义:《清代粮食市场和商品粮数量的估测》,《中国史研究》第4期,1994。在这些粮食(主要为稻米)中,长江贸易中为1750万—2350万石,大运河贸易为1200万—1700万石,西江(珠江支流)贸易为400万石,沿海贸易为1000万石。
④ 邓亦兵:《清代前期内陆粮食运输量及变化趋势》,《中国经济史研究》第3期,1994。她以各权关粮税数推算运粮额,唯均加150%作为报关之偷漏额。计乾隆时长江水系年运粮1850万石;淮河水系1100万石;西江水系320万石;运河水系2350万石;其他小河系共580万石;合计6200万石。海运未计入,而乾隆以后各水系运量下降。
⑤ 吴承明:《论清代前期我国国内市场》。

中国全国市场的形成,1550—1840年 185

合计约为2500万官石，其中豆达2000万石。①由于有些学者可能会怀疑此数过高，我在此作一简单讨论。

几乎所有第一手史料都说19世纪初期经海路输入上海的北方豆、麦为1000万石。但要注意的是这是关东石，如折算为官石（苏石），则为2500万石。②这个数量大大超过东北（关东）的大豆生产能力。但是如果我们将此作为北方（东北、山东以及苏、皖二省北部）经海路输入江南的全部豆货的总数的话，③则是很可能达到的。④除了转口江南外，东北的大豆也有直接输往闽、广的。⑤

（3）吴氏估计清代中期山东每年外运的棉布为数十万匹，⑥但许檀的研究表明其数高达300万—500万匹。⑦

---

① 李伯重：《江南的早期工业化（1550—1850年）》，第113、114页。
② 参阅李伯重 Agricultural Development in Jiangnan, 1620-1850, pp. 113-114；李伯重：《发展与制约：明清江南生产力研究》，第360页。1关东石约为2.5官石（官石即苏石）。
③ 由于道光前期大运河湮塞，山东和苏、皖二省北部运往江南的豆货改道海路南下。
④ 在上述四个主要地区中，在1931年以前山东一直是江南最大的豆、麦供应者。在1914—1918年间，山东省所产的大豆全国总产量的1/5，而所产的麦则占全国总产量的1/8；苏北和皖北所产的大豆也比东北多（此系我用 Dwight Perkins, Agricultural Development in China, 1368-1968, tables C.8, C.13, D.5, D.15中的数字计算得出）。当时的全国大豆总产量大约7700万石（其中山东接近3000万石）。19世纪初期的产量数字已不可得，但是可以确定的是山东的产量很大，甚至可能超过1914—1918年的产量，原因是在1819—1913年的一个世纪中，山东人口从2940万增加到3840万，而耕地面积则仅从1766—1873年的12100万亩增加到1913年的12700万亩（Dwight Perkins, Agricultural Development in China, 1368-1968, tables A.5, B.12, B.14），由于人口增加远远快于耕地增加，越来越多的耕地被用于种植粮食作物，因此用于种植输出大豆的耕地也肯定比19世纪初期少。换言之，19世纪初期山东的大豆产量和输出量，肯定大大高于20世纪前中期。考虑到这些情况，我们认为在19世纪初期，从上述四个地区输往江南的大豆达到2000万—2500万石应当是非常可能的。
⑤ 许檀：《清代前中期东北的沿海贸易与营口的兴起》。
⑥ 吴承明：《论清代前期我国国内市场》。
⑦ 许檀：《明清时期山东商品经济的发展》。

其次，除了表1和表2中所列出的7种商品之外，还有一些在跨地区长途贸易中非常重要的商品未被包括在内。这些商品包括金属、瓷器、木材、肥料、烟草、蔗糖、煤、棉花等。

（1）铁、铜、瓷器：依照吴承明的估计，19世纪初期长途贸易中的铁、铜和瓷器的价值分别为600万两、100万两和450万两，总计为1150万两。①

（2）木材：依照戴一峰的研究，鸦片战争前仅从福州输出的福建木材，每年达到900万银元（大约650万两）。②但这只是当时国内木材长途贸易的一小部分，因为福建在木材生产和输出方面远远不及中国西南地区。③范毅军指出木材和稻米、棉花、丝货一同成为长江贸易中最重要的商品，他估计在18世纪，在通过长江沿线各税关的贸易的总量中，木材贸易1/5以上，或者说占中国长途贸易总量的6.6%。④邓亦兵没有对18世纪和19世纪初期竹木贸易量进行估计，但是从她的文章中所使用的史料可以看到跨地区的竹木贸易的规模非常大。其中每年通过芜湖工关和龙江关上税的木材，其数就各达数百万根，年征税额达14万两左右。⑤在19世纪初期，木材也是东北地区向北京和天津输出的主要商品之一。仅盛京、高丽沟

---

① 吴承明：《论清代前期我国国内市场》。
② 戴一峰：《试论明清时期福建林业经济》。按重量，1两约等于1.4银元。
③ 关于清代木材贸易的研究，见经君健《清代前期民商木竹的采伐和运输》；李伯重：《江南的早期工业化（1550—1850年）》第6章；戴一峰：《试论明清时期福建林业经济》，刊于《中国农史》第4期，1991。
④ I-chun Fan, *Long-distance trade and market integration in the Ming-Ch'ing period, 1400–1850*, pp. 212-213.
⑤ 邓亦兵：《清代前期竹木运输量》。其中"龙江关止收银六万六千二百四十余两。芜湖关共收银七万二千六十一两零"。

地区，就有两万余人从事"砍伐树木售卖之事"。①所砍伐的木材主要由输往京津。②

（3）蔗糖：在19世纪初期，台湾的蔗糖年产量大约在8400万—8800万斤之间。广东和四川是仅次于台湾的产糖地区，其年产量也很大，尽管无法确知其数字。③这些糖绝大部分运销中国其他地方，④价值可能到每年数千万两。⑤

（4）烟草：据嘉道时记载，湖南衡阳所产衡烟多由西商经营，"山西、陕西大商以烟草为贷者，有九堂十三号，每堂资本出入岁十余万金，号大于堂，兼通岭夕为飞钞交子，皆总于衡烟"。⑥"郡城商贾所集，烟铺十居其三四。城固水以北，沃土腴田，尽植烟苗。……当其收时，连云充栋，大商贾一年之计，夏丝秋烟。……南郑、城固大商重载此物，历金州以抵襄樊、鄂清者，舳舻相接，岁縻数千万金。……又紫阳务滋烟苗，较汉中尤精，尤易售"。⑦山

---

① 曹振镛等纂修《清仁宗实录》，嘉庆八年七月，中华书局，1986，第550页。
② 经君健：《清代前期民商木竹的采伐和运输》；邓亦兵：《清代前期竹木运输量》。
③ 许涤新、吴承明主编《中国资本主义发展史（第一卷）——中国资本主义的萌芽》，第353—356页。
④ 在1880年前后，仅只"台糖"，每年输出量即达1亿斤。见Fu-mei Chen & Ramon H Myers, "Some distinctive features of commodity markets in late imperial China: three case studies", in the Institute of Economics of Academia Sinica ed: The Second Conference on Modern Chinese Economic History, Vol 3, published by the Institute of Economics, Academia Sinica, 1989.
⑤ 许涤新、吴承明主编《中国资本主义发展史（第一卷）——中国资本主义的萌芽》，第355页。又，以一条1893年的史料为基础，陈富美和马若孟估计台湾糖产值为120万两，其中80%—90%是输出。而根据一条1809年的记载，有60多艘船只从广东澄海县运载18万—24万篓蔗糖前往苏州与上海，价值100万两。又据王韬所云，19世纪中期从汕头和台湾运往上海的蔗糖价值数百万两（范金民：《明清江南商业的发展》，南京大学出版社，1998，第209页）。
⑥ 同治《衡阳县志》卷十。
⑦ 岳震川：《府志食货论》，收于《皇朝经世文编》卷三六。

东济宁"业此(烟草)者六家,每年买卖至白金二百万两,其工人四千余名"。[1]此外,福建、广东、浙江、四川、甘肃也是重要烟产区。[2]因此,在19世纪初期,长途贸易中的烟草的价值很可能超过1000万两。

(5)煤:在18世纪后期和19世纪初期,煤贸易已发展到很大的规模。[3]仅只是从山东南部峄县沿着大运河北运的煤,每年即达数十万石,商人也因此而致巨富。[4]

(6)豆麦:在清代中叶,豆货贸易是最大的国内贸易之一。费正清估计1844年有价值1000万银元(约合700万两)的货物通过沙船从东北运到上海。[5]但是这个估计可能太低,因为仅只是其中豆与麦的价值就已大大超过此数。按照我的计算,每年从东北和华北沿海路输入上海的豆为2200万石,麦为300万石。[6]依照此时的价格,[7]300万石麦价值500万两,2200万石豆价值2200万两。因此

---

[1] 包世臣:《闸河日记》(道光九年),收于包世臣《包世臣全集》卷六,黄山书社,1989。
[2] 许涤新、吴承明主编《中国资本主义发展史(第一卷)——中国资本主义的萌芽》,第353—356页;徐建青:《中国经济发展史·明清卷》"清代手工业"部分,第479—483页。
[3] 李伯重:《明清江南工农业生产中的燃料问题》,《中国社会经济史研究》第4期,1984;李伯重:《江南的早期工业化(1550—1850年)》,第288—298页。
[4] 许檀:《明清时期山东商品经济的发展》,第149页。
[5] John K. Fairbank, *Trade and Diplomacy on the China Coast*, Harvard University Press, 1953.
[6] 李伯重: *Agricultural Development in Jiangnan, 1620-1850*, pp. 113-114。在这2200万石豆货中,约有200万石转口运到浙东和福建。
[7] 19世纪初期的豆价为1两/石(上海的到岸价格),而江南麦价通常为米价的70%(李伯重:《发展与制约:明清江南生产力研究》,第356页;*Agricultural Development in Jiangnan, 1620-1850*, p. 128),而在19世纪头30年的平均米价为大约2.5两/石(Yeh-chien Wang: *Secular Trends of Rice Prices in the Yangzi Delta, 1638-1935*)。

豆、麦合计为2700万两。

（7）棉花：吴承明估计进入市场中的棉花数量，是依据"有20%的织布农户自己不种棉、须得从市场上购买所用的棉花"这一假定推算出来的。由于大多数购买发生在地方小市场内，因此吴承明没有对长途贸易中的棉花数量做出估计。但是邓亦兵新近的研究指出：在18世纪和19世纪初期，棉花的跨地区贸易很昌盛。棉花被从河北和河南运到山西与陕西，从山东和河南运到江南，从河南运到长江中下游，从江南运到福建和广东，从陕西运到四川，甚至从新疆运到甘肃。①这些贸易中，有一些规模很大。②因此进入长途贸易的棉花的价值，每年达到数百万两。

总之，虽然现在我们还不能得到19世纪初期中国长途贸易总额到底有多大的结论，但是从上面的分析中我们也可以确信，如果将所有进入长途贸易的货物合计，其总值将比表3中的数字大得多。长途贸易在国内贸易中所占的比重，也比吴承明估计的25%要更高。③

---

① 邓亦兵：《清代前期棉花、棉布的运销》，《史学月刊》第3期，1999。
② 例如，在鸦片战争前，每年从江南运往闽广的棉花达54万担，其时棉价为700—800文/担（李文治编《中国近代农业史资料（第一辑）：1840—1911》，生活·读书·新知三联书店，1957年，第734页），而银、钱比价大约为1两：1000文（林满红：《嘉道钱贱现象产生原因——"钱多钱少"论之商榷》，收于张彬村、刘石吉主编《中国海洋发展史论文集》第5辑，台北："中研院"中山人文社会科学研究所1993年印行）。因此，在19世纪初期，棉价为0.7—0.8两/担。据此，54万担棉花价值40万两。这个数字看来过低，因为据王韬所说，在19世纪中期每年从上海运往闽广的棉花价值大约数百万两，而在1845—1846年间，从上海运往福建的棉花价值134911美元（范金民：《明清时期江南与福建广东的经济联系》，《福建师范大学学报》第1期，2004）。
③ 吴承明估计1840年长途贸易额为1.3亿两，而国内贸易总额为5亿2488万两（见本章表2和表3）。因此依照吴承明的估计，长途贸易额大约占国内贸易总额的25%。

我认为这个比重可能达到30%—40%。①有些学者可能认为这个估计过高，但是可以确信的是，长途贸易在国内贸易中所占的比例，肯定比以往的估计要高得多。②

五、19世纪初期中国全国市场的空间结构

如上所述，学者对于中国全国市场的结构的看法有很大差异。但事实上，这些意见也很含糊，而且对于为什么他们心目中的全国市场是依照他们所说的方式建构的，没有人作出解释。在此，我使用施坚雅（G. William Skinner）关于经济巨区的理论，重构19世纪初期中国的全国市场，尽管施氏自己并未将此理论用于全国市场的研究中。下面，我们就来看看19世纪初期中国全国市场的空间结构，特别注意这个市场的中心。

（一）19世纪初期中国全国市场的空间结构

在某些情况下，一个区域市场与一个经济区是等同的，因为二者都以地区专业化和劳动分工为基础。在工业化以前的时代，水运系统对于地区的功能整合极为重要。因此区域市场和经济区的空间

---

① 这里我们可以以山东为例。在清代中国，山东是一个中等发达的、以农业为主的省份，在工商业和长途贸易方面，远不及长江中下游和东南沿海各省发达。但是依据许檀的研究，在19世纪中期，跨省贸易在山东地区的贸易总额中所占的比例为33%（许檀：《明清时期山东商品经济的发展》，第391—392页）。因此就中国内地而言，30%—40%的比例是十分可能的。
② 例如根据清代的统计，嘉庆十七年（1812）全国榷关税收入为481万两。与此相对照，地方商税仅为93万两（许檀、经君健：《清代前期商税问题新探》）。换言之，榷关税为地方上税的5倍。尽管这两种税都并非实际贸易量的理想指标，但是上述差异也表现了长途贸易在国内贸易中的分量确实很大。

结构都同样具有施氏所指出的许多共同特征。①

从结构上来看，清代中国的一个经济区通常由一个人口密集的核心区和围绕着这个核心区的边缘区组成，这些边缘区的人口随着它们与核心区的距离的增加而递减。核心区不仅人口稠密，而且也是主要经济资源的集中地，是连接各主要城市的贸易干线以及涵盖边缘区的贸易网络的中心。同样地，一个区域市场也由一个中心和其最大的商业腹地组成。从本质上来说，这个中心就相当于前述核心区，而腹地则相当于前述边缘区。

全国市场情况与此相类。全国市场的空间结构也由一个中心及其最大商业腹地组成。该中心是主要贸易干线的集中地，通过这些干线连接该地区内主要城市以及覆盖边缘区的贸易网络。

虽然施坚雅强调清代中国的经济巨区是自给自足的，但是他也指出有一个正出现的中国的"世界体系"。在这个体系中，江南是中心，而通过有效的水路与长江下游各地的核心相联系，使得长江下游地区在经济上起到一种半边缘的中间作用，中国内地的其他部分则在更大的体系中成为边缘区。②范毅军在其以通过跨地区贸易体现出来的区域整合水平为基础讨论长途贸易的重要性，他曾有一个示意图，标示出了三个带状圆弧。第一个圆弧是长江下游，该地区构成核心圆弧，而江南则为圆心。第二个圆弧是那些有较高密度的运输与商业的地区，包括华北、长江中游和东南沿海。中国余下的部分，包括长江上游、云贵、岭南、东北和西北，为第三个圆

---

① 这些特征见 G. William Skinner, *Marketing Systems and Regional Economies: Their Structure and Development*。

② G. William Skinner, *Marketing Systems and Regional Economies: Their Structure and Development*.

弧，这些地区相对而言与长途贸易比较疏远。[①]很明显，尽管存在一些差异，范毅军所指出的与施坚雅的强调颇为类似。

如前所述，长江水系、大运河和沿海是三条主要水路，构成了中国水运系统的主干。而中国的国内长途贸易也正是集中在这三条水路经过的地区。因此，中国全国市场也就以这三条水路为基础，呈现出一种三叉形的枝状空间结构。换言之，商业腹地并不一定以同心圆的方式环绕着这个市场的中心。从功能上来说，第一层商业腹地包括直接与这三条水路相邻的地区，第二层腹地包括可以通过其他大小水道进入这三条水路的地区，而第三层腹地则为那些仅只有陆运的地区。对于这个结构来说，是否有水运比距离的远近更为重要。[②]因此，如果我们以江南为核心，那么长江中游的环洞庭湖地区就可以视为第一层腹地，而闽浙赣边区尽管很接近江南，但仅能视为第二层腹地。

尽管有这些差别，这两种结构在主要方面仍然颇为相似。一般而言，一个全国市场的中心与该国的经济核心区相当，而全国市场的腹地则与边缘区相当。

[①] I-chun Fan: *Long-distance trade and market integration in the Ming-Ch'ing period, 1400–1850*, pp. 296–297.
[②] 19世纪初期和中期的学者在讨论海运问题时，已明确指出了这一点。例如包世臣说："上海人视江宁、清江为远路，而关东则每岁四五至，殊不介意。水线风信，熟如指掌。关东、天津之信，由海船寄者至无虚日。此不得以元明之事说也"（包世臣：《海运南漕议》，收于包世臣《包世臣全集》卷一）。魏源则说："辽海、东吴若咫尺，朝阳暮岛如内地"（魏源：《复魏明府询海运书》，收于《皇朝经世文编》卷四八《户政》）。

（二）苏州——清代中国全国市场的中心

从上面的分析可见，全国市场的中心应当是经济上最为发达而且在水运系统中处于中心地位的地区。在明清中国，仅有一个地区——江南——同时具有这两个特点。由于苏州是江南的中心，因此苏州也就很自然地成为中国全国市场的中心。

1. 作为中国经济核心区的江南

正如施坚雅所总结的那样，主要由于其关键位置，长江下游的外部贸易对内部贸易的比例高于中国其他任何地区。自然资源以及长期投资政策也有利于长江下游地区。在19世纪，长江下游的人口密度和城市化水平也高居中国各地之首。[①]由于江南是长江下游地区的核心区，因此当然也是中国的经济核心区。

具体而言，江南地区有以下特点：不仅拥有全国最高的人口密度和城市化水平，[②]而且拥有全国最大城市苏州，大城市南京、杭州，中等城市松江、上海、湖州、常州等。这个地区拥有足够的消费需求和购买力，使得全国各地的商人在此都能获得正常利润，因此它也成为大多数大宗商品长途贸易的终点。这些大宗商品包括长江上游和中游的粮食和木材、云南的铜、华北的棉花、华北与东北的豆货、华南和台湾地区的蔗糖，等等。

江南地区因为处于前述的两个大"T"字的交叉处，因此在中国水运网中也处于中心地位。随着水运的发展，上海、南京、乍浦

---

① G. William Skinner: *Marketing Systems and Regional Economies: Their Structure and Development*.
② 江南陆地面积不到4万平方公里，而1840年的人口约为3600万，城市化水平约为20%（李伯重：*Agricultural Development in Jiangnan, 1620–1850*，第19—22页）。

和杭州都成了中国内河航运和海运的重要港口。其中，上海发展最快，在鸦片战前的一个世纪中，从一个地区港口发展成为中国最大的港口之一。据估计，在19世纪20年代和30年代，每年大约有5300—5400艘大型沙船出入上海港，总吞吐量超过300万吨，相当于中国沙船总吨位的三分之二。这种中心位置，使得江南能够通过中国的水运网与全国大多数地区进行贸易。

因此，毋庸置疑，江南地区是全国经济的核心区。同时，这种中心位置也使得它成为全国市场的中心。

2. 作为中国全国市场中心的苏州

区域或者全国市场中心的主要功能之一，是为其最大商业腹地提供商品批发和其他服务。由于江南是18世纪和19世纪初期中国全国市场的核心，许多长途贸易终点、大宗商品的最大市场也集中于江南。这些市场包括最大的稻米和木材市场（苏州）、最大的豆货市场和麦市场（上海）、最大的棉布市场（苏州和松江）、最大的丝织品市场（苏州、杭州、南京）和最大的生丝市场（南浔、双林、乌青、菱湖）。[1]最能代表江南在全国商业中的这种中心地位的是苏州在全国粮食贸易中所处的领导地位。在1840年以前的两个世纪中的米价变化方面，苏州和中国五个"经济巨区"之间的米价变化系数的相关性程度最为明显。由于这种中心地位，江南米价不仅影响到区域市场上的供求关系，而且也影响到全国市场上的供求关系。[2]

也正是因为在全国市场中的这种中心地位，江南才能够将全国

---

[1] 范金民：《明清江南商业的发展》，第152—154、161、166—170页。
[2] Yeh-chien Wang, *Secular Trends of Rice Prices in the Yangzi Delta, 1638-1935*.

商人吸引至此。①在所谓"十大商帮"中，有四个（徽州商人、宁波商人、龙游商人和洞庭商人）把江南作为自己业务的根据地，尽管其中只有洞庭商人是江南本地商人。其他六个商帮的商人也在江南大力经营。他们建立的会馆增加迅速，到了19世纪初期已遍布江南大小城市乃至许多市镇。江南会馆的密度，远高于中国其他任何地区。②

此外，江南在全国市场中的这种中心位置，也可从江南在金融方面的领先地位见之。在18世纪和19世纪初期，中国主要金融机构是钱庄（银号、汇兑庄、钱号等），而江南钱庄之多，甲于天下。③在江南，虽然许多钱庄是山西商人经营的，但是附近的宁波商人和绍兴商人也在金融方面很活跃，特别是在上海更是如此。④

由于江南是中国全国市场的核心区，因此江南的"高水平中心地"（high-level central place）也可视为全国的"高水平中心地"。这就解释了为什么苏州府城是1850年以前中国唯一的一个在经济中

---

① 例如，乾隆《吴县志》卷八《市镇》说："吴为东南一大都会，当四达之冲，闽商洋贾，燕齐楚晋百货之所聚，则杂处阛阓者，半行旅也。"府城的阊门一带，更是外地商人集中的地方。《云锦公所各要总目补记》说："吾苏阊门一带，堪称客帮林立，……如鲜帮、京庄、山东、河南、山西、湖南、太谷、西安、温台州帮……长江帮等等，不下十余帮。"（转引自范金民《明清江南商业的发展》，第184—185页）据《雍正朱批谕旨》卷200雍正元年四月五日苏州织造胡凤翚奏："阊门南濠一带，客商辐辏，大半福建人民，几及万有余人。"换言之，其中仅是聚居于南濠一带的福建客商，人数就多达万人以上。但是较之在江南的徽州商人，福建商人的数量又少多了。正如明清江南谚语所说，"无徽不成镇"。
② 依照范金民的解释，公所与会馆在性质上非常相似。详见范金民：《明清江南商业的发展》，第4章第2节。
③ 在18世纪后期，苏州有150—200家钱庄，上海则有至少124家钱庄。江南其他城镇上的的钱庄数量也不少。参阅范金民《明清江南商业的发展》，第178—183、214页。
④ 在苏州，乾隆时期多达100—200家的钱庄，全部都由山西商人经营，但在上海则主要是宁波商人和绍兴商人经营钱庄。范金民：《明清江南商业的发展》，第214、230页。

心地位方面可以超越其所在"经济巨区"的腹地的大都市，以及为什么苏州高踞全国经济之上的原因。

苏州不仅是江南最大的城市，而且也是江南商业、工业和文化的中心。这种地位使得苏州也成为中国经济和全国市场的中心。苏州所拥有的这种独特地位，也为当时到中国考察的西方目击者的观察所证实。1845年法国政府派遣拉萼尼（Lagrené）使团来华，其中有丝织业代表耶德（Isidore Hedde）。他游历苏州之后，称它为"世界最大的都市"，并说："谚语说'上有天堂，下有苏杭'，特别是苏州更是了不起。在那里耀眼的魅惑人的东西应有尽有。物产丰富，气候温和，举凡娱乐、文学、科学、美术的东西无一或缺。这里是高级趣味的工艺和风靡全国的风尚的源泉地。这里一切东西都是可爱的、可惊叹的、优美的、高雅的、难得的美术品。这个都市是江南茶、丝之邦的首府，不仅是美术与风尚的女王，而且是最活跃的工业中心，又是最重要的商业中心、货物集散地。总之一句话，是世间的极乐土，使人深感古来诗人、史家和地理学者之言的确不假。"[1]正是由于苏州具有这样的地位，太平天国以后，取代苏州而成为江南中心城市的上海，同时也高踞于近代中国发展中的全国市场之上。[2]这并非巧合。

3.苏州vs汉口：中国全国市场的最高中心和次级中心

有些学者可能会质疑苏州在全国市场中占有的这种中心地位，因为在18世纪和19世纪初期的中国，一些其他城市也起着主要商业

---

[1] Isidor Hedde, "Description Methodique des Produits Divers, 1848"（见 イ.ヘデ：《万物解》，收于宫崎市定：《アジア研究》，Vol.2，京都大学出版会，1959）。
[2] G William Skinner, *Marketing Systems and Regional Economies: Their Structure and Development*.

中心的作用。在这些城市中,汉口又最为重要。

早在明末,汉口就已十分繁华,与江西景德镇、河南朱仙镇、广东佛山镇并称为天下"四大名镇"。入清之后,汉口发展更为迅速。康熙时刘献廷说:"汉口不特为楚省咽喉,而云贵、四川、湖南、广西、陕西、河南、江西之货,皆于此焉转输,虽欲不雄天下,不可得也。天下有四聚,北则京师,南则佛山,东则苏州,西则汉口"。[1]在这"四聚"中,北京是首都,在商业上的重要性颇为有限,佛山的商业主要为岭南地区和海外贸易服务,因此其商业腹地远比汉口和苏州小。汉口位于长江和长江的两大支流——汉水与湘江——的交汇点,号称"九省通衢",在长江流域贸易中占据非常重要的地位。但是与苏州相比,汉口有几个重大弱点。第一,汉口远离南北大通道大运河和海路,使得它难以在东部贸易中占有中心地位;第二,从长江贸易来说,汉口位于长江中游,顺流航行较易而逆流航行较难,因此就那些体积大而单位价值低的货品而言,汉口可以在长江上游和中游地区产品输往长江下游的贸易中发挥重大作用,但是却很难在长江下游产品输往长江上游和中游的贸易中有很大作为;第三,汉口位于中国的发展中地带而远离发达地带,这使得它难以成为金融和服务的中心。这些弱点,使得汉口不可能像苏州那样成为全国市场的最高中心,而只能成为一个重要的次级中心,尽管其地位大大高于其他的区域中心。《大清一统志》说汉口"往来要道,居民填溢,商贾辐辏,为楚中第一繁盛处"。[2]这个说法是很恰当的。

---

[1] 刘献廷:《广阳杂记》卷四,中华书局,1957。
[2] 嘉庆《大清一统志》卷二六一,上海古籍出版社,2000。

此外，与苏州相比，汉口还有一个很大的不利条件。苏州位于中国城市化水平最高的江南，周围有众多的城市（包括像南京、杭州、上海、乍浦乃至宁波、扬州等著名商业城市和港口城市），它们有发达的商业和服务，彼此之间有便利的水运系统和完善的交通设施相连接，因此这些城市为苏州分担商业职能。通过分工，苏州在商业上的作用可以得到更大的发挥。在工业方面，苏州也处于同样的地位，即把低附加值的低端产品的生产分散到附近城镇，而将高附加值的高端产品的生产集中到城内。[1]汉口则不然。在汉口附近，没有较大的城市，正如刘献廷所指出的那样：虽然汉口和苏州都是商业中心，"然东海之滨，苏州而外，更有芜湖、扬州、江宁、杭州以分其势，西则惟汉口耳"。[2]换言之，汉口可以说是一片平原上的唯一高山，而苏州则是一片高原的顶峰。这种情况，使得汉口的商业腹地，要远远小于苏州。

当然，汉口的地位仍然非常重要。这里我们可以把"天下四聚"中的汉口以及佛山（实际上应当是广州—佛山地区）和北京作为全国市场的次级中心。它们都是巨大的跨地区市场的中心。在这些次级中心之下，还有一些各省省会城市和其他一些重要城镇如临清、重庆、营口、景德镇、樟树镇等，可以视为全国市场的第三级中心。再往下，则是地方市场的中心，主要包括府县治所城市等。因此，中国的全国市场在结构上可分为多层次，具有高度的等级性，而苏州则高踞其上，成为全国市场的最高中心。

全国市场的出现与发展是中国经济史上最重大的事件之一。这

---

[1] 李伯重：《工业发展与城市变化：明中叶至清中叶的苏州》。
[2] 刘献廷：《广阳杂记》卷四。

个重要性可从中国经济在这三个世纪中所取得的成就见之。与过去的普遍看法相反,新近的研究表明中国经济在这个时期中经历了迅速的成长。①导致这个经济成长的主要动力是所谓的"斯密动力"(the Smithian dynamics),而这种动力只有在一个市场中才能很好运作。②市场规模越大,整合程度越高,这个动力的运作就越好。因此,在一个整合良好的全国市场中,这个动力能够发挥到极致。这一点,部分地解释了在西方到来之前的几个世纪中中国经济何以表现如此良好。

在过去的半个世纪中,"近代早期"中国历史的研究,一直被置于一种从欧洲经验得出的分析框架中。西方的到来被视为中国历史的转折点,实际上也就意味着西方对中国历史的变迁起了决定性的作用。但是正如我们从中国全国市场形成问题上所看到的那样,这种欧洲中心史观误导了我们对中国历史真相的认识。因此,如果要更好地了解中国的过去,我们必须破除这种史观,实事求是地来看待历史。

---

① 关于这种观点,麦迪森作了具有代表性的表述:"从17世纪末至19世纪初,清朝在其自定的目标上表现得极为出色。从1700年到1820年,人口从1.38亿增长到3.81亿,增长速度几乎是同期日本人口增长速度的8倍,欧洲的2倍。人口增长并没有导致生活水平下降。在18世纪,尽管欧洲的人均国民生产总值扩张了1/4,中国国内生产总值的增长速度仍然快于欧洲"(Angus Maddison, *Chinese Economic Performance in the Long Run*, Development Centre of the Ogranisation for Economic Co-Operation and Development, 1998, p. 39)。但是此并非新观点。"资本主义萌芽"学派就认为在明清时期中国经济有很大发展,并将其视为"资本主义萌芽"出现的前提。

② 关于"斯密动力"的性质、特点及其对于近代经济成长的作用,见Feuerwerker Albert, "Presidential Address: Questions about China's Early Modern Economic History that I Wish I Could Answer", in *Journal of Asian Studies* (Ann Arbor), vol. 5, no. 4; R. Bin Wong, *China Transformed—Historical Change and the Limits of European Experience*, ch 2。

"乡土之神""公务之神"与"海商之神"

——简论妈祖形象的演变

在妈祖研究中,一个关键性的问题是妈祖的形象。在这个问题未解决之前,在研究中出现混乱是难以避免的:既然各位研究者心目中的妈祖各不相同,那么他们的研究所得出的结论自然也会相去甚远。因此,对妈祖的形象进行深入的分析,应当是妈祖研究的一个基础性工作。

在一种信仰的时空发展过程中,该信仰所敬奉的神祇的形象往往也要因时因地而发生变化。这一情况,在神人关系具有明显的功利主义色彩的中国传统信仰的发展中,尤为突出。从元至清,从辽东到广东,妈祖庙的修建者都一再强调说:"夫神无依,惟人是依";[1] "人赖神以安,神依人而立";[2] "夫人受庇于神,而神实依于人"。[3] 既然妈祖这一神灵依于人,服务于人,因此其形象也必然随着人的需要的改变而改变。

---

[1] 刘基:《台州路重建天妃庙碑》。
[2] 祁顺:《山海关天妃庙记》。
[3] 刘业勤:《天后庙重建碑记》。

妈祖形象的变化，包括两个方面的变化：第一，在福建（以及与福建有相似文化传统的台湾、潮汕等地），妈祖形象的变化；第二，在全国范围内，妈祖形象的变化。后者也包括两个方面的变化：国家所祭祀的妈祖的形象的变化和民间所崇敬的妈祖的形象的变化。由于妈祖形象因时因地而不断变化，因此在不同时间和地点的妈祖形象也出入颇大。由此意义上可以说，妈祖是一个"千面观音"式的神灵。不同的人眼中看到的妈祖，只是由她的某些侧面所构成的形象。

大体而言，在从宋到清的数百年中，妈祖的形象包括以下几个主要方面：（一）从国家–社会的角度来看，是民间之神和官方之神；（二）从社会功能方面来看，是"乡土之神""公务之神"和"商人之神"；（三）从信奉地域方面来看，则是福建地方之神和全国沿海之神。言其著者，可以简单地归结为三大形象，即福建"乡土之神""公务之神"和"全国海商之神"。妈祖形象的演变，既包括这三大形象的各自变化，也包括相互之间的转变。本文以后一种演变为考察的重点。我们认为：这个考察不仅有助于我们对妈祖信仰的认识，而且也有助于我们对妈祖信仰传播的社会、政治、经济背景的了解，尽管对这个背景本身的研究，将是另外一篇文章的任务。下面，我们就依次对妈祖的三大主要形象及其演变情况进行分析。

一、作为"乡土之神"的妈祖

过去一般意见认为妈祖是海神或航海保护神，但这种看法近来已受到挑战。新近的观点认为妈祖是一位具有多功能的神祇。[①]不过我们要强调的是：首先，妈祖这种具有多功能的神祇的形象，主要只限于福建（以及与福建有相似文化传统的台湾、潮汕等地）；其次，在福建等地的众多地方神祇中，妈祖的地位越来越崇高，以至成为最高一级的神灵。由于这两个特点，我们可以认为妈祖是福建的"乡土之神"。

所谓"乡土之神"，指的是保佑一方民众的善神，这里特指总管一方民众社会生活各个方面的神灵。由于要管之事甚多，因此这种神灵必须具有多方面的神力。

在福建的妈祖传说中，妈祖具有多种神力，足以从各个方面保佑一方人民。早在宋代，妈祖就是一个全能的善神：她的圣绩包括救海难、救水旱、疗瘟疫、平盗寇、降魔镇邪、收伏妖怪、助修水利、拯救饥民、导航引路……，一直到恩赐子嗣、保全胎孕等，可以说包含了当时福建社会生活的主要方面，表现了这里的人民对神力帮助的基本企求。因此，拥有这些神力的妈祖，自然成了福建人民心目中的地方保护神。因此在宋代妈祖成神之后，虽其职能与保护航海有关，但这在其多种职能中并不占有最突出的地位。[②]这种情况，一直延续到后代。例如，在明末闽人心目中，妈祖无一不管，"上而国家之大事，下而草野之细故，凡竭诚致敬而祷者，如影之随形，响之随声，靡匆匆期其愿而锡之福"。[③]因此，在宋代以后，尽管护航的职能有所加强，但是说妈祖的职能向专司保护航海或

---

① 唯谈、学圃：《妈祖研究不同观点综述》，收于《海内外学人论妈祖》，1992。
② 谢重光：《妈姐与我国古代河神、海神的比较研究》，收录《海外学人论妈祖》，1992。
③ 林兰友：《天妃显圣录序》。

突出保护航海神性的方向发展,^①则可商榷。至少是在福建以及台湾、潮汕等地,情况似非如此。宋以后福建以外人民信奉的妈祖,更加具有航海保护神的特征,不过正如后文所言,这个妈祖,与福建人民崇拜的妈祖,实质上已有许多不同。

近年来,随着对妈祖信仰研究的深入,我们可以看到,在福建,妈祖信仰具有鲜明的地方特征和深厚的文化内涵,因而成了福建地方文化的基本组成部分之一。妈祖信仰之所以出现并普及于福建,有其深远的文化渊源和社会经济背景。例如,徐晓望指出:妈祖信仰可以追溯到闽人先民——百越人的女性崇拜,并且与他们离不开水与舟的生活方式以及妇女在社会经济中的特有地位有密切关系。^②陈衍德对清代和近代闽南、潮汕地区妈祖信仰的研究则表明:在这一地区的社会生活中,妈祖信仰起着多种社会和经济功能。它不仅满足了渔民、海商的精神需求,而且对地区商业中心的形成和发展、妇女的精神生活、社区组织与活动等,都发挥了重要的作用。妈祖之所以受到福建人民的崇敬,其实乃是因为这种信仰深刻地反映了这一地区人民的社会经济特征。^③因此,即使是在宋以后的福建,妈祖也并不只是一个航海保护神。妈祖信仰已成为这一地区人民生活方式的一个重要组成部分,在人民的精神生活中已牢牢地扎下了根,构成了福建地方文化的一个基石。正因如此,

---

① 谢重光:《妈姐与我国古代河神、海神的比较研究》,收录《海外学人论妈祖》,1992。
② 徐晓望:《祖建民间信仰源流》,福建教育出版社,1993,第303—313页;徐晓望:《论东南母亲崇拜与观音信仰的嬗变》,《亚洲文化》第19期。
③ 陈衍德:《闽南粤东妈祖信仰与经济文化的互动:历史和现状的考察》,《中国社会经济史研究》第3期,1996。

尽管朝廷对妈祖的封号从"夫人"—"妃"—"天妃"—"天后",越来越高不可攀,但是在福建民间,妈祖的称呼却由"神女"—"灵女"—"娘妈"—"妈祖",越来越慈祥可亲。① 元人黄渊说:"他所谓神者,以死生祸福惊动人,唯妃生人、福人,未尝以死与祸恐人,故人人事妃,爱敬如母,中心向之,然后于庙享之。……神之报乎人,犹亲之爱其子孙。"② 福建人民将这位神灵视同祖母、外婆之亲,"爱敬如母",可见该神已成为福建人民精神上的母亲。这种现象,在福建之外也信奉妈祖的地方,是少见的。③ 也正因如此,宋代以后福建妈祖形象变化的另一特征,是妈祖信仰的大普及,不仅从莆田传至泉、漳,由沿海平原扩展到内陆山区,④ 而且也深入社会生活的各个方面。在信仰最虔的莆田,普通人民"居常疾疫,孕男育女,行旅出门,必以纸币牲物求媚而行祷焉"。⑤ 有趣的是,"闽郡及海岸广石皆有其祠,而贩海不逞之徒,往来恒赛祭焉"。⑥ 连走私、犯法之徒都敬祀之,可见妈祖信仰已成这里的全民性信仰。否则,我们就难以解释为什么违法之徒要选择这样一位已被官方定位为"平寇、镇暴之神"的妈祖,作为自己崇拜的对象。到了

---

① 蒋维锬编校《妈祖文献资料》,福建人民出版社,1990。
② 《黄四如文集》卷一《圣墩顺济祖庙新建蕃釐殿记》。
③ 清初有一位侨居扬州的徽州商人程有容,"娶妇十年始生子,辄以痘殇",其后梦神女临其家,夫妇叩首乞子,"更举子,凡七八人,皆长大"。程商"心意为天妃也,……盖天妃主江海兼摄痘事及人祈子嗣,甚灵应",于是出资兴建天妃宫于扬州(魏禧:《扬州天妃宫碑记》)。这个具有"主江海兼摄痘事及赐人子嗣"的妈祖,本是福建乡土之神的妈祖,离开了福建,这个形象是否还能保持,就成问题了。因此程商所建的这座天妃宫,以后没有了下文,很可能是没有能够维持下去。
④ 徐晓望:《福建民间信仰源流》,第313—315页。
⑤ 朱浤:《天妃辨》。
⑥ 谢肇淛:《五杂组》卷四《地部二》。

清代中期，妈祖庙更是大量增加。据曾在福建建宁府、台湾府长期任官的邓传安亲见，"闽省无处不有天后宫"。①此语并非夸张，据民国《福建通志》坛庙志记载，清代福建所有县份均建有妈祖庙。其中莆田一县竟有妈祖庙316座之多。②此外，无论福建内外，在人们乃至朝廷的心目中，妈祖仍然是保佑福建地方平安的乡土之神。③在这种地方文化的熏陶中长大的福建人民，即使来到外地，身上也带着原有文化的烙印，这是不可避免的。

福建海商敬奉妈祖之虔，已是众所周知。但事实上，不仅海商，而且陆商和从事其他职业的福建人民，来到或移居外地后，也大都坚持妈祖信仰。前一情况之例，可见于清代在上海的建宁、汀州籍商人，他们所建的建汀会馆中，也有供奉"天后"的场所。④后一情况，则可从清代贵州镇远府的福建移民，他们乾隆朝迁移到即建有天后宫，而且一直保存在今日。⑤在湖南芷江，乾隆时"福建客民"也兴建了一座规模宏大的天后宫，至今依旧保存完好。⑥因此，我们可以说：妈祖信仰不仅是福建海商的信仰，而且是大多数福建人民的共同信仰。为什么福建人民来到新的地方，不"入境随俗"，而非要坚持自己的妈祖信仰不可呢？这个问题涉及许多方面，但其

---

① 《劝修王功港天后宫疏引》。
② 徐晓望：《福建民间信仰源流》，第314页。
③ 例如嘉庆时福州一带遭台风之灾，"损坏房屋田禾"，地方官员请求朝廷加恩，清仁宗即令"著于天后庙敬谨致祀，以迓神麻"（道光《重纂福建通志》卷首之五嘉庆十四年七月上谕）。这一措施，甚少见采用于他地，显然是"因地制宜"。由此也可见不仅在闽人，而且在皇帝心目中，妈祖依然是福建的保护神。
④ 曾爱仁：《创建建汀会馆始末记》；苏绍柏：《建汀会馆记》；葛其龙：《建汀会馆碑记》。
⑤ 樊万春：《天后在镇远》，收于《海内外学人论妈祖》，1992。
⑥ 乾隆《沅州府志·坛庙一》"天后宫"；《妈祖文献资料》，第241页编者按。

中最重要的一点是：在外闽人借此信仰作为相互认同的手段。曾爱仁说，"春秋祀天后，借祭余以联乡情"，[①]就清楚地道出了这一点。然而，为什么在外闽人要借此手段以达相互认同的目的呢？正是因为妈祖信仰在福建大多数人民心目中已成了福建地方文化的象征。这一点，也深刻地表现了妈祖作为"乡土之神"的性格。

正因妈祖的这种"乡土之神"的性格，所以福建的妈祖信仰，基本是一种民间信仰。当然，历代国家的加封祭祀，也对妈祖信仰起了一定作用，因为这些官方活动，有助于妈祖在福建地方神祇中地位的提高，从而对于妈祖之超越其他地方神祇而跃居地方最重要之神，有颇大的帮助。不过，对于大多数福建人民来说，他们心目中的妈祖，始终是一位亲切慈祥的乡土之神，而不是朝廷封祭的那位地位显赫的"公务之神"。

此外，自南宋开始，妈祖形象开始向跨地区神祇演变。到了南宋后期，据刘克庄说："非但莆人敬事，余北游边、南使粤，见□（原缺一字）楚、番禺之人，祀妃尤谨"。[②]丁伯桂更说："神虽莆神，所福遍宇内。……神之祠，不独盛于莆、闽、广、江浙、淮甸皆祠也"。[③]刘、丁二人说妈祖庙遍布各地，显然有夸大。直到元代，程端学说："神之庙始莆，遍闽、浙"，[④]并未谈到其他地方。从现存的史料来看，南宋时期，福建以外地区的妈祖庙，仅见于杭州、京口、上海、宁波、嘉兴数地而已。其中，嘉兴建庙于北宋乾德显然是后人附会之说。杭州、京口、上海三庙之初建情况，史料记载不是很清楚，但对

---

① 曾爱仁：《创建建汀会馆始末记》。
② 《后村先生大全集》卷九一《风亭新建妃庙》。
③ 《顺济圣妃庙记》。
④ 《灵慈庙记》。

三庙有更大影响的重建工作则史有明文,杭州庙之重建系由在杭莆田籍官员倡导、集资,①具有明显的同乡行为的色彩;京口庙是"参谋两淮大阃"的浙东常平使者赵□夫出面经办,②显然是取其佑军御敌之意;上海庙重建之倡议者为任华亭市舶提举的福州人陈珩,③其目的看来与招商有关。而且,有意思的是,前两个关于福建以外妈祖庙的最重要的宋代文献,均出于莆田籍官员、学者之手。至于在宁波,情况有所不同。宁波原无妈祖庙,绍熙二年(1191),来远亭北舶舟长沈法询前往海南遇风,因获妈祖神庇,遂诣莆田祖庙分炉香以归,在宁波地方官员的支持下,建立了一座妈祖庙。这是第一座有确切记载的福建以外地区商人兴建的妈祖庙,意义颇为重大。不过,沈氏是闽籍商人,所建妈祖庙又被宁波地方官令其家族"世掌之"。④所以我们无法得知该地的妈祖信奉者,是否仅限于在宁闽籍人士,抑或已扩大到当地居民。总之,在南宋时期,妈祖信仰仍然主要集中于福建。福建以外地区的民间妈祖信仰,主要仍限于旅外福建人士之中。此外,在外地妈祖庙的兴建中起更大作用的,看来是闽籍官员,而非商人。在元、明两代,尽管福建以外地区的妈祖庙新建了不少。但是元代的庙,主要是官府兴建或主持的"官庙",与民间关系并不是很大(详后文);而在明代,由于国家态度的改变,不仅新庙建立不多,而且许多元代所建"官庙"已难以维持。⑤虽然陆深说"天妃宫,江淮间

---

① 前引丁伯桂文。
② 李丑父:《灵惠妃庙记》。
③ 宋渤:《顺济庙记》。
④ 前引程端学文。
⑤ 例如杭州,见黄克谦:《重修杭州右卫左所天妃宫记》

滨海多有之",①似乎民间妈祖庙不少,但实际上,如田汝成明确指明的那样,"军营漕运之所,江海河汊之滨,悉崇奉之",②即崇奉者主要为漕丁,而不是一般人民。从仅有的侨外闽人建妈祖庙的个别记载来看,在这些地方的妈祖信仰并未深入当地社会。例如扬州妈祖庙,相传最早是明代中叶闽商所建。但自嘉靖七年(1528)被地方官府改庙为官署,将神像移到庙侧之后,"扬之人不知有天妃者百六十余年矣"。③由此可见,妈祖信仰并未为当地人民所接受。明人何乔远说:"吾郡(泉州)安平镇之俗,大类徽州,其地少而人稠,则衣食四方者,十家而七。故今两京、临清、苏杭间,多徽州、安平之人。……是皆背离其室家,或十余年未返者;返则儿子长育,至不相识"。④尽管如此,我们从明代史料中却很少能看到两京、临清、苏杭的民间妈祖庙的记载。从上引扬州的例子来推论,可能是因为妈祖信仰仍然局限于闽商群体之中,从而未能在当地引起更大的影响。

因此,就民间的情况而言,清以前的妈祖信仰,可以说主要仍然是福建地方信仰。在福建以外,妈祖信仰在广东可能也站住了脚,但在其他地区,则似乎主要局限于福建移民团体中。因而就全国范围而言,民间的妈祖形象,仍然主要是福建"乡土之神"的形象。

二、作为"公务之神"的妈祖

妈祖信仰在南宋时期开始传播到福建以外的地区。这个传播具

---

① 《金台纪闻》"天妃"条。
② 《西湖游览志》卷二一"天妃宫"条。
③ 魏禧:《扬州天妃宫碑记》。
④ 《镜山全集》卷四八《寿颜母序》。

有两个特点：第一，尽管这与福建人民之移居外地有密切关系，但是国家在这个传播中起了更为重要的作用；第二，在这个传播中，妈祖的形象发生了变化，外地所敬奉的妈祖，主要是满足官方所需的"公务之神"，而不是福建本土的"乡土之神"。这两个特点，在尔后的元、明两代和清代初期更加凸显。因而在福建之外的妈祖形象，也随之进一步向全国性的"公务之神"的形象转变。

妈祖在北宋之时，一直保持着是福建民间神祇的性质。因"宣和护使"而被赐额（"顺济"）建庙之说，应当是出于后人附会。[①] 然而到了南宋之初，妈祖的形象开始发生变化，向着"公务之神"的方向演化。所谓"公务之神"，指的是神灵的主要工作，是帮助国家执行其若干重要职能，如平定叛乱、抵御外敌、运送物资和人员（特别是军队、官员和外交使节）、拯救饥荒、兴修水利，等等。这些活动，有一些（如救灾、水利等）也可由民间自发进行，但民间所为者在规模上和性质上都明显地有异于由国家所进行者。另外一些（如漕运、出使、征战等）则完全是国家的任务。因此，"公务之神"在性质上与"乡土之神"的差别是不难分辨的。

细查南宋时期的妈祖圣迹，属于"公务"性质的内容明显地增多。诸如"温台剿寇""平大奚寇""紫金山助战""助擒周六四""火烧陈长五"等，所为实际都属于国家职能范围之事。而"救旱进爵""瓯闽救潦""钱塘助堤""拯兴泉饥"等，也可归入此范围之中。南宋朝廷的历次加封理由，也大多表明了这种性质。因此，我们可以说此时的妈祖形象，已经开始向"公务之神"转

---

① 郭庆文：《试论妈祖研究之方法及当前的课题》，收于《海内外学人论妈祖》，1992。

化。不过，在此时期的妈祖圣迹中，专属福建地方事务者尚在多数，所以妈祖也还没有摆脱福建地方神祇的角色。当然，有越来越多的圣迹发生在福建之外，不过最重要者仍然与福建有关。例如上述平寇、御敌等军事行动，大多有福建水师参加；而上述救灾拯饥的行动，更是仅发生在福建。宋廷对妈祖的封号，仅为夫人和妃，而在国家对神灵封谥系统中，这只是地方性神祇的品级（如湘妃、洛妃等）。因此，此时作为"公务之神"的妈祖，基本上还只是一位地方性的"公务之神"。

元代是妈祖信仰大传播的时代。在此时期，妈祖的封号从宋代的"妃"晋升为"天妃"。这标志着妈祖超出了地方神祇的地位，成为全国性的神灵。"海邦之人，莫不知尊天妃，而天妃之神在百神之上，无或与京"。[1]元廷并用行政手段，"诏滨海州郡，皆置祠庙，每岁之秋，……遣使遍祭"。[2]于是自江南至北京，"薄海州郡，莫不有天妃庙。（朝廷）岁遣使致祭，祀礼极虔"。[3]不过这些记载，似都失之夸张，而且太过笼统。较为明确的记载，是关于元末朝廷遣使到各地祭祀妈祖的记载。此次所祭之庙，除湄州祖庙外，还有十四到十七所，分布于"淮、浙、闽海等处"。[4]有文献可考的元代天妃庙，有兴化、泉州、福州、广州、永嘉、台州、宁波（庆元）、绍兴、杭州、海宁、平江（苏州）、昆山、上海（松江）、周泾、淮安、天津（直沽）等庙。此外，从有关史料还可见，元代福

---

[1] 前引刘基文。
[2] 周伯琦：《台州路重建天妃庙碑》。
[3] 前引刘基文。
[4] 三山本丘人龙《天后显圣录》"怒涛济拯"条作"共祭一十五所"，而台北本与《天后志》作"一十八所"。见《妈祖文献资料》第171页。

建以外的天妃庙主要是官建，闽籍人士在其中所起作用不大，而且这些庙主要分布在自浙江到北京的北洋海路上，而不是福建海商占有统治地位的南洋海路上。

元代在妈祖信仰传播方面的以上特点，明显地是由元代国家为妈祖神性作的定位所决定的。王敬方《褒封水仙记》说："国朝漕运，为事最重，故南海诸神，有功于漕者皆得祀。唯天妃功大号尊，在祀最重。"《天历二年八月己丑朔日祭直沽庙文》说得更清楚："国家以漕运为重事，海漕以神力为司命"，天妃之尊，实由海漕之故。海漕对于元廷是生死攸关的大事。元人危素在《元海运志》中说："元都于燕，去江南极远，而百司庶府之繁，卫士编民之众，无不仰给于江南"。但是在元代（特别是前期），自江南太仓刘家河至直沽（天津）的航行十分艰难。即使是在至元二十九年和三十年两条新航线开辟之后，海运安全程度已大大提高，但仍然是"风涛不测，粮船漂溺者，无岁无之"。[①]因此之故，元廷力求借重妈祖，以保海漕平安。丘浚说："元人海运以足国，于是始配妃以天"，[②]陆深也说："元用海运，故其祀为重"，[③]都明白地道出了个中奥秘。因此，从此意义上而言，元代的妈祖形象，主要表现为"海漕之神"，尽管在其他与航海有关的公务活动（如出使、征伐等）和海上贸易活动中，妈祖也被认为是保护之神。

在明代，妈祖的地位有所低落，但主要原因并不在于"皇帝妈祖信仰狂热的消退""士大夫阶层开始怀疑甚至否定妈祖的存在"，

---

① 《元史》卷九三《食货志》；赖家度：《元代的河漕和海运》，《历史教学》第5期，1958；章巽：《元"海运"航路考》，《地理学报》第1期，1957。
② 《重修京都天妃宫庙碑》。
③ 《金台纪闻》"天妃"条。

或是资本主义萌芽出现、佛教和道教的作用、海禁政策等,[①]而是在于国家不再依赖海漕。不过,由于在海漕之外,妈祖这一神灵还被认为能够发挥若干与国家职能有关的作用,所以她作为"公务之神"的地位依然得到国家的承认。

在明代,妈祖作为"公务之神"的形象,继续存在于出使、平寇、御倭等国家重大活动中。因此明代对妈祖加封、致祭,基本上是由于出使和平寇。此外,尽管因海漕废止,明代朝廷不再将妈祖作为"漕运之神"看待,但是从事河漕的漕军却沿袭供奉妈祖的传统,"悉崇奉之"。[②]所以妈祖在明代,仍然具有"护漕之神"的性格。

到了清代初期,妈祖作为"公务之神"而受到国家的特别重视和礼敬,被进封为天后,与文昌帝君、关圣帝君鼎足而三,成为国家承认的最高品级的神祇。这种崇高的地位,明显是因为统一台湾是朝廷的头等大事,因此朝廷特别要争取妈祖的神力庇护,完成此大业。也正是因此之故,与明代相比,清初的妈祖形象,更加凸现出"水师之神"的性格,"护使"倒降而其次。统一台湾以及平定林爽文起义后,妈祖仍然保持着"水师之神""护使之神"的形象,同时也扮演着漕运、盐运保护神的角色。[③]特别是到了道光朝,河漕改海漕之后,妈祖作为"海漕之神"的形象又有所恢复,被朝廷

---

① 杨振辉:《明代妈祖信仰及其趋势》,《海外学人论妈祖》。
② 前引田汝成文。具体的例子如杭州与清江浦:在杭州,"凡左所戍伍之职当挽漕者,建天妃宫崇祀之,自洪武时,其来旧矣"(黄克谦:《重建杭州右卫左所天妃宫记》)。在清江浦,灵慈宫由明初负责漕运的平江伯陈瑄所建。有趣的是,陈氏先曾"董海运",并信奉妈祖(杨士奇:《灵慈宫碑》,收于《明经世文编》卷十六)。
③ 无名氏:《复县天后宫碑记》。

加封"安澜利运"之号。①

总之，由南宋至清，在妈祖信仰传播的过程中，妈祖作为"公务之神"的形象一直在发展。在南宋妈祖基本上还只是一位执行地方性国家职能的"公务之神"，而到了元、明、清，则演变为执行全国性国家职能的"公务之神"了。然而，既然"公务之神"执行的是国家公务，自然与民间关系不大。②因此之故，由国家兴建、致祭的那些的妈祖庙，不论在某一时期如何恢宏显赫，却都未与当地民众的精神生活发生密切联系。这些"官庙"的兴衰，也主要是取决于国家对有关事务的态度。一旦国家态度发生变化，它们就有可能走向没落。元代兴建的许多"官庙"在明代的命运，即是如此。真正具有长远生命力的，倒是民间自建的"私庙"。而在福建以外的地区，"私庙"的兴建者主要是从事海上贸易的商人。因此，在探讨妈祖如何从"乡土之神"转化为"公务之神"的同时，也有必要探讨一下妈祖是如何从"福建海商之神"演变为"全国海商之神"的。

三、从"福建海商之神"到"全国海商之神"

如前所言，妈祖信仰产生之后，逐渐成为福建地方文化的主要组成部分之一。在这种地方文化的熏陶中长大的福建商人，当他们

---

① 无名氏：《天上圣母源流因果》第四十九章"佑漕船利运天津"条。
② 典型的例子如嘉庆时，曾官莆田知县的广东广宁人张均路过淮阴清江浦，发现该地"奉敕建立，于今已多年"的天后宫中的道士，竟然对"天后出生及家乡事迹"一无所知。因此张氏感叹之余，"于神前焚香，许愿归去刷印志书一百部，寄奉庙中，嘱道士分送往来士大夫披览，俾得知神灵普济，且广见闻也"。《天上圣母源流因果》附录二载《莆田知县张均显应记二则》。

去到外地时，不可避免地将这种信仰随身带去。不仅如此，由于自宋代以来海上贸易一直是福建人民社会生活的一个重要内容，因此妈祖形象自一开始就包含着海商保护神的内容。这一特征，更使得妈祖信仰在福建海商心目中坚不可移。

福建商舶供奉妈祖，在中国史料中记载不多。这大概一是因为当时之人习以为常、见惯不怪，毋庸记述；二则是因为其时文人学士"下海"经营海上贸易者不多，所以他们对妈祖信仰的记载，大多集中于庙宇活动（特别是那些有朝廷封典的庙宇）。但是从明清时期日本、朝鲜、琉球乃至葡萄牙、西班牙等国的记载来看，恐怕闽舶无有不供奉妈祖者。[1]其中最有代表性者，是嘉庆三年（1798）商舶"金宝发"号所反映出来的情况。该船由海澄县船户陈嘉瑞等驾驶出海贸易，路上遇到风暴，漂至朝鲜。据朝鲜方面记载，其船之上，"设窗棂，以金涂之，施锦帐，帐幅金书'天后圣丹'字，中供金佛三躯"。[2]此处所记之"金佛"三尊，即天后和其他配祀神祇。[3]该船所载，不过是粮食、纸张等货物，而船户供奉天后等竟如此之豪华铺张，可见其信仰之虔。由此推断，福建贾舶携带妈祖神像之俗，应当是由来已久。既然闽商对妈祖如此尊崇，莫能离之须臾，因此他们到一个新的地方后，倘若停留较久，或是经常往返，自然也就要在当地建立妈祖庙，以便祭祀。宁波就是一个典型的例子。

---

[1] 参阅《妈祖文献资料》附录；郭松义：《清代国内海运》，《清史丛论》，1985；徐恭生、翁国珍：《海上贸易与妈祖信仰的传播》，《海内外学人论妈祖》，1992。
[2] 《李朝实录》正宗卷四八，二十二年正月庚辰。
[3] 将天后与关帝、观音、佛祖、玄天上帝、保生大帝等神祇合祀，本是清代漳、泉习俗。陈衍德：《闽南粤东妈祖信仰与经济文化的互动：历史和现状的考察》，《中国社会经济研究》第2期，1996。

"乡土之神""公务之神"与"海商之神" 215

宁波作为中国沿海各重要经济区之间的海上交通枢纽，其与福建之间的贸易，很早就已颇为发达。从史料来看，早期从事这种贸易的，主要是福建海商。至迟至南宋初年，闽商较长时间留住宁波（明州），殆已不少见。其中之著者，且成为宁波商界的头面人物。例如在建炎元年（1127）至绍兴八年（1134）间，充任明州市舶纲首的就是泉州商人蔡景芳。他曾因招徕外商有功而被政府授官承信郎。[1] 元、明两代，闽商至宁波贸易者也不绝于途。在往来宁波的闽商中，且有人就地落籍，成为本地居民。[2] 因此，在宋、元、明时期，闽商之暂住或定居于宁波者，已形成一个有一定规模的移民社团。为满足这个社团的精神需要，建立妈祖庙殆为不可避免之举。正是在此背景之下，才有绍熙二年（1191）闽商沈法询在宁波建立妈祖庙之举。这是第一座有确切记载的闽商在福建以外地区兴建的妈祖庙，但是如前所述，此地的妈祖信奉者，恐怕仅限于在宁波的闽籍人士，而未扩大到当地居民。这座庙在元代皇庆元年（1312）扩建，主持者为海运千户范忠和漕户倪天泽等，[3] 而且成为朝廷致祭的十多座妈祖庙之一。[4] 成为官庙后，与闽商关系肯定也变得疏远了。因此至元十六年（1279），闽商在定海县（镇海）

---

[1] 《宋会要辑稿》职官四四之九。
[2] 在1933—1935年间对鄞县族谱的调查（见民国《鄞县志通》"舆地志"癸编"氏族"）中，仍可发现宋、元、明各朝闽人落籍者的踪迹。例如家谱记载其先于宋代自闽迁来者，有六区孚惠乡薛氏（原籍福建）、六区九龙乡张氏（南汀）；元代迁来者有一区菱池镇汤氏（福建）；明代迁来者有六区惠济镇陈氏（莆田）、二区永丰镇刘氏（自定海迁来，其先福建）、二区利通镇林氏（自本县清道乡迁来，其先莆田）、七区环溪镇练氏（武平）。他们大多是商人的后裔，故其职业多为从事商、工、学等事业，经济状况亦较该县一般水平为佳。当然，这些调查所记录的情况肯定很不完全，事实的福建移民数量应当更多。
[3] 前引程端学文。
[4] 见《天妃显圣录》"历朝褒封致祭诏诰"所收《壬申祭庆元庙文》。

城关的甬江口又建造了一座天妃庙。①尔后在整个明代,都不见有关于宁波妈祖庙修建的记载。由此可推知在元、明两代的宁波,妈祖信仰仍然只局限于福建商人社团之中,并未被当地其他商人所接受。

这种情况也见于其他地方。例如从前引明代扬州妈祖庙的例子来看,闽商带来的妈祖信仰,并没有扩及当地民众。当然相反的例子也有,例如在佛山,原有的天妃庙可能是闽商创建。但到了崇祯元年(1628),本地铁商集资扩建,以后在清代又数次重修、另建,乡火一直很盛。②不过就福建以北的沿海地区而言,大体上说,前一种情况更为普遍。因此,在元、明时期,除闽广而外,妈祖信仰仍主要限于闽商之中。换言之,在中国沿海大多数地区的民间,妈祖依然主要是"福建海商之神"。

到了清代,情况发生了明显变化。福建以外的海商信奉妈祖日益普遍。商舶上设立妈祖神龛变成了各地商船的共同习俗,③而各地商人建立的妈祖庙也越来越多。更重要的是,许多妈祖庙逐渐摆脱了商人同乡会馆的性质,成为不同籍贯商人共同议事活动的场所。

民间妈祖庙本来具有商人同乡会馆的功能,余正健《三山会馆记略》、曾爱仁《创修建汀会馆始末记》说得很清楚:"会乡井于他乡,揖让相将,其可无行礼之地乎?""春秋祀天后,借祭余以

---

① 民国《鄞县通志》"舆地志"。
② 李待问:《栅下天妃庙记》,《佛山忠义乡志》祠祀。
③ 例如,乾隆至同治时期因风漂流到琉球的中国商舶,舶中设有祭祀妈祖神龛的共25艘,其中福建船为11艘,潮汕船为6艘,江苏船为7艘(来自南通、元和、吴县、镇洋、昆山、长洲),而山东船为1艘(来自黄县)(前引徐恭生、翁国珍文)。

联乡情"。同籍商人客居外地,妈祖信仰是他们共同的地方文化的象征,联系彼此的精神纽带。但是同时妈祖庙也为他们的相互照应和业务合作提供了场所。所以康熙、乾隆两朝闽商在乍浦兴建的三山会馆、莆阳会馆、闽汀会馆,又都被称为天后宫。[1]福建商人、三江(江苏、浙江、江西)商人和山东商人在辽宁盖平兴建的天后宫,也被分别叫作福建会馆天后宫、三江会馆天后宫和山东会馆天后宫。[2]而嘉庆时宁波商人在上海兴建的浙宁会馆,最初也叫天后宫。[3]但是到了清代中期,随着会馆的大量建立,妈祖庙的这种功能也逐渐被会馆所取代。固然许多商人会馆中都设有祭祀妈祖的场所,但是那种与会馆无关、由异籍商人合建的妈祖庙也越来越多。这种妈祖庙,显然成了不同籍贯的商人共同活动的场所。

异籍商人合建妈祖庙,不始于清代。例如海口的妈祖庙,相传是洪武时苏、福、广、潮、琼五府商人同建。[4]不过直到清代,这类记载才多了起来。其中既有闽籍与非闽籍商人合建者,也有完全由非闽籍商人合建者。前一情况例如锦州天后宫,是乾隆时江浙、福建茶商合建的;[5]海口天后宫在咸丰十一年(1861)的重建,是"建、广、潮、高、琼五行商民相与捐建"。[6]后一情况例如乾隆时创建的盖平妈祖庙,出资者为三江(江苏、浙江、江西)商人,碑文也祈求"天后神灵,……福我三江,佑我商民"。[7]蓬莱妈祖庙

---

[1] 光绪《平湖县志》卷九《祠祀》。
[2] 民国《盖平县志》卷二一。
[3] 《上海县续志》卷三《建置下》"会馆公所"。
[4] 李向桐:《重建海口天后宫记》。
[5] 无名氏:《安澜□神天》。
[6] 前引李向桐文。
[7] 沈时:《重修三江会馆碑记》。

在道光时的大规模修建，是本地人士倡议、集资。①尔后该庙在光绪时重建，则由海、辽、沈、盖及各省行商出资。②在上海，不仅各地商人会馆都供奉妈祖，而且跨地域的商船会馆也"崇祀天上圣母，历有年矣"。③不过，最具典型性的应是宁波。

宁波位于中国海岸线的中点，向来是南北海商汇集之地。到了道光朝，在宁波的商业船帮总数不下六七十个。其中实力较大者，有福建帮15家，宁波北号9家，宁波南号10余家，加上山东帮数家，共计30余家，最盛时共有大小海船约400艘。④以这些船帮为核心，形成了许多大大小小的移民集团。"鄞之商贾，聚于甬江。嘉、道以来，云集辐辏，闽人最多，粤人、吴人次之"。⑤其中仅是福建商人、水手，据段光清所述，在咸丰四年，"因洋面盗多，闽船之载货南下者数百号，亦不敢出口，故此际闽人之在宁者尤多"，总数达数千人⑥。平时正常侨居宁波的闽人人数肯定也不在少数，而且还有一些闽商已落籍此地。⑦在此背景之下，宁波天后宫的修建也呈现出新的特点。

雍正十二年（1774），在宁波的各商帮共同集资重建了宁波南门外的天后宫，祭祀者除福建商人外，尚有浙江南部各地商人。道

---

① 英文:《重修天后宫记》。
② 铭三:《重修天后宫记》。
③ 王宗寿:《重修商船会馆碑记》；吴泰钊:《商船会馆各号商捐助祭器碑》。
④ 郑绍昌主编《宁波港史》，人民交通出版社，1989，第113页。
⑤ 光绪《鄞县志》卷二。
⑥ 段光清:《镜湖自撰年谱》，中华书局，1960，第98页。
⑦ 例如，据1933—1935年间对鄞县族谱的调查（见民国《鄞县志通》"舆地志"癸编"氏族"），家谱记载其先于清代自闽迁来者，有一区家风镇李氏（康熙，海澄）、一区天一镇余氏（乾隆，莆田）、二区县东镇何氏（福建）、一区书院镇廖氏（福建）等。他们大多是商人的后裔（廖氏、李氏族谱明确记载如此）。

"乡土之神""公务之神"与"海商之神"

光时宁波北号、南号和福建商帮又分别建造了新的天后宫。与此同时，宁属慈溪、镇海、鄞县的九个势力强大的北号商帮建立了庆安会馆，南北号商帮合建南北海商公所。而闽商会馆、岭南会馆、新安会馆、梁山会馆（山东人会馆）等各地商人同乡组织，也于其后纷纷建立。各地商帮之间矛盾很大，咸丰初年曾发生闽人与粤人之间的大械斗，连宁波地方当局也无力弹压。南、北两号商帮都仇恨粤人，但二者之间也彼此不信任。在这些冲突中，各会馆都自然尽力维护本帮商人利益。①但是尽管如此，大家仍然都供奉天后，可见此时的天后宫已摆脱了原有的同乡会馆的色彩。尤为值得注意的是，尽管此时福建商人在宁波的人数众多，宁波本地商人的力量明显更强大。例如，宁波北号商人所建的新水仙庙规模宏大，"社伙"据说多达1400户。②因此，福建商人在妈祖庙的修建方面已不再起主导作用。清人董沛的《甬东天后宫碑铭》就清楚地说出了这一点："吾郡旧有天后庙在东门之外，肇建于宋，今有司行礼之所。分祠在江东者三，一为闽人所建，一为南洋商舶所建，基址皆狭。唯此宫为北洋商舶所建，规模宏敞，视东门旧庙有过之。"其原因，董氏亦已指明："吾郡回图之利以北洋商舶为最巨。其往也，转浙西之粟达之津门；其来也，运辽、燕、齐、鲁之产贸之甬东。航天万里，上下交资，……唯天后之神是赖"。据统计，当时往来宁波的商船，航行于宁波至山东、辽东航线上者约670艘，而在宁波至闽、广、海南航线上者约585艘，从事内河航运者约4000艘。③由于闽商

① 段光清：《镜湖自撰年谱》，中华书局，1960，第97—98、101页。
② 波斯义信：《宋代江南经济史的研究》，东京大学东洋文化研究所，1988，第506页。
③ 姚贤镐主编《中国近代对外贸易史资料》第1册，中华书局，1962，第90页。

在宁波海上商业中的地位已不及宁波本地商人，因此本地商人在天妃宫的修建中发挥更大的作用，是很自然的。由此也可见，在此时的宁波，天后早已不再是一个主要为闽商供奉的地方性神祇，而成为在宁波地区的各地商人共同敬奉的神祇了。

这种妈祖庙，不仅有异于过去那种同籍商人建立的具有会馆功能的妈祖庙，也不同于那些由国家建立或受到朝廷封祭、并为国家服务的妈祖庙。"私庙"和"官庙"的差异日益凸现，以至出现二者并存的现象。例如宁波东门外的旧天后宫，一直是"有司行礼之所"，所以商人另建自己的天后宫。在杭州，浙江巡抚李卫于雍正九年将利玛窦所建立的天主堂改为天后宫，"疆吏率文武官朔望奉香帛，春秋陈俎豆，礼至重也"。此宫因为官建，所以只有当地有身份的人士才能使用，以至成为士大夫的词咏之所。该地还有一所普通的天后宫，不如官建者宏伟，但为商民所祀。有趣的是，祭祀者主要是过去从事漕运者之后人。[1]这些，都显示出民间妈祖庙与官方的妈祖庙，二者在功能上的差别已经很明显。

正是由于其脱离了会馆性质和官方色彩，在海商势力强大的地方，妈祖信仰得以逐渐深入当地民间，从而祭祀妈祖也得以变成地方民俗。典型的例子可见于乍浦、上海、天津乃至庄河等海上贸易发达之地。例如，在清代中期，乍浦镇总税户不过一千五六百户，[2]但据阮元所记，该地" 海而 者数千家，皆崇祀天后以昭诚感"，[3]可见妈祖信仰几乎成了全民信仰。在清代中期的上海，阴

---

[1] 梁书同：《秋鸿馆记》；丁申：《重修天后宫碑记》。
[2] 光绪《平湖县志》卷七《食货》。
[3] 阮元：《重修神圣宫碑记》。

历三月二十三日妈祖诞辰,已成为全民性的民间节日。"市人礼敬倍至,灯彩辉煌,笙歌喧聒,虽远乡僻壤,咸结队往观"。[1]而在天津,情况更胜。不仅妈祖诞辰成为远近数百里善男信女咸集的盛大庙会,而且妈祖也成了类似福建民间的慈母式的神灵,妈祖庙因而也被当地人民称为"娘娘宫",当地人民"携男挈女求圣母,焚楮那惜典钗环,愿赐平安保童竖",农村居民也如此:"三月村庄农事忙,忙中一事更难忘。携儿谐伴舟车载,好向娘娘庙进香"。[2]在辽宁辽东半岛东侧的庄河县,清代也有三座娘娘庙,"香火极盛"。到妈祖诞辰的娘娘庙会,更是"四方来游观者击肩摩,夜以继日,亦盛会也"。[3]当然,在这些地方,妈祖的民间形象可能已经大大走了样,不仅与在福建的妈祖形象颇为有差异,而且与大多数海商供奉的妈祖形象也不相同。不过若是说这表现了妈祖信仰已变成这些地方民间文化的一个组成部分,应当是没有问题的。

此外,妈祖在清代中期变成"全国海商之神",这在福建本土也有反映。例如,莆田本是妈祖信仰的起源地,早在南宋,就已是"妃庙遍于莆,凡大墟市小聚落,皆有之"。[4]该地妈祖庙众多,几乎每村有庙,每街有祠,其中圣墩庙、白湖庙、枫亭庙、平海庙、贤良祠祖庙等,更在全国妈祖庙中享有显赫的地位。按理说,在这里祭祀妈祖,应是非常方便的。在江南阊(苏州)、金(江宁)经商的莆田商人,原先是到现有的妈祖庙中兴办"香灯会"以祭

---

[1] 王韬:《瀛儒杂志》。
[2] 张涛:《津门杂记》"天后宫"所收王徽《娘娘庙诗》及沈存圃《娘娘庙诗》。
[3] 民国《庄河县志》卷十三《礼俗志》。
[4] 刘克庄:《风亭新建妃庙》。

妈祖，①但后来在苏、松、嘉、金（江宁）四府经商的莆田商人38家，却又按"每担货物抽出香金"，集资兴建了新的妈祖庙。②为什么他们要另建新庙呢？一个合理的解释是：他们认为当地原有的妈祖庙中的妈祖形象，所包容的内容太多，不能显现他们所需的"全国海商之神"的形象。换言之，在莆田家乡，尽管他们和其他居民都是妈祖的信仰者，但是由于他们是在江南经商，具有"全国性商人"的身份，所以他们需要一个标志来表现他们这种新的认同。③

最后，我们再谈一谈几个与妈祖形象演变有关的问题。

福建的地方文化，与在中国文化中一向占有主导地位的中原文化有相当大的差别，以前被轻视为"蛮夷"文化，因此福建的地方神祇在全国性的信仰中难有一席之地。但妈祖却一反此常情，从一个地方神灵逐渐变成一个获得官方和民间双方礼敬的全国性神灵。其主要原因应当是：妈祖本是一个"千面"神祇，并且能够随着时间、地点和条件的改变而不断改换自己的形象，以满足各种不同人群的精神需要。而恰在这个时期，中国沿海地区社会、经济、政治的发展又创造出了对新的、具有不同神力的神灵的需要。

在从妈祖之由福建的"乡土之神"向全国性的"公务之神"演变的过程中，我们可以清楚地看到妈祖作为"公务之神"的形象，是由国家塑造的。自北宋以来，由于东南沿海地区的发展和海上交

---

① 黄维乔：《兴安会馆香灯会碑记》。
② 佚名：《天后宫水南会馆碑记》。
③ 例如，我们不知道这些商人的家属，到底是到原有的妈祖庙还是新建的妈祖庙去祭祀妈祖。但是从新建妈祖庙与会馆合在一起的这一事实来看，很可能家属仍然是到原有的妈祖庙去祭祀，而商人则可能是在与商业业务有关的场合去新庙，而在其他场合去旧庙。

通的发达，国家的海上公务活动越来越多，也越来越重要。作为这一变化在人们精神生活中的反映，需要有一个神灵专司此事。但是"在宋以前，四海之神，各封以王爵，然所祀者海也，而未有专神"。[1]所以国家不能不在现有的神祇中挑选一位，以充此"专神"之职。护航本是作为"乡土之神"的妈祖形象的一个重要侧面，而中原传统文化中旧有水神在此方面又颇有缺陷[2]。因此国家就极力突出妈祖的航海保护神的一面，使之为国家公务服务。当然，这与福建在全国的地位的变化也有密切关系。宋廷南渡之后，福建在宋朝统治区内的政治、经济地位大大上升，加上南宋政府在军事、贸易等方面对福建的强大海上力量的倚重，朝廷对福建地方神祇表现出特别的尊重，也是顺理成章的。妈祖作为"公务之神"的形象一旦被确定，后来也就沿袭下来，并且随着国家海上公务活动的增加而得到加强。尽管在明代朝廷和士大夫阶层对妈祖信仰的态度有所改变，但是只要有国家海上公务活动，国家仍然不得不祭祀妈祖。因此，妈祖作为"公务之神"的形象，明显是出于国家执行公务之所需。

从妈祖之由"福建海商之神"向"全国海商之神"的过程中，我们也可以看到：妈祖作为"全国海商之神"的形象，并不是与生俱来，而是后天获得的。妈祖信仰作为一种福建地方文化的组成部分，要传播到福建以外具有不同文化传统的地区，并在新的地区植根、繁茂，并不是一件简单的事。诚然，在许多情况下，确是福建海商将这一信仰带到了沿海各地，但是福建海商将此信仰带到新的

---

[1] 丘浚：《重修京都天妃宫碑记》。
[2] 谢重光：《妈祖与我国古代河神、海神的比较研究》，收于《海内外学人论妈祖》，1992。

地方，却并不能保证它能够扩展到福建海商群体之外，更不能保证它会"力克群神"，变成这些地方许多籍贯不同的商人群体共同敬奉的最高一级神祇。况且从史料中可以看到，在若干地方，对妈祖信仰的传播起了关键作用的，并非福建海商；而在另一些地方，福建海商所带去的妈祖信仰，经历若干时日之后就消失了。① 由于妈祖信仰所体现的福建地方文化，其赖以形成和存在的许多条件，在新的地方并不具备，因此在与新地方的固有文化相互撞击和融合的过程中，这种文化也不得不发生若干变化，舍弃一些旧特征，吸收一些新特征，从而形成一种与原有文化有别的新文化。只有这样，妈祖信仰才能够突破地方的局限，逐渐变成一个更大范围内的普遍信仰。福建海商带到外地的妈祖形象，正是经历了这么一个变化，使其"海商之神"的一面得到大力凸显，从而也才有可能变成全国海商都能接受的神灵。至于其从"福建海商之神"演变为"全国海商之神"的社会经济背景，我们认为主要原因是沿海贸易的发展。这一发展在清代达到高峰，让中国沿海各地被纳入一个联系紧密的海上贸易网中，使得原先往来不多的各地商人形成了一个关系密切

---

① 除了上述宁波、扬州等地例子外，类似例子还可见于他处。例如渤海中庙岛有一座妈祖庙，相传是宋代福建海商所建（林祖良编《妈祖》照片集第76页，转引自徐晓望《福建民间信仰源流》，第432页），但后来在几百年中却寂无所闻了。此外，从移民史也可以看到，自明初以来，福建人民移居四川后，在与当地文化相融合的过程中，很快就丧失了其包括妈祖信仰在内的主要文化特征。而移居到温州、舟山、海南的福建移民团体，虽然至今还保持着自己的语言和许多风俗，但是像妈祖信仰这样更高层的文化特征，却已逐渐淡化。因此，妈祖信仰在中国沿海地区的传播和生根，并不能简单地解释为福建地方文化随着该地区人民（包括商人）的迁移而移植他地。

的社会群体。①这个群体日益强大,需要一种文化上的认同方式。正是因为这种需要,突出了"海商之神"性格的妈祖形象,才能成功地为这个群体提供了一种大家都可接受认同的方式。

总而言之,妈祖形象自产生后起就一直处于不断变化之中。从某种意义上来说,这个变化正是妈祖信仰富于生命力的表现。同时我们也要指出:在这个不断变化的过程中,各种不同的妈祖形象往往同时并存,不仅在全国如此,而且在某些地方也如此,而尤以在福建最为显著。因此之故,在清代的福建,我们既可以看到男女老幼都虔诚信奉的那个具有"母亲之神"形象的妈祖,也可以看到朝廷隆重祭祀的那个具有"水师之神"形象的妈祖,还可以看到在外经商的商人特别尊崇的那个具有"航海之神"形象的妈祖。妈祖的这些不同形象,表现了不同的内容,应当加以认真区分,否则必然会导致研究中的混乱。

附记:本文在写作中,多蒙福建省社会科学院历史研究所所长徐晓望先生惠赠《妈祖文献资料》与《海内外学人论妈祖》两部重要参考书,谨此致感。

---

① 关于清代中国沿海贸易的发展情况,可参阅吴承明《论清代前期我国国内市场》,原载于《近代史研究》第1期,1983;郭松义:《清代国内海运》,载于《清史论丛》,1985;松浦章:《清代江南船商与沿海航运》,载于《关西大学文学论集》第34卷第3、4号合并号,1985;《清代にえける沿岸贸易について——帆船と商品流通》,1986;邓亦兵:《清代前期沿海海运输业的兴盛》,载于《中国社会经济史研究》第3期,1996;等等。

小问题，大历史：
全球史视野中的"永历西狩"

南明永历帝朱由榔（1623—1662）是明神宗朱翊钧之孙，桂王朱常瀛之子，崇祯年间受封为永明王，1646年受明朝大臣丁楚魁、吕大器、陈子壮等人拥戴为监国，接着称帝于广东肇庆，年号永历。他在位15年，辗转于广东、广西、贵州、云南各地，最后逃入缅甸，为吴三桂索回，绞杀于昆明。在中国古代，皇帝流亡被称为"巡狩"，因此永历帝及其小朝廷向西流亡，也就是"永历西狩"了。

在中国历史上，皇帝"巡狩"之事屡见不鲜。[①]不过像永历帝这样，从广东一路"西狩"到了外国的事件，在中国历史上却是绝无仅有的。这个空前绝后的历史事件，很值得我们注意。

---

① 有些"巡狩"是皇帝为避外敌而流亡，例如唐玄宗为避安禄山、史思明而"西狩"四川，南宋恭帝为避蒙古人而"南狩"岭南，清德宗（光绪帝）为避八国联军而"西狩"陕西。有些则是中国皇帝作为阶下囚而被押解到少数民族政权地区去的，例如宋徽宗、宋钦宗父子被金朝俘获，发配到东北五国城，宋恭帝被元朝俘获到北京，明英宗被瓦剌俘虏到漠北。

一、"西狩"：永历朝廷的唯一选择吗？

因为无法抵御清军，永历朝廷只能不断播迁。但是除了"西狩"之外，永历朝廷还有其他的选项。

首先，永历朝廷可以东迁，投靠控制台海地区的郑氏集团。

经郑芝龙、郑成功父子的经营，到了永历时期，郑氏集团成为一支强大的武装力量，在明亡之后成为东亚世界唯一能够对清朝构成重大威胁的力量。1658年（清顺治十五年，南明永历十二年），郑成功率17万大军与浙东张煌言部会师，大举北伐。大军进入长江之前，于洋山海域遭遇飓风，损失惨重，只得退回厦门。次年郑成功再次率大军北伐，会同张煌言部队顺利进入长江，势如破竹，包围南京，一时江南震动。后因郑成功轻敌，遭到清军突袭，大败后撤，试图攻取崇明作为再次进入长江的阵地，但久攻不克，只好全军退回厦门。随后收复台湾，作为抗清的根据地。郑氏集团在明亡后能够抗衡清朝达二三十年之久，可见其实力。

郑成功及其子孙始终支持永历朝廷。1649年（清顺治六年，南明永历三年），郑成功宣布奉永历年号为正朔，永历帝随即册封郑成功为延平郡王，其子孙也一直保持着这个头衔，郑氏集团在控制地区铸造和使用"永历通宝"，表示对永历朝廷的承认。

对于永历朝廷来说，东迁台海不仅路途近，而且比较安全。永历初期，广东在李成栋的控制之下。李成栋本是李自成部下，降清之后，官至广东提督。他后来反清，归顺永历帝政权，在肇庆修治宫殿，重建官署，修复城防，填充仪卫，使得"朝廷始有章纪"。1648

年11月，永历帝驾临肇庆，托庇于李成栋的武力保护。如果李成栋无法抵御清军，那么由广东东渡到台湾也是很方便的。1651年（南明永历五年，清顺治八年），清军大举南下，形势紧急。永历帝召群臣商议，即有人主张到李成栋义子李元胤那里去，李元胤也上书奏请出海。此外也有人主张渡海依靠郑成功，或者主张进入安南避难。

因此，对于永历朝廷来说，流亡到台海，投靠郑氏集团，在郑氏集团的武力庇护之下生存，应当说是一个合理的选择。

其次，永历朝廷也可以南迁，从广西流亡到安南或者暹罗。

安南和明朝的关系颇为复杂，但是总体而言，还是好的时候居多。永历朝廷建立后，安南使臣阮仁政前来广西，拜见新即位的永历帝。永历帝遣翰林潘琦与安南使臣同行，前往安南册封后黎朝的太上皇为安南国王。永历元年（1647）五月潘琦至镇南关，后黎朝派礼部尚书阮宜、户部侍郎阮寿春等接至升龙（今河内），行颁封礼。永历四年（1650）十一月，清兵攻陷广州，永历帝自肇庆逃至南宁。永历五年（1651）二月，永历帝从南宁遣使敕谕后黎朝，令其资矢、象、粮、铳，以助恢剿。该年十月，永历使臣再至册封后黎实权派郑氏清王为安南副国王。到了年末，清兵逼近南宁，就有大臣议去安南。随着清朝控制中国大局已定，安南各政权态度逐步转变。安南高平一带的莫氏政权仍与南明保持密切关系。永历十二年南明光泽王朱俨铁、总兵杨祥等逃入高平地界，与莫氏盟誓共同抗清。同时南明德阳王朱至睿与太监黄应麟等也居于高平，并与莫氏盟誓共同抗清。① 永历十三年（1659），清兵逼近昆明，孙可望派

---

① 牛军凯：《南明与安南关系初探》，《南洋问题研究》第2期，2001。

小问题，大历史：全球史视野中的"永历西狩" 229

人把永历朝廷迁移到云南广南府。但因清兵逼近广南府，路不靖，遂断此议。永历帝出逃后，李定国南退撤至中、老、安南边境，后盘桓于安南境界。如果永历朝廷要去安南，可以依仗南掌（今老挝）李定国的帮助。由此可见，安南确实是选项之一。

暹罗与明朝关系一直很友好。据中国史籍记载，从明太祖洪武三年（1370）到明熹宗天启三年（1623）的253年间，暹罗遣使来华访问达105次之多，居亚洲国家的首位。①明朝遣使访问暹罗也达19次之多。直到明朝灭亡的前一年（即1643年，崇祯十六年），暹罗还遣使入贡。②永历十三年（1659）初，云南失陷，永历帝出逃。永历十五年（1661）五月，暹罗派使者六十多人来联络永历朝廷的主要支持者李定国，请他移军景线③暂时休整，然后暹罗提供象、马，帮助他对抗清军，收复云南。使者除带来丰厚礼物外，还取出明神宗时所给敕书、勘合，表示对明朝眷恋之情，并且告知李定国："前者八十二人驾随，流落在我国，王子厚待，每人每日米二升，银三钱"。④李定国对暹罗非常感激，盛情款待来使，派兵部主事张心和等十余人同往暹罗联络。因此，在此之前永历朝廷如果想要流亡暹罗，也不是没有可能。

因此，永历朝廷的流亡的方向，有向东、向南和向西的诸多选项。在这些选项中，西迁实际上是最差的一个。

西迁的第一步是到云南，再进一步到缅甸。那么，明代云南与

---

① 黄国安：《明代中国与泰国的友好关系》，《东南亚纵横》第3期，1996。
② 《明史》卷二四《庄烈帝二》。本文所引《明史》以及其他《二十五史》，皆系上海古籍出版社与上海书店1986年刊印影印武英殿本之《二十五史》。
③ 亦作锦线，现在泰国境内昌盛附近，与缅甸、老挝接壤。
④ 刘茝：《狩缅纪事》，浙江古籍出版社，1986，第10—11页。

缅甸的情况如何？对于永历朝廷来说，流亡云南与缅甸，是否比流亡到台海、安南、暹罗更安全、更保险呢？

明代云南是一个少数民族为主的地区。即使到了明代后期，少数民族依然是云南人口的主体。嘉靖时人桂粤、陈全之和万历时人王士性都说云南"城郭人民，夷居十七。时恬则蜂屯蚁聚，有事则兽骇禽奔。盖人自为险。势难统一者也"；"大抵云南一省，夷居十之六七，百蛮杂处，土酋割据"。[①]直到明末清初，顾炎武、孙承泽仍然说云南人口中"汉人三之，夷人七之"。[②]这些汉人主要是卫所军人及其家属，即如王士性所言："诸省惟云南诸夷杂聚之地，布列州府，其为中华人，惟各卫所戍夫耳。"[③]

占云南人口大多数的各少数民族，他们和明朝政府的关系很复杂。明朝在云南的统治主要依靠人数有限的卫所军人。到了明代中后期，卫所制度已经衰败甚至名存实亡，因此明朝在云南的统治基础十分薄弱。南明隆武元年（1645）十二月，蒙自土司沙定洲掀起叛乱，夺取了云南首府昆明，世守云南的黔国公沐天波逃往楚雄。至来年二月，除楚雄以西外的整个云南都归附了沙定洲。永历元年（1647）正月，沙定洲集中了庞大兵力，将楚雄城层层包围，围困80余天，城中弹尽粮绝，几乎失陷。永历二年（1648）四月初，李定国率兵进攻沙定洲，到了八月，沙定洲之乱才平息。

---

① 桂粤：《云南图序》，收于陈子龙等编《明经世文编》卷一八三，中华书局，1962，影印本；陈全之：《蓬窗日录》卷一《环宇·云南》，上海书店，1985；王士性：《广志绎》，中华书局，1981，第127页。
② 顾炎武：《云南备录》，《天下郡国利病书》，《四部丛刊》本；孙承泽：《春明梦余录》卷四三《兵部二》"舆图考"，第857页。
③ 王士性：《广志绎》，第129页。

小问题，大历史：全球史视野中的"永历西狩"　　231

平定沙定洲之乱靠的是李定国率领的大西军余部。不仅如此,永历朝廷西迁到贵州后所依靠的武力也是大西军余部。大西军本是明朝不共戴天的敌人,对永历帝来说也有深仇大恨。崇祯十六年(1643),张献忠率部攻陷衡阳,桂王朱常瀛携子安仁王朱由㮖、永明王朱由榔仓皇逃出。第二年桂王死于梧州,朱由㮖继位桂王,不久朱由㮖突然死去,只剩下朱由榔,承继桂王之位。因此,可谓是既有国仇,又有家仇。

因此,对于风雨飘摇的永历朝廷来说,投靠有血海深仇的大西军余部,无疑是一个非常危险的选择。大西军余部首领孙可望对永历朝廷的态度也充分表明了这一点。1652年(南明永历六年,清顺治九年),孙可望把永历帝安置到贵州安隆所。永历帝为摆脱控制,和吴贞毓等18位朝臣密谋,企图剪除孙可望等人的势力。密谋被发现,孙可望杀害了这些大臣。孙可望自己住在贵阳,设立了内阁六部,建立太庙和社稷,制订朝仪,为将来篡位做准备。

在此情况下,永历朝廷流亡到云南,在宿敌的卵翼下苟且偷安,要比流亡到台海地区,在郑成功的庇护下继续存在,所冒的风险要大得多。

云南毗邻缅甸,如果永历朝廷最后走投无路,可以继续向西,流亡到缅甸。但在中南半岛的三个强国(安南、暹罗和缅甸)中,缅甸与明朝的关系最不好。在明代中后期(嘉靖到万历年间),缅甸不断对明朝发动战争,前后持续了半个世纪。这场战争规模、强度都很大,万历二十一年(1593)、三十四年(1606)缅甸两次大规模入侵,出动的部队每次都达30万人(或者号称30万人)。从兵力投入来说,堪与差不多同时席卷整个欧洲的"三十年战争"中作战一方的兵力总投入相媲美。因此可以说，在明朝的南方邻国中，缅甸是和明朝关系最不好的国家。

那么，为什么永历朝廷还要向西流亡呢？

二、云南：为什么成为南明政权最后指望的"复兴基地"？

永历政权迁移到何处，并非永历帝及其小朝廷自身所能够决定的。永历朝廷本是依靠以瞿式耜为首的华南明朝残余势力拥立的，而瞿式耜是反对永历朝廷西迁的。1649年（南明永历三年，清顺治六年），清军攻占湖南，瞿式耜被杀，永历帝先逃到梧州，又逃南宁。这时可以依靠的只有大西军余部了。此时的大西军余部由孙可望、李定国、刘文秀、艾能奇四大将率领，从四川撤退到云贵。四大将又以孙可望为首。1647年（南明永历元年，清顺治四年）二月，孙可望、李定国、刘文秀等在贵阳附近的定番开会，商讨大西军今后的出路和策略。孙可望主张继续与明朝作对，撤到广东南岭一带，建立地盘。如果大事不好，则向南流亡海外。李定国力主联明抗清，西进云南，建立根据地，恢复明朝江山。双方发生激烈争议，以致李定国拔剑欲自刎。众将夺下剑，撕破战旗为其裹伤，并一致表示接受李定国的意见。孙可望见状，只得收回己见。但是1651年（南明永历五年，清顺治八年）初，永历帝派使臣前往贵州封孙可望为冀王，但孙表示不接受。李定国等劝孙可望与永历朝廷谈判，孙表面答应，暗地却派出精兵赴南宁，杀死永历朝廷的五大臣，逼迫永历帝改封他为地位更高的秦王。年底南宁陷落，次年正月，孙可望派人将永历帝接到贵州偏僻山区的安隆千户所，改名安龙府。永历帝允许孙可望对今后的大小战事都可以先斩后奏。同时，永历朝廷中的权臣马吉翔也不希望去投靠郑氏集团。这样，永历朝廷决定与大西军余部联合。

孙可望有野心，意图以贵州和云南为基地，自立为帝。因此他对永历朝廷苛刻，蓄意改称"安龙"为"安笼"，[1]意思是永历朝廷只不过是"笼"中之"鸟"。真正拥戴永历朝廷的是李定国。永历十年（1656）三月，兵败广东新会的李定国率部至贵州，将永历帝从安笼迁到了昆明。因此，永历朝廷西迁，绝非走投无路时的病急乱投医之举。

当永历朝廷不得不选择流亡地时，李定国提出西进云南的方针。永历"西狩"主要是李定国的决定。此外，永历小朝廷里的权臣马吉翔、太监庞天寿也主张西迁。马吉翔是贵州人，不希望投靠郑成功。马、庞与孙可望有交情，孙的主要势力在贵州。永历帝不愿去投靠孙可望，又认为到海边路途遥远。他将此事交朝臣商议，仍然决定不下来。后来李定国派兵保护永历帝进驻云南。马吉翔大力拉拢李定国，取得李定国的信任，于是推荐马吉翔入内阁办事，马吉翔也乘机挟李定国之势以制朝廷。因此李定国决定要迁往云南，永历朝廷也只能顺从。

为什么李定国要选择云南呢？主要因为云南是他的地盘。他在云南经营了数年，并训练出3万人的军队，这是他依靠的基本武力。不仅如此，从历史和现实的情况来看，云南也可能真的是复兴

---

[1] 邵廷采：《西南纪事》，台湾：成文出版社，1968，第322页。

明朝的唯一基地。

中国历史上的外患主要来自北方。在唐代以前，中国中央王朝从来没有遇到来自南方的威胁。但是到了唐代，这种威胁出现了。南诏兴起于云南，并迅速发展成为一个强国。

南诏的两大邻国唐朝与吐蕃都是强国。南诏向东、北两个方向发展都遇到困难，因此积极向南、西两个方向发展。南诏设置了开南、银生和丽水三节度，统治着中南半岛的许多地区。沈曾植说："开南、安西所部，远皆达于南海。以《地理志》所记通天竺路互证，知非夸辞不实者。盖骠之属国，皆为南诏属国矣。"①可见南诏势力范围一直达到南海。南诏军队还与女王国、昆仑国发生冲突，到过真腊国（今柬埔寨）。南诏的疆域"东距爨，东南属交趾，西摩伽陀，西北与吐蕃接，南女王，西南骠，北抵益州，东北际黔、巫"。②换言之，其疆域东面包括两爨（云南），东南到达安南，西北连接吐蕃，南面和女王国（国都在今泰国的南奔）接界，西南和骠国（政治中心在今缅甸曼德勒一带）接界，北抵大渡河，东北抵黔、巫（今贵州和四川的长江南岸），俨然成为中南半岛上的超级强权。

南诏强大起来后，与吐蕃和唐朝进行过多次战争。唐太和三年（829），南诏大举进攻西川（亦称益州，中心在成都平原）。南诏军占领了成都外城，虽然未能攻入内城，但退兵时，把成都各种技术工匠连同家人都掠到南诏，人数达数万人。两年后，李德

---

① 沈曾植：《蛮书校本跋》，收于方国瑜主编《云南史料丛刊》（第二卷），云南大学出版社，1998。
② 《新唐书》卷二二二上《南蛮上》。

裕任西川节度使，要求南诏放回被虏的人，南诏放回了四千人。咸通十年（869），南诏军第二次进攻西川，与唐军大战，虽然最后被击败，但战争对益州造成了重大损害。不仅如此，咸通元年（860），南诏出兵东下，攻破唐朝安南都护府的首府交趾城（今越南河内市）。唐军不久后收复安南，但三年之后，南诏再次攻破交趾，唐军退守岭南。南诏两陷安南，迫使唐朝不得不调用重兵镇守在南方的最大要塞桂林，导致"庞勋之乱"，严重削弱了唐朝的根基，最终灭亡。陈寅恪指出："自咸通以后，南诏侵边，影响唐财政及内乱，颇与明季之'辽饷'及流寇相类，此诚外患与内乱互相关系之显著例证也。夫黄巢既破坏东南诸道财富之区，时溥复断绝南北运输之汴路，藉东南经济力量及科举文化以维持之李唐皇室，遂不得不倾覆矣。史家推迹庞勋之作乱，由于南诏之侵边，而勋之根据所在适为汴路之咽喉，故宋子京曰：'唐亡于黄巢，而祸基于桂林。'"[①]向达则指出：南诏之患，"以懿宗时为最繁，几乎每年都有边警，而以中国的南部如安南、邕管为最甚。咸通时安南为南诏攻陷，于是邕管骚然，乃调东南之兵以戍桂林，卒之庞勋叛变，遂兆唐室灭亡之机。所以南诏的盛衰，安南的得失，关系于唐朝者甚大。"[②]

南诏衰落后，大理国代之而起。大理国也是中南半岛地区的强国，其疆域"东至普安路之横山，西至缅地之江头城，凡三千九百里而远；南至临安路之鹿沧江，北至罗罗斯之大渡河，凡四千里而

---

① 陈寅恪：《唐代政治史述论稿》，生活·读书·新知三联书店，2001，第355页。
② 向达：《唐代纪载南诏诸书考略》，收于向达《唐代长安与西域文明》，生活·读书·新知三联书店，1957。

近"。①大致说来，与南诏国大致相同，包括了今云南省和川西南地区，以及今缅甸东北部、老挝北部和越南西北部地区。大理国与宋朝始终保持着较好的关系，两国之间始终未发生过战争。不过这不意味着大理是一个弱小国家。北宋大中祥符八年（1015），大理国出动20万大军进攻安南国。南宋绍兴二年（1132），大理又介入安南国的王位继承之争。安南国王李乾德有一庶子，从小被送入大理国寄养，改名赵智之。绍兴八年安南国王李阳焕死，大理国派军队护送赵智之归国，与宋朝支持的嗣子李天祚争夺王位。②

从公元738年南诏皮逻阁统一六诏至1253年大理国灭亡的五个世纪中，云南一直是中国西南部和中南半岛上的超级强权。元朝灭了大理国后，云南成为中国的一个行政区，从而以往几百年的南方威胁也随之消失。

云南被元朝纳入版图后，依然保持着一种相当特殊的地位。元代云南的实际统治者是元朝的梁王和大理国王室后裔段氏。梁王以昆明为其统治中心，段氏则以大理为其统治中心。元朝灭亡后，元顺帝逃到漠北，与新建立的明朝对抗。梁王把匝剌瓦尔密仍奉元朝正朔，服从北元的命令。段氏则处于半独立状态，与梁王政权之间不时发生武装冲突。洪武十四年（1381）九月，明太祖命颍川侯傅友德为征南将军，永昌侯蓝玉为左副将军，西平侯沐英为右副将军，率大军30万征云南，梁王派遣达里麻将兵10万屯曲靖抗拒。经过激战，洪武十五年（1382），梁王兵败自杀。因此云南是明朝统

---

① 《元史》卷六一《云南诸路行中书省》。
② 徐松：《宋会要辑稿·蕃夷四》之四三"交趾"，中华书局，1957；李心传：《建炎以来系年要录》卷——四《绍兴七年》，卷——八《绍兴八年》，《四库全书》本。

一的最后一个地区。

明代云南依然拥有相当强大的军事潜力。云南西南边疆的麓川（今瑞丽一带）掸族政权在元代兴起，到了元末明初发展成为强大的地方政权，与明朝和缅甸都发生了多次战争。从洪武十八年（1385）到正统十三年（1448），明朝发动了五次大规模的军事征讨，大小战事不计其数。其中第二次征讨，明朝调集了南京、湖广兵15万，第三次出动了南京、云南、湖广、四川、贵州土汉军13万。[1]明军在战争中死伤惨重，[2]军费浩大，[3]最后还是以讲和告终。麓川之役给明朝带来严重影响，史称"昔年麓川之役，用兵二十万，用饷千万，兵连十年"；"兴麓川之师，西南骚动"，"以一隅骚动天下"，"麓川之役，大费财力，骚动半天下"。[4]

明代云南还在经济上拥有一种中国其他地方所无的优势：白银。在明代，随着商品经济的发展，货币的"白银化"成为不可阻挡的趋势。由于对白银需求巨大，全国到处都在积极寻找银矿，但是只有在云南取得较好的结果。明代后期旅行家王士性在《广志绎》中说："采矿事惟滇为善。……他省之矿，所谓'走兔在野，人竞逐之'。滇中之矿，所谓'积兔在市，过者不顾'也。"[5]明末大科学家宋应星在《天工开物》说：全国产银的省份，除了云南外，还有浙江、福建、江西、湖广、贵州、河南、四川、甘肃八省。

---

[1] 谷应泰：《明史纪事本末》卷三〇《麓川之役》，英宗正统十三年春三月，中华书局，1977。
[2] 《明史》卷一六三《刘球传》："麓川连年用兵，死者十七八。"
[3] 王世贞：《弇山堂别集》卷二三《史乘考误四》："军费所需，万万不可计。"
[4] 《明史》卷三〇四《王振传》；《明史》卷一七一《王骥传》；《明史》卷三一四《云南土司》；孙承泽：《春明梦余录》，第819页。
[5] 王士性：《广志绎》，第121页。

"然合八省所生，不敌云南之半。故开矿煎银，惟滇中可行也"。由于云南是全国最大的白银产地，手里握有大量"硬通货"，当然经济实力也颇为可观。正因如此，明朝宁可放弃在宋代以前一千年中一直是中国中央王朝直接统治的一个行政区、到了明朝又重新恢复行使主权达20多年的安南，也不愿放弃元代以前长期独立的云南。

此外，虽然汉人在明代云南是"少数民族"，但是在政治方面却居于统治地位。由于各方面的原因，云南汉人对朝廷表现出罕见的忠诚。弘光帝敕监军监察御史陈荩来云南征兵，"意在匡复"大明江山。《明末滇南纪略·滇南总论》载陈荩到达云南后"征兵于各土司"。不到一年的时间，即调募近2万人。①当永历朝廷最后从昆明出逃时，出发时竟有数十万人哭泣随行。

因此，上述情况使得云南成为永历朝廷流亡的最佳选择。李定国之所以选择云南为永历朝廷的流亡目的地，应当是考虑到了这些情况。

三、缅甸：为什么成为南明政权最后的栖身之所？

如前所言，对于永历朝廷来说，如果最后不得不流亡外国的话，选项有安南、暹罗和缅甸。与安南、暹罗相比，缅甸无疑是最差的选项。

南诏、大理的相继灭亡，造成了中南半岛地区出现权力真空。

---

① 李建军:《南明永历朝廷与云南沐氏家族关系考》，《南开学报》第6期，2000。

原先在南诏、大理威慑之下的安南、缅甸得以乘机发展。到了15—17世纪中期，安南、缅甸以及暹罗兴起，积极向外扩张，成为中南半岛的新兴强权。

1531年，缅甸东吁土邦领袖莽应龙建立了东吁王朝，在之后的20年中完成了缅甸的第二次统一。东吁王朝是缅甸历史上最强盛的王朝，在其鼎盛时，国土东到老挝的万象，西到印度的曼尼普尔，南到印度洋，北到今中缅边境的九个掸族土邦，占据了大半个中南半岛。东吁王朝强盛起来后，四处征战。1556年，缅甸军队占领今泰国北部的兰那泰王国。兰那泰是通往暹罗和南掌的重要跳板，也是进入明朝领土的另一条途径。此时暹罗的阿瑜陀耶王朝和南掌都无力和缅甸抗争。莽应龙率军进入南掌本土，大肆劫掠，并夺取了明朝封给南掌国王的官印。位于南掌之北的车里国（今西双版纳）也表示臣服。缅甸的势力渗透到了湄公河流域。

莽应龙率军于1563年大举进攻暹罗，大败暹军，势如破竹，暹罗国王摩诃查克腊帕克被迫与莽应龙订立城下之盟，交出主战的王储拉梅萱等为质，向缅甸进贡，暹罗遂沦为缅甸的保护国。然后，莽应龙回师攻打兰那泰（在今泰国北部清迈一带）和南掌，前后共征剿了八次之多。1567年，莽应龙向暹罗国王摩诃查克腊帕克求婚未遂，勃然大怒，于是发兵进攻暹罗，所调动军队的数量竟然有90万之众的说法。1568年11月缅军包围阿瑜陀耶城，1569年8月攻克。攻下之后，处死了暹罗国王，在进行了大肆劫掠之后，将阿瑜陀耶的臣民掠走，带回缅甸，只留下不到1万的居民，为之设立了傀儡国王。从此，缅甸对暹罗进行了长达15年的统治。

莽应龙死后，缅甸内乱。莽应龙幼子良渊侯（1600—1605年在位）保住了上缅甸半壁河山。继其王位的阿那毕隆（1605—1628年在位）又收复了下缅甸失地，并于1613年收复了被葡萄牙人占领的沙廉，把葡萄牙人驱逐出缅甸。他隆执政时（1629—1648），缅甸又变得强大起来。

缅甸在向东扩展时，也积极北进，与明朝发生了长期而激烈的冲突。

万历十年（1582）冬，投靠缅甸的中国商人岳凤带引缅兵及土司兵共数十万人，分头进攻云南西南部各地。万历十一年（1583）正月，缅军焚掠施甸，陷顺宁（今云南凤庆）、破盏达（今云南盈江一带）。岳凤又令其子曩乌领众6万，突攻孟淋寨（今云南龙陵东北）。明军指挥吴继勋、千户祁维垣等率兵阻击，分别战死。这时缅王莽应里也"西会缅甸、孟养、孟密、蛮莫、陇川兵于孟卯（今云南瑞丽），东会车里及八百、孟良（今缅甸东北部，府治在今缅甸景栋）、木邦兵于孟炎（在今缅甸兴威以北），复并众入犯姚关"。[1]万历二十一年（1593）底，缅军再次大举入犯，号称大军30万，战象百头东进。云南巡抚陈用宾在加强边防的同时，派人联络暹罗夹攻缅甸，暹罗方面口头上答应了，但慑于缅甸的强大，未敢出兵。

从1584年到1593年，缅王莽应里连续五次发动侵略暹罗的战争。由于缅军主力用于对暹作战，因此对明朝的攻击也减少了。从万历二十四年到二十六年（1596—1598），中缅边境一度趋于平静。但是到了万历三十年（1602），为了夺取孟密等地的开采玉石

---

[1] 顾祖禹：《读史方舆纪要》卷——九《云南七》，中华书局，2005，第5129页。

的矿井，缅甸出动十几万军队进攻蛮莫。土司思正力不能敌，逃入腾越求援，缅军追至离腾越只有30里的黄连关。在缅军兵临城下、城内守军人少无力击退敌军的情况下，云南副使漆文昌、参将孔宪卿只得杀了思正向缅军求和。万历三十四年（1606），缅军30万进攻木邦（萨尔温江以西的掸邦高原地区），木邦失陷。此后，中缅战争才基本上停止。

由于明朝在战争中失利，明初设立的孟养、木邦、缅甸、八百、老挝、古喇、底兀剌、底马撒等宣慰司及孟艮御夷府均为缅甸控制，缅甸由此大大扩大了疆域。明朝人沈德符对此作了深刻的总结，说："此后缅地转大，几埒天朝，凡滇黔粤西诸边裔谋乱者，相率叛入其地以求援，因得收渔人之利，为西南第一逋逃薮，识者忧之。……云南所统，自府州县外，被声教者，凡有九宣慰司、七宣抚司，其底马撒与大古剌靖安三尉，久为缅所夺，滇中可以调遣者，惟车里等五夷，并缅甸为六慰，与南甸等三宣抚而已。迨至今日，三宣六慰，尽入缅舆图中，他时南中倘有征发，严急不可，姑息不可，蜀汉之张裔被缚送吴，天宝之李宓全军俱覆，非有车耶？"[1]

因此，在中南半岛三个强国中，缅甸的武力最强，领土最大。如果永历朝廷要找一个庇护者的话，缅甸无疑比安南、暹罗更有资格入选。

1658年（永历十二年）年底，清兵从四川、贵州、广西三路猛攻云南。李定国督帅兵马分三路出击堵御，结果全线溃退，败归云

---

[1] 沈德符：《万历野获编》，中华书局，1959，第30页。

南，请永历帝出逃。逃亡何处？朝臣意见分歧很大。沐天波建议西走缅甸，马吉翔和掌司礼监太监李国泰都赞同，李定国也赞成了这个主张。① 沐氏家族受明廷之命治理云南，前后12代，为时264年。他们对主要邻国安南、暹罗和缅甸的情况都比较了解。李定国等人采纳沐天波的建议，不是没有道理的。由上可见，"永历西狩"是李定国基于明代人对云南和缅甸历史和现状的了解而作出的选择。在当时的局势下，这无疑是最佳选择。

四、云南和缅甸：为什么不能挽救永历朝廷？

云南不仅拥有支撑抗清战争的物质潜力，而且控制云南的李定国是一位优秀的军事领袖。黄宗羲说："逮夫李定国桂林、衡州之捷，两蹶名王，天下震动，此万历以来全盛之天下所不能有，功垂成而物败之。"② 李定国拥有一支精锐的部队，成为抗清的主力。顾诚说："李定国在……清初是抗击满洲贵族武力征服和暴虐统治的杰出统帅。如果不以成败论英雄，在明清之际各方面的人物当中，他是光彩四耀的一颗巨星，其他任何人都无从望其项背。"顾氏对另外一位抗清领袖郑成功则作了如下评价："郑成功最大的失策是私心自用。……郑成功的复明是以他自己为首的'明'，在西南永历朝廷明军兵势尚盛时，他决不肯出兵配合作战。"③ 这里姑不论顾氏的

---

① 邓凯：《求野录》，中国历史研究资料丛书本，上海书店，1982，第224—225页；徐鼒：《小腆纪年附考》，中华书局，1957，第70页。
② 黄宗羲：《永历纪年》，收于沈善洪主编《黄宗羲全集》第2册，浙江古籍出版社，1986，第186页。
③ 顾诚：《南明史》，第960、1025页。

小问题，大历史：全球史视野中的"永历西狩"　　243

评价是否正确，可以肯定的一点是，在永历旗号下积聚的各抗清势力中，李定国是永历政权最坚定的支持者。这一点，对于仰人鼻息的永历朝廷至为关键。此外，在与中国接壤的安南与缅甸两国中，安南处于分裂状态，各政权之间相互混战，其中比较强大的后黎政权及广南政权到了1657年（永历十一年，清顺治十四年）左右，已对南明政权不太友好，而对南明态度较好的莫氏政权，力量又很微弱。与此相较，缅甸虽然也陷入内乱，但是情况比安南还是好得多。因此，相对于其他选项来说，云南和缅甸确实是永历朝廷流亡时所能做的最佳选择。

但是这里要指出的是，在这个时期中，云南和缅甸的情况都发生了很大的变化。云南在与缅甸的几十年战争中受到严重破坏。云南西部地区遭到缅甸不断入侵。缅军所到之处，"杀掠无算""大肆破坏"，① "三宣（宣慰司）素号富庶，实腾越之长垣，有险而不知设，故年来俱被残破，凋敝不振"。②沙定洲之乱则严重破坏了云南的东部和南部地区。云南南部和中部地区都被沙定洲占领，连省城昆明也被占领达555天。"（定洲）据省城，逐黔国，流毒两迤，先后死难者三十余万人"。③其部下王塑、李日芳攻下大理、蒙自后，"屠杀以万计"。④沙氏部队无纪律，滥杀无辜，抢劫财物，连黔国公府也被焚毁。由于战乱，云南已残破不堪，无力抵抗清军。

---

① 《明史》卷二四七《刘綎传》。
② 朱孟震：《西南夷风土记》，收于《丛书集成初编》，上海商务印书馆，1936，第5—6页。
③ 杨琼：《滇中琐记》"沙乱殉难"条，出版者不详，民国元年刊出，云南省图书馆藏本。
④ 原出自冯甦：《滇考》。此处引自方树梅辑《滇考摘录》"普吾沙乱滇"条，出版信息不详，云南省图书馆藏本。

在缅甸方面，多年征战的结果，不仅使得国力消耗，而且国内各族之间矛盾日益尖锐。同时，缅甸政府的横征暴敛，连东吁王朝的立国之本阿赫木旦阶层也难以承受，①不少人卖身为奴以逃避徭役，步兵、枪兵、骑兵、轿夫等都有不少负债累累，有的要求成为王公大人的奴隶。②统治集团内为争夺最高统治权的斗争也越演越烈。在17世纪的头60年中，至少有三起王室成员的谋反事件。③平达格力1648年继承王位后，情况更是江河日下。缅军在北碧被暹罗军队击败，暹军乘胜追击，兵锋深入到下缅甸腹地。1661年，缅甸发生宫廷政变，平达格力被杀，其弟莽白继位为王，混乱状态逐渐平息下来，但国势已难振兴。东北部重镇清迈被宿敌暹罗夺取。在这样的情况下，永历朝廷流亡到云南和缅甸，也肯定不会得到预期的结果。

由于内乱，缅甸对永历朝廷流亡来缅也充满疑惧。永历朝廷逃到云南后，向位于中缅边疆的兴威④和孟卯（今云南省瑞丽）的土司要求提供人力和粮食，缅王平达格力得知后，派兵帮助这些土司进行抵制。永历朝廷逃到缅甸八莫后，即被缅甸解除武装，安置在缅甸都城阿瓦附近的赫硔，寄人篱下，处境艰难。李定国得知后，和白文选分率军进入孟定、孟艮、木邦一带，力图进行解救。1659年4月，白文选率数万军队进入缅甸，"杀缅兵四五万人"，"缅人

---

① 东吁王朝实行的兵农合一、以兵为主的制度。阿赫木旦的主体部分具有国家的"常备军"的作用，因此可以说是东吁王朝的统治基础。见贺圣达《阿赫木旦制度与缅甸封建经济的特点》，《世界历史》，第5期，1991。
② 贺圣达：《缅甸史》，云南人民出版社，2015，第156页。
③ 贺圣达：《缅甸史》，第156—157页。
④ 又称登尼，以前明朝设置的木邦宣慰司所在地。

大恐"。1660年9月和1661年初，李定国和白文选又两次率军入缅"迎驾"，逼近阿瓦，与缅军大战于洞帕、象腿等地。三年之中，李、白部队数万人数次入缅作战，从阿瓦城下和远至南方的蒲甘的广大地区都遭到了破坏。这进一步引起缅甸官员对永历朝廷的不满。①

1661年（南明永历十五年，清顺治十八年），吴三桂率军攻下云南，随后率十万大军进入缅甸，逼其交出永历帝。缅甸此时无力抵御清军，只好同意引渡永历帝，以换取清军撤兵。次年，吴三桂在昆明篦子坡缢杀永历帝，南明最终灭亡。此时还在云南西南部抵抗清军的李定国，闻讯后悲愤成疾，于该年六月在勐腊病逝。至此，"永历西狩"的故事也画上了句号。

五、结语

传统的中国史研究有两大缺陷：第一，主要着眼于"中原"（包括黄河和长江两大江河的中下游地区）的历史。一个政权一旦掌握了这些地区，就成为历史的"中心"，其他地区（特别是边远地区）则是无关紧要的"边缘"，那里发生了什么，似乎对中国历史发展没有什么影响。第二，主要着眼于中国本身历史的研究。到了近代，由于西方入侵，中国史研究也重视西方对中国的影响，但中国周边的国家与地区对中国的影响则被漠视。这些陈旧的看法，导致了我们对历史认识的偏颇。由于这种偏颇，像"永历西狩"这

---

① 贺圣达：《缅甸史》，第142页。

样的事件，在许多人眼中似乎是微不足道，不值一提。

然而，中国是由多个地区组成的，"中原"只是中国的一部分，"中原"之外的地区的历史也应当受到同样的重视；其次，中国是世界的一个部分，不能把中国从世界中剥离出来，孤立地研究；除了西方，其他地区对中国历史的发展也有重大影响。

在"永历西狩"这个时期，中国和世界都发生了巨大变化。由于早期经济全球化的出现和发展，世界各地日益紧密地联系在一起。费尔南德兹-阿梅斯托（Felipe Fernandez-Armesto）说：15世纪末哥伦布发现新大陆，"从此以后，旧世界得以跟新世界接触，藉由将大西洋从屏障转成通道的过程，把过去分立的文明结合在一起，使名副其实的全球历史——真正的'世界体系'——成为可能，各地发生的事件都在一个互相连结的世界里共振共鸣，思想和贸易引发的效应越过重洋，就像蝴蝶拍动翅膀扰动了空气"。[①]

由于全球化的进展，各国之间的关系越来越紧密，以此相伴的是纠纷也越来越多。作为解决纠纷的手段之一，战争也越来越频繁。与此同时，随着各国之间交流的增多，先进的军事技术出现后，也得以迅速传遍世界许多地区，形成全球性的互动。这种情况，我们称之为"军事技术的全球化"，简称军事全球化。因此可以说，经济全球化和军事全球化是联手进入"近代早期"的世界。这对东亚地区的政治、军事格局产生了巨大的影响。[②]

---

① 费尔南德兹-阿梅斯托：《一四九二：那一年，我们的世界展开了》，谢佩妏译，左岸文化出版社，2012，第5、6页。
② 李伯重：《火枪与账簿：早期经济全球化时代的中国与东亚世界》，生活·读书·新知三联书店，2017。参见第3章《早期经济全球化时代的军事革命》、第5章《角力海陆：早期经济全球化时代东亚的国际纷争》。

从这样的眼光来看"永历西狩",我们就可以发现其后隐藏着的大历史。"永历西狩"这件事本身,似乎不是一个大问题。一个没有实力的小朝廷,在华南和西南的穷乡僻壤东游西荡十多年,最后在许多人心目中的蛮荒之地的缅甸终结。在那些持有"中原中心"和"中国中心"观的人的眼中,这确实是一个微不足道的小问题。然而,从全球史的眼光来看,"永历西狩"这一事件却具有十分重要的意义。这种重要意义不仅在于"皇帝流亡外国"在中国历史上独一无二,而且也在于这个事件标志着中国历史上最后一个汉人王朝的覆灭和东亚世界整个格局的剧变,因此是一个世界史上的重大事件。

在永历政权存在的时期,在中国和东亚世界并存着多种政治军事力量。如果把每一种力量当作一根线条,那么可以看到在当时中国以及东亚世界并存着多股粗大的线条。在清朝方面,有入关的八旗(代表人物如豪格、多铎、孔有德等)、降清的明朝残余势力(如吴三桂等)和大顺军余部(如李成栋等)等;在南明方面,有弘光、鲁王、隆武政权的残余势力(如瞿式耜、何腾蛟、张煌言、马吉翔等)、地方势力(如沐天波等)、郑氏集团、叛清拥明势力(如李成栋父子等)、由反明转为拥明的大西军余部(如孙可望、李定国等),等等。此外,还有西南地区的反明势力(如沙定洲等)、反复无常的西南土司势力。中国之外的众多力量也出现于这个场景。除了本文上面谈到的中南半岛三强——安南、暹罗和缅甸外,日本、葡萄牙等,都在这个舞台上显示了自己的存在。

南明政权建立后,多次向日本请求军事援助。著名学者朱舜水从弘光元年(1645)起,曾多次到日本、安南、交趾(两国即今越南)、暹罗等国活动,前后15年,历尽艰辛,终未成功,最后于永历十三年(1659)第7次到日本乞师未成后,决心不再回国,而定居日本水户。始终抗清的郑氏家族与日本有密切的往来,曾多次派人到日本"乞师",还在日本寄存了巨量的贸易盈余,作为抗清的军饷。垄断郑氏与日本贸易的郑泰一人寄存在长崎的白银就有71万两之多。①

永历政权与葡萄牙人的关系更深。南明隆武二年(1646)隆武帝遣司礼监太监庞天寿偕耶稣会士毕方济(Francesco Sambiasi)往澳门求援,葡澳当局对南明政权的请求十分重视,很快便征募得士兵300名,大炮数门,火枪一批,派尼古拉·费雷拉(Nicolas Fereira)为统帅,以耶稣会士瞿纱微(André–Xavier Koffler)为随军司铎。行至中途,得到隆武政权灭亡的消息。随后永历朝廷于1646年12月24日在广东肇庆建立,庞天寿于是转赴肇庆,带300名葡兵事永历政权。这批澳门援军于永历元年(1647)初抵达桂林,在与清军的战斗中起了一定作用。②永历二年(1648),在永历帝倚重的大宦官庞天寿和传教士的劝说下,永历帝的嫡母王太后、妻子王皇后、太子慈炫都进行过洗礼,同时宫中受洗的还有嫔妃、大员以及太监多人。1648年10月,永历帝再次派人赴澳门求援,澳门的葡萄牙当局仅以火枪百支相助。于是王太后决定派使臣陈安德与传教士卜弥格(Michel Boym)直接赴罗马向教皇求援。

---

① 冯佐哲:《郑成功一家和日本》,《中国社会科学院院报》2003年5月13日。
② 关于这支部队所起作用的问题,学界有不同看法,参见陈文源《西方传教士与南明政权》,《广西民族学院学报(哲学社会科学版)》第25卷第6期,2003;余邦定:《澳门耶稣会传教士与南明政权》,提交"16—18世纪中西关系与澳门"国际学术研讨会论文,2003。

这些都表明：诸多国外力量也介入中国当时的变局，形成了多条国外力量的线条。

上述国内外诸多线条中，有许多线条彼此之间似乎风马牛不相及，但却都交织到了"永历西狩"这个事件上，因此"永历西狩"也成为这些线条相互纠结的节点。各种力量通过这个节点，相互作用，最后导致了中国和东亚历史的大洗牌。

这里我想强调的是，上述各种力量都代表着某种文化。例如南明所代表的是明代中国内地形成的"传统"的儒家精英文化，清朝代表的是加入了满族元素的"新"的儒家精英文化，大顺军和大西军余部代表的是中国北方农民的草根文化，华南和西南各土司代表的是各少数民族文化，安南和日本代表的是本土化的儒家文化，缅甸、暹罗以及老挝、掸邦代表的是南传佛教文化，而葡萄牙代表的是基督教中的天主教文化。这些内容和形式都各有特色的文化一方面彼此冲突，另一方面又相互融合，深刻地表现了早期经济全球化时代东亚世界文化的大变动。①

克罗齐（Benedetto Croce）说："当生活的发展逐渐需要时，死历史就会复活，过去史就变成现在的。罗马人和希腊人躺在墓穴中，直到文艺复兴欧洲精神重新成熟时，才把他们唤醒……因此，现在被我们视为编年史的大部分历史，现在对我们沉默不语的文献，将依次被新生活的光辉照耀，将重新开口说话"。②阿里埃斯（Philippe Ariès）则说："今天的史学家以一种新的眼光、以一种不

---

① 李伯重：《火枪与账簿：早期经济全球化时代的中国与东亚世界》，第4章《大洗牌：早期经济全球化时代的东亚世界》。
② 克罗齐：《历史学的理论和历史》，中国人民大学出版社，2012，第11页。

同于以前的标准,来重新阅读那些已被他们的前辈们使用过的文献资料。"①事实确实如此。只要眼光改变了,同样的史料就会告诉我们不同的故事。因此,通过新的眼光,使得我们能够从"永历西狩"这个"小问题"看到"东亚历史大变局"这段"大历史"。

---

① 阿里埃斯:《心态史学》,收于勒高夫等主编、姚蒙编译《新史学》,上海译文出版社,1989,第173、188、176页。

中国资本主义萌芽问题研究两议

资本主义萌芽问题是我国史学研究的重大课题。经过三十多年的辛勤探索，我国史学工作者对这个问题的研究已相当深入，取得了重大的成就。当然，即使是到现在，对这个问题的探讨也还远未达到尽头。本文提出了两个有关资本主义萌芽的理论问题，并且认为弄清这两个问题，将有助于正确理解和运用"资本主义萌芽"这一概念，有助于进一步深入对中国资本主义萌芽问题研究。

一、资本主义萌芽是什么阶段上的资本主义生产关系？

资本主义萌芽指的是萌芽状态的或最初阶段的资本主义生产关系，这是大多数史学工作者的一致见解。然而"萌芽状态"或"最初阶段"是一个比较笼统和含混的概念，许多同志对此的实际理解彼此差距很大，因此有必要赋予它一个比较明确的定义。

众所周知，资本主义生产包括工场手工业和大工业两个时期。根据生产力发展水平的不同，这两个时期又可各自再划为不同的阶段。马克思指出：工场手工业以手工协作为基础，而按照协作方式的差异，工场手工业又可分为以简单协作为基础的"初期的工场手工业"和以分工协作为基础的"真正的工场手工业"。①列宁把"初期的工场手工业"径称为"资本主义简单协作"，而把"真正的工场手工业"则简称为"工场手工业"。②工场手工业时期由此而被划分为两个阶段：以初期的工场手工业居主要地位的初期工场手工业阶段和以真正的工场手工业占优势的真正工场手工业阶段。很明显，前者是工场手工业的低级阶段，而后者则是成熟阶段。在西欧，前者大约包括14、15世纪，而后者则指16世纪中叶至18世纪中叶。③大体上说，前者是在封建社会末期，而后者则已属资本主义时代。④

　　生产关系的发展状况取决于生产力的发展状况。由于工场手工业两个阶段上的生产力发展水平存在颇大差异，因而在这两个阶段上的资本主义生产关系在质与量两个方面也有明显的不同。马克思指出："在真正的工场手工业时期，资本主义生产方式已经相当强大"，"真正的工场手工业时期，即……工场手工业成为资本主义生产方式的统治形式的时期"。⑤很明显，这时的资本主义生产关系已脱离萌芽状态，不再是微弱的幼芽了。因此，资本主义萌芽只能够是而且必然是初期的工场手工业阶段上的资本主义生产关系。资本主义生产关系的起点是以简单协作为基础的初期的工场手工业，初期的工场手工业阶段上的资本主义生产关系则是最初的或萌芽状态

---

① 《马克思恩格斯全集》第23卷，第358、361、372、374页。
② 《俄国资本主义的发展》，人民出版社，1960，第317、343页。
③ 《马克思恩格斯全集》第23卷，第374、784页。
④ 《马克思恩斯格全集》第23卷，第784、786页。
⑤ 《马克思恩格斯全集》第23卷，第808、406页。

中国资本主义萌芽问题研究两议　253

的资本主义生产关系,这无论在逻辑上或历史上都是一致的。过去许多同志没有明确地意识到这一点,有的同志甚至认为资本主义萌芽是简单协作与工场手工业两个阶段上的资本主义生产方式,[①]从而有意无意地把西欧真正的工场手工业时期资本主义生产关系的若干特点,拿来衡量中国资本主义萌芽。不言而喻,这种理论上的含混不清,无助于对中国资本主义萌芽的真实情况的研究。

二、资本主义萌芽成长的主要障碍是什么?

中国资本主义萌芽成长十分缓慢,其主要原因何在?换言之,主要是什么障碍阻止了中国资本主义萌芽像西欧(特别是英国)资本主义萌芽那样比较顺利地成长?过去许多同志都倾向于认为是中国封建生产关系及其上层建筑的强大制约作用。

这种看法无疑是很有道理的。然而,我们不能忽视:根据马克思主义的历史唯物主义基本原理,生产力决定生产关系,而生产关系则一定要适应生产力的发展状况。马克思形象地指出:"手推磨产生的是封建主为首的社会,蒸汽磨产生的是工业资本家为首的社会。"[②]封建生产关系及其上层建筑并不可能有效地制止生产力的发展,因而从根本上来说也不可能有效地制止资本主义萌芽的生长。否则,资本主义生产方式也就不可能出现并发展了。可见,不能把资本主义萌芽成长缓慢的主要原因归之于封建生产关系的反作用。相反,这个主要原因必须从当时生产力的发展状况方面去寻找。

---

① 例如吴海若《中国资本主义生产的萌芽》,《经济研究》第4期,1956。
② 《马克思恩格斯全集》第1卷,人民出版社,1975,第108页。

生产力的发展表现为社会再生产规模的扩大，而社会再生产同时又是生产关系的再生产。马克思深刻地指出："简单再生产不断地再生产出资本关系本身：一方面是资本家，另一方面是雇佣工人；同样，规模扩大的再生产或积累再生产出规模扩大的资本关系：一极是更多或更大的资本家，另一极是更多的雇佣工人。"[1]因此，生产力前进的步伐决定着资本主义生产关系发展的步伐。如果生产力能够迅速发展，社会再生产规模能够迅速扩大，那么萌芽状态的资本主义生产关系也才能顺利成长。明清时期中国社会生产力虽有提高，但提高幅度大大低于14世纪以后的西欧，因而中国资本主义萌芽成长也不可能像西欧那样顺利，也是必然的。

那么，中国封建社会后期社会生产力提高缓慢的主要原因又是什么呢？显然，封建生产关系及其上层建筑的制约只是而且只可能是第二位的原因。第一位的原因应当而且只能从生产力自身方面去寻找。我们知道，生产力的发展主要受其自身运动规律的支配，而这些规律是否能够发挥作用或在多大程度上发挥作用，则又取决于各种具体的条件。这些条件除了原有的生产力基础外，还包括生产力进一步发展所必需的能源、材料、原料、交通、市场、技术、人口等因素，以及自然条件的因素。这些因素对封建社会后期生产力的发展具有非常重大的作用。例如马克思早已经指出："撇开社会生产的不同发展程度不说，劳动生产力是同自然条件相联系的。……在文化初期，第一类自然富源（即生产资料的自然富源）具有决定性的意义；在较高的发展阶段，第二类自然富源（即生产资料的自然

---

[1] 《马克思恩格斯全集》第23卷，第673—674页。

富源)具有决定性的意义"。他还进一步指出：人类社会生产力受自然条件的制约，这种制约力量之大甚至可以决定资本主义生产方式只会产生于温带。①西方经济史学家们②也十分强调上述能源、材料等各种因素对14—18世纪西欧社会生产力的发展所起的作用，并指出英国由于这些因素最为齐备，因此生产力发展最为顺利和迅速，其他国家则因为这些因素不那么齐备，生产力的发展道路也较为曲折。与此相应的是，英国资本主义生产关系的成长也最为顺利和迅速，成为资本主义生产方式的典型地点。③在明清时期的中国，上述各种因素显然还不是很齐备，因而社会生产力的发展不可能很顺利和很迅速。在这样的背景之下，资本主义萌芽成长缓慢是必然的。

应当指出，在过去，由于过分地强调生产关系的作用和人的因素，由于过头地批判"唯生产力论"和"自然条件决定论""地理环境决定论"，使得史学界难以对中国封建社会后期生产力进行深入而全面的研究，不敢正确地强调生产力的决定作用和物的因素的应有地位，从而不可避免地对研究资本主义萌芽带来了很大的消极影响。因此，以马克思主义理论为指导，运用现代经济学的方法，借鉴西方史学界对14世纪以后西欧经济史的研究成果，从内在的方面深入研究中国封建社会后期生产力，研究影响生产力发展的各种具体因素(特别是物的因素)，从而对中国封建社会后期生产力的发展状况、特点和规律得出全面的和科学的认识，乃是今后我们把资本主义萌芽研究推向一个新阶段所必不可少的重要手段。

---

① 《马克思恩格斯全集》第23卷，第560页。
② 例如 J. 奈弗、T. 阿希顿、W. 保登、P. 芒图、哈孟德夫妇、W. 罗斯托、J. 克拉潘、M. 维贝尔、L. 斯坦夫里阿诺斯等。
③ 《马克思恩格斯全集》第23卷，第1版序及第784页。

中国经济史学中的"资本主义萌芽情结"

在影响我们对历史的看法的各种主观因素中,情结是主要者之一。所谓情结,乃是一种主观的愿望。从某种主观愿望去构想历史,就不可避免地会导致对历史的误解与歪曲。"资本主义萌芽"是中国经济史学中最重要的研究课题之一,而在关于资本主义萌芽的研究中,情结影响史学的情况也最为明显。因此我们对此进行分析,也最能清楚地看到问题之所在。

一、资本主义萌芽:中国经济史学的永恒主题和中国史家的执着信念

资本主义萌芽问题,是我国史学工作者着力最多、争议最久的重要问题之一。早在中国经济史学创立之初,这个问题就已被提出。尔后对此问题展开的讨论和论争,至今已延续了半个多世纪,尽管后来讨论热度有所下降,但仍未有接近尾声的迹象。有关这个问题的研究,不仅历时长久,而且波及面广。仅就过去几十年中的情况而言,不仅专门的研究论著汗牛充栋,而且但凡涉及中国

近数百年历史的文章著作,也无不提到"萌芽"。关心这个问题的人士,更远远超出专业史学工作者的范围,以至虽三尺童子,亦无人不知中国历史上有资本主义萌芽。此外,关于资本主义萌芽的讨论,还引发了20世纪80年代后期的关于"中国封建社会长期延续问题"的大争论,并且对20世纪90年代的中国现代化问题的大讨论也具有重大影响。对一个问题的争论延续如此之长,论著如此之丰,参加者如此之多,影响面如此之广,在史学研究中实不多见。

然而,令人感到不解的是,随着讨论的进展,大家对这个问题的认识似乎不是越来越一致,反而是越来越有分歧。例如,在资本主义萌芽产生时间的判定方面,在20世纪50年代的第一次讨论高潮中,大致还只有"宋元说"和"明清说"两种,而到20世纪80年代的第二次讨论高潮中,却出现了"战国说""西汉说""唐代说""宋代说""元代说""明代说""清代说"等多种说法"百花齐放"的局面。而在资本主义萌芽的具体表现方面,早先多指手工工场,而在后来的一些论著中,"泛萌芽化"的现象却越来越甚,以至形成"十步之内,必有萌芽"的盛况。尽管像吴承明等严谨的学者一再告诫,资本主义萌芽不是指一事一物、一店一厂,但在许多论著中,但凡雇工或市场,都被冠以"萌芽"之名,以至田舍翁多收了十斛麦拿去出卖,小作坊主雇了几个帮工在家织布,都被指为"萌芽"存在之证。马克思曾嘲笑"像摩姆孙那样的人",在每一个货币经济里都可以发现已有资本主义,然而在我们的资本主义萌芽研究中,"像摩姆孙那样的人"却远非一二。既然百家争鸣到了如此的程度,要达到一种定于一尊的共识,看来不是短期之内可以做到的。

争论越久、分歧越大，遂使人们对于资本主义萌芽的认识也越来越混乱。一个对中国历史有兴趣的"行外"读者读了各家的论著之后，不免如堕九里雾中：既然从战国到鸦片战争的两千多年中，时时处处可见这个萌芽，而这个萌芽又一直长不成树，那么中国的水土是不是太过特殊？如果真的是水土不宜，那么我们又有什么根据来乐观地断定这个萌芽以后将一定会变成参天之木？因此对"萌芽"的讨论，必然转向对"水土"（即中国"封建社会"后期的社会经济条件）的讨论；而对"水土"的讨论，又势必再转向对外力（西方资本主义）作用的讨论。然而，研究资本主义萌芽的出发点是证明中国自己能够产生资本主义。[1]因此上述一系列讨论的最后结果却与初衷相违，因为它最后不得不承认外力在决定中国资本主义的命运上起了决定作用。正是因为讨论越深入、认识越糊涂，所以讨论也越有必要继续下去。因此之故，经君健先生风趣地说：资本主义萌芽之于中国经济史学，即如生与死、爱与恨之于文学，殆已成为永恒的主题。

绝大多数参加中国资本主义萌芽问题讨论的学者，都对"中国历史上确实有过资本主义萌芽"坚信不疑。海外有人认为国内关于中国资本主义萌芽的研究，源于毛泽东1939年所写的一段话："中国封建社会内的商品经济的发展，已经孕育着资本主义的萌芽，如果没有外国资本主义的影响，中国也将缓慢地发展到资本主义社会。"[2]因此是一种"奉命史学"或"御用史学"。但是这种看法是

---

[1] 典型的表述即毛泽东的"如果没有外国资本主义的影响，中国也将缓慢地发展到资本主义社会"之语。
[2] 《毛泽东选集》，人民出版社，1951，第589页。

不公正的，因为这段话所表述的观点并非毛泽东的个人见解，而是20世纪20年代和30年代的大多数中国学者的共同看法。不仅马克思主义史学家（如邓拓、翦伯赞、吕振羽、李达、华岗等）提倡这种观点，而且大多数非马克思主义的爱国学者也默认这种观点，因为这个时代的大多数学者都深信：近代以前的中国已具有资本主义发展的因素，只要通过革命或改良，就必然会像欧美国家那样发展成为近代化的强国。因此毛泽东并未"发明"出这种观点，而是采纳了当时大多数马克思主义学者以及爱国学者的共同看法。也正是因为如此，到了1949年以后，随着马克思主义史学的确立和外国长期侵略的结束，上述观点也很快成了史坛共识。到了20世纪90年代，对资本主义萌芽问题的讨论热度有所下降，但是对"中国历史上确实有过资本主义萌芽"这一观点的确信，在大多数中国学者的心中，仍然一如既往。因此在近年来关于中国经济近代化等问题的讨论中，我们仍然能够看到这种信念常常以不同的形式表现出来。[1]因此，相信中国历史上确实有过资本主义萌芽，已成为几代中国学者坚定不移的信念。

二、为什么说对于资本主义萌芽的信念只是一种情结？

"情结"（complex）一词，本是一心理学术语，指的是一种深藏于无意识状态之中、以本能冲动为核心的愿望。但现在这个词汇的

---

[1] 例如，"如果"没有西人东来，中国也能出现自己的工业革命；"如果"中国自身的历史进程没有被打断，中国也会发展出自己的经济近代化；等等。

使用已超出心理学之外，可以用来泛指各种我们没有自觉意识到的内心强烈愿望。从这个意义上来说，我们对于某一事物的执着信念，也可以说只是一种情结，因为它可能只是一种我们没有自觉意识到的内心强烈愿望，而不一定是事实。例如，我们坚信中国历史上确实有过资本主义萌芽，可能只是我们强烈地希望如此，而不一定真是如此。在此意义上而言，我们对萌芽的信念，也就只是一种情结。

我们这样说，并不是因为我们认为中国历史上确实没有过资本主义萌芽，而是因为直到今天，我们甚至连"资本主义萌芽到底是什么"还未完全弄清。没有首先弄清这一关键概念，自然也就无法正确地判断中国历史上究竟有无资本主义萌芽。在此情况下，"中国历史上确实有过资本主义萌芽"这一命题，也只能说是一种尚待证实的假设。以假设作为基础的信念，当然也就只能是一种主观愿望，或一种情结。

可能有人会批评我们的这种说法是无知：经过几代学者的努力探索，"中国历史上确实有过资本主义萌芽"早已成为全民共识，怎么可能到了现在连"资本主义萌芽是什么"这一基本概念都还未弄清呢？！然而事实确是如此。

无论对资本主义萌芽的解释有多大的分歧，它毕竟指的是最早状态的资本主义。不清楚资本主义是什么，当然也就无从谈论资本主义萌芽是什么。然而，资本主义到底是怎么一回事，直到今日，在国际学坛上仍然是一个聚讼甚多、争论不休的问题。

尽管资本主义自产生之日到今天，在西方已存在了好几个世纪，但是到今天为止，西方学术界还没有人能够说清什么是资本主义。根据费尔南·布罗代尔（Fernand Braudel）的考证，资本主义

（capitalism）一词，尽管是当代世界政治语汇中最重要和最常用的术语之一，但其含义却一向不很明确。此词最早出现于1753年版的法国《百科全书》，尔后又于1842年、1850年和1861年分别出现于J. B. 理查德（J. B. Richard）、路易·布兰克（Lewis Blanc）和普鲁东（Proudhon）等人的著作中，但各人给它下的定义都各不相同。最令人惊诧的是，马克思本人从未使用过这个词。一直到了20世纪初，这个词才忽然流行了起来，但是主要是作为一个政治术语来使用，所以保守的西方经济学家一直反对采用它。此后，这个词的运用越来越广泛，但是对它所下的定义仍然颇为分歧，莫能一是。在西方，比较具有代表性的定义，是1958年版《大英百科全书》所下的定义："（资本主义）是一种产品生产属于个人或私有企业的经济制度"。但是即使是这个含义颇为含糊的定义，也未被学者们普遍接受。1979年布罗代尔讨论这个问题时，仍认为到那时为止，还没有一个令人满意的定义。[1]尔后在20世纪80年代和90年代，在西方史坛上，关于"什么是资本主义"的论争仍然在继续，但是直到如今也还没有出现一个大家都能接受的定义。因此，在资本主义的西方，迄今为止，到底什么是资本主义？这仍然还是一个谁也说不清的概念。

我国学术界关于资本主义的概念来自西方，因此西方学术界在此问题上的含混不清，也同样出现在中国。后来从苏联引入了新的

---

[1] Fernand Braudel, *The Wheels of Commerce—Civilization & Capitalism, 15th -18th century*, vol.2, pp.237-238. 注：《读书》杂志刊登拙文时，将此脚注连同一切注释删去，遂使一些读者产生误会，以为上引布罗代尔语出自我口，持不同意见的读者并就此发生一些争论。这里我郑重声明：此段话不是我说的，而是布罗代尔说的。

概念，但是从今天的眼光来看，苏联以及1979年以前的我国学术界对于资本主义的认识，在许多重要的方面是很成问题的，甚至是有严重错误的。例如，过去把资本主义和高度发达的商品经济（或市场经济）视为一对孪生兄弟，可是近年来的理论讨论已证明高度发达的商品经济并非为资本主义所得而专，社会主义也是建立在高度发达的商品经济之上的。我国今日改革开放后的实践还证实了：即使是雇佣劳动，同样可以存在于社会主义社会中、并为社会主义经济的发展起到一种积极的辅助作用，所以它也并不一定在任何条件下都是资本主义特有的劳动方式。换言之，一直到了晚近，随着我们对资本主义的认识有了进一步的发展，我们也才能把那些本不是资本主义的东西和资本主义分开来。总而言之，中国改革开放以来的实践和理论都已表明：即使到了今天，到底什么是资本主义，也还是一个需要我们去深入研究的大课题，我们还不能说我们对这个问题已经完全弄清了。

由于没有完全弄清"什么是资本主义"的问题，那么对于"什么是资本主义萌芽"的问题当然也不可能有完满的答案。在过去很长一段时间内我国极"左"思潮的流行，更把我们对资本主义认识的错误推到极端，从而大大加剧了我们对"资本主义萌芽"理解的缺失。在那个连农村老太太到集市上卖几个鸡蛋都被认为是"资本主义尾巴"的时代，商品经济、雇佣劳动、私营企业更必定是资本主义无疑。由此出发去追溯根源，历史上的商品经济、雇佣劳动、私营手工作坊当然肯定也是"资本主义萌芽"了。因此，尽管大多数学者坚信中国历史上确实有过资本主义萌芽，但各人心目中的"资本主义萌芽"，其实际含义相差很大。虽然治学严谨的学者

（如吴承明等）认为资本主义萌芽是资本主义生产关系的萌芽或资本主义生产方式的萌芽，但有的学者也笼统地认为是资本主义制度、资本主义社会的萌芽。此外，在更多的论著中，资本主义萌芽实际上成了商品经济、或雇佣劳动、或工场手工业的代称。由于各人所说的并不是同一事物，无怪乎各家观点千差万别，彼此冲突，你说你的，我说我的。没有共同的出发点，讨论当然也难以达到共识。不过，如果根据我们今天所获得的认识，认为资本主义与商品经济、雇佣劳动、近代工业化等不是同义语，那么资本主义萌芽与商品经济、雇佣劳动、早期工业化（或工场手工业）也不应画等号。由此出发，以往许多学者对于资本主义萌芽的研究，研究的实际上是历史上的商品经济、雇佣劳动、早期工业化或者其他经济变化，而不是资本主义萌芽。但是，若是离开了商品经济、雇佣劳动、早期工业化，中国历史上的"资本主义萌芽"到底还存不存在？如果存在，它到底是怎么一回事？似乎没有人能说得清。可见，究竟什么是资本主义萌芽？我们直到现在也还没有完全弄清。

因此，在对"什么是资本主义萌芽"这一关键概念还没有完全弄清的时候，坚信"中国历史上确实有过资本主义萌芽"，只能是一种愿望或一种情结。

三、"资本主义萌芽情结"：
感情基础和认识基础的剖析

情结是一种主观的产物。决定情结的因素，既有感情方面的，又有认识方面的。仔细分析中国经济史学中的"资本主义萌芽情结"，可以看到它建立在一种特殊的感情基础和认识基础之上。然而，近几十年来的变化，都向许多在过去被视为正确无误的东西提出了挑战。"资本主义萌芽情结"赖以建立的感情基础和认识基础，也因而发生了动摇。

首先，从感情基础来说，这种"资本主义萌芽情结"可以说是一种特定时期中国人民的民族心态的表现。一个中国的史学家，首先是一个活生生的中国人，他决不可能完全超脱于他所处时代的民族心态之外。而自20世纪初以来，与西方争平等正是中国人民的强烈愿望。这种愿望表现在史学研究中，就是"别人有，我们也有"的"争一口气"心态：中国人不比西方人低劣，西方能够自发产生资本主义，难道中国就不能吗？

然而，尽管中国人确实绝对不比西方人低劣（而且我们今天所取得的成就也有力地证明了：西方能做到的，我们也能做到），但是我们也要指出这种"争气"心态是有问题的。这种心态事实上默认了过去西方帝国主义者所宣扬的以种族主义为基础的僵化发展观，即一个民族的社会经济发展水平与这个民族的优劣彼此相关，以及"优等民族"和"劣等民族"在社会经济发展水平上的差异不可改变。如果我们不接受这种荒谬的观点，如果我们承认各个民族在某一历史时期中社会经济发展的差别并不意味着它们本身有优劣之分，那么我们也就应当承认：中国在过去几百年中比西方落后，并不能说明中国人劣于西方人，正如中国在历史上曾长期领先于其他民族，但也并不应因此而认为中国人优于其他民族。其次，各民族在社会经济发展水平方面的差异也不是一成不变的。从长期的历史发展的角度来看，并没有一个民族能够永远保持领先地位。不同的民族在社会经济发展方面"各领风骚数百年",本是世界历史上的正常状况。以欧洲为中心的西方在近几百年中出尽风头,但"三十年河东,三十年河西",现在人们已在讨论21世纪将是中国的世纪或亚太地区的世纪。对于中国在世界历史上的地位变化,我们也应持同样的观点。我们中国在很长的一个时期中比欧洲发达,是无可辩驳的事实,但是我们并不能从中得出结论,认为中国必然在任何时候都会如此;同样地,中国在过去一段时期中落后于西方,这也是事实,但这也不能说明中国以后必然落后。因此,一个民族是否产生过资本主义(从而在社会经济发展方面一时领先),并不具有该民族是优还是劣的价值判断意义,也不能决定它将永远先进或落后。我们的民族自尊心,不应影响到我们对于自己过去历史的判断。相反,如果一味地比附别人,难免会导致对自己历史的不尊重。历史虚无主义,从根本上来说,也是缺乏民族自信心的一种表现。如果我们这样看问题,那么我们可以说:由"别人有,我们也有"的"争气"心态引起的"资本主义萌芽情结",是颇有问题的。

其次,从认识基础来说,"资本主义萌芽情结"是一种"单元—直线进化"史观的产物。按照这种史观,世界各民族都必然遵循一条共同的道路。资本主义是这条道路上不可回避的一个阶段,所以中国也必然要经历它。既然要经历它,当然就要有萌芽,否则就只能承认中国的资本主义完全是舶来品了。

近代中国的历史已证明了资本主义并非中国历史的必经阶段。在鸦片战争以后的一个世纪里,中国人学西方,追西方,竭力想把中国引上西方式的近代发展道路,但资本主义却一直未能在中国土地上蔚成气候;而自1949年以后,中国更从新民主主义阶段过渡进入社会主义社会。中国从来没有经历资本主义的历史阶段这一历史事实，雄辩地证明了资本主义并非中国历史发展的必经阶段。如果我们尊重事实，不把资本主义视为中国历史发展的一个必经阶段，我们自然也就不必到历史中去苦苦地寻找中国资本主义的起源了。然而，为什么我们还要这么做呢？这就需要我们从更深的层面去寻找原因。

我们之所以这么做，主要原因是我们思想方法上的教条主义，使我们盲从于以欧洲经验为基础的历史发展模式。作为一个整体，人类社会的发展确实具有共同的规律，而史学最重要的任务，就是探索这种规律。近代史学起源于欧洲，由于历史条件的局限，过去欧洲史学家把欧洲经验作为人类社会发展的共同道路是不足为奇的。以黑格尔为代表的德国历史学派，在近代欧洲历史哲学的建立和发展方面起了重要的作用。黑格尔否定了过去那种认为历史变化无规律可言的旧史观，提出了历史发展是有规律的。他认为：人类历史的发展（即体现"世界精神"发展的"世界历史民族"发展），从低级到高级，经历了"东方王国""希腊王国""罗马王国"和"日耳曼王国"四个阶段，就是这种史观的集中表现。而作为最高阶段的所谓"日耳曼王国"阶段，正是资本主义阶段，所以人类社会必然走向资本主义，是不言而喻的，尽管领导人类进入这一阶段的使命只能由日耳曼民族来承担。马克思继承了黑格尔哲学中的合理部分，扬弃了黑格尔史观中的西方（特别是日耳曼）至上论的糟粕，提出了人类社会的发展阶段论，从而为科学的唯物史观奠定了坚实的理论基础。限于历史条件，马克思关于人类社会发展阶段的理论，仍然是主要依据欧洲经验，但是他并未把这种以欧洲经验为基础的共同规律视为僵死的教条，认为无论哪个民族都必定走一条完全相同的历史发展道路。[①]然而到了斯大林,却将这种共同规律绝对化了,认定所有的国家和民族都必定走一条从欧洲经验总结出来的发展道路,忽视甚至否认不同国家和民族的历史发展会具有各自的特点。把从欧洲经验得出的社会发展规律绝对化,从根本上来说,也是欧洲中心主义的一种形式。中国经济史学是从西方和苏联引进的,因此这些欧洲中心主义的观点也随之传入。而我们思想方法上的教条主义,却使得我们相信这种观点是无可置疑的真理。中国既是世界的一部分,自然也必定要按顺序经历这些阶段,所以资本主义也就成为中国历史的必经阶段。

很明显,坚信"西方有,我们也有"的民族心态和坚信"资本主义是中国历史发展的必经阶段"的信念,二者是有共同基础的,即认为中国应该而且必定能够按照欧洲近代发展的模式去发展。然而,中国近代历史的发展并未如此。因此这些心态和信念,只能是一种情结,而不是事实。至于"如果没有外国资本主义的影响,中国也将缓慢地发展到资本主义社会""如果没有洋人到来,中国也会出现自己的工业革命"一类的推论,则更明显地只是一种情结,因为它们都是完全无法证实的假设,而绝对不是事实。

四、摆脱史家旧情结,开创史学新局面

"资本主义萌芽情结"对中国经济史学的消极影响,一言以蔽之,就是妨碍了我们对中国历史的真实进行实事求是的了解。历

[①] 例如,他就不认为包括中国在内的"东方国家",会像欧美国家那样发展。

史是过去确实出现过的事实。不论我们主观意志如何，事实就是事实。因此历史不能假设，这是唯物史观的基本出发点。作为一门科学，史学所研究的对象，只能是过去确实发生过的事，而不能是按照某种逻辑或理念"应当"发生的事。史学可以探讨历史上可能出现的情况，但是不能根据某种假定对历史上没有发生的情况进行预测。所以，我们可以讨论中国是否出现过资本主义萌芽，但是却不能根据某种逻辑推定中国必然有过这个萌芽，更不能进而以此为基础去做"如果没有……，中国也将……"式的推论。在对中国自身的发展规律和特点的探索中，别的国家发生过什么，只能是参照，而不能比附。而"资本主义萌芽情结"，实际上正是要按照欧洲的经验，来重新构建中国的历史。因此只有摆脱了这种情结，我们才能够不带偏见地、实事求是地来分析中国过去所发生的事，然后探索中国历史自身的发展规律和特点。不仅如此，就是资本主义萌芽的问题本身，也只有在摆脱了"资本主义萌芽情结"这种预设结论的先验观之后才能真正弄清，因为任何正确的结论，都只能得之于研究之后，而不是之前。我们并不否认"中国历史上是否有资本主义萌芽"确实是一个值得深入探讨的重大问题。然而它之所以值得深入探讨，又正是因为我们现在还无法对此做出肯定或否定的结论。否则，如果已经有了结论，还有什么可值得探讨的呢？

现在不仅是应当摆脱"资本主义萌芽情结"的时候，而且也正是到了现在，我们才有条件这样去做。这种情结是特定历史条件下的产物（甚至是必然产物），要真正摆脱这种情结，也只有在这个特定历史条件也成为历史之后。

众所周知，自鸦片战争以后，中国受尽了西方列强的欺凌。国事多艰，人民多难，原因就是中国落后。我们的人民不甘沦落、努力自强，学西方，赶西方，力求自立世界发达国家之列。为此，我们的先辈总是极力强调：我们绝不是被列强蔑视的"劣等民族"；西方有的，我们也有；西方做得到的，我们也做得到。这种与西方争平等的心态，成为长期以来的民族情绪，也成了中国经济史学中"资本主义萌芽情结"的感情基础。然而，时至今日，整个世界已发生翻天覆地的剧变，中国已不再是任人宰割的"东亚病夫"。随着我国经济的高速发展，我国在经济上重振昔日雄风，重新成为世界第一经济大国，已经不复是梦想。我们的民族自信心正在恢复，过去那种事事以"先进的西方"为榜样的心态正在消逝。因此，现在我们可以坦然地面对我们的过去了。在这种情况下，"别人有，我们也有"的情结还有什么意义呢？在这方面，日本的情况或许可以给我们一个启发。自明治维新以来，日本的民族心态是"脱亚入欧"，极力认同于西方，从而将明治以前几百年的历史也视为漆黑一团。而到近几十年来，随着经济的发展和民族自信心的增强，学者们也逐渐摆脱了旧有的情结，从而对这一段时期的历史，有了新的认识，并得出大不相同的结论。

欧洲中心主义的错误，是它建立在一种"单元—直线进化"的史观的基础之上，而世界历史的发展却并不是单元的，也不是直线的。世界历史之所以多姿多彩，是因为它本来就是多元的。如果把世界各民族的发展都视为单元—直线性的，那么各个具体民族的历史还有什么独立研究的价值呢？约翰·希克斯（John Hicks）指出：人类社会发展是有规律的，但我们对于历史发展规律的理论探讨，寻找的是一种"普遍的"（normal）方式，这种方式并不一定符合所有的事实，所以我们应当承认各种例外，承认各种可能性。①巴勒克拉夫呼吁西方史家："跳出欧洲去，跳出西方去，将视线投射到所有的地区与所有的时代"；并且强调："史学家的观点愈富有世界性，愈能摆脱民族或地区的偏见，就愈接近获得有效于当代的历史观念。"而这种新的历史观念认为："世界上每个地区的各个民族和各个文明都处在平等的地位上，都有权力要求对自己进行同等的思考和考察，不允许将任何民族或任何文明的经历只当作边缘的无意义的东西加以排斥。"②

我们过去一直坚信"单元—直线进化"的史观，乃是由于我们思想方法上的教条主义在作祟，使我们不能正确地对待现代史学中的各种学说和理论。正如吴承明指出的那样，史学是研究过去发生的、我们还未认识或认识还不清楚的事情（如果已经认识清楚了，就不必去研究了）；因而它只能以历史资料为依据，其他都属方法论。恩格斯说："马克思的整个世界观不是教义，而是方法。"而任何方法，都有一定的具体适用范围，超越了这个范围，真理也要变成谬误。马克思的五种社会经济形态是历史哲学的命题，而不是史学的命题，而"历史哲学理论的最大长处就在于它是超历史的"。然而在很长的时期里，我们却将方法当成了教义，将超历史的历史哲学理论当成了历史。这种做法本身就是违背马克思的思想的。③

---

① John Hicks: *A Theory of Economic History*，第6—7页。
② 杰弗里·巴勒克拉夫：《当代史学主要趋势》，杨豫译，上海译文出版社，1987，第158页。
③ 以上论述见吴承明《经济学理论与经济史研究》。下引马克思、恩格斯语，也系吴氏文中所引，原出处为《马克思恩格斯全集》第39卷，人民出版社，1974，第406页；《马克思恩格斯全集》第19卷，人民出版社，1963，第131页。

直到20世纪70年代末以来,通过一系列重大理论论争,破除了教条主义的束缚,实事求是的学风方得以确立。因此,一直要到此时,我们也才可能实事求是地研究中国的过去。过去发生过什么,没有发生过什么,一切都应以事实为依据。

下面,我们还要讨论两个问题:(1)史学中的情结能够摆脱吗?(2)怎样才能摆脱情结?

本文中所说的情结,是人们心中没有自我意识到的强烈愿望,而愿望则是人们所处的客观环境作用于主观的产物。正如一个人不可能用双手拉着头发使自己脱离地面一样,也没有人能够超越客观条件,先知先觉。从这个意义上来说,情结是不可能摆脱的。然而,从另一方面来说,由于决定某一情结的感情因素和认识因素都是可以改变的,因此一种特定的情结又是可以摆脱的。当然,实际情况往往是:人们在摆脱旧的情结之时,又陷入了新的情结,因此说摆脱旧情结,实际上只不过是以新情结替代旧情结(如以"现代化情结"替代"资本主义萌芽情结")。但是即使如此,我们也必须承认:无论如何,旧情结终归是被摆脱了;尽管取代旧情结的只是新情结而不是"无情结"或超越了人世拘绊的"泛宇宙情结"(后二者都是从来没有、也不可能有的),但是在不断的新旧取代中,我们对过去的认识也逐渐地接近于真实。例如,在经过一个世纪的不断变化之后,我们今日所认识的孔子,既不再是金光环绕的"大成至圣先师",也不复是"孔家店的黑掌柜"或"奴隶主复辟势力的总代表",而是一位两千年前的伟大思想家和教育家。尽管这个认识可能还会随着时间的推移而改变,但是我们相信比起以前的认识来,它无疑更接近于真实,因为在其生前,孔子就只是当时"百家争鸣"的中国思想界中一个学派的领袖和一位门下有三千弟子的优秀教师。而我们之所以能够得出今日的认识,很大程度上乃是因为现在我们摆脱了我们先辈所特有的崇古心态、崇洋心态以及民族虚无主义心态,亦即"中国传统至上"的"传统情结""近代西方至上"的"近代情结"以及"铲除传统"的"革命情结"。

随着时代的变化,一种特定的情结是必须摆脱而且也可以摆脱的。然而,如果我们不采取积极的态度,我们仍然难以自拔于旧有情结之中。而积极的态度,就是顺应时代,自觉地改造我们对历史看法的感情基础和认识基础。例如,从感情基础来看,我们对中国历史(特别是近几百年历史)的看法深受"与西方争平等"的心态的影响,而这种心态的实质是默认西方民族优于其他民族。因此,我们必须从根本上消除我们先辈所怀有的那种以"别人有,我们也有"的形式表现出来的民族自卑感,坦然地面对我们自己的过去。从认识基础而言,我们则应摈弃教条主义的思维方式,一切从中国历史的实际出发,而不盲从于任何一种成说。一切历史理论,都是从历史和当时的社会实践中抽象出来的,但不能从这种抽象中还原出历史的和当时的实践来。对待这些理论,我们要牢记马克思的话:"这些抽象本身离开了现实的历史就没有任何价值。它们只能对整理历史资料提供某些方便"。[①]任何伟大的历史学说,在历史的长河中也都会变成史学研究的一种方法。因此在运用任何一种学说来研究历史的时候,我们都要牢记:它们主要是启发性的,而不是实证性的。在史学研究中"根据某种学说或理论,应当如何如何"的做

---

① 《马克思恩格斯全集》第1卷,第31页。

法，是最笨的方法，也是违背马克思的唯物辩证法的。正确的做法应当是：积极吸取以往学说和理论的精华，以启发我们的思路，帮助我们进行分析，但是研究的出发点，仍然只能是历史资料，而非任何从中国历史以外得出的抽象模式。

当然，要摆脱一种情结，还需要具有一种学术的勇气。恩师傅衣凌先生先是毕生研究中国的封建社会经济，提出了"中国封建社会既早熟而又不成熟"等著名观点，但是到了人生的最后时刻，他对一生的研究进行深刻的反思之后，却提出了完全不同的新见解。吴承明先生是我国资本主义萌芽研究成果的集大成者，他的研究代表了这项研究的最高水平，但是他晚年也提出了与过去截然相反的观点。这些，都表现了一种学术上的大智大勇，深受我们敬仰，也值得我们效法。如果我们能够这样去努力，那么以往中国经济史学中的"资本主义萌芽情结"和许多与此相类的其他情结（如"封建主义情结""近代化情结"等），是可以逐渐摆脱的。

最后，我们还要通过对以往中国资本主义萌芽问题研究在中国经济史学发展中所起的重要作用的分析，来谈一谈我们对以往中国经济史学研究成果的评价。

有人或许要问：你们说摆脱"资本主义萌芽情结"，是不是要否定过去几十年我国学者关于资本主义萌芽问题的研究呢？我们的回答是：绝无此意。我们已明确声明：我们所否定的，是研究中的"资本主义萌芽情结"，而不是资本主义萌芽研究本身。恰恰相反，我们对以往的资本主义萌芽研究持有很高的评价。

在过去几十年中，我国史学工作者在资本主义萌芽问题的研究中，付出了巨大努力，并且取得了丰硕成果。不论存在什么样的局限，这个研究对于中国经济史学的发展所起到的重大作用，是无可比拟的。第一，这个研究所体现出来的，是一种比较的史观，即把中国历史纳入世界历史的范围之中，从世界历史的角度来研究中国。中国历史是世界历史的一个部分，只有从世界史的角度来研究中国史，才能真正认识中国。又，研究一个具体对象，总要以另外的对象作为参照系，才能更清楚地发现所研究对象的特点。由于欧洲的经验比较完整，所以以欧洲作为参照系，无疑是十分正确和必要的。第二，对于中国资本主义萌芽的研究，打破了自黑格尔以来盛行于西方的"中国停滞"论及其变种（如今日西方的"传统平衡"理论、"高度平衡机制"理论和20世纪80年代初中国出现的所谓"中国封建社会结构是超稳定系统"之说等），和20世纪中期以来西方流行的"冲击—回应"模式的束缚，使得我们能够以发展的眼光来看待中国过去的历史，并且把研究的重心放到中国自身，而不是将近代中国经济的变化归之于外部因素（特别是西方帝国主义的作用）。历史总是处于不断的变化之中，而且变化的动力主要来自内部。因此从方法论上来说，资本主义萌芽研究的方向是正确的。第三，尽管存在种种问题，但是在资本主义萌芽研究中，学者们对于商品经济、雇佣劳动、早期工业化等至关重要的问题，进行了充分和透彻的探讨，可以说已经基本弄清了事实真相。即使是不赞同资本主义萌芽这一提法的学者，也不能不接受这些探讨所得出的成果和结论（例如西方中国经济史坛上20世纪70年代以来出现的"近代早期中国"学派，就受益于我国的资本主义萌芽研究至大）。即使我们不再执着于资本主义萌芽的分析框架，我们也能够运用在这些方面所取得的成果和结论，对中国历史上的经济变化及其规律进行深入的探索。最后，即使是关于资本主义萌芽本身，过去的研究成果也不可轻视。我们可以看到：在对与资本主义萌芽有关的各种基本概念的分析上，以吴承明的《中国资本主义的萌芽概论》为标志，[①]20世纪80年代的研究水平比过去已有重大的提高，理论界定日趋明确、系统和完整，从而为我们在摆脱了"资本主义萌芽情结"之后研究资本主义萌芽问题，提供了一个新的起点。总而言之，以往的资本主义萌芽问题研究，不仅为中国经济史学在过去的发展起了不可磨灭的积极作用，而且也为它在今后的进一步发展奠定了重要的基础。不过，只有摆脱种种制约这一发展的障碍（其中也包括"资本主义萌芽情结"和其他情结）之后，我们才有可能充分地利用以往研究中所取得的大量成果，开创中国史学的新局面。

---

① 此文收于吴承明《中国资本主义与国内市场》。

译　文

中国农业史上的耕具及其作用*

［日］天野元之助 著 李伯重 译

殷周以来的耕具，是适应于柔软、肥沃的华北黄土土壤、以手推或足踏来刺土起土的耒与耜。而挖掘所用的镬、斫，限于文献中所见，则是在周代才作为除草工具出现的。

在今天，镬、斫作为耕翻地之用，仍用于零碎的耕地，出现了分化为各种形状的"镐头"。

然而，镬、斫自何时起被用来耕翻，尚不清楚。唯一可说的是，从人体本身的力学作用考虑，耒耜形式的"推"法比镬斫形式的"挖"法更早使用。耒耜的顶端和柄是垂直连接的（实际上也会有些倾斜）。与此相反，如连接镬、斫的顶端与柄，在连接的角度方面却需要相当的技术。因此，用镬、斫耕作，被认为比用耒耜耕作更迟。[①]

---

* 本文据天野元之助先生《中国农业史研究》第三编第四节译出，御茶の水书房，1979年增补版。本节原名《农业史上より见たスキの役割》。日本的"スキ"一词，通常译为"犁"，但其内容比中文中的"犁"要广，也包括了耒耜等手耕具。因此译者根据本文所论，将其译为耕具。

① 竹内敏郎：《本邦古代农具でご关す事问题ご镬ごて》，《社会经济史学》第25卷第2、3合并号。

河南省郑州的殷墟，出土了青铜制的镬及其铸模，在烧陶窑上亦见金属制的镬痕迹。①不过这样的青铜镬，不能看作是用于农业的明证。

另一方面，水田地区使用的"铁搭"，是伴随着水田耕作而创造出来的，因而即是在中国，也远比犁出现晚。明代朱国祯在《涌幢小品》（天启二年序刊本）卷二"农桑条"说："中国耕田必用牛。以铁齿把土，乃东夷儋罗国（海南岛？）之法，今江南皆用之，不知中国原有此法，抑唐以后仿而为之也。"他把铁搭的使用视为唐以后之事，但就我所知范围而言，1956年4月，从江苏扬州东北6公里的凤凰河工地上出土了宋代的铁搭（长17.8厘米，两端齿杆距离18.1厘米，嵌柄情况亦很好），是完备的四齿铁耙。②到了元代，铁搭已经普及。据元代王祯《农书》农器图谱三，其柄长4尺，4—6齿，齿（齿杆）锐而微钩，在圆孔内插入直柄，"似耙非耙"，"举此劚地，以代耕垦"，"兼有耙、镬之效"，并说"尝见[江浙]数家为朋，工力相助，日可劚地数亩"。

又，在清代《钦定授时通考》卷三十二"功作，垦耕"的垦之图里，描绘了一个踩踏犁的农夫和一个挥举铁搭的农夫。顾炎武《天下郡国利病书》八（《四部丛刊》本）第100页（原编第六册）苏松项下亦载："上农多以牛耕，无牛犁者以刀耕，其制如锄而四齿，谓之铁搭，人日耕一亩，率十人当一牛。"

然而，殷代的耒是歧头的，比铲的阻力小，而且可作播种沟，在沟里播种当时的农作物——粟、黍、麦。卜辞中的"贞、更小

---

① 许顺湛编著《灿烂的郑州商代文化》，河南人民出版社，1957，第7—8页。
② 蒋赞初：《江苏扬州附近运出土的宋代铁农具》，《文物》第1期，1959。

臣令众黍"①之语，可以认为是王田上的"众"的共同耕作。在那里，执耒作两条播种沟，然后播种、复土、镇压——这种共同作业即所谓的耦耕，以集体劳动形式出现于王田经营中。

我把殷代的耒当作岐头的手耕具，但在中国学者中，也有人把卜辞中"乙巳卜殻贞，王大令众人曰：叶田其受年，十一月"中的"叶田"作耕田解释，他们分解叶的原文，看到在凵之上有镡的耕具三把，所以殷代的耒不一定仅限于岐头的手耕具。

对此，我向松丸道雄君请教叶的用法，得到以下回答（1960年5月6日）：

"从各种史料来看，叶在甲骨文中的用例如下：

（1）祭名——所谓五祀中的一种祭祀之名。详见董作宾《殷历谱》、岛邦男《殷墟卜辞研究》。

（2）风名——详见胡厚宣《甲骨文四方风名考证》（《甲骨学商史论丛》初集）、严一萍《卜辞四方风新义》（《大陆杂志》十五之一）

（3）地名。

（4）在固定用作叶田的场合。

其中第1种用例占压倒性多数，故在《甲骨文编》等中大多可见到叶字。第4种用例较少，故不可能采取集中有此字的卜文加以归纳定义的方法。

关于这一点我所见到的论文及从其中抄引出的论文名如下：

（1）吴其昌：《甲骨金文中所见的殷代农稼情况》（收于《张

---

① 《殷墟书契》前编卷四，第30页。

菊生先生七十生日纪念文集》）。

（2）董作宾：《殷历谱》下编卷四、日至谱二。

（3）胡厚宣：《卜辞中所见之殷代农业》五，农业技术章（《甲骨学商史论丛》二集）。

（4）叶玉振：《殷契钩沉》乙卷。

（5）柯昌济：《殷虚书契补释》。

（6）徐中舒：《耒耜考》。

（7）佐藤武敏：《殷代农业经营ご関すゐ一问题》（收于《中国古代史の诸问题》）。

（8）陈梦家：《殷墟卜辞综述》，第537页。

阅读以上论文并加以比较，叒字似有作耕字解和被认为是协的本字两说。如前所述，因缺乏文例，难以作归纳性的解释。我认为：因为必须用《说文解字》等书来解释，所以是全然不能确言的情形。唯是要坚持作耕字解，再作协字解就没有道理了。特别是在"乙巳卜㱿贞，王大令众人曰：叒田其受年，十一月"中的解释方法是无可非难的。

兹从徐中舒教授之说，释为歧头的耕具，以分析殷代的农业。

与此相反，周代农业则被认为以耜为主要耕具。刘仙洲先生以出土的周代石铲、骨耜（铲）推测之，认为殷代两齿耒的方法更先进。即是说，耒与耜相比，"具有增大掘土幅度，同时减少一部份阻力的作用"[①]尤其是在周代出现了挖掘用的"镈"和推踩式的"钱"等除草用具（《诗经》"臣工、良耜"），所以即使每人播种

---

① 刘仙洲编著《中国古代农业机械发明史》，科学出版社，1963，第7页。

面积有若干差异，但是在雨量较少的西部土地上，通过除草（同时也是中耕）防止了多余的禾苗与杂草吸收仅有的一点水分与土壤养分，所以大大提高了单位面积的产量。

但是，殷代是否进行中耕除草，并不明确。从河南省安阳县的殷代大墓里，出土了一把青铜铲，是用于掘土作业的。从而，用它起土的同时，也能进行中耕除草。但是，它是否真的被用于农业，则很难说。又从河南省郑州市的殷代遗址，也出土了青铜铲。这把青铜铲同前述那把，也是同样的。

《诗经》里的《甫田》《噫嘻》《载芟》等诗，表现了在田畯的监督下，很多农夫在公田上进行集体耕种耘籽与收获。

《诗经·小雅·甫田》："倬彼甫田，岁取十千，我取其陈，食我农人。""今适南亩，或耘或籽。""曾孙之稼，如茨如梁。""乃求千斯仓，乃求万斯箱。"

《诗经·周颂·噫嘻》："骏发尔私，终三十里。亦服尔耕，十千维耦。"

《诗经·周颂·载芟》："千耦其耘。"

可是，在《孟子》卷五《滕文公章句上》里，有孟子的这么一段话："夏后代五十而贡，殷人七十而助，周人百亩而彻。"就这个五十、七十、百亩而言，一般都解释为夏、殷、周三代的尺步亩制不同，而三代农民的耕田面积并无变化。可是，照前面所述的情况看来，至少就殷周两代而言，如假定土地条件大致相同，则殷代较为粗放的农耕经营，要求更广的耕地面积。而且，孟子的话既以每一家的独立经营为前提，那么在这些话里，就存在很大的疑问。不仅如此，尽管我们也不相信孟子的井田说，但是至少到了春秋战国

中国农业史上的耕具及其作用　283

时代（前770—前221），个体的独立农业经营已经盛行，其规模则大体上以百亩为准。这种情况，在《孟子》的《梁惠王上》《尽心上》《万章下》，《荀子》的《大略》《王霸》，《管子》的《臣乘马》《山权数》《轻重甲》，《礼记·王制》，《汉书·食货志上》等篇章中，皆可见到。

但是《吕氏春秋·乐成》《汉书·沟洫志》里讲到了倍田："魏氏之行田也，以百亩。邺独二百亩，是田恶也。"《周礼》里也言及一易、二易之亩。今天中国的学者们都认为这是三圃制的普及（附带说一句：因为这与欧洲曾经实行过的三圃农作法不同，所以我不愿使用"三圃制"这个术语）。而且，就经营百亩土地的农民家庭来说，几口人——似乎一般是五口以上：

《孟子·梁惠王上》："百亩之田，勿夺其时，数口之家，可以无饥矣。"《孟子·尽心上》："百亩之田，匹夫耕之，八口之家，足以无饥矣。"

《吕氏春秋·上农》："上田夫食九人，下田夫食五人。"

《管子·揆度》："上农挟五，中农挟三。"

《汉书·食货志上》："李悝为魏文侯作尽地力之教。……今一夫挟五口，治田百亩，岁收亩一石半，为粟百五十石。"

使用着原有的耒耜等农具，不用牛犁亦可进行依靠家庭劳动的农业经营，亲身体验着丰歉不定的危险，同时不断进行再生产。

《管子》一书，虽其各篇皆有需要辨定其时代的问题，但据其《轻重乙》篇内"一农之事，必有一耜、一铫、一镰、一耨、一椎、一铚，然后成为农"的记载来推求，可想见当时的农家至少拥有这样程度的农具，并从事着《小筐》篇所述的那种农业劳动："及寒击槁除田，以待时耕。乃耕，深耕均种疾耰。先雨芸耨，以待时雨。时雨既至，挟其枪、刈、耨、镈，以旦暮从事于田野。税衣就功，别苗莠，列疏遬，前戴苫蒲，身服袯襫，沾体涂足，暴其发肤，尽其四肢之力，以疾从事于田野。"（《国语·齐语》中记载亦大同小异）

然而，在此时代，制铁业勃兴于赵（河北）、蜀（四川）、宛（河南）、曹（山东）等地，在吴（长江下游）亦已见到大型冶铁风箱的使用（《吴赵春秋》"阖闾内传"第四）。据史书所载，此时晋国赵鞅"赋晋国（国都之民）一鼓铁铸刑鼎"（《左传·昭公二十九年》）。铸铁、炼铁、锻铁之法已为人们所知，铁的利用，从日常用具到攻守战具，而且铁制农具，自开始铁的生产之时即已制作。其逐渐推广，则可从战国时代的遗址出土的铁制农具及其铸型中，亦可略窥一端。这些遗址如河南省的辉县固围村、郑州岗社、洛阳涧西、山东省的滕县黄殿冈村（冶铁遗址），河北省的石家庄市庄村、邢台火车站西、兴隆的寿王坟（冶铁遗址），山西省的长治，辽宁省的鞍山羊草庄、海城、锦州大泥洼、貔子窝高丽寨、湖南省的长沙近郊、衡阳公行山等处。[1]

这些农具虽然是小型的，但是，其运用，使得耕田加深、除草方便、刈禾迅速且容易。这些情况都为古书所述及。

《孟子·梁惠王上》："深耕易耨。"

《韩非子·外储说左上》："耕者且深，耨者熟耘也。"

《吕氏春秋·辨土》："五耕五耨，必审以尽。"

---

[1] 杨根：《兴隆铁范的科学考查》，《文物》第2期，1960。

不仅如此，铁制农具可使耕种比以前更多的田地，开发更广的森林得以实现。但是，在铁被利用以前，青铜制工具似乎也部分地起过这种作用。《诗经》里可见到的"覃耜"（《小雅·大田》），"略其耜"（《周颂·载芟》），"畟畟良耜"（《周颂·良耜》），都是在统治阶级的公田经营中使用的；《大雅·皇矣》及《周颂·载芟》歌颂了开垦杂木林。而《小雅·信南山》则歌颂了开垦原隰。《小雅·黍苗》《大雅·崧高》及《韩奕》《小雅·采芑》《大雅·江汉》等篇，又咏颂了氏族、土著、军队的屯垦。《左传·昭公十六年传》，也告诉我们曾有役使殷人遗民进行开垦之事。从这些可以想见，除了原有的木石工具以外，还利用了能发挥更大作用的金属工具。

还有，在《周礼·考工记》中"粤之无镈也，非无镈也。夫人而能为镈也"句的郑玄注里，可见到如下文字："言其丈夫人人皆能作是器，不须国工。粤地涂泥，多草秽，而山出金锡，冶铸之业，田器尤多。"①即是说，汉代的郑玄，认为江南曾使用青铜制农具。

但是，青铜这种材料是"美金"，是"吉金"，不能认为可以充分利用它来做农具。在仍有"恶金"之称的铁被利用的时期，必须考虑金属农具的发展。即令如此，铁农具也止限于手农具，并无大的飞跃。唯有以畜力代替人力的牛犁的确立，值得特别一提。而且，在中国牛耕是与铁器的使用相前后而出现的，但是，唯有这种牛犁才成为华北平原耕地急速扩展的重要原因。在劳动生产力提高的同时，拥有牛耕的人同没有牛耕的人之间，出现了经营规模的

---

① 《周礼·考工记》中此处"粤"同"越"。——编注

不均，而这又作为阶级分化的契机而起作用。还有，尽管牛耕导致了耕地面积的增加，但依然与手工操作的耘耨并存下来。在中国，直至今日，除草耕作大致都是手工进行的。仅只元代才出现"耧锄""劐子"，但只限于北方使用，即使单位产量有若干减少。

在此我考虑到由于从木、石器向铁农具转换而致使田间作业更容易、更迅速这个因素。

但经营单位的增加，亦能充分地生产出剩余生产物，这些剩余生产物此时开始商品化，打破了邑内的狭小天地，并对其内部各种规制起了破坏性的作用。

可是，我认为，推动牛耕的阶层，是此时兴盛起来的士阶层，即《韩非子》卷四《和氏》中所谓的"耕战之士"。如前所述，在耕种百亩的共同体内的各个数口之家，除非共同经营，否则无力拥有牛和犁。《管子》卷一《乘马》记载说"距国门之外，穷四竟之内，丈夫二犁，童子五尺一犁，以为三日之功。正月令农始作服于公田。农耕及雪释，耕始焉，芸卒焉"，卷二十三《轻重篇》则说："今君躬犁垦田，耕发草土，得其谷矣"，都讲到在公田上使用犁。可是，拥有公田的王侯卿大夫阶层，至此时，已开始显现出将公田分成小块的倾向。说此阶层作为新的农业生产力的直接承担者而兴起，是很难解释得通的。当时的政治、社会情况，一直在促进着在共同体及宗族制解体以后新产生的"士"阶层的发展（《管子》卷九《问》）。而且，其中有能力的人，虽然有的因郡县制的扩大，抑制世族政策的加强而被任用为官吏，还以宾客身份参加政治，或者迁到城市从事工商业。但是所谓在乡的"耕战之士"，则是从君主手里领取作为俸禄的田地，凭其收入维持生活，同时整治武装用具，担负兵役义务。前引《韩非子》所主张者,就是以"耕战之士"为国家的基础以"法术之士"为官吏,奉公守法以执掌政权。[①]在被认为是战国思想家之作的《管子》卷九《问》篇里,对"士"的问极多。在问到"士之身耕者""士之有田而不使者""士之有田而不耕者"有几家的问题中,有"乡子弟力田为人率者几何人"的设问。这样的设问,真是很富于暗示意味的。

再回到原题上吧。我认为:因为当时的犁,被断定为是在手用的耒耜附上一辕,再用牛来牵引的耕具,由此所限,所以在耕作方式方面,并未相应地发生什么重大变化。此即《汉书·食货志上》中汉武帝时(前89)搜粟都尉赵过创立代田法所载:"(赵过)能为代田,一亩三甽,岁代处,故曰代田,古法也。后稷始甽田,以二耜为耦,广尺深尺甽,长终亩。""甽田"即在地上起垄,被认为是后稷(周的先祖)以来的古法。它与赵过代田法的不同之处,用今天的话来说,就在于他实行"豁地"(替换播种沟),以及在垄上不播种而在沟里播种,就这一点而言,《吕氏春秋·任地》篇里有"上田弃亩,下田弃甽"的记载,当时已经行之高田了。

在农作物生长的同时,用垄上的土来进行培土。此种起垄的办法,《吕氏春秋·辨土》篇里已有"大小甽亩""亩欲广以平,甽欲小以深。下得阴,上得阳,然后咸生"之类的记载。它并非上述"一亩三甽"式的方法,但正如后汉许慎在《说文解字》卷一五后序里所述的"分为七国,田畴异亩"那样,它因为各地土地情况不同而也表现各异。本来"亩"古义即"垄",《诗经》中的"南亩"

---

① 《韩非子》卷四《和氏》。

(《豳风·七月》《小雅·甫田》《小雅·大田》《周颂·载芟》《周颂·良耜》)、"南东其亩"(《小雅·信南山》)、"禾易长亩"(《小雅·甫田》)、"宣迺迺亩"(《大雅·緜》)以及《荀子·富国》篇的"掩土表亩"等用处,都证实了这一点。《左传·成公二年》中"晋师……使齐之封内尽东其亩"的事件,也反映了当时已实行起垄这一事实。

《豳风·七月》有"同我妇女,馌彼南亩,田畯喜"之句;《小雅·甫田》里则可见到"今适南亩,或耘或耔,黍稷薿薿""曾孙来止,以其妇子,馌彼南亩"之文;《小雅·大田》,歌曰:"以我耒耜,俶载南亩""曾孙来止,以其妇子,馌彼南亩";《周颂·载芟》里亦可见"有略其耜,俶载南亩",而《周颂·良耜》则载"畟畟良耜,俶载南亩"。

又,《小雅·信南山》载"我疆我理,南东其亩"。其"理"一字,虽毛传释为"分地理也",然朱子集传则作"定其沟涂也"解,进而认为"亩,垄也。长乐刘氏曰:其遂东入于沟,则其亩南矣;其遂南入于沟,则其亩东矣"。

再,《小雅·甫田》里有"禾易长亩,终善且有,曾孙不怒"的句子,毛传释作"易,治也;长亩,谓竟亩也"。

《大雅·緜》说:"迺疆迺理,迺宣迺亩,自西徂东,周爰执事。"郑笺中释为:"时耕曰宣。徂,往也。……乃疆理其经界,乃时耕其田亩。于是从西方而往东之人,皆于周执事,竟出力也。"

还有,《荀子·富国》篇里的"掩土表亩",清人王引之认为"掩"大概是"撩"之讹,故释为理其地,覆之土,然后成亩。

要是人们从经验中懂得粟黍的撒播要比条播收获少的话,那么，估计他们将会转而采用条播。可以认为：在中原的农耕地区，这种条播将与旧有的起垄耕作法相配合施行。

尤其是在开发较迟的关中地区，在《汉书·食货志上》中，可以见到有"缦田"。这种"缦田"据唐人颜师古的注，即是未开甽的田。从《汉书·食货志上》可见，与用赵过的代田法成对比，地域性的撒播形式的差异是很清楚的。

在开初情况大概确实如此，但是到了后来，牛耕扩大到有力饲养家畜、置办大农具的阶层中。这大概也影响到了亩制的变化。即是说，原来的"夫"（100步一亩的100倍的土地），扩大到2.4倍，变成了"顷"（240步一亩的100倍的土地）。要是考虑到"顷"的形状从原来"夫"的正方形新变为矩形的面积这一点的话，则"顷"与欧洲的"plough-acre"的形成同出一轨。这种情况是可以想象到的。

顺便说一说，关于亩制改变的时期问题，东北大学的伊藤德男教授认为：秦昭王晚年[详细说是在昭王四十七年（前260）的长平之役以后]，从国外移民垦地耕作之际，在分配耕地面积时，采用了这种240步制，并说：移民们"大概都被编为什伍"并且"五家给一牛"，如果这样的话，"不可能是共同从事的粗放农业"。①

这一点暂且不谈。前汉时，武帝末年（《资治通鉴》卷二二系于征和四年即前89年），赵过创立了以五项为标准，使用耦犁、二牛、三人作业的"代田法"后，官府制造了改良农具，令地方的令长（县长）、三老、力田、父老中善于治田者来学习，推广此法。因而此法便由首都周围扩大到了西北边境地区。借用《汉书》之语来说，"边

---

① 《二四〇步一亩制の起源》，载于《集刊东洋学》第二号。

城（边郡以及居延城）河东、弘农、三辅、太常之民"，已行用代田法。也就是说，这件史实说明了：使用耦犁等新式农具和役畜的大经营方法，在官有地乃至新开辟地，以及实行粗放农业的西北、山西、陕西各地，已被采用。还有，前、后《汉书》尚载有武帝（前140—前87年在位）时曾给边区的屯田之民耕牛（昭帝纪注、应劭语）；宣帝（前74—前49年在位）时渤海太守龚遂使民卖刀剑而买牛犊（循吏传）；平帝（前1年—5年在位）时假与安民县（安定县，即河北县束鹿县）迁徙之贫民以犁牛种食（平帝纪）；光武帝（25—57年在位）时九真（安南）太守任延年教用牛耕及铁制农具，章帝（75—88年在位）庐江太守王景教民犁耕；和帝（88—105年在位）时，三府掾给兖、豫、徐、冀四州贫民以买牛之费[①]等史实。在整个两汉（前200—前220）时期，牛犁耕向周边地域的普及，是设想得到的。

附带说一说，在上述记述中，平帝及和帝时之事，见于自古以来就已开垦的中原的农业地区，但是前者是针对元始二年（2）发生的"郡国大旱蝗"，后者则是针对永元十六年（104）上述四州"比年雨多伤稼"的情况，作为农业对策而采取的行动。《后汉书》"章帝纪"中，亦可见"建初元年（76）诏曰：比年牛多疾病，垦田减少，谷价颇贵，人以流亡"的记载。既然牛疾引起耕地减少，则可想而知牛耕在中原地区已起着支配性的作用。

而且，在犁的形式方面，除了通常使用的犁而外，尚有耦犁、三犁、榫等犁在使用。借后汉崔寔之语，"三辅"（陕西中部）之地

---

① 以上皆见《循吏传》。

中国农业史上的耕具及其作用　291

使用一牛一人的三犁，据说已达每日种地一顷的高效率。又，到曹魏（220—265）时，敦煌太守皇甫隆教用楼犁（耧犁）。关于这种犁，《魏略》认为它"省力过半"，《齐民要术》的"自序"则说它"所省庸（佣）力过半，得谷加五"。

在三国、晋、南北朝（220—589）时代，由于已装上具有翻转土块作用的"鐴"（拨土板），作条犁被改良成为耕犁。与此同时，用来耙平土地的铁齿镬镂、耙（盖）、劳（摩）也形成了。此时，在传统的耕作方法方面，引起了一个大变化。

〔附记：我设想在铸铁制的"鐴"形成以前，曾存在木制的代用品，故耕犁的产生，我想当见于前汉时。〕

此时，塞北民族开始向中国内地迁移，引起汉族的大规模南迁，加之由于战祸、饥馑，北方人口锐减。留下北方的豪族、军官等，"占"了大量土地，此时也纠合流民等，设立庄园，兴起屯田。在此时期里，新的农作法建立了，产生了保墒（旱地）农法。即是说，与前此的起垅农作法不同，是使用犁镵上安上了"鐴"的耕犁来耕田。翻地时犁头掘起土块，而犁镵把土块翻转过来。进而用铁齿镬镂或耙之类东西耙碎土块，然后以耢弄平田土。进行了这样的整地作业后，再用楼犁、抶等进行播种，完成耕种作业。这种方法叫做平垄耕作法，此时已经完备了。

然而，在汉代《氾胜之书》里可见到"麦田常以五月耕，六月再耕，七月勿耕。谨摩平以待种时""种枲：春冻解耕治其土，春草生布粪田，复耕平摩之"[①]等记载，留下了耕起——摩（平摩）

---

① 引自《齐民要术》卷一《耕田第一》、《太平御览》卷八二三《资产部》。

农法的记录。以提倡区田・区种法而知名的氾胜之所作的这些记述，假定也是以零碎的小块的耕地的经营为对象的话，那么，这种耕起——摩平农法，作为手耕具的耒耜和摩田工具的耰（也叫做椎）的产物，大概可以解释为上述"平垄耕作法"的先声。

顺便说一说，《氾胜之书》的遗文中，在"强土而弱之"的方法里，尚载有"平摩其块"之法，但是用的摩田工具并不清楚，《齐民要术》卷一《耕田第一》的夹注说："古曰耰，今曰劳，《说文》曰：耰，摩田器。"鉴于从先秦以来的文献中所可见到这种工具，过去都解释为用耰的平摩作业。但是遗文中既然记述了以"棘柴"来整治地，故也考虑到棘柴的使用。还有在耕地方面，虽说是以耒耜为之，但在遗文"种瓠法"中，可见到"牛耕功力，直二万六千文"的记载。在此，以牛代耕的情况也已出现，不应无视之而发表言论。

还有，要先说一句：耕犁安上了新发明的铸铁制的"镤"，即令用来起垄，也比以前旧有的犁显示出好得多的效果。

然而，贾思勰的《齐民要术》卷一《耕田第一》里有"春耕寻手劳"的话，对此，注曰："春既多风，若不寻劳，地必虚燥。"又写道："犁欲廉，劳欲再。""再劳地熟，旱亦保泽也。"这句文言，道破了如今华北保墒（旱地）农法的原理。

也就是说，靠耙、耰进行的搅耰作业，在地表造成了一个干土层，以起到防止地下水分通过毛细管蒸发的作用，保持土壤的水分，使播种后的种子容易发芽。

这不仅是播种前的田间作业，而且"（谷）苗既出垄，每一经雨，白背时，辄以铁齿镉𨱍，纵横杷而劳之"（《齐民要术》卷一

《种谷第三》）以及"（黍、稷）苗生陇平，即宜杷劳"（《齐民要术》卷二《黍稷第四》）等记述使我们得知，禾苗发芽以后也提倡搅耰作业，由此产生出划时代的农作法。

上述的《氾胜之书》里记述了耕翻后的平摩作业，但氾氏似乎并未确认搜搅的效果。即是说在他提倡的这种区田法里，"旱即以水灌之"；在麦的区种法里，"秋旱，以桑落时溉之"；都只讲到灌溉。

不仅如此，前此的北方农业，皆以种粟为主，但因粟连作减产，故《齐民要术》的作者，认为"谷田必须岁易"，在其间应插入种豆类或黍、稷之类，还有在麦的后作（底）提倡种小豆、蔓菁，但是谷作田与麦作田的区别，还是可以看到。然而，我认为：在该书《种谷第三》中既已列出早熟耐旱的粟14种、晚熟耐水的粟10种，故麦收后种粟或早粟后播麦的二年三作型农业得以产生的条件已具备。还有一个不亚于上述条件的条件，那就是在由收获到播种之间，能够迅速地完成必要的整地作业的畜力整地农具，亦已具备。

在今日华北地区，已不实行半耕型、不整地型及不耕型的小麦栽培，而是采用在秋收后立即耕翻、耙平土地后条播小麦的全耕式栽培法。而且，由于秋播小麦的产量与播种时期有密切关系，故秋收、播种明显地受到时间的制约。因之，进行秋收后耕翻耙平作业的畜力农具的存在，很受重视。在麦收后的夏播作物的播种方面，情况亦相同，但是因为在此场合，不一定要采用全耕式的栽培法，故不会出现像秋季耕作那样集中的农业劳动。[①]而且，我认为与对

---

① 村上舍己：《北中国农业生产力展开史で関する若干の考察》，载于《北中国农业经济论》。

小麦需要的扩大相应，大概到了唐（618—907）宋（960—1279）之际，由当时拥有多数役畜和大农具，又是大土地所有者的豪族、军官们，推动了二年三作型农业的进展。

《册府元龟》卷四八四《邦计部二·经费门》北魏宣武帝正始元年（504）九月条载："诏：缘淮南北所在镇戍，皆令及秋播麦，春纳粟、稻，随其土宜，水陆兼用，必使地无余力。比及来稔，令公私俱济也。"我认为由此可见到在淮河南北地带提倡二年三作或一年二作型的农业经营方式。更由此上溯，后汉时郑司农注《周礼》在"地官稻人"注中说："今时谓禾下麦为夷（黄）下麦，言芟其禾，于禾下种麦也"，在"秋官薙氏"注中说："俗间谓麦下为夷下，言芟夷其麦，以其下种禾、豆也。"因此可以说后汉(25—220)时，部分地区已存在二年三作型农业，但尚未见已走上普及之途的迹象。汉以后，后魏的农书里亦未录之。对此，可参西嶋定生的《碾硙の彼方——华北农业生产力展开史上の一问题》（载于《历史学研究》第125号）、米田贤次郎的《齐民要术二年三毛作》（载《东洋史研究》第17卷第4号），古贺登的《中国多毛作农法の成立》（载《古代学》第8卷第3号），以及我的《魏晋南北朝しおける农业生产力の展开》（载《史学杂志》第66篇第10号）。

再回到牛犁耕的问题上来。

由作条犁向耕犁转变而表现出其发展的犁，形成为长床犁。由于这种犁耕地时的阻力很大，因此必须使用两头牛以上的畜力。收在《齐民要术》卷首的"杂说"说："一具（犋）牛，总营得小亩三顷"。"杂说"的作者，可以说比《要术》写作时期更迟，但可以看出同样是山东人。他认为一犋牛的可耕面积是小亩（100步亩）

300亩。如检宋记载,[①]在北方旱地,一牛的负担耕地面积大体上自62.5亩至100亩,因此拥有犁耕所必需的犍牛的阶层,由此亦一望尽知。在人稠地狭、耕地零碎的平原,除非设想是共同或借赁耕作,否则农民是与这一系列畜力大农具的利用无缘的。当时北方正值人口减少,耕地荒芜之时,可以想见,在豪族的庄园和军官的屯田上,因利用畜力大农具而提高农业生产力是很活跃的。

以上论述,就是以华北的旱作农业地区为中心而进行的。

江南的开发,在经过三国、晋、南北朝,至隋、唐、五代、宋这一个长时期中方变得令人注目。此地区与北方不同,经营的是以水稻种植为主的农业,自古即从事着"火耕水耨"而闻名的原始粗放农业。

汉人的南迁,开始把在北方成长起来的农业技术及水稻作业方法带入此地区,通过地方势力及豪族之手动员组织了劳动力,对其自然条件加以人工改造(如陂塘水利的兴修、水利田的建设)。到了唐代,就已开始呈现出江淮每年向位于北方的首都长安漕运粮米100万—200万石的盛况,并且在此时,可以看到华中已确立了古典式的水稻种植法。

晚唐陆龟蒙的《耒耜经》保存了对当时江东使用的可调节犁耕深浅的翻转长床犁的记载。其书云:"耕而后有爬,渠疏之义也,散墢去芟者焉。爬而后有砺礋焉,有磟碡焉。自爬至砺礋皆有齿,磟碡觚棱而已,咸以木为之,坚而重者良。"与北方种稻使用的工具不同,这里出现了利用畜力的水田整地工具。而且在灌溉工具方

[①] 《宋会要辑稿·食货二》四《营田杂录》。

面，诸如手转水车、足踏水车、牛转水车等龙骨车，以及利用水流转动的筒车，也已普及。这些生产工具是否华中独创姑置不谈，至少说是这各种各样的工具被融合进水稻种植的技术体系中，确立了华中水稻种植的独有形式，是没有错的。

这种水稻犁是长床犁，其犁床长4尺，幅4寸，前端嵌有1尺4寸的镵，镵上附着长宽各1尺的䩞，犁辕微曲，长9尺，犁箭纵而贯之，与犁柄相接。用牛之数未载，想来恐怕是用一头水牛牵引。

杜甫的《秋，行官张望督促东渚耗稻向毕，清晨遣女奴阿稽、竖子阿段往问》诗云："吴牛……并驱。"大概在当时四川东部长江北岸的奉节地区，还使用两头水牛并驾耕田之法。

大体上来说，水田产量比起旱田产量会有显著增加，这正是形成东亚高额地租率的物质基础。但是为了这个增加，必须投下大量的劳力，实行集约经营。《大唐六典》卷七《尚书工部》"屯田郎中员外郎"条中，对"诸屯役力各有程数"作注说："凡营稻一顷，将单功九百四十八日，禾一百八十三日。"即是说，唐代开元年间（713—741）在屯田上，种植一顷水稻需要人工单位948日，而粟仅183日，水田的代表作物与旱地的代表作物之间，所投下的劳动量相差4倍有余。

姑置此不论，在南方水田地区，建成水利田需要大量的人力、物力，而且由水田作物又导致了剩余生产物的地租形式，因此上述华中水稻种植技术的确立、决定其经营规模的水田犁等各种农具的齐备，在其生产关系方面，使得佃户制发达起来，自此成为支配性的生产关系。然而，在欧洲中世纪的庄园制时代，仅庄园主有犁（双轮犁），中农以下的农民，直至10世纪时主要仍使用手耕具耕作。因而即使在中国，说到犁，如果考虑到挽犁的牛及水牛的购买、饲养费用的话，佃户及小自耕农的耕作，也应是借用牛，或共同使用牛，乃至依靠手耕具（我认为是铁搭）来进行的。

在宋代的地方志、文集里，更记载了江南各地（苏州、无锡、庐州、芜湖、抚州、杭州、天台等）实行稻—麦的一年两作制。

〔附记：一年两作制，可见于唐末大中元年（847）十年敕："二稔职田，须有定制"（《唐会要》卷九二《内外官职田》），这是二作制引人注目的事例。〕

在这里，应当注意：考虑到前作收获、后作播种的时间，其间工作十分繁忙，因而犁及其他一系列整地农具是不可缺少的。特别是水田耕作所必需的生产工具，也是旱地作业所必备的。《宋会要辑稿·食货三》十七"营田"条载：孝宗乾道五年（1169）正月十七日，以楚州界内宝应县、山阳县空闲陆官田给归正人，每名田一顷，五家结一甲，给诸农具如下：

> 每种田人二名，给借耕牛一头，犁、杷各一副、锄、锹、钁、镰刀各一件。每牛三头用开荒斸刀一副。每一甲用水车一部，石辘轴二条，木勒泽一具。

以上是官府所给的在江北官田上开荒与耕种必需的农具。除斸刀外，大概都是当时水田经营必需的农具。

上文中的木勒泽，即木礰礋。开荒斸刀，元代以后称为劚刀，其形状据王祯所绘，为厚背短镰形的开垦刀，在芦苇、蒿莱等根株密集的荒地开荒时，先将礋刀安在小的犁的犁底或辕之端，犁前进时以此破土，然后以犁镵耕起翻转，因而相当于西欧犁上的犁刀。

无论南北，牛犁耕的使用，与农户的经营面积及其私人经济状况有着密切的联系。

关于犁耕时的用牛头数，元代工祯《农书》(1313年刊)《农桑通诀二·垦耕篇第四》说："中原地皆平旷，旱田陆地一犁必用两牛、三牛或四牛，以一人执之，量牛强弱、耕地多少，其耕皆有定法"，而"南方水田泥耕，其田高下阔狭不等，一犁用一牛（水牛）挽之，作止回旋，惟人所便"，"此因南北地势之宜异宜也"（武英殿聚珍本亦作"南方"，此从四库本。明刊本）。

牛耕犁的普及情况，因时因地而异，同时深受统治阶级的剥削及农户自身各种情况的影响，有进有退，难以概言。但在与犁相关的范围内言之，即使存在改进，也并未达到激起生产力发展那种程度的改革，而是牵引犁的牛，在北方被代之以马骡。这样做，增大了所负担的耕地面积，从而可以被视为发展。

然而令人遗憾的是，这种畜力转换究竟是在何时，因何故而发生，尚无充分资料以说明之。

可见到的马耕记载甚早。在汉代桓宽的《盐铁论·未通第十五》中，内史云："内郡人众，……民蹠耒而耕。"与此相反，文学则云："闻往者未伐胡越之时（指文景时，即前180—前141年），繇赋省而民富足，……牛马成群，农夫以马耕载"。同书散不足第二十九中，贤良说："古者……庶人之乘马，马足以代其劳而已，故行则服轭，止则就犁。"但因马价格高，且饲养费用亦大，故该文之末又说："夫一马伏枥，当中家六口之食，亡丁男一人之事。"武帝朝（前141—前87）以来，民间养马减少。三国以后，牛仅限于富农阶层拥有，于是价廉而且不费事的驴作为农用家畜而受到了重视。

中国农业史上的耕具及其作用　299

此后，北宋神宗朝（1067—1085），王安石所施行的一系列新法中，有熙宁六年八月（1073）颁布的保马法。该法规定：在陕西、河东、河北五路的保甲，让自愿者饲养官马，（开封府界给马三千匹，五路五千匹以内），平时作农家役畜，战时则征为军马。但王安石一垮台，保马法（后又改"户马法"），因系强制富民饲养，结果失败了。[①]

赵世延等的《大元马政记》"刷马"条载，自至元十二年（1275）至致和元年（1328）的40余年间，征发民间马684502匹。当时民间马匹除驮运外，尚用于农业。此由世祖至元二年（1265）六月圣旨"不得用马拽车、拽碾、耕作"之语可知。

也就是说，宋元时北方农村可见到马匹用于农耕。今日的东北、西北、华北农业地区明显地把马、骡用于农耕的情况，或许即由此而来。

因此，被说成是左右农业生产的耕犁，也几乎没有什么变化，直到中华人民共和国成立前，农业方面并未出现生产力飞跃发展的情况。社会经济的渐进性发展的方向是农业经营的劳动集约化、高级作物之取代低级作物、原有农业技术的改进，从而促进土地生产能力的提高。在这期间，生产力与生产关系的矛盾，也经常作为王朝末期农民起义发端的危机现象而爆发，直到中华人民共和国以前，尚未达到社会变革这样的深刻变化，因而仍长期停留于封建生产关系的再组合上。

[①] 参阅佐伯富《王安石》，第117—120页。

中国与西欧
农村工业与经济发展的比较研究

[美]王国斌 著 李伯重 译

为什么中国没有发展起自己的资本主义？这是明清社会经济史研究中最常被问到的大问题。本文试图通过对明清中国与近代早期欧洲农村工业的分析，推进中西经济史的比较研究。[①]欧亚大陆两端的农村工业发展，有许多相似之处。这些相似之处向我们提出了一系列问题：工业化的原动力是什么？中西关键性经济差异的性质又何在？

一、西欧的农村工业与人口变化

在过去20年中，不少关于近代早期农村工业的研究成果都采用

---

① 当然，关于中国与西欧经济变化的其他方面的比较，一直有人在做，而且还可以并且应该再做，但是，中国与西欧社会结构与经济组织的许多特点明显不同，很难看出究竟哪些因素，最像是引起更大差异的关键。由于这些困难，着重研究中国与西欧的充分相似性，把对差异的探讨限制到一个较小范围的题目，可能会更有意义。

了"原始工业化"这一术语。这个概念指的是欧洲许多地区农村家庭手工业生产的发展（从事手工业生产的农村家庭，许多并未脱离农业生产）。这种农村工业常常位于城市附近，在许多著名的事例中都与纺织业有关。但是生产过程的若干重要部分位于农村，并不意味着城市在农村工业生产中未起重要作用。某些农村工业生产的产品，仍是在城里进行最后加工的。不仅如此，城市商人还经常为农村工业生产提供资金，产品分配也总是由城市商人组织进行（他们把产品运到远处销售）。最后，分散的手工业生产也可以发生在城市。然而，总的说来，工业的发展是出现在城市与市镇附近。这些城市与市镇既是跨越广大地区的市场网络的交汇点，又是从空间上构成经济区域的城市等结构的中心地。

在欧洲，农村工业化促进了人口增长。无地或少地的农村居民因为农村工业化而可以建立家庭。更多的人不仅可以结婚，而且可以较早结婚，因为他们不必要等到将农业工作可得到后才考虑结婚。大卫·列文解释了人口增长与农村工业相伴的现象。他说："在工业化以前的世界，人口再生产的机制是很有节制性的。在瓦解这种机制方面，农村工业似乎起了关键性的作用。农村工业允许（甚至可以说促进）以小家庭为基础的生产单位的增加，家长对子女结婚的原有控制关系崩溃了。男男女女都认识到他们的'独立'是自己创造的，所以他们能够计划结婚。他们之能够结婚，与其出售劳动产品的制度颇有关系"。

除人口变化外，农村工业化常常与许多特殊的社会经济现象相联系，尤其是分家制度。鲁道夫·布隆对苏黎世山区的研究表明：农村工业的发展，促进了从不可分家到可分家的转变。富兰克林·孟德尔斯则从更广泛的意义上指出：在那些未实现分家制度、同时农场规模大得足以为所有居民提供劳动就业机会的地区，农村工业的影响较小；反之，在那些分家盛行、农场规模小的地区，农村工业的影响则较大。他说："我们可以推测：季节性手工业的发展，与农场规模零碎化之盛行，是相伴的。农场规模零碎化，或是由于分家，或是因为分租，或者是在过去禁封的土地上，现在可以得到园囿规模的小块土地。在农场不断缩小的同时，移民迁入，结婚普及，所以人口将会充斥于新开垦的地区。即使在收获季节，农民在自己的小块土地上，也没有足够的农活可做。……因此，若是农民有良好的市场可出售农村手工业产品，农场零碎化不断加剧或有机会开垦新地，以及附近可以找到夏季农业雇工的工作，那么这就很符合内卷化的进程，从而原始工业化在小农场地区（或小农业地区）就会发生"。

孟德尔斯上述论断，是他关于农村工业研究的一部分。他的研究把我们的视线仍引回到工业化问题上来。农村工业过去被视为旧有社会的一部分，后来被新兴的19世纪城市工业化（即工业革命）取代。但现在许多欧洲历史学家，已经把农业工业看成是19世纪经济变化的一系列有关前提条件。[1]

也许会出乎我们的意料：很少有农村工业的具体事例，展现出原始工业化观论所预示的所有普遍特征。因为介入其中的其他因素，实在太多。更难预见的是：明清中国的许多地区，到底在何种程度上具备了与欧洲原始工业化相联系的条件。

---

[1] 还有其他一些对经济与人口变化之间有联系进行挑战的观点。例如理查德·史密斯认为经济变化与生育控制的破坏无关。

中国与西欧农村工业与经济发展的比较研究　303

二、中国的农村工业与人口变化

16—18世纪中国不同地区经济作物种植的扩大与手工业的发展，长期以来一直是中国历史学家研究的对象。许多最为著名的手工业中心，位于人口密集的长江三角洲、珠江三角洲等地。与欧洲相仿，纺织业是主要的农村手工业，尤其在江浙许多农村，越来越多的农民，在16世纪已开始大批转向纺纱织布或丝织。至18世纪，经济作物种植与手工业已遍及全国。富商大贾（其中许多来自山西或徽州），控制了长途贸易的大部分。[①]促成这些发展的条件，颇类似于那些与欧洲农业工业经常相联系的条件——例如良好的市场机会，土地可以分割继承，以及有季节性的非农业工作可做，等等。在欧亚大陆两端不同地区背景下的农村工业的发展，呈现了（至少是在某种程度上呈现了）类似的经济变化过程，即商人长途贩运小家庭生产的产品。而且，对农村居民来说，农村工业创造的经济机会也明显相似：农村居民并没有普遍地把劳动转移到乡村以外，却可以得到非农业性的收入来源。

如果农村工业创造的经济机会，对欧洲与中国农村居民来说是明显相类的话，那么人口的影响也相同吗？农村工业是否在中国也粉碎了制约小家庭形成的严重障碍呢？农村工业化以前，西欧许多地方都有对结婚生育的制度性制约，但中国却并没有这种制约。既

---

① 关于手工业生产组织（特别是长江下游地区手工业生产组织）的文献，数量众多。从西嶋定生初版于20世纪40年代后期的棉业专著，到田中正俊20世纪60年代初期关于农村工业的研究，再到今日，日本学者对于工业生产是如何组织的这一问题，作了若干极透彻的分析。

然缺乏具有可比效果的制约，所以在中国也没有什么障碍可粉碎。欧洲与中国的评论家都一直害怕对生育的制约减弱的情况出现。在土地可以分割继承的制度下，旧有庄园可能日益碎裂为小农场。这种可能性使马尔萨斯感到恐惧。他反对19世纪初法国民法的修改，因为这一修改使得分家合法化，而马尔萨斯认为分家合法化会鼓励人们不顾将来而生儿育女。R.H.托尼和另一些学者，对中国人面临经济困境而仍想生孩子的情况，也表达了类似的相注。没有对结婚与生育的严厉经济制约，使得人口增长有可能超过资源增长。

中国的农村工业有助于维持很高的结婚率与早婚率，因为农村工业减少了（但未消除）马尔萨斯主义关于人口增长超越资源的危险。虽然农村工业对家庭人口行为的影响，并不意味着在中国与欧洲引起同样变化，但结果却是相似的：农村工业都促进了早婚和高结婚率。

中国与欧洲的类似经济变化都促进了人口增长。即使更大的经济环境和支配人口行为的制度结构不同，情况仍然如此。而且，与欧洲原始工业化相联系的那些特殊条件（如季节性手工业的发展，农场规模的缩小，良好的市场体系等），在中国可能比在欧洲还更普遍。但是许多欧洲主义者假定的从原始工业化的历史顺序，在中国却并未清楚出现。下面我们再分析欧洲的情况，这将使我们能以一种新观点，来看待中国为何未发展起资本主义的老问题。

三、从原始工业化到工业化

富兰克林·孟德尔斯发明了"原始工业化"一词。他认为：原始工业化的过程是地区性的过程；在此过程中，农民家庭（或者说,至少是农村家庭),为远处市场进行生产。由此定义出发,孟德尔斯提出了一系列假设。他提出在19世纪发生了工业化的大多数地区,都曾经历过一个原始工业化的阶段。之所以如此,是因为:(1)结婚年龄的变化增加了劳动供给;(2)商人将劳动力移向地市,以便更容易收集产品并更有效控制产品质量;(3)机器投资的资本来自原始工业化的利润;(4)原始工业化教会商人有关技术;(5)原始工业化教会劳动者有关技能;(6)资本主义农业是在原始工业化中发展起来的(出处同上)。简言之,孟德尔斯肯定了他1972年初次提出的原始工业化与工业化有联系的论断。其他学者则强调原始工业化与19世纪城市工业化之间,有一种更因具体情况而异的关系。

关于原始工业化的第二种观点,是大卫·列文提出的。他以下述方式讲述原始工作化的情况:"很多原始工业化的生产(特别是纺织业),可以用克利福德·格尔兹所提出的'内卷化'的概念来表现其特征。经济活动改变了人口状况,同样地,人口增长也影响了生产组织。……由于劳动便宜而且供给充分,人们不愿进行资本投资以提高劳动生产率。因为工资很低,原始的生产技术仍是最有利可图的;低水平的技术,导致劳动集约化,所以廉价劳动极为重要。……摆脱这种困境的办法是使用高效能的动力机械以取代人工技艺。但这又是另一回事了"。确切地说,从原始工业化向工业化的转变,乃是一个摆脱农村工业发展的过程。如果我们同意列文的观点,那么应指出这种情况并不普遍。

彼得·克里尔得特提出了关于原始工业化的第三种观点。他说:"原始工业化确实为资本主义工业化提供了某些条件,但这些条件还不足以引起工业化。要把家庭生产制推向工业化,除其内部矛盾与外部刺激外，还需要一种特定的大环境。若缺乏这种环境，或者这种环境发育不充分，调节原始工业生产的机制，就会在其内部矛盾与外部冲击的联合压力之下崩溃。原始工业生产将彻底瓦解，或不断地遭受严重危机，而不会发展为工业化"。和列文一样，克里尔得特也强调在原始工业化的动力中，潜伏着危险。对于工业化所必需的"一种特定的大环境"到底是什么，克里尔得特也未详细说明。

很明显，在我们考虑原始工业化的原动力到底有多强，原始工业化向工业化的转变有时会有多慢等问题时，详细说明这种"大环境"是十分重要的。孟德尔斯对此作了清晰的阐述："和彻底的无产阶级真正相配的，是那种固定资本占主导地位、生产不间断以及劳动生产率高得令资本家认为高投资合算的工厂。如果我们理解在农业中消除季节性失业是何等困难，我们就会懂得新的最佳应用技术之实际用到生产中，将会是何等缓慢，从而也会懂得工业中手工业方法与近代方法将会长期共存"。孟德尔斯、列文、克里尔得特都认为：手工业生产和工厂生产不仅有先后继承的特点，而且还有经常彼此竞争的特点。

查尔斯·蒂里认为：站在18世纪中期的立场来看，19世纪式的工业化发展全然无法明白。蒂里的这一看法，为区分原始工业化的原动力与城市工业的发展，做出了最后的评价。蒂里说："假若我们设想身处1750年，不要理会后来真正发生的事，而来想象一下当时的情况将来会变得如何，那么最可能预见到的是城乡劳动分工。但这种分工是：城市里聚集了欧洲的食利者、官吏以及大资本家，他们专力于贸易、行政和服务，而不从事工业。还可以预见到农村有一个不断增长的无产阶级,从事农业与工业"。蒂里接着马上提醒我们:欧洲1750年以后的真实情况,并非如此,城市工业化无论如何是跟着农村原始工业化发生的。

中国的情况则大异于是。农村工业延续了许多世纪。蒂里对欧洲1750年以后前途的设想,颇为符合中国的情况。我们已看到:在中国不同的时期与地区,农村人口的增加,至少是部分地依赖于工资劳动或手工业商品生产;城市中心的数量与规模增加了,但城市中心一般都没有很强的工业基础。就中国最"先进"的经济地区——长江下游而言,我们已相当清楚地知道了手工业发展的情况。在这方面,日本学者做了重要的考证工作,为说明这些发展奠定了基本构架。

西嶋定生认为:国家赋税需求刺激了棉纺织业的发展,棉纺织业代表了专业化农村工业的一种新形式,不同于传统的耕织结合、自给自足的家庭生产。田中正俊不同意西嶋定生把赋税作为农村手工业的"外部刺激"而予以强调。他着重从"生产力"与"生产关系"的相互关系,来解释农村工业发展的内因。虽然两人在解释农村工业发展的主要促进因素时看法有分歧,但他们都对农村工业的发展与"资本主义萌芽"作了明确的区分。他们都认识到:在中国农村工业与欧洲资本主义发展动力之间,具有重大差异。他们所做的许多工作,与后来西方学者在欧洲原始工业化研究方面所做的工作,实有异曲同工之妙。但是,恰恰是在西嶋定生与田中正俊发现中国与西欧相异的那些地方,现在有新的证据表明:从欧洲原始工业化前景的角度来看,中国与西欧有许多相近之处。事实上,伊懋可(Mark Elvin)著名而又备受批评的"高水平均衡陷阱"的观点

（这个观点颇大程度上是以较早的日本学者的研究为基础的），即描绘了一种"成功的"原始工业化制度。

正如伊懋可所述，明清长江下游市场与农村工业的发展，维持了日益庞大的人口。但农村工业内部，并无促进重大资本化及技术变化的刺激。伊懋可力图解释何以中国未发生欧洲19世纪方式的"工业革命"，但他的努力却似乎是徒劳而无功，因为原始工业化与19世纪城市工业化两者的原动力截然不同。欧洲的文献提醒我们：在欧洲，农村工业也是一种潜在的陷阱。当然，欧洲在19世纪不再受农村工业化的原动力的驱使，但中国则依然如旧。

黄宗智关于华北农村经济的著作清楚地表明：在20世纪前期华北33个村庄中，有5个村庄，家庭手工业是重要收入来源。虽然他正确地警告读者，不要过高估计手工业生产对所有贫穷家庭的普遍重要性，但我们仍能合理地假设：他所研究的某些村庄的农村工业化，与前几世纪欧洲一些地方的农村工业化大略相同，因此仍是原始工业化的原动力在起作用。[1]黄宗智在某种程度上确实也指出了这一点，所以他把工资劳动视为人口增长的一种可能的刺激。[2]他进而论证：当人口增加而未有重要经济变革发生时，经济越来

---

[1] 黄宗智强调欧洲原始工业化与工业化之间联系，故未讨论我所重视的那些相似性。
[2] 另一种相似之处出现在黄宗智对内卷化的分析中。黄宗智受克利福德·吉尔兹著作的启发，看到了20世纪华北的内卷化（involution）。这种内卷化表现为：贫农农场上家庭劳动边际产品降到雇佣劳动边际产品之下。这某些程度上与孟德尔斯的论点（内卷化是原始工业化原动力的一部分）以及列文的观点（内卷化与原始工业化相结合过程，类似于基尔兹笔下的印度尼西亚情况）颇为相近。列文说："不仅工人自身在迅速替换，而且任何一个持续的繁荣时期，都会导致结婚数量的增加和新工人的涌入。一旦劳动力便宜而充沛，就几乎没有什么东西，可刺激企业家进行资本投资以提高生产率。低工资意味着原始的技术仍是最有利可图的，而这种低水产的技术又是劳动密集型的，从而廉价劳动极为重要。事实上，这些因素创造了那种被称为内卷化的恶性循环。"

越易于遭受危机。我以为黄宗智的论点,与一些学者关于欧洲原始工业化的论点,十分相像。黄宗智所看到的20世纪前期华北农村的危机,似乎颇为近似那种其他学者担忧前几世纪的欧洲会出现的危机。

欧洲与中国农村工业的相似性,一直为人所注意,但未为人切实理解。从某种意义上而言,这是因为我们中的许多人,一直在寻求另外的某种东西。我们一直在寻找中国的资本主义发展。事实上,欧洲的原始工业化的原动力,与中国情况最为相类,但未必会导向19世纪的城市工业化。①为什么中国的农村工业出现,就一定会导向资本主义呢?或许,探寻"资本主义萌芽"的中国史学家们,不应再继续寻求那种使得明清经济发展不可能变成城市工业资本主义的东西。相反,我们应当承认:原始工业化的原动力,与造成19世纪欧洲工业化的一系列条件,具有很大的差别。因此,当我们发现了与原始工业化相类似的情况时不应当再希冀会有欧洲式的工业化出现。同时,我们还应当承认:放弃搜寻明清有资本主义的发展,并不会使我们忽视那些更有用的比较。

四、在各种环境中农村工业的延续

尽管原始工业化不一定导向城市工厂工业,但是原始工业化的过程仍然有助于一个无产者阶级。根据蒂里的看法,这个无产阶

---

① 孟德尔斯、列文与克里尔得特对原始工业化与工业化所作的区分,都已在本文正文里谈了,在批评者中,科莱曼和金宁都注意到原始工业化与工业化之间的不确定关系。

级，早在19世纪城市就业机会的大量增加破除了他们与土地的有限联系之前，就已世世代代地再生产了。在中国，一般而言，农村工业并未创造出一个与土地联系有限、从而可以轻易招募进城工作的阶级。分家制度使得中国农民与土地的联系，比欧洲农民更紧。分家制度也使得农民的田产，总的来说，一代少于一代，但活跃的土地交易又意味着一些人可以把其田产扩大到甚至超越他们前辈的规模。另一些人则依赖于租入土地或出卖劳力。

农村半无产者，即部分出卖劳力而且更普遍从事农村工业的人们，无疑是一个不稳定的群体。他们可以上升到佃农或小自耕农，也可以变得一无所有。现在看来，因为存在着上述社会流动性以及对穷人生育的制约，半无产者不大可能作为一个阶级再生产自己。因此，他们似乎并未形成一个可以轻易招募进城的阶级。

在19世纪与20世纪前期，中国许多地区的农村肯定有阶级分化发生。复杂的土地占有制度的进一步完善与商品生产的发展，创造了新型的人际关系。我们可以看到许多经营地主使用雇工进行生产以及农民转向专业化市场生产的事例。但更令人注目的是小规模农民耕作的延续。从事这种耕作的农民能够在其一生中，多次改变其土地使用占有地位和劳动安排，并且在社会等级结构中，或上或下地有限度移动。中国学者投入了很大努力，把耕作农户的土地占有差异解释为社会差别。但这种差异与经济变化的总体原动力关系较小，而与耕作农户的延续关系较大。这些农户当然经历过阶级分化中的社会流动。在许多事例里，他们白馥兰（Francesca Bray）对小规模耕作与手工业之间的紧密关系，从稻作农业经济的转向手工业，把手工业作为或多或少的收入来源。但他们中的大多数，即使不是扎根于土地，也仍保持着与土地的联系。中国农民把耕作与手工业结合在家庭内，这种结合有时可能被商业渗透所改变，但很少被彻底摧毁。财产关系通过分家和土地交易而起作用，促进了中国农村工业赖以发展的那种社会制度的再生产。

认为水稻农业的集约化与业余的小商品生产有联系。她的研究包括中国、日本和东南亚部分地区的水稻经济，发现这些水稻经济在19与20世纪的发展道路极为相异。斋藤修的日本与欧洲原始工业化比较研究，显示了在英格兰、佛兰德斯和日本的许多地方所发生的变化，有不少根本上的相似之处。他把日本水稻经济在19与20世纪的发展道路，与在欧洲看到的情况作了直接的比较。日本的情况比较符合欧洲的前景，而中国则否。合而观之，白馥兰和斋藤修向我们指出：不应当期待某种农业制度（包括技术与社会组织）与家庭工业的结合，会产生特别的经济变化（诸如从农村工业到城市工业的变化等）。这个欧一亚对比，补充了以前的中国—西欧对比。除了东亚外，我们还可以看看其他非欧洲地区（例如印度，在莫卧儿帝国时代的诸多变化中，家庭工业仍是基本的。事实上，弗朗克·柏林已将原始工业化的概念扩大到南亚研究中了。）欧亚的证据都证实了农村工业可以适合于许许多多的经济变化方式。上述情况使得我们更加仔细地去分析导致欧洲工业从农村转向城市的幕后原因。

五、农村工业与城市工业化的比较

为什么欧洲的纺织业离开了农村？原因很多。首先，纺织业在城市里已有基础。迁入城市，是为在城里获利较别处更高。其次，纺织业及其他企业能较易建立于城市，是因为城市里有一个流动性较大的阶层，土地已不能束缚他们。中国的分家制度使得从事农村工业的男人仍然与土地有联系，而从事农村工业的妇女似乎更可能留在土地上，而不是进城，因为中国没有欧洲那种家庭服务的习俗（按照这种习俗，年轻妇女通常远离家庭，为他人工作若干年）。但是，中国仍有一些劳动力可以移入城市：本来就有一些人并不从事农业——例如交通运输与采矿行业中的人，乃至盗匪等；还有农闲时出来找工作的季节性移民，要解释城市工厂为什么没有把这些人中的大多数吸收进去，我们就必须考虑中国城市工业不发达的直接原因，亦即中国企业家为什么不像欧洲企业家那样决心选择创建城市工业。

为什么欧洲人选择了城市工业而不是包买或其他某些农村工业的形式？一个根本原因似乎是要达到更有效地控制劳动，以增加及调节生产。近代资本主义生产管理，自开始即是劳动控制与新技术利用并重的。即使如此，当纺织业在城乡都出现时，在好几十年中，城市工厂并未在生产技术上享有对农村生产的明显优势。这就是原始工业化与工业化在欧洲彼此竞争如此强烈的原因。而且，企业组织的形式与新技术的内容，二者的结合，也并非必然的联系。威廉·帕克指出结合成功的可能性有一定限度。他说："工人出卖自身，在一段时间内，以一种计日奴隶制的形式出卖自身，为了得到工资，他们同意每天去做雇主所要求做的。……从内部结构而言，资本主义企业是一种两端连接市场的政治组织。虽然资本主义工厂的形式，很自然地来源于创造了新技术的历史环境，但问题在于：

这种形式如何很好地适应这些技术。除非是忽视这些技术的内在制约因素，否则决不可能主张技术本身是为这种形式而创造，并且适合于这种形式的。我们不是又一次面临一种历史的巧合吗？没有这种巧合，近代工业的惊人发展就不可能发生。非同一般的发展，需要非同一般的解释。英国纺织业与铁工业的突然跃进，是完全出乎人们意料的事件；从长期观点来看，也是不能持续的和超越常规的事件。因此，为什么应得出某种决定论与整体论的解释呢？"同样地，中国没有碰上这一种可能性，并不值得奇怪。

中国农村工业在19世纪后期和20世纪，更加缓慢地移向城市。有几个理由可解释为什么这个转移在中国比在欧洲更为迟缓。首先，中国没有欧洲那种城市型的纺织业。其次，中国企业家阶层并未面临着一种靠现有生产与分配体制无法满足的潜在需求。这一点，需作详细研究。在欧洲，这种潜在需求部分地表现为有效需求的增加，但同样引人注目的是人们相信：有较高生产与销售效率的企业，能够击败竞争对手并夺得较大的市场份额。但在中国，企业从击败竞争对手而得到的好处看来较小，因为中国的生产要素市场与产品市场组织得很有效。当市场正常运转时，对大生产来说并未有多少好处增加，因此小纺织业生产者也颇具竞争性。第三个理由与生产率有关——在中国和其他许多国家，从新技术中所得好处较少。如格里戈利·克拉克指出，在落后国家，现代纺织厂的劳动生产率较低。在现代机器确立了竞争优势的地方，其工作也与生产过程其他部分所用的传统方法结为一体。因此进入20世纪后，中国许多地方是机器纺纱，手工织布。直至1949年以后，现代纺织工业才彻底取代农村纺织业。

我想强调两个相互关联的论点：尚未有令人信服和结论性的理由可说明欧洲工业何以移入城市，但有很好的理由解释为什么中国农村工业移入城市比欧洲缓慢。当然，有若干因素帮助我们说明欧洲工业为什么移入城市，但这种解释并不等同于决定城市工厂工业必定出现的一整套"原因"。一个地质学家可以根据一块岩石样品描述地层并告诉我们它可能是怎样形成的，但他并不能声称这种情况必然按它出现的方式出现。同样地，历史学家也不能断言欧洲工业化只可能按它事实上发生的方式而发生。中国农村工业的情况，以一种重要的方式帮助说明了这一点，因为中国的情况显示：许多农村工业并未顺利导向城市工厂工业。那些希望坚持原始工业化导向工业化的欧洲史学家，如果想把他们的论点普遍化，从欧洲某些地方扩大到欧亚大陆的话，那么中国就是一个很难证实的事例。

让我进一步谈谈中国与欧洲之间的共同之处。很清楚的是，18世纪的欧洲享有经济发展的成功。在消除了17世纪的经济萧条之后，18世纪的经济发展创造了亚当·斯密精心分析的经济环境。斯密认为18世纪中创造的经济繁荣来自劳动分工（而劳动分工则又是根据比较优势），劳动分工的产品创造了数量不断扩大的交换。良好的贸易机会，诱发了生产（从而财富）的增加。这个逻辑同样适用于明清经济成长的主要进程。在此进程中，经济作物、粮食生产以及手工业的区域专业化，产生了数量不断扩大的贸易。这种贸易由一些商人集团所组织，他们精心改进了进行大额贸易的机构。在欧洲，城市工业变成了这种斯密主义的原动力的一部分，但不是我们所说的那种原始力的一个必然组成部分，因为斯密的《国富论》出版于1776年，远远早于19世纪工厂工业导致的工业革命。明清经济史清楚地证实了：斯密主义的原动力，可以在没有城市工厂工业化的情况下发生作用。

在20世纪中，现代工厂工业已在一些中国城市里创立了，但许多农村手工业仍在继续。这种情况，是1949年以后农村工业得以发展的社会与经济环境。在有相当的政策变化的同时，人们也一直谈论应当把某些工业建立在乡镇。虽然这些工业已经很少以家庭为基础，而且比过去的农村工业已远为完善，但仍然体现了出于某种动力的特定发展过程——在此过程中，中国农村工业一直延续了下来，而欧洲的农村工业则移入了城市。

明清时期的官箴书与中国行政文化[①]

[法] 魏丕信 著 李伯重 译

一、官箴书与治国精英的形成

我对"官箴书"的兴趣,是我过去研究工作的一个结果。我过去的研究,很大一部分集中于明清时期国家(主要是清代)是如何从事各种雄心勃勃而又煞费心力的计划的。这些计划包括救济灾荒、[②]创办和维持大规模的水利工程、[③]经营公共粮仓、[④]促进经

[①] 本文作者原名皮埃尔–埃辛纳·韦尔(Pierre-Etienne Will),法兰西学院教授。本文系作者为《中国官箴书集刊》撰写的代序,中译文经作者本人审阅。

[②] 参阅魏丕信《十八世纪中国的官僚机构和灾荒》(*Bureaucracy and Famine in Eighteenth-Century China*), Stanford University Press, 1990。

[③] 参阅魏丕信《水利设施管理中的国家干预:帝制晚期湖北省的事例》(*State intervention in the administration of a hydraulic infrastructure: the example of Hubei Province in late imperial China*),收于 Stuart Schram 主编《中国权力的范围》(*The Scope of State Power in China*), SOAS/香港中文大学,1985,第295—347页。魏丕信:《清流对浊流:帝制晚期陕西省的郑白渠灌系统》,收于刘翠溶主编《中国环境史论文集》,台北:"中研院"经济研究所,1995。

[④] 魏丕信、王国斌(R.Bin Wong):《养育人民:中国的国营民仓制度,1650—1850年》(*Nourish the People: The State Civilian Granary System in China, 1650-1850*), University of Michigan Center for Chinese studies, 1991。

济发展，①等等。我在研究这些题目时，注意到了以下现象：一方面，无论从政府能够配置于此方面的人员来看，还是从国家所控制的资源来看，官僚机器都显得很虚弱；另一方面，在人力和资源的组织与动员方面，国家具有一种相当明显的能力，因此确实取得了相当的成就。这两方面的反差，颇令我感到惊讶。

虽然这些成就并非在任何情况下都可取得，但在许多事例中却确实取得了。由于这些成就是在巨大的技术局限和困难的情况下取得的，所以就更为引人注目。我相信我关于18世纪荒政的研究，已确定了以下事实：在当时困难的条件下，帝国的官僚机构，确实仍能够非常有效地发挥作用，使人民能幸免灾荒和匮缺所带来的最恶劣影响。简言之，与大多数史家的看法相反，这一切远非只是"有名无实"。

确实，像我所证实的那些成就——或者说，即使并非所有都是成就，但至少都是经过大规模的努力——主要是在特殊的条件下获得的。赈灾和其他类似的行动，都近乎所谓的"运动"。由此自然出现的问题是：是否应当只把这种成功视为危机时期政府活动和效率的突发？按照这种看法，在危机时期，国家干预到达了高峰，并且在时空方面都很集中，所以此时政府活动效率甚高；而在一般情况下的行政管理，则是日常化的、繁琐的、而且往往是低效率的。这两者恰好形成对比。自我开始做赈灾研究以来，我的（以及他人的）研究都使我深信：在任何一种官僚机构（无论是国家的还是私

---

① 魏丕信：《帝制晚期中国关于经济发展的官方观念》（*Official Conceptions of Economic Development in Late Imperial China*），收于《郭廷以先生九秩诞辰纪念论文集》，台北："中研院"近代史研究所，1995，第2卷。

人的、是传统的还是近代的）中，都必定会有大量的日常性事物和低效率——明清中国当然也有这些问题。但是我们也很难说上述成功只是危机时期政府活动和效率的突发。用同样的例子来看，这是很清楚的：在明清时期（特别是在清代），救荒运动的组织绝非无中生有，也并非一时之举。其成功是以高度的有备为前提的。在救荒方面，维持大量的粮食储备当然是关键的任务，同时也是一件复杂而费力的工作。但还不止如此，还存在着大量非常复杂的规章和手续。这些规章和手续是普通的地方行政的一部分，换言之，它们不仅对专家和紧急情况有意义，而且每个地方官员都应当掌握之，以便在必要时执行。

这种情况使得官箴书进入了我们的话题。对我的赈灾研究很重要的一种材料，是我称为"荒政书"的一类文献。这类文献数量颇大，所谈论的不仅有那些写得非常精确的救灾手续和规章，而且也有相关的各种问题，诸如农业改良、粮储管理、价格控制，以及维持户口登记以利于在紧急时刻采取行动，等等。不仅如此，有许多这类材料也被包括在我称之为"普通从政指南"的一类文献中。这就是说，救急措施和有备政策二者，都是州县官必备的应用知识的一部分。如果他们要胜任这些工作的话，就必须懂得这些知识。事实上，不仅是州县官，而且还有其上司及其私人幕僚（对此我在后面还要谈），也必须懂得这些知识。

换言之，上述材料和问题，都促使我在日常行政管理的一般背景下，重新检讨能力、训练、动员等问题。史坛流行的观点一直是：明清地方政府基本上掌握在人数极少的州县官和更高等级的官员手中（人数极少是相对于人口的规模而言）。他们主要操心的事，是防止出问题，平平安安做满任期，同时至少也要弄一点钱——很可能是一大笔钱。他们的理想是得到一个"美缺"，即一个问题少而收入高的职位。换言之，除了少数以其勤勉和廉洁令其大多数同僚感到窘困的模范官员外，占统治地位的官员的态度是冷漠和贪婪。

据一般的看法，官员的另一个主要特征是无能，原因是管理经验和管理知识——实际权力——操掌在那些盘踞于州县衙门以及更高级别衙门的胥吏手中。这种普遍的看法，确实是以众多的当时人言论为基础的。胥吏一般被认为是腐化堕落之人。因此，掌印官①只能通过把合谋与监督相结合的办法，使自己免于胥吏恶行之累。一般而言，监督要靠官员自己的雇员（特别是幕友）来执行。幕友应当具有必要的财务和法律知识以免被胥吏操纵，并能帮助自己的东主去满足朝廷在财政收入、维护法律与秩序等方面的需要。而他们所为的结果，最终又会决定其东主考成的等级。

我承认上述描述似乎有些简单化。但是我也认为这个描述相当忠实地反映出不少学者在此问题的研究中所发现的内容。这些学者不仅包括诸如瞿同祖、萧公权②以及黄仁宇（后者研究的是明代，而且研究风格也不同）③等有名的华裔史学家，而且也包括日

---

① 原文作 Ranking official，即朝廷委派的流内官。本文作者自加的中文释语作"掌印官"，兹从之。——译者
② 瞿同祖（T'ung-Tsu Ch'i）:《清代的地方政府》（*Local Government under the Ch'ing*），Harvard University Press, 1962。萧公权（Hsiao kung-chuan）:《中国农村：19世纪的国家控制》（*Rural China: Imperial Control in the Nineteenth Century*），University of Washington Press, 1960。
③ 黄仁宇（Ray Huang）:《万历十五年》（*A Year of No Significance: The Ming Dynasty in Decline*），Yale University Press, 1981。

本的所谓的京都历史学派。该学派的史家将官箴书带到了学坛，因而他们的研究也特别令我们感兴趣。宫崎市定和佐伯富等学者认为：自宋代以来，士大夫已掌握不了地方政府，而胥吏才握有实际的权力。原因是胥吏了解地方情况，职位稳定，还具有技术性能力（事实上，时人如顾炎武、黄宗羲或19世纪经世学派学者等所作的批评与此看法似乎颇为相近，但京都学派史家把这种制度的变异当作了结构性的事实）。因而，对于士大夫来说，如果想要在宦海之中生存，主要问题之一就是防止胥吏胡作非为和操纵政事。根据宫崎市定和佐伯富的看法，牧令书主要是帮助州县官达到上述目的的诀窍。与他们意见多少相近的是另一位学者白乐日（Etienne Balazs）。他在1963年故去前不久对牧令书中的经典之作之一——汪辉祖的《学治臆说》——作了研究，并将该书节译了出来。[①]

上述看法完全是错误的。在官箴书里的确有许多内容是关于控制胥吏、保持自身廉正和防止胥吏舞弊的。但我一直很难相信以下说法：把书呆子气的、不实干的和懒惰的文人，与邪恶的、狡诈的和不顾道德廉耻的胥吏结合起来，就能够颇有效率地统治巨大的中华帝国，使之在相对长的时期内和在巨大的制约和困难中，保持一种相对不错的状态。如前所述，我关于赈灾和其他题目的研究，就描绘出了一种不同的情景。当我将研究兴趣转向地方治理的其他领域（如司法等）时，以下情况对我来说就更清楚了：支持这整个制度的，是其组织和运作手续的极端老练与灵活，与一个由非常专

[①] 参阅白乐日（E. Balazs）：*Un manuel de pratique adimministrative locale de 793*，收于 *La bureaucratieceleste*, Gallimard, 1968, pp. 267–289。原出于白乐日：《传统中国的政治理论与行政实际》（*Political Theory and Administrative Reality in Traditional China*），University of London Press, 1965。

门和干练的官员组成的活跃的小群体所具有的进取精神。这个活跃的小群体，我称之为"治国精英"（administrative elite）。这个治国精英群体所体现和倡导的价值观，包括技术与道德两个方面。换言之，包括了治理的干练，对于毋使技术知识为胥吏所专的关注，以及尊重奉献和个人责任的意识，这些又都是保证对人民实施正确教养所必需的。

正如我在晚近的研究中所提到的那样，[1]清朝皇帝以及那些最忠实、政治上与皇帝关系最密切的高官（无论朝官还是外官），其目标与执着信念之一，就是认真地在官僚机构中推广这些价值观，使之深入人心。清朝的君主和政治领袖人物认为普通官员既不可靠而又无能，所以希望以此方式提高后者的可靠性和能力。这一点就是清廷在1744年试图做到的。清廷于此年下诏规定：每个县令每年都要视察其辖下的每一个村子，还要填写年度登记表，表明他采取了什么方针来改善该地情况，并取得何种成果。各省巡抚将这些内容加以编辑，然后呈交朝廷。这套手续，目的在于对地方官员的所作所为，按照"应兴应除"的条款，系统地加以控制。在上述研究中，我称之为"县令活动的审核"。

这套手续很快就搁浅了，这并不令人感到吃惊。其之所以搁浅，是因为它对州县官的要求太高，高得只有积极进取的超人或是极端忠心和苦干的官员，才做得到。换言之，只有"精英人物"而非普通官员才做得到。这样的精英人物，在官僚队伍中只可能占少数。在"应兴应除"这种控制手段消失之前，至少有一个省（或许

---

[1] 魏丕信：《1744年县令工作的年审及其命运》（The 1744 annual audits of magistrate activity and their fate），Late Imperial China 第18卷第2期，1997。

还有别的省）也曾努力执行之。这个省就是陕西省，而当时的巡抚则是已经成名了的陈宏谋。陈氏当然是我正在讨论的治理精英的代表者之一。这个插曲自身颇为有趣，但在清帝国的行政结构中并未留下多少痕迹。那么，为什么我还要讲述它呢？这是因为：乾隆皇帝及某些雍正内廷留下来的高级臣僚（如讷亲与张廷玉）欢迎我所说的积极进取的官僚精英的关注和理想，并且尽力推行他们的道德与职业的价值观。他们在1744年所采用的方法是强令地方官走出衙门，遍访辖区，了解民间疾苦，改善人民的物质与精神状况。

我讲这个插曲的另一个理由，是治国精英的这些关注、理想和价值观，正是本文所谈到的许多官箴书的内容。换言之，这些官箴书，由于其首先是着眼于未来的从政者（或者是刚刚从政的官员），因而在明清中国的行政文化中似乎起到了一种关键的作用。这就是我为何在几年以前开始研究这些官箴书的原因。

在进一步展开讨论之前，我要对一些具体问题作出说明。

首先，毋庸多言，明清时期官箴书（特别是针对州县官的官箴书）的存在及其重要性，并非我的发现。即使不是为官箴书自身的研究之用，这些书也被前面提到的瞿同祖、萧公权以及詹姆斯·瓦特等学者作为研究其他问题的资料而广泛使用。詹姆斯·瓦特关于明清中国州县官的杰出研究，[1] 还包括了一个关于一些重要的清代官箴书作者的附记。前述的日本学者也出版了一些官箴书原文并为之作了索引，其中较为著名的有黄六鸿的《福惠全书》。[2] 仁井田陞

---

[1] 詹姆斯·瓦特（James Watt）：《帝制晚期中国的知州》（*The District Magistrate in Late Imperial China*），Columbia University Press，1972。
[2] 参阅佐伯富《福惠全书语汇解》，同朋社出版部，1972。

也写过一篇关于东京大学大木文库收藏的从政指南的有趣文章。①此外，我还可列举出一些别的文章。

其次，众所周知，官箴书，不论是道德类的，还是技术类的（下面我还要进一步谈这个区别），都在明清以前很久就已出现。最早的州县官从政指南类的经典之作可追溯到南宋。但在此之前很久，早在秦墓出土文书中，就可发现一些文献，尽管其篇幅不很长，而且不很系统，内容也颇为有限，但肯定属于我下面要讨论的广义上的从政指南。

最后，我要指出：我于数年以前开始的关于明清从政指南的研究，促使我着手编辑一部《中国官箴公牍评注书目》。这项工作对我特别重要，使我认识了这类文献的复杂、丰富、潜在用途和众多数量（关于这些，在本文中只能作一个初步的介绍）。这里要强调的是，在将清代州县官从政指南中较为知名和较易得到的那些文献作了登记录入之后，我很快就看到：除了这种在传统的图书分类法（如《四库全书总目提要》）中被称为"官箴"的标准形式的文献外，还有大量的专业化程度不等的文献，需要加入这个书目。只有这样，我们才可能对那些加入政府（或希望加入政府）的人都能得到的、不同种类的"教导文献"，②有一个全面的了解。换言之，这项书目工程，使得我看到了众多的文献，其范围远比我原来预期的更为广大，同时，提出了一些我以后不得不作讨论的、关于定义和选择的问题。

---

① 仁井田陞：《大木文库印象记》，《日本国大木干一所藏中国法学古籍书目》，田涛编译，法律出版社，1991。
② 原文作Didactic materials。"教导文献"是作者自加的中文释语，兹从之。——译者

如前所述，在明清以前很久，官箴书就已存在了。当时同样真实的是：在明清（特别是清代），这类书籍的创作数量有了巨大的增加。一般而言，成书的时间越后，书籍保存下来的机会也就越大。这对某些官箴书（特别是那些因时人并不认为很重要、故未反复刻印或收入各种丛书的书）的流传来说，确实如此。但明清官箴书的激增，并不能简单地仅用此理由来解释。这个激增是实实在在的，且已被下列两类书的数量证实，即（1）实际幸存至今的书；（2）本身已消失（或者说我至今无法追寻到）、但通过他人征引可以知道其存在的书。

明清从政指南创作的激增肯定与所谓的明代"印刷革命"有关，因为这个激增与16世纪以来地方志以及其他种类的印刷品的出版繁荣颇为相似。但这仍然也只能是一个部分性的解释。很明显，此现象提出了一些与中华帝国国家本身的历史以及该帝国官僚机构有关的、饶有兴趣的问题。这些问题之一是：明清时期对行政指南和其他训导读物及其种类，为什么会有远比过去大的需求或市场？这是一个复杂的问题，对此我并无现成的答案。但其中至少有一个方面，因其对写给官员的训导读物的写作和使用具有明显的影响，所以我愿意发些议论。这个方面，我称之为"明清国家机器的扩展"。

对许多今日的史家（至少是西方的史家）而言，这样一个概念可能听起来有些刺耳。乍一看，这个概念与美国人类学家施坚雅的一个著名观点相矛盾。施氏于1977年在其《中华帝国晚期的城市》一书中提出了此观点，尔后为无数学者所接受。据此观点，在中华帝国最后的一千年中，全国官僚建制的密度在稳步缩减。缩减的原因是：虽然中国人口不断增加（特别是在16至19世纪的"近代早期"），但州县衙门和掌印官的数目却大致不变。当然确有一些增加，但这种增加充其量也是非常缓慢的，而且主要是发生在那些被逐渐纳入帝国官僚统治的边疆地区。其结果之一，依照施氏及其追随者的说法，就是官僚机构所直接提供的服务的范围一直在收缩，因为这些服务越来越多地由民间组织如宗族、行会、牙行、包揽、善堂等来承担。有些学者因而认为出现了一个将若干公共服务"私有化"的倾向。

我认为应对该这些观点作很多限定。如果我们考虑的不是掌印官的数目，而是包括未入流的官员和非正式的政府机构在内的整个国家机器的规模，那么情况就大不相同了。我们可以说：国家机器在扩大，其规模至少是与人口增长及经济增长保持同步的。我觉得18、19世纪国家机器的扩大，不仅从绝对意义上而言是如此，而且从相对意义上而言也是如此。这一扩大，使得即使是在最偏远的乡村，也能更为直接地感觉到国家的存在。

重要的是，国家机器的扩大，与国家存在和干预的性质上的变化，肯定是相伴的。由于上述的代理现象，国家的存在和干预也变得不很直接，而且越来越非中央集权化。但这并不意味着国家正在放弃其控制社会和经济的每个方面的雄心。此外，在行政机器的不同部分之间的权力分配上，也肯定有相当的变化——这一点，在地方行政方面特别明显。这些不同的部分包括：（1）由中央政府委派的官员组成的常规官僚；（2）在本地招募的胥吏；（3）由官员个人雇佣的幕僚与家人。在清代，虽然掌印官的数目大体不变，但胥吏与私人雇佣的人员（包括幕友、长随和家人）的人数无论在绝对还是相对的意义上都扩大了。因此之故，这三个部分之间的权力分配也发生了变化。

无论在中央各部还是在地方政府中的胥吏数量都有激增。尽管要大致准确地计算出其增加数量是不可能的，但是有充分的资料表明：在各级衙门中，虽然典吏的正规名额很少，但由经承私人雇佣的贴写（帮书）、小书、白写的人数却一直在增加。即使朝廷宣告这种做法是非法的，并定期要求清除这些额外人员，但各省当局还是默默地接受了这个现实。①李德（Bradly W. Reed）近来以清末的巴县档案为基础的研究清楚地说明：由于额外人员实际上不可缺少，因此朝廷想要赶走他们的意图，被督抚们不声不响地忽略了；复杂而又笨重的文牍机器，继续一如往昔地发挥作用、提供服务。②该研究还表明：胥吏所遵从的纯粹是一套圈内的规则。这些规则与各省通过正常渠道发布的省例毫无关系，但州县官在对胥吏之间的冲突进行仲裁时，仍接受这些圈内规则。

但是，就本文所谈论的题目而言，我更感兴趣的是地方官员的私属人员的扩大。到了18世纪，这些私属人员逐渐成为很大的管理机器并发挥作用。因为这些人员以其主人私宅为基地，故亦称为

---

① 有少数几个督抚公开声称：由于要做的工作太多，绝对有必要保持额外书役。雍正朝的河南巡抚田文镜是其中之一。见《皇朝经世文编》卷二四《复陈书役不必定额疏》，1729。
② 李德：《丑闻与文官：帝制晚期中国的书役和地方行政》（*Scoundrels and Civil Servants, Clerks, Runners and Local Administration in Late Imperial China*）博士论文，University of California at Los Angeles，1994；《金钱与公正：帝制晚期四川的书役与县衙门》（*Money and justice: clerks, runners, and the magistrate's court in late imperial China*），*Modern China* 第21卷第3期，1995，第345—382页。

"内衙"。①为一个治理大县的县令服务的私属人员,通常有50或60个私仆(即长随与家人),外加10多个幕友。为省级的高官服务的人员,还多得多。这些私属人员被赋予了重要的责任。他们应当指导和操纵胥吏的工作,但他们与正规胥吏机构之间的关系也要遵循一套精心策划的规则,以防止二者相互勾结和进行交易。确实,对此清代最详细的牧令书就有相当细的章节进行了描述。

地方官僚机构中私人部分的这一发展,虽然已被注意到,但以往人们对这一发展的重要性的注意却不够。最吸引历史学者注意的是幕友。例如,瞿同祖说幕友有点取代了佐贰,后者的人数和责任在明代以后大大缩减了。②这确实是一个"权力私有化"的例证。就社会地位而言,家人因其社会地位颇低,是一个完全不同的群体。但是他们在地方行政的指导和为其主人服务方面,也起着重大的作用。他们不仅在衙门里起作用,而且他们还是其主人手臂的延伸,为之在该县范围之内(甚至之外)执行许多任务。与此相对照,幕友却应当留在住处并避免与外界接触。③

这些类型的人员都来自其所管理的州县之外(这一点,与其主人相同,而与胥吏相反)。我认为其出现是明代向清代转变的一个非常显著的方面。明代的牧令书中没有讲到州县官的私属(家人和

---

① 关于这种私人的行政机器的问题,参阅郭润涛《长随行政述论》,《清史研究》第4期,1992。
② 参阅瞿同祖《清代的地方政府》,第8—13页;并参阅尼米克(Thomas Nimick)《晚清的县、县令和衙门》(*The county, the Magistrate and the Yamen in Late Imperial China*)博士论文,Princeton University,1993,第32页。
③ 关于家人的作用,参阅郭润涛《长随行政述论》。关于他们在县外的活动,见佐伯富《清代的坐省家人》(たおける坐省家人),收于佐伯富《中国史研究》第2卷,第379—391页。

长随），也未谈到幕友。①例如，尼米克在其关于晚明县令的博士论文中，广泛地使用了从政指南中的材料。该论文清楚地表明：直到明末，县令直接与其属下的佐贰杂职以及经承打交道，这些人在明代的职责也比在清代更大。②

这个转变确切地发生于何时何地尚不清楚。清代第一部主要的牧令书，是潘杓粲于1675年写的《未信编》（序作于1684年）。该书在州县官要打交道的人的名目中，并未提到这些私属。该书的后继者是黄六鸿的《福惠全书》（序作于1694年）。其作者如潘杓粲一样，在17世纪70年代曾任县令。③与《未信编》不同的是，此书有一节"延幕友"，另一节"募家丁"。④实际上，类似的文字一直到清末都有。无论如何，在18世纪，从县令到总督的地方官员的私属人员的迅速增加，似乎是一个普遍的现象。

这种增加，也可从正反两面来看。在汪辉祖的《学治臆说》有一段有名的话，说：在18世纪60年代（彼时他还年轻），幕友都还坚持自尊自重，忠于东主，勤奋工作，否则就要被同行嘲笑奚落。与此相对照的是，自18世纪60年代以来，任人唯亲、玩世不恭和贪求钱财变成了幕友的主要特征。⑤但事实上早在18世纪40年代，就有人公开抨击幕友卷入关系网，以谋求私利。特别受谴责的做法，

---

① 但是，幕府是明代后期高级文武官员的随从的一个特征。见费兹帕德里克（Merrilyn Fitzpatrick）《中国东南部的地方利益与反对海盗的行政，1555—1565年》（Local interests and the anti-pirate administration in China's South-east, 1555-1565），Ch'ing-shi wen-ti，第5卷第2期，1979年。
② 前引尼米克《晚清的县、县令和衙门》。
③ 黄氏在写《福惠全书》时，承认受到潘氏《未信编》的影响。
④ 见《福惠全书》（小田行简1850年编辑本），卷1，第12B—15A页。
⑤ 《学治臆说》"得贤友不易"。

是出面为其上司（或上司的幕友）向新到任的州县官推荐幕友甚至长随。这些幕友和长随以后会与推荐人保持联系，而不是对其东主忠心耿耿。①总之，到了19世纪，幕友与掌印官、书吏、长随和家人相互勾结，互通消息，玩弄权势，似乎成了更大的问题。②

国家机器中这个重要的非掌印官部分即幕友，本应是忠诚和慎重的典范，却卷进了权势交易网并陷入了贪污的泥潭。这是事情的黑暗面。其光明面则将我们带回了我前面提出的"精英治理的环境"（elite administrative milieu）的概念。我在阅读官箴书（特别是官箴书的序言）时发现：这种"精英治理的环境"的特征之一，是拥有不同品级和地位的人士，共同热衷于探讨治理技巧和共同关注"为民""敬民"和"爱民"等问题，此时他们之间的品级和地位差异，也不为人重视。例如，督抚和州县官会彼此交换书籍，分享同好。在此场合，他们就像朋友一样，而非上下级。这群积极想要改进治理的人，不仅包括有品级的官僚，而且也包括无品级的文人学士、想要出仕的官僚家庭成员（一般是跟随在任父辈的子侄），以及不少幕友。幕友有时也由于其能干的名声和著述而博得相当的声誉。从《病榻梦余录》中的许多文字可见，汪辉祖当然是那些最为人景仰的幕友之一。但他绝非唯一的例子。

简言之，我相信幕友在清代地方与省政府中所起的作用极其

---

① 例见陈宏谋《培远堂偶存稿》，卷一六第16A—17A页，1743；卷三一第36A—37B页，1752；卷三四第28A—29B页，1754。
② 例如19世纪30年代的事例，可参裕谦《勉益斋续存稿》，卷二第31A—32B页，卷八第26A—27B页，卷一一第5A—6B页。1833年，新到任的湖北江夏县知县被迫接近30个以上推荐来的幕友。这些人耗费了他大量的金钱，但对他毫无用处（卷二第31A—32A页）。

重要，所以应当将其视为前述国家机器扩大的关键因素之一。他们不只是新增的人力，而且还为决策层增添了高度的熟练技巧和可靠性。正如在掌印官中一样，幕友中也有一些深受好评和敬重的人。精英官僚和精英幕友一道形成了一个专家集团。这个集团在政界颇受重视，并得到清朝皇帝的大力支持。

对于幕友中的一些人而言，其谋略和技术的影响力在于其著作。在这些著作中，有大量的纯技术论著（我在后文中将详细地讲到其中一些）。这些技术论著常常展现了地区专业化的程度，也就是说，强调用省例成案来补充朝廷六部面向全国颁布的则例。但还有许多幕学书很接近我所说的"普通州县官入门"。这并不令人惊奇，因为一个幕友应当在其东主宦途中的许多关键时刻——如莅任、交代、处理钱谷与刑名事物等时候——协助之（事实上是代其行事）。

这种"普通州县官入门"与那些幕学书，至少有部分是相重合的。这是因为有些作者先做过幕友，后来又当上了官，而且无论在幕友或官员的职位上都颇有名声。幕友通过考试或捐纳之后可以变成官员，而通过捐纳入仕在晚清似乎也并不少见。①因此他们能够在其仕途中，使用其在游幕经历中积累的知识。从某种意义上来说，能干而且经验丰富的幕友，一旦成了官员，很可能就是最好的州县官，或者说，至少是最有技术知识的州县官。在这种幕友成为模范官员的例子中，汪辉祖不过是最为人所知者而已。

为幕与为官两种经历的接近与连贯，也清楚地表现在张廷骧为

---

① 《求牧刍言》的作者阮本焱就是一个很好的例子，但还有一些别的例子。

一部有名的幕学书——万维翰的《幕学举要》——所写的序言中。① 顺便说一句，万维翰就是我刚刚提到的那种声名狼藉的幕友的一个绝佳例子。他在乾隆前半期很活跃，出版了至少6部幕学著作。至于张廷骧，也显然是一个幕友，但活跃在一个多世纪以后。他出版了一部小型的幕学丛书《入幕须知五种》，其中包括了乾隆、嘉庆和道光朝的著名幕学著作。《幕学举要》张序中有一段话说：

> 嗟乎！幕虽小道，非洞达世情，周知利弊，焉能出而佐人？书中总论官方所以兼及居官之道与用人之法，不仅为习幕言之，实仍为习幕言之。盖幕与官相表里，有能治之官，尤赖有知治之幕，而后可措施无失，相与有成也。幕顾可忽乎哉？

这段话，很好地说明了一个官员与其幕友（或者如人们所称呼的那样，是其"师""师爷"）形成的配合。我觉得这种配合与中国政治传统中的君臣的配合是相一致的。

在同一方面，我还要谈谈阮元为汪辉祖的两部著作重刊合订本作的序——《重刻〈学治臆说〉〈佐治药言〉序》。这是汪氏最有名的两部著作，前者成于1793年，后者成于1785年。后者的名字就明示该书为幕学书。阮元的序应当写于19世纪初期，但现在所见者，在1886年版的《宦海指南五种》（此书是面向州县官和幕友的）中。阮序清楚地说出了汪氏二书所包含的两个方面的差异：《学治臆说》是"备论州县检身治民之道"，而《佐治药言》则是"备论

---

① 《幕学举要》有作者1770年写的自序。但该自序表明该书实际上是在乾隆初年写的。

幕友办事立品之宜"("品"对幕友至为重要)。阮元又说:

> 此二卷反复数万言,无非上重国事,下济民生,乃极有实用之书。初仕者读之,胜于十年阅历矣。

尽管《佐治药言》面向幕友,但在该书所有的序中,都被认为是掌印官必不可少的著作。这些序也强调了汪辉祖游幕的经历,是如何使其成为一个出色的官员的。

事实上,我们常有这样的印象:幕友参与行政和司法事务确实很重要,而且掌印官也欣赏这种参与——不仅是其东主,而且也是整个官僚集团。虽然幕友不露姓名地在其东主的幕府中工作,但是他们在政府决策过程中的重要地位事实上也得到公开的肯定。至少是在有异于泛泛的政策辩论的单个事情或案件的处理中,较受尊敬的幕友会被视为准合法的讨论参加者,协助作出决定。之所以说"准",乃是因为他们不能在最后的"禀"文上署名,但大家也都知道他们是"拟"文的实际作者,而且一旦其"拟"被更高的官员接受,他们就能得到相当的权威和声誉。这种情况在司法领域里似乎特别明显,亦即在对法律和判决的解释方面,幕友确实起了很大的作用。

在此意义上而言,幕友大不同于书吏。后者仅仅是使用其关于条例的知识的技术人员,而非被允许对这些条例进行解释的决策者。在此方面,清朝的制度截然不同于明朝的制度。在明代,"拟批"是书办的工作。[①]但在清代,书办却只能查找有关的原始文献

---

① 见潘士良《大明律例临民宝鉴》序,苏茂相辑,1632,第4页。

和前例,并确保将这些文件送到上级衙门。而专于法律的幕友(即刑名师友)才能解释法律、草拟呈交上级官府的判决建议。但是这个由明至清的转变究竟发生于何时何地,尚不清楚。

某些幕友能够在此过程中取得声誉和权威,这可见于汪辉祖的自传,即前面提到的《病榻梦痕录》。早在他于18世纪60年代首次做幕友时,就参加了棘手的法律案件和行政争议的讨论。其回忆录详细地显示了:他的看法尽管受到同事的反对,最后仍然上达督抚,而且总是为督抚所批准(汪氏是颇具自尊心的人)。而且,尽管他所提出的意见和草拟的判文在上报时用的是其东主之名,但对于接受这些文书的督抚来说,它们是出于某个幕友之手,是毫无问题的。他们也可能会问及该文书是谁人写的,并称赞其能力。1756年,汪辉祖为其东主苏州粮道胡公写了一个关于解决旧漕船替换这一棘手问题的建议。江苏巡抚庄有恭看了汪氏草拟之文,说:"理足辞达,必可不致部驳",并与胡粮道作了以下交谈:

"此稿另一手笔,得毋易友乎?"胡公以余名对。先生曰:"前在无锡办浦姓案,将来条议当令此君为之!"①

如前所言,当汪辉祖回忆起他的名声在那些显赫的督抚(诸如此案中的庄有恭、后来的陈宏谋等)耳里是多么响亮时,他并未感到有何不安。

我之所以如此详细地讨论幕友,是因为有汪辉祖本人。他所写

---

① 《病榻梦痕录》卷二第12A页。引文中所说的浦姓案,是一件关于无锡浦氏继承问题的复杂案件。汪辉祖曾草拟过处理方案。

的官箴书，后来一直被奉为经典，在无数的著作中被当作典范而加以引用或讨论，而且在19世纪被重刊多次。但是他并非孤例。在参与前述明清时期国家机器扩大的各种人中，幕友创作了大量的专业教导文献和各种类型的格式（这一点下面还会谈到）。我注意到：长随和家人在清代地方政府转变中也扮演了积极的角色，但他们只是在非专业的文献中被提到。事实上，我唯一知道的提到他们的文献，是冠以诸如《偏途论》《长随论》之类标题的文字，但我至今尚未能够查阅到。

总之，以上面所谈为背景，我在此尝试对这些教导文献作一个较有系统的描述。这些文献，是清代以及清代以前的初出仕、以后将出仕乃至已有经验的官员和幕友都可得到的。正如我们将看到的那样，要做到这样一个描述并不容易，因为在对这些文献进行分类时有几种不同的方法，或按内容，或按风格，更无论还有很多中间性的或复合性的方法了。

二、官箴、指南与公牍：一个暂时的分类

供治民者阅读之书的写作与出版，在明清时期有快速的增加。上节所讨论的，主要是这个增加的背景情况。在讨论中我强调了如下事实：国家机器在清代扩大了；特别是那些虽无官品，但仍然在国家官僚机构内进行管理工作的人员的数目，似乎有相当大的增加。这些人员包括书吏、胥役等下层官僚机构人员，也包括各省官员的私属人员。至少就州县官和知府的衙门而言，幕友似乎可以说是清代的新生事物。在这些私属人员中，我较详细地谈了幕友，原

因是：（1）他们投身清代官僚机构的活动是极其重要的；（2）至少是他们中的一些人，被非正式地接纳成为我上面所定义的那种明清官僚中的自觉的专业精英。此外，在明清关于各种政务和管理的教导文献的写作中，幕友也一直起着非常积极的作用。所谓官箴书，只是这些文献中的一部分。

这些教导文献（或从政指南）之所以重要，是因为它们有助于我们更好地了解参与治理中华帝国的各种人员，是如何了解其工作和如何受训练的。它们也有助于我们更好地认识那些最忠诚、最干练的官员试图反复灌输给其同僚和下属（特别是涉世未深的年轻官员）的伦理和专业价值观是什么。此外，在很大的一部分教导文献中，还就治理地方的实用方法提供了具体的论述，其中有不少为我们提供了了解明清中国不同时间和不同地点的情况的丰富信息。因此，下面我就对这些教导文献作一个综合性概述。

要作这样一个概述，必须区分两种不同的方法：第一种是按内容，第二种则是按形式。这两种方法必须加以分别对待，原因是内容和形式二者之间并无自动的对应关系，亦即：（1）一种已知的形式，可能与不同的内容相结合；（2）就各人所见到的书而言，这种内容的结合也非常不同。

因此在本节中，我首先要讨论那些供治民者读的教导读物中的内容。接着我要提出一个暂时性的分类方法，以便区分在这些读物中所体现的各种形式及其变异与结合，并区分其中的特别内容。

（一）内容

这些书中的内容，可分为两大类。一般而言，第一类与官员及其行为有关,而第二类则与管理及其技巧有关。因此之故,我称之为"行为"类和"技巧"类。

1. "行为"类

我称为"行为"类的内容,包括那些与官员自身的公私行为(即作为个人的行为)有关的内容。例如:(1)他们在其仕途中必须通过的各个步骤(从在京城获得任命到莅任);(2)他们与同僚及上司的关系;(3)他们对下属及身边人员的态度;(4)他们与社会的各个部分(如绅士、商人等)如何打交道,如何与一般的"人民"发生关系。伦理道德当然是这种行为类内容的重要部分之一,它包括(1)如何保证治理(特别是在司法方面)不偏不倚;(2)如何保持廉正;(3)礼品的收受问题;(4)"要钱"问题和更为普遍的官员个人预算问题;等等。

所有这些在"行为"范畴中的忠告,我都称为"劝告"或"训诫",它们与官箴中的"箴"字的意义很接近。顺便说一下,在古代,"箴""官箴""箴言""箴规"等词,意味着官员对君主提出的警告和批评。与此相反的意义,即君主对官员提出的警告,则是被唐玄宗加上的。[①]玄宗的这段名为"令长新戒"的官箴,由24句四言韵文组成,写得四平八稳,成为宋太祖颁布的16字官箴的原型。后一著名官箴即:"而(尔)俸而禄,民脂民膏,下民易虐,上天难欺"。这段文字一直到明代都被刻在州县和府衙门前的戒石上。在清代(事实上还更早),官箴的精髓被浓缩为"清""慎""勤"三字。事实上,在第一部为人所知的牧令书——南宋初年吕本中写的

---

① 关于官箴一词的源流,见夏桂苏、夏南强《说官箴》,刊于《中国文化》卷14,1996。

《官箴》——的第一段中，就很强调"清""慎""勤"三观念。

在不少内容属于行为类的官箴书中，①有一种强烈的自我修养（说"自我劝戒"可能更合适）的倾向。明代以来的行为类官箴书中，有相当数量的书都将"功过格"的观念及计算方法运用于那些官员生活中特有的问题上。这是一个颇令人感兴趣的发展。就我所见而言，这类文献中最系统者，是金庸斋的《居官必览》。该书成书于1757年，后来有几个19世纪的版本。该书篇幅相当长，针对地方官员的社会活动与治理活动的每个方面，大量引用经过改编的袁黄（字了凡，晚明人）的功过格。其他的书中也有一些部分有同类的功过格。属于同类劝戒的，还有关于人的行为（善行或恶行）引起报应（因果）的说教。这些说教见于不少官箴书（包括一些纯粹是宣扬佛教思想的书）。②

2. "技巧"类

上述的第二类内容谈的是治理的技巧。确切地说，这些技巧与个人道德并无关系。那些表现这类内容的书或章节，目的是说明中央制定的（有时也有省制定的）、与各级行政区域有关的规定，并为如何忠实而有效地履行这些规定而提出建议。这些书的作者时常坚持说：在履行这些规定时也应考虑风俗与民生的改进，并对此提出了建议。

这种技巧类所涉及的主题，数目上却相对有限。两个重要主题

---

① 这些书或文选的名字，常常使用格言，其意义大致与官箴相同。
② 例如蒋埴的《宦海慈航》（收于《檀几丛书》余集和《拜梅山房几上书》）。在供官员读的教导文献中，这是一种相当例外的文字，因为它对那些想要越过宦海的官员提供的不是"指南"（即一套方法），而是"慈航"，即佛陀拯救众生的大船。

是刑名和钱谷。刑名是一个特别关键的领域。这首先是因为律例非常复杂，以至所有这些书都说官员必须认真学习律例。其次是因为判案失误会引起严重的自然或社会后果。因此问题是双重性的：首先，要正确无误地执行法律条款，因为如果在复审或控诉程序中发现有错误，就会使提出判案的官员担当不起。其次，要使作出的决定能够从法律上和人情上被有关各方及公众接受。在此方面，如上所述，精通法律的幕友看来起着关键性的作用。

在钱谷方面，问题在于如何用一种不会有亏空的方法组织征税。同时官员也应当确保纳税人不必屈从于由各种与征税有关的人员（例如包揽钱粮的绅士、催差或柜书等）所强加的繁琐的手续和额外的征收（即陋规）。避免亏空和陋规，肯定不是一件易于达成的妥协。

除了管理司法和税收，另一个在大多数便览里都受到广泛注意的领域，是救荒及其技巧（常常还包括捕蝗在内）。此外我们也可以发现诸如劝农和水利之类的主题。

3. 关于行为和技巧的互动关系

必须强调：上述行为类内容和技巧类内容之间的区别，在官箴书作者的心里是非常清楚的。一些作者不仅在其书的正文中，而且也在序文和凡例中，清楚而且认真地对何者属于行为，何者属于技巧作了区分。在明代的官箴书中，我们可以引许堂的《居官格言》为例。许氏在16世纪初曾做过两任县令，之后于1513年任国子监训导[①]（《居官格言》一书的序，就是胡希颜于该年写的）。该书正文

---

① 我们可以注意到：这种相当较短、较简单的地方治理经历，在那些较有影响的州县官书的作者中并不少见了。在清代，袁守定（《图民录》的作者）就是一个典型例子，但绝非孤立例子。

相当短，系由关于县令的行为准则和能力要求（例如要精通现行法律与规定）的精练警句组成。这是行为类的部分。接着是篇幅长得多的附录，题为《施行条件》，讨论日常行政的具体细节。而这就是技巧类的部分。①

在序文和正文中将技巧（在此处，更准确地说是"政策"）与行为分开，一个清代例子是王士俊的《吏治学古编》。该书刊于1734年，把以前山东、河南两省的事例汇编起来，加以注释。为何要选择这两省？王氏系雍正帝的亲信，于雍正十年继有名的田文镜任河东总督，但在乾隆即位后因遇上政治问题而被解任。《吏治学古编》意在显示古代良好统治的传统。在河南，这种传统可追溯到周公，在山东则可追溯到孔子。更加重要的是，书中对所汇集的每一个关于良好统治和良好行为的历史事例，都作了很长的注释。这些注释详述了雍正帝及其在官僚机构中的主要党羽所倡导的各种具体政策与价值观。我之所以在此谈到此书，是因为它对各种政策（经济政策、司法政策、教育政策及其他）和行为、道德价值观作了认真的区别。该书共2卷，每卷又被仔细地分为20个条目。对各种政策的讨论在第一卷中，而对行为的讨论则在第二卷中。但是我们也要注意到：将上述两类内容放在一起的著作，与前面例子中说到的那些将这两类内容清楚区分开来的著作很不相同。

应当强调的是，在我下面将谈到的各类书中，只有一小部分书在内容上完全符合上述分类。就完全属于行为类的书而言，我们在前面已经谈到了"格言"类或"官箴"类书（这里所说的"官

---

① 另一个明代的事例是蒋廷璧的《蒋公政训》（跋于1539年）。该书有四个部分谈州县官的行为；第五个部分较长，详细讨论治理的具体问题。

箴"，是在前面所解释的"教导"的狭义上说的官箴）。这类书可追溯到吕本中的《官箴》。①另一类完全符合行为类的书是过去模范官员的传记汇编，这些传记一般是从正史中挑选出来的。②

说到"技巧"类，明清有大量此方面的便览和指南。这些书很少（或者完全不）包含教导和意识形态的内容，唯一的目的就是教授读者以治理的规则和技巧的细节知识。特别是在写给幕友看的、专门谈钱谷和刑名的便览，情况更是如此。在下节中，我将谈到这些便览所能采用的各种不同格式。但在此姑先举一部书为例，看看其目录是如何的详细。此书名为《钱谷备要》，系一稿本，共20册，藏于日本东洋文库，作者与年代均不详，但明显是乾隆朝的作品，而且主要是谈论施行于福建的省例。该书共有24个条目，包括：（1）征收，（2）解支，（3）词讼，（4）采办，（5）平粜，（6）奏销，（7）交代，（8）俸禄，（9）灾赈，（10）社仓，（11）仓库，（12）钱粮，（13）田宅，（14）盐政，（15）钱法，（16）蠲恤，（17）承变，（18）船政，（19）海防，（20）盘查，（21）户口，（22）税课，（23）劝垦，（24）邮政。从这些细目，可以相当详细地了解这类书所讨论的技巧的种类（但毋忘此书仅是为钱粮师爷写的）。这些章节的内容，全都是规则和施行方法，根本没有谈到道德或行为。确实，这些内容首先是与州县官自己有关，而钱粮师爷

---

① 但是，即使在这部很短的著作中，仍有一些条目是较为实用的。我们也应注意到：在宋以前，就有一些强调官员品行的文告，例如以武则天之名颁布的著名的《臣规》，有时也被列入"官箴"类。
② 这种汇编的一个很好的例子，是徐元太编的《全史吏鉴》。该书共10卷，1803年版的本子上有1600年折原序。该书从自《史记》到《明史》的正史中摘出了若干传记，分为循吏传和酷吏传，意图作为模范和警戒。在1803年的本子中，加入了30多个明代官员的传记。

的作用则是正确地履行这些技术性功能，从而创造条件，使其东主被视为诚实、正派、能干的官员并因此而受到尊敬。

然而，行为类和技巧类的两个层面也并存于许多书中。下面就从我所定义为"普通州县官入门"的那些书开始进行讨论。我也要说明：在某些方面，这两个层面很容易相互影响，因为技巧可能对官员的态度、行为和名声有影响。对此，一个很好的例子是这些书中对于控制胥吏问题的讨论。这一问题无疑极为重要，但也颇令人感到气馁。在牧令书中，这个问题总是在我所称为"行为类"的章节中进行讨论。这种行为类章节中的很大一部分是处理州县官与其身边的人员的私人关系的。对于胥吏，这些书劝告州县官首先要板起面孔以立威（必要时还要鞭笞那些不听话的家伙，以警他人），而且不要接受贿赂和非法的安排。同时，也要向州县官介绍簿记系统（这种系统有时极其复杂），使之或其私人助手能够紧紧控制六房（实际上经常不止六房），盯住每一件公文在这些部门之间或在内衙与外房之间的通过，检查是否遵循时限，等等。这些簿记的目的，是使官员能够防止胥吏在处理日常政务时上下其手，阻止他们滥用权势，捞取好处。前一种考虑（施加权威、拒绝让步、不收礼物等）属于"教导"（即"行为"），而其他的则属于"技巧"（或者可称之为"巧技"）。我认为：由于治理方面的良好道德主要依赖于适当的技巧，所以这两者是紧密地连在一起的。其结果之一是，在州县官指南的同一章节（即在官员对待其下属的方式的章节）中，也将这些技巧作为道德问题来讨论。

很清楚，胥吏在明清的行政中起着巨大的作用。如前所述，胥吏人数的增加（尽管未获行政法规的认可），是国家扩大的一个重要方面。掌印官对胥吏的管理和控制，无疑是明清国家的总体结构中的一个主要问题。很清楚，这个问题可追溯到宋代，因为在最早的一批牧令书中，已经有谈到控制地方胥吏的段落（例如在《官箴》中，吕本中认为应当将胥吏作为家奴对待）①。在官箴书和其他关于治理的资料里，占统治地位的或差不多是普遍的观念是：从本质上来看，吏几乎都是无操守的、腐败的人。顺便说一句，尽管这种观念主要是表现士大夫的偏见，但在许多现代史学研究论著中，却被未加批评地重复着。

事实上，掌印官也不一定就把书吏当作敌人对待，诸如田文镜、陈宏谋等著名的18世纪的政治家（此二人皆为前述治国精英的突出例子），都认为如果加以严格的组织和纪律的约束，书吏（包括贴写等额外人员在内）是有用的，甚至会是忠诚的。②陈宏谋特别强调：书吏和其他人一样，也有天良，问题是要教育他们，训诫他们，以提醒天良。《皇朝经世文编》所收的陈氏1743年的檄文，命令向江苏省所有的书吏分发他该年写的《在官法戒录》。此书是专门谈论书吏问题的，由从古代史书中选出的事例组成，并有陈氏所作的长注。其目的很清楚，是进行"劝戒"，重点放在善行与恶行所导致的因果报应上。因此，可将此书视为一部为书吏写的箴书，内容则属于行为类。这是我唯一知道的书吏指南。③

---

① 他说："事君如事亲，事官长如事兄，与同僚如家人，待群吏如奴仆，爱百姓如妻子，处官事如家事。"
② 见田文镜《复陈书役不必定额疏》（1729）、陈宏谋:《分发在官法戒录檄》，二文均收于《皇朝经世文编》卷二四。陈文亦见于陈氏《培远堂偶存稿》文檄，卷一六，第10A—12A页（乾隆八年五月）。
③ 可能还有各地编纂的供书役读的技巧类指南（刻印本或手抄本）。但我至今尚未发现之。

明清时期的官箴书与中国行政文化　　343

（二）形式

本节的目标，是将帝制时期中国的从政指南按照其类别（或形式）分类。本文（以及我正在做的《中国官箴公牍评注简目》中给"从政指南"下的定义颇具包容性，其内容比《四库全书总目提要》中依照传统目录学进行分类时所说的"官箴"类更多。我计划把所有意在实际活动和行为方面指导和帮助官员及其他治理者的教导文献，进行分类和概述。这就需要确定是否将这些书也包括在官箴书中的问题。下面我将对此问题作一讨论。

各类别之间最基本和最普通的区别，是"指南"本身与各个作者所做的"治理文件选编"之间的区别。前一类大体相当于目录学分类中的"官箴"。例如在《四库全书》的门类中，史部下有职官类，职官类下又有两个子目，即官制和官箴。后者所列之书，都重在对行为的劝戒，正如职官类前言所言："今所采录，大抵唐宋以来一曹一司之旧事与儆戒训诰之词。今厘为官制、官箴二子目，亦足以稽考掌故、激励官方。"[1]官制目与本文的讨论无关，而官箴目则是我们发现最早的从政指南（特别是州县官指南）的地方。

第二类（即治理文件选编）相当于公牍。许多古代和现代的学者都把公牍选编说成是对官箴的补充。在现代学者中，可以引用仁井田陞关于大木义库的文章中的一段话。他认为从本质上来说，这些指南和选编是同一事物（即为官员写的教导文献）的两个方面："指南（官箴）与经验（公牍）又是相互关联的，即使是将这两种

---

[1] 《四库全书总目提要》卷七九，第1B页。

不同的内容分开写,其性质与观点也很难区分开。"①

下面,我将首先讨论的是公牍选编,然后是州县官指南,最后是一些进一步划分的类别和亚类别。

1. 公牍选编

许多公牍的作者或编辑者都认为:他们将公牍选编成书,是出于教导的目的,并且为了使这些公牍广为传布。兹举一个较近的例子以言之。樊增祥是清末的一个官员,他将其从政文件编成了几部大型汇编,又说他已将其于1894年编辑的《樊山公牍》刻印了数千部并公开散发。但是,即使作者并无明显的教育意图,其他人为其书作的序常常也会强调此书的价值,在于为官员提供了一种典范。这一点,可以从作者序文中常用的诸如"圭臬"或"宝鉴"之类的字样中看出来。

这里有一个随意选出的例子,是许多同类选编的绝好代表,那就是刊于1901年的《学治识端》。该书所收集的文件的作者,是在湖南省做过十多年地方官的徐寿兹。正如所有同类选编一样,该书中所收文件,包括了作者与其同僚和上司之间的往来公文,以及作者给其下属和百姓的告示。该书有4篇序,其中最后一篇是徐寿兹自己于1901年写的。第一篇无日期,作者陆继辉。该序说徐氏是一个治水专家,曾陛见皇帝,之后能够在湖南南部执行其治水计划;又说他极得人心,所以在调任时,其治下人民不让他走。可见这是一个模范官员。徐氏的自序,则说他收集其从政文件,是在他被不公正地罢官后,为了回应同僚求教的要求而为的:

---

① 见田涛编译《日本国大木干一所藏中国法学古籍书目》,法律出版社,1991,第171页。

明清时期的官箴书与中国行政文化　345

> 今夏四月以谗去官，寂寞省垣，无所事事。朋好过从，夜阑纵酒，则群访余治县之术若何。至者恒以是为言。余苦于述之不详，因取旧日钞存公牍一卷，稍排比之，命曰《学治识端》，付之剞劂氏，以应友人之索，代钞胥之劳焉。

出版个人的从政文件，以回应其朋友与仰慕者求教的要求，这种方式在公牍选编的序言中非常常见。我们应当知道：出版公牍选编的动机，可能不只是为指导其他官员而提供实际范例。一个官员（或其家属、门生、仰慕者）收集、编辑、出版其从政文件的原因，可能是文人的自我赞美，或是为提高家庭的社会地位。在一些事例中，我怀疑公牍选编中相当常见的"家刻本"，在此家庭熟人的小圈子之外，是否会传布很广。无论如何，不论编辑出版该书是否是为了让读者分享文章作者的优点（即自我赞美的那些优点），或者是否出于一种想要使其年轻的同僚受惠于其经验的紧迫感（因此有一种真正的教导意图），人们总是认为存在一个以其实践为基础、因而对其他官员也有用的典范。因此，在我正在做的《中国官箴公牍评注简目》中，把选编单个官员从政文件（公牍类著作）的所有条目都包括进来，其数量实在很大。

在这一点上，人们可能会提出一个问题：如果包括公牍选编，为何不也包括已出版的奏疏（或奏议）集呢？的确，公牍和奏疏两类文件，有时也出现在单个作者的同一文集中。二者所谈到的话题，实际上也可以非常接近（也包括地方治理的问题在内），甚至完全相同，而且偶尔讨论的详细程度也相同。但就我所知而言，这两者从未在同一章节中混杂在一起。我猜测其原因是：奏疏是写给皇帝的，常常有朱批在上，所以必须特为此列一个类别，以便与其他文件分开。但原因并不止于此。各个作者出版其奏疏，其意义较多在于文学、政治、社会等方面，而较少在于教导方面。即使这些奏疏也可能会有很多对从政者（包括较低级别的从政者）有用的内容，但由于它们（特别是清代的奏折）表达了皇帝和官员之间的对话，所以具有非同一般的地位。奏疏的正文，按规定是送交皇帝的，而不是像公牍选编中所收集的移文、檄文那样是面向作者的同僚、下属和百姓的。因此，不应将奏疏的正文当作供其他官员日常行政时参考的例子。的确，长久以来，私人出版奏疏都被认为是政治上很敏感的事——不要忘记：雍正帝命令康熙朝的所有朱批奏折都必须上缴，而且由此以后，奏折的作者读过朱批之后，必须将朱批奏折立刻回呈皇帝。此外，只有高级官员（通常是省级官员）才能写奏疏。对于这些官员，至少是从理论上来说，并无使用指南的必要。因此，不应当把奏疏选编计入本文所说的教导文献。

公牍汇编的种类相当多。其中只有一些是以前著名官员的告示或判牍（判批）的选编。一个例子是颇具经典性并且非常流行的《资治新书》。该书系由李渔于17世纪60年代编辑出版（李氏是著名小说家和剧作家，同时也是南京的书商，但从未做过官）。大多数公牍选编都是单个性，包含某一个官员的行政文件。这些文件是作者从其保存信件、文告、训令等的私人收藏文稿（有些人在其序中称之为"笥箧"）中选出的，而这些文件则是他在任上写的（也可能是其幕友代他写的）。上述《学治识端》的作者徐寿兹，就是大量此类事例中之除此之外，所以各种情况都是可能的。有些作者出版其文选时，还是活跃的官员；另外一些则要等到退休后才出书。有时编文选的是其属官（1727年河南出版的田文镜的公牍选编《抚豫宣化录》，即是一例），或其门人、幕友，或其儿子。我知道至少有一个例子，编者是一批本地士绅，他们希望所涉及官员的善政不要被人遗忘，所以编印了《澄江治绩》（1740）及《澄江治绩续编》（1743）。这是一部内容非常丰富的著作，在众多的条目下，汇集了蔡澍1735—1743年间任江阴知县时写的文件。该书是当地学者和士民编的，他们想要记录下那些他们非常满意的政策。该书显然是为了表彰一位杰出的官员，同时也为其他官员提供一个"善政"的范例。

在另外一些例子中，编印文选发生在官员故去之后。陈宏谋著名的公牍选编《培远堂偶存稿》就是如此。该书是其子陈钟珂、孙陈兰森编印的，年月不详。①

公牍选编的结构有一定程度的差别。入选的文件可以按照不同的方法来分类，如（1）按类别（如告示、报告、移文、檄等）；（2）按所谈的主题（如钱谷、风俗等）；（3）或者干脆按年代顺序（《培远堂偶存稿》即如此）。也有一些更专门的亚类，其中判牍选编是最普遍的。

公牍的内容在质量方面非常不一致，特别是在创新方面更是如此。具体而言，在"告示"亚类中有许多重复，有时听起来像是对各种话题进行文字上的排列，例如"严禁赌博""严禁民间斗殴""严禁妇女入庙烧香""劝戒短见轻生""劝民节俭"等。1684年出版的《未信编》虽非公牍选编，但也是一部包含文件摘录的州

---

① 这里说的是后来普遍使用的增补版《培远堂偶存稿》。但是，当陈宏谋之子编较早的版本时，他似乎还在世。

县官指南。在其凡例中,潘杓粲痛斥出版此类无用的文字。他用如下言词反对这些无用的材料(他说他自己之书当然不是这样):

> 仕学之书,坊刻甚伙,大都噉罗文告,以示规模。是编唯事指陈利弊,虽名章纸贵,不敢妄收一字。中有一二附刻者,皆属兴厘关键,非徒欲附空言也。

所谓"空文",正是清朝皇帝和治国精英中的活跃人物一向声言要克服的弊病。"空"的反面是"实"。也正因如此,晚明著名的官员吕坤(可能是公牍这种形式的创始者),将其书取名为《实政录》。[①]吕坤的书,内容不限于一类。该书主要由告示和劝谕组成,发布对象为:(1)不同类型的地方官员;(2)乡约或保甲;(3)百姓。这些文件或其附件,通常采用"约"(或"条约")的形式。换言之,有关规定的正确执行,有赖于士民"公举"出来的农村头面人物的合作。《实政录》引用的文件,大部分是吕坤在山西巡抚任上(1592—1593)写的,包含了关于16世纪后期山西社会经济状况的极其丰富的资料。事实上,在所有清代最好的公牍汇编中,也都同样可以发现丰富的关于地方情况的材料,因此也是地方史的重要资料来源之一。

吕坤的《实政录》对明清时期的治国精英有极大的影响。该书因

---

① 《实政录》有该编者、吕坤的门生赵文炳1598年写的序。叶适于1206年提交了一道札子,批评丞相韩侂胄和宁宗帝收复北方的计划,其中就有"实政"一词。但叶适此处所提倡的"实政",完全属于军事策略的范畴。他所建议的民事和财政政策,他称之为"实德",而在晚明或清代则被称为"实政"。见《叶适集》卷一,中华书局,1961,第5—9页。

此也被广泛引用。我校核过许多不同的版本（其出版时间一直到19世纪后期），这些版本中新加的序言显示了该书的流布非常之广，而且由于吕坤在国家危机时期坚持接近人民，所以该书极受称颂。①

2. 州县官入门

现在我们接着来看另外一类我称为"普通州县官入门"的书。属于这个类别的有几部经典之作。其中最著名的，当推汪辉祖著名的几种指南，如《佐治药言》（原先是为幕友而写的）、《学治臆说》，以及后来写的续编。汪氏这些书在18世纪80年代和90年代初版后，就成了这类书的经典。

这个类别的书，也可按内容和形式分类。从内容方面而言，这些书基本上是为初入仕者写的，旨在帮助这些没有经验的新任州县官，在充满敌意的环境中，履行困难的职务。②这些书强调该官员应采取预防措施以对付书役和胥吏，并强调应当避免陷入那些会导致腐化的应酬，并且管牢其幕友和家人等。这类书的标准格式，是编年与细目的混合。大多数的普通州县官入门，开始部分讲的都是在京城的任命礼仪、赴任的准备工作、莅任时要采取的礼仪和各种行动等。莅任的关键问题，是从一开始就要树立自己的权威。接下来就是关于地方治理的各个方面要做工作的细目了，其重点是规则和技巧。最后是官员调任时要办的去任手续。上述不同要点的先后顺序在不同的书中也不一致。例如在《未信编》中，关于州县官的行为和经历的条目被放到了第三部分，而第一、二部分则分别专

---

① 例如，可参阅1872年浙江书局重刊本《实政录》的李毓美序。
② 徐文弼的《新编吏治悬镜》（日期应当在1750年前后），封面上即有"初任备要全书"的字样。

350　江南之外：中国史论集

谈钱谷、刑名方面的问题。一般而言，这类书的特征是将我上面所指出的两种主要内容——行为和技巧——结合在一起。就已知的例子而言，这类书最早可追溯到宋元时代。在宋代，12世纪后半期的《州县提纲》与前面的描述完全相符。[①]元代早期张养浩的《牧民忠告》也如此。此二书是经典之作，在无数的丛书中被一再重印。在明代（主要是从16世纪以来），类似的书有许多，都是篇幅不长但极为实用的。[②]这些短而实用的州县官入门书，其中极少意识形态的说教，通常由一系列较短的段落组成（就像汪辉祖的著作一样），在清代继续被刊出，印数颇不少。

但是，在明末和清代前期（特别是在清代前期），有一些可说成是普通州县官入门的著作，篇幅有相当的扩大。其中一些扩大的幅度颇大，为读者大量提供了以前文献的摘录、具体的事例和文件的式样。潘杓粲的《未信编》和黄六鸿的《福惠全书》（二者都编于17世纪后半期）就是很好的例子。确实，黄六鸿之书有几处行文近于冗长，与宋代和明代中叶州县官入门书（或清代较后时期的作品如汪辉祖的书）的简洁，形成鲜明对照。

在某种意义上来说，《福惠全书》是官箴和公牍两类书的混合物，因为该书引用了作者自己大量的从政文件。同样地，在此时期，有相当多的书属于刚才说的普通州县官入门书的扩大，而且还含有愈来愈多的信息，不论这些信息是以作为例证的文件的形式出现，还是以规则律例表列或其他种类的背景知识的形式出现。这

---

① 《四库全书总目提要》的编者对此已作出决断：过去认为《州县提纲》是陈襄所作之说是错误的。见《四库全书总目提要》卷七九，第22A—23A页。
② 明代这类州县官入门的较好例子，有无名氏的《新官轨范》和蒋廷璧的《蒋公政训》。此二书都是16世纪初期的。

类背景知识，也可在别的书类中找到。徐文弼的《新编吏治悬镜》（1750年前后）就是这种百科全书式的州县官入门的绝佳例子。此书大量引用了其他的入门或指南（征引目录表列于该书开始部分），充满各种信息。我见到该书的各版本，刻印质量都很粗糙，这表明该书售价便宜，销路很广。八卷本《吏治悬镜》的内容的确值得简要列举。该书卷一《莅任初规》，提供了关于莅任所要遵循的手续（这在所有普通州县官入门中都可找到）。卷二《政务分谱》详细讨论衙门六房的任务。卷三《洗冤括要》是刑部律例馆1694年刊出的官方版本《洗冤录》的节略。卷四《救急奇方》是一个很长的单子，上面是为缺医少药的边远地区居民开列的各种药方。卷五《处分统记》谈官员违规时应受的行政处分。卷六《律总备查》是刑律的提要，其中各种罪行都按照处刑严重的程度分类。卷七《诸图定式》是一个关于改善地方状况的各种政策的图表与说明的选集。卷八《舆地便览》是全国行政单位的名录，每个单位都被标明属于"冲繁疲难"中的何种，并注明其赋额。

这个目录之所以颇令人感兴趣，是因为其一些部分（诸如法典和《洗冤录》的摘录，或行政处罚的名目）是作为别的书类存在的。不仅如此，这些书类常常是幕友撰写的。

3. 幕学书

清代出版了大量幕友用的书即幕学书。其中不少仅只以手抄本的形式幸存至今，原因是许多书所提供的是关于非常实际的技术知识，通常专门于省级事务的一个特别方面（例如特别的规章与做法）。这些书在幕友之间流传，不断地被手抄和更新。有时也会提到另一原因，即幕友知识具有"秘密"的性质。根据这种观点，幕友之间是以手抄本形式相互授受的，是他们对之进行某种垄断、不为大家所分享的知识。他们的影响和财富，依靠的就是这种垄断。我本人不很赞同这种观点。至少，我所考查过的这类幕学书的手抄本的内容，与公开出版的幕学书的内容、性质都完全相同。[①]

现存的大量刻印本幕学书的书名中都有"钱谷"或"刑名"等字样。使用何者，当然是根据该书所针对的幕友的种类而定。如果是同时针对这两类的专家的，则亦有标出"刑钱"字样的。一般而言，幕学书的显著特征是其调子非常之实际，非常强调规章的复杂，而且几乎没有道德方面的说教。[②]这种书的一个例子，就是前面已列出的供钱粮师爷读的《钱谷备要》。

在幕友所写的实用指南中，有些具有非常特别的格式。我将谈其中的两种。要强调的是，这些指南不仅是供幕友自己之用，而且也供雇用他们的官员之用。

（1）指掌图

这两种特别格式的指南中，第一类由若干组图组成（在某些情况下，图可多达数百幅），书名中常用"指掌"的字样。这是因为书中之图以可即读即用的形式，将律例及成例（特别是处分则条）中的内容抽了出来汇编成书。特别重要的一点是让官员和幕友熟悉不断更新和增加的例。

[①] 事实上，我很怀疑：在某些情况下，这种关于幕友的"秘密知识"的说法是作为出版这些书的书商所使用的一种广告手法。这些书商声称他们正在将"秘抄"中的知识变得公开。此方面的例子可见张鉴瀛《宦乡要则》（凡例中日期为1897年）的弁言。即使幕友知识不是秘密的，但也一定是高度专业化的和高度复杂的。

[②] 在此方面，汪辉祖的《佐治药言》（或许是所有幕友书中最著名者）相对而言却是一个例外，因为该书中有大量的条目谈论模范幕友的道德与品行。

这类图集数量相当多，在此我仅引用其中最有名、而且显然也是流布最广的一套。该套书实际上是两个作者的著作的合编。这两人都是幕友，一为董公振（字南厚），一为沈辛田（字畊于）。他们的著作在整个18世纪与19世纪，一直被人以不同的方式爬梳、改编和编辑。此套书中的第一部是董氏的《钱谷刑名便贺》（有1737年序）。此书似亦以《钱谷刑名处分便览》而闻名，清楚地表明了该书的性质，即这基本上是一部关于官员在其行动触犯了条例（这是难以避免的）时会受到何种处分的书。该书分两卷，一卷谈钱谷，另一卷谈刑名。书中的许多图都附有从例中抽出来的引文。要搜寻图中所包含的信息，有几种方法，例如根据行政错误及其严重程度、犯官的品级，等等。图中条例提要的年代是1734年，但是读者也可以通过采纳新规定而将这些图"升级"。①

沈辛田则编了一部专谈刑律的图集，书名《明法指掌》，共四卷。虽然这些图集的编辑始于1734年，但该书首版，却要到1740年，在沈氏的东主、广南府知府陈顺恩的帮助下，方得在云南面世。此书的目的是补充董公振《钱谷刑名便览》中刑名部分之不足。该书的修订版于1743年由同德堂刊出，书名为《明法指掌增订》，共两卷。乾隆《大清律例》的出版，使沈氏必须对其书作修订，因为据说乾隆《大清律例》对其前律例（即1725年的雍正《大清律例集解》）的30%—40%的内容作了修改。结果沈氏增加了大约50幅图，使得该书图的总数达到255幅。此外，他还为董氏《钱

---

① 纽约哥伦比亚大学收藏的本子，就插有一些标有"又"字的余页，其上引用的是1734年后、1741年前的例子。此外我也见到过一部1742年版的"诚意堂新刻"，书名《增补钱谷刑名便览》。

谷刑名便览》中关于钱谷的部分（即卷一）附加了一个经过编辑的版本。①

董氏与沈氏著作的另一个合订本，由京都琉璃厂荣锦堂于1744年刊出，书名为《增订刑钱指掌》，共四卷。其中关于刑名的部分以沈氏著作（1740年版）为基础，而钱谷部分则以董氏著作为基础。

这类出版物的增加，或靠地方官员的支持，或系京师书贾所为。这表明了这种由有经验的幕友编辑的指南颇有市场。在19世纪，沈氏所编之图（以及董氏所编资料被采纳的部分）又有几个新的版本。1824年广东出了一个增订本，名为《明法指掌新例增订》，比1743年版增加了大约40幅图。尔后该增订本又于1860年出了新版。其他的修订本包括1870年湖北崇文书局出的《明法指掌图》，编辑者为徐灏，所收新例的年限一直到1869年。《明法指掌》也是邵绳清编《读法图存》时的范例。邵氏也是一位幕友，长期专治刑名。其书刊于1836年（还有一个1869年的修订版）。

除了董氏与沈氏的传统之外，幕友作者还出版了其他许多以图集为形式的入门书。例如前述的万维翰，就是许多幕学书的作者，曾于1750年出版过一部《律例图说》（有几个修订本）。又如王又槐的《增订则例图要便览》，于1792年刊出，系以石中隐的《则例图要便览》为基础（后者于1776年刊出，有几个改进本）。王氏还出过许多其他的便览和指南，其中有《洗冤录集证》（1799），其基础为19世纪中新出现的大量批评版和增补版的清代《洗冤录》。

---

① 还有一个杭州有文堂的《明法指掌增订》本子，日期是1745年。

（2）歌诀

谈过图集之后，我再简略地谈谈另一类也是主要由专业化的幕友写作的入门，即歌诀。写歌诀的目的与编图集一样，也是为了方便官员了解复杂的条规。歌诀多为七言，改编自法律条文。编图集可使读者迅速地找到有关条规，并对其内容有初步的了解。写作易于背诵或吟诵的歌诀，则有助于读者完整地记忆条文的要点。

歌诀的主题是刑律。我发现了一些著作，内容从律和主要的例中抽出来，编为诗句以便记忆。在这些著作中，我所见到的最短、最简单的是梁他山的《读律琯郎》。该书仅一卷，收于《啸园丛书》"临民要略"，有两篇日期为1879年的短诗。该书不仅加了标点，而且还在纲领、眼目和适用于每条律的罪名下标出红色以醒目。这些做法在该书中非常完全，因而提高了该书的可用性。①

程梦元编的《大清律例歌诀》（湖北书局1879年版），使人对刑律有更全面的了解。但我所知道的最详细的歌诀是宗继增的《读律一得歌》，共四卷，有一篇1887年的序文。该书有几个版本，包括1890年江苏书局版。在此书中，律和主要的例的原文，都列在书页的上半部，而为方便记忆的歌诀则列在下半部。另一部同类型的书是升泰的《法诀启明》（有1879年序）。作者是蒙古族人，官云南布政使。他将其刑名师爷金彦翘写的释文也收进了此书。

最后，我还要说说将清代《洗冤录》改编成的歌诀，即《洗冤录歌诀》。该书包括用散文体写的一些评语和解释。该书也有几个19世纪后半期的版本（包括1879年湖北书局本）。

---

① 根据其中一篇识，出版《读律琯郎》是为了取代陈惕斋的《律例歌诀》，后者在19世纪的战乱中已佚。

很明显，所有这些入门书都是极受欢迎的。它们有许多的新版本，我所见到的本子中有许多看来是书商印行的。[①]它们完全是技术性的，绝对不以在意识形态方面教训读者而自傲。虽然如此，我仍将它们视为那种治理者能够得到，并用以提高其能力、效率和声望的读物的一个重要部分。

4. 其他类别

上面的分类法并不完全，还可挑出更多的类别并加以详细描述。但因篇幅所限，在此仅能谈其中的一种。这种书在本文中已曾涉及，是从古史中搜集以往模范官员的传记材料，然后汇编而成的。这类汇编中，很多都有明显的教导目的，清楚地想作为施行善政的有用模式为当时的政府服务。在编者常对从古书中摘引的文字作注释时，情况更是如此。前面已提到过的王士俊《吏治学古编》就是一个很好的例子。顺便说一句，即使是在帝制搜灭之后，像这样的选编仍然还在出版，这颇令人惊异。例如，有个20世纪20年代在直隶做县令的凌钟伦，于1925年出版了一部《吏治模范》，汇集了从周代到明代大约150位模范官员堪做楷模的逸事。凌氏希望这部书的出版，有助于在动荡的军阀时代结束后重建一种比较文明的统治模式。

另一类书也与此有些相似，即将古书中关于统治艺术的文字摘编成书。陈宏谋在18世纪40年代所编的这类选编中，最有名、而且最常被人引用的是《学仕遗规》《从政遗规》和前面已提到的《在官法戒录》。徐栋编的《牧令书》（有1838年序），共二十三卷，分

[①] 人们可能想知道：为何图集在18世纪大量印行，而我所见到的歌诀全都是19世纪后半期的？对此我现在尚不能作出解释。

为十八个政府活动范围,也属于这类书。其不同之处在于:徐氏摘引的文字,全都是出自清代作者(共137人)之手。[1]

最后,我还要谈谈另一非常奇特的类别,即可称之为"从政自传"。换言之,这些自传的内容,主要是(甚至完全是)专谈作者的从政活动和生活的。尽管符合这个定义的著作不是很多,但我还是要引用三部这样的著作。它们都是清代的,都非常有影响,其用以教导人们的价值观(即序文中所说的"圭臬""师法"等观念)也被广泛承认。其中第一部是汪辉祖的《病榻梦痕录》。该书系汪氏在病榻上口述,尔后编成一本本人年谱;初版于1798年,但到1807年汪氏殁时已另有数个修订版刊出。第二部是高廷瑶的《宦游纪略》。高氏系1786年举人,在其20年的宦途中,在安徽、广西和广东做过通判和知府,卒于1830年。第三部也名为《宦游纪略》,作者为桂超万,1833年进士。他入仕较晚,50岁才通过殿试,尔后在江苏和直隶做知县,80岁时才升到福建的署布政司使。这三部书尽管安排和重点彼此颇不相同,但是内容却都极为丰富,特别是有大量的对同僚(在《病榻梦痕录》中则是对幕友同事)提出的技巧和道德两方面的忠告、从政文献的实例和对司法难案的讨论等。它们也是乾隆、嘉庆和道光朝地方行政状况的重要资料。此外,其作者也是前述"治国精英"的突出代表。这些著作确实值得专门进行分析。

---

[1] 当然,公认的范本是贺长龄和魏源合编的清代关于统治的文章的大型文选《皇朝经世文编》(1827年出版)。还有几种《牧令书》的节本。比较有名的如丁日昌1869年的《牧令书辑要》(10卷本)。

三、结论

本文所谈论的这些著作,在哪些方面会有助于我所说的明清时期的"治国精英"的形成呢?要讨论此问题,应当区分不同的层次。

在纯技术的层次上,前面所列举的那些图表、规章摘要、从政文件或司法案例选编等,其数量的净增,使得精确的从政知识比过去更为普及。由于这种"普及化",以前只有特殊领域中的专家(例如幕友或书吏)才能掌握的、可谓"秘密的"(或至少说是高度专业化)的知识逐渐广为人知,不再是只有专家才所得而专。同样地,如前所述,清代的州县官入门,较之明代的同类书,趋向于变得更长、更详细,而且(在一定限度内而言)也更无所不有。一般而言,清代为治民者写作和出版的技术性文献,数量比以前朝代多得多。同时,由于书商更加活跃和幕友在其中起关键作用的职业网络更加密集,这些技术性文献的流传也比前代广得多。这一点,是很清楚的。

在比较广义上而言的专业层次上(也就是说,不仅包括技术专长,而且也包括本文第一部分谈到的那些道德和政治的价值观),情况可能比较复杂。我称为"训诫"(亦即"官箴")的东西,确保了官员在其个人行为以及其管理大批下属人员的能力两方面,具有某种程度的诚实和完美。但应记得:首先,这些并非明清时期特有的新事物,在宋代的第一部州县官入门中,就可发现大体相似的东西。其次,在教导文献的这个部分,不可否认存在一些重复甚至是公式化的方面。尽管某部新书的序言将该书吹得天花乱坠,但读者看过该书的条目,却发觉与其他同类作品相仿,用处相同,而且也同样啰唆。因此对此书读者不免有一种虎头蛇尾之感。

但是,我的感觉是:在明代后期与清代,相当数量的官箴书作者的确作出了相当的贡献。他们的文章不但引起人们对官员的能力与清廉的重视,而且还鼓励官员们深入民间。他们提倡的"亲民",成了一种口号;而诸如"兴除事宜"之类的话语也成了具有号召力的旗帜,促使官员们以积极的和革新的方法展开工作。①这些话语与工作当然也有别于一般的从政实用入门的内容。吕坤是这类亲民、积极的官员的代表性人物,他也是公牍选编的创始者之一,而公牍选编的意义又特别重大。如前所述,它们的数量在清代明显地增加了。

诸如吕坤及其仰慕者这类活跃人物是否就是明清文官的典型,对此我尚不能作出肯定的回答。他们必定是当时的治国精英,但他们也并不孤独。这些人物及其品质与意识形态的局限,对帝制结束以前两三个世纪中中国国家制度的演化与运作起到了何种影响?我认为,努力对此作出评价,将是一个重要的研究课题。

---

① 例如在18世纪40年代中期,朝廷要求每个县令每年巡视治下的每个村庄,在应兴应除的地方采取措施改善情况,消除恶习,并向省里汇报详细结果。关于这个问题,见前引拙文《1744年对县令活动的年审及其命运》。

李伯重著作目录

自1974年以来，在国内外出版学术专著16部（独著），在中国、美国、英国、日本、韩国等地发表中英文论文多篇，并有合著史学作品4部，合作翻译学术作品3部，合作主编史学论文集2部。此处仅列已出版之书，论文从略。

中文专著

1.《唐代江南农业的发展》，农业出版社，1990；再版：北京大学出版社，2009。

2.《江南农业的发展，1620—1850年》，上海古籍出版社，2007，获第六届北京哲学社会科学优秀科研成果奖（2001）。

3.《江南的早期工业化，1550—1850》，社会科学文献出版社，2000，获第二届郭沫若中国历史学奖（2002）；修订版：中国人民大学出版社，2010。

4.《发展与制约：明清江南生产力研究》，（台北）联经出版事业有限公司，2002。

5.《理论、方法与发展趋势：中国经济史研究新探》，清华大学出版社，2002，获第四届中国高校人文社会科学研究优秀成果奖

（2006）。增订版更名为《理论、方法、发展、趋势：中国经济史研究新探》，浙江大学出版社，2013。

6.《多视角看江南经济史（1250—1850）》，生活·读书·新知三联书店，2003，增补版：商务印书馆，2022。

7.《千里史学文存》，杭州出版社，2004。

8.《中国的早期近代经济——1820年代华亭—娄县地区GDP研究》，中华书局，2010，获第四届郭沫若中国历史学奖（2012）和第六届中国高校人文社会科学研究优秀成果（2013）。

9.《史潮与学风》，中国人民大学出版社，2014。

10.《新史观新视野新历史》，香港城市大学出版社，2018。

11.《火枪与账簿：早期经济全球化时代的中国与东亚世界》，生活·读书·新知三联书店，2017，获教育部第八届高等学校科学研究优秀成果奖（2020）；繁体字版：（台北）联经出版事业有限公司，2019。本书于2017年获第六届坡州亚洲图书奖（Paju Book Awards）。（坡州图书奖包括著作奖、策划奖、书籍设计奖和特别奖。著作奖评选范围来自中、日、韩的母语原创作品，每年选一种）

12.《李伯重文集》（四卷本），四川人民出版社，2024。

英文专著

1. *Agricultural Development in the Yangzi Delta, 1620-1850*, The Macmillan Press Ltd., Houndmills, UK & St. Martin's Press& Inc., New York, USA, 1998，获北京市第六届哲学社会科学优秀成果奖一等奖（2000）。

2. *An Early Modern Economy in China: The Yangzi Delta in the 1820s*, Cambridge University Press, Cambridge, UK, 2020.

3. *New Perspectives on Chinese Economic History*, Tsinghua University Press, Beijing, China, 2023.

4. *Guns and Ledgers: China and the East Asian World in the Age of Early Economic Globalization*, Palgrave Macmillan, UK, 2023.

韩文版著作

1.《理论、方法与发展趋势：中国经济史研究新探》，韩国 Chaek Se Sang 出版社，2005。

2.《火枪与账簿》，韩国 Geul Hang A Ri 出版社，2018。

合著

1. 千里（李伯重）、延之（李埏）：《北宋方腊起义》，云南人民出版社，1975。

2. 李埏、李伯重、李伯杰：《走出书斋的史学》，浙江大学出版社，2012。

3. 李埏、李伯重：《良史与良师——学生眼中的八位著名学者》，清华大学出版社，2012。增补版易名为《良史与良师——学生眼中的十位著名学者》，北京大学出版社，2012。

4. 李伯重、韦森、刘怡：《枪炮、经济与霸权》，现代出版社，2020。

主编作品

1. 李伯重、周生春编《江南的城市工业与地方文化（960—1850年）》，清华大学出版社，2004。

2. 李伯重、董经胜编《海上丝绸之路：全球史视野下的考察》，社会科学文献出版社，2021。

翻译作品

1. 王国斌（R. Bin Wong）:《转变的中国：历史变迁与欧洲经验的局限》，李伯重、连琳琳译，江苏人民出版社，1998。

2. 斯波义信:《宋代江南经济史研究》，李伯重、方健等合译，江苏古籍出版社，2001。

3. 伊懋可:《中国的历史之路》，李伯重、王湘云、张天虹、陈怡行合译，浙江大学出版社，2023。

壹卷
YE BOOK

洞 见 人 和 时 代

官方微博：@壹卷YeBook
官方豆瓣：壹卷YeBook
微信公众号：壹卷YeBook
媒体联系：yebook2019@163.com

壹卷工作室
微信公众号

宋史三部曲之

东京梦寻录

夏坚勇 著

译林出版社

图书在版编目（CIP）数据

东京梦寻录 / 夏坚勇著. —南京：译林出版社，
2023.4
（宋史三部曲）
ISBN 978-7-5447-9514-2

Ⅰ.①东… Ⅱ.①夏… Ⅲ.①散文集–中国–当代
Ⅳ.①I267

中国版本图书馆 CIP 数据核字（2022）第 216065 号

东京梦寻录　夏坚勇／著

责任编辑　焦亚坤
装帧设计　韦　枫
校　　对　戴小娥　王　敏
责任印制　颜　亮

出版发行　译林出版社
地　　址　南京市湖南路 1 号 A 楼
邮　　箱　yilin@yilin.com
网　　址　www.yilin.com
市场热线　025-86633278
排　　版　南京展望文化发展有限公司
印　　刷　南京爱德印刷有限公司
开　　本　890 毫米 ×1240 毫米　1/32
印　　张　10.875
插　　页　2
版　　次　2023 年 4 月第 1 版
印　　次　2023 年 4 月第 1 次印刷
书　　号　ISBN 978-7-5447-9514-2
定　　价　59.00 元

版权所有 · 侵权必究
译林版图书若有印装错误可向出版社调换。质量热线：025-83658316

一国君臣如病狂然,吁,可怪也。

——《宋史·真宗本纪》

目 录

第一章　瑞雪兆"疯"年　　　001

第二章　天书　　　042

第三章　又降天书　　　087

第四章　再降天书　　　115

第五章　东封　　　157

第六章　西祀　　　193

第七章　南谒	232
第八章　神圣祭坛	261
第九章　还降天书	287
尾　声　从坑书到焚书	321

第一章　瑞雪兆"疯"年

1. 雪

景德四年冬天的第一场雪,比往年来得要晚些。

虽说姗姗来迟,却并不是蓄谋已久的样子,反倒显得有点随意,早晨还是很明朗的天色,到了小晌午说变脸就变脸。雪花刚飘下来时,似乎还有点试探的意思,但转瞬间就纷纷扬扬地肆虐开来,搅得天地间一片混沌。大街上的人都显得很狼狈,到处是抱头鼠窜的身影。但毕竟是入冬后的第一场雪,气氛终究还是欢乐的,即便是逃亡,也是欢天喜地的逃亡。慌乱者当然也有,例如在皇城前横贯内城的东西大街上,那就真的是兵荒马乱了。

兵荒马乱是因为大街上确实有"兵"和"马",他们是到城东的汴河码头仓库去背粮的。开封四平之地,无险可守,本朝自开国以来,即以数十万禁军驻扎京师。太祖皇帝深谋远虑,为避

免禁军染上城市生活的奢靡之习,规定士兵每人每月的一石半口粮,均需自己去仓库背负,而且还规定:

  营在国城西,给粮于城东,南北亦然。相距有四十里者,盖恐士卒习堕,使知负担之勤。[1]

  赵匡胤是行伍出身,他知道军队如果长期没有仗打,要么就腐化堕落,要么就无事生非,当然更多的情况则是腐化堕落加无事生非。通过长途背粮锻炼意志体格以防止骄兵,设计者的初心可谓良苦。可宋王朝开国已快五十年了,特别是宋辽"澶渊之盟"后,化干戈为玉帛,边事浸宁,当兵的闲着没事干,没有理由不骄惰。这些年,背粮制度已流于形式,仍然是城西驻军到城东背粮,城北驻军到城南背粮,丘八们已懒得亲力亲为,一个个皆雇人搬运,自己或骑马或步行,一路监工,眼睛却盯着满街的红男绿女,权当是每月一次到内城观光而已。但今天观光者的运气不好,从城西的殿前司军营到城东的汴河码头仓库,单程二十里,冬天日头短,早上优哉游哉地出发,现在背粮返回,大致正走在大内前面的东西大街上。这一带殿阙巍峨,金粉繁华,本是观光的好去处,但骤然间大雪弥天,一时来不得也去不得,从城东到城西的通衢大街上,说兵荒马乱一点也不过分。

  这里要说明一下,上文中的"城东""城西"是《宋史》中的说法,《宋史》是元朝人修的,所谓"城东""城西"是元朝人自说自话,北宋时的东京人决不会这样说,他们只会说"州东""州西"。为什么不称"城"而称"州"呢？开封当然是城，而且已经一千多年了，太史公笔下所说的魏国"七仞之城"就是那时候的开封。[2] 但到了后梁太祖朱温在这里建都称帝时，突然城将不城了，因为他的老子叫朱诚，避讳，凡是该叫"城"的都改叫"州"。[3] 某种语言习惯一旦形成——即使是由于专制者的强权——其生命力甚至远远超过了某个专制王朝的盛衰周期。朱家的后梁在历史上只逗留了短短十几年，但屈指算来，开封这种称"城"为"州"的特殊用语已整整用了一百年，而且还要继续用下去，因为至少到了北宋末年，在孟元老的《东京梦华录》中，人们仍然能看到"州北瓦子""州西瓦子"之类的记载。

俯瞰京师的雪景，最理想的所在是封丘门外的开宝寺塔，那是京师的制高点。凭高眺远，首先映入眼帘的应该是逶迤莽夐的三重城墙：外城、内城和皇城。寻常日子，那大圈圈里的小圈圈，小圈圈里的黄圈圈是极醒目也极壮观的。但现在，天地万物都被大雪遮蔽了，那雄硕的城墙也仿佛被施了隐身术似的不甚分明，只有几座城楼呆头呆脑地突兀着。反倒是顺天门外的金明池白亮白亮的，那里的水面没有结冰，雪落平湖静无声——不仅无声无息，而且无影无踪——因此，金明池非但没有被大雪遮蔽，反而被大雪映出素面朝天的容颜。这说的当然是湖面，至于临湖的亭榭、水殿、楼台，还有作为金明池标志物的大小龙舟，就只剩下了臃肿的轮廓。金明池最大的一艘龙舟乃宋初吴越王钱俶所献，长二十余丈，龙头凤尾，高大华贵，上为宫室层楼，皆雕镂金饰，并设有御榻，以备游幸。开宝年间朝廷准备用兵后蜀和南唐，太祖常乘坐龙舟在这里检阅水师。后蜀和南唐收入版图后，仗打得少了，即使打也是和北边的契丹或西夏打，没有水军什么事，金明池的水战演习逐渐变成了水嬉演出。每年三月，这里有龙舟争标及水上百戏，官家亦亲临观看，且赐宴于龙舟。但龙舟水嬉的欢娱中偶尔也会闻到政治阴谋的血腥气，根据传说中杜太后和太祖立下的"金匮之盟"，太祖身后当传位于太宗，太宗身后传位于弟弟廷美，廷美最后再把皇位交给太祖的儿子德昭。但世世代代当皇帝的诱惑力太大了，与之相比，所谓手足之情根本一钱不值。太宗在"烛影斧声"的迷雾中登上皇位以后，为了扫除传位给自己儿子的障碍，便指使人诬告秦王廷美图谋在太宗泛舟金明池时作乱。廷美因此获罪，并被贬死房州。这是宋廷高层政治斗争回响在金明池的一段插曲。钱俶所送的这艘豪华龙舟后来一直用到北宋后期，哲宗绍圣末年，朝廷才新造了一艘更大的龙舟。据说新龙舟落成后，京师大风昼冥，池水汹涌澎湃。风息之后，有关方面报告说，原来是新旧龙舟在池内大战三日，旧龙舟固然遍体鳞伤，新龙舟也瞎了一只眼睛。哲宗得知后"降敕悉杖之"，把双方都打了一顿，两舟始得宁贴。[4]这当然是"有关方面"为了逃避责任而编造的鬼话，但官家和大臣们居然相信了，还煞有介事地对龙舟施以杖刑。可见谎言只要借助鬼神的名义，就可以堂而皇之地畅通无阻。

　　登开宝寺塔是为了俯瞰全城，若是要看皇城的雪景，最好的视角还是东华门外的樊楼。樊楼是京师最有名的酒楼，又紧邻皇城，其中的内西楼，居然可以"下望禁中"。"禁中"就是皇城，从"下望"这个词，我们可以想见樊楼的高度。皇城习惯上称为大内，大内其实并不很大，这里原先是唐代的宣武军节度使衙署，作为"王室藩屏"的节镇衙署不算小，但作为一个王朝的宫城就显得逼仄了。如果以东华门和西华门之间的通道为中轴线，正好可以将大内分为南北两大部分，其南部为外朝，又称前朝。这中间包括举行大朝会的大庆殿，官家日常视朝的垂拱殿，以及"二府"建筑群。"二府"为中央主要的办事机构，包括政事堂和枢密院。政事堂为宰相治事之所，又称东府，管理行政。其西的枢密院管理军政，又称西府。两者对持文武二柄，号称"二府"。此外，前朝东区则有集贤、昭文、史馆组成的"三馆"，是文化精英们扎堆的地方，一个时代的文采风流有很大一部分就是从这里"流"出去的。前朝诸殿的名字皆古雅华丽，不少都包含着典故，例如官家视朝的垂拱殿，语出《尚书·武成》，垂衣拱手而治，堪称为政的最高境界了。但这样无为而治天下者，谁曾见过？

中轴线以北就是后苑了，这里是官家和嫔妃们的生活区，你看那一排溜名称："尚食""尚辇""尚酝""尚衣""尚药""尚书"。"尚"者，管理也。这么多的"尚"，全是负责皇帝一家衣食住行吃喝拉撒的机构，统称"内诸司"。从总体上看，前朝建筑多是礼仪性的，体量较为宏敞；后苑的建筑则精巧紧凑，曲径通幽，更加人性化。雪中的后苑，若套用两句陈词滥调，就是玉树琼花，银装素裹。若套用唐人张打油的名句，就是"黄屋顶上白，白石身上肿"。"黄屋"不难理解，但"白石"是什么呢？太湖石（太湖石俗称"白石头"）。宋朝的皇帝多好文之君，后苑崇尚园林风格，每座院子里，太湖石堆砌的假山自是不可或缺。下雪了，那些瘦皱漏透婀娜多姿的石头，现在只能用一个"肿"字来形容，实在是委屈了。比之于外朝的办公区，这里更多了些烟火气或者闺阁气，偶尔有妃子或宫女在雪地里追逐，洒下一串笑声。这些平日里被森严的礼法所拘禁的女人也因为大雪而得以展现她们自由的天性。后苑有各种规格的院落，从它们的大小和位置可以看出主人的身份。从高处看，这里有点拥挤。但有意思的是，拥挤的后苑居然有一块稻田，那不是为了追求稻香村的农家情调，而是官家为了推行占城早稻，特地在这里辟田试种。到了收获的时候，便把臣子都召过来参观，让他们写诗唱和，谓之"观稼"。[5]这除了进行农本思想的灌输而外，主要是一种娱乐。后来为了观稼，还专门建了一座观稼殿。这么多年下来，宋王朝君臣之间关于观稼的唱和诗已经收获了不少，到底占城早稻推行的成效如何，不得而知。但有一点是知道的，那就是这几年就全国而言，粮食问题确实不是问题，例如今年秋天"诸路皆言大稔"，淮南、京西诸路"麦斗十钱，粳米斛钱二百"。[6]这样低的粮价，既是草民百姓们过日子的底气所在，也是官家一看到下雪就把臣子召来喝酒的底气所在。

官家把臣子召来喝酒这件事在史书中有记载，略云：

辛巳，上谓王旦等曰："……比岁稼穑屡稔，朕尝以灾沴为虑。兼闻今年宿麦甚广，得此时雪，农家无冬旱之忧也。"遂赐近臣饮于中书，又宴馆阁官于崇文院。上作《瑞雪》诗，令三馆即席和进，两制次日来上。[7]

同时在两个地方请两拨大臣喝酒赏雪并赋诗，看来官家的兴致确实很高。

这一年是北宋景德四年，辛巳，即十一月十六日。

官家即宋真宗赵恒。

2. 三皇子

赵恒，曾用名赵德昌、赵元休、赵元侃。赵恒这个名字是二十八岁才开始用的，这一年他被太宗立为皇太子，而在此之前，他的身份是三皇子。皇帝老婆多，皇子也多。太宗的皇子不算很多：九个。赵恒排行老三，故称三皇子，当然这是他二十八岁之前的称号。与三皇子这样的称呼联系在一起的还有他的封号，起初是韩王，后来是襄王，再后来是寿王。这些爵位是皇子的标配，只要血统在册，就像排排坐吃果果，到了一定的年龄都会轮到的。但到了二十八岁时，三皇子不排队了，他脱颖而出了。由皇子变成皇太子，虽然只是在身份标签中嵌入了一个"太"字，但这个"太"字的分量实在太重了，那几乎是一座锦绣江山哪！果然，第二年老皇帝登遐（帝王死亡的讳称），皇太子登基。登遐加登基,换代不改朝,赵恒的称呼变成了官家。

以三皇子备位储君最后入承大统,这样的情况并不算很特殊,但有些前提条件要讲清楚。

赵恒生于太祖开宝元年(968年),他出生的时候,坐在皇位上的是他的伯父、开国皇帝赵匡胤。当然,他当时不是皇子,而是皇侄。无论多么伟大的预言家都不会想到这个叫赵德昌的皇侄日后会有当皇帝的狗屎运,因为以这个身份,他和皇位之间的距离何啻万水千山。按照皇位继承的正常程序,该皇侄如果要当皇帝,最起码要满足以下三个条件。首先,赵匡胤身后不是把皇位传给儿子,而是传给弟弟赵光义。第二,赵光义身后不是把皇位传给弟弟赵廷美,而是传给自己的儿子。第三,赵德昌上面的两个哥哥或被废或早死。只有满足这三个条件,皇侄赵德昌才有可能变成皇子赵元休、皇子赵元侃以及皇太子赵恒,并最终坐上龙庭。这是一条因果关系极其严密的逻辑链条,只要缺失了其中任何一个环节,一切免谈。但问题是,这三个条件中,第一条和第二条实际上是一个解不开的死结,也就是说,如果赵匡胤传子不传弟,皇侄赵德昌就永远不可能登上皇位;但如果赵匡胤传弟不传子,根据后来披露的"金匮之盟"中的"三传约"[8],其条件恰恰是赵光义身后也要传位于三弟赵廷美,赵廷美身后再把皇位还给太祖系。如此,则皇位与赵德昌还是半毛钱的关系也没有。再看第三个条件……其实用不着看了,如果第一条和第二条的死结不解开,第三条满足与否已经没有任何意义了。

以上推理依照的是皇位继承的正常程序,也就是所谓的按常规出牌。如果要破解上文所说的死结，那就只有不按常规出牌了。

但这种话只能悄悄地说，因为事关谁当皇帝，这是天底下最大的政治，如果不按常规出牌，岂不是……篡，或者……大逆？

篡，以下犯上非法夺取也。但这个词的血统很高贵，其指向一般为最高皇权，低层次的权力争逐根本配不上它。而与篡捆绑在一起的就是大逆。世界上有些词是专门属于某一类人的，例如"篡"和"大逆"就专门属于皇权争逐中的失败者，因为如果你成功了，就是真龙降世、真命天子，该派你来奉天承运，从"诏曰"到"钦此"。

那么就出牌吧。

揆诸中国历代帝王史，我们还无法找出另一个王朝立国像赵宋那么突如其来且易如反掌。汉唐大帝国的肇始就不去说了，那是血雨腥风中打下来的。残唐五代，干戈扰攘，各方诸侯你方唱罢我登场，虽则都是短命王朝，但各朝开国君主创业无不经过二十年以上的惨淡经营，从马前鞍后地装孙子开始，备历艰难亦备历周折，始得逐渐坐大南面称王。而赵匡胤自二十一岁从军到三十三岁称帝，不过区区十二年，且无论勋绩、身份，都远逊于五代各朝的创业之主，其中的原因就在于他抓住了一次集天时地利人和于一体的机会果断出手，发动了陈桥兵变。"千秋疑案陈桥驿，一着黄袍便罢兵。"[9]其实没有什么可疑的，那个夜晚所发生的一切，从头到尾都是精心策划的阴谋。在陈桥驿的那个夜晚，赵匡胤和拥戴他的那些人可能会想到各种后果，但唯一不会想到道德上的缺失。在五代的历史上,周世宗柴荣不仅雄才大略,而且可称贤明。作为后周的大将,赵匡胤在柴荣尸骨未寒时就从孤儿寡妇手里把江山夺过来,这种背信弃义恃强凌弱的举动,道德上难免遭到诟病。但政治家从来不怕弄脏自己的手,当然也不怕别人说什么,因为他们知道,历史是胜利者书写的,天下都在我手里了,谁敢说三道四?这是权力的自负,他们有理由自负。但一段明摆着的历史,总还是要有人说的,只不过在私下偷偷说而已。等到有人理直气壮地说出来,那就离倒台不远了。三百多年后,元军进抵临安,风雨飘摇中的南宋小朝廷遣使求和,乞求以割地称臣和赔款保存社稷,被元军统帅伯颜轻蔑地拒绝。伯颜说:你们赵家的天下当初即得之于孤儿寡妇之手,今亦失之于孤儿寡妇之手,此天意也。话说得很刻薄,但至少在形式逻辑上,人家刻薄得并不错。

陈桥兵变后八年,赵德昌生于晋王府。晋王是皇弟赵光义的爵位,他的职务是开封府尹,也就是首都市长。辇毂之下,首善之区,这个位子太重要了,再加上皇弟的身份,上朝时排班都在宰相之前,这是很少有的。据说赵德昌出生时,"赤光照室,左足指有文成'天'字"。[10]这是《宋史》中的说法,当然是子虚乌有的鬼话。翻开《宋史》中帝王的本纪,类似的鬼话很多,例如太祖赵匡胤出生时,"赤光绕室,异香经宿不散"。[11]太宗赵光义出生时,"赤光上腾如火,闾巷闻有异香"。[12]说来说去,一个是"赤光",一个是"异香",都是贵人降生的祥瑞气象。到了赵德昌这儿,翻花样了,除去赤光,还有脚趾上成"天"字的纹路。刚看到这里时，我觉得很有意思，为了强调该小子受命于天，居然把创意用到脚趾上去了。但又一想，问题来了。新生儿脚趾上的皮肤皱褶，不可能横平竖直地很规范，说是什么字无非"看似"而已。但看似其他什么字问题不大，看似"天"字，那是要冒很大危险的，因为天字的笔划稍有歪斜，就会变成另一个字——夭。而且这个字的意思很不好，或曰短命，或曰刚出生的禽兽，都是恶咒。那么，你凭什么肯定新生儿脚趾上的那几条纹路就是受命于天的"天"字，而不是短命或刚出生的禽兽的那个"夭"呢？我这样想当然有点恶搞的意思，其实当初的修史者是不会有任何风险的，他们依据的是宫中的《起居注》和《真宗实录》，那些东西都是史官们为在位或逝去不久的帝王所作的编年史。当代人写当代史，总是靠不住的。更何况是为人主立传，难免一个"谀"字。但尽管如此，我还是提请大家记住赵德昌左脚趾上的那个"天"字，因为我总觉得那中间似乎透露了当事人的某种心理隐疾或解读真宗朝政治的某种心理密码。而且后来我们将会看到，为了那个子虚乌有的"天"，这个从皇侄到皇子再到皇帝的幸运儿是如何丧心病狂地折腾满朝文武和天下苍生的，他导演的那一幕幕荒唐的闹剧，即使不能说后无来者，也肯定是前无古人的。

十六岁出阁时，[13]赵德昌改名赵元休，这个"休"的意思应该是喜庆而不是完蛋（休矣），也就是休戚与共的"休"。改名的直接原因是他和他的一帮兄弟都从皇侄变成了皇子，取名原则从原先的"德"字系列改为"元"字系列。当然，最先改名的是他们的老爸,由赵光义改为赵炅,这是为了体恤天下臣民,尽可能地少给他们增添麻烦,因为"炅"字比较冷僻,避圣讳的范围要小一些。

不用说,他老爸登基当皇帝了,是为太宗。

太宗登基,给历史留下了一桩疑案——"烛影斧声"。

"烛影斧声"的真相早已沉埋在历史深处,成了永远解不开的谜,但关于赵光义篡取皇位并传之子孙的说法几乎是史学界的共识。根据现有的资料,这中间至少有两点是可以肯定的。其一,不能肯定太祖之薨是由于赵光义的谋害,但可以肯定其死亡属于毫无先兆的暴卒,他也肯定没有留下传位赵光义的遗诏。因此,太宗登基乃是他利用宫廷内线实施的"露月政变"的结果(赵匡胤死于开宝九年十月二十日,"露月"为农历十月的别称)。其二,不能肯定关于太祖身后传位次序的"金匮之盟"的存在,但太宗即位后一直把太祖的两个儿子和三弟廷美视为自己千秋继统的障碍,其后的德昭自刎、德芳"疾薨"、廷美死于流放地,都是太宗迫害的结果。

这中间,廷美的遭遇很值得一说。

据《宋史·杜太后传》记载,杜氏生五子(其中长子和第五子早夭),廷美位序第四。太宗即位后,加廷美为开封府尹兼中书令,封秦王,表明自己沿用太祖时皇弟尹京的旧制。从表面上看,廷美似乎取得了皇储的地位。但是在家天下的专制体制下,一个并非传承人主血统的准皇储其实是很危险的,特别是太祖的两个儿子不明不白地死后,廷美的存在就成了太宗的一大心病。"卧榻之侧,岂容他人酣睡。"这是当年太祖的名言,如今也恰好契合了太宗的心结。在他看来,这万世皇权的"卧榻"应由他传之子孙,岂容别人觊觎?世界上最残酷的莫过于权力斗争,而权力斗争中最残酷的又莫过于围绕皇权的角逐。在皇权的诱惑面前,父子兄弟喋血相残,人伦亲情一钱不值,这些都是司空见惯的现象。其中所呈现的凶残与卑鄙不啻人性泯灭,甚至连禽兽也不如,因为禽兽尚有怜子之慈和反哺之私。而且,禽兽在争斗时也大抵只有凶残,它们似乎还不大懂得卑鄙。太宗登基后的第一个年号叫"太平兴国",意思是安定团结不折腾,但实际上对外的战争和对内整人的运动一直没有停止过,现仅就太平兴国四年至九年期间的内外重要事件择要如下:

太平兴国四年二月,用兵太原,灭北汉。五月征辽,大败于高梁河。回师后,为行赏功臣事,太宗怒斥太祖长子德昭有不臣之心,威逼之下,德昭自刎,年三十一岁。

太平兴国五年九月,辽军攻宋,双方互有胜负。

太平兴国六年三月,太祖次子德芳"寝疾薨",年二十三岁。九月,太宗早年的幕僚柴禹锡告发秦王廷美"将有阴谋",预示太宗对廷美"将有"兴大狱之举。

太平兴国七年三月,金明池水殿落成,太宗将泛舟。有人告发廷美"欲以此时窃发"作乱。罢廷美开封府尹调西京留守,一批文武臣僚因"交通秦王"而贬官流放。不久,接替卢多逊入相的赵普告发卢多逊与秦王勾结事。卢全家流泛崖州,廷美被勒令归私第,子女取消皇室待遇。五月,继廷美出知开封府的李符上奏,说廷美"衔恨怨望,乞徙远郡"。降廷美为涪陵县公,房州安置。

太平兴国九年年初,廷美忧悸成疾,死于房州,年三十八岁。

不知大家有没有注意到一个诡异的现象,从太平兴国六年三月到九年年初,把廷美从准皇储一步步搞到最后贬死房州,太宗花了差不多三年时间。他采用的是钝刀子割肉的方法,慢条斯理,不慌不忙,一边又有足够的机会表演自己的假仁假义。这期间,廷美接连遭到告发,但告发者其实一点实实在在的证据都拿不出手,所依据的都是自己的想象和虚构。第一次柴禹锡告发的罪名是"将有"阴谋,第二次太宗游幸金明池前,告发的罪名是"欲以"窃发作乱,第三次李符告发的罪名是"衔恨怨望"。"将有"者,凭空捏造也;"欲以"者,信口开河也;"衔恨怨望"者,主观臆断也。三者相加,等于一句源于宋代而遗臭于青史的俗语——莫须有。莫须有在当时是什么意思?不需要有,或许有,一定有,说法各异,反正全是那种专横霸道而又挤眉弄眼的流氓腔调。官家有什么心事,那些整天揣摩圣意的臣子最清楚。因此,官家要做的事,很多时候其实是用不着自己授意的,自会有人帮他搞定。所谓"主忧臣辱,主辱臣死"就是这样教导的,不能为人主排忧解难,那是做臣子的奇耻大辱,连死都来不及。从廷美被祸的个案中我们可以看到,当人主要搞什么运动或整什么人时,那些冲在最前面的打手不外乎这么几种人:

第一种是柴禹锡们。柴禹锡何许人也?当年太宗还是晋王时,他就是晋王府的幕僚,这种所谓的"潜邸旧人"是宋代政坛上一支相当活跃的力量，因为人主一旦登基，这些人便一荣俱荣，遍布津要。他们是人主的老部下、跟班，或者叫心腹（宋代政坛上亦称之为"肺腑"），理所当然地也是人主最得心应手的基干力量。而对于"柴禹锡们"来说，他们就是人主"左牵黄右擎苍"中的那个"黄"和"苍"，充当鹰犬既是他们的本职所在，也是他们的本性所好，因此，一有风吹草动，自会争先恐后。

第二种是赵普们。赵普就不用介绍了，他的名气太大了，开国宰相，半部《论语》治天下。谈及太祖太宗朝政治，似乎很难绕过这个人物。但名气再大，宦海沉浮总是难免，因为你是臣子，归根结底得看人主的脸色。太祖晚年，赵普失宠，被打发到地方赋闲。一个曾在高层政坛上呼风唤雨的老官僚，失意之后岂能甘心？他连做梦也在窥测方向。现在他终于逮到了机会，以诬告廷美作为垫脚石，他如愿以偿地重登相位。现在我们应该知道了，"赵普们"是一群失意政客，他们咬人是为了邀宠进身，东山再起。

第三种是李符们。李符是个能吏，他最风光的一幕是开宝五年出任京西南路转运使。转运使是给中央搞钱的，太祖为了加持其权威，特地手书"李符到处似朕亲行"赐给他。李符就把这八个字绣在大旗上，走到哪里打到哪里，以示人主恩宠。不知道"拉大旗作虎皮"的典故是不是出自这里，但用在这里肯定很恰当。但李符虽有才干，人品却不敢恭维。"符无文学，有吏干，好希人主意以求进用。"[14]这是《宋史》中对李符的评价。"希"是揣摩、迎合的意思，此人不学而有术，喜欢讨好人主以获取升迁。现在,他刚刚接替廷美出知开封府,这个位子很敏感。首先,开封府尹是进入中央执政班子的"四入头"之一,[15]这是天大的利好。其次,前任出事了,他必须旗帜鲜明地亮出自己的政治站位。因此,一上任就狠踹前任一脚,这也是"希人主意"之一种,目的是讨好主子,巩固既得利益,为日后的升迁拿下"印象分"。

当然,区区个案,不可能把各类见风使舵落井下石的政客尽数罗列。廷美案就其过程而言也算不上复杂,有些本来应该露脸的角色还不曾有表演的机会。例如,打着时髦的旗号泄私愤报旧怨的。或者,担心自身难保,就调门特别高地表现"紧跟"的。只要专制政治存在一天,这些人就会茁壮生长一天。也就是说,那些个角色原来是多少种,后来还是多少种,一种不多,一种不少。

说完了廷美的遭遇,似乎还有必要说一下房州。这个深藏在武当山深处的边远小邑,贫穷、闭塞,是一片未经开发的蛮荒之地。"其固高陵,若有衡宇。"这里的"固"和"衡"都是鄙陋的意思,一座座荒陋的土山,有如简陋的房屋,房州即由此得名。当然,把廷美送到房州来,并不仅仅因为这里是穷乡僻壤。国家这么大,穷地方苦地方偏僻的地方多的是,之所以选中这里,还有更重要的原因。关于朝廷流放罪臣的地方,当时有两句说法:"春循梅新,与死为邻;高窦雷化,说着也怕。"[16]"春循梅新"和"高窦雷化"都是州名,合称八州恶地。流放到这几个地方,不死也要脱几层皮。房州虽不在八州之内,但房州有它的神秘之处，那就是：风水政治学。此地四面环山，中心河谷断陷，在风水上称之为"困龙局"。困龙局，懂了吗？历史上，这里确实是"困"过几条"龙"的。嗣圣元年，唐中宗李显被其母武则天废黜后流放，在这里胆战心惊地苦熬了十四年，那是差不多三百年前的事了。陈桥兵变后，后周的小皇帝柴宗训也被安置在这里。小皇帝当时刚刚七岁，在皇位上屁股还没坐热，就被赵匡胤带着一帮丘八赶了下来。虽然赵匡胤假惺惺地赐给柴氏"丹书铁券"（免死金牌），即使犯罪也不得加刑。但要消灭一个人，办法多的是，不一定非得法律上判死刑，所谓"房州安置"就是办法之一种。这个"安置"厉害啊，几乎是一"安"定生死的意思，也是"置"于死地而后……超生的意思，当然，这个"超生"指的是佛教中的死后投生。一个词的生命力可能与它的强度有关，正因为"安置"足够强势，所以千载之下，仍历久弥新。倒霉的柴宗训在房州勉强生活了十三年，二十岁时无声无息地死在这里。现在涪陵县公赵廷美也来了，前两个流放者都是当过皇帝的，廷美不是，他只是根据老赵家皇位传承的规矩，皇位似乎也有他的份，而他倒霉的根源就在于这个"似乎"。当皇帝这种事你"似乎"什么？你这一"似乎"，人家就把你当对手整，这不是找死吗？政治这种事，你如果有实力就霸王硬上弓地和他干，没实力就趁早躲远点。廷美在房州只活了一年半，从"忧悸成疾"这几个字中，我们可以想见他最后的生存状态。他死后，太宗还向近臣放风，说廷美是乳母耿氏所生。为了掩饰自己逼杀同胞兄弟的罪责，这个心毒手狠的伪君子竟然不惜编造谎言，向自己的老爸——也包括老妈——泼脏水。

国事家事天下事,这一系列变故的最大受益者无疑是赵恒,陈桥兵变,一夜之间让赵氏取代柴氏成了国姓;烛影斧声,一桩谜案让老爸赵光义成了大宋王朝的第二代君主;煮豆燃萁,对德昭兄弟和廷美的迫害则保证了皇位将由太宗的子孙世代传承。那个让多少野心家和阴谋家机关算尽丧心病狂的九五之尊南面之位,已经离赵恒越来越近了。

且慢!

廷美死在房州时,赵恒还不叫赵恒,叫赵元休(四年以后又改名元侃)。他还有两个哥哥,大哥元佐,二哥元佑。一"佐"一"佑"排在他前面,堵死了他走向皇位的通道。按照皇位继承的次序,他充其量算是第三梯队。也就是说,即使现在老爸"崩"掉了,皇帝也轮不到他做。而且还有一点,在皇位继承这种事上,第三梯队一般是派不上用场的,因为,如果第一梯队接班了,后面的梯队就得重新洗牌,按照他自己的儿子编排次序。原来你还排第三,现在连进入梯队的资格也没有。

这样一说,三皇子是没有什么戏了。

但情况很快就发生了变化,因为大哥元佐出事了。

作为皇长子,元佐的条件实在太好了。史书中说他"少聪警,貌类帝,帝钟爱之"。[17]"少聪警"可能是实情也可能是惯用的谀词,"貌类帝"却不大好瞎说,老皇帝钟爱也是肯定的。况且他还精通武略,长于骑射,曾跟随太宗出征太原、幽蓟,有过真刀真枪的战场体验,这样的经历对于长在深宫的皇子来说尤为重要。事实上，太宗也一直把元佐作为皇储培养，只是因为老皇帝生性猜忌，担心立储后会形成新的政治中心，影响自己的权威，才没有正式册封太子。

元佐的"太好"还包含一点：心肠太好。我们无从确认他对太宗身后皇位传承的想法，但我们可以肯定，对于父亲迫害德昭兄弟，他是很不满的。但太宗的手段很隐蔽，兄弟俩最后一个是自刎，一个是猝死，别人除去哀怜也说不出什么。元佐也只能不满而已。但到了太宗迫害廷美时，他就挺身而出了，为了营救这位叔叔，他甘冒宸严向太宗求情，力陈廷美无辜。当然，他这样做不会有任何效果。廷美死于房州，元佐闻讯后悲愤交加，一时竟成狂疾。这是一种由于遭到刺激而引发的间歇性神经病，只要情绪稳定，自会慢慢痊愈。

那就让他慢慢痊愈吧。请注意，他需要的只是情绪稳定。稳定，懂吗？就是安稳、平静，喜怒哀乐皆波澜不惊，至少，在恢复期间，谁也不要去刺激他。

如果他不是皇长子，不是准皇储，他身上没有维系巨大的利益，这样的愿望或许会很容易实现。但现在，不行……

雍熙二年重阳节，太宗在宫中设宴，召集皇子们饮酒作乐。因元佐病未痊愈，就没有通知他。这很正常。

散宴后，老二元佑便去看望元佐，当然要说到当天的宴会。元佐就很不高兴，对老二说："汝等与至尊宴射，而我不预焉，是为君父所弃也。"[18]他认为自己已经被父王"所弃"，也就是不被当儿子看了。当晚抑郁难平，独自喝酒解闷，酒精迷性加上神经错乱,竟放了一把火焚烧宫院。

这一下事情大了。

在元佐焚宫这件事中,老二元佑是一个相当敏感的角色。我们不知道他在元佐家说了些什么,我们只知道他走了以后,元佐就放火焚宫了;我们也不知道调查事由时他对太宗说了些什么,我们只知道事后太宗怒不可遏,不仅把元佐废为庶人,甚至还要断绝父子关系。说元佐的火和太宗的火都是元佑"撩"出来的,这样的推理缺乏根据。但他处在那个特殊的位置上,元佐一废,他是最直接的受益者,而所谓的受益又是堪称天下第一权力的皇权。因此,对当事人心机之诡谲,怎样揣测都不为过分。

太宗对元佐的失望,不光在于他袒护廷美、干扰自己的战略部署;也不光在于他精神失常,以致纵火焚宫;可能还在于这一切的原始根源:心肠太好。一个将来要接班当皇帝的人,怎么能心肠太好呢?就像一个见不得鲜血的人不能当屠夫一样,心肠太好是不能当皇帝的。你心肠好,可以去当慈善家,也可以去当神州好人道德楷模,但绝对不能当皇帝,因为弄得不好那可是要人头落地的。等到国破家亡的时候,你捧着一副好心肠"垂泪对宫娥"有什么用?所谓"妇人之仁"历来就是一个带着鄙薄意味的贬义词,指向的是那些胸无大志缺少杀伐决断的庸夫和懦夫,例如那个虽然力能扛鼎却见到有士兵生病就流眼泪的项羽。

元佐被废,元佑的机会来了。不久,太宗让他领开封府尹兼侍中,这是准皇储的标志。太宗还为他改名元僖,这个"僖"的字形和字义都契合在同一点上:人逢喜事。看来,元僖可以放宽心思吟一阕《好事近》了。

人逢喜事——精神爽,这是一句俗语,但元僖的私生活并不很爽。不很爽的原因就在于他宠爱侍妾张氏,冷漠正室李夫人。对于男人来说,这似乎很常见,但元僖的偏爱却送了自己的命。张氏恃宠骄横,这并不奇怪。但这个愚蠢的女人居然想毒杀李夫人以上位,结果上演了中外好多经典戏剧中的一段经典情节:误毒第三者,元僖暴死。

到了这时候,属于三皇子的大剧才真正拉开了帷幕。

运气这东西你不能不服。运气好的人,其实用不着上蹿下跳拳打脚踢,当别人蹿跳打踢时,他只需耐住性子,慢慢等。等别人一个个都落荒而去,空下来的舞台便是属于他的。

元僖暴死是太宗淳化三年年底,两年后,一直在立储问题上首鼠两端的太宗正式下诏,立三皇子元侃为皇太子,并改名赵恒。自五代以降的近百年中,这是第一个由帝王生前册封的名正言顺的太子,赵恒真是太幸运了。第二年,太宗驾崩,三十岁的赵恒入承大统,是为真宗。现在看来,这些年赵宋家族所有的好运和变故,似乎都是为赵恒准备的,赵恒是这一切的最大受益者。但运气太好有时也并不是好事,正因为得之侥幸,当事人便难免心虚,或者说有点没来由的拘谨和自卑。一个拥有天底下最大权力的帝王怎么可能自卑呢?但赵恒确实自卑。这说明,形成某种心理惯性与其所处的地位并不一定有多大关系,有些人哪怕沦为乞丐,也可能心雄万夫牛皮哄哄,自信"乞"遍天下无敌手;而有些人——例如赵恒——即使贵为帝王,也仍旧心虚胆怯,总觉得背后有人在指指戳戳地窃窃私语,议论他执政的合法性问题。有时候,他甚至会想到后晋大臣桑维翰——此人因为身材短小,人称"桑矮子"——说过的一句话:"居宰相,如着新鞋袜,外面好看,其中不快活。"[19]他觉得做皇帝也差不多。

赵恒登基后改元咸平。一个并不强势的君主,上台后自然不想生事,只希望安定团结。六年后又改元景德,景德就是大德、崇德,讲社会的核心价值,修明文治,仍然是守内虚外的意思。景德这个年号给历史留下的印记,后人耳熟能详的有两处,一个是这期间宋辽签订了"澶渊之盟",以化干戈为玉帛的方式确立了两大邻国之间的战略互信,为双方赢得了一百二十年的和平。一个是江南西路有一处名为昌南(因居昌江之东南)的地方改名为景德镇。这座因烧造贡瓷而闻名的小镇日后成了中国的瓷都,以至不管是帝王还是平民,饭后若无意中翻过碗底,说不准就会看到"景德镇制"之类的字样。现在是景德四年年底,也就是说,这个运气极好却拘谨自卑的真宗皇帝登基已经整整十年了。

3. 解语杯

吃饭"朝九晚五"是古已有之的习惯。但古人计时不说"九点"和"五点",而说"朝时"和"晡时",因此,早饭和晚饭便叫"朝食"和"哺食"。成语"灭此朝食"的典故出自《左传》，但到了宋代，"朝食"和"哺食"的说法仍然没有变化。官家赐宴应该是吃晚饭，也就是哺食。冬天的哺时暮色已经很浓了，但因为下雪，积雪映出了天光，透过这朦胧的天光，可以看到庭院里飘飞的雪花——却是不紧不慢，下得极有耐心。

宋王朝的中央行政机构集中在皇城的西南片，也就是大内东西中轴线以南、钟楼和文德楼以西一带。官家把宴席安排在政事堂（宰相府），地点在朝堂西侧，朝堂不是上朝的地方，上朝的地方有三处，一处是重要节日和重大礼仪活动的大朝会，在大庆殿；一处是官家每天视朝的地方，在垂拱殿；还有一处是由宰相主持的常朝，在文德殿。朝堂实际上是朝廷的新闻发布厅，但官家今天在政事堂和臣僚们一起喝酒赏雪的新闻估计是不会发布的。

喝酒赏雪，官家做东，还有比这更开心的事吗？

而且竟然是最高规格的宴会。

宴会的规格高不高，不是随口说的，有具体的评价标准。宋代的宴会，酒跟菜配套，这当然说的是正式的宴会。民间的那种非正式的饭局，流水上菜，不撤旧盘，一边大呼小叫地喝酒，吃到后来，盘盘碗碗堆满餐桌，一片狼藉。正式的宴会就不同了，吃新菜，撤旧菜，酒菜搭配，并以此体现宴会的规格。体现在哪里呢？很简单。喝一杯酒换一道菜，属于规格较低的宴会。喝一杯酒换两道菜，规格就上去了，官家的私人宴席也就是这个档次。规格最高的是国宴，喝一杯酒换四道菜，契丹使者来呈送国书,朝廷在都亭驿款待客人,二府两制的高官全部出席,宴会就是这种规格。

今天用的也是这种规格,一杯酒换四道菜,这就超常规了。官家叫大家一起喝酒赏雪,本是心血来潮临时起意,这样的场合,一杯酒换两道菜算正常,换三道菜就受宠若惊了,但谁也不会想到,现在上了国宴的规格。

上规格就上规格吧,反正客随主便。太祖皇帝有言:酒乃天之美禄。太宗皇帝在赐宴近臣时也说过:卿等这般年华,正是戴花喝酒之时。来啊,都满上……

说起来是官家做东,但官家并不和臣僚同桌共餐,他独自占据一桌,然后叫内侍向他指定的大臣劝酒。劝酒有专门的劝杯,斟满了酒放在劝盘上,内侍双手托盘端到大臣面前。他是代表官家劝酒的,被劝的人没有讨价还价的余地,只能一饮而尽,然后还得向官家谢恩。在宋朝那个时候,除去大朝会,臣子对皇帝是用不着跪拜磕头的,只行拱手礼就行了。但尽管如此,宴会中间一会儿你谢恩一会儿他谢恩,不光臣子麻烦,官家也不得安生。这说明酒席上一旦有了尊卑应酬,那就谁也别想吃得舒服。其实官家的初衷倒是要让大家吃得舒服,他一开始就宣布,天公作美,大雪封门,那我们就关起门来喝酒,都放开喝。他说下午作了一首《瑞雪》诗,照例要诸公即席和进,但为了不影响喝酒的兴致,各位的和诗明日再上。又说,宴会结束时如果过了夜禁的时辰,几位住在城外的官员——例如权三司使丁谓住在朱雀门外——会由内侍送出城门,大家不必有后顾之忧。

下酒的菜肴一开始应该以果盘为主，一代名臣司马光曾回忆年轻时参加的一次款待契丹使者的国宴，光是果品就上了将近一百道。但现在是冬天，新鲜水果不多；加之水果寒性，严冬季节亦不宜多吃。因此上了几道干果后就是各式热菜和点心。东府（宰相府）的厨师和御膳房的厨师各有各的拿手菜，每次宴会也都有不同的菜谱。但有些菜却是不会变化的，例如果盘过后的第一道热菜旋鲊和宴会的最后一道点心太平毕罗。"鲊"在字典上解释为咸鱼，但这里不是。当年太祖为了接待初次来朝的吴越王钱俶，令尚食局制作几道南方口味的菜。御厨仓促受命，"一夕取羊别为醢（肉酱）以献焉，因号'旋鲊'，至今大宴首荐是味"。[20]为什么用羊肉呢？因为宋朝的羊主要靠从契丹进口，价钱很贵。什么东西价钱贵了，就理所当然地被视为高档。估计旋鲊里还加进了其他一些价钱很贵的辅料。把当时价钱贵的食材搅和在一起做成酱，这是御厨们没有办法的办法。但他们成功了，因为"至今大宴首荐是味"，一道肉酱成了名菜。至于太平毕罗，不用多说，就是馅饼，只不过个头忒大，内容极其丰富，因此又被称为"一包菜"。毕罗也好，一包菜也罢，好吃不好吃就是一道馅饼，那凭什么每次都在国宴上殿后呢？无他，就是名字好，吉祥。

宴会的气氛一般和规格呈反比，规格越高越是正经沉闷。大家说的都是国泰民安的恭维话：诸路稼穑大稔，淮、蔡间麦斗十钱，粳米每斛二百钱，创历年未有之新低，真乃盛世气象。资政殿大学士王钦若甚至说今秋陈州、郓州等地的蝗虫不祸害庄稼,皆抱草而死。这是官家的政德感动上苍,才有如此旷世奇观。把这些言论记录下来,不用整理就是一篇极好的时政教材。官家显然很高兴,但又显然不满足于此,他不时还要搞一点即兴的娱乐以活跃气氛。春秋季节曲宴宜春殿时,最常见的就是赐花。例如出牡丹百余盘,每人一朵。其中品种高贵的千叶牡丹只有十余朵,只赐给亲王宰相。官家赐的花,臣子都是自己戴。有时官家为了表示对某人的特别恩宠,就让内侍为其戴花,于是"观者荣之"。荣耀啊,羡慕啊,甚至还有忌妒啊,全都在这个"荣"里面。当然,最有创意的还是把赐花和赐酒结合在一起,摘一朵含苞未放的荷花,轻轻掰开花苞,把斟满酒的劝杯放进去,再将花苞合拢,让内侍送给指定的大臣喝,这叫"解语杯"。因为人们认为荷花有灵性,能解人意。这是很高境界的君臣相得,其中有嘉奖亦有期许。但官家赐"解语杯"的情况并不多,如果发生,那就不光是"观者荣之"了,大家还免不了猜测:官家究竟有什么心语要臣子"解"呢?

太平毕罗上来了——就是那种被称为"一包菜"的大馅饼——这就宣告宴会进入尾声了,有的人已经开始伸头探脑,看外面还下不下雪。这时官家却破例把宰相王旦召到面前,一连赐酒三杯。

而且用的是"解语杯"。

冬天没有荷花,只能用绢花。这无所谓,关键是"解语",意思到了就好。

王旦三饮而尽。因为就面对着官家,也因为是"解语杯",

不同寻常,于是跪拜谢恩。礼毕,官家又问:"这酒可好喝?"

王旦当然说好喝。

官家哈哈一笑,向内侍作了个示意,内侍捧出一坛酒。官家说:"好喝,把这坛带回去,与妻儿共享。"

散席。

东华门外,自然都有车马等候,但不会有轿子。乘轿是皇室的特权,偶尔为了照顾年老有疾的元勋重臣,经皇帝特许才可以乘轿。开国名臣赵普晚年准许乘轿,特地作《谢许肩舆入内表》。前些时官家在玉宸殿读前朝奏牍,对这篇出自大才子王禹偁之手的谢恩表甚为称赏,特别认为其中的"实君父之殊私,非人臣之常礼"两句,于兢惶涕泗中尤见得体。[21]可见对于臣子而言,乘轿是莫大的荣宠。此刻,大臣们酒足饭饱,一个个醉眼蒙眬地从东华门鱼贯而出,有清醒者踩镫跨鞍时偶一抬头,只见好大一轮圆月有如冻凝在天幕上,这才想起今天恰逢既望(十六日)。雪却悄悄地停了。

出东华门再沿大货行街向东去的官员不少,因为很多人都住在马行街附近。京师的繁华地段向有"南河北市"的说法,[22]"南河"自然是汴河沿岸,"北市"即马行街商业区。而且这里离大内不远,官员们每天上朝很方便。王旦也住在这一带,此刻踏雪夜归,一路上亦络绎有人同路,但没有谁像他那样抱着一只酒坛子的,估计也没有谁像他那样回去彻夜难眠,因为,他回家后发现——

那坛子里装的不是酒,而是一坛珠宝。

我们已经知道了，王旦是当朝宰相。但宰相是通常的说法，在朝廷的任命书中，从来没有宰相这个官职。就像现在称某人为老板，其实他的正式职务应该是董事长或总经理或总裁之类。王旦的最近一次升迁，任命书上是这样写的：拜工部尚书、同中书门下平章事、集贤殿大学士、监修两朝国史。不熟悉宋代官制的人可能会以为他就是一个内阁部长，其实打头的那个"工部尚书"只是寄禄官阶，并无具体职事。他的具体职事是随后的那个"同中书门下平章事"，也就是宰相。宰相常常不止一个，有时两个，最多三个。首相为昭文相，也就是官称后面带"昭文殿大学士"者。带"监修国史"者为次相。带"集贤殿大学士"者为末相。但不管官称后面带什么，他们要做的工作就是宰相的工作，和学士没有任何关系，"××学士"只是用来标志他们在宰相中的排序。这一说大家就知道了，王旦既是集贤殿大学士又监修国史，因此，他应该是次相。但需要说明的是，自去年一月王旦拜相以后，官家就没有委派首相和末相。也就是说，王旦虽然不是首相，却是独相，实际主持中书门下的全面工作。官家的这种安排当然可以理解为对他的信任，但也不能排除对当事人的某种暗示或者诱惑：首相虚位，你还有很大的上升空间。

皇帝贿赂大臣，这种事不能说没有，但不多。说贿赂不大好听，那就说卖好吧。最近这段时间，官家向王旦卖好的举动已经不止一次了，其中调整王旦的班位算是一件大事。官家每天在垂拱殿视朝，大臣站班时有很多规矩。大的规矩是，大臣只能站在仪石之南；小的规矩是，每人站在什么位置——也就是所谓班位——都是规定好的。不管多大的官,站错了位置当场就会受到呵斥,甚至还会被处分。两个月之前,官家特地"诏阁门移宰相班位于仪石之北,余立其南"。[23] 也就是说,原先宰相和参知政事、枢密使等人扎堆儿站在一起,现在官家把宰相的班位调整到仪石之北,让他单独面对官家,这就在立朝仪式上突出了王旦的地位。那么理由呢?据说是王旦和那些人站在一起,太挤。这恐怕说不通,以前两个宰相甚至三个宰相——其中还包括像张齐贤那样吃相难看的大胖子——不都是这样站的吗?怎么到了王旦一人独相时,反倒太挤了?说到底,官家这是为了向王旦卖好。

官家如果把贿赂或卖好用在某个大臣身上,这个大臣会不会得意忘形呢?肯定有人会的,但至少王旦不会,他相当清醒。在他看来,所谓君臣相得,是要靠双方共同经营的,但做臣子的尤其要把握好分寸,既不能放弃原则而失之于逢迎谄佞,又不能放弃世故而失之于简单粗暴。当然,最重要的还是你要识得大体,堪当大事,为官家排忧解难。沧海横流,方显出君臣本色。三年前的那个关键时刻既见证了官家对王旦的倚重,也见证了王旦的干练与持重。在官家的记忆中,景德元年的冬天似乎特别冷,当时契丹纠集十万兵马(号称二十万)大举南下。契丹军长途迂回,绕过宋朝的边防重镇大名府,直逼开封的北方门户——澶州。这是官家即位以来遭遇的第一次危机。这一危机不仅危及皇位,而且危及大宋王朝的江山社稷。这两者有时是一回事,有时却不是一回事。生性懦弱的官家实际上是被宰相寇准和殿前都指挥使高琼裹挟着北上亲征的。御驾亲征这个词说起来相当排场,甚至还有几分华丽(那大抵是受旧戏舞台的影响),总之给人一种威风八面自信满满的感觉。但景德元年冬天的大宋官家却找不到这种感觉,他最大的顾忌倒不一定是自己的安危,而是派谁留守京师。天子亲征,六军既出,京师便鞭长莫及,这向来是政治家之大忌,因为如果有人想在京师搞政变,这是最好的时机。什么叫政治?政治就是对时机恰到好处的把握。连李白那样的书呆子都能发出"所守或匪亲,化为狼与豺"的警告。但现在的问题是,最危险的并不是"匪亲",而恰恰是至亲——自己的同胞兄弟,因为只有这些同属皇家血统的兄弟才有资格取官家而代之。官家兄弟八人,除去二哥元佑已死,再除去他自己,还有六人。这中间还包括大哥元佐,虽然他曾被太宗所废,但长子的政治优势是天经地义的。当年太宗驾崩后,李皇后和王继恩——就是那个在"烛影斧声"中帮助太宗篡位的内侍——等人曾策划让元佐登基,如果不是吕端的沉稳老到和处置果断,皇位上的官家就不是现在的官家了。现在,元佐和诸位兄弟人还在,心死不死不好说,但官家不能不防。自己在前方打了胜仗还好说,万一战败,六个兄弟中的某一个在京师趁乱而起振臂一呼,就可以堂而皇之地坐上龙廷,赵宋王朝的历史就翻开了新的一页。

东京留守,留谁来守,这是个问题。

世界上的事情有时是没有道理可讲的,例如,不是说遇事要瞻前顾后多想想吗?错!有时想得太多了,最后做出的决策反倒是昏招。出征前,官家决定由雍王元份为东京留守。元份在兄弟中排行老四,是官家最大的弟弟。官家的想法或许是,这个和自己一母所生的弟弟已经卧病在床两三年了,一个病入膏肓活一天算一天的人是没有多少生命能量觊觎皇位的。

元份确实没有能量觊觎皇位,但问题是,他那微弱的生命之光已经快要熄灭了。宋军刚到澶州,就传来了元份病危的驿报。在大战一触即发且胜败未卜的严峻形势下,继续指定一个健康的兄弟为东京留守显然是不可取的。权衡之下,官家决定派随军的参知政事王旦火速回京,接任东京留守。

好一个王旦,且看他受命后如何履新:

(上)命旦驰还,权留守事。旦曰:"愿宣寇准,臣有所陈。"准至,旦奏曰:"十日之间未有捷报时,当如何?"帝默然良久,曰:"立皇太子。"旦既至京,直入禁中,下令甚严,使人不得传播。[24]

王旦要官家当着宰相寇准的面向他交底,所谓"十日之间未有捷报时,当如何?"话说得很委婉,其中的含义却相当尖锐:如果打败了,官家遭遇不幸(阵亡或被俘),接下去谁当皇帝,为王朝承祧继统?这是设想了最坏的情况,要官家交代后事。官家可能从来没有考虑过这个问题,因此"默然良久"后,才很不情愿地说出了"立皇太子"。但这句话有问题。不是官家说得有问题,而是史家在这里做了手脚,因为官家当时尚无子嗣,所谓立皇太子根本无从说起,他所说的继承人不可能是皇太子,而应该是他六个兄弟中的某一个。由于王旦设想中的那种情况后来并未发生,所以当时的指定也就因其过于敏感而成了永远的秘密,史家在记载这段史料时也不能不有所屏蔽。王旦秘密潜回东京后,即直入禁中,同时封锁消息。东京一切如常,从表面上看似乎仍由元份为留守,免得其他兄弟生出非分之想,实际上大权已转移到王旦手中。直到二十天后,宋辽签订了"澶渊之盟",官家以一首得意扬扬的《回銮诗》班师回朝。

"澶渊之盟"开启了两宋历史上一个很有意思的惯例:在对外冲突中,宋王朝打败了求和,打胜了也求和,无论胜败都给对方送钱。

但官家不称之为送钱,他称之为"赂"。那次宋方的使者曹利用和契丹谈判回来,官家正在用餐,他急于知道谈判结果,便一面抓紧吃饭,一面让小太监出去问曹,究竟许给契丹多少钱。这段情节,史书上写的是"使内侍问所赂"。〔25〕一个带着少许巴结色彩的"赂",将官家底气不足的自卑心态暴露无遗。

王旦是经历过大事的人,也是宠辱不惊的人,但官家的一坛珠宝还是让他耿耿难眠。这倒不是因为见钱眼开太过兴奋。不是的,王旦不是爱钱的人。他虽然贵为宰相,家境却相当清寒,这除去家累的原因——哥哥早亡,寡嫂及侄辈率由王旦负担;子女婚姻亦不求门阀,致有需接济者——主要是因为他不爱钱。钱是何等的高傲自负,你不爱它,它绝对不会给你半个媚眼。这似乎很公平,也是司空见惯的常识。而对于一个不爱钱的人来说,别说是一坛珠宝,就是一吨珠宝也不会让他动心的。王旦所耿耿难眠者,"耿"在对官家意图的揣测,亦"耿"在自己应抱持的态度:是跟风上还是随大流,抑或是唱反调?

官家的意图其实用不着过多揣测,他就是想干一件事,要取得宰相的支持,但自己又不好说。他不说,王旦也知道。从陈桥兵变到"烛影斧声",从德昭之殇到廷美之死,从元佐被废到继位风波,官家总觉得背后有人在讥笑他的皇位得之侥幸。再加上"澶渊之盟"后,朝廷中确有"城下之盟,何耻如之"的议论。[26]现在,他需要用一个盛大的仪式来固化自己执政的合法性,也固化自己登基十年来的丰功伟绩。这项活动就是封禅泰山。

什么叫封禅?从字面上讲,"封"就是祭天,"禅"就是祭地。祭天祭地,很好!但为什么要跑到泰山去祭呢?因为祭其实就是向天帝汇报思想和工作,我们都知道,汇报思想和工作往往是和领导拉近乎的绝好机会。泰山最高,离天最近,和天帝说话当然最方便。封禅是旷世盛典,不是什么人想封就可以去封的。只有受命于天的帝王,且功业宏伟,才有资格行封禅之礼。一代帝王封禅泰山,被视为国家鼎盛、天下太平的象征,帝王本人也理所当然地成为"奉天承运"的真命天子。揆诸青史,也只有汉武帝、唐玄宗等少数几个明星帝王成就过封禅盛典。

官家的心事,做臣子的焉能不察?就在昨天——十一月十五日——殿中侍御史赵湘抢先上了一道封禅的奏章。这小子,显然是奔着头功来的:

庚辰,殿中侍御史赵湘上言请封禅,中书以闻,上拱揖不答。王旦等曰："封禅之礼,旷废已久,若非圣朝承平,岂能振举?"上曰："朕之不德,安能轻议。"[27]

殿中侍御史是个从七品的小官,这样的角色是没有资格直接向皇帝上书的,因此,他的意见须在官家视朝时由"中书以闻"。这里的"中书"指的是宰相王旦或参知政事赵安仁。赵湘请求封禅的建议究竟是谁向官家报告的,这里没有说,我们也没有必要去追究。我们感兴趣的是官家和王旦两个人的反应。官家最初的反应是"拱揖不答",故作矜持。他应该矜持,他也只能矜持。现在你叫他说什么好?一口答应吗?急吼吼的,吃相难看,太没有面子。况且,一个小小的殿中侍御史上书这样的大事,显然是不合适的。一口拒绝吗?也不妥当,一开始把门关死了,就不好往下走了。那么就矜持吧,"拱揖不答",且听听王旦他们的态度。王旦的态度是没有态度,或者说他的态度很微妙。他说封禅这样的大礼已经旷废好久了,"若非圣朝承平,岂能振举"。这话太绕了,太修辞了,他究竟是赞成还是不赞成封禅,你怎样理解都可以。官家试探他,他也在试探官家。他用了一个设问"若非",也就是为封禅设置了一个资格——"圣朝承平"。那么"今上"够不够这个资格呢?他没有说。他不说,官家只好自己说。他说我没有什么功德,"封禅这样的大事不敢随便讨论"。他这样一说,封禅是不是就没戏了?当然不是。他这种话是说给臣子听的,因为做臣子的怎么会同意官家没有功德呢?他们肯定不会同意的。那么请稍等,一个歌功颂德的新时代就要到来了。

其实不用等,近几年歌功颂德已渐成风气,起因似乎与司天监的那一班人的鼓吹有关,根子却在于大臣中那些整天揣摩圣意的马屁精。司天监的功能介于天文和神权政治之间,说白了就是上天表情的翻译官。这几年他们不断有关于星象异常的报告上奏朝廷,这本来并不奇怪,因为他们就是干这一行的,干什么吆喝什么,他们要刷存在感。不论是一个单位还是一个官员,如果长时间没有存在感,他们还要不要吃饭了?因此,报告不报告是他们的职责所在,信不信则由你。儒家学说的老祖宗孔子是不信的。他老人家旗帜鲜明:"不语怪力乱神。"古代哲学家也认为:"天道远,人道迩","国将兴,听于民;将亡,听于神"。似乎很无神论。但另一方面,中国古代政治又讲天人感应,神道设教,把天加于天子头上来实施精神管制。历代的帝王有信鬼神的,也有不大信的。赵宋的太祖是开国皇帝,太宗算是亚开国皇帝,虽说都是靠政变上台,但篡位后征战四方,也可称马上天子。一般来说,强梁的开国帝王都不大信鬼神,不然他们就不敢打破旧有的秩序了。他们更相信自己,相信靠自己的能力去"取"。赵恒是赵宋首位正常继统的皇帝,所谓正常继统,即皇位是制度给的,或者更准确地说是某个人或某几个人给的,不是靠自己的能力去"取"的。或许是身为三皇子在兄弟中相对弱势,被立为太子后,在父亲的猜忌下又一直充满危机感,这位后来被称为真宗的皇帝真的很信奉天命鬼神,这大概是无力改变现实中的弱势,转而求助于另一个世界,以期获得一种内心平衡吧。

一个自卑而又信奉天命鬼神的官家,让司天监的那一班人和大臣中善于揣摩圣意的马屁精们有事干了。

去年初夏,司天监上奏说周伯星出现了。这个"周伯星"可不得了,它是古代传说中所谓的四大瑞星之一。它出现了,说明君王的圣德和功业感动了上天,这是国家政治生活中的大事。于是文武百官纷纷上表称贺,一时众声喧哗,颂歌入云,实在热闹得可以。到了秋天,枢密使王钦若还不肯甘休,又重提此事,认为"天既垂休,礼罔不答"。意思是老天对陛下的政绩做出了肯定的表态,如果不答谢老天,是不合礼法的。官家亦顺水推舟,同意有关部门讨论"祀星"的礼仪。观念的东西,意识形态的东西,光讲不行,还要用仪式感加以强调和固化,从而生动形象地教化人心,这一点很重要。

然后,景德四年风调雨顺,诸路皆言丰稔,形势好得像作人来疯的顽童,一发而不可收。不打仗了,老百姓有饭吃了,很好!但吃饱了撑的怎么办?从六月开始,关于各地发现符瑞和司天监发现"五星皆伏"奇异天象的报告接踵而来,这些都是大快人心的事,其中"五星皆伏"更是千百年不曾有过的奇事、大事、喜事,于是皆"诏付史馆"。入冬以后,朝臣中开始议论封禅,起初只是少数人的窃窃私语,但渐渐地就堂而皇之地有恃无恐。官家也在私下里到处打听关于"河图洛书"传说中的"天书"是怎么回事。山雨欲来风满楼,终于有了昨天赵湘的公开上言封禅。

这些王旦都看在眼里,他是清醒的,他也因清醒而痛苦。今天酒宴上的"解语杯"加一坛珠宝,说明在封禅这件事上官家很在乎宰相的态度,更说明官家已经铁了心一定要做。官家铁了心一定要做的事自己如果反对,以后君臣关系就不好处了。君臣之间一旦有了嫌隙,倒霉的当然是臣子,这没有什么道理可讲,因为皇帝是唯一的,宰相却可以走马灯似的换个不停。在这个世界上,能当宰相的人多得是,想当宰相的人更加多得是,官家要除授或贬谪某个宰相,只要在晚上叫内侍给值班的翰林学士送一张纸条——所谓的"词头"——让学士连夜起草诏书,第二天一早就可以宣布。王旦并不是贪恋权位患得患失,但自蒙童以始,正统的儒家思想从耳濡目染到沦肌浃髓,文人学士的人生理想就是四个字:修、齐、治、平,而最终的定格只有治国平天下,也就是建功立业。不当官,你纵有满腹经纶三头六臂也无处施展,谈什么建功立业?

谯楼三鼓,心事浩茫,窗纸上的月色倒是明亮些了,大概是积雪映衬的结果吧。

当然,封禅也不是全无道理,虽说那么大的排场劳民伤财,但借此旷世盛典,官家可以宣功德于海内,增强天命所归的凝聚力;国家亦可以布威望于四夷,令契丹西夏诸宵小为之慑服。这么大的国家,无论对内还是对外,没有权威是不行的。平心而论,官家从小长于深宫,个人魅力和气魄都远不及太祖和太宗,搞一点个人迷信,将无上的权威和荣誉集于人主一身,亦有利于王朝的集中统一。再说,官家信奉天命鬼神其实也不是坏事,因为他是帝王,没有谁管得了他,有一个天在头上罩着,会让他有所畏惧,不敢胡作非为。怕就怕他什么都不怕,大无畏,和尚打伞,无法无天,那就坏事了。到那时,你想约束他也毫无办法,只能任他由着性子祸国殃民,把坏事做绝。

王旦为人精明且淳厚,在某些场合,他是敢于义无反顾的伟丈夫。但一个人——特别是一个以天下苍生为念的政治家——不能总是义无反顾。总是义无反顾,到最后很可能从者寥寥以至四顾茫然。在大多数时候,他必须从众,必须是一个识时务者。当一种潮流已成汹汹之势时,他不会选择殉身,所谓虽千万人吾往矣,他不是没有那样的道德勇气,但他觉得那是不负责任。以命途多舛的个人遭遇换取身后追赠的荣誉,那是烈士。他不做烈士。他要做因势利导的平世之良相。既然个人无力抗拒,那么随波逐流便不失为理智的选择。大潮伊始,随波逐流者多矣,其中有人浑浑噩噩,有人心安理得,有人自以为得计,但王旦的内心肯定是痛苦的,因为他太清醒了。

"四更时,朝马动。"当宰相也很辛苦啊,四更以后就要起身上朝。冬季日短夜长,这个时候离天亮还早。王旦简单地盥漱后就上朝了。马夫牵着马在前面走,在王旦眼里只是一抹背影,这不是因为天色太暗,而是宰相大人的习惯,他习惯于一边上路一边想心事,从没留意过下人的面孔,以致后来闹出了笑话。几年后,那个马夫因年老去职,辞行时,王旦问他来这里多久了,马夫说五年。王旦说,我怎么从没见过你?马夫无语。既辞去,随即却又被主人叫回,且赏赐甚厚。因为主人从后面看去,一眼就认出了天天伺候自己的那个背影。此事见于沈括的《梦溪笔谈》,姑妄听之。回头再说上朝,斯时东方未明,万籁俱寂,马蹄踏着冰冻的积雪,发出沉闷的破碎声。前方的东华门南侧有待漏院,那是官员上朝前等待宫门开启的休息室。卯正一刻,为禁门开钥之时,等待的这段时间,正可以一边闭目养神,一边把要上奏的事情在脑海里再梳理一遍。待漏院的墙壁上,有太宗朝名臣王禹偁所作的《待漏院记》。此刻,一夜辗转未眠的王旦突然没来由地想到了那中间的一句话:

待漏之际,相君其有思乎?

是啊,上朝之前,宰相大人在想些什么呢?

注释：

〔1〕(元)脱脱等《宋史》卷一九四。

〔2〕(汉)司马迁《史记》卷七十二《穰侯列传》。

〔3〕(宋)魏泰《东轩笔录》卷十五。

〔4〕(宋)蔡絛《铁围山丛谈》。

〔5〕《宋史》卷八。

〔6〕(宋)李焘《续资治通鉴长编》卷六十六。

〔7〕《续资治通鉴长编》卷六十七。

〔8〕金匮之盟：传说中的由宋太祖及其母杜太后立下的关于太祖身后传弟不传子的盟约，对该盟约的真实性及其内容史学界一直在争议。金匮之盟和陈桥兵变、烛影斧声并称为宋初三大疑案。

〔9〕(清)查慎行《汴梁杂诗》。

〔10〕《宋史》卷六。

〔11〕《宋史》卷一。

〔12〕《宋史》卷四。

〔13〕皇子十六岁为成年，从此出宫居住，称出阁。

〔14〕《宋史》卷二百七十。

〔15〕(宋)洪迈《容斋随笔·续笔》卷三《执政四入头》："国朝除用执政，多从三司使、翰林学士、知开封府、御史中丞进拜，俗呼为'四入头'。"

〔16〕(清)潘永因《宋稗类钞》。

〔17〕(明)陈邦瞻《宋史纪事本末》卷十九。

〔18〕《宋史》卷二百四十五。

〔19〕(宋)欧阳修《新五代史·桑维翰传》。

〔20〕《铁围山丛谈》卷六。

〔21〕(宋)王禹偁《小畜集》卷二十三。

〔22〕(日)久保田和男《宋代开封研究》第六章第一节。

〔23〕《续资治通鉴长编》卷六十六。
〔24〕《宋史》卷二百八十二。
〔25〕《续资治通鉴长编》卷五十八。
〔26〕《续资治通鉴长编》卷六十二。
〔27〕《续资治通鉴长编》卷六十七。

第二章　天书

1. 承天节

　　腊月初二是承天节,也就是官家的生日。"朕即国家",皇帝的生日就是整个国家的生日,这是法定的。但节日的名称各有不同,虽然都是大而化之的称颂吉祥之词,其中却往往潜藏着人主最隐秘的心事。赵氏几辈先人皆年寿不永,赵匡胤当了皇帝,最关心的是自己的健康,因此生日号"长春节"。但马上天子加床上天子,太操劳了,他还是没活过五十岁。赵光义靠政变上台,最关心的是自己皇位的合法性,因此生日号"乾明节",什么意思呢?"乾"就是天,老天英明,我服从老天的安排。官家即位后,给自己的生日取名"承天节"。"承天"不用解释,就是承奉天命。从一出生脚趾上的天字纹,到承天节的命名,这个仅凭宗法关系继位自己并没有什么功德可颂的官家,几乎从头到脚都笼罩着天命的光环。

今年闰五月,农家有"闰月年,好种田"的说法,因为全年多出一个月,时间比较从容。但下半年的节令也相对提前,一进入腊月,就快要立春了。契丹派来祝贺承天节的国使也来得早,十一月二十六日就到了,官家特地在大内的集英殿宴请使团。这次宴会,有一桩新鲜事值得说说,契丹代表团带来了几只"提狸邦"给"大哥"尝鲜——根据"澶渊之盟",辽圣宗称宋真宗为兄。这个"提狸邦"学名叫貔狸,样子像大老鼠,住在土洞里,吃谷物,也吃肉,算杂食吧。杂食动物的肉都比较鲜美,这大概是一条规律。这种像大老鼠的"提狸邦"在契丹被尊为最高规格的美食,这东西很少,偶尔捕到几只,只有国母才可以吃,连皇帝也轮不到。契丹显然很重视和宋王朝的友好关系,这次特地千里迢迢送来几只"提狸邦",而且还是活的,一路上喂以羊奶。在集英殿的宴会上,契丹特使反客为主,指点御膳房的厨师把那几只小东西宰杀烹制后献给官家品尝。官家食之大悦,居然"再索之,使感悦"。[1] 其实,中原的皇帝什么好东西没吃过?况且草原民族那几下粗糙的烹饪他也不一定吃得惯。因此,"再索之"可能是因为真的好吃,也可能只是一种姿态,目的是为了让人家"感悦",这是一种外交技巧。外交场合讲的话,就如同男女谈恋爱时讲的话一样,不一定都是真话,但绝对必须是合适的话,特别是在这种礼仪性的外交场合,最大的合适就是恭维对方,让对方高兴。自"澶渊之盟"后,宋辽两国关系的走向很好,对此,双方都很珍惜。

043

四十岁,登基十年,都是整数,照理说今年的承天节是要大庆的。但官家正在下一盘很大的棋,他预感到接下来值得大庆的事多得很,高潮迭起是迟早的事,就像一首歌曲,一开始就把调门起得太高,后面的高潮怎么处理?因此,今年的承天节非但没有大庆,反倒降低了规格。腊月初二承天节,腊月初一官家宣布开始吃斋。官家吃斋,整个生日宴会也只能吃斋了。吃斋也有几种吃法,一种是全斋,不仅鱼肉不能吃,鸡蛋不能吃,连葱、蒜、韭、芫荽之类带刺激性气味的蔬菜也不能吃。还有一种吃斋相对宽松些,宽松到葱蒜之类带刺激性气味的蔬菜可以吃,鸡蛋也可以吃。但有公鸡做伴的母鸡生出来的蛋——有些地方称之为"色蛋"——除外,这样的排除当然非常必要,因为,"色蛋"已经具备了生命的初级形态,只要有合适的温度就可以孵出小鸡来。官家对老天那么虔诚,当然是全斋。全斋就全斋呗,自家人没什么说的,问题是外国使节,人家草原民族吃肉吃惯了,没有腥膻难下箸呀。那就只好变通了,使团到京后,官家先提前在集英殿宴请他们,也就是官家吃"提狸邦"的那次。这种为外国使团接风的宴会,本来都在使团下榻的都亭驿举行,宋朝只要派一个和对方特使身份对等的官员参加就可以了。官家亲自出席,而且在大内的集英殿宴客,这就破格了。这种破格带有打招呼的意思:对不起,过几天承天节的宴会,只能委屈贵使吃斋了。

一个吃斋的生日宴会非常程式化地过去了,一切如仪,波澜不惊,只有御膳房的一名差役出了点小风头。北宋把御膳房的差役称为"院子",该差役是名"托盘院子",[2]也就是负责上菜的。这种宴会,一盘菜怎么摆,有的有规矩,有的没有规矩。有规矩的例如鱼,规矩来自《礼记》:"冬右腴,夏右鳍。"这里的"右"通"侑",劝酒劝食的意思。全句解释一下:冬天鱼肚子那个地方肥肉最多,要把鱼肚子朝向最尊贵的客人;夏天鱼脊背那个地方肥肉最多,要把鱼脊背朝向最尊贵的客人。一张餐桌上的客人,其中地位最高者,理所当然地就最尊贵,也理所当然地应该冬天吃鱼肚子夏天吃鱼脊背。这位上菜的"院子"应该没有学过《礼记》,也可能虽然学过,但觉得今天用不上,因为斋宴是不用鸡鸭鱼肉的,只是用"素"材——豆制品及瓜果蔬菜之类——做成鸡鸭鱼肉的样子。例如那一盘鱼,不管鱼肚子还是鱼脊背都是一样的原料,吃在嘴里也不会有什么不同。"院子"心里这样想,手下就随便了,没有按往日的规矩摆放,惹得该席一位颇有资历的宗室大不悦,鱼我所欲也,尊严亦我所欲也,在这么庄严隆重的场合,他认为自己的尊严受到了挑战。老爷子不高兴,后果就严重了。等待"院子"的,或鞭挞或罚俸或鞭挞加罚俸皆有可能。好在官家开恩,他觉得自己过生日,处罚下人终究不好,改为诫勉谈话。其实官家更深层次的想法是,御膳房非寻常职事,对那里的人处罚当慎之又慎,如属无心之过,则轻描淡写以示安抚;如果人品有问题,就坚决打发他走人,千万不能留下怨恨,酿成后患。御膳房不是惩前毖后的地方,更不是治病救人的地方。

相对"托盘院子"那种毛毛雨般的诫勉谈话,礼部的官员这几天可要纠结多了。从腊月初一开始——就在官家宣布吃斋的同时——大内的朝元殿前建起了黄箓道场，一群道士在那里热火朝天地作法醮神。这消息让礼部的官员很郁闷。礼部讲礼，但更讲理。设醮祭神这样的事理应由礼部负责，现在官家绕过他们直接让皇城司去操作，他们不能没有想法。但官家决定的事，你不能说没有理，皇城司的头目刘承珪是官家身边的内侍，官家有什么心事，现在还不方便向礼部明说，只能悄悄地让身边的人去办。不用怀疑礼部那些人的职业敏感，他们联系到前些时传得沸沸扬扬的封禅稍一琢磨，事情的原委就有数了。封禅这样的大典，不是谁想做就能做的，需要得到天瑞。所谓天瑞，乃上天降下的稀世绝伦之祥瑞，那是上天对帝王执政能力的嘉许，对太平盛世的肯定。古代的"河出图，洛出书"就属于天瑞。那么，官家吃斋以及宫内设醮是不是为了祈祷和迎接天瑞呢？

于是，腊月初三——也就是承天节的第二天——一上朝，礼部就忙不迭地上了一道奏章，提出解除十年前朝廷关于祥瑞的禁令。

朝廷关于祥瑞的禁令是至道三年六月颁布的。至道是太宗的年号，但这道禁令却是当今的真宗皇帝颁布的，这话怎么讲？很简单，太宗于至道三年三月驾崩，真宗即位，但为了表示对大行皇帝的尊重，当年不改元。这是例行做法。新君继统，为了稳固自己的执政基础，往往要对前任帝王的阙政有所调整，并颁布一些博取口彩的措施。真宗的调整和措施包括：追复廷美生前的西京留守和秦王，追赠德昭为太傅、德芳为太保。复封大哥元佐为楚王。这些都是为了化解历史的积怨。前朝旧事，本来就与他没有任何瓜葛，他乐得做顺水人情。空头名分，多施何妨？当然也不全是空头的东西，他还下诏罢献祥瑞。所谓"闵农事，抑祥瑞"一向被誉为君王亲民务实之举，这一善政颁布的时间为至道三年六月乙未，也就是六月初三日。

何谓祥瑞？说穿了，就是一些似是而非的鬼话。例如某地禾生双穗或铁树开花之类。这么大的国家各种怪异的自然现象何可胜数？如果都作为太平盛世的符瑞大吹大擂，而且还要护送京师，还不闹得甚嚣尘上？去年秋天，抚州献上一只罕见的乌鸦作为祥瑞。大家都知道乌鸦是黑的，"天下乌鸦一般黑"嘛。但抚州送来的是一只白色的乌鸦，这就奇了。奇的就是祥瑞。需要说明的是，在中国古代，乌鸦的名声并不坏，你听听："少妇起听夜啼乌，知是官家有赦书。下床心喜不重寐，未明上堂贺舅姑。"[3] 乌鸦岂是不祥之物？俨然是报喜的天使啊！说乌鸦不是好鸟，不祥，将其污名化，那是元代以后的事。那么抚州送来的这只白鸦是怎么回事呢？用科学的观点看，可能是属于基因突变，或者干脆就是另一种未知的鸟。在政治正确的旗号下，这种故意的心照不宣的误会司空见惯，谁也不会去揭穿。但这只白鸦来得不是时候，因为有当年朝廷的禁令在，官家没有接受，只赏了一笔路费，让他们又千里迢迢地拿回去了。

现在好了，关于祥瑞的禁令要解除了。礼部的工作值得赞赏，什么叫大局意识？什么叫政治敏感？这就是。

一项十年前的禁令现在要解除，这很正常，因为情况变化

了,时过境迁,当然不能死抱着老皇历。但礼部亦有必要说出解除的理由,他们是怎么说的呢?一起来看看:

> 礼部言:"福应之至,以显盛猷,虽睿德谦冲,务于自损,若史臣不记,来世何观?请止报省,关史馆。"奏可。[4]

这里没有说情况变化了要与时俱进之类的套话,而是说,官家的功业和圣德太伟大了,上天才以祥瑞表达赞许。但官家又不让向朝廷报告,这种自谦,已经到了"自损"的程度。对于陛下个人,这是至高境界的美德;但对于历史,这是不实事求是的。因为史官如果不把这些记载下来,后世怎么知道历史的真相呢?据此,今后各地发现的祥瑞现象,"请止报省,关史馆"。这里的"省"是指王宫禁地,代指朝廷。全句的意思是:请直接报告中央,载入史册。

我留意了一下,宋代史书中关于皇帝对奏章的反应,大体上有这么几种表述:一种是"上然之",这是最积极的态度,带有赞赏之意;最多的是"从之"或"许之",同意的意思,公事公办,不卑不亢。还有一种"上可之",也是同意的意思,但稍带勉强。对礼部的这道奏章,官家是什么态度呢?《续资治通鉴长编》中用了一个不大多见的"奏可",意思是奏请之事被允许。官家心里很高兴,甚至求之不得,面上却要扭扭捏捏地做出人情难却勉强同意的样子。这个"奏可"大可玩味。

但既然已经"奏可",谁也不会怀疑,此门一开,祥瑞将铺天盖地而来。

祥瑞是太平盛世的名片,二者是互为证明的同谋关系。那什么才叫太平盛世呢?一般要有这么几条:天无灾荒、朝无巨奸,外无战争、内无动乱,再加上老百姓丰衣足食。有了这么几条,各种表达天意的祥瑞现象就会出现,不仅雨后春笋,而且层出不穷。祥瑞多了,说不定还会有"天瑞"降临。到了这时候,帝王再不到泰山封禅就说不过去了。

当年太宗皇帝也曾有过雄心勃勃的封禅计划,他差一点就把这件大事办成了。

那一年有两个年号——太平兴国九年和雍熙元年,这当然是改元的缘故。两个年号的意思都很好,但既然改元,就标志着执政理念的调整。前一个年号是太宗刚上台,迫不及待地要有所作为,这体现在那个充满欲望和动感的"兴"字上。后一个年号则强调和谐清明,重点在国家治理。改元前一年,太宗颇具象征意味地把皇宫里举行重大活动的办公场所"讲武殿"改名为"崇政殿",寓示着将会在大政方针上向国内治理转向。该年春天,太宗心情大好,国事家事天下事,一切都似乎顺风顺水,没有地震也没有彗星,没有天灾也没有人祸。上年年底,黄河在滑州的决口被堵上了,河水又老老实实地回归"京东故道",这就真应了那句被臣子们用滥了的称颂语:海晏河清。而且根据报告,契丹那边正在一天天烂下去,"国家不须致讨,可坐待其灭亡"。还有一件他说不出口只能在心里偷着乐的喜事,新年不久,他就接到了老弟廷美的死讯。这个"金匮之盟"中"三传约"的直接关系人,这个有可能对自己传位儿子造成麻烦的政治对手,这个虽然被安置房州却仍然让自己耿耿于怀的涪陵县公,死了。天遂人愿啊!形势大好加上心情大好,太宗要做一件大事了。也不知是否出自他的暗中授意,或者是兖州的地方官心有灵犀,四月,所谓的"泰山父老"一千余人来京,他们不是来上访闹事的,而是来拍马颂圣的。这些风烛之年的父老啊,他们在宫门外伏阁请愿,要求皇上封禅泰山。群众是真正的英雄,这话一点不假。兖州的群众进京了,朝堂上那些朝九晚五的大臣才感到了自己的幼稚可笑。东华门外请愿者的喧闹不仅唤醒了他们对一场旷世大典的记忆,也唤醒了他们与皇帝共襄此举,从而青史留名的盛世文人梦。于是,请愿的群众带着皇帝赏赐的布料和路费刚刚离京,大臣们请求皇帝东封的表章就上来了。经过几来几往的礼仪性客套,太宗在第三表上来后,终于"勉强"答应(我又留意了一下,史书上这次的表述为"许之")。接下来就是各部门屁颠屁颠地忙着准备了。举一国之力办一件大事,自然要风得风要雨得雨,这一点地球人都知道。

万事俱备,只欠东封。

但这时候一个小人物出来搅局了,此人是皇城司的一名士兵,负责看守皇宫的月华门。五月的一天夜里,京师大雷雨,该士兵认为这种天气不会有什么事,尽管放心睡觉就是。他这一觉就惹祸了。月华门在雷击中起火,如果当时能及时发现抢先扑救,再加上天降大雨,火势是能够控制的。但恰恰因为值班士兵的渎职贪睡，错过了扑救的最佳时机，大火很快蔓延开去，烧着了皇帝重要的办公场所乾元殿和文明殿，一直烧到第二天卯牌时分。皇宫失火是专制帝王最忌讳的，再加上是天火，再加上是在紧锣密鼓地准备封禅的敏感时期，这会被视为一种天谴，也就是上天对封禅的否决性表态。太宗马上做自我批评，又发布征求直言的诏书，且遣使分头按察各地狱讼，纠正错案。这些都是帝王向上天表示悔过自新的例行做法。半个月后，大概觉得还是不足以取得上天的谅解，只得下诏取消封禅泰山的计划。守门士兵的一个懒觉，毁掉了一场已经箭在弦上的旷世盛典。可惜了！

不光是可惜，而且留下了一条教训：办大事尤须细谨，千万不能出事。至嘱，至嘱！

但礼部上书的第二天京师就出事了，而且也是失火。

好在失火的不是皇宫，而是京城河南草场。本朝以重兵驻扎京师，至景德中，驻京的三衙禁军及其家属达八十万之众，配备的军马亦在五万匹以上。河南草场就是为军马供应草料的，属于军队后勤部门。腊月初四夜里，河南草场失火。负责京师城管及消防的都巡检司也属于军队序列，河南草场失火，救火应该是城外都巡检的事。情急之下，都巡检使王隐就命令驻扎在附近的虎翼军帮助扑救。虎翼军的指挥官叫高鸾，平时和王隐大概也是认识的。王隐的身份除去城外都巡检使而外，还带着侍卫亲军步军司副都指挥使的职衔，比高鸾的级别高。现在王隐叫他派人帮助救火，他就派了。草场的火当夜就被扑灭了，但第二天上朝,麻烦来了。

在说这桩麻烦事之前,有必要先介绍一下北宋禁军的指挥体系。禁军的最高指挥机构不是一个,而是三个——殿前司、侍卫亲军步军司、侍卫亲军马军司——统称"三衙","三衙"互相牵制,各自直属皇帝。也就是说,除去皇帝,其他没有一个有权指挥禁军的最高统帅。这个最高统帅以前是有的,叫殿前都点检。赵匡胤在称帝前就是后周的殿前都点检,他就是靠这个"点检","捡"了一座大宋江山。称帝后,他把这个职位撤销了。至于为什么要撤销,不用说,你懂的。王隐的身份是城外都巡检使兼侍卫亲军步军司副都指挥使。高鸾的身份是殿前司下属的虎翼军都虞候,从军阶上讲,王隐相当于步兵副司令,高鸾相当于野战军的军长。我这样一介绍,大家应该知道麻烦出在哪儿了。河南草场的火刚刚扑灭,高鸾的上级殿前司就做出了反应:虎翼军不属于侍卫亲军步军司,因此王隐无权命令高鸾去救火。不光是王隐无权,即使是高鸾的上级殿前司也无权调动虎翼军,要调动军队,必须得到皇帝的诏旨,这是祖宗家法。任何问题一旦提到祖宗家法的高度就严重了,事关禁军调动的规矩,弄得不好要出大事的。因此,第二天一上朝,殿前司弹劾王隐和高鸾的奏章就上来了。

救了大半夜火,泥里水里忙得疲猴子似的,到头来功劳苦劳疲劳一劳不劳,反而惹祸了。你说王隐和高鸾冤不冤?

这就给官家出难题了。一边是救火,而且是军用物资,事出无奈,情理可宥。一边是规矩,而且是大规矩,祖宗家法,不容逾越。

官家既讲情理又讲规矩：

> 上以救焚之急，隐（王隐）得便宜从事，因命释鸾（高鸾）等罪，仍戒自今各遵往制。[5]

一"释"一"戒"。"释鸾等罪"说明罪还是有的，只不过皇恩浩荡，不予追究。关键是"戒自今各遵往制"，重申祖宗家法，军权在朕。

对于官家来说，他现在念兹在兹的是封禅。封禅是大恩典，大吉祥，处分人干啥呢？但封禅须得上下联动，"上"是上天降下的"天瑞"，以神道设教，方可服天下。"下"是须有群众请愿，大臣上表，以体现民意所向，人心所归。"下"这一头好办，所谓群众运动不就是运动群众吗？只要自己有一个态度，下面的人自会跟进。那么"上"呢？

也好办！

2. 三个男人一台戏

一年三大节日：元旦、寒食、冬至。再加上承天节，四大节日中，有三个凑一块儿，十一月冬至，腊月初承天节，再过差不多一个月,就是元旦了。

元旦照例是大朝会,然后赐酺。这个"酺"字的偏旁是个酒坛子,一看就知道和聚饮有关。但赐酺不是一般的聚饮,而是指上司赏赐的大聚饮。因为官家吃斋,今年的赐酺也就是仪式仪式,走过场而已。然而在这平淡中,大家还是感到了某种异样的东西,确切地说是那种盘马弯弓的紧张感,四近似乎正在孕育着什么,或者说即将发生什么。像王旦这样的聪明人,前些时又得到过官家的暗示,他感受到的肯定比别人更多。从官家的一举一动中,他甚至感到那种刻意讨好大家的意味,就像一个不很自信的表演者,在登台前满脸堆笑地和观众拉近乎一样。作为一个帝王,那几乎属于义无反顾或者奋不顾身了。这说明官家不是一个能把心机藏得很深的人,在这一点上,实在差乃父太远。但官家接下去要演一出什么戏,王旦也说不准。

正月初一的大朝会过去了,正月初二的常朝过去了,到了正月初三……

正月初三也是常朝。什么叫常朝呢?一般人认为上朝就是金殿上仪仗隆盛,禁卫森严,文武百官站成蛾眉班,一直站到台阶下的广场上,然后,随着值班内侍尖细的口令山呼拜舞。这当然不错,但这是大朝会的场景。大朝会在大庆殿举行,每年只有可数的几次。其他时候都是常朝。常朝就是日常的朝会,日常的东西要尽可能地方便,还要能解决问题,你不能每天都翠华摇摇地仪仗隆盛,每天都团体操似的大呼隆地山呼拜舞。因此,常朝被分解为两道程序。首先是皇帝御垂拱殿,接受宰相、枢密使以下执政级官员奏事。这道程序比较随便，参加者是负责朝廷各部门日常事务的官员，严格地说，这是每天的工作碰头会。与此同时，其他官员则集中在前面的文德殿，等候宰相一干人奏事完毕，到这边来主持常朝。常朝仪式皇帝本人并不出席，只象征性地设一御座。垂拱殿和文德殿前后相邻，有一条柱廊贯通。那边的碰头会结束了，宰相等人沿着柱廊进入文德殿后门，于是群臣站队，由宰相押班向御座行朝拜礼，然后阁门使装模作样地宣布皇帝"不坐"（即皇帝今天不来坐朝，其实他从来也没来过）。遂放朝。现在我们知道了，垂拱殿碰头会是为了实事求是地解决问题，而文德殿常朝则完全是形式主义。

官家确实在苦心孤诣地准备一场表演，但无论是实事求是的垂拱殿还是形式主义的文德殿，都没有被选为表演的舞台，他选中的是自己的办公场所崇政殿。相比于前两者，这里更带有私密色彩。官家的这次表演，理所当然地将成为国家政治生活中最具神圣意义和轰动效应的大事，也将给此后的历史留下无尽的余波，无论是喜剧还是闹剧，都将是惊世骇俗史无前例的。为了真实地还原历史现场，下面，我在叙述中采取原始纪要的方式，以期立此存照。

表演者：史称"应符稽古神功让德文明武定章圣元孝皇帝"，天水赵氏，讳恒。俗称官家。

观众兼互动者：宰相王旦、参知政事赵安仁、知枢密院事陈尧叟、资政殿大学士王钦若、皇城使刘承珪、入内省副都知周怀政、内侍皇甫继明、护门亲从官徐来等。

地点：大内崇政殿西序（西序即西厢房。官家舍垂拱殿而选择自己办公的崇政殿，是出于私密性之考虑。但到了崇政殿为什么又舍正厅而选择西序呢？答案可能在于西序的房间相对于正厅较为低矮狭小，便于营造自己表演所需要的那种神秘幽暗的舞台情境）、左承天门、朝元殿。

时间：正月乙丑（初三）上午卯正三刻（此为表演开始时刻。确定该时刻的理由如下：冬季，东华门开启时间为卯正一刻，届时，宰相王旦等照例到垂拱殿奏事，但内侍传旨：官家在崇政殿召对。王旦等出殿门向东，越过东邻紫宸殿再沿甬道向北，进内东门，又越过侍臣讲读的迩英殿，崇政殿就到了。这样一番周折，耗时约需二刻。因此，官家开始表演的时间当在卯正三刻左右。）

那么就开场吧。

官家：（一个说惯了官话和套话的政治人物刻意地使用一种文艺腔，多少有点滑稽）你们可能不知道，我居住的那个地方庭院深深，帘幕重重。那帘幕都是青黑色的，大白天也要点着灯烛，不然屋里的颜色也辨不清。夜色降临后，帘幕随着穿堂风瑟瑟飘动，仿佛那后面有谁在窃窃私语，又仿佛藏着无数双窥视的眼睛。

〔王旦等——这是有关史料中使用频率相当高的一个称呼,有时亦称"旦等"。一个界限不清是非不辨的"等",让王旦在此后的好些历史现场面目模糊,后人很难认定哪些嘴脸和声音属于"旦",而哪些则属于"等",这也在某种程度上模糊了一个平世良相和伪君子之间的分野。现在,王旦等都以标准的恭敬和专注倾听官家的开场白,并不失时机地进行表情互动。有必要说清楚的是,宋代以前,宰相等觐见皇帝议事,是要被赐茶看座的。这种礼遇后来被赵匡胤用一种看似无意的方式撤掉了。——一次宰相范质等人议事时还坐着,赵匡胤说自己眼睛昏花,让他们把文书送到面前,等到送上文书回身落座时,座位已被撤去。这一撤就"撤"去了宰相"坐而论道"的待遇,皇帝的一个小动作让宰相们的屁股转瞬间轻于毫毛,从此以后,宰相们觐见皇帝,行礼后只能站着说话,皇宫的凳子不再接纳他们已然贬值的屁股。我不知道"平身"这个词是不是从那时候开始有的,但"平身"确实是站直了的意思。此刻,王旦等人当然也只能"平身",但又不是很标准的"平",身体皆向着官家适度倾斜,脸上的表情亦随着官家的讲述而一路灿烂。这种站立的姿势很适合表达期待、会意、惊异、赞许等各种情态。俗话说,站着说话腰不疼。那么站着听别人说话呢?听了官家这样的开场白,王旦等知道,一个带有灵异色彩的故事开始了。听这样的故事,一边会有不少互动性的躯体语言,其效果无异于健身,这样说来,自然是不用担心腰疼的了。]

官家:过了年,那就是去年了。十一月二十七日夜里,我在半梦半醒间,忽见满屋通明,有如日在中天。我正惊惶恍惚,一个神人出现了。他戴着镶嵌着星星的帽子,穿着暗红色袍子,对我说:"你要在皇宫正殿前建一个月的黄箓道场,到时候我会从天上降下《大中祥符》三篇。天机不可泄露,你不要告诉别人。"我正想和他说话,神人却已消失得无影无踪。我推窗看天,只见残月初露,说明半夜还不到。问宫人,说刚交亥时。

王旦等:(终于知道了后面情节的大致走向,所谓《大中祥符》不就是天书吗?可天书怎么降下来呢?是在光天化日之下飘然而落,还是假托梦境私相授受?河图洛书只是远古的传说,谁也没见过,说到底只是帝王的神道设教而已。且不管这些,先把那些逢迎圣意的恭维话倾诉一番。之所以用"倾诉",是因为那些话太熟了,张口就来。为保留其深情华彩的原始语言风格,笔者不作翻译)陛下以至诚事天地,仁孝奉祖宗,恭己爱人,夙夜求治,以至殊邻修睦,旷俗请吏,干戈偃戢,年谷屡丰,皆陛下兢兢业业,日谨一日之所致也。

官家：正如大家都看到的，从腊月初一开始，我就蔬食斋戒，并在朝元殿前建道场，又搭了九层的彩台，新造了饰以金宝的彩车，恭敬地等候上天的赐予。结果一个月过去了，天书未曾降临。但我并没有停止斋戒和道场，因为我知道，对上天要至信至诚，不能有丝毫懈怠。

王旦等：臣等尝谓天道不远，必有昭报。

官家：你们说得对，天道不远，必有昭报。就在把你们召集来之前，皇城司报告，说在左承天门南角的鸱吻上挂着一束黄帛。我私下里派一个内侍去看看到底是怎么回事，内侍回来说，那个黄帛大概有二丈多长，系着一卷像书一样的东西，上面还缠着三道青色的丝绳。这个内侍的眼睛真好，他甚至看到那卷书的封口处隐隐约约似乎写着字。我想来想去，这大概就是那天夜里我见到的神人所说的天书吧。

王旦等：(跪拜)今者，神告先期，灵文果降，实彰上穹佑德之应。(再拜，呼万岁。)

又言：启封之际，宜屏左右。

[这个"又言"的主语是谁？当然是"王旦等"中间的某一个。这位老兄可能是个傻鸟，也可能是个故作傻鸟的马屁精。说他傻鸟的理由是：他朴素地认为，天书是上天对帝王的眷顾，只应该官家一人独享，因此"宜屏左右"。但他根本不懂官家的心思，官家费

这么大劲导演的这一出戏,不就是为了拉一帮子大臣陪绑做见证吗?如果不让其他人目击那一幕,官家这些日子的处心积虑机关算尽还有什么意义呢?如此看来,说该老兄傻鸟并不算过分。那为什么说他也可能是故作傻鸟的马屁精呢?先普及一下相关知识,在名目繁多的马屁术中,有一种就叫卖傻,其特点是用一种看似冒犯的傻话向对方眉目传情暗送秋波。对于官家设计的这场天书骗局,在场所有的人都装出深信不疑的样子。但大家都深信不疑,就谁也不能脱颖而出。马屁术的要义中有一条,当很多人一起拍时,你一定要拍得不同凡响,不然受主是不会有感觉的。于是该老兄提出了"启封之际,宜屏左右"的建议,其不同凡响之处,在于更加煞有介事。他话中的意思是,天书上的内容可能是嘉许性的,也可能是批评性的。如果是后者,让身边的人退下,可以维护官家的形象。他这样提议会不会冒犯天颜呢?当然不会,因为官家最不担心的就是天书的内容,他只担心人们对天书的信任度。而该老兄的提议恰恰是建立在对天书本身的真实性深信不疑的基础之上的;或者说,他已经把天书本身的真实性作为无须论列的前置条件。这样,他的话越是傻气,便越是正中官家下怀。这是一次精致的卖傻,他当然成功了。而且正因为他的提议,才引出了官家以下这一段姿态很高字正腔圆的台词。]

官家：NO，NO，NO！老天如果批评我们的朝政有缺失，我应当和大家一起小心地改正错误；如果对我个人品行提出批评，我也应当以忧惧不安之心不断提高自己的修养。这些都是光明正大的事，用不着害怕大家知道。所以天书我们还是一起去看。

［那就一起去看。一行人前呼后拥，直趋承天门而去。

［崇政殿在皇城西北侧，而左承天门则在皇城东南侧，这段路对于常人来说不算远，但对于皇帝来说却不算近。平日里，官家在皇城里喜欢用一种两人抬的肩舆代步，但今天他一定要亲自走过去，而且连最简单的仪仗也不用，这当然是为了以简俭和躬亲表现自己对上天的虔诚。天气不错，挂在承天门南角鸱吻上的黄帛横空出世，比秃子头上的虱子至少还要显眼一百倍。这个一百倍究竟是指一百个秃子还是一百只虱子或者一百个秃子头上的一百只虱子呢？这个问题暂且不予讨论，抓紧看天书去。一行人虽无摇摇翠华却也仆仆风尘地赶到承天门下，接下来是迎请天书仪式。仪式这东西说到底是由于尊卑等级而产生的，或者说，所有的仪式都是服务于尊卑等级的。当然，也有彼此平等关系的"分庭抗礼"，但那是礼，不是仪。在仪式中，每个人处什么位置，说什么话，采用何种躯体姿势都是由他的等级决定的。因此，只要真正实现了人与

人之间的平等,仪式自会走向式微。天书是上天的赐予,至高至尊,因此官家先在香案前焚香望拜。拜过之后,再令内侍周怀政和皇甫继明爬上殿角,把黄帛和天书取下来——对了,应该是"请"。"请"下来的黄帛和天书先交给宰相王旦,王旦又跪着献给官家——这体现了等级制度很重要的一条原则:逐级表达,逐级强化,以烘托君主的无上权威。——官家拜受后,再恭恭敬敬地放到彩车上。

[接下来,仪式转场。彩车在前,官家和大臣们在后,一起来到朝元殿前面的道场。现在该看看黄帛和天书上的字了。

[受命启封天书的是知枢密院事陈尧叟。他是陈家三兄弟中的老大,太宗端拱二年状元。他的三弟尧咨是真宗咸平三年状元。二弟尧佐如果不是大哥的同榜进士,很难说不会也中一个状元。陈家三兄弟蟾桂骊珠,风华绝代。老大尧叟受命启封天书,当之无愧。

[先看黄帛上的大字,曰:"赵受命,兴于宋,付于恒。居其器,守于正。世七百,九九定。"总共二十一个字。但这二十一个字中,陈尧叟有一个字不能读,那就是官家的名字"恒"。帝王的名字,天书上可以写,但臣子不能读。他只能读作"讳","付于讳"。[6]

[再看那三卷天书,其文字风格类似于上古的《尚书》和《道德经》。第一卷的大体意思是说官家能以

至孝至道继承帝业,第二卷要官家以清净简俭治天下,第三卷说赵宋世祚延永绵长,云云。也就是说,三卷天书,既宣示了官家继统的合法性,又阐述了具体的执政思路,还展望了王朝光明灿烂的前景。等因奉此,都是直奔主题的金句,一句顶一万句的干货,如果有人不明就里,还以为是翰林学士为官家起草的《元旦献辞》呢。

〔天书来了,很好!但王旦不得安生的日子也从此开始了。在天书事件中,既然他和大家一起成了"王旦等",他又是一人之下万人之上的宰相,以后无论是上天堂还是下地狱,他不走在前头谁走在前头?当下,官家吩咐王旦"宿斋中书,晚诣道场"。[7]也就是晚上吃素,且宿在办公室,饭后到道场来。到道场来干什么呢?史书里没有具体说,我一时也想不出一个合适的词。来的目的是守着天书,这个"守"当然有守护的意思,但又不全是。天书降世后,暂时还没有确定供奉的殿堂,夜里让宰相陪着,是表示恭敬。从意思上讲,接近于守灵。守灵是遗体未有归属(入殓)时,得由亲友陪着。但守灵这个词毕竟散发着死亡气息,不好。那就叫守夜吧。这样一来,王旦今晚又得喝厚朴汤了。东华门外街市上的厚朴汤倒小有名气,因为它不仅荣幸地进入了政府采购名单,甚至还进入了朝士们的打油诗。王旦贵为宰相,有时处理事情过了饭点,也只得叫下人到东华门外去买蒸饼和厚朴汤,将就着下肚。在两府执政级的高官中,还没有听说有谁比宰相更不讲究享受的。当晚,王旦就着厚朴汤啃了两块蒸饼,当他打着饱嗝赶到道场时,却发现官家早已到了。那些道士见皇帝和宰相都来了,越发地抖擞精神,卖弄身手,朝元殿前竟有甚嚣尘上之势。]

好了,关于天书降世的现场纪要就此打住,再说一遍,采用这种笔法并非故弄玄虚,而是为了保留历史现场的直观性和鲜活感,为后世立此存照。

黄帛和天书现在就躺在彩车里,有皇帝和宰相在为之守灵——不对,是守夜。一卷黄帛上拴着三卷天书,那造型会让人想起乡村顽童玩的儿戏:一根丝线上拴着三只蚂蚱。因此,无论就形象意义还是内涵意义而言,套用两句人们耳熟能详的俗语都再合适不过:黄帛是个纲,纲举目张。黄帛上的二十一个字,提纲挈领,以天意的名义宣告了赵宋皇权的历史必然性和执政合法性。而对于官家来说,其中的关键又在于"付于恒"这一句,也就是说,天书闹剧的根本,在于官家借天意来强调其皇位的正统性。由于众所周知的原因,官家心理上一直笼罩着自卑的阴影,他太在乎"付于恒"了,他太需要"付于恒"了,他太渴望"付于恒"了。正因为有这么多的"太"济济一"膛",一旦有了机会,他就顾不上吃相难看不难看了,他太急吼吼了,有如一个拳师,出手时用力过猛,露出破绽来了。

破绽是显而易见的，甚至连瞎子也能看出来——瞎子不是看出来的，是听出来的，知枢密院事陈尧叟用带着巴蜀方言的腔调宣读黄帛上的二十一个字时，在场的人都听得清清楚楚，所以那中间的破绽瞎子也心知肚明。怎么可以是"付于讳（恒）"呢？这明显带着官家作弊自为的痕迹。这个"付于讳（恒）"太突兀了，突兀得有如从美女的樱桃小口里探出来的几颗龅牙，不扎在你眼里也扎在你心里。地球人都知道，上天虽然主宰万物，却不是絮絮叨叨的管家婆，他是雷霆万钧一言九鼎的。既是天书，所说应该是天下大势，至少也应该是天下大事。那么，承接在"赵受命，兴于宋"下面的当然应该是"付于胤"，他是开国皇帝，一个新的历史纪元肇始于斯，这样，后面的"世七百，九九定"才能说得通。不然，就变成从赵恒开始"世七百"了。赵恒有什么资格开启新纪元？他开启新纪元，说轻了是数典忘祖，说重了是想改朝僭越。迎请天书的现场当然没有一个人是瞎子，那个有如从美女的樱桃小口里探出来的几颗龅牙似的"付于恒"，人们不仅听在耳里而且看在眼里，因此，他们一边山呼万岁一边难免在心里嘀咕：这天书是谁整出来的呢？

是啊，这天书是谁整出来的呢？大臣们虽然心里在嘀咕，却不敢说出口，他们怕得罪皇上。好在任何威权只存在于一定的时空维度之内，哪怕他曾经一手遮天。

说，也只是推测。

主谋者当然是官家，这在上文关于他"吃相难看"的分析中已经揭示了。那么具体实施者是谁呢？首先可以确定一个范围：内侍。这些人是皇帝的家臣,他们的职责就是为皇帝及其家人服务。如果说大臣和皇帝之间至少在名义上还讲究一点公事公办或体貌宽柔,那么内侍和皇帝之间则完全是以人身依附为标签的驯服和跪舔。在天书事件中,最不可或缺也最有可能参与核心机密的有两个人,一个是皇城使刘承珪,一个是入内省副都知周怀政。当然,他们都是内侍。

先说皇城使刘承珪。皇城使是个什么官呢?说得通俗一点,就是中央警卫局局长兼中央机关事务管理局局长。这两个局长厉害啊,他手下有禁卫七千,公吏五百。皇城内的大小事务没有他管不着的,哪怕飞过一只苍蝇也逃不过他的眼睛。再显赫的皇亲国戚进入皇城都得经过他同意,甚至连命妇们伏天朝参,给她们发几杯冰镇饮料也要他发话。说得不客气一点,在他这个位置上如果有不臣之心,是可以搞政变的。或者说,谁想搞政变,首先要取得他的合作。这样一个皇城使,皇城内的一举一动都在他的监视之下,对天书事件如果事先不知情、不参与,那是硬说阎王没卵子——鬼都不相信。不讲别的,光是派人在夜间爬上承天门,把几丈长的黄帛挂上鸱吻,这种事没有他的授意,谁敢做?而官家在崇政殿对王旦等所说的"适睹皇城司奏"[8],来报告发现天书的估计就是刘承珪本人。因此,认定他是天书事件中的合谋者和具体操作者,应该没有任何问题。

再说入内省副都知周怀政。入内省是入内内侍省的简称,从这两个连在一起且呈递进关系的"内"就可以想见他们服务后宫程度之深入。解释一下这两个"内":前一个是进入内部

（入内），后一个是内部服务（内侍）。在专制社会里，"内"体现着一种规格，例如内部文件、内部精神以至内部特供之类，不仅神秘，而且带着迥出众生的优越感。皇城俗称大内，在这里服务的内侍有两个层次，内侍省和入内内侍省，很显然，后者地位更高，即所谓"役服亵近者"是也。如果你看到"亵近"这个词有点不舒服，那么你的感觉是对的，至少周怀政对官家的那种"亵近"服务让人很不舒服。据说官家在后宫几乎离不开周怀政，他有失眠症，常常要枕着周的大腿才能入睡。这让人不由得会想到汉哀帝和董贤的那点糗事以及"断袖之癖"的由来。官家是不是有龙阳之好我们不去说他，但周怀政之得宠是肯定的。副都知是入内省的二号长官，他又和官家有一"腿"，天书事件中从策划于密室到攀爬于宫门，怎么能少得了他的参与呢？

但关于周怀政，有一个情况要说明一下。上文说到，爬到承天门上取天书的是周怀政和另一名叫皇甫继明的内侍，这是宋人李焘在《续资治通鉴长编》中的记载，下面还有一个注解："《封禅记》不载周怀政，今从《实录》。"《封禅记》为什么"不载周怀政"呢？因为周后来出事了，犯了谋反罪，被砍了头。中国的传统向来是谁出事了，那么以前在历史上的形象要么被抹黑，要么被屏蔽。《封禅记》是关于真宗封禅泰山的报告文学，但该书问世时，周怀政尚未出事，他仍然是官家的"股肱"之侍。由此可以断定，一百多年后李焘看到的《封禅记》应该是后来被修改过的。而编撰帝王《实录》的根据则是其生前的《起居注》，那是原始记录，相对比较客观。《续资治通鉴长编》是一部严肃的史学大书,作者在取舍材料时当然更相信《实录》。

综上所述,天书这件事,起意者当然是赵恒,但如果没有刘承珪和周怀政的配合也是办不到的。皇帝、皇城使、入内内侍省副都知,三个男人一台戏。

但两个内侍,能算男人……吗?

内侍算不算男人我们暂且先放一边,因为另外有一个真正的男人似乎也参与了这台演出。此人叫徐荣,是看守承天门的亲从官。请注意:亲从官不是"官",而是警卫皇城的禁军,隶属于皇城司。说这个徐荣是真正的男人,是因为亲从官都是百里挑一的彪形大汉,其标准身高为(宋尺)五尺九寸一分六厘,[9]我实在不理解精确到后面的这个"一分六厘"有何必要,若换算成现在的长度单位——因为古人太认真,换算时我也只得尽量精确——为一米八一七三九五。要知道,古代男子的身高总体上比现在矮,一米八一以上的男子在当时可谓鹤立鸡群了;还要知道,皇城使刘承珪手下有亲从官三千人,亲事官三千六百人,其中亲从官都是一米八一以上的大汉。话说亲从官徐荣正月初三一早巡察宫门,个子高的人往往自我感觉好,走路喜欢挺胸昂首,他这么一挺胸一昂首就恰好看到了挂在承天门鸱吻上的黄帛。接下来的情节大家都知道了。再接下来就轮到徐荣的好事了,为了嘉奖他最先发现了天书,官家下诏把他从普通士兵提拔为十将。宋军编制,每都为百人,大致相当于现在的连,头目为都头和副都头(看过《水浒》的人应该很熟悉这两个头衔)。而十将则是仅次于副都头的小头目,大致相当于现在的排长。虽说军阶不高,但毕竟连升了好几级。况且他这次露了脸,官家都注意他了,以后还怕没有晋升的机会吗?又况且,官家还另外赏赐他锦袍银带,再加一笔数目不详的奖金。这个徐荣真是撞上狗屎运了,他在承天门下就这么眼睛向上一瞄,转瞬间就成了个堂而皇之的人物,名利双收。

榜样的力量是无穷的,接下来有好戏看了。从此以后,京师人走路都不注意脚下,只往高处看,希望自己也能撞大运,发现天书什么的。时间长了,渐渐形成了高瞻阔步的习惯。好在那时的小偷不偷大街上的窨井盖,不然就惨了。外地人进京,还以为京师人眼角高、傲气,或者讲究派头。其实派头个屁,一个个只是惦记着升官发财而已。

3. 觥筹交错的春天

"懒妇思正月,馋妇思寒食。"[10]这是京师的两句俗语,什么意思?风土人情呗。正月里京师有各种娱乐活动,例如关扑、伴射、灯彩、斋会之类,连女人们也把正月当作做针线的"忌月",成群结队地上街赶热闹。寒食节不能用火,家家都预先备好各种花样的美食——青团油糕,或馄饨蒸饼——令馋妇食指大动。其实这两个节日不光是懒妇和馋妇喜欢,懒汉和馋汉也喜欢,甚至更喜欢。毕竟好吃懒做的还是男人居多,吃喝玩乐也总是男人走在前头。那为什么偏偏拿女人说事呢？很简单，因为男人有话语权。有了话语权就可以决定舆论导向，历来如此。

承天门降了天书，今年的正月更热闹了。

这个热闹的"闹"字，依据通俗造字原理可以理解为门庭若市。一个王朝的门庭应该是大内宫城吧，今年正月的热闹首先是从这里开始的。自天书降世，各种仪式几无虚日。初三的那场戏就不再说了。初四一早群臣入贺于崇政殿，中午赐宴。这么大的喜事，当然要向各路神仙和列祖列宗报告，于是下午又奏告天地、宗庙、社稷及京城祠庙，一路上人马倥偬，浩浩荡荡，也惹动了宫城外的尘埃，天书事件亦开始向民间扩散。初五是天书入殿仪式，也就是把天书从彩车上请入朝元殿。这次仪式动用了宫悬、登歌及黄麾仗。可不要小看了这三个古怪的名词，那可是代表着最高规格的排场。宫悬即宫廷悬挂钟磬的数量及乐队的规模，最高规格为"八佾"（六十四人）。登歌为乐师登堂所唱的歌，所谓歌者在堂，登歌颂美也。黄麾仗则是皇帝在重大节日或接见藩国国王时所用的仪仗，那中间别的不说，光是打旗的仪节就有上千人。契丹派来祝贺元旦的特使也被邀请出席，顺便让他开开眼界，见识一下赫赫扬扬的大国威仪。初六，大赦天下，改景德五年为大中祥符元年。改左承天门为左承天祥符门，改开封直辖的浚仪县为祥符县。其实这个浚仪在历史上大有来头，不应该改的。《诗经》中"在浚之下""在浚之郊"的"浚"就是浚仪。《论语》中的仪封人请见孔子，这个"仪"也是浚仪。但官家现在恨不得把祥符的标签像桃符一样贴遍千门万户，哪里还顾得上《诗经》或者《论语》?

也不光是热闹,还有看得见摸得着的福利,文武百官皆普调一级工资。对亲从官徐荣的嘉奖就属于这一批次,但他是破格,除去连升几级,还连带着其他奖励。

当然,最能体现普天同庆的一项福利是:"诏东京赐酺五日。"[11]

也就是整个京师,公款吃喝五天。

哇!泱泱京师,百万生齿——这些生气勃勃严阵以待的"齿"啊,这下可有了用武之地。但百万"生齿"是每个人都连轴转地吃喝五天,还是大家轮流着吃喝五天;或者不是每个"生齿"都有资格吃喝,而是每户一个代表,或者每个街坊推几个代表。这些具体细节,解释权在朝廷,现在来不及细说,因为各个声部的颂歌正此伏彼起方兴未艾。初四一早的群臣入贺算是一次合唱,合唱的优点是气势宏大但也容易让南郭先生之流蒙混过关。接下来一个一个地表演。

首先发声的是司天监的官员。司天监的官员都是技术官,这个"技"宋代写作"伎",与乐舞者同,带有鄙薄之意。技术官比京朝官的地位低,也不能套用公务员的考课磨勘法获得升迁。但这并不影响他们逢迎拍马的热情,相反会更加激励他们知耻而勇。他们是技术专家,可以从专业的角度寻找逢迎拍马的切入点——切入点很重要,一支颂歌的切入点选准了,差不多就成功了一半。司天监的这些人夜晚观星象,白天看云气,星象和云气都是上天的表情,从中可以看出人世间的凶吉祸福。他们这次从云气上找到了切入点,上奏说,根据他们的观察,初三和初五——天书降世和举行天书安放仪式的这两天——有瑞云笼罩宫殿,此为大吉祥之象,天贶符命,国泰民安,应该下诏载入史册。

官家"从之"。[12]

当然"从之"。

心情舒畅地"从之"。

欣赏有加地"从之"。

这种马屁真是一点成本都不用。清平世界,朗朗乾坤,天空中总少不了几片云彩,什么样的云叫瑞云,什么样的云不叫瑞云,也只能听他们说,估计没有谁和他们较真的。

但较真的情况也有。

这边说天书上空有瑞云笼罩,要求"诏付史馆",官家"从之"。那边马上又说天书上空有瑞鹤飞舞……

上奏的是权三司使丁谓。这个丁谓从小就聪明且自负,且看他早年的两句述怀诗:"天门九重开,终将掉臂入。"[13]"掉臂"者,甩着胳膊大摇大摆的走路姿态也。掉臂而入皇宫之门,丁谓的志向和野心可以想见。太宗朝翰林学士,也是一代诗文大家的王禹偁对丁谓的才华极为欣赏,甚至认为"二百年来文不振,直从韩柳到孙丁"。[14]这里的"丁"就是丁谓,而"孙"则是另一名青年才俊孙何。把"孙丁"与唐代的韩柳并称,这样的评价不能再高了。淳化三年,"孙丁"同榜及第,太宗点孙何为状元,丁谓排名第四。丁谓自诩与孙何齐名,耻居其下,竟在传胪大典时向太宗申诉。太宗则幽了一默,他说,甲乙丙丁,你姓丁,"合居第四,尚何言?"[15]丁谓当然不可能再说什么。但皇帝钦点的名次,他敢当面提出异议,足见此人内心相当强大。丁谓这样的人,既富于智术和才干,又善于投机钻营,在官场上不想出头都难。三司是主管国家财政和经济的最高机关,相当于财政部和国家计委,因此,三司使又称计相。这个"计",是国计民生的"计"。权三司使就是暂时代理三司使,虽则是"权",在朝廷中的地位却举足轻重。

天书安放仪式的第二天,丁谓的奏章上来了:"双鹤度天书辇,飞舞良久。"说装载天书的彩车行进时,有两只瑞鹤在上空飞舞,而且飞舞良久。此亦为大吉祥之象,应该"诏付史馆"。但官家看了奏章后没有"从之",他说,我昨天也看到了那一对瑞鹤,它们只是从天书的彩车上"飞度",如果说飞舞良久,"文则文矣,恐不为实"。[16]文辞是很漂亮,却不符合事实。文采华丽的假话仍旧是假话,官家要丁谓重新修改奏章。

官家为什么要较真呢?这是一个很有意思的问题。司天监说天空有瑞云,而所谓瑞云本身就是一个伪命题,因此这种上奏基本上属于无中生有,但官家"从之"。丁谓的奏章只是在程度上夸张了一下,在修辞上华彩了一下,官家却较真了。或许他的想法是,对无中生有的奏章你只能有两种态度,要么拒绝,要么接受。既然拒绝不符合自己的意愿,那就只能"从之"。而对以基本事实为基础,但修辞上有所夸张的奏章,却可以抓住其中的华而不实之处,乘机秀一下自己的英明。什么叫英明?英明就是求实睿哲,明察秋毫。要丁谓重新修改奏章,这不正体现了求实睿哲吗?指出瑞鹤是"飞度"而不是"飞舞",这不正是明察秋毫吗?自己秀了英明,却并不影响基本事实的存在,因为天空中确曾有瑞鹤飞过。

那么丁谓呢?拍马屁拍到了马腿上,他尴尬吗?沮丧吗?如果是别人,或许会的。但丁谓不会。且看他如何应对:

> 陛下以至诚奉天,以不欺临物,正此数字,所系尤深。皇帝徽猷,莫大于此。望付中书,载于《时政记》。[17]

他说,陛下虽然只是更正了我奏章中的几个字,却意义深远。对天地至真至诚,对万物实事求是,没有比这更伟大的了。建议把这件事刊发在《时政记》上,供全体官员学习。

这叫"失"寸进尺,打蛇跟棒上。一番云里雾里的吹捧过后,"上俛然许之"。这个"俛"通"俯",屈身低头,官家勉强同意。丁谓的马屁拍得太肉麻了,弄得官家也有点不好意思,因此显得扭扭捏捏的。

在礼赞天书的大合唱中,司天监的瑞云和丁谓的瑞鹤只能算是自拉自唱的小曲。现在,一阕洋洋洒洒大气磅礴的《祥符颂》问世了。这是真正的抒情男高音,也是真正的华彩乐章,作者:钱惟演。

钱惟演是吴越王钱俶的儿子,钱俶降宋时,他才两岁。赵家天子对降王还算宽厚,钱俶又是自愿纳土归顺的,待遇自然比其他降王优惠。但降王就是降王,在人家眼里,你最多不过是个识时务者,但不是俊杰。和人家的那些开国功臣相比,你从资格到人格其实一穷二白。因此,在表面鲜衣怒马的背后,是寄人篱下仰承鼻息的人生体味。钱惟演就是在这种人生阴影下长大的,特殊的家庭背景成就了他的奴颜和媚骨,也成就了他出色的文学才华。在中国文学史上,钱惟演与杨亿、刘筠等同为"西昆体"的代表性作家。他是辞采华赡的才子,援笔倚马可待,特别擅长写那些歌功颂德的美文。他曾在召试学士院时,在笏板上起草立就。虽有炫才之嫌,却得到真宗赏。眼下,他的身份是直秘阁。秘阁即皇家图书馆,直秘阁即图书管理员。千万不要小看这些图书管理员,因为他们的职责之一是为皇帝提供阅读的典籍,因此,能到这里来当管理员的起码都是饱学之士。秘阁向为储才用人之地,如果给官家留下好印象,调到身边当秘书,那就是知制诰甚至翰林学士,都是极有清望的职务,所谓无实职而有实权的勾当。翰林学士更有"内相"之称,前程不可限量。

一看《祥符颂》这样的题目,就可以知道此类文章的大体套路:跪舔的身姿,献媚的眼波,裸奔的激情,还有装腔作势的语调。文本则引经据典加铺陈堆砌,辞藻之繁富更是穷极奢靡。典雅、华丽、矫情,甚至声嘶力竭,此谓之颂歌体。钱惟演的表演相当成功,《祥符颂》恭呈御览的第二天,官家就下发了关于他知制诰的任命。这种立竿见影的官场效应无疑是一个信号,或者说是一种导向,那些喜欢闻风而动的文人自然心领神会,一时间颂歌谀文排闼而来,大家都使出了浑身解数,调门一个比一个高亢,辞采一个比一个花哨,吹捧一个比一个肉麻,其争先恐后之状,有如一群乞丐奔向某个大户人家的红白喜事。

中国古代文人的士风涵养何其艰难,但一旦堕落却有如江河之溃决,一泻而下。这种现象很值得深思。文人士大夫的气节和风骨是一个古已有之的话题,其最高境界即孟子所说的"富贵不能淫,贫贱不能移,威武不能屈"。但气节和风骨在任何一个时代都是稀缺资源,孟子这段名言中所有的"不能",在现实中其实无所"不能"。知识分子屈从于权势,迷茫于仕途,沉浮于金钱,牵情于世俗,流连于名声,从来就不是什么新鲜事。历史活动是人的活动,而人毕竟不能脱离其所生存的环境,在政治高压和利禄引诱下,大多数人只能俯首顺从、卖身投靠,义无反顾的壮士总是凤毛麟角。你不顺从、不投靠、不反顾吗?那好,你等着,有童谣为证:"直如弦,死道边;曲如钩,反封侯。"[18]宋代的政治生态相对宽松,因此,在官场上"直如弦,死道边"倒不一定,但"曲如钩,反封侯"肯定是普遍真理。那些心怀治国平天下宏大理想的文人士大夫,谁能抗拒封侯之赏呢?

颂诗谀文的一幕戏让他们热闹去吧,其实人们更关心的还是赐酺——公款吃喝。首先解释有关政策,京师赐酺五日,并不是京师的每个居民都有资格参与吃喝。有资格参与的首先是皇亲国戚、宗室贵胄、文武臣僚(包括在京的退休官员),其次为京邑父老,那么哪些人才称得上父老呢?有两种说法:其一,是一种职务,即管理公共事务的有声望的老人;其二,是对老年人的尊称。好在两种说法并不矛盾，合二而一，说父老是基层民众中的年高德劭者应该不会错。这样看来，参与赐酺的主要还是官僚贵族，再弄几个群众代表作为点缀，而已。

赐酺虽然二月初一开宴，但有关部门的准备工作早就开始了。自天书降世后，官家的情绪一直很高，对一些程序的细微末节也必要认真过问，孜孜以求。例如，开宴三天前，皇城司上报宴会的席位图，就被他看出问题来了，图中把太祖皇帝的孙子惟叙和曾孙守节安排在一起。惟叙是德芳的儿子，而守节是德昭的孙子，叔侄同席，本来也算不上什么大问题，但官家认为不可："族子、诸父，安可并列？"[19] "族子"即伯叔祖父的曾孙，指守节；"诸父"即伯父和叔父，指惟叙。这是个反诘句，口气很严厉，即使说不上龙颜大怒，但龙颜不悦是肯定的。由于众所周知的原因，官家对太祖后裔的态度是一个相当敏感的问题。所谓"众所周知"就是大家都心里有数，但又不方便明说。什么事情一旦到了这个地步会很麻烦，因为你只要稍有疏漏就会触动人们敏感的神经，遭到过度阐释，甚至弄得暗流涌动、舆情汹汹。因此，即使像宴席的座次这样的小事，官家也一定要做得滴水不漏。

开宴前一天，皇城司重提整肃上访。长期以来，对上访人员的处理一直是个很头疼的问题。一方面，赵宋君主爱惜羽毛，标榜宽仁。一般来说，以比较平和的方式入承大统的帝王，对臣下和民众还懂得讲一点气度和雅量。而那些从血雨腥风中杀出来的马上天子，不唯雄才，而且雄猜，他们往往有一种迫害狂的心理定势，总是疑神疑鬼地觉得人家要推翻他，当然也容不得别人讲话。宋太祖时,朝廷专门在乾元门南街西廊设登闻鼓,有冤屈者可以挝鼓而闻达于上,并在门下省设匦院接待上访。这个"匦"字的部首为"匚","匚"者,器之方者也。所以"匦"就是方形的匣子,凡议论国家大事、朝政阙失或申诉冤案,均许士民投书于此。这让人们会想到现代那种被称为意见箱的小玩意儿。真宗景德年间,朝廷又改匦院为登闻检院,集中收理上访申诉,以彰显"开言路、通下情"的亲民形象。但另一方面,上访人员麇集京师,不仅影响社会治安,亦有损朝廷体面。太祖时曾发生过开封市民牟晖为找寻自家丢失的猪而击登闻鼓申诉的糗事,弄得太祖哭笑不得。这当然只是极端个案。但三天两头就有人跑到皇城前击鼓喊冤,或皇帝一出行就有人拦在车驾前告状,也绝非盛世气象。在此之前,开封府和皇城司都曾有过整肃上访的奏议,但官家都留中不发。好了,现在机会来了,因为天书降世了。天书降世和整肃上访有关系吗?有。因为既然有天书降世,就说明官家的统治已获得了上天的嘉许;既然官家的统治获得了上天的嘉许,那么现在就已是传说中的太平盛世;既然现在已是太平盛世,那么还有什么御状可告呢?因此,应明令有关部门驱除上访者,严禁聚众闹访、希冀恩宠,如有违反,"悉从徒坐"。官家大体上认可皇城司的意见,但又觉得惩罚太过严厉。他是宅心仁厚的君王,就为这个"悉从徒坐",他斟酌再三,最后改为对违反者"令有司告谕而宽其罚",[20]也就是以训诫代替刑事处分。

二月初一,赐酺如期开宴,这是自太宗雍熙元年朝廷恢复赐酺以后,规模最大的一次公宴。这次活动由"内诸司使三人主其事"。[21] 由于皇城司为内诸司之首,实际上主要就是刘承珪在那儿张罗。整个活动的排场,其他不说,光是乐队,就已经登峰造极了。且看:

于乾元楼前筑土为露台,上设教坊乐。又骈系方车四十乘,上起彩楼者二,分载钧容直、开封府乐。复为棚车二十四,每车联十二乘为之,皆驾以牛,被之锦绣,萦以彩绹,分载诸军、京畿伎乐。[22]

这段话比较直白,唯一需要解释的是"钧容直",即军队的仪仗乐队。现在让我们见识一下,这是何等壮观的排场,大型乐队分为五个方阵:教坊的、皇家的、开封府的、驻军各兵种的,还有京畿郊县的。可以这样说,泱泱京师,从民间到庙堂,只要是和乐器沾得上一点边的主儿——会吹的除去吹牛的,会拉的除去拉肚子的,会弹的除去弹棉花的,会敲的除去敲竹杠的——全来了,一塌刮子,一网打尽,统统召之即来。他们将通力合作,演奏出一阕大快朵颐的盛世华章。

那就开宴吧。

上举觞,教坊乐作。[23]

一千五百名京邑父老荣幸地成为今天的主宾,但他们这顿饭注定是吃不安分的,因为他们的席位在乾元楼下,而官家就在楼上。这似乎是一条颠扑不破的规律:和领导——特别是大领导——一起吃饭,你肯定不得安分。因为双方地位的差距会形成一种紧张感,使弱势的一方陷于诚惶诚恐之中。如果另一方又不甘寂寞,老是要刷存在感,那就更加不得安分了。很不幸,现在楼上就坐着一位不甘寂寞的官家,他时不时就"临轩传旨"。[24] 我们想象一下,这个"临轩传旨"的场面大概是这样的,官家先把某位内侍叫到身边吩咐几句,该内侍就走到护栏前,用不男不女的嗓音朝下面拖腔拉调地喊一声:"圣上有旨!"于是楼下朵颐初动的父老们忙不迭地丢下筷子和酒杯,抓紧吞下喉咙口的菜肴,齐排排地跪在地上接旨。这一轮圣旨的内容是官家问大家生活安康否。父老这边已事先推举了一人为代表致答词,其他人只负责附和加磕头。

父老代表显然事先已有所准备,或者对此类套话相当谙熟,其答词大致得体:"小民等恭谢圣恩,感激涕零。当今四海升平,天下丰足,小民等沾沐雨露,安享盛世,生活安康,大适融融。愿我大宋社稷万年,我皇万岁万万岁!"

接下来是带领大家磕头拜舞,山呼万岁。然后重新入座。

但不一会儿,内侍又"临轩传旨"。这一次是官家赐父老衣物茶帛。父老代表又得有一番堂皇的答谢词,然后带领大家磕头山呼。

如斯者再三。估计这顿饭吃下去,父老们生胃病的概率不会小。

这种"临轩传旨"的游戏相当单调,但今天这样的场合,总体的基调还是热闹,单调只是热闹中一个短暂而无聊的插曲。这热闹是如此阔大而磅礴,连史书上的记载也如此有声有色,具有隆重的现场感:

东距望春门,西连阊阖门,百戏竞作,歌吹腾沸。士庶观者,驾肩叠迹,车骑填溢,欢呼震动。[25]

望春门和阊阖门分别为开封老城的东门和西门,相距六里许。一次大规模的公宴吃喝,让差不多整个开封老城区都沉浸在狂欢之中。

普天同庆,万众欢欣,却把遗憾扔给了宫里的嫔妃、宫女和内侍们。赐酺连续五天,从二月初一开始,官家将分赴各个宴会点赶场子,这就把二月初二宫中的"挑菜节"挤掉了。"挑菜节"是宫中特有的节日,也是宫中最快乐的节日。"挑菜节"的菜是嫔妃们在宫里挖的野菜,嫔妃们把挖来的野菜做成风味各异的菜肴,集中在一起举办"挑菜宴"。"挑菜宴"的规格很高,皇帝和皇后亲自参加,皇子公主们也要陪同,还有宫里那些有脸面的宫女和内侍都能躬逢其会。参加的目的不是吃野菜,而是玩游戏。游戏其实就是摸彩,你摸中的菜名如果跟官家夹的野菜一致,那么恭喜你,中彩了。中彩了当然会有赏赐,摸不中则要受罚。但大家也乐于受罚,因为那是雅罚——罚你唱歌跳舞或表演杂技。最受大家欢迎的"惩罚"是内侍表演的"河市乐",那是最早的相声,演员模仿运河码头上的各地方言,其朴野俚俗,令人捧腹,不唯官家笑得摇头晃脑,连金枝玉叶的女眷们也每每因大笑而失态。由于中彩的概率很低,大家表演的机会便很多。在这个被礼法和规矩所窒息的世界里,快乐本来就像雾月的阳光一样稀缺,"挑菜节"却总能给大家带来久违的快乐。

这是一个觥筹交错的春天,京师到处弥漫着酒池肉林的蛮横气息,这气息随着刚刚萌动的阳春气息,旗帜一般地高高飘扬。人们终于知道了,原来所谓的太平盛世就是大规模的公款吃喝(此处应有掌声),这当然皆大欢喜。京师赐酺过后,二月初六,朝廷即派出使者分赴各路,赐边臣宴会。随后,又两次下诏扩大每年几大节日公宴参与者的范围。以前规定的范围只到皇族成员及各部门正职长官,现在不仅扩大到各部门副职长官,还包括馆阁、大理寺和开封府的职事官。对于提升全社会的饮食文化档次,公款吃喝功不可没。在那些日子里,从达官贵人到贩夫走卒都在谈论酒的品牌和菜的花式,因为这些都是刚刚上过酺宴的,这无疑是极好的广告宣传。事实上,各家有实力的酒楼之间早就开始了明争暗斗,他们竞相使出公关手段,力图在酺宴上采用他们的品牌酒和招牌菜,从而让它们以国宴钦点的名义上位。有的酒楼则事先已拿到酺宴的菜谱,自己马上以"大酺菜"的名义推出,以招徕顾客。皇家烹饪和市井厨艺的渗透与交流从来都是双向的,很难说谁在引领时尚。大规模的公款吃喝让全社会的肾上腺素急剧飙升,赐酺过后,随之而来的将是民众的消费潮流，这股潮流才是更强劲的消费驱动力。令商家们欢欣鼓舞的黄金季节到来了，因为民众消费的不光是酒池肉林，还有娱乐、购物、观光旅游，所谓软红香土就是他们的消费业绩。

如果以为官家这些日子只知道沉迷赐酺花钱买热闹，那肯定是冤枉他了，至少就在京师和全国其他各地觥筹交错地公宴吃喝时，他做出了一项虽然不起眼却意味深长的人事安排，一个刚从南方任职回京的官员，在二月的某一天被派到兖州去担任知州。

邵晔。这个名字如果写得松散点，很容易被读作邵日华，但那也不要紧，因为日华恰好是他的字。有人或许会认为这名和字取得有点狡猾，其实不是，因为古人的读写次序是由上而下，那时候，即使把"晔"的两部分写得八竿子打不着，也不会被读成日华。

邵晔狡猾不狡猾不好说，但不久我们将会看到，他肯定是个聪明人，也是个能干事的人。

全国二百多个州府，任命一个知州算不上什么事。但兖州不同，在官家的心目中，眼下兖州的重要性几乎不亚于京师。

兖州不仅是孔子的家乡，而且就在泰山脚下。孟子当年说过一句话："得乎丘民而为天子。"现在大家都知道"丘民"就是民众，但当初不是这个意思，当初的意思是指孔丘家乡的民众。孟子说的是，得到孔丘家乡民众的拥戴，就可以成为天子。可见在中国的政治版图上，兖州的民意举足轻重。官家现在朝思暮想的就是封禅，但封禅这样的旷世大典，首先得由有身份的大臣上表敦请，去年十一月中旬，殿中侍御史赵湘曾上言请行封禅大礼，官家赏了一个不置可否。不置可否不是不感兴趣，而是因为火候未到，故作矜持；或者因为赵湘人微言轻，这样隆重的大事，由他提出来不合适。现在天书已降，封禅的条件已经具备，但朝中的大臣至今无人出头，不知他们是麻木不仁还是故意装糊涂。朝中无人出头，官家决定先"得乎丘民"，利用一下兖州的民意，让兖州的父老们进京请愿，把封禅的气氛造起来。

这样一说大家应该知道了，派邵晔到兖州去，是为了运动群众。

为什么看中邵晔呢？除去他的聪明他的能干事而外，恐怕还有一点——他刚刚因连坐受到处分。

邵晔已经六十岁了。他是太平兴国八年的进士，但仕途上一直不温不火。官场上有不少这样的人，水平和能力都没有问题，因为缺少机会，只能沉沦下僚。景德年间，邵晔终于等来了一次机会，因交趾（越南）内乱，朝廷派他去处理。在此期间，他表现出良好的应对能力和外交素质，得到真宗赏识，回京后即获得晋升。但他这个人运气实在太差，在"判三司三勾院"的位子上屁股还没坐热，麻烦又来了，他以前推荐的一个官员犯了贪污罪。这是私罪。宋代的官场并不很看重政治正确，却崇尚私德，因私德方面的过错被处分，不仅很难东山再起，当初推荐的人还要连坐。好在真宗念他刚在南方辛苦一场，只给他"停官"处分，相当于无薪休假，以后有了机会还可以任用。现在，官家要派一个人去兖州发动群众,就把他用上了。这种刚刚吃了处分的人,给他一次机会,往往特别卖力。

邵晔到兖州履新大概是在二月下旬。此人老于官场,也有些才干,且看他如何动作。

注释

〔1〕〔4〕〔5〕(宋)李焘《续资治通鉴长编》卷六十七。

〔2〕龚延明《宋代官制辞典》光禄寺门。

〔3〕(唐)张籍《乌夜啼引》。

〔6〕〔7〕〔8〕〔11〕〔12〕〔19〕〔20〕〔21〕〔22〕〔23〕〔24〕〔25〕《续资治通鉴长编》卷六十八。

〔9〕《宋代官制辞典》第七编之二《皇城司与横行五司门》。

〔10〕(宋)陈元靓《岁时广记》卷五《元旦·忌针线》。

〔13〕(宋)魏庆之《诗人玉屑》卷十二。

〔14〕(宋)司马光《涑水纪闻》卷二。

〔15〕(宋)王称《东都事略》卷四十九。

〔16〕〔17〕《续资治通鉴长编》卷七十。

〔18〕东汉顺帝时京都流行的童谣。

第三章　又降天书

1. 给点阳光就灿烂

灯谜：官场如戏。打《四书》一句。

谜底：仕而优，出自《论语·子张》，原文："仕而优则学，学而优则仕。"这两句话很有名，特别是后一句，很多人都以为是孔子讲的，其实不是，是他的学生子夏讲的。

顺便普及一下灯谜的有关知识，在这则灯谜里，关键是对"优"的别解，谜底里的"优"本义作优良或丰裕解，但在猜这则灯谜时，必须别解为优伶，也就是演员，这样，就与"官场如戏"的谜面扣上了。

官场如戏，有意思！估计邵晔近来也常有这样的感慨。这么多年沉沦下僚，好不容易逮到了一次出头的机会，从南方回京时，圣主赏识，晋级加官，何其春风得意。可偏偏这时候朋友出事了,自己作为举主被连坐。虽然处分不很重,但基本上一觉回到十年前,"好不容易"攒下的那点资本很容易地就打了水漂。这把年纪,遭此一击,本以为仕途无望了,想不到官家又把兖州的事托付自己。这么重要的差事,办妥当了何愁没有好前程?此一番峰回路转跌宕起伏,真有如舞台上的剧情一般,官场如戏,信然。

邵晔在《宋史》中被列入《循吏传》。何谓循吏?司马迁在《史记》中定义如下:"奉法循理之吏,不伐功矜能,百姓无称,亦无过行。"[1]用现在的话说,就是老老实实地照规矩办事,从不居功自吹或显摆作秀。这样的人,老百姓不一定能说出他的好,但也绝对说不出他有什么过错。从这个"无称"和"无过行"中,我们不应该得出无所作为的结论,而只能认定为行事低调。把邵晔列入《循吏传》是几百年后蒙古人的事,不知道他们这样安排的根据何在。老实说,对邵晔六十岁之前的行迹,我们所知甚少,他是否当得起循吏亦无从评判,但来到兖州后,如果还要他当循吏,恐怕有些困难。因为他此行的目的很明确,组织兖州父老赴京请愿,为封禅营造气氛。兖州去京师迢迢六百里,上千人的队伍大呼隆地赴京,一路浩浩荡荡,大事张扬,这怎么能叫不伐不矜行事低调呢?封禅这样的事,神道设教也,欺世盗名也,劳民伤财也。一个地方官,开门三件事:一曰钱谷,一曰刑狱,一曰民政,这是自己的本职所在。丢下自己的本职所在,屁颠屁颠地去迎合人主,鼓吹封禅,这就和循吏的美誉渐行渐远了。

当然，对于邵晔来说，身后那点循吏的光环一点都不重要，重要的是抓住这次机会，改变命运。

邵晔在兖州确实很拼。

先看这篇报道：

> 甲戌，兖州父老吕良等千二百八十七人诣阙请封禅，对于崇政殿。[2]

甲戌为三月十三日，也就是说，邵晔二月下旬才到兖州上任，三月十三日已经把父老们"运动"到皇城的宫门前了。

我们来算两笔账。

第一笔账：路程账。从兖州至开封，途经中都县、郓州、寿张、范县、濮州、永定驿、澶州、韦城、长垣、陈桥驿，最后进入京师陈桥门。全程将近六百华里，设十一个驿站。对于普通驿使和旅客来说，这样的间距比较合适。但到了这支标榜为兖州父老的队伍面前，每天五十多里的路程就不那么轻松了，因为代表团的组成人员中以老人居多，兖州的条件也不能给他们配置代步工具。队伍中为数不多的车马是供策划和领导这次活动的官员乘用的。因此，现场的"车辚辚马萧萧"虽是实景，却不属于父老们；属于他们的只有"行人煎饼各在腰"和"尘埃不见玉河桥"（玉河为流经兖州的古泗水支流，称府河，别称玉河）。这么一支老气横秋的队伍，一路上你不能指望他们兼程前进，更不能指望他们衔枚疾走，他们只能晓行夜宿，按部就班，每天一个驿程已是相当勉强。这样,全程所需的时间最少也得十一天,这还没有把可能遭遇的恶劣天气估算在内。

第二笔账:时间账。兖州父老在东华门请愿是三月十三日,其实他们在前一天就已经抵达京师。从邵晔到任的二月下旬到三月十二日,满打满算只有二十天时间,再从中刨去在路上的十一天,那么,邵晔在兖州用于发动和组织群众的时间最多不过十天。这中间还包括了若干节假日。宋代官员的假期分为旬假和节假,旬假每十天休息一天,为每旬之末日。节假全年有"三大节"、"五中节"和"十八小节",假期分别为七天、三天和一天。在邵晔组织兖州父老赴京请愿的这段时期,共涉及两个旬假、一个大节(寒食)、两个小节(春分和上巳)。可以肯定,这些节假日邵晔一天也没有享用。现在有一种说法,称工作满负荷连轴转为"五加二白加黑",宋朝那个时候应该是"九加一白加黑"吧。这是多好的季节啊,几乎是联袂出场的春分、上巳(三月三日)、寒食,一个比一个容光焕发。王维和杜甫笔下皇家贵族的三月三极尽奢华秾丽,但小民百姓在这个季节也有自己的赏心乐事。"三月三,荠菜炒鸡蛋。"这个荠菜就不用多说了,它简直是春天的皇后,不是华贵,而是亲民,无须细品,就品出了千年之前《谷风》中的味道:"其甘如荠。"而且它就满田满垄地鲜嫩着,不卑不亢,大大方方,等着你去挑采。那么鸡蛋有吗?当然有。"三月三,死鸡死鸭也生蛋。"三月三是季节向天地万物慷慨的馈赠,是大自然跟人类关于蓬勃和灿烂的一个约定。比大自然更加蓬勃和灿烂的是人的内心。于是又引出了另一句民谚:"三月三,小鬼闹翻天。"闹什么?春游呀,踏青呀,享用时令美食呀。可兖州知州邵大人却置这般的良辰美景于不顾,他精明地、掂斤播两地把这些所有的蓬勃和灿烂统统打包,兑换成自己的官场前程。在这段时间里,他完全当得起诸如"殚精竭虑""废寝忘食""夙兴夜寐""任劳任怨""鞠躬尽瘁"之类的形容词。把这么多的形容词堆在一个人身上且此人当之无愧,这个人要么就是圣徒,要么就是阴谋家。

邵晔这么多年一直在州县任职,经历的事情多,自然吏道纯熟。他知道如果不想干某件事,只需用繁文缛节去慢慢拖,一直拖到不了了之。同样,如果想干成某件事,也只需做好关键的几点,其中最重要的是利用人的私欲,让他有利可图。私欲不是那种治国平天下的宏大情怀,绝对不是。私欲是藏在心底有些羞于示人的念头,有如人体中蠢蠢欲动的荷尔蒙。没有人会把荷尔蒙挂在嘴上宣扬,但你得承认那是生命的原动力。不知大家有没有注意关于东华门请愿的报道中"兖州父老吕良等"的表述,"吕良等"三个字,背后是一千二百八十七人。除去吕良,其余的一千二百八十六人合用一个"等"字。吕良凭什么可以领衔"等"呢?因为他是赴京请愿的首倡者。其实真正的首倡者不是他,而是知州邵晔,他只是知州大人的一件道具。知州大人也不是随便找一个人,捡到篮子里就是菜。这个人在地方上必须有家世背景,有威望,有人脉,而且还要恰到好处地有一点私欲。这个吕良肯定符合上面的条件,于是他就成了名字在最前面的那个人。名字在前面,好处也在前面,这是天经地义的。好处有各种名目,有些是有形的,例如金钱、地位;有些是无形的,例如荣誉、面子。当然这两者也不是井水不犯河水,而是可以互相兑换互相寻租的。至于那个"等"里面的一千二百八十六人,他们有的寄望于朝廷的赏赐;有的是为了见识京师的繁华,甚至幻想能受到皇上的接见,一睹天颜;有的完全是风头主义,为了在自己的圈子里露一回脸,或者纯粹是为了蹭吃蹭喝凑热闹。邵晔让这些形形色色的私欲走在一起,走成了一支浩浩荡荡的队伍。他还向大家许诺,到京师后,给每人佩重戴一顶。何谓重戴?因京师地势平旷,加之土地盐碱化严重,起风则沙尘扑面。那时没有沙尘暴的说法,但防护措施也有讲究。每年春季,稍微有点身份的人都要在头巾上加戴一项特制的大裁帽,谓之重戴。重戴以黑罗为料,方而垂檐,并有两根帽带,可结于颔下。[3]到了后来,防风障尘倒在其次,重戴逐渐演变成为一种身份的标志,着此装束,至少不是乡野农夫或市井中的引车卖浆者。所以邵晔在许诺时很郑重地用了一个"佩"字:给每人佩重戴一顶,就像说给官员佩金鱼袋或银鱼袋一样。当然,在这种种运作的背后都需要花钱,但邵晔一点都不担心,因为他知道,只要政治正确,钱从来都不是问题。

不知道三月十三日这天开封有没有风沙,反正来自兖州的这群请愿者一律都是崭新的重戴,黑压压地碾过京师的大街,很富于视觉冲击力。天性好奇的首都市民们禁不住驻足旁观,一边议论纷纷。即便他们见多识广,这样大呼隆的队伍也只有偶尔在皇帝巡幸时才会看到。那么,眼前的这群黑老鸹是干什么的呢？灾民？流民？抑或是抱团投诉的访民？可又都不像。此"三民"者，灾民和流民其实是一回事，多是因"灾"致"流"，那些人是一眼就可以看出来的，哪有这般装束齐整，气态安详。况且谁都知道，眼下全国的形势一片大好，不是小好。自去年夏秋开始，从没听说哪里受灾，只有诸路丰稔的报道，粮价低得让人担心谷贱伤农。即使局部地区飞来几只蝗虫，也都笨得要命，竟然不知道祸害庄稼，最后集体抱草而死。地方官把标本送到朝廷，朝堂上那么多聪明脑袋，谁也说不出蝗虫的遗传密码哪里出了问题，只能请求诏付史馆，留待后人研究。再说访民。如果这些人是抱团告状，那首先大方向就错了。他们应该从牛行街向西往乾元门去，找登闻院挝鼓投状，而不是从小货行街向西往东华门去。其实，对这种群体性事件，朝廷的做法历来是惩贪官以平民愤，杀刁民以彰国法，搞到最后，谁也不会是赢家。但问题是，不管是灾民、流民还是访民，这么大的队伍，皇城司是不会让他们进城的。开封有三道城：外城、里城、皇城，一圈套一圈，一圈比一圈难进。照往常的规矩，这些人连外城也进不了。可现在他们不光进了，而且还走得这样优游且堂皇，有如观光客一般，一点也不怯场。

见多识广的首都市民怎么也不会想到，这群人根本不是他们想象中的"三民"，他们是专门组团来拍马屁的顺民。由于他们拍的马屁至高无上，借助高端的势能，一行人自进入京畿，就一路绿灯，畅通无阻。

皇城东华门到了，这道门可不那么容易进，连官家的亲姊妹甚至亲姑姑——也就是长公主和大长公主——入宫,也要提前一天申请,得到准许后方可入内。但官家今天特地派人在门口引进,这个人叫曹利用,他的职务就是引进使。引进使是干什么的呢?"掌收受臣僚、蕃国等进奉贡品及礼物等事。"[4]原来是专门替官家收礼的,这就对了。一千多名兖州父老来请求皇上封禅泰山,这是给官家送了一份政治大礼,他们理当享受引进使的接待。

在曹利用的"引进"下,父老们从东华门进入大内,穿行在这片他们连做梦也不曾进入过的森严而神秘的宫殿群落中,一路屏息凝神、蹑手蹑脚,最后进入崇政殿。我们知道,这是官家日常办公的地方,正月初三上午官家向王旦等近臣通报天书降世,就是在这里的西厢房。今天,官家将在这里的正殿接见兖州父老……的代表。哎呀对不起,我忘记交代了,在崇政殿登堂入室的只有吕良等少数几个代表,其余那些人根本没有进入东华门——让一千多号外人闹闹哄哄地拥入大内,除非遭遇了战乱或政变,否则不可想象——他们就在东华门对面的大街上休息。那条大街是京师最繁华的商业街之一,其名字并不追求政治寓意或王朝形象,却带着浓重的世俗气息,叫大货行街。再向前,穿过马行街,则叫小货行街。每天早朝的那段时间,章服鱼袋的文武大臣和臭汗淋漓的贩夫走卒混杂在一起,是这两条街上极寻常的景观。这会儿已过了那个时段,街市上稍显清静,兖州父老们不妨先逛逛商铺,一边等候吕良他们带来皇上赏赐的消息。

赏赐当然会有的。

崇政殿里的幸福时光如同穷人口袋里的货币一样稍纵即逝,春光苦短,也就更值得珍惜。龙颜之平易亲和与小民之诚惶诚恐相映成趣,但并不尴尬。官家先令引进使曹利用向父老们"宣劳"——"宣劳"就是那句现代人耳熟能详带有煽情色彩的"大家辛苦了!",或者再加上同样耳熟能详且煽情的"我代表……向你们表示……"

然后,官家和吕良等有一段对白:

> 上谓之曰:"封禅大礼,历代罕行,难徇所请。"("徇",曲从的意思。可见官家的内心何其苦:我怎么能违背自己的意愿而答应你们呢?)
>
> 良等进而言曰:"国家受命五十年,已致太平,今天降祥符,昭显盛德,固宜告成岱岳,以报天地。"
>
> 上曰:"此大事,不可轻议。"
>
> 良等又曰:"岁时丰稔,华夏安泰,愿上答灵贶,早行盛礼。"[5]

我之所以说这是一段"对白",因为这实际上是一幕戏,双方都在背台词。请愿的意义并不在于双方说了些什么,那没有意义。请愿的意义只在于做了这件事,"做了"就是一切,"一切"就是把封禅的声音公开喊出来了。在这种场合,官家知道父老们会讲些什么,父老们(实际上是邵晔)也知道官家会讲些什么。双方的一招一式、一来一往都带着明显的设计感。因此,当事人用不着能说会道,更用不着三寸不烂之舌。也就是说,彼此都心照不宣,我知道你在背台词,你也知道自己在背台词,而且你知道我知道你在背台词,我还知道你知道我在背台词……

好了,既然双方都知道在演戏,那就赶紧把那点实打实的好处拿出来。然后,收场:

诏赐缗帛遣之。[6]

谢恩吧,钱和布料都是好东西。但一个"遣之"总觉得有点打发的意思。

邵晔这次来京共准备了三张牌:十三日,吕良等"群众代表"一千二百八十七人赴阙请愿;十四日,以知州为首的"公务员代表"集体上书请愿;十八日,在邵晔的授意下,兖州进士孔谓——是否孔圣人后裔待证实——串联"知识界代表"八百四十六人伏阁请愿。新官上任三把火,邵晔到兖州就烧了这三把火,他烧得很好,把封禅的声音公开喊出来了。喊出来了就好,就会有人接下去喊,而且会争先恐后地喊。因此,在官家的战略部署里,兖州知州的任务已经超额完成,如果把请愿视为一场接力跑,下面该轮到朝廷这边的"王旦等"接棒了。

"王旦等"指的是"两府"宰执大臣,再加上作为皇帝和中书大秘的"两制"官,也就是翰林学士和知制诰。这些人是除皇帝以外最有话语权的人。经历了这段时间官家的旁敲侧击和欲擒故纵,他们对封禅不能说没有思想准备,其中有些人——例如王钦若、陈尧叟、钱惟演——本来就是封禅的鼓吹者和促进派。还有一些人——例如王旦、赵安仁、杨亿——虽然对封禅并无兴趣,但看到官家念兹在兹、唯此为大,也只能顺水推舟。但兖州民众在皇宫前喊了一嗓子后,官家预想中接棒者争先恐后的局面并没有出现,"王旦等"反倒显得相当持重,他们在第一波请愿八天后才有所反应,在接下来的三月二十一日到二十五日,连上四道表章敦请皇帝东封。这中间有两个问题很有意味,值得我们稍微留神一下,其一,大臣们的反应为什么要延宕八天。其二,敦请的表章通常都是三道,这次为什么上了四道。

"王旦等"的持重应该不难理解,他们应该持重。以他们这些人的老于官场,对邵晔背后的政治运作是看得很清楚的。正月的京师正为天书闹得沸沸扬扬,在这个敏感时刻,官家派邵晔带着京师最新的政治风向到泰山地区任职。嗣后,便有了兖州民众的赴京请愿。这表明,官家已经把封禅提上了议事日程,封禅成了当前最大的政治。在这种气候下,作为宰执大臣,他们当然应该紧跟。但在具体步调上又不能不有所讲究。设想一下,如果兖州父老十三日一发声,"王旦等"马上表章敦请,那岂不成了邵晔的啦啦队,在帮邵晔垫脚造势推波助澜,宰执大臣的颜面何在?要紧跟,他们也只能紧跟皇上,而不是去紧跟一个前不久还刚刚被"停官"处分的小小知州。所谓讲究步调,就是在兖州请愿和大臣们上表之间,必须有一个恰到好处的间隔。没有间隔肯定不行,太丢面子了。但是间隔太长也不行,会给官家造成政治上不紧跟的误判。所谓"恰到好处"的具体节奏是:在十三日到十八日兖州方面组织的请愿期间，大臣们按兵不动，高冷静观，绝不掺和其间，蹭对方的热度。十八日，兖州方面的最后一次请愿结束，大臣们决定稍作间隔后即开始行动，这次"间隔"从表面上看只有十九日一天，但二十日是旬休，不上朝，正好也算在"间隔"之内。于是二十一日一上朝，"王旦等"敦请东封的表章准时上达天听。

其实，大臣们的表章早就准备好了，这个"早"应该在十三日至十四日之间，也就是兖州民众第一次请愿之后。而且可以肯定，他们同时准备了三份表章，这是必须的。要定义什么叫官僚主义和形式主义，只要欣赏一回这种上表的全过程就知道了。简单地说，就是举轻若重，煞有介事。一件事能马上办绝不马上办，能干净利落地办绝不干净利落地办，一定要酸文假醋地文书往还，而且要往还好多次才觉得过瘾。比如大臣辞职，至少要写三封辞职信，皇上才假装勉强答应，这样也才符合君臣之礼。如果写一封信就被批准，对辞职者而言是件很失面子的事。群臣给皇帝上尊号，皇帝虽然满心高兴求之不得，却绝不能马上答应，一般都要在"请"与"拒绝"之间反复拉锯。那么，这个游戏在什么时候恰到好处地结束，应该有一个"潜规则"吧？不然一来一往没完没了地重复下去岂不是很麻烦。"潜规则"有，也没有。说有，一般情况下，如果某件事皇帝确实不想接受大臣的请求，但又要充分受用大臣们坚请的忠诚与热情，为自己攒足面子，他通常会在第三表的答复里暗示一下"即断来章"这样的意思。大臣们也就心领神会，知趣地适可而止。说没有，是因为这个"事不过三"只是通常的做法,也就是所谓的约定俗成,却从来不曾在任何文件里规定过,不能算是铁律。如果皇帝偶尔不按常规出牌,就会让臣子措手不及方寸大乱。就比如现在,"王旦等"在三月二十一日上表敦请封禅,官家照例不允;二十二日上第二表,官家继续不允;二十三日再上第三表,按照游戏规则,这次应该有说法了。但官家偏偏不按常规出牌,在第三表的答复里,他既没有表示"勉从所请",也没有暗示"即断来章"。这就不好玩了,说大臣们崩溃也好,抓狂也好,反正不知道官家葫芦里是什么药。大家经过紧急磋商,最后决定二十五日继续上第四表。

没想到,官家在第四表的答复里,半推半就地放出了"即断来章"的信号。

2. 愚人节

"即断来章"就是不玩了。

大臣们不再崩溃,也不再抓狂,但内心一片狼藉。狼藉不是没有想法,而是没有头绪。官家的心思也太难捉摸了,先前还是念兹在兹唯此为大,怎么一转眼就不玩了。现在对于大臣们来说,官家玩不玩已经不是问题,官家为什么不玩才是问题的问题。

莫不是担心扰民？

说官家心系民生，这一点也不是夸张，因为有"事"为证：

> 丁未，上谓辅臣曰："顷者朝陵，车舆所过，并从官给，其不得已，或假借于州县。朕潜遣使询访民间，皆云无所骚扰，此甚慰朕心也。"[7]

去年春天，官家到洛阳朝谒皇陵。车驾西谒，这是大事，所谓兴师动众扈从如云是不用说的。开封至洛阳四百余里，加之谒陵以后的各种视察及慰问活动，共历时四十天。回銮后，官家就该活动是否扰民私下搞了一次民意调查，结果"皆云无所骚扰"。这个"皆云"应该是派出去搞调查的人报告官家，又由官家告诉辅臣的，这中间有多大的水分不好说，但接下来大臣的反应就有意思了。

> 王旦曰："朝廷每举大礼，或议巡幸，小民无不扰动。比闻群情妥帖，信不扰所至。"[8]

王旦的这番话当然是恭维官家的，但"比闻"和"信"都是不很坐实的语气，特别是"信"，看似肯定，其实有点虚，是推测的意思，在程度上稍微打了一点折扣：相信这次没有扰民。没有就没有，前面要加一个"相信"干什么？这是得体而有分寸的恭维。

再看王钦若。

> 王钦若曰:"车驾所至,居民但忻闻舆马之音,鼓舞道路,岂复有所劳扰耶。"[9]

王钦若的恭维就不讲分寸、极度夸张了,这体现在关于民众"鼓舞道路"的形容和"岂复有所劳扰耶"的反诘中。根据他的说法,圣驾所到之处几乎成了民众欢欣鼓舞的节日,老百姓奔走相告还来不及,哪里还会有劳扰呢?但这肯定是假话。说假话是要遭报应的,这个王钦若"状貌短小,项有附疣"。[10]个子矮小也就算了,偏偏脖子上还长了一个大肉瘤。如果说这是报应肯定属于无稽之谈。《山海经》中有一种叫数斯的鸟,住在皋涂山上,外形像鹞鹰,却长着像人足一样的爪子,据说吃它的肉可以治疗脖子上的肉瘤。[11]有人就开玩笑说王钦若"何不食数斯"。利用生理缺陷嘲笑别人当然不足取,但王钦若在同僚中口碑之差也毋庸置疑。

其实臣子们都误解了官家,以为他是多么谦虚谨慎戒骄戒躁,但恰恰相反,他是被成功冲昏了头脑,自我感觉过于良好。自天书降世后,他就一直沉迷在这种过于良好的自我感觉之中,以至没有注意把握游戏的分寸。兖州民众进京请愿后,紧跟着又是大臣们上表敦请,官家的感觉空前膨胀,臆想和亢奋轮番踩躏着已然弱势的理智。本来在答复第三表时,他应该有一个明确的态度,但他偏不,他要玩暧昧,继续受用对方那种投怀送抱的忠诚与热情。果然,大臣们马上又上了第四表,官家的膨胀感一时登峰造极了,接下来便更加不按常规出牌了。因为他觉得既然自己一手好牌,怎样出都是赢,为什么不追求一点新鲜的刺激呢?一个帝王,万物皆备于我,一切都轻而易举唾手可得,有时真的会觉得发腻的,他需要一点涉足禁区的愉悦,如同偷情,如同吸毒,如同发动一场并无胜算的战争。最危险的最优美,冒险永远是人类原始基因中最高端也最富于诱惑力的享受。那么,玩一回心跳又何妨?于是,在良好的自我感觉驱使下,他在第四表的答复中做出了"即断来章"的示意。

"即断来章"就是不玩了,这是肯定的。臣子们甚至自惭形秽地认为,他们以前实在是低估了官家的境界,像封禅这种牵动整个帝国政治神经的大事,恐怕还真的不是可以随便议论的。

歇菜。

官员们不再上表敦请,每天上朝时,大家像商量好似的,该说什么还说什么,就是不说封禅的事。这么大的国家,不说封禅的事,还有其他说不完的事,有些属于例行公事,有些属于突发急务,还有的是某个部门心血来潮,找出一件事来励精图治。例如,这期间,中书提出的一件事就很有意思,官家以此还特地下了道诏书,要求各级官员"所书历"——个人档案——"无得虚录劳课,隐漏过犯,违者重置其罪"。[12]看懂了吗?就是要严肃官员的档案管理,杜绝造假现象。事情到了要皇帝下一道诏书来警诫的程度,可见官员的档案造假绝非个别现象。档案造假一般多见于任命制而不是选举制的官员管理体制,因为任命者面对的是档案中的纸面条件：此人的出身、经历，他的德、能、勤、绩，这么多年来受过何种奖励或处分。当这些纸面条件和现实的官场利益发生冲突时，当事人就可能萌生造假的冲动。其实在当时的官场上，造假不光见诸个人档案，还有大活人冒名顶替的。为了堵塞管理上的漏洞，宋初承袭五代的做法，文人学士刚取得功名进入官场时，档案中不光要记载籍贯年龄，还要有形貌。当时没有照相技术，所谓"形貌"全靠文字描述。自太宗太平兴国二年以后，开科取士一榜取几百甚至上千人为常态，有关部门的书吏要用文字把一个个的形貌特征记录在案，倒真的不轻松。比如"长身品紫棠，有髭须，大眼，面有若干痕"，或云"身材中等，无髭，眼小，面无斑痕"之类。如果遇到王钦若这样的对象，书吏就省事了，提笔就来："状貌短小，项有附疣。"有了这两句就可以了。但书吏们的这种人物描写到了神宗年间就终结了，当时主持新政的王安石是个讲究效益的人，他大概觉得官员的档案不是写小说，这些描写毫无意义。下令一律减省。可这样一减省，就给后来的人事工作留下了麻烦。靖康之难后，宋室衣冠南渡，有不少投机者冒名顶替在战乱中死去或被掳北去的宗室和朝廷命官，而朝廷的档案中并没有这些人的特征记录，以至无可稽考，有关部门这才意识到当初的小说笔法"不为无意也"。[13]

现在我们还是回到君臣之间的那场文字游戏，面对着大臣们对封禅的群体失语，官家起初还能自持，但自持了三天就有点慌了。这就有如一台大戏正在走向高潮，却突然落幕了。落幕又不是转场换景,转场换景是有时限的,时限一到,接着往下演。可这次是谢幕,剧终。官家知道玩过头了,刚刚掀起的高潮被自己叫停了,现在需要重新启动,那当然不难,例如授意哪里的民众仿效兖州父老再进一次京,或是授意大臣们继续上章敦请。但老是那样玩,有意思吗?况且那需得自己放低身段。

三月是小月,二十九天。官家给大臣回复"即断来章"是三月二十五日,从三月二十五日到四月一日,这中间只有几天时间,我们不知道这几天里官家和周围的那些人到底想了些什么,做了些什么。我们只知道,四月一日,大内皇宫里出了一桩大事,功德阁又发现了天书。

关于这次天书,有一个很奇怪的现象,就是史书中的记载一直藏藏掖掖,语焉不详,似乎有什么难言之隐。而且这次天书的内容也一直没有披露,这很不正常。在此之前,左承天门天书降世后,那种铺天盖地的宣传势头就不去说了,到了十一个月后,官家又下诏以正月初三天书降世的这一天为天庆节。这是普天同庆的重大节日,全国官员一律放假五日并赐会(免费看戏),京师及诸州皆建道场设醮,五日内禁屠宰、刑罚。此后不久,泰山醴泉亭又降天书,京师举行了声势浩大的迎请仪式,且同样是在十一个月之后,官家下诏以六月初六天书降世的这一天为天贶节,礼制待遇一如天庆节。而功德阁天书恰恰在上述两次天书之间,奇怪的是却一直没有报道,以至《本纪》《实录》这些权威性的史料中都没有记载。只是差不多十年以后,到了天禧元年正月,官家才下诏将功德阁天书降世的四月一日定为天祯节。

《续资治通鉴长编》在记载此事时,特地加了一段注释:"功德阁天书至是始布告天下,不知何也?"

大家都"不知何也",包括我在内。

但细找蛛丝马迹,我有如下判断:

其一,这次天书与封禅有关,其内容即使没有直奔主题地指示官家"告成岱岳,以报天地",也肯定会有"上答天贶"之类的暗示。立竿见影地为官家解除了难言之隐,此为功德阁天书功德之所在焉。

其二,是内侍头目周怀政摸透了官家的心事,一为替主分忧,一为邀宠讨好,在没有得到官家明确授意的情况下,自作主张地炮制了功德阁天书。

其三,由于周怀政没有多少文化,炮制的水平不高,官家对此次天书并不满意,也因此一直没有大事张扬。但鉴于在上次天书事件中官家和周怀政已成同谋,对此次功德阁天书,官家只能睁眼闭眼听之任之。也就是说,在天书问题上,官家实际上被周怀政绑架了。

功德阁出现天书后,王旦们立即闻风而动,他们在最短的时间内组织了由文武官员、宗教人士、国际友人和一大批高龄老者共二万四千三百七十人组成的庞大的请愿团,上第五表敦请皇帝封禅泰山。所谓"最短的时间"具体是多长时间呢?根据现有史料,四月四日官家就颁布了由翰林学士杨亿起草的答复诏书,宣布当年十月将"有事于泰山"。根据这个时间节点,大臣们上第五表应该在一日到四日之间。人们一般认为是四日,大臣们当天上表当天就得到了回复,我觉得不可能。举行已旷废三百年的封禅大典,这么重要的诏书,你不能要求学士援笔立就。还记得几年前宋辽两国在澶渊对峙时,辽方遣使就两国和谈向宋真宗献国书,宋方一时竟因答复的国书怎么写而束手无策。因为宋朝自立国以后,一直和契丹打了几十年仗,学士们也只会写那些义正词严的讨伐檄文,以至朝廷上下对和平外交的公文格式已没有概念。好在还有一个翰林学士依稀记得那种国书的体制,他是太宗朝状元宰相吕蒙正的女婿赵安仁。官家让赵安仁修书一封,就和议一事以比较正式的方式答复了对方。这是"澶渊之盟"的一段前奏,但知道的人不多。今天,以杨亿的才华,一封诏书援笔立就或许是可以做到的,但是这中间有一个情节,杨亿写完诏书后,官家不同意其中的有些表达,又打回修改。因此,大臣们的上表和回复的诏书不可能在同一天,比较合理的推论,大臣们上表应该在前一天的四月三日,也就是说,王旦们组织二万多人的请愿团上表,是在两天不到的时间内完成的,这么短的时间,其他不说,单是把二万多人的名单抄一遍也是很紧张的。当然,也有可能大臣们在官家要求"即断来章"后,实际上做了两手准备。这说明,在信息不对称的情况下,宰执群体为了弄清官家的真正意图以应对无误,曾经是怎样的犹豫彷徨以至机关算尽。

杨亿起草的这封诏书,全称《答宰相等请封禅第五表诏》。诏书中原有"不求神仙,不为奢侈"等语,官家不满意,理由是:"我不欲斥言前代帝王。"我不说前代帝王的坏话。这其实是借口,问题在于官家对这两点特别敏感,因为封禅本身就是求神仙,就是奔着奢侈去的,这很难洗白,尽管你现在说的是"不求""不为",他看了还是不舒服。官家叫改,学士只能改,尽管杨亿是很高傲的人。说杨亿高傲,首先是他看不起杜甫,认为杜是村夫子。我想那大概是年轻时的杨亿吧,才华超迈而又年少轻狂,看不起村夫子很正常,但到了晚年就知道应该是村夫子看不起他了。杨亿写这封诏书时大概三十四五岁,还不曾老,但也不年轻,不知道他眼下是不是看得起杜甫。据说一次有人让他续杜甫的"江汉思归客"。他续了。人家问他:"与'乾坤一腐儒'如何?"杨亿也觉得还是杜甫的好。[14]杨亿的高傲是有本钱的,去年郭皇后薨,北朝遣使吊唁,例由东道主派人诵读祭文。不知道使者在哪个环节上出了差错,杨亿捧读时,纸上竟空无一字,这对宾主双方都是很难堪的事,对契丹来说更是很失礼的事。但杨亿何等才情,张口就来:"惟灵巫山一朵云,阆苑一团雪,桃园一枝花,秋空一轮月,岂期云散雪消、花残月缺……"事后,真宗很欣赏他才思敏捷,有壮国体。[15]杨亿的傲气上来了,有时甚至敢于和官家使小性子,有一次他起草《答契丹书》,其中有一句"邻壤交欢",这当然是邻国之间的客套话,但官家大概想起和契丹的许多不愉快的事,包括父亲最后死于契丹人的箭伤之类,对这片相邻之"壤"特别反感,在一旁加注云:"朽壤、鼠壤、粪壤。"杨亿只得改为"邻境"。但第二天就提出辞职,理由是,唐朝故事,学士作文书有所改,为不称职,因自求解职。官家只得对宰相说:杨亿"真有气性"。[16]老实说,这种"有气性"

的事,也只有杨亿做得出,而且也只有在宋朝的天空下才做得出,换了其他任何一个朝代,你试试看!

平心而论,官家并不是那种大无畏的政治家,他是有所"畏"的,有时甚至畏首畏尾。在封禅问题上,他最担心的是财政。当初他即位时,全国一年的财政收入为二千二百二十四万贯。如今十年过去了,全国财政大致在三千万贯以上,在农业社会中,这是一个很不错的增长业绩,因为在正常年景下,国家从农业上拿到的赋税基本上是一个恒数,财政的增长,主要来自工商税。开封因为汴水之利,素来财源茂盛。隋开皇中,文帝东封泰山,还京路过汴州(开封),因为"恶其殷盛",乃令"禁游食,抑工商,民有向街开门者杜之……侨人逐令归本,其有滞狱,并决遣之"。[17] 一个帝王,因自己统治下的一个城市"殷盛"而"恶"之,这实在令人难以理解。至于该城市何以"殷盛",这中间透露了几条我们今天仍感到特别亲切的信息:一个是破墙开店,一个是农民(侨人)进城经商。宋代的帝王当然比杨坚开明,破墙开店和农民进城经商早已不算什么事。他们知道,商业的水活了,民众的消费上去了,税收就有了保证。别的不说,真宗景德年间,光是酒水专卖这一项,就占了全国财政收入五分之一的份额。再算一笔账,喝酒其实不光是喝酒,在"喝"前面至少还有一个"吃",而紧跟在"吃喝"后面的还有"玩乐"。这些都是消费,都是税源啊,全国三千万贯的财政收入,如果不打仗,开支是足够了,但总体上还是吃饭财政,因为官员增长总是比财政增长的速度更快。如果要办大事,官家心中就没底了。像封禅这样的旷世大典，花钱如流水是肯定的，那些"流水"不光流向了繁缛的仪式和排场，那还不是大头。大头是赏赐。为了显示皇恩浩荡，官家一路上少不了挥金如土。盛典过后，还要给一大批官员加官晋爵，这些都需要钱。官家对财政的支付能力并无把握，这时候，财政官员的意见就显得至关重要。

权三司使丁谓的高光时刻到来了。

丁谓是个很现实的人，现实得几乎一丝不苟加一丝不挂。当初他是有名的神童，吟诗作文有如雏凤清音。但诗文作得好的人不一定能通过科举的独木桥（这样的例子太多了），因为科举不是考你"诗成泣鬼神"的才华，而是考你对古代经典的阐释能力。他就在这种应试的阐释能力上下功夫，结果考了一甲第四名，他还不满意。这种人，只要现实的利益需要，他能够做最好的自己。从地方调到中央后，他曾一度担任知制诰，也就是为皇帝起草文件的亲近侍从。按照正常的升迁途径，下一步应该是由知制诰而翰林学士，继而进入宰执行列，顺便也像杨亿那样成为文坛上的大腕名流。但官家让他到三司主管经济和财政。到了这个位置上，他就逐渐疏离了杨亿他们的西昆酬唱，一门心思扎进政务吏事之中。当然，他很快就得到了官家赏识。在他看来，那些与现实的官场利益无关的才华和学问都是没有意义的，甚至是值得鄙薄的。例如自己的同年孙何，当年的状元，一甲第一名，牛吧！但无论第几名，科举只是你进入仕途的门槛，过了这道门槛，那些名次就没有意义了，你得把手里的活儿干好。孙何这个人，性格落拓，又痴迷古文，他当两浙转运使，到州县巡查,下面的官员怕过不了关,就把平日搜集来的古碑拓片——专挑那些字迹漫漶不清的——钉在接待室的墙上。孙何来了,就一头扎进拓片中,乐此不疲地揣摩那些磨灭的文字。更搞笑的是,此公居然"以抓搔发垢而嗅之"。转运使大人就这样一边嗅着自己发垢的异味一边面壁推敲而不觉日之将暮,把巡查丢到脑后去了。[18]还有一个陈若拙,一甲第二名,榜眼,也牛吧!前年冬天以工部郎中接伴契丹贺正旦使,他这个人的问题是管不住自己的嘴,喜欢卖弄、乱说。外事工作岂是可以乱说的?结果因谈词鄙近而大失国体,他这个榜眼也因此被人们讥为"瞎榜"。[19]

丁谓原先字谓之,后来改为公言,两者虽然都是言说的意思,但后者的格局大多了。他是很自负的人,三司使又称计相,在朝中是有话语权的,特别是在要办大事的时候:

初,议封禅未决,上以经费问权三司使丁谓。[20]

看到宋朝的皇帝问"经费",我感到历史真的并不遥远,因为这个词太耳熟能详了。那么丁谓该怎么回答官家呢?有两种选择:

选择之一,从国家利益出发,他应该谏阻这种劳民伤财的无谓折腾。如果说其他官员往往更多地顾及政治正确而跟着起哄的话,那么作为主管财政的三司使,他对国家财政和封禅的花费比别人更加知根知底,也有更多的发言权。政治上可以吹牛皮说大话，财政上一文钱的大话也不能说。即使这些年国家休养生息有所富余，但把钱扔在这种事上只能图个热闹，于国计民生毫无意义。况且此风一开，朝廷上下花钱的手面越来越大，以后想收也收不回来。当初太祖皇帝曾亲制《戒石铭》颁示天下州县，铭文曰："尔俸尔禄，民膏民脂，下民易虐，上天难欺。"那是皇帝对州县官员的戒谕。若把"尔俸尔禄"换成"皇粮国税"，亦可视为太祖对后世帝王的警示。国家的每一文钱都取之于民，也应用之于民，违背此戒，就是虐民欺天。

选择之二，从个人仕途考虑，他应该挺身而出，为封禅推波助澜保驾护航。但在目前这种形势下，"挺身"可以，能否"而出"就难说了，因为宰相刚刚组织了二万四千多人的请愿团，"挺身"迎合官家的人那么多，也不少你一个（其实他已经包括在那二万四千多人之内）。好在机会总是青睐有准备的人，现在官家问他"经费"，他可以借风扯篷了。像三司使这种位置，若承平无事，其实存在感并不咋的，因为你所做的无非就是依法征收，照章支付，一切都是按部就班的，很难显山显水，更谈不上力挽狂澜，官家的目光一般也很难眷顾这里。只有到了办大事用大钱的时候，三司官员才有了天降大任的际遇。这种际遇，要么是打仗，要么是灾荒，要么是朝廷举行盛大的礼仪活动，例如三年一次的郊祀，例如去年的朝拜皇陵。封禅为旷世大典，也是三司使出头露面的绝好舞台，这次表现好了，把自己职务前面的"权"字拿掉应该不难实现。

其实以上分析完全是脱裤子放屁，因为对于丁谓这种人来

说,根本不需要选择,官家问他财政上能不能保证封禅大典,他的回答只用了四个字:

> 谓对曰:"大计有余。"议乃定。[21]

这是《宋史纪事本末》中的说法,《续资治通鉴长编》中的说法略有不同:

> 谓曰:"大计固有余矣。"议乃决。[22]

这时是六个字,多了"固"和"矣"两个虚词,但这两个虚词其实不虚,都是表示高度肯定的意思。丁谓拍着胸脯向官家打了包票。

无论是"议乃定"还是"议乃决",都是干净利落而心情愉快的,洋溢着官家对三司工作的赏识之情。

封禅事宜正式拉开帷幕,一系列有关的人事安排也顺理成章,负责全面工作的大礼使理所当然地由宰相王旦担任,而"计度泰山路粮草"则非丁谓莫属。知枢密院事王钦若和参知政事赵安仁"并判兖州",也就是并列兖州州判。宋代的规矩,高品低配,前面要加"判"。把两位执政级的高官同时派往兖州挂职,表明朝廷对兖州的重视非同寻常。

王钦若和赵安仁来了,那么,不久前刚刚被派到兖州来运动群众的邵晔呢?难道被卸磨……哪里的话?!官家不仅是英明之主,也是仁厚之君,邵晔到兖州走了一趟,前后一个多月时间,已升任京东转运使,不久又"超拜刑部郎中,复判三勾院,出为淮南、江浙、荆湖制置发运使"。[23]所谓"超拜"就是越级提拔。一个"超拜",不仅厘清了官家派邵晔到兖州去的全部疑团,也给了邵晔这些日子的劳绩以超值酬报,半生蹉跎的邵晔终于迎来了仕途上最美不过的夕阳红。

注释

〔1〕（汉）司马迁《史记·太史公自序》。

〔2〕〔5〕〔6〕〔12〕〔20〕〔22〕（宋）李焘《续资治通鉴长编》卷六十八。

〔3〕参照周锡保《中国古代服饰史》。

〔4〕龚延明《宋代官制辞典》皇城司与横行五司门。

〔7〕〔8〕〔9〕《续资治通鉴长编》卷六十五。

〔10〕《续资治通鉴长编》卷一百零三。

〔11〕《山海经·山经·西山一经》。

〔13〕（宋）王明清《挥麈录》。

〔14〕（宋）阮阅《诗话总龟》。

〔15〕〔19〕《续资治通鉴长编》卷六十四。

〔16〕（宋）欧阳修《归田录》。

〔17〕《隋书》卷五十六《令狐熙传》。

〔18〕（宋）司马光《涑水纪闻》。

〔21〕（明）陈邦瞻《宋史纪事本末》卷二十二。

〔23〕（元）脱脱等《宋史》卷四百二十六。

第四章 再降天书

1. 戚纶上疏

册府元龟,什么意思?

从字面上看,就是皇家图书馆的大龟。其实这是一部书。宋代有四部大书,《册府元龟》规模最大。其他三部分别为《太平广记》、《太平御览》和《文苑英华》。这么重要的一部书,为什么要用大龟做名字呢?因为古代用龟甲占卜国家大事,这里的"元龟"代指借鉴,《册府元龟》——皇家图书馆里作为治国借鉴的书。当然,这是一部史学类书。景德二年,真宗命资政殿学士王钦若、知制诰杨亿等十八人编修《历代君臣事迹》,这部洋洋一千卷的大书后来名为《册府元龟》。参与编修的十八人都是当时的学界名流,其中有一个叫戚纶的,身份是龙图阁待制。

龙图阁待制是一种荣衔,并不是他在龙图阁上班,就像现在某人的身份标签中有"中科院院士",他也并不在中科院上班一样。宋代设置了很多批发这类荣衔的"阁",其中尤以龙图阁身份最高,一旦入"阁",就成为一个人最权威的身份标志。例如后来有个叫包拯的官员做过龙图阁直学士,此人因一张铁面而名动朝野,后世甚至把他编进了戏文,他一出场,照例先唱一句"包龙图打坐在开封府"。包龙图就是包拯。戚纶当然也可以称为戚龙图。但同样称为龙图,品位从正七品到正三品不等,其中的区别早已约定俗成。例如直龙图阁谓之假龙,龙图阁待制谓之小龙,龙图阁直学士谓之大龙,龙图阁学士谓之老龙。戚纶是一条小龙。

小龙戚纶是大儒戚同文的儿子,戚家曾创立了位列北宋四大书院之首的"应天府书院",其家学渊源自然不同于一般的择利之士。在参与编修《册府元龟》之前,戚纶曾先后任职右正文和左司谏,从"右"到"左"都属于言官。自四月四日皇上发布关于封禅的诏书后,封禅就成了举国上下最大的政治,整个王朝的运转都由于工作重心的转移进行了兴高采烈的调整,一切紧跟封禅,一切服从封禅,一切为了封禅。宫城左掖门内的崇文院再也放不下一张平静的书桌了。戚纶等人正在编修的史学大书只能暂且放下,无论它是多么意义深远的"大龟"。戚纶的新任职务是"计度封禅发运事",这听起来像个运输队的小会计,其实他应该是所有运输队的大总管,或者叫运输大队长。一个资深学者,又当过多年言官,对时政有所指陈既是他的职业习惯,也是其性格使然。就在这大喜大庆加大操大办的非常时期,戚纶上了一道奏疏。

戚纶上疏是在四月八日。我们想象一下,四月一日功德阁刚刚降了天书,四月四日皇上又下了封禅的诏书,在这段时间里,上疏的人肯定不少,也肯定都是操着一副奉承的腔调。戚纶当然不能免俗,他也奉承,但他的奉承与别人不同,别人的奉承就是奉承,他的奉承有弦外之音;别人的奉承喜气洋洋,他的奉承忧心忡忡;别人的奉承是奉承到底,他的奉承后面有"但是","但是"后面有批评。奉承的话就不重复了,看怎样批评:

> 然臣窃谓流俗之人,古今一揆,恐托国家之嘉瑞,浸生幻惑之狂谋。或诈凭神灵,或伪形土木,妄陈符命,广述休祥。以人鬼之妖词,乱天书之真旨。少君、栾大之事,往往有之。[1]

"然"就是"但是",就是从奉承到批评之转折。这段批评很厉害,所谓"流俗之人,古今一揆",他没有列举陈胜吴广张角黄巢之流,怕那样太刺激官家。他只举了少君和栾大的例子。这两个人都是方士,靠装神弄鬼把汉武帝忽悠得五迷三道的,武帝甚至把自己最宠爱的女儿卫长公主嫁给栾大,并赐予大量财富,最后栾大因骗局露馅而被杀,成为贻笑天下的政治丑闻。其实少君和栾大这种人还只是骗财骗色,若论对王朝的危害,一千个装神弄鬼的栾大也抵不上一个在大泽乡装神弄鬼的陈胜。在这里,戚纶实际上是向官家发出了警告:天书和祥瑞这样的东西都是双刃剑,一旦失控,被不逞之徒所利用,将祸及王朝统治和国家安全。

很好!"上嘉纳焉。"[2]

有人认为官家其实一个字都没有"纳"进去,我不这样认为,因为不久就发生了两件装神弄鬼的事,朝廷的处置都极其果断。

第一件事发生在京师宣化门外。

宣化门在外城的东南方位,出此门可直通陈州,俗称陈州门。城外这一带兵营棋布,是三衙重要的屯驻区。京师禁军的驻地是有规律可循的,首先是外城景阳门至内城封丘门一带的大街两侧,这里是外国使者来去的必经之地,把禁军之精锐驻扎在这一带,对使者有一种震慑作用,即所谓"使四夷来朝贡者……有森然不敢仰首之威光"。[3]这当然太夸张了,人家也不至于那么胆小。其二,京师地形是西北高、东南低,因此军营多置于西部之"爽垲"(干爽高地)。其三,外城的朝阳门及宣化门一带,前者倚汴河漕仓,后者濒蔡河码头,这一带的驻军不是给外国使者看的,而是为驻扎京师的禁军提供后勤保障的。到景德年间,京师驻军及其家属总计约八十万,这么多人,即使不打仗,死人的事也是经常发生的。大约在四月中旬,宣化门外的驻军中死了一个人,却引发了一场不大不小的群体事件。

宋代的殡葬比较文明,人死了,可以土葬,也可以火葬。我们还记得,《水浒》中的武大郎要不是火化,就不会留下西门庆和潘金莲下毒的证据,武松回来报仇的情节也就无法展开了。

宣化门外的这个军人死了，火化后出了一桩奇事，此人焚烧后的骨头呈现出一尊佛像，于是就有了死后成佛的说法，远近的民众都赶来围观，有的人见到佛就烧香，还有的人除去烧香磕头，还施舍钱财。事情越传越神，越闹越大，终于惊动了朝廷。

这种事情其实用不着戚纶警告，官家还是清醒的。这里面有一条原则，装神弄鬼的事只能我搞，不能你搞。或者说我搞就是天贶休祥，你搞就是妖言惑众，听懂了吗？

于是"诏开封府禁止之"。[4]

第二件事等会再说，先看看那边丁谓如何对王旦使绊子。

丁谓是权三司使，管钱的。管钱有几种管法，有的人像个啬吝的管家婆，整天苦着脸叫穷，只要是向他要钱，对谁都不会大方，对谁都不会有好脸色，有时甚至弄得官家也很不爽。这种人的原则是只认钱不认人，结果弄得四面楚歌，到处做恶人，但国家倒因此得益，钱在这样的人手里，怎么着也不至于寅吃卯粮，到处拉饥荒。丁谓当然不属于这种人，他是只认人不认钱。他认什么人呢？当然是认官家，官家若有好大喜功之念，他恨不得每天都怂恿着办大事、用大钱，这样他自己也才能有表演的舞台。这种人有一种大事依赖症，哪一天手里没有大事在张罗就觉得自己的权力无法施展或无法寻租。而且我们不得不承认，丁谓"额骨头高"（丁谓是苏州人，在苏州话中额骨头高是运气好的意思），轮到他管钱，国库里有钱。因此，先前他对官家所说的"大计有余"并非吹牛，他的包票是有底气的，这底气来自历经太祖、太宗、真宗三朝近五十年的励精图治，眼下宋王朝恰逢最有钱的时期。

现在,丁谓又在向官家打包票了:

> 陛下有天下之富,建一宫奉上帝,且所以祈皇嗣也。群臣有沮陛下者,愿以此论之。[5]

要建的宫殿,是用于奉安天书的昭应宫。天书并非庞然巨物,奉安天书,初一听以为是区区小筑,但从其建成后的规模来看,这是一组包含三千六百多间宫殿的建筑群,比之于秦之阿房汉之建章,其宏大瑰丽和豪华奢靡亦不遑多让。封禅泰山刚刚立项,各方面正在紧锣密鼓地准备,马上又要动昭应宫的念头,估计大臣中肯定会有反对意见。于是,丁谓除了给官家在财政上打包票——所谓的"有天下之富"——还向他献了一条锦囊妙计:昭应宫位于宫城西北之乾位,建成后,既是围绕天书进行祭祀活动的神圣殿堂,将赵宋王朝受命于天的意识形态以建筑的形式加以固化;又可以为官家祈祷皇子,因为乾卦象征阳性或刚毅,有多子之祥。这一点太重要了,官家年届四十,至今尚无子嗣,这是关乎皇权继承和政局稳定的大事。"祈皇嗣",谁敢谏阻!"群臣有沮陛下者"中的这个"者",首先是王旦,这官家知道,丁谓更知道。因此,他在这里实际上是预先给王旦留了个绊子,就等着他来中招。

王旦果然中招。

宰相王旦近来相当郁闷,天书一降世,他就难得安分了。他是天书使,这个天书使其实就是个大龙套,或者说得好听一点,是首席礼仪龙套,不管什么仪式,只要用得着天书出场,就让他捧着在最前面走,而且还要走出庄严肃穆无限崇敬的风度,俨然自己真的走在上帝的目光下。这种戏偶尔演一下倒还新鲜,一直演就近似滑稽了。而某种角色一旦演上了,以后便一直非他莫属。天书使刚刚开了个头,接着筹备封禅,他又荣膺大礼使。这个"使"那个"使",都是在被官家当龙套"使"。一个人,在某个时刻软弱了一下,或者说圆滑了一下,难道以后就要为此背负没完没了的屈辱吗?天书之降,封禅之议,朝野欢呼之声,甚嚣,且尘上矣。当时大势如此,王旦不可能充当逆行者。况且官家对他又是设宴又是贿赂,极尽拉拢,他也不可能不给官家面子。但官家的面子实在贪得无厌,封禅尚在筹备,昭应宫又要立项,如此劳民伤财,他作为宰相,肯定是要讲话的。以他处理君臣关系的方式,像这种官家认定了要做的事,他一般不会公开"站出来"讲话,只会找机会悄悄地谏阻,这就被丁谓料个正着。官家不是固执的人,宰相和他讲话,以往还算好讲,彼此都很注意君臣体面。但这次讲不进去了,一个不固执的人一旦固执起来,那就刀枪不入了,你和他讲经济,他和你讲民意;你和他讲民意,他和你讲政治;你和他讲政治,他和你讲人伦。讲到了人伦,臣子就不敢讲什么了,皇家的人伦即血统伦序,"祈皇嗣"事关继统传位,天底下的事唯此为大,谁敢多讲?那就不讲,封口。

不光是王旦,面对着"祈皇嗣"这样神圣而堂皇的理由,任何人都不敢反对,大家都封口。

大家都封口等于一致拥护,等于天下太平。

封禅的各项准备工作已全面展开,车驾东巡定于十月初四日,虽说还有小半年时间,但作为旷世大典,好些事情即使现在着手也显得仓促。各部门的效率当然不用怀疑,因为我们从有关史书中每每看到"驰诣"或"驰告"之类的措辞,说明工作节奏都相当快,雷厉风行。例如五月二十六日这一则:

> 遣使驰诣岳州,采三脊茅三十束,备藉神缩酒之用。有老人董皓识之,授皓州助教,赐束帛。[6]

一个"驰诣",人马倥偬之姿,风尘仆仆之态,跃然也。问题是,就为三十束茅草,朝廷完全可以发一份文件叫下面去办,为什么要专门派一个人去呢?要知道,一份文件"驰诣"岳州和派一个人"驰诣"岳州是根本不同的,文件可以通过急递铺兼程递送,那当然很快,现在派人去,即使马跑得动,使者也吃不消,只能晓行夜宿。朝廷之所以宁可牺牲效率也要派使者"驰诣",是因为三脊茅关系重大,一定要派专人督办。事关封禅,官家绝对是完美主义者,这中间的任何一点细节,他都要亲自过问认真把关,力求做得最好。这似乎说明,越是虚妄荒唐的东西往往越是注重仪式,因为没有任何令人信服的抓手,只有仪式。这时候,仪式就是一切,既是为了欺世,也是为了自欺。在仪式依赖症患者看来,他对上天的虔诚,就体现在仪式的规范、严谨和一丝不苟之中。试问,如果岳州方面敷衍塞责,用漫山遍野举目可见的普通茅草冒充三脊茅,朝堂上的衮衮诸公谁能辨认?具体地说,千里迢迢地采集三脊茅是为了"藉神缩酒"。缩酒是古代祭祀的一种仪节,"束茅而灌之以酒为缩酒"。[7]祭祀时,把酒浇在站立的茅草束上,酒会渗下去,"若神饮之"。[8]这就是缩酒。缩酒用茅草,这是古已有之的规矩,但为什么要用岳州的三脊茅,这就不知道了,无非是因为这种茅草很稀有——物以稀为贵——即使在岳州,认识它的人也不多,现在只有一个叫董皓的老人认识,因此朝廷特地授予他一个州助教的官衔,另外还赐以"束帛"(捆为一束的五匹帛)。能识三脊茅,这大概也属于非遗之一种,看来培养传承人刻不容缓,不然,董皓一死,三脊茅无人能识,以后祭祀活动还怎么搞?到时候说不定会有人指着那些滥竽充数的普通茅草,操着《论语》中孔老夫子的腔调哀叹道:"茅不茅,茅哉!茅哉!"[9]

董皓的那个州助教并不是让他去当教师,这就像司马并不是管理马匹一样,都是低级散官中的一种。助教属于官员中的最低等级,从九品。但不管怎么说,从体制外进入了公务员系统,有一份稳定的俸禄,对一个乡民来说,还是很幸运的。还记得上次那个领衔一千二百多名兖州父老进京请愿的吕良吗?他最近也被授予州助教。宋代官员的任用权都在中央,即使一个从九品的助教,也要由中书省发文。吕良和董皓都是在倡议和筹备封禅中因积极作为而受到奖励的,中书省在下达任命时,很可能会将二人合并公布。若起草制词的书吏不喜欢杨亿他们那种华赡秾丽的西昆腔调,偏要雅俗共赏,他大概可以这样写:吕良董皓,两个助教,一个请愿,一个识草……

三脊茅虽然稀少,但毕竟只是几束茅草而已,而且董皓老人健在,剩下的事情应该相对简单。但封禅用的玉牒册就要复杂多了。封禅时要宣读对上天的颂辞,这种颂辞就相当于后来那种给最高领导的致敬信。既然是信,就必须有物质载体,这个载体就是代表高贵和权威的玉,把致敬信追琢在玉版上,称之为玉牒册。制作玉牒册的前提是先要把品质上好的大块玉石开料剖片,打磨成玉版,然后才能在上面追琢文字。玉的硬度极高,对玉的加工,称之为"攻玉",无论是开料剖片还是追琢文字,那才真叫艰难玉成啊。可以说,在所有关于器物加工的动词中,强度无过于"攻"者。《诗经》中的"如切如磋,如琢如磨",说的就是攻玉。一本汉语辞典,凡与玉有关的成语,要么表示美好,要么表示艰难。前者是就玉的品质而言,后者是就攻玉的过程而言。在古代的技术条件下,攻玉只能用超长的时间来换取每一点微小的进展,那几乎需要水滴穿石般的耐心和毅力。朝廷设有文思院,专门负责金银犀玉之类工巧器物的加工制造,以供舆辇及册宝法物之用。封禅所用的玉牒册共需七片,每片长一尺二寸,宽五寸,厚一寸,刻字而填以金,联以金绳,缄以玉匮。文思院的玉工反映,在不到半年的时间内,绝对完不成加工任务。因为品质上好的大块玉石本来就稀缺难觅,开料剖片更是旷日持久的工程。宰相王旦提出用阶州珉石代替。珉是一种似玉的美石(其实玉也是一种美石,只不过人们认为它更贵重罢了),所谓"珉之雕雕,不若玉之章章"。[10]"雕雕"和"章章"都有很好的意思，但两相比较，玉的素质还是明显高出一筹。官家问道："这种似玉的美石，用来敬奉天帝，符合礼吗？"这是一个疑问句，但答案是毫无疑问的：老王啊，你想玩偷工减料，没门！宰相没门，官家有门，他派人到文思院的玉工中去调查研究，这一招相当英明，派下去的官员调查伊始，还没用得着研究，问题就解决了。有一个叫赵荣的玉工反映，太平兴国年间，文思院加工了七片玉版，一直放在崇政殿的库房里，这一放就是二十五年，现在正可以派上用场。有了现成的玉版，直接追琢文字，小半年时间是赶得上了。

不知道这个赵荣多大年纪，但一个在文思院工作了二十五年的玉工，应该是中老年了，现在他回忆当年的情节，真有点白头宫女说玄宗的意味。但这中间有一点赵荣没有说，也可能他说了史书上没有写，这批玉版其实是太宗当年为封禅准备的。太宗的那次封禅之梦，从太平兴国八年四月兖州父老进京请愿，到第二年六月下诏取消封禅计划，前后历时一年多。也就在那一年多的时间里，文思院的玉工们刚刚将玉石加工为七册玉版——攻玉之难，可见一斑——后来因为皇宫失火，封禅计划被取消，这批没来得及追琢文字的玉版被放进了崇政殿的库房。所以官家说得也不错：

此盖先帝圣谟已成，垂裕冲眇也。[11]

"冲眇"是年幼的帝王自称的谦词，犹言"小子"。官家已经四十岁了,但因这里说话的对象是自己的父亲,所以自称小子。语虽谦恭,却有一种难以抑止的洋洋得意:这是父亲当年就计划好了,留给我用的啊。

挂职兖州州判的王钦若和赵安仁现在开始在开封和兖州之间来回奔波。开封到兖州有两条道路,经由曹州、单州者为南路,经由濮州、郓州者为北路。早在四月下旬,朝廷就让两位封禅经度制置使兼州判各带一拨人从南北两路同赴泰山,目的是考察路况,计工用之繁简,以决定封禅的路线。两拨人考察的结论是,南路虽近但路况差,用时反而多;北路沿途的驿站和邮传系统都很健全。于是决定走濮州、郓州一路。当然,尽管北路基本设施相对较好,但车驾东巡,扈从如云,到时肯定不堪重负。别的不说,官家乘坐的金辂和玉辂,辂高二丈三尺,阔一丈三尺。按照这一标准,沿途的道路桥梁甚至州县的城门,需修拆者恐怕就不在少数。为此,朝廷已下诏"发陕西上供木,由黄河浮筏郓州"。[12]浮筏东下,天时地利皆助力封禅。天时者,当下正值汛期,水势浩阔,正好行筏;地利者,黄河之水天上来,只需在上游把树砍倒,编成木筏,然后就不用管它,任其顺流而下,不舍昼夜。千里运程,只在兼旬之期。

自封禅诏书颁布以后,从朝廷各部门到各地州府的工作节奏都很快,官家亦时有封赏。例如五月底就提拔了两名低级官员。这两人的本职工作都是"榷货务",这是一个集工商管理与征税于一体的差事。嘉奖令中说他们为朝廷多收了八百多万缗钱,这不是一个小数字。如此业绩是在多长时间内取得的,是一年,还是历年,没有说。但不管多长时间,八百多万缗都不是一个小数字。多收了钱,当然该奖。而且有意思的是,这两个人都叫守忠,一个叫安守忠,一个叫黎守忠。[13]我怀疑他们是内侍,从小入宫净身时改的名,这种人的名字中多"忠"或"恩",带有浓重的家奴色彩。不知道那个把他们命根子阉去的人对他们有什么"恩",他们为什么要"忠"。但名字好,让皇上高兴,有时候确实很沾光的。太平兴国四年,契丹犯边,太宗亲征,幸大名府,将渡高梁河,有人在车驾前上书,太宗令取视。上书的内容虽然没有给他留下什么印象,但一看上书人的姓名:临河县主簿宋栋,太宗高兴了。宋栋者,大宋之栋梁也。御驾亲征,大战在即,就遇到一个"大宋之栋梁"来上书,似乎兆头不错。"上甚喜,以为将作监。"[14]当即就把他提拔为将作监。但这个"将作监"有两种解释,一种是单位名称,一种是这个单位主要领导的简称,全称应为"将作监监"。这里显然不可能是后一种,因为宋栋原先的职务是县主簿,只有从九品,而将作监监为从三品,这中间的台阶太多了。宋栋最大的可能是从县主簿调任将作监主簿,史料的作者记载时笔下偷懒,把主簿这个公因式省略了,便成了"以为将作监"。但即使如此,将作监主簿也是从七品,而且从边远地区的县邑下僚摇身一变,成了辇毂之下的京官,还是赚大了。这个宋栋,此前半辈子的努力加在一起,在官场上的分量也不及一个让官家"甚喜"的名字。

不要以为封禅就一定花钱如流水,至少官家一直在排场和开支上做减法。禁军殿前司和侍卫司申请给扈驾诸军每人发一件"新锦半臂"。注意,是"新——锦半臂",不是"新锦——半臂"。半臂即短袖衫,但锦半臂是一个固定词组,系指用扬州生产的半臂锦制作的半臂,称"锦半臂"。这是很有创意的申请,到时候,三千侍卫亲军一律在灰色圆领袍衫外面着锦半臂,鲜华灿然,蔚为壮观,极富于视觉冲击力。但官家以"封祀行礼,不须盛饰戎容",及"所费甚广"为由,"遂不许"。[15]京东转运使——那个由兖州知府升迁的邵晔——因东封沿途的行宫修葺,按照礼制应该用筒瓦,这种瓦只有开封郊县烧造,申请从京师运送筒瓦。官家在批示中显然很不高兴,他说:我已经说过了,不要广造行宫,这样的炎夏盛暑,让工匠们从京城送瓦,我于心何忍?于是下令用当地产的普通瓦代替。[16]邵晔上次在兖州组织父老进京,立了大功,这次本想再接再厉,但由于官家的意图吃得不准,没有讨到什么好。类似的情况还有曹州和济州的官员,看到邵晔在兖州赚得盆满钵满,他们难免私心悦慕,蠢蠢欲动,也跟着搞起了群众运动:

  戊申,曹、济州耆寿二千二百人诣阙,请车驾临幸。[17]

  虽然他们只是要求"车驾临幸",也就是在封禅以后,顺便到济州和曹州去拢一拢,看一看,让民众一睹天颜,因为这两个地方离官家东封的路线都不远。但正如后来有一位名女人所说的:出名要趁早。这种政治上的投机游戏更要抢在前头,被别人抢了先,你再跟就没有意思了。官家现在已不需要群众运动了,因为他的目的已经达到了。但对于东华门外风尘仆仆的父老们,他仍然一如往常地热情,不仅召见、慰劳,大概还发了布料和路费,温言软语地把他们打发回去了。然后,下诏全国:严禁以后再组织类似的请愿活动。

2. 一封平庸的表扬信

封禅经度制置使兼兖州州判王钦若,三天两头就从泰山发出现场报告,这些报告都是通过急递铺,用八百里快马递送京师的,虽然所有的信息都与战争无关,但驿使之行色仓皇人马倥偬也勉强可以用羽檄交驰来形容。其实王钦若向官家报告的大都与祥瑞有关。祥瑞的报告进京了,官家当然高兴,对于王钦若来说,这不就是升官发财的"利市"吗?一骑红尘天子笑,无人知是利市来。但王钦若肯定知道,不然他不会那么起劲。

王钦若这个"封禅经度制置使"翻译成现代汉语就是封禅大典筹备委员会主任,这虽然是一个临时性的职务,但官家知人善任是不用怀疑的。王钦若素来笃信左道旁门,虔诚的宗教热情加上迎合官家以博取名位的世俗需求使他对天命鬼神之事心有灵犀,对祥瑞之类的八卦新闻亦独具慧眼。这段时间,在从京师到兖州的广阔舞台上,他和官家一唱一和,互为捧逗,把封禅大典前的暖场活动演绎得有声有色。王钦若一到泰山，就报告说山脚下有"醴泉"喷涌而出。何谓醴泉？从词义上讲就是甜美的泉水。山脚下流出一股泉水，这算什么"异事"呢？你不要急，这只是个引子，真正的"异事"在后面，我们等会再说。才过了两天，王钦若报告说锡山发现了苍龙。何谓苍龙？他也没有说，但肯定不是真龙，如果有真龙现身，那就是旷世奇闻，旷世祥瑞了。我估计就是山上的云气，也就是所谓"岚"，在某个时刻呈现出龙的形状。这种瞬息即逝的自然现象，你说是什么就是什么，青龙白虎朱雀玄武随你说，反正不会有谁来证伪。倒是这个锡山需要求证一下，在中国的版图上，叫锡山而最有名的在江南无锡，此外湖南长沙和湖北通城也都有锡山，按照常理，这些地方的锡山如果发现了祥瑞，应当直接报告朝廷，绝对没有先报告在兖州的王钦若再由王钦若报告朝廷的道理。因此，王钦若所说的锡山，肯定是泰山周围的一座小山，这座小山上某一天出现了一团有如龙形的云气，如此而已。

王钦若天生就是一个有故事的人，那些与鬼神有关的奇闻逸事就像他的影子似的，他走到哪儿就跟到哪儿。他一会儿说山上修筑祭天用的圜台和燎台时，居然一只"蝼蚁"都没有看到。言下之意皇帝大德至诚，在封禅工程中连一只虫子都未曾伤害。也可以说连小虫子都对封禅这样的旷世盛典有所感应，知道主动避让。一会儿又说自己做了一个梦，在梦中见到了所谓"威雄将军"。这位寒酸的神仙请他帮忙修个亭子。王钦若醒来后，还真的找到了出现在梦中的那座破庙。神仙亦有穷蹙者也，所谓贫富穷通，看来仙凡同理。王钦若把情况汇报给皇上，皇上同意他用"羡财"（封禅工程中结余的款项）在庙中建亭。最可笑的是，堂堂筹委会主任，居然竹笠芒鞋满山满野地寻找灵芝。他第一次从兖州回朝时，向官家献灵芝八千一百三十九本。这本来已经相当可观了，可过了几天，另一位筹委会主任赵安仁回朝时，献灵芝八千七百一十本，比王主任多几百本。王主任岂肯居人之下？回兖州后，他发动群众采集灵芝，为了提高大家的积极性，他特地上书皇上，"言泰山日生灵芝，军民竟采以献，望量给钱帛"。[18]官家亦"从之"。这样，王钦若就堂而皇之拿着朝廷提供的经费在泰山收购乡民们采撷的灵芝，到官家车驾临幸泰山时，他又献灵芝八千多本，前后合计，共一万六千多本。面对着成筐成垛的灵芝，有人或许会弱弱地在心底里发问：可以这样大批量地采撷和收购的一样东西，还能称之为"祥瑞"吗？但不管怎么说，作为朝廷命官的王钦若这段时间倒更像一个草药贩子，而经过此番扫荡，泰山地区的灵芝亦几近绝迹矣。

王钦若当草药贩子是他心甘情愿，造成泰山地区灵芝绝迹也不会有谁去追究，但是他在和官家串通撒谎时，不应该拉上王旦给他们垫背。

这就接上了他刚到泰山时发现的那桩醴泉喷涌的"异事"。我当时说这只是个引子，现在后续的剧情来了，但场景换到了京师的朝堂上。某日——请记住这个"某日"，因为要靠它来验证灵异的——官家先从泰山的老虎说起，他说泰山地区向来多虎，但自从下诏封禅以后,人们虽然经常碰到老虎,但老虎从不伤人,最近更是成群结队地迁入徂徕山去了。王旦等说这是泰山山神显灵,助力封禅,宜令王钦若祭谢,并禁止捕猎老虎。接下去,官家转到了正题上,他说前些时接到王钦若报告,泰山发现醴泉喷涌而出。王钦若做事精细,他断定这和附近的什么神仙有关,就派人四处打听周围有什么庙宇,得知有座叫王母池的道观。官家说,自从宣布东封以后,泰山凡有仙履灵迹的地方,都设醮祷告过了,唯独落下这个王母池。他故意当着王旦的面,命令中使去准备相应的祷告文书——青词之类,即日前去泰山王母池做法事。这是"某日"朝堂上的一段剧情。

过了两天,中使磨磨蹭蹭地还没出发,官家又在朝堂上接到王钦若从兖州发来的报告,说王母池的"池水""某日"不知为何突然变成紫色,这真是旷古未有的吉祥之兆啊。要知道,紫色在道教中最为神圣,故祥瑞之气被称为"紫气",与天帝有关的事物亦被称为"紫诰""紫宫"之类。官家和大臣们一对照,巧了,王母池水变紫的"某日",正是官家在朝堂上决定派遣中使前往醮告的那个"某日",两个"某日"为同一个时间节点。这个王母池不知和传说中的王母娘娘有没有什么关系,但不管有没有关系,该神仙的势利眼是肯定的,这边刚决定给她送去香火和礼赞,那边马上就显灵了。王旦是封禅的大礼使,他不得不装出深信不疑的样子称颂道:

休应响答,如是之速,实至诚所感也。[19]

陛下这样虔诚美好的心愿，上天肯定会有回应，但回应得这样快，实在是被陛下的至诚所感动啊。王旦知道，以当时的信息传递条件，"如是之速"肯定是官家和王钦若预先串通好的，只不过让他当个证人罢了。这种事，官家虽然并无恶意，但宰相总有一种被捉弄的感觉，即使宰相肚里能撑船，也终究不会很舒服的。

在官家和王钦若的共同导演下，祥瑞风起云涌，神仙络绎不绝，仲夏的兖州大地，这般的生机勃勃，这般的神出鬼没，这般的云蒸霞蔚，这般的喷薄欲出，在这种气氛中，如果不出现"天瑞"似乎就说不过去了。

果然……

我们先来认识一个叫董祚的木匠，他当然是泰山当地的土著。泰山脚下发现了醴泉，王钦若认定是祥瑞，决定建一座醴泉亭。董木匠有幸参与了这项工程。这是献礼工程，献礼高于一切，当然要抢时间争速度。六月初六这天，时值初伏，上午的阳光瀑布一般倾泻下来，才卯牌时分，热浪已蒸腾得轰轰烈烈。有那么一个瞬间，董木匠的眼光离开了自己的斧头或锯子，他有如伟人一般地一挥手——不要以为他是在挥手擦汗，不是的，他就用那种标准的高瞻远瞩指引方向的姿势一挥手。在他指引的方向，远处的草地上曳着一条黄色的绢带。谚云：六月六，家家晒红绿。晒夏本来带有很大的私密性，一般都晒在自家门口或院子里，谁会晒到这里来呢？而且那黄绢还写满了字。董木匠不识字，他告诉监工的皇城吏。皇城吏一看，不得了，上面有当今皇上的名字,马上"驰告"知府王钦若,王钦若一看,更不得了,这是天书呀!马上建道场祭谢天帝。第二天,派中使周怀政护送天书进京,一边先遣快马上奏朝廷。

奏报到京,朝廷这边又是一片欢天喜地的忙乱。先是健全奉迎天书的组织系统,宰相王旦为导卫使——不用说,他又是捧着天书走在队伍最前面的那个大龙套——执政班子的其他成员为扶侍使。奉迎仪式分两个阶段,先将天书奉迎至含芳园,辅臣开读,百官瞻观。然后再扶侍天书至朝元殿,升殿,奉安。仪式从六月十一日开始,历时四天。卤簿、鼓吹,所有排场,应有尽有。

在介绍奉迎仪式之前,我先说一下朝廷刚刚下诏处理的一件事。

其实这件事我在前面已经预告过了,戚纶上疏后,朝廷果断处理了两件装神弄鬼的事,刚来得及说了一件,就被其他情节打断了。现在,周怀政护送天书还在路上,利用这段空隙,把另一件事插进来说说。

丁酉(六月九日)下诏处理的这件事,其罪名略云:

托称神异,营建寺宇,远近奔集,颇为惑众。[20]

这是在说谁呢?

如果跳过诏书前面的导语,光看这一段表述,你可能会以为大宋天子在下《罪己诏》。确实,这几句判词加之于因天书屡降而神魂颠倒的官家,似乎最贴切不过。但这肯定不是《罪己诏》，因为官家此刻正在准备奉迎今年以来的第三封天书，他风头正劲，自信满满，谈何"罪己"？

看清楚了，上述罪名的主体是——"宿州临涣县民"，大概是那地方传说神仙显灵，然后便有人鼓动为之建造寺庙，并引起四方民众非法聚集。朝廷的处分是："宜禁止之。"

还是我在前面说过的那句话：装神弄鬼的事，只能我搞，不能你搞；我搞就是天贶休祥，你搞就是妖言惑众。听懂了吗？

也不光是我有这样的感觉，别人也有，例如李焘。

李焘是南宋初年的历史学家，我以上资料大多取自他的《续资治通鉴长编》，这是一部编年体史书，以时间为纲，事件为目，按年、月、日编撰和记述历史。书中的大中祥符元年六月初九日（丁酉），在记述朝廷下诏禁止宿州临涣县民装神弄鬼之后，紧接着就是关于泰山天书的情节，这样的编排会让人怀疑是一种有意味的曲笔，或者说含有某种批判色彩。因为泰山天书发现于六月初六日，而京师这边的奉迎仪式则要等到六月十一日才开始，按照正常的编撰惯例，该事件放在六日或十一日记述都可以，但放在九日记述就没有道理了。再体味一下这两段表述的文气，也不无意思。在宿州事件后，泰山天书事件以"先是"开头，这个"先是"相当于"起初是这样的……"，给人和上文有某种承接关系的感觉。历史事件是客观而冰冷的，但历史学家的笔端是有温度的，在这里，史家笔端的温度就潜藏在这看似不动声色的剪接之中。

处理完了宿州临涣县民装神弄鬼的事，六月十一日早，大宋王朝的官家率满朝文武,翠华摇摇地前往含芳园奉迎天书。

京师最有名的大型官办园林有四座,分别处于外城的东、南、西、北方位,曰宜春苑,曰玉津园,曰琼林苑,曰含芳园。含芳园原名北园,顾名思义,它在外城北郊外,具体地说是在景阳门外,正当中使从兖州进京的必经之路。今年以来出动卤簿仪仗奉迎天书的场面这已经是第三次了,老话有事不过三的说法,因此这次奉迎的具体场面我就不说了,那些毕竟只是表面上的热闹。我更关心那黄绢上都写了什么,因为从天书的笔底波澜正可以窥测官家心头的期待和忧伤。在含芳园,王旦等迎导天书升殿,官家令知枢密院事陈尧叟跪读。这个陈尧叟是陈家三兄弟中的老大,太宗端拱二年的状元,他的三弟尧咨也是状元……不对,这些好像我在前面已经介绍过了,那就直接听他跪读天书吧。陈尧叟这差事看似荣耀,其实也不轻松,当他用纯正抒情的国家腔调诵读时,万一天书上有古奥生僻的字——这是完全可能的,因为天上数日,人间千年,对于上帝来说,只不过偶尔用了几个不久前那种人们刻在甲骨或青铜上的字——被当场"噎"住了,堂堂的状元公情何以堪。好在天书不长,也并不难懂。其文曰:

汝崇孝奉吾,育民广福。赐尔嘉瑞,黎庶咸知。秘守斯言,善解吾意。国祚延永,寿历遐岁。[21]

总共八句话,三十三个字。感觉就是一封平庸的表扬信,而且有点势利味。因为你对我孝敬,所以我就把好处都给你,这不是势利是什么?再说平庸,这个世界上的人都是官家的臣民,理所当然地都说官家的好话。但上天也跟着"人"云亦云,这有意思吗?平庸者,"平"在没有高屋建瓴地回答现实政治中的问题,"庸"在没有让人眼前一亮过目不忘的金句。与之相比,先前的两封天书都有各自的闪光点。第一封天书,闪光点是"付于恒",回答的是继统合法性问题,虽然直奔主题吃相难看,但毕竟"吃"准了官家的心事。第二封天书,虽然内容不详,但从天书降世后各界即有声势浩大的请愿活动来看,天书的内容无疑与封禅有关。或者说是为官家先前"即断来章"的失误做了一次体面的补正。那么,这一次泰山天书的必要性何在呢?封禅的诏书已下,各项准备工作正在有序展开,来自四面八方的祥瑞报告令官家目不暇接,心情大好。这时候收到一封平庸的表扬信,实在看不出有多大意义,套用一句民间的谚语,这叫年三十捡只猪耳朵,有它不多,没它不少。

关于这次天书的来龙去脉,《续资治通鉴长编》中是这样说的:

> 先是,五月丙子,上复梦向者神人,言来月上旬,复当赐天书于泰山。即密谕王钦若,于是钦若奏:"六月甲午,木工董祚于醴泉亭北见黄素曳草上……"[22]

我绝对相信官家的说法,相信他确实做了这样的梦,而不是假借神人托梦来装神弄鬼。自去年年底以来,他就一直沉迷在这种神神鬼鬼的气氛中。现实与梦境总是唇齿相依,而梦境则常常给现实插上想象的翅膀。日有所思,夜有所梦,官家梦见神人很正常。如果是别人,梦一醒就过去了,不会当回事的。但官家不同,他是一个活在梦中的人,他不仅当回事,而且"密谕王钦若",这就要王钦若接下去"于是"了。但是这中间有一个问题,官家为什么只告诉王钦若,不告诉"并判兖州"且同为"封禅经度制置使"的赵安仁呢?这当然是由于王钦若的宗教情怀,他一直对鬼神之事特别热衷,由他来接手处理这类事情更加专业。另外,也不能不说官家更喜欢王钦若。——王钦若是一个很善于让领导喜欢的人,谁当领导都会喜欢他,这没有办法。

下面轮到王钦若的戏份了。天书的生产流程,此前的周怀政等人已有先例,无非找一块上好的黄绢,在上面写几句话,然后悄悄地放在什么地方,再指使一个人去"发现"。这些都不难做到。问题是,黄绢上写什么内容呢?

王钦若开始制作天书了,当年刚刚弱冠即荣登进士甲科的庐陵才子,此刻却陷入了苦思冥想,有没有捻断几根胡须我不好瞎说,但搜肠刮肚是肯定的。想好了,临动笔时,又对着黄绢好一阵踌躇。所谓"黄绢幼妇"云云,本来是"绝妙好辞"的隐语,如今"好辞"安在?此非王某不才,而是揣摩不透官家的心事。其实天地良心,官家这次真的没有什么心事,也就是说,他并不需要借助天书来搞定什么。他只是做了一个梦,并且把梦中的情节透露给了王钦若而已。但王钦若却固执地认为,官家肯定是有心事的，没有心事用得着接二连三地降天书吗？那么官家的心事究竟何在呢？皇统已经"付于恒"了，封禅也已一锤定音了，要么就是还没有皇嗣，但皇嗣这样的事是不好乱说的，你说"赐尔皇嗣"或"瑞及皇嗣"，到时候没有怎么办？失去了现实的召唤，王钦若笔下就无所适从了，用现在的话说，他找不到天书的主题。连小学教师都知道文章的主题就是通过什么反映什么，可现在王钦若不知道反映什么，他找不到主题。那就只能退而求其次，写一封表扬信了。其实表扬信的最高境界也是要"吃"准对方的心事，投其所好。现在既然"吃"不准，就只能大而化之地"表"一"表"。江山万年，皇帝万寿，这样的"绝妙好辞"随手就来，但老实说，王钦若自己却有江郎才尽之感。

泰山天书被吹吹打打地迎进含芳园，又兴师动众地从含芳园被迎进朝元殿。奉迎及祭拜仪式进行了整整四天，从六月十一日到十四日。一封三十三个字的表扬信享受如此高规格的崇拜，让人们从此对平庸刮目相看，也让人们对表扬这种沟通方式更加自信满满理直气壮。

但不管奉迎如何热闹排场，泰山天书肯定是一次糟糕的表演。官家此举或许只是为了凑成"三"这个神奇的数字，从此，"天书三降"将成为一个在青史上令人仰之弥高的圆满而美丽的盛世图谱。但此次天书开启了"不降于皇宫"的先例，这是非常危险的。不久前戚纶已在上书中委婉地提出了批评。戚纶是很有政治眼光的，当时功德阁刚刚降了天书，他就提前发出了预警：天书降于皇宫，尚在可以掌控的范围之内；一旦出了皇宫，那就不好说了。若谁都可以捣鼓出一封天书来招摇天下,陈胜吴广宁无种乎?官家当时虽然表示"嘉纳",并在此后果断处理了京师宣化门外和宿州临涣县民的装神弄鬼事件,但对这种事情的危险似乎并不关心。一个按伦序继统的太平天子,对政治残酷性的认识,与他们的父辈是有差距的。于是在创作欲和表演欲的驱使下,又弄出了泰山天书这样的败笔。我们设想一下,以后如果在别的什么地方,在没有得到他授意的情况下,又出现了天书,大宋天子将何以处之?

记不清是谁说过的话:世界上本没有天书,搞的人多了,也便成了"添书"——"添"乱之"书"。

走着瞧吧。

那个叫董祚的木匠,成了又一个"额骨头高"的幸运儿,他因发现天书而被封为八作副都头。内侍省辖有八作司,掌京师内外缮修事。八作为泥作、赤白作(油漆)、桐油作、石作、瓦作、竹作、砖作、井作。在我老家土话中,一直有"八作头"这样的说法,是指那些什么手艺都懂一点的人,这个"八作副都头"正好可以简称为"八作头"。原先是个被人管的木匠,现在成了管这些木匠石匠泥瓦匠的一个不大不小的头头,有巴!(23)

皇城亲从官徐荣因发现承天门上的天书而加官封赏,京师人因此形成了走路眼睛朝高处看的习惯,高视阔步亦逐渐演变为一种京师派头。现在,董祚又因发现草地上的天书而荣登"八作头",不知泰山人有没有从此形成走路时朝低处看的习惯。但有一次我去泰山,看到那些泰山挑夫一个个倒确是目光向下步步吃劲的,不知是不是董祚遗风,存疑。

但我总怀疑这个董木匠原先不叫董祚,因为这个"祚"太文化了,不像一个乡下人的名字。乡下人给孩子取名的原则是越贱越好养。一个土生土长的木匠,名字大抵也就是"狗蛋""猫蛋"中间随便捡一个吧。这个"董狗蛋"一类的名字叫了几十年,谁也不曾觉得有什么不好。但当他发现天书后,王钦若觉得把这个名字和发现天书写在一起,实在不成体统。而且他知道,这个名字以后还要出现在封赏的诏书上。那么就改一个吧,董祚。这个"祚",从皇帝到草民都喜欢,皇帝喜欢是因为其中有江山社稷之意,草民喜欢是因为这个字也作福解。当然,主要还是为了让皇帝喜欢,在这种事情上,王钦若总能做得滴水不漏。

因为在泰山醴泉亭发现了天书,醴泉自然就成了圣地,该泉水也自然成了圣水。六月二十日,官家下诏,赐文武百官泰山醴泉,此举意在让天书事件持续发酵。想象一下文武百官在朝堂上乱哄哄地分水,那场面一定很有娱乐性。再想象一下六月盛暑,从泰山即使运送一桶水进京也不是很轻松的事。这见证了当今的太平盛世,也见证了今年的第三封天书,还即将见证封禅大典的吉祥的圣水啊,受赐的衮衮诸公,何其荣幸乃尔!

但有道是乐极生悲,恩赐圣水的第二天,就传来一则不大好的消息:

> 辛亥(六月二十一日)……开封府言尉氏县惠民河决,遣使督视完塞。[24]

自天书降世以来,神州大地到处莺歌燕舞,这是绝无仅有的一次负面新闻。时值大汛期间,河川决口,畿辅震动,这种消息是想捂也捂不住的。

3. 盘马弯弓

官家出行,不骑马,乘车。

当然是专车。

官家的专车不叫车,叫辂。就像现在的人,有钱了或出名了,就不是人了,叫款或腕。在专制社会里,一个人的身份,外在体现主要是乘什么车、穿什么衣。所以历代史书都辟有《舆服志》,所谓"夫舆服之制……别尊卑、定上下,有大于斯二者乎?"[25]没有比这二者更大的了。车的级别主要体现在:一、车型之高广尺寸;二、动力是多少匹(马);三、装饰之豪华程度。官家乘坐的辂,高二丈三尺,阔一丈三尺。动力为六匹大青马,另有两匹诞马(不施鞍辔的备用马)。装饰以玉为主,搭配金银珠宝,因此,称玉辂。

官家的这辆专车另外还有一个名字,叫显庆辂。显庆是唐高宗李治的年号,难道说,该辂建造于……大唐显庆年间?是的,你说对了。我们先来算算它老人家高寿几何。显庆这个年号一共只用了五年多一点,因此,按照"显庆年间"这个并不精确的条件来推算，误差最多也只有五岁，也就是到真宗祥符元年，显庆辂的年龄应该在三百四十八岁到三百五十三岁之间。要知道，在这三百多年里，它不是纤尘不染地放在博物馆里供人们参观的古董，而是一直前呼后拥地行进在大地上的这个世界上最高贵的专车。唐高宗、唐玄宗都曾乘坐这部玉辂到泰山行封禅大礼，女皇帝武则天也曾乘坐它到嵩山行封禅大礼。在那些与云蒸霞蔚的王朝盛世相匹配的大场面中，显庆辂从未缺席。从初唐到五代直至北宋，中国的政治中心逐渐东移，显庆辂也承载着历代帝王一路东迁，从长安到洛阳再到开封。我粗略统计了一下，这中间大约经历了三十七代帝王。而且这还没完，它接下去还要为后来的帝王继续服役一百多年，直到金兵南下玉石皆焚。这样算下来，它一生服役的时间超过了四百六十年。我敢说，直到今天，世界上没有任何一件交通工具不间断地服役过这么多年，而且承载过这么多的帝王，以前没有，以后也不会再有，这是人类车辆史上一则关于高档华贵和世泽绵长的绝无仅有的传奇。

现在，老胳膊老腿堪称传奇的显庆辂，抖擞精神又要上路了。上次东巡是在唐开元十三年，那个年代就像王朝的年号一样，有一种开天辟地的豪迈气概，唐玄宗那年四十岁，正值一个男人最蓬勃旺盛的年华（官家今年也应该是四十岁吧）。除去封禅这样轰轰烈烈的大事，那个年代还留下了一些有意思的小典故，例如，把老丈人称为泰山，就与那次东封中宰相张说的女婿连升四级有关，即时人所谓的"此泰山之功也"。怪不得前些时有那么多大臣上表请求封禅，垂拱殿的丹墀下黑压压地跪了一大片。原来车驾一动，文武百官都跟着升官发财。距离上一次封禅已经二百八十二年了，老泰山别来无恙！

但掌管车舆厩牧的太仆寺出来说话了，这种部门，平时说话的机会很少，现在终于捡到了一次话语权。他们说，以玉辂的高度和轮距，东封路上"所经州县城门桥道有隘狭处，请令修拆"。[26]这意见肯定是对的，但"修拆"云云，谈何容易？单是沿途州县那些与豪华的玉辂相比不幸"有隘狭处"的城门，要在这么短的时间内拆掉重建，你拆一座试试——可行性基本为零。在这种事情上，官家还是务实的，他说，城门太小，那就不进城，绕城而过。但是有坟墓的地方要避开——看来人主都讨厌"与鬼为邻"。

其实太仆寺所说的还是小事，真正的麻烦是过于隆盛的卤簿。玉辂上路了，就得有相应的排场，那些由扈从、仪仗、车马、鼓乐、旗、扇、伞、盖，甚至还有大象犀牛组成的卤簿，其规模一般分三个档次：大驾、法驾、小驾。大驾的排场堪称洪水猛兽，我在翻阅《宋史·仪卫志》时吓了一跳，按照太宗至道年间的制度，大驾的排场为一万九千一百九十八人，一万九千一百九十八人浩浩荡荡地漫过来，这还不够"洪水"吗？太仆寺仅有的六头大象，也在动用大驾时盛装出场，这还不够"猛兽"吗？怪不得后来人们用"大驾"作为敬辞。"大驾"光临，别的不说，光是车就有差不多三十种。这么多种类的车，其实大同小异。"大同"者，都用驾马；"小异"者，车的造型、装饰，驾马之毛色，驾士之众寡。但我说的"大同"只是大致相同,并不绝对,因为这中间有两个例外:一种叫辇,是用人拉的,官家偶尔换乘的大辇,"驭下"六十四人。还有一种就更有意思了:羊车。

居然有羊车!

羊车这个词会让人产生宫闱淫乐之类的联想,这和晋武帝司马炎有关。一般来说,历史上的武帝都是有大功业的。司马炎的最大功业是定鼎西晋,攻灭东吴。但这个人最大的问题是好色,对于皇帝来说,好色本来不是问题,司马炎的问题是太过分了,在历史上留下了许多惊世骇俗的记录。例如,东吴灭亡后,他把孙皓的五千宫人成建制地直接编入自己的后宫,使后宫姬妾超过五万人。例如,他公开下诏,民间女子没有经过选秀,不得结婚。他征选的秀女中,包括当时著名的才女左芬,她就是因一篇《三都赋》而洛阳纸贵的左思的妹妹。左芬貌丑而有才,皇帝并不要她侍寝,但还是要把她纳入后宫,这是一种变态的占有欲。例如,为了应对阵容庞大的后宫秀女,他别出心裁地每晚乘着羊车,让羊在后宫随意行走,停在哪里他就在哪里快活。为了引诱拉车的羊,宫人在门上插竹叶,在地上洒盐水,这就是"羊车望幸"的典故。尽管雄才大略的晋武帝把荒淫的事情做得很富于娱乐性,也尽管羊车其实古已有之,并非始于晋宫,但在历代诗人的笔下,羊车还是成了后宫淫乐的某种隐喻。"夜深怕有羊车过,自起笼灯看雪纹",这是唐代殷尧藩的诗句,用一个"怕"字来写宫人的期盼,极好。后来萨都剌将这两句生吞活剥,变成"夜深怕有羊车到,自起笼灯照雪尘"。把"过"改成

"到",一下子神采尽失,呆掉了。其实老萨的江湖地位比殷高得多,做这种偷鸡摸狗的事,何必呢!再后来,明朝人高启因写了"尽日南风永巷开,羊车去后玉阶苔"的诗句,朱元璋怀疑是影射"朕躬",这位被誉为"吴中四杰"之一的大诗人被腰斩,死得很惨。——当然,在朱皇帝那个时代,杀人的花样多得很,这还算不上最惨。

羊车之混迹卤簿,无疑是因为羊本身的祥瑞色彩(《说文》:羊,祥也)。但隋代以后,拉车的其实不是羊,而是一种矮小的"果下马",但这种车仍叫羊车。宋代曾有大臣认为羊车为"后宫所乘",意思是有淫秽之意,放在卤簿里不严肃。皇上让有关部门研究,研究就是引经据典,引经据典后的说法是,羊车汉代已有,晋武帝只是偶尔乘于后宫,也就是说,这种车不是特地为掖庭制造的,与司马氏的万"妇"不挡之勇及后宫女人们的"望幸"之类没有必然的联系。而且历代的《舆服志》中都有记载,唐代以后亦一直著之礼令。最后的结论是"宜且仍旧"。中国的事情,只要能在老祖宗那里找到根据,是不会容许改变的,"宜且仍旧",天经地义。

扯远了,还是回到东封的排场。"大驾"光临,一万九千多人的阵势,所到之处,还不是有如蝗虫一般。虽然朝廷已经下诏:"东封路军马无得下道踩践禾稼,违者罪其将领。"[27]但千军万马总不能把脚扛在肩膀上走路呀,那就只能尽可能地简省排场。当年唐高宗和唐玄宗封禅泰山时用的是法驾,也就是比大驾的规模减三分之一。礼仪部门建议官家比照唐朝"故事",

也用法驾。但老实说,官家不是一个内心很强大的人,让他以唐高宗和唐玄宗作为参照,他觉得太"高"太"玄",缺乏底气。他决定用小驾,小驾的规模为大驾之半,仍有近万人。这时候官家玩了个障眼法,他先把小驾改名为鸾驾,再把鸾驾的规模压缩到二千人。二千人的"鸾"驾不能再简省了,再简省头面,岂不成了"鸟"驾?那么就二千人吧,去年车驾赴巩县朝谒皇陵,用的也是这个规模的卤簿。

现在看来,去年正月,官家兴师动众地到巩县朝陵,实际上是封禅的一次预演。

我们来看史书中的记载:

> 乙巳,以权三司使事丁谓为随驾三司使,盐铁副使林特副之。[28]

再看这一条:

> 癸巳,以权三司使事丁谓为行在三司使,盐铁副使林特副之。[29]

这两条记载,内容几乎一模一样——"随驾三司使"和"行在三司使"说法不同,意思一样,都是皇帝巡幸期间的皮夹子——时间却相差整整二十个月。前者为景德四年正月初七日,即官家启驾朝陵前夕;后者为祥符元年九月初五日,即官家启驾东封前夕。这一说大家就知道了,由丁谓和林特组成的这套理财班子,去年朝陵时官家先试用,是骡子是马先拉出来遛遛,"遛"的效果似乎很不错,这次筹备东封,官家理所当然地还用他们。我们还可以做进一步的推论,在朝陵之前,官家可能已经有了东封的构想,甚至有了大致的时间表。正因为已经有了时间表,当初司天监以"岁在酉戌乃可行"为理由要求推迟一年时,一向坚信天命鬼神的官家这次却不以为意,断然否决了司天监的意见,他的回答相当武断:"朕遵用典礼,意已决矣。"斩钉截铁,没有任何讨论的余地,这不大像他一贯的风格。

丁谓确有才干,特别擅长理财。他一上任,就捣鼓出了一项在中国乃至世界金融史上开天辟地的新玩意:

> 始,丁谓请置随驾使钱头子司。[30]

所谓"头子",其实就是最早的支票。车驾东巡,扈从如云,有了这个"使钱头子司",一路上给扈驾的士兵发俸禄和赏钱,就不用叮叮当当地数铜钱,而是直接发"头子",让士兵的家属到指定的地方去兑现,这样既方便了士兵,也方便了朝廷,双方都不必携带沉重的现金。宋代的货币实行铜本制,《水浒》中的那些好汉进了酒店,动不动就掏出几钱碎银子的说法是没有根据的,因为银子并非通用货币,要喝酒,必须像后来的孔乙己那样"排出几文大钱",这里的"大钱"指的是外圆内方的铜钱。北宋时期,一贯铜钱的重量大约为六斤,东封的行期大约为两个月,在此期间,每个士兵的收入少说都有十斤八斤的,这么多铜钱,缠在腰包上随身携带还不把人累死。再说朝廷那边,光是运送铜钱就是很大的负担,所谓"辎重"云云,最"重"的就是大队人马后面那些运送铜钱的车辆。现在好了,就一个"使钱头子司",皆大欢喜。关于发"头子",官家曾征求士兵们的意见,士兵们相当欢迎,并感激"圣恩厚矣"。士兵们把这笔账记在"圣恩"上,但历史却把这笔账记在丁谓头上。"使钱头子司"就等于一所临时银行,说它是中国乃至世界金融史上开天辟地的创举,一点也不过分,从这个意义上说,丁谓"贡献大矣"。

上面说的是理财班子。再说东京留守,应该也是在朝陵前后就预定了人选。

我们再看看史书中的这条记载:

是月,徙敏中知河南府,兼西京留守司事。[31]

这说的是西京留守,不是东京留守。不过你别忙,"是月"才是景德四年六月,离东封还有一年多。

这是一条很平常的人事任命,既非加官晋级,也非出将入相。但稍微有点不平常的是在后面附了两段官场逸闻。第一段的可读性很强,说的是向敏中如何纠正一桩错案,那是起集凶杀、奸情、私奔、侦缉、枉断、翻案于一体的案件,中心人物是一名和尚,情节则扑朔迷离峰回路转。这样的题材放在眼下,花不了多少工夫,就可以捣鼓出一部大片,票房应该没有问题。有一个比向敏中整整小五十岁的人据说对向处理的这个案子非常欣赏,此人就是在旧戏舞台上被誉为"包青天"的包拯。第二段逸闻的对比性很强,说好多被贬放的官员在下面不理政事,例如寇准和张齐贤,原先都当过宰相,外放后或酒色征逐,或傥荡任情,反正是不负责任,只有向敏中在下面踏踏实实地做事。官家曾为之感慨,说外放地方的大臣,都应该以向敏中为榜样。这两段逸闻都是为向敏中评功摆好的,为了突出向敏中,甚至不惜以寇准和张齐贤作为陪衬。这似乎不大好。寇、张两位也都可称名臣,特别是在对契丹的战争中,都曾有过叱咤风云的经历,在宋王朝那一班除去嘴巴浑身上下无一处硬得起来的文臣中,这一点尤其难得。用两位名臣来陪衬向敏中,显然暗示着向某人将有大用。

果然,大中祥符元年九月初,新的任命下来了:

> 庚申,命兵部侍郎向敏中权东京留守,即赴内庭起居。上以敏中旧德,有人望,故自西京召而用之。[32]

这是水到渠成的任用,因为种种迹象表明了官家在朝陵前后就开始考虑东封期间的东京留守人选,因此,他先把向敏中从宋夏前线的延州调到西京洛阳,而且在调动时说了他很多好话。现在东封在即,官家就近轻轻一挪,向敏中就到位了。

官家用什么人,别人没有什么好说的,特别是东京留守这样的职位,由于众所周知的原因,不是敏感,而是非常敏感,担当此任者,很大程度上带有家臣性质,别人就更不好说什么了。你用谁尽管用,但还要说什么"上以敏中旧德,有人望",这就多余了。因为说到这个"旧德",我就很自然地想到了一桩"旧事"。

几年之前,两名官员为了争娶一个姓柴的寡妇而闹得满城风雨,成为轰动一时的丑闻。这两名官员,一名是当朝宰相张齐贤,另一名是当朝宰相向敏中。

两名当朝宰相追一个寡妇,并不是因为柴氏才貌出众,或者有什么性格魅力,而是因为她有钱。宋代婚姻制度对妇女权益的保护可能出乎我们很多人的意料,对于一个寡妇来说,这主要体现在:一、改嫁自由;二、陪嫁的财产属女方所有,改嫁时女方可以带走。说柴氏有钱,就是指她原先的陪嫁。这女人究竟有多少钱呢?说"万贯"家财肯定是小瞧人了。好多年之后,有一个叫程颐的老夫子在评论此事时顺便披露了一个数字,他说两个宰相争娶一妻,无非"为其有十万囊橐也"。十万缗私房钱,这是一个很惊人的数字,"澶渊之盟"后,宋王朝花钱买和平,每年给契丹的岁币也不过三十万。一个寡妇有十万私房钱,似乎不大可信。那么就以后来她的贴身丫环配合调查所说的那个数字为准:二万缗。这个数字仍然相当可观,也似乎值得两个当宰相的男人放低身段追一追了。

柴氏的丈夫薛惟吉官居左领军卫大将军,但意外早死。她准备带着属于自己的财产改嫁,对象是现任宰相张齐贤。但丈夫前妻的两个儿子把她告上法庭,说她私吞薛家财产。有关部门在审理中发现,另一位现任宰相向敏中也曾向柴氏求婚,因事关两个宰相,官家想大事化小。但柴氏不依不饶(据说是在张齐贤大儿子的怂恿下),又跑到乾元门前去擂登闻鼓,状告向敏中因求婚不成而怂恿薛家诉讼。这种糗事,当事人自己不承认,一笔糊涂账。只有一点大家都心里有数,两位宰相都打过柴氏的主意,都对石榴裙下的那"十万囊橐"情有独钟,都唯恐事情不够大,一直在背后怂恿柴氏或薛家诉讼。官家原先不想把事情闹大,是顾及大臣体面。现在他们倒越发地作起人来疯,竟然跑到宫门前来擂登闻鼓。再这样闹下去,不仅他们双方颜面扫地,大宋王朝也谈不上体面,官家很生气。官家一生气,后果就严重了。最后,向敏中和张齐贤双双罢相,包括柴氏及薛家的两个儿子,再加上张齐贤的大儿子,官司牵涉到的六个人,谁都不曾有好果子吃,一场官司,六败俱伤。

这些都是陈年旧事,官场沉浮,司空见惯,这件事只不过因其情色因素而格外流传而已。现在,向敏中又回到京师,并且担任了极为敏感的东京留守。遥望他这些年迁徙的背影就会发觉,在他身上,圣眷之光其实从来不曾淡薄过。

启驾东封的时间定为十月初四日,九月以后,全国上下就进入了非常时期,这种对一个庄严盛大的时间节点的逼近感,大家是从日益升级的异样气氛中感受到的。从十月开始,全国将禁屠宰一个月,因此,进入九月以后,民众大抵怀着一种补偿心理突击吃肉,突击腌制咸肉。不光是朱门酒肉臭,小户人家也关起门来大快朵颐。卖肉的摊位前摩肩接踵,大街小巷里到处弥漫着诱人的肉香,连狗都像赶场子的食客似的整天兴奋莫名,而且傲慢,因为这厮自信到哪里都有肉骨头啃。当然也不光是禁屠牲畜,还包括人,从九月一日起,审刑院、开封府停止上报死刑判决。这种规定牵涉的面不大,一般人不会关心。但以下这条同样是从九月一日开始执行的规定,受益者却有千家万户。开封市民日常用水取自官渠,是要课税的,这笔税费"自今蠲之"。"蠲"者,免除也。总之,所有的新规都是冲着九月和十月来的,而与这些自上而下的恩典形成互动的,则是各地向朝廷报告大好形势的调门越来越高。下面的官员都心照不宣,又好像商量好了似的,都争着报喜不报忧。一时间,王朝广袤的天地间,阳光灿烂,惠风和畅,路不拾遗,夜不闭户,什么坏事都不会发生,连放个屁也是香的。他们挖空心思地用各种本地素材诠释太平盛世。但不能不说,这些地方官的想象力实在贫乏,那么多报告其实等于一张报告,那么多张嘴巴其实等于一张嘴巴,说来说去,除去"大稔"还是"大稔",除去粮价还是粮价。于是到了九月的最后一天,史官弄出了这样一份通稿:

>是月,京东西、河北、河东、江、淮、两浙、荆湖、福建、广南路皆大稔,米斗钱七文。[33]

"皆大稔",一言以蔽之,很好!但"米斗钱七文",这么低的价格,很让人怀疑,因为去年下半年还是斗米二十钱。正常年景,粮价不会有这么大的波动。况且即使真的这么低,也并不一定是好事。

但这么大的国家,谁也保不定什么时候不会出点事,万一出了负面事件咋办呢?通常的做法是尽量用同类型的正面新闻去屏蔽和稀释。这就不得不说到上次的惠民河决堤事件,虽然后果不很严重,但毕竟属于封禅诏书颁布以后发生的负面新闻。还是鬼精灵的王钦若有政治头脑,事件发生在六月下旬,王钦若却一直耿耿于怀。最近,他在报告泰山灵芝再生的符瑞时,顺便报告了一条与河川大汛有关却绝对振奋人心的消息,说黄河今年上游多雨,虽然水位泛溢,但汛流只行中道,不临两岸,因此堤防反比常年用度工役节省数百万。这样的消息虽然不能说绝对真实,却绝对是官家喜欢的。这里不仅有大汛无灾,也不仅有节省几百万费用,更重要的是,汛流只行中道,不临两岸,这样的奇事谁曾见过?这分明是祥瑞啊,是上天显灵福佑封禅啊。这样的消息何等及时,它那所向披靡的亮色,不仅一举荡涤了先前惠民河事件的负面影响,而且恰逢其时地为封禅大典铺陈了一派明亮的晖光。

到了九月下旬,一切准备工作便进入了倒计时。二十七日,官家在崇政殿亲自参加封禅仪式的彩排。这本来是有关部门和礼官的事,在此之前,他们已在都亭驿演习再三,这是最后一次,带有验收的性质。这种活动官家并没有必要参加,但他执意躬亲。他是极认真的人,认真到近乎挑剔。他也是一个完美主义者,参加这种彩排,绝不肯走过场。现在大家应该知道了,官家绝对是个仪式控,他有这方面的天赋,这不仅表现在对仪式的迷恋和依赖,更表现在对仪式伦理和审美的那种精微的感觉能力。

一场典籍上已有记载、礼官们已经推敲和排演了这么多天的仪式,居然被他挑出了一大堆问题。这些问题,有的属于细节和衔接上的疏漏,有的属于前人操作中的不规范,有的则属于历代沿袭的陈规遇到了新问题。最明显的莫过于历代帝王封禅时没有天书,这次天贶符命,随驾有三封天书,这一不同寻常的亮点在封禅仪式上必须得到体现。为此,官家要求辅臣"与礼官再议以闻"。[34]

九月小,只有二十九天,距启驾东封只剩下六天了。

注释：

〔1〕〔2〕〔6〕〔12〕〔15〕〔17〕(宋)李焘《续资治通鉴长编》卷六十八。

〔3〕(宋)晁说之《景迂生集》卷三《负薪对》。

〔4〕〔11〕〔13〕〔16〕〔18〕〔19〕〔20〕〔21〕〔22〕〔24〕〔26〕〔27〕《续资治通鉴长编》卷六十九。

〔5〕(元)脱脱等《宋史》卷二百八十三。

〔7〕(晋)杜预注《左传》。

〔8〕(汉)郑玄注《周礼·天官·甸师》。

〔9〕《论语·雍也》，子曰："觚不觚，觚哉！觚哉！"

〔10〕《荀子·法行》。

〔14〕(宋)孔平仲《谈苑》。

〔23〕有巴：宋代开封口语，喝彩、叫好的意思。

〔25〕《宋史》卷一百四十九。

〔28〕〔31〕《续资治通鉴长编》卷六十五。

〔29〕〔30〕〔32〕〔33〕〔34〕《续资治通鉴长编》卷七十。

第五章　东封

1. 翠华

大相国寺的瓦市堪称东京最大的自由市场,开放时间为每月朔、望及每旬之三、八。十月初一为瓦市开放时间,由于东封在即,朝廷将上旬的旬休提前至初一,让扈驾的官员和禁军官兵有时间去采买随身的零碎物什。当然,有些男人的心思可能要更细密些,这趟出行差不多要两个月,眼下刚过寒露,回来就该是冬至了。出门这么长时间,最对不起的是自己的婆娘,因此,启程前买点头油脂粉及首饰之类的小玩意儿作为安抚,也是人之常情。不要一听说首饰就心跳加快,以为很费钱,其实大可不必,因为那些值钱的东西——金银珠宝——在宋代仅限于贵族命妇使用,一般人即使有钱也没有资格享受。平民妇女的首饰多取普通材料,虽然制作精美,但价钱不会很贵。例如有一段时间流行一种叫"鱼媚子"的面饰,里面的材料其实是鲤鱼的鳃骨。[1]最近市面上流行一种青铜发簪,一头为簪子,另一头则设计为小勺状,可作耳挖。可能因为比一般的耳挖要长一些,名字就有点吓人,叫"一丈青"。[2]这名字几百年后被文人写进了小说,作为一个女汉子的绰号。读者都以为"一丈青"体现了该女子的不凡身手和英武气概,其实不是,那只是一件很女性化的小首饰而已。

东京市民已经把今年的十月初四作为他们特有的节日,正因为"特有",他们便有资格以东道主的身份邀请亲友来作客观礼。这就好比自家办喜事,是很有面子的,似乎东封是他们东京人的东封,卤簿大驾是他们东京人的卤簿大驾,连官家也是他们东京人的官家。东京人的这种地域优越感是与生俱来的,即使你来自西京洛阳,十三朝古都,你也是乡下人。东封的第一程从大内乾元门至含芳园行宫,这段行程基本上在城内,届时车驾仪仗汪洋浩荡,将带有更多的展示色彩。现在,沿途的街道两侧,已有搭建彩棚占据观礼位置的,那当然都是皇亲贵戚,而且那地段也是有关部门划给他们的,并不属于违建。但小户人家也有属于他们的观礼空间。这是东京市民共同的节日,氤氲在节日上空的那种特有的空气,每个人都可以自由地呼吸。为了看一眼深宫里的天子和他的仪仗,到时候百万民众将集中在开封的东北侧,古人所谓"一顾倾城",信然。

十月初一,官家开始素膳,本来你吃什么只要对御膳房说一声就得了,用不着对外张扬,可他偏偏要对大臣们郑重宣布。他这一宣布，大臣们就不能不郑重了。王旦等说，陛下马上就要冒严寒涉险道，过早素膳于"保卫圣体，恐未得宜"。[3]况且以前在南郊祭天，只是前一晚上斋戒，从来没有提前三天的。这一席话，前半部偏重于情，后半部偏重于理，主语虽是"王旦等"，却不知哪是"王旦"说的，哪是"等"说的，总之有情有理。官家当然是不听，大臣们只能更加郑重——上表恳请。但什么事一旦上表就一定要有三个来回，到第三表时，官家还是不答应，且明确要求"即断来章"，这场游戏才告结束。其实君臣双方都知道，多吃两天素食，也不至于就影响圣体。这种游戏，说得好听一点叫举轻若重，说得不好听叫脱裤子放屁。

做完了这一轮举轻若重或曰脱裤子放屁的游戏，启驾的日子就到了。

十月初四下午未上三刻（两点整），在万众欢呼中，车驾出大内乾元门，向含芳园进发。打头的是载着天书的玉辂，在这次封禅的全过程中，玉辂都将是天书的专车，官家则乘坐另一辆专车——金辂。但今天他乘坐的是大辇，出场形象为通天冠、绛纱袍。通天冠从名字上就可以想见是一顶高帽子，因其形似卷云，又名"卷云冠"。上面饰以名贵的北珠，皆来自契丹。一个戴着高帽子，穿着大红袍，坐在一辆由六十四条壮汉牵挽的大车上的皇帝，其形象可能有点滑稽，但他无疑是今天最耀眼的明星，他是皇上，是天子，不管穿什么戴什么，现场所有的欢呼和崇拜都是属于他的。此外，为大队人马殿后的还有一位明星，那是装在大车上关在笼子里的一只狮子。京师南门的玉津园豢养着一批各地进贡的珍禽异兽,官家为了表达对上天的至诚和对生灵的眷顾,计划封禅结束后在泰山将它们全部放生。说是珍禽异兽,其实主要是"禽",所谓"兽"就是一只狮子。狮子出场了,那是在卤簿翠华摇摇地过去以后,在人们的心理预期中,今天的这场大戏已经快要落幕了,尽管尘埃还没有最后落定,但也是尾声的意思。这时候,来了这么一群装在笼子里的贵宾,场面上便有一种喜出望外的骚动。玉津园是定期对公众开放的,很多市民都见过那只狮子,不但知道它的身世,甚至还知道那则与它有关的笑话。这其实是只老狮子了,还是太宗淳化年间占城国通过海路进贡来的,这样算下来,应该差不多有二十岁了,就生理年龄而言,大体相当于人之耄耋,至少也是古稀之年。人群中便有人透露,这畜牲在御园养尊处优惯了,据说喂它大块的猪腿肉,放得稍微远一点它就懒得起身。如此娇客,且又垂垂老矣,现在放出去,即使不被其他动物联手做掉,估计也会饿死。说狮子在御园养尊处优,还有一则笑话可作佐证。石某官居兵部员外郎,一日与同僚参观玉津园,听说狮子一天要吃五斤肉,而且还不喜欢吃猪肉,要吃牛羊肉。同僚中便有人为之一叹:"吾侪反不及此狮子。"我们这些人都比不上这只狮子。石某笑道:"吾辈皆园外狼,敢望苑内狮子乎?"[4]我们都是"园外狼",怎么敢和御园里的狮子比呢?"园外狼"者,"员外郎"之谐音也。员外郎为六部所属诸司之副长官(长官为郎中),也就是副司长,正七品,在京师,这个级别的官员满大街都是,要说吃肉,这些人还真的比不上御园里狮子的口福。至于这个石某,后人有说是石熙载,有说是石延年,姑且存疑。但这二"石"倒都是出口成趣的人。

上路了。从大内到含芳园这一程相当于启驾仪式,或者叫出城仪式。含芳园的下一站是龙兴之地陈桥驿,然后依次是长垣县、韦城县、卫南县、澶州、永定驿、濮州、范县、寿张县、郓州、迎銮驿、乾封县。当年唐玄宗从洛阳启驾东封,后半程走的也是这条线,如今,二百八十二年过去了,沿途偶尔还能见到当年留下的印记,令人想见那股赫赫扬扬的盛唐雄风。不能说唐玄宗好大喜功、着意穷极排场,因为以当时的国力,朝廷举行盛大的典礼就该这样铺排。开元十三年,距离那个叫杨玉环的女人走进后宫还有二十年,距离那个叫安禄山的男人发动叛乱还有三十年。开元十三年,这个时间节点标志着中国历史上最强盛的王朝正在大踏步地迈向盛世的顶峰,一切都是青葱饱满血气方刚的,一切都是蒸蒸日上生气勃勃的,一切都是风樯阵马辉煌壮丽的,举行封禅这样的旷世大典,开元天子一出手,那排场想不"空前"也难。在别人那里,"千乘万骑"就是个形容词,带着夸张的成分,当不得真的。但在开元天子那里,是实打实的"千乘万骑",一点都没有夸张。当时出动的马匹都以毛色编队,五千匹为一方队,你算算,一共该有几种毛色,几个方队,多少匹马。那种天风海涛般的阵势,宋王朝即使倾全国之力也办不到,因为那时候生产良马的河西走廊及其以西地区都在唐王朝的版图之内,每有征伐,朝廷要征集几十万匹军马是轻而易举的事,这个数字几乎超出了宋王朝马政规模的十倍。

当然不光是马,还有人。当年开元天子东封的队伍不仅恢宏壮阔,而且色彩斑斓,那色彩来自各国酋长藩王的奇装异服。酋长藩王还有侍卫和仆役,前呼后拥,也是奇装异服,加在一起,那就"斑斓"了。"万国衣冠拜冕旒",这是王维的诗句吧,说"万国"是夸张了,但几十个国家是有的,其中亦包括雄踞一方的突厥。突厥是当时唐王朝最大的对手,相互时有征伐。有人担心皇帝与群臣东巡,突厥会趁机犯边,主张向边境增兵,做出强硬的备战姿态。皇帝却很大度,他认为既然封禅是向上天报告成功,那就应该邀请包括突厥在内的四夷君长一起参加。唐王朝的大度首先得到了突厥的积极响应,他们派来了特使。突厥一响应,契丹、奚、昆仑、靺鞨,以及大食、日本、新罗、安南、百济等国的使者也纷纷应邀,唐王朝把封禅搞成了一次具有国际影响的盛大典礼。

对于开元天子那样的排场,赵宋的官家现在想都不敢想,但这并不影响他冠冕堂皇地说漂亮话,他说这次东封的原则是"惟祀事丰洁,余从简约"。[5]只要祭祀活动搞得像模像样的,其他不妨从简。至于铺排场面,朕非不能也,乃不为也。这话有点客气了,其实他还是想有所为的,还记得东封前夕,有西南溪洞诸蛮以方物来贺,请赴泰山,官家便很高兴。"诸蛮"只是西南山区的少数民族,当然是大宋的臣民,并不属于"四夷君长"。"四夷君长"方面,官家也曾做过努力,东封诏书发布不久,他就派都官员外郎孙奭出使契丹,明里的意思是告以将有事于泰山,届时六师从行,让对方不要误判。但其中也有暗送秋波的成分,因为这中间有一个小情节,宋方派孙奭出使时,特地带去了礼品,这就不光有巴结的意味,还有一点小心机,希望人家礼尚往来,派人来捧场。结果契丹回复说,你们自己搞活动,没有必要通知我们。至于礼物,我们收了就违背誓文,原物奉还。这里所说的"誓文",就是"澶渊之盟"中规定的宋方每年给契丹三十万的条款。人家丁是丁、卯是卯,一点也不含糊:你每年应该给我三十万,一分也不能少;除此而外,多一分我们也不要,这是交易,不是交情。言下之意,你们搞活动,我们既不派人去捧场,也不送人情。官家其实碰了个软钉子,却揣着明白装糊涂,说人家"固守信誓,良可嘉也"。[6]

选择这个季节东封显然考虑了气候因素,刚刚经历了收获和播种的中州大地疏阔而辽远,天气一如既往地晴好。秋高气爽,既没有风雨,也没有沙尘。从开封到郓州共十一程,每天一程,一天都没有耽误。郓州的下一站是迎銮驿,这名字当然与历代帝王巡幸有关。迎銮驿下一站是乾封县,这名字是唐高宗封禅泰山后改的,封禅大典中最重要的封祀礼就在这里举行。东封的队伍在郓州休息三天,同时派官员检查泰山上下的礼仪设施和祭祀用品。从现在开始,随从人员开始蔬食斋戒,封禅大典即将拉开帷幕。

惊艳的情节总是不期而至,喜出望外才是最开心的事。大驾抵达泰山脚下的乾封县时,居然有"四夷君长"的代表在此迎候:

占城、大食诸蕃国使以方物迎献道左,大食蕃客李麻勿献玉圭，长一尺二寸，自言五代祖得自西天屈长者，传云"谨守此，俟中国圣君行封禅礼，即驰贡之"。[7]

其实也说不上"四夷君长"，只是"诸蕃国使"而已。而且所谓"诸蕃"也只有两个国家，一个是占城，一个是大食。但我对他们的"国使"身份颇为怀疑——不是怀疑，而是根本不相信。首先，作为国使，他们应该直接到东京去，不应该在泰山脚下的路边等，像个化缘的行脚僧一般。其次，请问贵使，尊驾一路是怎么过来的？回答不出是吧，我来替你回答。先说大食的这位，大食是唐代以后对阿拉伯帝国的习惯称呼，在北宋那个时候，属于阿拔斯王朝，首都巴格达。由于河西走廊地区被西夏占领，大食和宋王朝之间没有陆路通道。海路则要从波斯湾出印度洋，再经马六甲海峡进入太平洋，最后在中国的泉州或明州登陆，等于在东印度洋和西太平洋上画一个巨大的弧形。以当时的条件，这种穿越两大洋的远距离直航根本不可能实现。那么，这几位"国使"何许人也？其实他们就是长期在中国做生意的波斯商人，他们吃透了中国的国情，知道中国的官员喜欢什么，皇帝喜欢什么，就投其所好，以寻求最大的商业利益。而宋王朝的政策则是拿钱买面子，或者说叫死要面子不差钱。来的都是客，全凭嘴一张，只要听说是外蕃进贡，回赐的手面相当阔绰，甚至要高出贡品数倍。这样好的商机，人家能不仆仆道途趋之若鹜？

不知大家有没有注意到，上面所引的那段史料中，作者似乎有意卖了个破绽,前面称呼用的是"国使",后面却变成了"蕃客"。"蕃客"就有客商的意思了。这个叫李麻勿的"蕃客"拿着一支尺把长的玉圭,又编造了一套五迷三道的鬼话来忽悠宋朝的君臣。他说这支玉圭是他的五代祖得自西天的什么神人,五代祖是多少年前的事?如果以二十年为一代,那应该说是一百年以前。而且不光是有一百年前得自神人的玉圭,还有人家在一百年之前就预见到中国的皇帝要行封禅大礼,当时就发下话来,要后人到时候"即驰贡之"。这种鬼话编得何等圆满又何等荒唐,但不管是圆满还是荒唐,听到这里,人们不禁要问:这个李麻勿来献玉圭究竟是大食的国家行为还是李氏的家族行为?如果是"国使",那就不会用私家祖传的东西来作为贡品;如果是李氏的家族行为,那他就不是"国使"。像李麻勿这样的蕃客,赚钱的大头就是做"政府工程"。而像玉圭这样的礼仪用品,只有朝廷主持的大型祭祀活动才用得着。李老板抱着玉圭在"道左"恭候大驾,就是为了做一笔生意。还是那句契丹人没说出口的话:这是交易,不是交情。

交易也好,交情也罢,反正双方一个挣了面子,一个赚了回赐,皆大欢喜。带着这样的好心情,官家驻跸乾封县奉离宫。

这是十月二十日的晚上,月亮还没有升上来,泰山朦胧的阴影就横亘在窗外的底色中,呈现出一种巨大而神秘的庄严。东封期间没有早朝,每晚皇帝召集近臣开一个工作例会,省略了很多繁文缛节,气氛亦比较随便。官家今天兴致很高,一边在等待月上东山,一边便说到太祖皇帝的一首诗。太祖当年未发迹时曾有诗写日出,诗云:"欲出未出光辣达,千山万山如火发。须臾走向天上来,赶却流星赶却月。"其气概之豪强,真开国之雄主也。此诗后来经史馆的文士润色,变成"未离海峤千山黑,才到天心万国明",[8]则文气卑弱矣。大家自然都跟着赞叹太祖之诗如刀砍斧削,造化天成,顺便将那可怜的史馆文士奚落再三,甚至把"润色"这个词也糟践了一回,似乎以后再用这个词就有讥讽的意思了。

这时候说到杜甫的《望岳》似乎再自然不过。官家认为,世人都说此诗尾联的两句最佳,其实不然,真正大手笔者,首联也,一句"齐鲁青未了"写尽了泰山的雄奇伟岸。他问王钦若:定国你说说——他不用"爱卿",也不称"相公"或"先生",而直呼王钦若的字,显示出一种超脱于公务之外的随便与亲切——这里为什么一定要用"青"?王钦若摸不透官家的用意,所以肯定不会回答。他知道官家最欣赏杜诗的"思无邪",不欣赏白居易和李白,对《长恨歌》和《清平调》尤其深恶痛绝,直指其亵渎人君,大不敬。他也知道杨亿不喜欢杜诗,认为杜甫是村夫子,就故意给杨亿戴高帽,说大年——他也用了杨亿的字,以示近乎——酬唱西昆,以诗文擅天下,我正要听听他的高论。

杨亿能有什么"高论"呢?都说他不喜欢杜诗,其实他是不喜欢老杜晚年那些愁眉苦脸唉声叹气的诗,早年这种"裘马轻狂"的诗,他还是喜欢的。官家的这个问题本身就问得怪怪的,很难回答。他只能说,青,草木之色也。泰山突兀于齐鲁大地,而又草木葱郁,望之蔼然。"青未了",远望也,背对泰山且走且回望也,所以才会有"未了"的感觉。一个"了"字,看似随意,却举重若轻。这样的回答不能说不对,可官家却另有说法。他另有说法,别人的回答就肯定不对。人主有时候有一种奇怪的心理:你不是大知识分子大学问家大才子吗?不是名满天下京华纸贵吗?我就是要出出你的洋相。官家对杨亿说,我知道你喜欢两座山(李义山、白香山),不喜欢老杜,但面对杜诗而杼其义旨,不可浮皮潦草。他说,泰山雄踞东方,在五行中属木,属春,属青。"齐鲁青未了",这里的"青"乃五行之方位,非草木之色。他说,汉武帝封禅以后,每五年又到泰山修封一次,为什么是五年呢?这也是依五行推衍得来的,五行不光有对应的方位、季节、颜色、神祇,还有数字。汉尚土德,数字用五。所以官印都用五字,如丞相的印为"丞相之印章",不足五字者以"之"补足。他说,杜甫对泰山太崇敬了,崇敬得诚惶诚恐。泰山不是什么人都可以登的,得有资格,二十四岁的杜甫觉得自己还不够资格,他只能远望,一边立下日后登顶的志向。子美之诗固可称诗史,子美之德亦大哉矣。

从五行推衍说到登泰山的资格,这是越说越靠谱还是越说越离谱呢?

似乎为了证明官家登泰山的资格,行在三司使丁谓又报告了财政情况,他的报告相当专业:从京师到泰山,金帛、粮草"咸有羡余"。民间刍藁每围不及三五钱,粟麦每斗不及十钱。[9] 这些当然都是很鼓舞人心的。在一个农业社会里,所谓国泰民安无非是老百姓有一碗饭吃,所以粮价便成为国家的政治和经济形势最重要的晴雨表。从去年下半年为封禅造势开始,中央和地方各级政府就一直在粮价上做文章,那几个标志粮价的数字有如权力的娼妓,随时传递着迷人的媚笑。但数字游戏玩多了,难免会缺乏照应,例如这次丁谓的报告中就有一个小小的漏洞。就在东封开始前的九月底,当时发布的全国粮价为"米斗钱七文"。较之眼下这个"粟麦每斗不及十钱",考虑到米价比粟麦一般要高三四成,似乎东封以后粮价反而涨了不少,这就不符合中央精神了。但在座诸公谁也没有对此表示关心或质疑,大家明摆着都不把这些数字太当回事。

月亮并不是从地平线上升起来的,不知什么时候,它已悄悄地挂在东南方的天幕上,虽然说不上圆满,却有很好听的名字:蛾眉月。气朗天高,风清月白,远方泰山的轮廓变得清晰了。据司天监报告,这几天有黄气或居日上为戴气、为冠气;或居日下为承气、为履气。皆主君道至大,动不失时,大吉。

君道至大,动不失时,这不会是在催促官家抓紧上山吧。

2. 冠冕堂皇的私密话

上山。

庚戌,昼漏未上五刻,上服通天冠、绛纱袍,乘金辂,备法驾,至山门,改服靴袍,乘步辇以登。[10]

"以登"就是上山。官家当然用不着自己登,而是"乘步辇",这是一种两人抬的轻便小轿。沿途则"两步一人,彩绣相间",这些人既是仪仗,又是警卫,安全是没有问题的。但经过险狭处,官家还是要下轿步行,这时候,"导从者或至疲顿,而上辞气益壮"。[11]这没有什么奇怪,其他人都是一步一步爬上来的,有的人还要抬轿子,能不"疲顿"?而官家则"辞气益壮",那种"登泰山而小天下"的洋洋自得,相当传神。

"未上五刻"即下午两点一刻,为什么选择这时候上山呢?因为大礼是在明天,官家为了表示虔诚,今晚先在山上的御幄(帐篷)里住一晚,明天上午,在太平顶的圜台前封祀昊天上帝。

封禅大礼分为"封"和"禅"两部分。"封"即封祀礼,祭祀昊天上帝(天神),在泰山极顶之太平顶举行。"禅"即禅祀礼,祭祀后土(地神),在社首山举行。这两次大礼结束后,还有一个朝觐礼,皇帝接受群臣朝贺,且颁布一系列封赏诏令,这实际上是大功告成后的一个庆祝仪式,或者也可以叫闭幕式。

明天——十月二十四日——在太平顶举行封祀礼。

封祀礼有一个程序:宣读玉牒上的册文,然后将玉牒封于玉匮,埋于石䃭。

这个程序至关重要。

封禅这种事,说起来天大,举全国之力,兴师动众,轰轰烈烈,银子花得像流水似的。自秦始皇以来,总共才搞了那么数得上的几次,所以叫旷世大典。但如果褪去那神圣的光环,实话实说,也就相当于一次顶层公关,利用向天帝汇报工作的机会,套近乎拉关系,以期得到上边的眷佑,实现内心最隐秘的愿望。

我在前面曾说过,封禅所用的玉牒——那七块饱经"攻玉"之难、琢满了文字又联以金绳的玉版——实际上就是一封给上天的致敬信,帝王内心的愿望,就写在那上面。而有些愿望是不能公开示人的,所以在唐玄宗之前,玉牒上的文字皆秘而不宣。但即使不公开,人主内心那个隐秘的角落也不难窥测。例如秦始皇和汉武帝,这两个人最大的愿望就是长生不老,因为在这个世界上,他们几乎在所有的领域——荣誉、权势、财富、女人——都具有为所欲为的自由意志和予取予求的无上特权,唯独在生命的长度上,他们没有自由也没有特权,和其他人处于平等的地位,大家都是向死而生,都是在无可选择地走向死亡,而且说不定什么时候就走到了尽头。对于普通人来说,大家都应该为这种平等而欢呼,因为这种平等是世界上最终极的平等,或者说,这种平等可以在一定程度上消解其他所有的不平等。设想一下,如果少数人可以凭借权力和财富而长生不老,那将是一件多么可怕的事,其后果不仅在于让有些恶魔老而不死,无限期地继续作恶;更在于强者真的有可能得到"整个世界"——包括生命的无限长度。这是真正的赢者通吃,在这种巨大的诱惑下,整个社会的争斗将格外残酷——尽管人类社会从来就充满了你死我活的血腥气,但作为自然规律的死亡毕竟是一种最后的公正。人总是要死的,你生前获取得再多,最后也只能两手空空而去,这是造物主为人的欲望设定的"大限"。如果取消了这种最后的公正和"大限",人们将面临一个多么疯狂的世界,想想吧。

但帝王们不这样想,拒绝平等是他们的天性,在死亡面前一律平等,他们不仅拒绝,而且恐惧;不仅恐惧,而且深恶痛绝。他们太留恋这个世界了,因此,几乎从坐上皇位的第一天起,他们就开始寻找不死之药和成仙之道。秦始皇多次派方士带童男童女入海求仙,他自己也曾亲自到海上巡游,想邂逅神仙。《史记·秦始皇本纪》中认为,秦始皇东封的动机就在于"天高不可及,于泰山上立封禅而祭之,冀近神灵也"。"近神灵"则可得到眷佑,长生不老,享无尽之荣华富贵。汉武帝也是个神仙迷和怕死鬼,为了能遇上神仙获得长生,他那样雄才大略的聪明人却屡受方士的欺骗和愚弄,不仅浪费了大量钱财,还做了很多蠢事,包括把自己最宠爱的女儿卫长公主嫁给骗子栾大。方士们摇唇鼓舌的种种言论,正道出了汉武帝封禅的真正意图:与神通,得不死之药,然后,用他自己的话说,"像脱鞋一样"丢下妻子儿女,升天做神仙去也。

怀着这样诡秘的私欲,即使贵为帝王,即使也雄才大略,行动便不可能堂堂正正。按理说,像秦皇汉武这样的角色东封,排场是不会小的,这从《史记·项羽本纪》中关于秦始皇南巡会稽的叙述中可以想见,秦皇的车马仪仗何等威武盛大,让在路边看热闹的少年项羽眼红心热,以至发出了"彼可取而代也"的豪语。但秦始皇封禅时,都把大队人马留在山下,只带少数几个亲随上山,在山顶祭祀时更是一个人鬼鬼祟祟,嘀嘀咕咕。因为他要向上天祷告,要把内心最隐秘的私密话都讲出来,那些掏心掏肺的话他当然不希望被别人听到。他对天帝说了些什么固然不得而知,甚至连当时所用的仪式也秘而不宣。他或许认为,这种和天帝拉关系的好事只能属于他一个人,不能与别人分享。帝王的自私是六亲不认浃髓沦肌的,这是又一次明证。他这一自私,让写《史记》的太史公也"不得而记",中国历史上的第一次封禅大典,就这样成了一笔糊涂账。

汉武帝比秦始皇还要诡秘,他上山时只带了一个十岁的孩子,这个孩子就是名将霍去病的儿子霍嬗。我们都知道,霍去病有一句名言:"匈奴未灭,何以家为?"但他只活了二十三岁,他死的时候,匈奴当然没有被灭掉,他当然也没有娶妻成家。但没有娶妻成家不等于没有儿子,霍嬗是他和侍女所生,霍去病死时,儿子才四岁。功臣名将之后,又是幼年失怙,武帝对霍嬗不可能不格外关顾,小小年纪就让他承袭了"冠军侯"的爵位。霍去病死后六年,武帝封禅,他为什么只带一个十岁的孩子上山,谁也不知道;他在山上到底捣鼓了些什么名堂,谁也不知道。人们只知道封禅不久,霍嬗就暴病而亡。这个孩子的死因很可疑,人们有理由把他的死和皇帝带他上山联系起来,皇帝在山上的所作所为一言一行,只有他一个人知道。知道皇帝的隐私是件很危险的事,即使他只是一个十岁的孩子。也许皇帝后来想想不放心,怕童言无忌口无遮拦,觉得还是不让他说的好。霍嬗死,"无子,绝,国除"(《史记》),霍氏遂绝。汉武帝被方士欺骗了一辈子,始终没有遇上神仙,他的最大贡献就是成为一个合格的反面教材,后世皇帝封禅,就不再谈论什么长生之事了。

堂堂正正地当众宣读玉牒,自唐玄宗始。封禅之前,他问贺知章:玉牒之事,前代帝王为何秘而不宣?贺知章诗和文章都出色,又是当时的礼部侍郎兼集贤院学士,也就是说,他不仅知"章",而且知"礼"。他回奏道:玉牒本是通于神明之意,前代帝王多有秘请,所以不让他人知道。一个"秘请",把秦皇汉武那种鬼鬼祟祟的心态揭之昭然。唐玄宗何等大度:朕此次东封,旨在为百姓祈福,更无秘请,应将玉牒公之于众。

但"大度"也只是把话说得冠冕堂皇,并不是牒文中就没有私密话。牒文中的一项重要内容,就是追溯"嗣天子臣某"——人间帝王向天帝汇报工作时的自称——继统的由来,其中自然绕不开对本朝历届帝王的评价。这似乎不是什么难题,除去歌功颂德,还能有什么呢?但实际情况并非如此简单,且不说"嗣天子臣某"对前辈们的功过好恶不可能一概而论,即使一概歌功颂德,程度上也有轻重之别浓淡之分,更不用说有些历史问题不仅敏感而且微妙,这时候,既要反映出"臣某"自己的感情倾向,又要表达得体,就很有讲究了。例如对中宗李显两次继统中间那二十多年政局的评价,特别是对唐武和周武政权的评价,就是一个难题。就人伦而言,武则天是玄宗的祖母;而就王朝政治而言,武则天是李唐的罪人。这样一种关系,似乎怎样表达都不合适。但玄宗又一次体现了他的"大度",在牒文中,这段历史只用了八个字一笔带过:"中宗绍复,继体不定。"什么意思呢?翻译一下:在中宗第一次登基和后来复位这中间,本朝继统和传承的情况比较复杂。这是一种模糊表述。正因为情况复杂,才需要天降大任于"臣某",接下来就看"臣某"的了:"上帝眷祐,锡臣忠武,底绥内难,推戴圣父。恭承大宝,十有三年,敬若天意,四海晏然"。这一番,口若悬河,洋洋洒洒,全是自我表扬的金句,这些都是最想说的私密话,现在冠冕堂皇地被说出来了。封禅本来就是向天帝报告成功,这种自我表扬没有什么不好。

现在,赵宋的"嗣天子臣某"也来了,他有没有什么秘密话要冠冕堂皇地讲出来呢?当然有。

二十四日,在太平顶预先筑好的一只大土墩(圜台)上举行封祀礼。土墩为圆形,直径五丈,高九尺,这个九尺就是"封"的含义,有了这个九尺的土墩,就可以和天帝说得上话了。官家身着衮冕,升台奠献。"衮冕"是衮衣和冠冕的合称,为皇帝祭祀天地最高规格的礼服。"衮"又称大裘,其"裘"以最好的关西羊羔为原料,每件用料多至百只羊羔,因其用量太大,后来只好改用黑缯。我们不知道官家这次封禅时的大裘用的是关西羊羔还是黑缯。不知道就是不知道,不好瞎说。"冕"即平天冠,不是官家从京师启驾时戴的那种高帽子(通天冠)。平天冠的特色在于,其形象设计堪称一部古代帝王道德规范的教科书。例如,其延板前低后高,象征至高至尊的皇帝善于体察下情;冕有重旒以蔽明,表示王者不视邪,不视非;两侧珠玉以充耳,寓意人主不听谗言,远离小人。所有这些都体现了帝王政治中英明睿达的美好愿景,或者说集政治正确于一"冠"。当然,无论是通天冠还是平天冠,都只是礼仪中的道具而已,作为一项帽子的实用功能和审美价值基本上是不考虑的，因此，官家戴着一出场，那形象多少有点滑稽。

当众宣读的玉牒文共一百一十二字，其中对本朝历届帝王功业之追溯，颇有意味：

> 昔太祖揖让开基，太宗忧勤致治，廓清寰宇，混一车书，固抑升中，以延积庆。[12]

这中间，属于太祖的只有"揖让开基"四个字，意思是受后周禅让而开启本朝基业，似乎大宋王朝的开国之君只是捡了个落地桃子。而属于太宗的则有五句二十字，特别是"廓清寰宇，混一车书"两句，其气魄与事功用于秦始皇还差不多，至少也应该用于开国之雄主。放在太宗身上，显然有些言过其实。言过其实之后又说，太宗这样伟大的功业本来完全有资格到泰山封禅，向天帝报告成功，但他执意谦让，要把积福和喜庆留给后人。这种对太祖的贬抑和对太宗的吹捧其背景不光在于血缘的亲疏，更在于长期以来朝野关于"烛影斧声"的窃窃私语。众所周知，真宗没有其他本钱，唯一可恃者就是其即位的正统性，这种正统性来自太宗最后选择了他。如果太宗背上一个"篡"字，真宗的正统性和执政合法性从何说起？这就是真宗始终不那么自信的症结所系，也是他屡降天书执意封禅的动机所在。玉牒文中说太宗功业盛大，本应封禅，但他固执地要把积福和喜庆留给后人。"后人"者谁？就是今天来封禅的"嗣天子臣某"。于是接下来大书特书"臣某"的功业,这当然是应该的,花了这么多钱跑过来封禅,不就是为了颂扬功德粉饰太平镇服天下夸示外邦吗?那么就吹吧,谁上台,谁就有资格吹,这是神圣法则。吹完了,向天帝和祖宗客气一下:"尚飨"——你们慢慢享用吧!

玉牒读毕,由典仪官封入玉匮,埋入石礥。官家传令燔柴告天,也就是点燃燎坛上的柴薪,又将牲、璧、帛、粢(六谷)投入火焰。火焰升腾,烟雾缓缓飘入天空,这既是向天帝和山川诸神致敬的表情,也是向聚集在山下的官员和禁军传递的信号,于是山下亦随之举火,山上山下高呼万岁,欢呼声震彻山谷,封祀礼就在这甚嚣尘上的万岁声中宣告结束。

第二天在社首山举行禅祀礼。祭祀地神,大体程序和封祀礼差不多。礼毕,添加了一个热闹的尾声:将从京师带来的珍禽异兽放生于山野。这些贵宾以前在玉津园养尊处优亦强颜欢笑,逢上节庆为了取悦游客,时有穿红着绿者,故有"衣冠禽兽"之称。现在,"衣冠禽兽"们落尽铅华、颠沛千里来到泰山,最后得以回归自由的天空和山林。对于这些长期被豢养的娇客来说,不知是幸运还是不幸。而且这中间还有一个不解之谜:进入十月以后,全国都禁止屠宰,从皇帝到百姓都不知肉味,那只随行东封一天要吃五斤肉的安南狮子将何以果腹?难道此君一路巡行鲁国,受了《左传》熏陶,懂得了"肉食者鄙"的道理,从此素食不成?此事蹊跷,且存疑。狮子原为热带草原动物,单只狮子放养到山区,又没有性伴侣,难免后继无嗣。好在泰山地区有同属大型猫科动物的老虎——请参看《水浒传》第二十三回:"横海郡柴进留宾,景阳冈武松打虎"。——后人如在该地区发现狮虎兽或虎狮兽一类的杂交物种,当会念及真宗皇帝祥符放生之德。

第三天,回乾封县奉高宫举行朝觐礼,这是封禅活动最后的闭幕式,整个气氛是与有荣焉皆大欢喜。官家冠冕堂皇——仍是黑大裘,平天冠——接受群臣朝贺。于是大赦天下,减免赋税,文武百官晋升一级,退休官员亦赐予同级别在职官员三个月的俸禄。这一天是官员们盛大的节日,大家共沐天恩,弹冠相庆。对于他们来说,折腾了差不多一年的祥瑞啊,天书啊,封禅啊,都是空头政治,与他们的关系其实不大,只有升官晋爵才是有着肌肤之亲的,所谓盛世文人梦,梦寐以求者,唯此为大。朝觐结束后,官员们一个个都轻骨头似的,差不多要"风乎舞雩,咏而归"了。[13]

闭幕式上,官家还宣布了一条让更多人欢欣鼓舞的消息:

赐天下酺三日。[14]

也就是全国公款吃喝三天。

3. 且歌且酺

封禅最直观的效应体现在天气上,上天受了那么多好处,似乎不好意思呼风唤雨,自十月初四东封启驾以来,睁眼闭眼都是好天气,特别是行禅祀礼那天,"前夕阴晦,风势劲猛,不能燃烛。及行事,风顿止,天宇澄霁"。[15]这当然是来自司天监的报告,很可能有点故弄玄虚,说白了就是夸大其辞。但不管怎么说,这段日子没有雨雪,路是干的,背阴的河坡上没有积雪,屋檐下没有冰溜子。节令已经过了小雪,谚云:"小雪不耕地,大雪不行船。"意思是节令到了小雪,地上就冻了;到了大雪,河面就结冰了。虽然没有雨雪,但寒潮是不会迟到的,旷野上一片冬日特有的呆白,那是冻僵的颜色。干冷,风不大,却尖利,锥子似的直往脸上扎。朝觐礼的第二天早上飘了一阵雪花,仍然是羞羞答答涂脂抹粉似的,太阳出来一点痕迹也没有了。于是又有臣子进贺,说什么"今者神告先期,灵文果降,实彰上穹佑德之应"。其实老百姓并不这样想,"小雪不见雪,便把来年长工歇",到了小雪还未下雪,冬麦缺水无法过冬,而且容易生虫害,农事不佳,明年就不请长工了。天不下雨天不刮风天上有太阳,他们唱得出来吗?忧心如焚啊!

回程先要向南兜一个圈子,到曲阜去祭祀孔子,然后再经回銮驿到郓州,原路返回。

在泱泱中国的版图上,若问哪个家族最牛,答案当然是皇族国姓,家天下,无与伦比。但若问在古往今来的历史长河中哪个家族最牛,答案肯定是曲阜孔家。孔家牛就牛在长盛不衰,自汉武"独尊儒术"以来,不管谁打天下坐天下,孔子都是当之无愧的素王。历代帝王不管对他喜欢还是不喜欢,但面上都得恭维他，给他抬轿子。真宗皇帝来祭祀孔子，当然不可能两手空空，至少荣誉称号是要给的。孔子的母亲姓颜，颜值的颜。据说颜氏在梦中被黑帝（颛顼）召幸而生孔子，这种事本来算不上光鲜，但黑帝是"帝"——神话中的五大天帝之一，掌管北方的神。一个女人，不明不白地被陌生人睡了，那肯定是耻辱。但如果对方的身份是"帝"，那就不同了。被称为"帝"的睡了，那不叫睡，叫"幸"。被"帝"所"幸"，那叫幸福。这样一来，孔子的身世就自带光环了：黑帝的私生子——黑崽子。宋真宗给孔子加谥号为"玄圣文宣王"，玄就是黑，这个黑就是从黑帝那儿来的。但仅仅过了四年，有一天官家忽然梦见赵氏的先祖显灵，这个在赵氏家谱上从来没影儿的人物叫赵玄朗。于是给他上尊号为"圣祖"，命天下为圣祖避讳，孔子的玄圣文宣王只得改为至圣文宣王，即使这个"玄"来自黑帝，但现在遇到了当今皇帝的老祖宗，也只好让路。

十一月初二赐宴回銮驿，全体开斋，大块吃肉。真是小别胜"腥荤"啊，今天的鸡鸭鱼肉，咋吃咋有味。

其实也不能说"小别"，官家从十月初一开始斋戒，臣僚从十月初四开始素食，都差不多一个月了，这么长时间，一个个嘴里还不是能淡出鸟来？

宴会中间发生了两段小插曲。

先说一段与吃肉有关的。官家赐酒宰执大臣，并赞扬王旦等一路蔬食，甘之如饴。王旦等却不说话，只有签署枢密院事马知节说，蔬食的只有陛下一人，我们在路上没有不偷偷吃肉的。

官家大异,问王旦可有此事,王旦说:"诚如知节之言。"[16]官家大概不想影响大家的情绪,便不再追问。少顷,话题一转,悲天悯人了:值此夜长天寒,柴门小户将如何理会?

在官家嘴里,"理会"是一个含义很宽泛的词,如果碰到不想办的事,他喜欢用一句口头禅:"且待理会。"这是敷衍的意思,实际上不会有下文。批评一个人,他又常常会说:"恁地没理会。"这是能耐、担当的意思。今天这里的"理会"近似于干什么:这么冷的夜晚,小户人家在干什么呢?

王旦说:当今国泰民安,小民百姓自有他们的赏心乐事。鄙乡有几句民谣,虽然粗鄙,却可供官家一哂。说的是,冬夜一炉火,浑家团栾坐,煨得芋头熟,皇帝……

官家知道王旦的"鄙乡"为大名府莘县,离这里其实不远。那么,冬夜里一家老小围着火炉煨芋头吃应该也是这一带的做派了。他见王旦说到"皇帝"时欲言又止,似乎有什么顾虑,便鼓励道:"但说无妨。"

王旦说:小民粗鄙,不知天高地厚,竟然说:煨得芋头熟,皇帝不如我。

官家饶有兴趣地把四句民谣重复了一遍,然后哈哈大笑。笑过了,又称赞一回:小民亦能知足而乐也。

再说第二段插曲。这段插曲把宴会的气氛推向了高潮,因为有人发现游童的衣袂上爬着几只金龟子,鬼精灵的丁谓知道了,马上奇货可居地向官家报喜。喜从何来呢?因为金龟子的名字好,吉祥。你看,"金"为财富之本,"龟"为长寿之喻,"子"为后嗣之祥。金龟子,实乃大吉大利之天使也。官家一听,竟然"亟命中使赍示群臣(在宴会厅中央向群臣展示)"。[17]这个"亟命"相当传神,喜出望外,一至于此。其实金龟子和屎壳郎是同一个大家族的成员(都属于金龟科),屎壳郎因其生活方式不雅而名声大坏,但究其贡献,却是自然界的益虫。而金龟子则徒有美名,是道道地地的害虫。"无端嫁得金龟婿",如果这位贵族妇女知道金龟子的德行还不如屎壳郎,她还会这样称呼自己的如意郎君吗?

几天后,车驾次郓州。郓州以"巷陌迫隘""摊贩壅塞"的市容迎接东封归来的君王。引号内的两句话,前者出自宋代史官的记载,后者出自当代媒体关于某市创建文明城市的报道,这说明市容市貌与摊贩侵街永远是一个解不开的死结。由于沿街两侧的商业长廊挤占了街道,车驾入城后就一直走得吞吞吐吐,从来不曾畅快过,这让官家很不爽。他知道,郓州的州治原先在须昌,咸平三年——八年前——刚刚由须昌迁徙到这里。这是一座新城,主要街道都是新修的,按理说不应该这般"迫隘"。问地方官,回答说,州治刚移过来时,街道还算宽敞,但由于建城用了不少钱,州府财政窘迫,当时的州守就出台了一条新政,允许在街道两侧搭建商业长廊设摊经营,政府则坐地收税,然后再将增加的财政收入投入新城开发进行滚动发展。这种"经营城市"的理念倒也不能算错,但车驾过处,市容市貌就不怎么"可观"了。官家听了回报,认为不能因为没有钱而坏了规矩,禁止违章搭建是城市管理中的一个大规矩,规矩至重,"握刲劂而不用兮,操规矩而无所施"。[18]那怎么行?于是"即诏毁之"。[19]拆除"违建"很简单,特别是在一个权力任性的大背景下,一纸告示就搞定了。但与之联系在一起的民生呢?州府的财政收入呢?在一座虽然杂乱壅塞但市声喧哗充满了烟火气的城市和一座虽然宽敞漂亮但空空荡荡没有人气的城市之间,你究竟要哪一个?官家的选择和民众的选择是不同的。说到底,这是一个面子和里子的关系问题。当然最好是既有面子又有里子,两全其美。但世界上两全其美的事毕竟太少,当面子和里子发生矛盾时,当政者还是应该先要里子,再顾面子,因为任何时候民生问题总是第一位的。

十一月二十日,车驾回到京师,此次东封往还四十七天,竟然未逢雨雪,司天监拍马屁的说法是"精诚昭格,天意助顺"。但稍有常识的人都知道,在王朝广袤的北方国土上,一场罕见的旱灾已悄悄降临。之所以说"悄悄",是因为时值封禅期间,举国大喜大庆,地方官不方便向中央报告灾情。

接下来,当务之急,一个是为这次盛典树碑立传,还有一个就是泽被天下的赐酺。

树碑立传需要创意,朝廷当然不缺乏这方面的人才,但捷足先登的还是丁谓:

> 壬午……丁谓请以天书降后祥瑞编次撰赞,绘画于昭应宫。[20]

诗配画,这是一个相当不错的创意。"壬午"为十一月二十五日,东封的车驾二十日回到京师,随后又是"赐百官休假三天"。也就是说,在上班的第二天,丁谓的创意就出笼了。此公姓丁,但做事从来不喜欢居于"丁"位,总是要夺头彩,抢头功。

接着是集贤殿修撰陈彭年:

> 命丁谓、李宗谔、戚纶、陈彭年等编修《封禅记》,从彭年之请也。[21]

这么重大的题材,怎么能不写报告文学呢?陈彭年是著名学者,也是朝廷重要的笔杆子,他的眼光相当专业,因此,该项目他既是策划者,又是执笔者之一。

太常寺也不甘落后,这种部门平时的存在感很低,现在怎么说也得露露脸:

> 太常寺请郊祀酌献天书用《瑞安曲》,天书升降用《灵文曲》,又上朝飨用《醴泉》《神芝》《庆云》《灵鹤》《瑞木》五曲,请下两制撰词。从之。[22]

给经典名曲配词,使之成为可以传唱的颂歌,这是一条重大主题性宣传中值得借鉴的经验。

当然还有命题作文:

> 初,封泰山,命宰相王旦撰《封祀坛颂》,知枢密院王钦若撰《社首坛颂》,陈尧叟撰《朝觐坛颂》。[23]

这几篇都是大"颂",为什么不让被誉为当今第一才子的杨亿参与创作呢?对不起,他不够资格。有些文章需要作者的才华,但有些文章只认可作者的身份,你看受命撰写大"颂"的那几位,都是上朝时排班排在最前面的大老,那是写文章的资格,杨亿不够资格。

更多的是自由来稿,那些科场失意的书生,进身无阶的文士,沉沦下僚的官吏,一个个都看准了这是讨好皇上出人头地的机会,秀才人情纸半张,马屁诗文,成本很低,何乐而不为呢:

> 上自东封还,群臣献颂称贺功德者相继。[24]

后来还为此专门搞了一次评比:

> 东封岁献文者甚众,命近臣考第……令两制试所业差第以闻。[25]

其中的优胜者,不仅有功名,而且有差遣。在当时的官场上,进士及第几年等不到差遣是常有的事,现在靠一纸诗文就搞定了,可见拍马屁总会事半功倍。

但是在这些活跃分子中间似乎少了一个人,大家可能已经猜到了,此人就是王钦若,除去被动地受命撰写《社首坛颂》而外,在这股歌功颂德的热潮中,他似乎无所作为,这是不正常的,也是不应该的。那就再仔细找找,果然在第二年五月的记载中

发现了他的身影:

> 初登泰山,王钦若言唐高宗、玄宗二碑之东石壁,南向平峭,欲即崖成碑,以勒圣制……[26]

即崖成碑,摩崖巨制,简直是顶天立地。原来王钦若是第一个贡献创意的。该创意不光气魄宏大,而且刻的是"圣制"——皇上的作品。之所以在差不多半年时间内史书上一直没有披露,原来是皇上自己拖后腿了。王钦若提议此事是"初登泰山"时,也就是十月下旬那几天,结果到了来年的五月初四,官家才把写好的文稿——《登泰山谢天书述二圣功德铭》——拿出来。[27]这种刻在崖壁上的铭文不可能是长篇大论吧,竟磨蹭了小半年时间,官家的文思也太那个了。

好了,到此为止,该出场的都出场了。这场由官家亲自操觚垂范,宰执重臣联袂助兴,大小文人竞相登场的大剧,涉及文学、音乐、美术、书法、雕刻等诸多领域,一时粉墨风流,颂歌入云,很热闹了一阵。但遗憾的是,这中间并没有发现让人眼睛一亮的作品,更说不上有什么作品在文学艺术史上留下痕迹。而那篇由官家亲自撰写顶天立地刻在泰山崖壁上的功德铭,也早已在岁月的风雨中漶漫难辨,成了一笔糊涂账。一项以国家名义组织的大型文化工程,事后回头看看,其实只是一幕文化专制下鹦鹉学舌的模仿秀而已,那些空洞浮泛、充满了跪舔式献媚和叫床式赞美的应景之作,它们可能华采赡蔚典雅富丽甚至金碧辉煌,却绝对充斥着那个时代人云亦云的空话套话,也绝对谈不上艺术的品位和生命力,它们留给后人的只有那个荒唐年代的荒唐记忆,还有关于文学艺术一些基本常识的思考:缪斯青睐真诚的灵魂,古往今来,谁曾见过以吹牛和奉承为宗旨的伟大作品?后人如果一定要从那里面发掘所谓的艺术价值,只能是狗咬猪尿泡——白忙乎。

再说赐酺。

赐酺其实在回京的路上就开始了,基本上车驾每临州府,必要赐宴从臣及父老于行宫,不知这是不是算在那个"赐天下酺三日"之内。但是这期间有一条关于赐酺的消息值得关注:

> 癸未……诏并、代州别赐酺三日。时承受使臣言前设酺宴不丰,军校官不预会也。[28]

由于上次赐酺吃得不好,驻扎在并州和代州的丘八们有意见,扬言这次不参加公宴。朝廷知道后,下诏"别赐酺三日"。这个"别"是安抚的意思,也是特事特办的意思。赐酺本来就是让大家高兴的,现在反而闹得不高兴,这就不好了。官家的态度很明确,那就是一定要把好事办好。不久,他又下诏以南衙为锡庆院,这也是为大规模的赐酺做准备的。

南衙即人们熟悉的开封府,除去南衙,京师当时还有一个东衙,即专门纠正错案的纠察司,因设在城东,故得名。南衙和东衙都是让人们谈之色变的地方。太宗皇帝登基前曾判知开封府,坐镇南衙十几年,他当了皇帝,原先坐过的办公室别人就不能坐了,只能空着。而以前朝廷的宴会，或者在尚书省和都亭驿，或者在大相国寺。官家认为在佛寺中烹饪嬉笑，大不严肃。现在把南衙改为锡庆院，作为太宗的纪念馆，以后朝廷赐酺，可以在那里举行。

祥符元年在热闹和喜庆中快要过去了，但腊月里皇家还有一件热闹加喜庆的大事——官家最喜欢的妹妹万寿长公主出降。

公主出嫁不叫嫁，叫降。这个"降"是一种以优越感为底子的屈尊和无奈。公主再高贵，总要嫁人的。而嫁人只能嫁入臣民之家，这就叫"出降"。而那个几乎是天底下最幸运的被称为驸马的男人，他迎娶公主也不叫娶，叫"尚"。不用说，这个"尚"有高攀的意思。万寿长公主是太宗的第七个女儿，也是最小的女儿，在家庭里自然更得宠些。她"出降"的对象叫李勖，是开国重臣李崇矩的孙子。出降之前，官家封她为隋国长公主，这种带了国的封号比原先的万寿长公主更尊贵。官家同时赐驸马名"李遵勖"。为什么要在他原先的名字中间加上一个字呢？因为根据礼制，"尚"了皇帝的女儿，自己在家族中的辈分就随之提升一级，原先的父子关系变成了兄弟关系。"上益以遵字，而升为崇矩子焉。"[29]原来那个李勖是李崇矩的孙子，现在这个李遵勖成了李崇矩的儿子。俗语中有装孙子的说法，当了驸马的李遵勖是装儿子，有意思吧？都说皇家的公主难侍候，难就难在那种仗势霸凌蛮不讲理的做派难以招架，后来亦因此把富家女的种种坏毛病称为"公主病"。但隋国长公主实在是个难得的好媳妇，她很健康，几乎没有沾染公主病。按照礼制，她的公婆现在成了她的哥嫂，这就意味着她不必像百姓家的儿媳那样尽侍奉之道，但长公主仍视他们为长辈，公公生日的时候，她以儿媳的身份恭恭敬敬地去磕头贺寿。丈夫是进士出身，喜欢和文友们在家中宴饮酬唱。这时候，长公主总是很得体地扮演一个妻子的角色，亲自张罗酒食，从不敷衍怠慢。关于隋国长公主夫妇的故事，后面还有得说，我这里先透露一个他们后世中的名人。南宋初年，杭州灵隐寺有个"鞋儿破，帽儿破，身上的袈裟破"的济公和尚，以似痴似狂而扶危济困的形象被称为活佛，此公即隋国长公主和李遵勖的玄孙，原名李修缘，法名道济。

全国赐酺三日，京师赐酺五日，从二月五日开始。但过了年，形势就变了，这个"年"似乎把封禅时期的好些有形和无形的禁令隔离在过去，使它们成为明日黄花，其中最敏感的就是关于报喜不报忧的禁令。元宵节一过，年就算过去了，各地关于灾情的报告正好在这个时间节点上送达中书省。于是，正月十九日，右仆射张齐贤上言：

"宴乐，阳事也。甫经上元，又将酺饮，恐非所以答天意。请俟雨足，乃如诏旨。"从之。[30]

旱情如此，这时候还大吃大喝，老天也会不高兴的，还是等下了雨再吃吧。官家只好"从之"。

但毕竟"方行大礼"，对负面新闻还是要有所控制。过年以后，关于灾情的专题报道其实不多，但从以下这些消息中，似可感受到全国灾情之烈：

令韶州粜廪粟以济贫民。[31]

诏西京出廪粟贱粜以惠贫民。[32]

令磁州出廪粟赈贫民。[33]

赐凤州水溺民米,人一斛。[34]

无为军言大风拔木……家赐米一斛。[35]

陕西民疫,乙卯,遣使赍药赐之。[36]

不光是干旱,还有洪涝、风灾、瘟疫。特别是下面这一条,让人浮想联翩:

先是,陕西饥民有鬻子者,口不满千钱。诏官为购赎,还其家。[37]

以上的林林总总,没有一条是正面报道灾情的,报道的都是朝廷如何体恤苍生,官家如何爱民如子,不仅开仓赈灾,赐米送药,甚至帮饥民把卖出去的儿女赎回来。这就叫天灾无情人有情,丧事当作喜事办,这样的宣传套路堪称经典。但透过那些花枝招展且温情脉脉的官方宣传的帷幕,恰恰是从南疆到北国,王朝大地上一派水旱不收饿殍遍野的残酷现实。

张齐贤的奏议是"请俟雨足,乃如诏旨",也就是等下了透雨,旱情解除以后,再执行赐酺的诏令。但到底什么时候下的雨,旱情到底有没有解除,史书中并无记载。史书中记载的只有赐酺的盛况:

辛未,上御朝元楼观酺,自是凡五日。[38]

这个"辛未"是祥符二年三月十六日,也就是在张齐贤的奏议二十多天以后。合理的推论,这期间应该下雨了,旱情亦有所缓解,不然官家不会有兴致接连观酺五日。用"观"打头可以组成很多词,这些词人们大多耳熟能详,但"观酺"这个词比较冷,说白了就是赐别人吃喝,自己在一旁看。官家喜欢观酺,只要就近,他总要亲临现场去看人家吃喝:

己未,上御回銮驿亶庆楼观酺,凡三日。[39]

这里的"己未"是去年的十一月初,也就是刚刚封禅不久,车驾尚在泰山脚下,官家在此观酺"凡三日"。喜欢看别人吃喝,并且乐此不疲,这究竟是一种什么心理呢?他是赏赐者,是恩主,是万物仰承的圣眷之光,他大概很享受那种被所有的人感恩戴德的感觉。当然,这样的感恩戴德他在宫里几乎每天都会遇到,但宫里遇到的没有这么人头攒动的现场感,也没有这么丰饶的表情。宫里的一切都是程式化的,连"万岁"的山呼也永远是一种声调,时间长了难免乏味。而赐酺恰恰可以兼容阔大的场面感和生动活泼的个体表现。因为吃是人类最基本的欲望,在满足这种最基本的欲望也就是所谓大快朵颐时,人性的底色往往暴露无遗,无论你的吃相是否难看,是贪婪还是矜持。这当然不是说官家有窥伺欲,但或许可以说他是为了寻求一种在更广阔的场域对权力大氅的自恋式体验。

还有的地方把抗旱求雨和公款吃喝结合在一起,偏偏闹出了人命事故。事情发生在浙江西路的湖州,知州苏为等带着乐妓乘船去道场山求雨,仪式结束后又安排了宴饮。一班人觥筹交错,胡吃海喝,一旁又有乐妓助兴,闹到很晚才醉醺醺地往回赶,结果乐极生悲,半路上翻船了,淹死三个人,除去两名乐妓,还有州府的判官刘继能。判官位列通判之下,为州府三号首长,也是朝廷命官。

出事了,而且是人命关天的大事,知府苏为难辞其咎,被通报批评。通报中说他"厘务"。从字面上看,"厘务"似乎是贻误事体的意思,也就是喝酒误事,酿成事故。因为都是觥筹交错的"错",朝廷继问责之后,又下达了禁酒令:

诏内外群臣非休暇无得群饮废职。[40]

赐酺结束了,禁酒令来了,这些都是祥符二年四月的事。

191

注释：

〔1〕〔2〕徐吉军《宋代衣食住行》。

〔3〕〔7〕〔9〕〔10〕〔11〕〔14〕〔15〕〔16〕〔17〕〔19〕〔20〕〔21〕〔22〕〔28〕〔29〕〔39〕(宋)李焘《续资治通鉴长编》卷七十。

〔4〕(宋)司马光《涑水纪闻》。

〔5〕〔6〕《续资治通鉴长编》卷六十九。

〔8〕(宋)陈郁《话腴》。

〔12〕(元)脱脱等《宋史》卷一百零四。

〔13〕"风乎舞雩，咏而归。"出自《论语·先进篇》。

〔18〕(汉)庄忌《哀时命》。

〔23〕〔36〕〔37〕《续资治通鉴长编》卷七十三。

〔24〕〔25〕〔26〕〔27〕〔30〕〔31〕〔32〕〔33〕〔38〕〔40〕《续资治通鉴长编》卷七十一。

〔34〕〔35〕《续资治通鉴长编》卷七十二。

第六章　西祀

1. 当盛典已成往事

官家宠爱的刘美人刘娥喜欢海棠，尤其喜欢西府海棠。西府不是指皇城内与中书省对持文武二柄的枢密院，而是指关中的凤翔府，唐代把同州府和凤翔府称为东西二府，这是相对于首都长安而言。因此，认定西府海棠出自凤翔，这大概不会错。这些年，随着刘娥从美人晋升修仪又册封德妃，海棠也如同宣纸上的墨迹一般在后苑悄悄地浸润开来，每到暮春时节，顿成烂漫之势。海棠素有"花中贵妃"之称，那么"花中皇后"呢？大概是牡丹吧。贵妃艳丽，皇后端丽，总之丽是底线，颜值不高到不了那种地方，更到不了那个位置。当然，刘娥喜欢海棠，并不说明她只想当贵妃，不想当皇后，肯定不是。但话要说清楚，也不是因为刘美人得宠，后苑的海棠才多起来的，这中间的基本事实是：一、刘美人喜欢海棠；二、刘美人这些年越来越得宠；三、后苑里这些年海棠越来越多。但，海棠多和刘美人得宠并没有任何关系，有关系的是意识形态。后苑里原先各种花树都有，后来有学士说，桃树和李树没有富贵气，而且轻薄，还引用杜甫的诗句："颠狂柳絮随风去，轻薄桃花逐水流。"认为桃花品格不高。这位学士是谁呢？不知道，估计不会是杨亿，因为他不喜欢杜甫。但官家可是老杜的粉丝，他下令逐步用海棠和梨树替换桃树和李树，所谓"海棠春坞"和"梨花院落"都很有富贵气象。其实杜甫虽然信口说了句"轻薄桃花"，他却并不曾评价过海棠，他诗中不写海棠，而且从来不写，有人据此推测他母亲的小名叫海棠，他要避讳。

喜庆和喧闹是祥符元年的主旋律，天书三降加上封禅大典，这么多的大事集中在同一年，用"史无前例"来形容恐怕不为过分。这是轰轰烈烈的一年，也是亢奋癫狂的一年，一拨又一拨的民众进京请愿，东华门见证了那些风尘仆仆的面孔上洋溢着怎样的渴望和虔诚。祥符嘉瑞，上穹佑德，东封盛典，天人共情。现在，随着全国性的赐酺曲终人散，一切又恢复到先前的平静，这种平静反倒让官家有点不适应，或者说有点失落感，一年来的大场面和大热闹，让他经历了从起初的受宠若惊到后来的如鱼得水渐入佳境的过程，他很受用那些花样翻新的仪式，那种盛大的荣耀感和幸福体验是在庸常的日子里无法寻觅的。而一旦离开了那些场面和热闹，离开了那铺天盖地的热情和装神弄鬼的表演，他就觉得没有存在感、缺少自信力了，甚至魂不守舍坐卧不安了,这是一种可以称之为仪式依赖症的心理疾病。俗话说,心病还得心药医,这味"心药"就是继续折腾,将轰轰烈烈进行到底。

后苑的海棠欲开未开时,官家发布了丁谓修昭应宫使的任命;到了海棠花烂漫一片时,昭应宫正式开始施工。昭应宫是奉安天书的殿堂,旨在将赵宋受命于天的政治理念以建筑的形式加以定格。建成之后,围绕天书的各种瞻仰朝拜活动将成为意识形态教育的一项主要内容而被神圣化、经常化、制度化。这无疑契合了官家的心理需求,你不是有仪式依赖症吗?到时候你想怎样"仪式"就怎样"仪式",三天两头就来操练一把也无妨,而陛下的难言之隐,亦可望一"操"了之。

早在去年四月,朝廷下诏将"有事于泰山"时,昭应宫工程就已立项。现在忙完了封禅和赐酺,开工建设自在情理之中。但开封四平之地,工程所需的石料和木头均取之弥远,连施工用的泥土也取自洛阳东北的虎牢关。这是效仿周世宗筑开封外城时的做法,不知是因为那里的泥土确实好,还是因为地名中沾了一个"牢"字,寓意好。至于木头和石料取自何方,我们从知制诰王曾谏阻修建昭应宫的上疏中当可见其端倪,所谓"辇他山之石,相属于道途;伐豫章之材,远周于林麓"。[1]原来木头取自豫章。豫章在哪儿呢?好在王勃的《滕王阁序》太有名了,开门见山就是这两句:"豫章故郡,洪都新府。"就在江南西路之洪州(南昌)一带。那些来自江南西路深山里的老树巨木经赣水和鄱阳湖进入长江,再由真州转真扬运河到扬州,沿扬楚运河进入汴河,最后运抵开封。把这些地理名词堆砌在一起,连我自己都觉得有些晕,更别说那些运木丁夫一路上的艰辛了。那么"他山之石"取自哪里呢?王曾的上疏中没有说,但负责工程的丁谓在一份给朝廷的请示报告中说了,其略云:

"郑州贾谷山采修宫石段,辇载颇难,望遣使计度自汴河运送。"从之。[2]

"他山"即郑州贾谷山,这个贾谷山为嵩山之余脉,在荥阳东南,北宋时这里有皇家采石场,纯青色的石灰岩,一为修建皇陵,一供京师宫室。皇陵就在巩县,运道尚不算很远,但石料进入京师却难说轻松。贾谷山石场至开封三百余里,原先从陆路运送的,王曾在上疏中所说的"辇他山之石,相属于道途"并非夸张之词。何况以当时的车辆条件,运输大型石料相当困难。因此,丁谓上任伊始,就请求通过汴河水道运送。但这中间有一个疑问,对于大载重量的石料运输而言,水运与陆运孰优孰劣,这是一个并不需要多高智商就能解答的问题,丁谓不仅是新任命的修宫使,而且是新提拔的三司使——不久前,官家刚把他"权三司使"前面的"权"拿掉了。拿掉了职务上的"权",他手中的权就更大了。三司使主管全国的经济财政及重大工程建设,关于工程材料的运输方式,他应该是有权决定的,那为什么还要向朝廷请示呢?这与宋王朝的漕运战略有关。漕运被称为"天庾正供",泱泱京师,百万生齿,从皇室到平民的日用衣食,全赖汴河输挽。因此，保证漕运既是最大的民生，更是最大的政治。按惯例，承担漕运的三司纲船以清明为入汴时间，在其后的大半年时间里，其他船只进入汴河航行需得经都水监许可。在枯水时期，为了保证漕船通行的水位，连沿岸乡民的灌溉用水也必须让路。可以想见，像运送昭应宫石料这种多批次大运量的船队，其进入汴河肯定是要经过朝廷批准官家"从之"的。

官家在批示"从之"时，他的思路已经越过景龙门外的昭应宫工地而想得更远。昭应宫规模宏大，预计工期为十五年，但围绕天书"以祭为教"的各项活动不能等到十五年以后。而且，天书也好，封禅也好，无论演绎得多么热闹，最后总要曲终人散，你不可能每年都去封禅，也不可能每隔几个月就降一次天书。如何让天书和封禅的政治红利最大化，由轰动效应转化为持久效应，是官家这些日子想得最多的问题。官家算不上雄才大略，甚至算不上很聪明，他只是庸常之辈。但一个人只要肯用心思，手中又掌握了巨大的权力，即便是庸常之辈也会偶有创新之举。宋真宗赵恒的创新就是设置节日，以世俗层面的仪式、福利和禁忌强化某种特定的记忆，使其年复一年地在国家的政治生活中发扬光大。

去年十一月二十日，东封的车驾翠华摇摇地回到大内，然后百官休假三天。二十五日，上班后的第二个工作日，官家下诏以承天门天书降世的正月初三为天庆节，并规定了一系列活动内容。这说明，至少在东封期间，官家就已经开始思考"后封禅"时期的政治运作。今年五月八日，就在昭应宫开工的第五天，官家又下诏以泰山天书降世的六月初六为天贶节,活动内容"如天庆节之制"。[3]具体怎么个"如"呢?一、官员休假五日;二、禁屠宰、禁刑罚;三、京城及州府建道场设醮,朝廷编撰《天庆道场斋醮仪式》颁发全国;四、官府赐宴;五、京城张灯一夕。这中间,官员们得到的是休假和赐宴的实惠,而民众则可以享受灯会和斋醮的热闹——道教的斋醮有相当多的内容是音乐和杂技表演,极富于娱乐精神。这五项内容既兼顾了官员和民众,京师和州府;也兼顾了神圣和凡俗,教化和娱乐。总之五项内容五味杂陈,可谓皆大欢喜。

但祥符元年上半年一共降了三次天书,现在第一次和第三次天书降世的日子都被设为节日,唯独大内功德阁天书降世的四月初一付之阙如,这就很不正常了。事实上,功德阁天书从一开始就像个拖油瓶的孩子似的在人们面前躲躲闪闪的,史书中的记载亦一直藏藏掖掖地语焉不详,连天书的内容也一直没有披露。那只能再次验证了我原先的推测:是内侍周怀政为了邀功讨好,在没有得到官家明确授意的情况下自作主张地炮制了功德阁天书,而且炮制的水平不高,官家很不满意。但由于在第一次天书事件中官家和周怀政已成同谋,他也只能一方面睁只眼闭只眼,一方面低调处理。暂时不将其设为节日,就属于低调的一部分。

在中国历史上,皇帝设置节日并非始于宋真宗,而是始于那个以喜欢热闹著称的唐玄宗。但皇帝设置的节日之多,并使之成为国家政治生活和民众世俗生活中一件大事的,则起于宋真宗。宋真宗设置的节日，前后一共有五个，按照设置的时间先后分别为：天庆节（一月三日）、天贶节（六月六日）、先天节（七月一日）、降圣节（十月二十日）、天祯节（四月一日）。排在最后的那个天祯节，其实就是我在上文中说到的天书降于大内功德阁的日子，但将其设置为节日却是在九年以后。作为宋真宗因事设节这一政治举措的尾声，那个"拖油瓶的孩子"何以在九年之后终于登堂入室，当时的政坛有着怎样的特点，官家和周怀政们有着怎样隐秘的心曲，我们过些时候再说。

过节当然是很爽的事，但更爽的还是升官晋级。

因东封成功，文武百官进秩一等，这个"秩"其实就是工资级别，每人加一级工资，并不是大家的职务都提升一级，那不可能。但也有职务和工资都提升的，例如丁谓，原来是"权三司使"，已经"权"了四年，现在把"权"拿掉了，这是实打实的升官晋级。三司使到手了，再努力一把，就可以进入执政行列，当年"掉臂"入天门的人生理想似乎并不显得狂妄。王旦也提了一级，但不是实职，是文阶。他原先的身份是：拜工部尚书、同中书门下平章事、集贤殿大学士、监修两朝国史。懂得当时官制的人一看就知道，他是宰相，但不是首相，这体现在"集贤殿大学士"和"监修两朝国史"这两项荣衔上，集贤相为末相，带"监修国史"为次相。王旦现在是独相，官家如果要提升他的实职，就应该给他加"昭文殿大学士"，明确他的首相身份。但官家只把他的工部尚书改迁为刑部尚书，这种改迁，只是寄禄官阶的改迁，表明他的俸禄提升了一级，因为六部的排序为吏、户、礼、兵、刑、工,刑部的地位比工部高。王旦和大家一样,进秩一等。人主施恩,就像临渊垂纶的钓者,他手中的饵料是要算计着下的。近两年,官家在王旦身上下的"饵"已经不少了。景德四年下半年,官家正在处心积虑地谋划封禅和天书,亟须得到宰相的支持。于是,八月下旬,他下达了王旦"监修国史"的任命,将王旦提升为次相。不久以后,又演绎了把珠宝放在酒坛里赐给王旦的情节。再接下来,就是天书降世,封禅之议渐起。

但如果说在这次东封恩典中,官家对王旦并无厚爱,那肯定不是事实。

官员们的"进秩"都是堂堂正正地在诏令中宣布的,但也有官家私下授受的情况。官家对王旦除去堂堂正正地把他的文阶从工部尚书迁为刑部尚书而外,还私下授予他"小事一面奉行"的特权。所谓"一面奉行",就是不必请示官家而自行处理。因此,王旦勾当政务时,"有不经上览者,公但批旨行下",[4]这就类似权臣所为了。由于宋太祖赵匡胤在制度设置上弱化相权,因此纵观北宋一朝,真正可以称为权臣的并不多,北宋末年蔡京当权,曾有蔡自拟御笔让徽宗抄写后颁布的情况,但比之于眼下的王旦并不算过分,王旦可以不经官家过目,便批上奉圣旨施行。这当然不是王旦专权,而是得到了官家的特别授权。由于王旦为人一向低调,这件事从来不曾向同僚炫耀过,结果引起了参知政事王曾的质疑,负责监察的官员——右司谏张知白,右正言陈彭年——则直接向官家反映,但得到的回答令他们大为吃惊,官家不仅认可王旦的做法,而且明确要求"卿等当谨奉之",[5]让告状者老老实实地配合王旦的工作。很显然,这是对王旦在天书和封禅问题上持合作态度的回报,也可以说是一场投桃报李的交易。

然而,就在这种加官晋爵弹冠相庆的气氛中,却有几个文人官僚因为私下的诗词唱和而受了处分。

当今西昆体头牌诗人,一向被官家倚为文胆的翰林学士杨亿被人举报了。举报者是谁,有两种说法:一说是御史中丞王嗣宗,一说是参知政事王钦若。王嗣宗这个人很有意思,他是中国科举史上唯一靠打架打出来的文状元,也就是后来有人讥讽他时所谓的"手搏状元"。他是太祖开宝八年大魁天下的,那时殿试的规矩有点搞笑,谁先交卷谁为状元,结果王嗣宗和陈识同时交卷,但状元只能有一个,太祖是个武人,就让两人通过"手搏"来定胜负,胜者即状元。这下有热闹看了,金銮殿上,两个书生奉旨打架,大宋王朝的官家连带满朝文武在旁边起哄,双方交手只一个回合,王嗣宗即侥幸获胜。说他侥幸获胜是因为并非他身手不凡,而是因为对手是个光头,参加殿试时又戴了一顶偏大的新帽子,王嗣宗一拳打过去,陈识躲闪时帽子滑落在地上,王嗣宗就捡起帽子作为战利品说自己赢了。太祖哈哈一笑,就点他为一甲第一名,状元。陈识屈居榜眼(宋初每科的第二及第三名均被称为榜眼,以每榜年纪最小者为探花。第三名称探花是从南宋末年开始的)。其实王嗣宗学问还是不错的,为政也可称严明,就是有点一根筋,加之性情刻薄,不讨人喜欢。如果是他举报杨亿,至少从程序上是堂堂正正的,因为他是御史中丞,监察百官是他的本职工作。但如果举报者是王钦若,味道就不对了。杨亿是翰林学士,皇帝身边的机要秘书,属于"内制"。翰林学士只对皇帝负责,素有"天子私人"之称,王钦若是副相(参知政事),隶属"外朝"。外朝的官员向皇帝反映他身边人的问题,那就是打小报告了。反映问题和打小报告是有区别的,最大的区别就在于一是论事,一是搞人;一是实事求是,一是无限上纲。如果王钦若向官家反映杨亿才不堪任或德不配位,那还可算正常。但如果他反映杨亿在背后说官家的坏话,那就是打小报告了。

那么杨亿到底犯了什么事呢?有两种记载,但基本事实差不多,即杨亿和刘筠等人"唱和宣曲诗,述前代掖庭事"。[6]杨亿和文友们写了一些反映前代后宫生活的诗词相互唱和,这种事,老实说可大可小,王嗣宗是往小处说的,他认为杨亿等人的问题是"词涉浮靡",也就是作品的格调不高,低级趣味。而王钦若就不同了,他往大处说了,因为官家登基前曾判知开封府,在那里曾和一个叫丁香画的乐伶有过风流韵事,也就是所谓"尝召散乐伶丁香画承恩幸"。[7]"承恩幸"就不光是唱唱小曲娱乐了,而是有了那个了。王钦若便把这宗事扯进来,在密奏中说杨亿等人的诗是"寓讽"官家,这就很恶毒了。

官家这个人胡闹归胡闹,但毕竟不是以整人为乐的君王,王钦若所谓的"寓讽"云云,似乎并不曾让他龙颜震怒。此事最后的处理结果是对杨亿等人予以"严谴",也就是通报批评或者诫勉谈话,虽未做组织处理,却城门失火,殃及池鱼,"池鱼"就是那些想出书扬名的文士。朝廷下诏严格出版审查,"其雕印文集,令转运使择部内官看详,以可者录奏"。[8]以后出版书籍须实行二审制:先经转运使派员审查,认为"可者"再向朝廷申报,得到批准后方可出版。转运使司是一个经度钱谷财税为主业的部门,让这些人来审查文人学士们的作品,他们看得懂看不懂并不要紧,只要他们不开帽子公司就行。

与乐伶丁香画的风流事只是赵恒在南衙(开封官)期间的一段小插曲,那时他已是皇太子,晋封寿王。以亲王而兼领开封府尹,实际上是预备接班的一段考察期,而太宗又是心胸狭窄的君王,因此,赵恒在那段时间相当谨慎。但这并不影响他搞几个女人,他这种身份的主儿,风流事算不上什么事。相反,如果对女人没有兴趣,倒可能危及家天下的传承,也理所当然地会危及他的储君地位。南衙风月,逢场作戏,丁香画只是"那个了"几次而已,赵恒最钟情的是一个叫刘娥的女人。刘娥,川女也,身世孤寒,却聪慧而明艳,善播鼗(一种类似于鼓儿词的艺术)。其夫龚美为银匠,夫妇谋生京师,刘娥因随夫到寿王府打造银饰被赵恒所见,他惊鸿一瞥,疑为天人,遂纳为侍妾。这里应该说清楚,赵恒并不是强娶民女,而是龚银匠心甘情愿地把刘娥贡献给皇太子的。正因为彼此不曾伤了和气,在以后的日子里,龚银匠遂以刘娥之兄的身份成了皇亲国戚,连钱惟演也主动把妹妹送上门来给他做老婆。这个刘娥果然了得,她初进王府即有专房之宠,而皇太子却因在她身上过于用功而"容貌瘦瘠"。太宗皇帝知道后大怒,下令将刘娥逐出王府。刚才说过了,像赵恒这样的主儿,风流事算不上什么事,但因为风流事而"容貌瘦瘠"就是大事了。一方面父命难违,一方面又私情难舍,赵恒便偷偷把刘娥寄养在幕僚张耆家,自己找机会跑过去幽会。几年后太宗晏驾,太子登基,即召刘娥入宫为美人。在金屋藏娇的那几年里,为了排解寂寞,刘娥读书作文,研习经史,居然出落成一个才华出众见识不凡的女子。

记住这个刘娥。

但刘娥虽然得宠,却一直不曾开过怀。[9]其他妃嫔虽然偶有弄瓦之喜,也一直没有能"弄"出一个皇子来。官家盛年无嗣,这无疑是王朝长治久安的隐患。因此,当王旦反对修建昭应宫时,丁谓抛出"祈皇嗣"作为理由,顿时朝野噤声。这本来是丁谓的封口术,但冤枉该凑巧的是,在昭应宫正式开工后的第十一个月里,修仪刘娥身边一个姓李的侍女为官家生下了一个男孩。开封知府周起这个人运气实在好,他正好撞上了官家高兴得手足无措的那个时刻:

> 是日,后宫李氏生子,知开封府周起方奏事,上谓起曰:"知朕有喜乎?"起曰:"臣不知也。"上曰:"朕始生子。"即入禁中,怀金钱出,探以赐起。[10]

一个皇帝,要给下面的官员发喜钱,只需吩咐身边的内侍去办就是了,但官家偏要自己屁颠屁颠地跑进跑出,这是什么精神?这既不是毫不利己专门利人的精神,也不是对工作精益求精的精神。他只是高兴，高兴得手足无措以至于举止失常了，当然，这个"常"是指在重重礼法规范下的一个君王的标准姿态。请注意官家的这个动作："探以赐起。"这个"探"，在这里至少可以有两种解释，一种是摸取，所谓探囊取物是也。因前文有"怀金钱出"，所以这里有"探"的动作，从怀里把钱拿出来，这很合理。但我还是觉得把这个"探"理解为"向前伸出"更好。官家太高兴了，以至于顾不上自己的身份，给周起喜钱时竟探身向前，这就史无前例地放低姿态，有点俯就的意味了。而那个可怜的周起呢？他可能一时不知道官家意欲何为，也可能知道了官家意欲何为而激动得不知所措，反正他本来应该趋身向前去迎接的，但现在他的反应可能很慌乱甚至很迟钝，这才让官家有了"探"的姿势。在这个大喜日子里，这一对君臣手足无措的互动表明：一个人只有在经历极度的大幸福和大痛苦时，其人性朴素的底色才会袒露无遗。

姓李的侍女所生的那个男孩，取名赵受益。此子后来在正史和野史中都有些名气。在正史中，他是有宋一代执政时间最长的仁宗皇帝；在野史中，他就是传统戏剧《狸猫换太子》中的那个太子。

后宫里那一声新生儿嘹亮的啼哭，让祥符三年的春色更加灿烂明媚。官家现在心情大好，那种喜勃勃的心境时不时地就会溢于言表。每天上午垂拱殿视朝结束时，照例是官家先退，臣僚接着下殿。但这些日子退朝时，官家却要站在御案一侧目送大臣下殿。一开始大臣们有点尴尬，不知是走好还是不走好，官家便笑着朝大家摆摆手,意思是让他们赶紧到前面的文德殿去参加常朝仪式。心情好,耳根就软,可以想见,这期间如果有臣子奏事提什么要求,应该会很沾光的。但也不是说你就可以肆无忌惮,太常博士石待问是个书呆子,这个书呆子也真是呆得可以,他明明知道昭应宫立项就以"祈皇嗣"为理由,也明明知道现在恰好立竿见影地应验了当初的意愿,但他仍然上疏要求停止建昭应宫,而且居然妄议官家之历史地位,话说得很难听:

群臣皆以陛下在尧舜之上,臣谓不及唐太宗远矣。[11]

这话如果是官家自己说,那是伟大的谦虚,可是你做臣子的怎么能这样说?简直狂妄至极,亦愚蠢至极。官家当然很生气。但石博士如果光说这话,官家虽然生气还不大好发作。这个石呆子又说了:"先朝多任中人,陵轹将帅,故罕成功。"中人即中贵人,也就是帝王所宠幸的宦官。昔李太白有诗云:"中贵多黄金,连云开甲宅。"可见这些权阉的气焰。但平心而论,宋代的宦官没有唐代那样的气焰,石呆子这样说,就被官家抓住了把柄,你批评我,即便失实,我也不在乎,但你不能诬陷祖宗。于是派人当面"诘之",也就是蹬鼻子上脸地把石待问批判了一顿,然后又将其"责授滁州团练副使"。"责授"即降级安排,由京官改为下放,由从七品降为从八品。而且不光是降级,他这个团练副使后面还加了括弧,曰"不得签署州事"。剥夺了他的签字权,等于让他靠边站。

但是在官场上，像石博士这样的书呆子毕竟是稀有物种，绝大多数官员都是聪明人，他们懂得如何揣摩圣意，如何投其所好。河中知府杨举正就是这样的聪明人，不知道他凭什么嗅出了官家在东封泰山之后又有西祀后土的念头，于是，祥符三年六月四日，杨举正的报告上达天听：

> 癸丑，屯田员外郎、知河中府杨举正言，得本府父老、僧道千二百九十人状，请车驾亲祀后土。[12]

群众运动又来了，这次是为官家西祀后土。那么，要不要把东封之前的那一套游戏再玩一遍呢？

2. 外甥打灯笼

后土即地祇，也就是土地之神。在一个农业社会里，对土地的崇拜是天经地义的。所谓社稷，"社"即土地，"稷"即粮食。谁掌握了土地和粮食，谁就掌握了国家政权，掌握了主宰、奴役和制定游戏规则的权力。这就是社稷的含义，既朴素又雄辩。如果说人们对皇天的尊崇是因其形而上的神圣性，那么对后土的亲近则是基于人类生存和繁衍的世俗需求。祭祀皇天去泰山，祭祀后土去汾阴。汾阴当然在汾河南岸，汾河大体是南北流向的，东西流向只有入黄前那一小段，汾阴就在那一小段的中部，因其在京师之西北，故车驾出京祭祀后土称为西祀。如果京师在长安，那就应该是东祀了。

但不管京师在开封还是长安，祭祀后土为什么要跑到汾阴去呢？这件事的始作俑者是汉武帝，或者说是汉武帝被骗子忽悠的结果。汉武帝雄才大略，但雄才大略有时候更容易被忽悠，因为这种人往往特别自以为是，又喜欢一意孤行，而骗子只要摸准了他"一意孤行"的那个"意"，再略施小技，就能把他骗得团团转。因此，汉武帝被骗子忽悠是常有的事，但这次是被两个骗子联手忽悠。说联手是我的揣测，根据仅仅是他们都是汾阴老乡，有联手嫌疑。这两个嫌疑人，一个叫锦，是个巫师；一个姓公孙，是皇帝身边的方士。先是巫师报告说汾阴发现了宝鼎，据说是太昊伏羲或黄帝或夏禹所造，反正不管是谁造的，鼎逢盛世它才会现身，这是福佑社稷的祥瑞。然后方士便在皇帝面前卖弄学问，说汾阴是古地理书中的昆仑山东南之五千里的神州，是中国的中心，而发现宝鼎的地方是远古祭祀地祇的"方丘"，称之为脽上。为什么叫脽上呢？因为那个地方的形状有如人的屁股，脽就是屁股。这名字虽然不雅，却很有古意，后土的"后"字最初的象形文，就是一个女人半蹲屁股产子的形状。汉武帝是个喜欢大搞仪式大兴土木大举巡幸的人，他马上用隆重的仪式把宝鼎迎到京师，荐于祖祢，藏之帝廷。又在汾阴脽上建后土祠。建成后，他便率领群臣浩浩荡荡地从长安跑过来祭祀。祭祀完了又泛舟汾河，写下了那首足以和乃祖《大风歌》媲美的《秋风辞》，而汾河南岸这个以屁股命名的脽上，从此便成了永久性的祭祀圣地。

河中知府杨举正在祥符三年六月四日的上言，让人们会想到两年前兖州父老的阖门请愿。有些事情对照着看会更有意思，东封或西祀之决策过程，从最初的民意表达到官员上表（起码须三次），再到官家"勉从所请"而诏告天下，是一幕自下而上的"民主"程序相当完备的大戏，越是虚头巴脑的东西，往往在程序上越是一丝不苟。两年前的三月十三日，那个被称作邵晔或邵日华的兖州知州率领父老们来到东华门外，掀开了请愿封禅的序幕，当时官家的答复是："此大事，不可轻议。"祥符三年六月四日，河中知府杨举正代本府父老上言，请车驾亲祀后土，官家的答复是："此大事也。"诏不许。在这种表演中，官家连台词也懒得现编，杨举正也基本上是抄作业的节奏，连请愿团的规模——兖州父老为一千二百八十七人，河中父老为一千二百九十人——也大差不差。那么河中府的父老为什么没有进京呢？这没有办法，季节使然，让那么多老人冒着酷暑晓行夜宿，热死了人就不好交代了。反正杨举正也知道，应该他走的程序他已经走过了，下面该别人接着来。

接着来的是京师的官民人等：

> 辛丑，文武官、将校、耆艾、道释三万余人诣阙，请祀汾阴后土，不允。[13]

"辛丑"是七月二十四日,"诣阙"即来到宫门外。北宋的皇城规模并不很大,皇城外也没有广场,三万余人集中在东华门外,把大街小巷都塞得满满的。这中间,绝大部分应该是军人,京师有八十万禁军,离东华门不远的马行街一带就有三衙禁军的兵营,把丘八们摆在那里本来是给契丹使者看的,目的是显示国威,吓唬人家。这当然很可笑。但现在要调过来凑人数请愿却是分分钟的事。但不管东华门外来了多少人,也只是既定程序中的第一道程序——民意表达。游戏刚刚开始,官家照例"不允"。

民意表达过了,接下来才是"王旦等"领衔上表。一表二表,又照例"不允"。表既三上,终于"从之"。

于是正式下诏:

八月丁未朔,诏以来年春有事于汾阴。[14]

这次官家没有犯"即断来章"的错误,大臣们也用不着在彷徨犹豫中揣摩圣意。从七月二十四日到八月一日,双方的一招一式都是标准姿势,三请三拒,再加上阁门请愿和金殿颁诏,正好八天,游戏程序启动以后,连一个时辰也不曾耽误,这种一丝不苟走过场的效率完全是教科书式的。

当然,同样是走程序,决策西祀显然要比决策东封顺利一些,这是因为两者的门槛不同,官家所应表现的姿态亦不同。封禅是向天帝报告成功,门槛很高,人主须得建有旷世之功业,恩德被民，天下太平，还要有天降符瑞之象，这才具备封禅的资格。正因为如此，当臣民上表坚请时，官家要装模作样地一再拒绝。即便到了最后，明明心里早就迫不及待地想一口应承，但还是扭扭捏捏地做出"勉从其请"的姿态，似乎是却不过大家的情面。但西祀就不同了，祭祀后土不是显摆自己的功业，而是为民祈福，这不需要什么资格。因此，走完了必要的程序，官家最后的答复就不是"勉从其请"，而是很爽快的"从之"。为民祈福这种事，还客气什么呢？不仅要"从之"，而且要乐得为之。

官家当然乐得为之。他第二天就宣布了有关的人事安排，祀汾阴经度制置使和副使——相当于西祀筹备委员会主任和副主任——分别由知枢密院事陈尧叟和翰林学士李宗谔担任。同时，陈尧叟还权判河中府，李宗谔权同知府事。这就和东封前把王钦若、赵安仁派到兖州去一样。陈尧叟是执政级的大臣，挂职州府，前面要加"判"。"权判河中府"就是暂时代理河中知府。李宗谔只是翰林学士，他没有资格"判"，他是"权同知府事"，"同"就是副手，他暂时担任陈尧叟的副手。这两个人就相当于"中央工作组"，先到汾阴去打前站。因为是临时差遣，任务又很明确，出京前是不用陛辞的，尽快上任干活就是了。他们不光要干当初王钦若和赵安仁干过的那些活，还要干邵晔干过的活。邵晔干过的"活"为什么不用"那些"来修饰呢？因为他在兖州其实只干了一桩活：组织民众进京请愿。由于天气炎热，汾阴的民众没有进京，现在虽然西祀决策已定，但作为民意表达的一道程序，前任杨举正未能完成的此"举"，继任者义不容辞。邵晔从接受兖州知州的任命到把父老们带到东华门外,用了二十天左右的时间。陈尧叟的任命八月二日下达,他带着汾阴父老出现在东华门外的时间是八月二十九日,这样算下来,所用的时间比邵晔要多些。但考虑到河中府到京师的路程更远,而且要横渡正值汛期的黄河,加之秋老虎还不曾远去,汾阴方面的工作效率其实不输兖州。但是这中间还有一个问题,汾阴的父老们进京以什么名义呢?西祀的诏书已正式下达,还请求皇上"亲祀后土"肯定不合适。当然,对于一个仕途得意的老官僚来说,这算不上什么难题,因为他们都有一种职业性的技能,就是善于编造各种堂皇的"名义",例如近者所谓的"为民祈福"就是一种"名义"。

> 乙亥,河中府父老千七百人诣阙迎驾。上劳问之,赐以缗钱帛。旧制,假日閤门无辞见之例,上以其众远来,特引对遣还。[15]

看到了吧,原来汾阴父老们进京的名义是"迎驾"。离车驾西祀还有小半年,就兴师动众千里迢迢地上门迎驾,这是不是太隆重了?但中国有句古语——礼多人不怪,特别是用在帝王身上,再怎么隆重的礼节也不过分。这一年的八月是小月,二十九日为下旬的最后一天,照例为旬假,中央机关本来不上班,官家却破例接待了汾阴的父老们,不仅慰劳问候,还赐以钱物。那些乡村旮旯里的老人几曾有过这样的荣宠和风光?祖坟上冒青烟啊！

汾阴的父老们浩浩荡荡地这么一走，竟搅动了多少人的攀比之心，毕竟，谁不向往荣宠和风光？谁不希冀祖坟上冒青烟呢？于是凡与西祀沾得上边的州府，一个个都摩拳擦掌地要来蹭热度。先是汾阴的西邻华州。华州知州崔端向中央报告，说有父老二千四百余人准备进京，请求皇上西幸华山。华山在汾阴的西南方，西祀本来不需经过华山，但在回程时"幸"一下华山也只是稍微绕一点路，这其实已在西祀的一揽子计划之内。这个姓崔的知府有点小聪明，他知道华山不是一般的山，而是五岳之一的西岳，五岳皆为神祇，官家忙完了汾阴肯定会来拜谒华山的。因此，华州方面只需虚张声势，扬言进京，朝廷就会做出回应。这样，他既表示了紧跟的姿态，又用不着真的忙得七荤八素地组织人进京，等于做了个顺水人情。

紧接着，汾阴的南邻解州又向中央报告，说该州父老准备进京"奉迎车驾"。车驾西祀，接驾的当然是东道主汾阴。但解州作为邻居，也可以算是半个东道主。因此，他们要进京"奉迎车驾"也说得过去。官家当然不会同意他们进京，马上"诏尧叟谕止之"。[16] 这也是一个顺水人情，明知道朝廷不会同意，但紧跟的姿态还是一定要做的。

但这种耍小聪明的顺水人情，其实彼此都心里有数，没有多大意思。这时候，要显示自己的紧跟，依样画葫芦不行，须得另辟蹊径。拍马屁拍得有高度并不难，那都是些政治正确的空话套话。但要拍得既有高度又接地气就不容易了。俗话说，靠山吃山,靠水吃水,创造性地发掘本地资源,以乡土题材发庙堂之声,这是一种思路。华州请官家西幸华山,也算是"靠山吃山"的一种尝试。而与华州相邻的陕州则"靠水吃水",注重作好黄河的文章,不仅创意很好,而且在操作层面很见用心。他们先在十一月二十五日报告宝鼎县黄河清,一直"很黄很暴力"的黄河变清了,这种事,有人说千载难逢,有人说五百年一次,还是先秦时期的一首民歌说得靠谱些:"俟河之清,人寿几何。"[17]意思是一个人想在有生之年见到黄河清,那是不可能的。陕州向朝廷报告黄河清,立意并不在于猎奇,而在于一句天人感应的古语:"圣人出,黄河清。"这不是一般的祥瑞,而是天瑞。于是朝廷专门派遣官员致祭,群臣亦上表称贺。但蹊跷的是,几天以后,河中府那边又来了报告:

丙午,宝鼎县黄河再清,经度制置副使李宗谔以闻。[18]

蹊跷之处在于:对于前次黄河清的报告,朝廷已经做出了相当隆重的反应。几天以后,同样的事情再报告一次,有何必要?而且,上次是陕州报告,这次换成了"经度制置副使李宗谔"报告,这中间有何玄机?

我们先从一本名叫《推背图》的书说起,这是唐代问世的一本道教典籍,书中推演了六十个卦象,预测了跨越千载的盛衰兴亡。其第五十四个卦象中有这样的预言:"寰中自有真龙出,九曲黄河水不黄。"也就是说,当出现了真龙天子(圣人)时,黄河就会变清。如此说来,大中祥符三年十一月二十五日宝鼎县黄河清,该有真龙天子(圣人)应运而生。这个真龙天子(圣人)当然是当今皇上,这是即使脑子进水了用脚后跟思考也能回答的问题。

但如果有那种杠精式的人物偏要弱弱地问一句:为什么只能是当今皇上,宝鼎县的黄河清和当今皇上之间存在什么必然性的指向吗?只要有一个人发出这样的"杠精之问"——或者是当今皇上本人突然脑筋急转弯——那就是天大的祸事。

大概首先是陈尧叟和李宗谔发现了问题的严重性,他们毕竟久历中枢,政治站位更高。作为全面负责西祀筹备事宜的经度置制使和副使,他们的工作范围不仅限于河中府,还涉及与西祀有关的其他州府,这中间当然也包括陕州。陕州关于宝鼎县黄河清的报告如果出了问题,他们也脱不了干系。

补救的办法只有一个:证明宝鼎县黄河清和当今皇上之间存在必然性指向。

官场上也是需要灵感的,而灵感有时需要建立在运气的基础上。这边正在衣带渐宽地苦思补救之法,运气来了,十二月二日(丙午)正好是皇上的生日——承天节,如果在承天节这一天黄河再清,不就证明了圣人就是当今皇上吗?

这次黄河清由经度置制副使李宗谔向朝廷报告。官家知道不知道官员们这些日子里复杂的心路历程,这已经不重要了,反正他很高兴。"上作诗,近臣毕贺。"[19]这个"毕贺"的"毕",是解释为"全部"好还是"迅捷"好？似乎都好。

"黄河清"的潜台词是"圣人出"，而中条山苍陵谷发现《灵宝真文》则令人联想起汉武帝祀汾阴前夕当地有宝鼎出土的好兆头。汾阴有一个叫巨沼的骗子找到陈尧叟，说家里藏有二百多年前得自中条山苍陵谷的《灵宝真文》。从各级领导到民众中的投机分子一个个都盯着最高领导的喜好而扎堆表演，以装神弄鬼而献媚邀宠。所谓《灵宝真文》完全是抄袭了官家炮制天书的那一套做法，无非先是神仙托梦，然后按照梦中的指示得到天书或真文，就连《灵宝真文》的字体和形制也基本上抄自承天门天书，两者均用古篆书写，承天门天书"其帛长二丈许"，而《灵宝真文》则"其帛长二丈，广九寸"。只不过在时间维度上故弄玄虚，说《真文》得自二百年前的唐德宗年间，以增加其神秘色彩。在一条丝帛上用古篆抄写了一段道家的经文，说是祖上在几百年前得到的《灵宝真文》，这种东西，估计陈尧叟一眼就能看出假来。但既然皇上能作假，百姓为什么作不得？你只能说他抄作业，你不能说他作假。陈尧叟派专使恭恭敬敬地把《灵宝真文》送到京师，于是官家"以沼为本府助教，赐衣服、银带、器帛"。[20]这是一个只怕想不到，不怕做不到的时代，骗子巨沼心想事成。

相比于骗子巨沼所献的《灵宝真文》，龙图阁待制孙奭的上疏就非常不合时宜了。孙奭是个从六品的书呆子，学问好，而且敢讲，一开口百无禁忌。承天门发现天书后，文武百官一条声地祝贺，官家想听听他的意见，他老实不客气地说："臣愚，所闻'天何言哉',岂有书也。"我才疏学浅,只知道孔子说过"天何言哉",既然老天连话都不说,又怎么会有天书呢?弄得官家很尴尬。对这种人,官家实在办法不多,因为大家都知道他有学问,也知道他敢讲话。对一个有学问又敢讲话的人,你如果拉下脸皮只能自讨没趣,还不如"呵呵"一笑,落得个"优容"的美誉。东封前夕,官家怕他一路上口无遮拦,说出些不合时宜的话来,就预先把他打发到契丹去当特使,这当然也是为了让他少犯错误。眼下,全国上下正在万众一心地准备车驾西祀,孙奭又跳出来唱反调,在奏疏中,他一口气讲了"十不可",从历史讲到现实,从天灾讲到人祸,从陈胜讲到黄巢,从隋炀帝讲到唐玄宗,引经据典,洋洋洒洒,总之一句话:西祀者,劳民事神,虚名无益也。但西祀这样的大事,从民众请愿朝廷下诏已逾半年,这期间四方供奉,一应充牣;车仗仪卫,整装待发。且大礼之后,例有恩典,官民人等正翘首以盼王师。箭在弦上,谁愿意听一个书呆子喋喋不休地说三道四呢?于是:

疏入,不报。[21]

"不报"不是不报告皇上,而是不予答复。

当然不予答复。

孙奭上疏是在祥符三年腊月二十九日,京师的大街小巷到处弥漫着过年的气氛。他为什么要赶在这时候上疏呢?明天就是除夕了,这不是成心给官家添堵吗?《续资治通鉴长编》中这样说：

> 及将有汾阴之役，会岁旱，京师近郡谷价翔贵，奭遂奏疏曰……[22]

这个"翔贵"，《辞海》上的解释是：腾贵，指物价飞涨。也就是说，这个词是专为物价设置的。而物价之中，粮价为最。自太宗端拱二年到真宗祥符元年，京师粮价一直维持在每斗十文左右，这是粮价最稳定、最低廉的时期，前后整整二十年。但是从去年开始，这种低廉的稳定被打破了。大旱，而且是"岁旱"；粮价上涨，而且是飞涨；车驾又即将轰轰烈烈地开拔，孙奭忧心如焚，一定要赶在年前上疏谏阻。这是一个良心未泯的书呆子。

西祀确实已经箭在弦上了，就在孙奭上疏前不久，朝廷下达了向敏中东京留守的任命。上次东封时，东京留守也是他，两次巡幸都让向敏中看家，可见官家对他的信任，看来向某人再度入相只是时间问题了。

向敏中是开封本地人，开封人对他知根知底。他官做大了，本地人难免附会出各种八卦新闻来。关于其发迹，民间的说法颇有意思，说向的祖母去世后，墓地的风水特别好，有地谶云："绵绵之岗，势如奔羊，稍前其穴，后妃之祥。"[23] 向家葬太夫人的第二年，向敏中出生。而所谓"后妃之祥"则应在向敏中的孙女身上。该孙女为神宗钦圣皇后，徽宗即位后，曾以皇太后的身份垂帘听政。北宋一朝，垂帘听政者前后有真宗刘皇后，英宗高皇后和神宗向皇后,向是最后一个,也是听政时间最短的一个,她生性清静,对权力不感兴趣。

3. 西行漫记

祥符四年正月二十三日,西祀车驾出大内乾元门。

皇帝出行的排场其实都差不多,看多了也就那么回事。和上次东封稍有不同的是,上次为大队人马殿后的是装在笼子里的安南狮子和几只好鸟。这次不光没有狮子,也没有好鸟。另外,上次启程是从乾元门往景阳门外的含芳园行宫,所谓"一顾倾城"者,皆因看热闹的市民集中在京师东北侧。这次车驾出乾元门后,先沿御街向南,到州桥后,再沿西大街向西,出内城宜秋门和外城顺天门。宜秋门俗称郑门,顺天门俗称新郑门,不言而喻,新旧郑门正对着通往郑州的官道。围观者仍然是人山人海,也仍然是"一顾倾城",只不过这次市民集中在京师的西南侧。东封西祀,喜欢热闹的开封市民一会儿赶到东北,一会儿赶到西南,硬是把京师玩成了一副巨大的跷跷板。

东西两京之间的官道可能是全国通行条件最好的陆路干道,宽阔、平坦,桥梁驿亭设施完备。自五代以来,历代王朝的都城总在洛阳和开封之间迁来迁去,摇摆不定。都洛阳,则开封为东京,为陪都;都开封,则洛阳为西京,为陪都。那座曾做过十三朝帝都的长安现在已韶华不再,帝王们向西眺望的目光几乎很少越过函谷关的城堞。东京西京,首都陪都,帝王的车驾从这条大道上一趟又一趟地碾过,千骑万乘,红尘滚滚,人马倥偬也罢,气定神闲也罢,反正除去阴谋就是阳谋。一百多年间,行行重行行,大道如掌平;行行复行行,大道如青天。这让人们会想到一句名言:世界上本没有大路,走的皇帝多了,也便成了大路。

路好,天气也帮忙,五天就到了西京。但接下去的行程就不容乐观了,从洛阳到河中府一般有两种走法,一由陕州过浮桥,一由三亭渡渡河。朝廷先前已派人实地勘探过,认为这两条路都不好走,不如出潼关,过渭、洛二水而后直趋蒲津,虽然绕道,但路况好些。那么就出潼关吧。官家情绪很高,一路赏赐不断,从州府长吏到扈驾军士都有器币缗钱之赐,连在路边耕作的农夫运气好的时候也能拿到几包低档茶叶("民有耕道旁者,召问慰抚,赐以茶荈。"[24]"茶荈"即茶树的老叶)。当然也有被处罚的,在渑池县,一个叫霍鼎的太仆寺府吏被打了屁股。太仆寺是掌管皇家车辂的部门,我先前已经介绍过,这些车辆有的驾马,也有的"驭人"。西祀之前,官家已下诏给沿途驿站增加马匹和八千四百五十名驿卒,同时又发陕西、河东兵五千人赴汾阴给役。八千四百五十人加五千人,大概可以应付一场中等规模的战争了吧,这么多人,挽辂之夫应该有的是。但不知怎么回事,霍鼎却安排沿途的贫民拉车,官家知道了,龙颜震怒,"令礼仪使劾罪科责"。[25]霍鼎被施以杖刑。平心而论,官家不是那种肆无忌惮胡作非为的君王,宋代政治文化的大环境也不容许君王肆无忌惮地胡作非为。官家是有顾忌的,像东封和西祀这种事,他一再声明务从简省不要增加地方和民众的负担。但问题在于,这种事本来就是劳民的、烧钱的,一边大张旗鼓地把银子花得流水似的,一边却标榜简省,这就应了那句关于婊子和牌坊的俗语了。再说太仆寺那个霍鼎,他应该不会放着军士不用,硬要去劳民,他肯定有他的苦衷。过了洛阳以后,路道崎岖,车夫的体力消耗数倍于坦途,轮班的频次亦增加不少,这些情况官家可能知道,也可能不知道。但不管知道不知道,霍鼎的屁股都非打不可,打小人物的屁股为大人物挣脸面,这是必须的。

二月十三日,车驾抵达汾阴后土祠。因为受了鲁迅笔下"土谷祠"的影响,我一看到这个"祠"就想到了阿Q经常安身的那个所在。其实后土祠不光是一个"祠",还是一个宏大的建筑群,自汉武帝以来经过历代营建,规模已相当壮观。现在,官家和近臣就站在该建筑群中的延庆亭上,凭轩眺览,自圣驾驻跸的奉衹宫至脽上祭坛嘉树列植,六师环宿,行阙旌旗帟幕照耀郊次。远望龙门河津之壮阔,官家不觉心潮澎湃,一种指点江山激扬文字的豪迈感溢满心胸,他要写诗了。诗的大意是:

人说汾阴好风光/土肥水美五谷香/左手一指太行山/右手一指是吕梁……

三四两句简直太棒了,那种眼界和气魄,顾盼自雄啊!再往下:

站在那高处望上一望/你看那汾河的水啊/哗啦啦啦流过我的……

不对,听着咋这么耳熟呢?这好像是后人的一首歌词。其实,并不是官家剽窃了一千年后别人的作品,而是此时此地,人同此心,所谓好作品,不就是"人人心中所有,人人笔下所无"吗?但既然事关知识产权,即便是帝王也不敢放肆,那就暂时不写,酝酿酝酿再说。

八天以后,西祀大礼告成——祭祀后祇的仪式据说"悉如封禅之礼",[26]那就不赘述了。——车驾回程经过河中府,官家在行宫赐宴,并作《祀汾阴礼成诗》赐给百官。八天来,这首诗应该一直在官家的脑海里酝酿,所以现在才能一挥而就。这说明太"现场"太"心潮"不一定写得成诗,从现场的心潮澎湃到激扬文字之间,有时还有千山万水,需要沉淀,需要梳理,当然——似乎还需要一点酒。

从河中府出发,车驾又西渡黄河,来到华山北麓的华阴县,官家要在这里补上拜谒西岳庙的仪式。西岳庙门里有唐玄宗封西岳御书碑,高数丈,用分隶(俗称八分书)写成,每个字几乎都有一尺见方。陪侍的地方官告诉官家,说此碑原先有碑楼,亦相当堂皇。唐广明元年黄巢入关时,有难民避入碑楼,黄巢大怒,令纵火烧楼,楼毁于一炬而碑字缺剥,仅十存二三。[27]官家在残碑前沉吟良久,嗟叹再三。这座崇峨巨碑经过当年焚楼的大火,又经过一百三十多年风雨的侵蚀,如今已漫漶一片,官家试图从中辨识出几个字来,却未能如愿。大臣们请圣上题诗勒右,官家欣然同意,于是作《西岳赞》,这是祥符四年二月在残碑前上演的一幕正剧。而三十六年后的庆历七年,这里又上演了一幕喜剧,有一位官员刚刚就任陕西都转运使,甫入潼关就到华阴谒西岳庙,县官姚嗣宗等皆从之。都运大人不知焚碑的由来,而县官姚嗣宗又是个天性诙谐甚至有点刻薄的人,结果就发生了如下的剧情:

都运(见损碑,顾谓姚嗣宗):可惜好碑为谁人烧了?

姚嗣宗(作秦音):被贼烧了。

都运:县官何用?

姚嗣宗:县内只有弓手三四十人,奈何贼不得。

都运(震怒):安有此理!若奈何不得,要县官何用?且贼系何人,至于不可捉也。

姚嗣宗:此贼姓黄名巢,自号"冲天大将军"。

都运大人这才知道县官在捉弄他,默然而去。[28]

都转运使也算是封疆大吏,主管一路或数路的钱谷财税及官员考察,且直接对中央负责,用"炙手可热"来形容恐怕不为过分。一个小小的县官竟敢如此不敬,这种情节几乎让人不敢相信,但又确实是真的,因为姚嗣宗是个不拘小节的名士,有尹师鲁者曾臧否其人曰:"嗣宗者,使白衣入翰林亦不忝,减死一等黜流海岛亦不屈。"[29]"不忝"就是不为勉强;"不屈"就是不算冤枉。从这个"不忝""不屈"中,可以看出这个姚某人既才华过人又狂放不羁,像这种逞口舌之快而捉弄长官的事,当然不至于"减死一等黜流海岛",而且列位大可放心,此事不会有人给他穿小鞋的,因为他运气不错,碰上的这位都运大人姓包名拯,字希仁。民间形象中的包拯是打坐在开封府正堂的包青天,庆历七年那个时候他还没有知开封府。但尚未走进开封府的包大人官声已然很好,气量亦大,被下属捉弄了一下,也只是"默然而去"。这个"默然"中,既有不悦,也有羞愧,但他决不会耿耿于怀,至多回去翻翻华阴的地方志而已。

从华阴向东就是陕州,陕州有一个叫魏野的隐士,名气很大。做隐士并不是在山野造几间草房,在里面鼓琴放鹤那般简单。那也是要有本钱的。首先要有才华,诗词和文章都名闻遐迩。第二要有眼界,即便做不到"山中宰相",起码也要世事洞明,人情练达。第三要和当权者保持适当的距离,不能太近,太近就不叫隐士了;又不能太远,太远了没人理你,体现不出"隐"的价值。魏野和孙僅是老朋友,孙僅主政京兆(长安)时,曾寄诗给魏野,魏有和诗,其末句云:"见说添苏亚苏小,随轩应是佩珊珊。"苏小就不用多说了,是南朝时的钱塘名妓。这个添苏乃长安名妓,和孙僅也有一腿。孙僅为了讨好添苏,就把魏野的诗送她。添苏如获至宝,请著名书法家写了,悬之堂壁。魏野的名气大啊,他的几句诗竟"一夕之内,长安传诵"。不久魏野到长安,有好事者把他带到添苏家,且不点破双方的身份。添苏见魏野其貌不扬,且谈吐粗鲁,就很不热情。又见魏野注意堂壁上的诗,便炫耀道:"(此)魏处士见誉之作。"魏野也不答话,只拿起笔在旁边别题一诗,诗曰:"谁人把我狂诗句,写向添苏绣阁中。闲暇若将红袖拂,还应胜似碧纱笼。"添苏这才知道客人的身份,遂大加礼遇。[30]这种由官僚隐士和妓女共同营造的艳情趣味,不管无聊还是有聊,相信曝光度都是很高的。

在陕州,官家遣使召魏野,魏野推说有病,不来。作为臣民,近在咫尺而不奉诏,这是很狂妄的,但也是做隐士必需的姿态。在权势面前,你不能像狗一样一唤就到,必须拿点架子,表现出某种独立性,即使是狗,也是一条有尊严的狗。好在权势者也知道你这做派,不会拿你当真的。说白了,这实际上是双方互为捧逗配合演出的一幕戏,既体现了隐士的风骨,又彰显了君王的优容。双赢。魏野不肯来,官家又派人上门去要他的诗。为什么要他的诗呢?这倒不是"礼失求诸野",而是因为他的诗有了国际影响。年前契丹使者来贺正旦时,传话他们皇帝和大臣都很喜欢读魏处士的诗,魏处士的诗集名《草堂集》,他们国内只有上册,皇帝希望得到下册。契丹使者这么一说,官家就当回事了。魏野也很配合官家,当即将自己的诗集和零零散散的作品倾囊而出——他知道,这个国际影响对他只会有好处。

官家以前并没有读过魏野的诗,现在见契丹人粉他,亦不妨翻翻。翻过之后就觉得格调不高,与大多数主流诗人不同的是,他的诗中没有多少说教,却有俚俗的趣味,这也许就是墙里开花墙外香的原因吧。像契丹那种茹毛饮血的野蛮民族懂什么诗教？现在知道了，原来他们感兴趣的是其中的段子，例如那种为妓女添苏捧臭脚的东西是不能称为诗的，但其中有艳情故事，逐臭之夫能不如蝇而至？当然魏野的诗中还有一些世态人情，例如这一首赠刘偁的诗。刘偁为陕州司法参军，官小俸薄，加之又极清廉，罢官后连回家的路费都没有，只得卖了所乘的马，骑着驴子回去。因此，魏野诗中有这样的句子："谁似甘棠刘法掾，来时乘马去骑驴。"官家看了这首诗，嗟赏久之，对宰相王旦曰："小官有廉贫如此者。"于是遣使召刘，当时刘偁正在江南当幕吏，官家把他调入京师。几年以后，又迁为郎官。[31]两句诗改变了一个小官僚的命运，这是与西祀有关的一段诗坛佳话。

车驾在洛阳盘桓了半个多月，在这里，官家有三件事是必须做的，三件事都与"老"有关，不妨统称"三老"。

第一个"老"是老祖宗。要朝谒老祖宗的皇陵。洛阳附近有宣祖、太祖、太宗三个老皇帝的陵墓，其中宣祖赵弘殷是官家的祖父，他生前并没有当过皇帝，帝号是追赠的。官家这次除去朝谒三座皇陵外，还特地派人去汝州祭秦王坟。秦王就是那个被太宗贬死在房州的廷美，真宗即位后，恢复了他原先的封号。现在又派人祭扫墓冢，也算是一种政治姿态。政治是胜利者的舞台，赢者通吃，包括对失败者怜悯的权利。

第二个"老"是老地方。洛阳东郊夹马营是太祖皇帝出生的地方，也就是所谓"龙兴之地"。赵宋立国后，这里建为应天禅院，实际上就是王朝的开国纪念馆，有神御殿供奉太祖塑像。为体现不忘初心，官家到了洛阳，参谒应天禅院应是例行公事。

第三个"老"是老干部。西京宫阙壮丽,市井繁富,朝廷有好多元老重臣退休后选择在这里养老。车驾既过洛阳,对他们中的代表人物,官家上门看望也是一种惯例。健在的老干部中,职务最高的是太子太师吕蒙正,他是宋王朝的第一个状元宰相,且三度入相,荣宠两朝。官家驾临吕家时,有一个细节足见老丞相之气量:

(上)问蒙正诸子孰可用,对曰:"臣之子,豚犬耳。犹子夷简,宰相才也。"[32]

"犹子"就是侄子。吕蒙正有十个儿子,他借用《三国志》中曹操对刘表儿子的评价,说自己的十个儿子皆"豚犬耳",唯独侄子(其实是堂侄)吕夷简有宰相之才。这个吕夷简就是后来在仁宗朝主政长达二十年的一代权相。而吕夷简的儿子吕公著又是哲宗朝的宰相。出现这样的"宰相之家"恐怕不能仅仅归结于所谓"官×代"的官场潜规则,而是在宋代崇文风尚的大背景下,良好的家庭教育和个人奋斗相结合的成功范本。

按照某种规矩,吕家接待过皇帝的那间客厅,从此其他人就不能坐了,只能用栏杆隔开,把曾经和皇帝的屁股亲密接触过的那把椅子放在里面供人瞻仰。

这样巨大的荣宠,一个老人很可能消受不起,一个月以后,吕蒙正病逝于洛阳。

西祀的车驾回到京师时,已是初夏时分,大内的西府海棠正含苞待放。在接下来的这个四月里,朝廷将有一系列施恩布德的举措:大赦、减税、加官、赐酺。还有官家写诗,百官唱和,这些当然都是高兴的事。但不高兴的事也有,西夏国进贡了一批马匹,祝贺汾阴礼成。随从的马夫在开封街头和市民发生纠纷,游牧民族的汉子生性粗野,开封人又一向优越感爆棚,双方话不投机就打了起来。但真正动手了才知道,打架秀的是肌肉和拳头,所谓优越感是根本不顶用的,开封人被打得满地找牙。请注意,这个"满地找牙"不是信手拈来的形容词,而是实实在在的写真,因为史书中的记载是"有折齿者"。[33]事情闹到开封府,按律,打人的西夏马夫要受杖脊之刑。因为对方身份特殊,事关两国关系,开封府不敢造次,遂请示朝廷。官家的指示是,外事无小事,要从和平外交的战略高度慎处此事。最后决定将肇事者礼送回国,同时将事情通报西夏方面。这大概是在国际关系中运用外交豁免权的最早记载。

还有一件是隋国长公主的家事。大家还记得,上次东封回来时,适逢隋国长公主出降驸马李遵勖。这次西祀回京后,长公主家里却出事了。

驸马出轨了。

出轨的对象竟然是长公主的乳母。

这个原名李勖现名李遵勖的驸马爷啊。作为一个男人,他是幸运的,因为一顶驸马都尉的桂冠给他带来了受用不尽的荣华富贵;但他又是不幸的,因为在桂冠的阴影下他必须牺牲男性的部分特权——例如在家庭内男性中心的自尊,例如妻妾成群的风光。其实,荣华富贵一旦拥有,浸淫其中的时间长了也会贬值,而那些为之做出的牺牲却总是令人怀想。因此,私通长公主的乳母似可视为对怀想的某种补偿。男人都是这德行,吃着碗里的,馋着锅里的,"尚"了长公主,还要拉着长公主的乳母上床。问题的关键还不在于上床,而在于上床之后又不敢承认,"上遣使诘之,辞多矫诬,上怒"。[34]"上怒"的后果是降低待遇,作为皇亲国戚,似乎也只能这样了,你还能休了驸马不成?但司马温公在他的日记中却另有一段带有演义色彩的记录。司马温公就是那个从小就以"砸缸"闻名的司马光,他在日记中说,官家最初想杀李遵勖,先把妹妹召进宫,想探探她的反应。于是:

> (上)语之曰:"我有一事欲语汝而未敢。"主惊曰:"李遵勖无恙乎!"因流涕被面,僵仆于地,乃不果杀。[35]

一哭二闹三装死,我原来以为只有民女村妇才有这一手,想不到皇族的金枝玉叶也做得出。但在司马光的日记中,关于此事的演义还有下半截:

> 及李淑受诏撰长公主碑,先宣言"赦李遵勖事尤美,不可不书"。诸子闻之惧,重赂淑,不果书。[36]

这说的是四十年以后的事,仁宗皇祐三年,长公主薨,朝廷下诏叫李淑去写碑文。这个李淑也不知出于什么考虑,一开始就扬言,一定要把长公主为丈夫向真宗求情一事写进去,认为那件事尤其彰显其美德。死者的儿子一听,这不等于是张扬父亲当年的丑闻吗?没办法,只得用重金贿赂李淑,最后才没有写。

这个李淑的身份是翰林学士,而且判流内铨。这种身份比较特殊,因为翰林学士属于内制,而流内铨是吏部的一个部门,相当于中组部的干部局,掌管干部任用和考核。皇帝通过自己的秘书(翰林学士)来掌管人事,这种做法是从太宗晚年开始的,后代偶有效仿,但也并非惯例。按理说,李淑是搞干部考核的,对宗室皇亲中的这些八卦新闻有所了解并不奇怪,但这件事有一个最大的不可信,那就是宋代政治的一条重要原则是不杀士大夫,况且真宗天性仁厚,李遵勖又是他的亲妹夫,其即便出轨,真宗也不会起杀心。因此,上面所说的一系列情节明显是不合理的。看来,即使是司马光那样的老实人,笔下有时也难免哗众取宠。

注释

〔1〕〔2〕〔3〕〔6〕〔7〕〔8〕(宋)李焘《续资治通鉴长编》卷七十一。

〔4〕〔5〕《续资治通鉴长编》卷八十八。

〔9〕开过怀:妇女第一次生育称为开怀。

〔10〕〔11〕〔12〕《续资治通鉴长编》卷七十三。

〔13〕〔14〕〔15〕〔16〕〔18〕〔19〕〔20〕〔21〕〔22〕《续资治通鉴长编》卷七十四。

〔17〕"俟河之清,人寿几何",出自《左传·襄公八年》。

〔23〕(宋)吴曾《能改斋漫录》。

〔24〕〔25〕〔26〕〔32〕〔33〕〔34〕〔35〕〔36〕《续资治通鉴长编》卷七十五。

〔27〕〔28〕(宋)王铚《默记》。

〔29〕〔30〕(宋)释文莹《湘山续录》。

〔31〕(宋)王辟之《渑水燕谈录》。

第七章　南谒

1. 刘娥出场了

祥符五年二月,王旦由集贤殿大学士改昭文馆大学士。昭文相,首相也,这同时也意味着,自景德三年二月以来他一人独相的局面要发生变化了。果然,不久以后,向敏中再度入相,向敏中第一次入相是在咸平四年,一年后即因为和张齐贤争娶一个姓柴的寡妇被免职。但免职只是为了对汹汹舆情有所交代,官家对他其实一直圣眷未衰,车驾东封和西祀,都以他为东京留守,就是他再回中书的信号。进奏院有一份邸报,专门刊载朝廷人事任免的消息,偶尔也用几则社会新闻作为补白。在公布向敏中入相的那一期邸报上,有一则很不显眼的社会新闻:

慈州言民饥,乡宁县生石脂如面,民采以为饼饵。[1]

这种新闻一点也不好玩,其背后是饿殍遍野的世相图。所谓像面粉一样可以"采以为饼饵"的"石脂",俗称观音土,吃了以后不消化,又拉不出,只能被活活憋死,其唯一的好处是好歹可以做个饱鬼。而这里所说的"乡宁县",就在官家不久前西祀的汾阴北面不远,今天这些吞食观音土的饥民中,说不定就有当时"观者溢路"中的观者,当时那场面啊:

民有扶老携幼不远千里而至者,或感泣言曰:"五代以来,此地为战场,今乃获睹天子巡祭,实千载一遇之幸也。"[2]

这种感激涕零的做派和腔调,国人何其熟悉:忆苦思甜,感恩今上,天大地大,没齿不忘。但感激之言尚在,涕零之泪未干,转眼间他们又吃观音土了,这也是"千载一遇之幸"吗?据我所知,在漫长的中国古代社会,吃观音土还说不上"千载一遇",以史书上的记载而言,大约百把年就可以吃到一次了。

王旦昭文相的身份明确以后,就实职而言,他已经位极人臣,没有提升空间了。那么官家用什么来调动他的积极性呢?当然有办法。官家那里还有一大把荣誉性的虚衔,例如司空侍中太师之类,这些荣衔标志着一个人的历史地位,而且俸禄也会相应提高。当然,帝王的驭人术不光有温情脉脉的赏赐,还有硬的一手,那就是把你从位子上拿下来,宰相外放州府,这是常有的事,虽然有使相的名头,但谁都知道那玩意是没有分量的。

对于王旦来说，这些都没有多大意义，因为他既不贪恋这一人之下万人之上的交椅，也不眼馋官家手里的那些荣衔。到了他这个年纪，生前的荣辱已逐渐失去了炫目的光彩，身后的名声才是生命中不能承受之重。自承天门天书以后，官家导演的那些装神弄鬼的闹剧愈演愈烈，他就像一个演员进入了角色以后就出不来了，以至心醉魂迷一发而不可收，谁也不知道接下去他还要搞出什么荒唐的事来。而在这些荒唐的背后，宰相王旦总是如影随形。"旦为天书使，每有大礼，辄奉天书以行，恒邑邑不乐。"[3]这是《宋史》中的描写。可以想见，在这些年的礼仪典礼中，天书导卫使王旦脚下的那段"导卫"之路是何等漫长，那是为谎言正名的帮闲之路，也是走向耻辱的不归之路。这么多年走下来，王旦硬是把宰相的高贵走成了小丑的滑稽。当一种高贵的职业不幸沦落为滑稽时，无疑标志着一个时代的堕落。不错，宋王朝立国已经半个世纪，现在已然不是一个英雄的时代，荡漾在开国君臣中的那股叱咤风云的英雄气已然远去，但这并不意味着要以小丑的滑稽为荣。自祥符元年以来，王旦一次又一次地为宰相这一光鲜的职务添上个人的耻辱感。他内心的纠结、痛苦、悔恨甚至抗拒谁人能解？卿本佳人，奈何作贼！他当然"邑邑不乐"，特别是随着年事日高，所谓青史名节越来越成为一个传统士大夫的心头之痛。他要找一个合适的机会为自己辩白，至少要为将来开脱保留余地。这个机会必须是大庭广众，高层荟萃；又必须是以天书祥瑞之类为主题的重大活动。很好，想找机会机会就来了，祥符五年年底，朝廷在龙图阁举办以各类祥瑞现象为题材的大型图片展,参展的祥瑞图共一百四十八幅。这种活动的开幕式没有理由不隆重,且看出席官员的阵容:

> 宗室、辅臣、两制、尚书丞郎、两省给谏、三司副使、刺史已上。[4]

这里的"已上"同"以上","尚书丞郎"即六部侍郎,"给谏"即给事中和谏议大夫。也就是说,中央机关副部级以上的官员和宗室皇亲都来了。于是,王旦当众讲了这样一番话:

> 臣顷为大礼使,有奏祥瑞,非臣亲见也,据司天监邢中和状耳。愿令史官并书其实。[5]

什么意思?第一,我虽为大礼使,但降符瑞那些事我从来没有亲眼见过,都是有关部门的报告。第二,请史官把我说的这些如实记录,立此存照。

因自称"臣",这段话的对象应该是官家。话的意思很明确:我不为这些事情的真实性负责。在公开场合,王旦从来都会维护官家的面子,这是君臣之道的重要前提,一个老是和皇上唱反调的宰相在中书是待不长的。王旦机敏世故且心思缜密,也很懂得妥协,那么他今天为什么不给官家面子呢?这恐怕与同一天发生的另一件事有关。这件事是:

235

> 丁亥，立德妃刘氏为皇后。[6]

刘娥出场了。

刘娥得宠是必然的，因为这只是官家和她两个人的事，两个人的事只要你情我愿就搞定了；但是当皇后却难说"必然"，因为这是朝廷的事，除去他们俩你情我愿，还要听大臣——特别是宰相——的意见。

当然，前提条件还必须——中宫虚位。真宗登基后立宣徽南院使郭守文的女儿为皇后，其他女人如果觊觎中宫，就必须等郭氏去世或被废，老实说，这种机会可遇而不可求。好在皇帝的女人大多活不长久，红颜薄命这个词仿佛就是为她们准备的。早在郭氏之前，赵恒即有正妻潘氏，为开国名将潘美之女，但该女没等到丈夫坐上皇位，即在二十二岁时去世，后来被追封为章怀皇后。郭氏比潘氏的命运要好些，她不仅风风光光地做了皇后，而且比潘氏多活十岁。景德四年，郭后随真宗巡幸西京，回宫后病逝，享年三十二岁。皇后薨，中宫虚位，这下其他女人的机会来了。但官家不忙，因为他已认准了刘娥，他要等刘娥走完——从美人到修仪到德妃的——台阶，再"登堂入室"。这中间恰好又发生了一件大事，祥符三年四月，刘娥身边的侍女李氏为官家生下皇子赵受益，因李氏身份低微，官家顺理成章地将皇子交由刘娥哺养——这就是后世舞台上《狸猫换太子》的原始情节。其实刘娥当时的身份也仅仅是美人，官家把唯一的皇子交付给这个女人，也许是提前向外界释放的信号：大家都听着，正位中宫者,非刘娥莫属。

官家为什么要提前向外界释放信号呢?因为他还不能算稳操胜券,需要引导舆情。客观地分析,刘娥的优势和短板都显而易见。她最大的优势是官家的钟情,且一往情深。皇后毕竟是官家的皇后,官家虽然不能说了算,但也绝对不会说了不算,他至少拥有最终决定权。而且他还可以操纵游戏的程序,使之服从于自己的意愿,例如当支持刘娥的意见占上风时,他当然顺水推舟成其好事;如果反对的意见占上风,他可以按兵不动,暂时搁一搁,过了风头再说,这中间可操作的余地很大。再说短板。刘娥最大的短板是出身寒微。不光寒微,而且说不上清白。她这种身份,做贵妃别人不说什么,因为说穿了贵妃就是皇帝的性伙伴。但是当皇后不行,皇后不光是皇帝的性伙伴,更是全国女性的形象代言和道德楷模。一个江湖卖艺的戏子,一个走街串巷的银匠老婆,一个曾被太宗皇帝勒令逐出王府的野女人,怎么能母仪天下呢?这中间还有一个大背景,本朝自开国以来,太祖太宗特别讲究与手下的武将结为儿女亲家,皇室子弟多迎娶将门之女,将门之子亦多尚皇室公主,其目的在于凭借盘根错节的婚姻链条结成利益共同体,消弭高级将领的离心倾向,以致后来士大夫阶层亦联姻成风,这实际上是婚姻关系中的一种新的"阀阅"。因此,像刘娥这种社会底层出身的女子,即使凭姿色成了皇妃,也不配入主中宫,官家的意愿遭到一些大臣的抵制就如同遭到另外一些大臣的拥护一样正常。

"一些"大臣指的是参知政事赵安仁、翰林学士杨亿等。

"另外一些"大臣指的是知枢密院事王钦若、参知政事丁谓（他刚刚进入执政班子）等。

宰相王旦态度存疑。

赵安仁是太宗朝名相吕蒙正之婿。大家都知道，吕蒙正有十个儿子，但正如他对真宗所说："臣之子，豚犬耳。"官都做得不大，只有女婿赵安仁和丁度官至参知政事。赵安仁是从翰林学士晋升参政的，翰林学士肯定文章好，但文章的好法各有不同，例如杨亿，公认为当今第一才子，他的文章丰赡富丽、以辞采胜，这种人叫能写。而赵安仁的文章则以学识见长，这种人叫会写。"澶渊之盟"前夕，契丹派使者携国书来宋营议和，由于宋朝和契丹这几十年一直在打仗，朝廷上下，耳熟能详的外交语言都是咬牙切齿的诅咒和讨伐，对和平外交的诸多事宜已经没有概念了，以至准备回人家国书时，连国书的体制都忘了。这看似小事，但如果弄错了，不光有失国体，甚至可能危及双方脆弱的互信机制，再起干戈。好在刚由知制诰拜翰林学士的赵安仁扈驾澶州，在诸多文章高手中，此公属于那种以学识见长的渊博之士，他还依稀记得太祖时的聘问书式，也就是说，他"会写"，而现在要的就是一个"会写"。官家便"首命安仁撰答书"。[7]这时候，是生灵涂炭还是太平开篇就系于赵安仁笔下了，纤笔一支谁与似，十万貔貅精兵啊！其实又何止十万精兵。后来的情节大家都知道，"澶渊之盟"给宋辽两国带来了一百多年的和平。赵安仁是个埋头做事的人，也从来不喜欢出风头，澶州答书恐怕是他平生出得最大的一个风头，但有了这一次，官家对他的良好印象便基本奠定了。

官家对赵安仁的良好印象还算不上圣眷正隆，何况所谓圣眷从来都是靠不住的，更何况是在宠妃和佞臣的双重搬弄之下，官家先前的那点良好印象顷刻灰飞烟灭。赵安仁反对官家立刘娥为皇后，这很正常，因为他不懂得看政治风向和长官脸色。他不仅不认可刘娥，还主动建议立沈才人为皇后。沈才人是太宗朝宰相沈义伦的女儿，自然是大家闺秀，也自然知书识礼，德言工容，堪为表率。官家心里很恼火，但也说不出什么。所谓欲加之罪何患无辞，他现在还真的找不出什么罪名加在这个老实人头上。这事本来也就过去了，你推荐沈才人，我就当没听见，这不就结了？但官家想结了，却有其他人不肯放过，因为王钦若知道了。王钦若的人生信条是把损人进行到底，损人利己的事固然争先恐后，损人不利己的事也乐此不疲。他是从什么渠道知道赵安仁向官家推荐沈才人的呢？无从查证。反正他知道了，知道了他就要使阴招，因为阴招使好了，不仅可以打击赵安仁，还可以讨好官家和刘娥。此人心机之险恶是不用怀疑的，其手段之下作也是不用怀疑的。一次官家和他聊天问大臣中谁是有德望的长者，王钦若做出心悦诚服的样子，说了赵安仁的名字。当官家愿闻其详时，他装着不知道赵安仁反对刘娥而推荐沈才人的事，只说赵安仁当年曾受知于沈义伦，一直知恩图报，以至沈义伦去世这么多年了仍一直念兹在兹地眷顾沈家，如此德望，不亦君子乎！好了，他只说这么多，别的不说了。王钦若这一手玩得真叫滴水不漏，或者说他表演得很无辜，因为他说的都是赵安仁的好，接下去让官家自己去想。官家当然会想，而且越想越气愤，好你个赵安仁，怪不得你反对刘德妃入主中宫，怪不得你要推荐沈才人，原来你是……册立皇后这样庄严的大事，却被你当作人情私相授受，是可忍，孰不可忍。

还是那句口头禅：且待理会。

但这次的"理会"不是敷衍，而是真的要"理会"了——这里的"理"就是处理，"会"则应该是会同宰相，因为在当时的制度环境下，如果没有宰相的同意，皇帝是不能随心所欲地处理一个执政级官员的。官家向王旦提出要罢免赵安仁，但罢免的原因又难以启齿，只能找一些赵安仁处理政务上的问题，结果被王旦轻而易举地用"解释"驳回。官家也不便坚持，只能尴尬地说：不知道是这样，那就让他好好干吧。

但这只是双方的第一个回合，不久以后，赵安仁的参知政事还是被罢免了。其中情由，史料缺乏记载，比较合理的推论是，一方面，官家后面的刘娥开始发力，"枕边风"一吹，官家不想强硬也得强硬；一方面，在和皇权的周旋中，相权本来就处于弱势，从王旦处理君臣关系一以贯之的方式来看，大概是在官家的再次要求下，他做出了同意罢免的表态。而官家也同样给了王旦面子，虽然罢免了赵安仁的参知政事，却把他的官阶由刑部侍郎晋升为兵部尚书。也就是说，实职拿掉了，级别和俸禄却提高了，这是皇权和相权之间的一次双向妥协。

妥协是权力运作中的润滑剂，特别是对于一人之下万人之上的宰相来说，妥协是一项重要的基本功。太祖初年的范质曾四朝为官，两朝为相，他说过这样的话："人能鼻吸三斗醇醋者，即可为宰相矣。"[8]这里说的不是喝，而是"鼻吸"；不是三杯，而是"三斗"，这得有多大的忍性。当宰相就是要有忍性，就是要懂得妥协，不然怎么叫宰相肚里能撑船呢？但妥协毕竟是一种不得已，而不是为了逢迎，如果为了逢迎那就是世故圆滑，这中间的区别就在于自己内心有没有痛苦，逢迎者怎么会有痛苦呢？他们只会有一种炫技般的自我欣赏。

王旦对官家的妥协属于世故圆滑还是不得已呢？不好说，恐怕两种情况都有。具体到刘娥立后，他其实一直没有明确表态，不表态本身就是一种表态：不赞成。但是他知道，官家和这个女人从一见钟情开始，后来因为太宗皇帝棒打鸳鸯而不得不转入地下偷情——请仔细体味一下这个"偷"是多么令人销魂且浮想联翩——再后来是有情人终成眷属。就这样一路走来，又加上中宫虚位，你说，官家能不让刘娥"登堂入室"吗？这种事别人再怎么阻挡也是徒劳的。与其徒劳，那还不如不说。此外，亦不排除王旦心有隐忧。名门闺秀，从小受到严格的诗礼教育，循规蹈矩是最基本的道德信条，其见识形止不会太过分。小户人家的女子，要么一辈子出不了头，出头者往往有非凡的心机，为了成功而不择手段，置起码的底线于不顾。这种人一旦跻身高位，绝非王朝幸事。本朝的政治设计虽然对后妃弄权有严格的限制，但制度是人执行的，官家只有一个皇子，而且尚在冲龄，万一官家中道崩殂，皇后以垂帘听政的名义走上前台，则武周代唐之事殷鉴不远。王旦内心不赞成立刘娥为后，但又知道反对不了，他只能沉默。到了后来，刘娥入主中宫已成弦上之箭，而且已经预定了册封日期，王旦却突然以健康原因告假。实际上他是想逃避为此事表态，亦逃避为可能出现的历史后果背负责任。按照惯例，在立后的诏诰里应有"谋于公卿，咸以为宜"的表达，若宰相既没有表态，也没有参加册封仪式，所谓"咸以为宜"从何说起？刘娥是心机极深的女人，她要求推迟册封仪式，等宰相上班后再行大礼。她不怕夜长梦多，她也不认为到时候王旦会投反对票，她自信满满，笃定泰山。

刘娥的自信是有道理的，王旦后来果然没有投反对票，他是成熟的政治家，事实证明，政治家越是成熟越是瞻前顾后，反倒是政治上不那么成熟的杨亿，敢于公开表示对刘娥的不屑。杨亿的才名大啊，其领衔西昆的巨大声誉就不去说了，当初他少年得志，初入馆阁，给执政大臣写了一封感谢信，其中即有这样的句子："朝无绛灌，不妨贾谊之少年；坐有邹枚，未害相如之末至。"[9]以贾谊和司马相如自喻，可见其心气之高。他二十一岁那年的三月，后苑举行钓鱼赏花宴，当时杨亿的身份是光禄丞，这是个寄禄官名，并无实职，没有资格参加后苑的宴会和娱乐活动。杨亿写诗向同事发牢骚："蓬莱咫尺无由到，始信仙凡自不同。"[10]有人把诗呈给皇上，太宗知道这个人才气很大，问为什么不让他参加？回答说他不够格。太宗当即就任命他为直集贤院，叫他不要上表谢恩了，马上来参加宴会。杨亿才名之大，还有一个重要佐证，他是翰林学士，但翰林学士不止他一个，大家轮流值班。朝廷任命高官,凡是被任命者都希望由杨亿为自己起草制词(以皇帝名义发出的任命书),他笔下那种汪洋恣肆的典雅和华丽在任命书中确实让人很受用。由此亦可见,作为一种文学流派,西昆体在诗坛上何以行之不远:那些原本就是点缀升平的酬唱之作,大多形式胜于内容。

官家和刘娥都希望由杨亿起草立后诏诰,在今天看来,这对于官家应该是一句话的事;而对于杨亿,甚至可以说是一种求之不得的荣耀。但在宋朝那个时候,特别是面对杨亿这样的文人,事情就不那么简单了。为了争取杨亿的大手笔,官家特地托丁谓去向他说项,因为丁谓也曾是西昆酬唱那个小圈子中的一员。丁谓知道杨亿反对刘娥入主中宫,但他自信可以说动对方,不是凭私人交情,也不是凭三寸不烂之舌,而是凭这句他自认为可以所向披靡的许诺:

大年勉为此,不忧不富贵。[10]

"大年"是杨亿的字。你老兄就委屈一下吧,这件事做了,还愁没有富贵吗?

丁谓是绝顶聪明的人,但聪明人有时也会犯糊涂,你怎么能对杨亿讲这种话呢?对于以清高自命的士大夫来说,这不是侮辱人吗?杨亿当然不愿蒙受侮辱:

如此富贵,亦非所愿也。[11]

不欢而散。

刘娥的立后诏诰后来据说出自陈彭年之手。陈彭年是个学者，当时有人把附和皇上鼓吹天书祥瑞最活跃的几条汉子合称"五鬼"。"五鬼"者，王钦若、丁谓、林特、刘承珪、陈彭年也。这中间，王钦若本来就是狂热的宗教信徒，丁谓和林特是理财专家，刘承珪是大内总管，再加上一个舞文弄墨的学者陈彭年，"五鬼"联手，把祥符年间弄得乌烟瘴气。陈彭年为刘娥起草立后诏诰后，很快就验证了丁谓对杨亿说的那句话："不忧不富贵。"他先是由右谏议晋升翰林学士兼龙图阁直学士，不久又拜参知政事。也就是由正四品提拔为正二品并且进入了执政行列。只是他福分浅薄，很快病逝。陈彭年死后，官家亲临吊唁，见其家简陋破旧，感慨不已。这个人做了一辈子官，俸禄也不算少，但都被他买书了，身后未留下任何家财，以至于生活十分困窘。一个人的品行和政治操守其实并没有必然关系，陈彭年的品行不算差，学问也做得不错，作为南唐旧臣，政治上自然如履薄冰。他是搞意识形态的，跟风、看上峰脸色、阐释圣意，这些都是必须的，在当时那种群体性高烧的气候下，希合君主可以理解，毕竟是贰臣，毕竟是书生啊。

杨亿得罪了官家，但他似乎并不在乎，因为他是官家的潜邸旧人，官家为襄王时他是记室参军，官家为开封府尹时他是麾下的推官，这两个职务都与文案有关，因此"邸中书疏，悉亿草定"。[12] 他的身份一直是官家的大秘，有了这层关系，官家对他总要高看一眼或宽容几分，别人也不方便在官家面前说他的坏

话。但现在不同了,他拒绝草诏以后,有些人不仅幸灾乐祸,而且似乎发现了下蛆的缝隙,于是不久就发生了这样的事:

> 杨文公在学士院忽夜召见于一小阁,深在禁中,既见赐茶,从容顾问久之,出文稿数箧以示大年云:"卿识朕书迹,皆朕自起草,未曾命臣下代作也。"大年惶然,不知所对,顿首再拜而出。乃知必为人所谮矣,由是佯狂,奔于阳翟。[13]

这个在官家面前下蛆的家伙干得很专业,官家喜欢舞文弄墨,动不动就写诗著文,或令近臣和进,或下发官员们学习。喜欢写作的人往往特别自恋,一个帝王喜欢写作,那就更加自恋加自负了,这时候有人向他打小报告,说杨亿在外面吹牛,意思是官家的作品都出自他杨某人的代笔,这不仅太伤官家的自尊,而且政治影响也不好,官家能不连夜召进杨亿以自证清白吗?

需要说明的是,官家这里给杨亿看的"文稿数箧"大抵是他的诗文,也就是文艺创作,并不包括学士们为他起草的诏书和文件,因为那些诏书和文件学士们是可以毫不客气地作为自己的作品收入文集的。宋代的文人士大夫牛啊,后来他们的同行就没有此等待遇了。清代中期荣宠三朝的名臣张廷玉,晚年被抄家罢官,其原因就是乾隆怀疑他私下保存了诏制的手稿。从这一点来看,宋朝的这位真宗皇帝为了表白自己的诗文"未曾命臣

245

下代作",竟然要"出文稿数箧"让别人验证笔迹,这就迂腐得有点可爱了。设问,如果皇上没有保存好自己的手稿,是不是就无法证明自己的著作权?对于此后的帝王而言,这简直是天大的笑话,让一个口含天宪的帝王来证明作品是自己写的而不是别人代作的,这不是脱裤子放屁吗?这些作品——诗词、文章、诏书、制诰,一字一句,所有的所有——都是朕的光辉思想和呕心沥血的体现,与执笔者一毛钱的关系也没有,朕出诗集、出文集、出选集、出全集,拿天文数字的版税,与尔等有何相干?切!

这个在官家面前打小报告的家伙,估计不外乎王钦若或者丁谓。当然陈彭年也有可能,文人相轻或相妒,古今皆然,而所谓老实人做瞎事,也并不鲜见。还有一点,王钦若和丁谓都是执政大臣,宋代采取二府班子(执政)集体觐见皇帝的制度,极少有个人面见皇帝、独进谗言的机会。而陈彭年为官家起草立后诏诰,反倒有了被私下召见的机会,也就有了讲这种话的语言环境。

刘娥立后的册封仪式在祥符五年腊月。这个腊月,京师的气氛并不祥和。月初,大雪苦寒,京师炭价腾贵,贫民多冻毙者。朝廷"令三司出炭四十万,减市直之半以济贫民"。这个"四十万"后面的单位应该是"秤"吧,每"秤"为十五斤,但对于百万人口的大都市来说,仍然不敷供应,反而徒添混乱。派售减价炭的场所又太少,于是小民奔凑,秩序大坏,踏死了人,朝廷还得抚恤死者家属,埋瘗孤苦无族者。这个腊月,丧事喜事接踵而来,天灾人祸凑在一起。

2. 天有病，人知否

"上有所好，下必甚焉。"这说的是上行下效层层加码的恶劣风气，这里的"甚"不仅指程度上更厉害，还有横生枝节无理取闹的意思。本来是上边喜欢什么，下边也跟着喜欢，而且变本加厉。但更有"甚"者，看准了风向，以高举紧跟为名，徇投机钻营或罗织倾陷之私，弄得风气大坏。例如祥符六年三月的"诋天书案"。

"诋天书案"，这标题一听就让人胆寒，换成现代语言就是"恶攻案"。这种案子一旦坐实，被告的脑袋恐怕是保不住的，可见原告如果不是心毒手狠就是有深仇大恨，更大的可能是心毒手狠加深仇大恨。该案的具体案情史料中语焉不详——此类案件一般都不会公开具体案情，理由很堂皇：防扩散。而且《宋史》和《续资治通鉴长编》中的记载互相矛盾。我们只知道原告叫魏刚，被告叫周惟翰，两个人都是进士，而且（可能）是朋友，因"素有隙"，魏刚就告发周惟翰"诋天书"，但最后"按鞫无状"，[14]也就是审理后没有发现证据。宋代的法律体系比较完备，既然没有证据，那就是诬告，就得反坐，魏刚被流放崖州（海南省三亚市）。和魏刚有亲戚或朋友关系的大理寺丞魏瑾和郾城县令张沔也参与了此事，于是一个被革职，一个被降职。但被诬告的周惟翰的下场也不好，被"勒出科场"，从此断了读书做官的前程，这就很令人费解了。大概有关方面认为"虽然查无实据，也应事出有因",惹上了这种大案,岂能让你全身而退?一场闹剧,最后没有一个是赢家。

这件案子涉及对几名进士和官员的处分,宋代官员的任免权都在皇帝手上,因此,官家对此案的来龙去脉应该是知情的,那么,他对像魏刚这样的举报者心理感觉如何呢?一般来说,作为最高权力的掌控者,人主肯定会鼓励举报,因为那等于延伸了自己的耳目功能,有助于提高统治效率。但他们也知道,每个举报者的背后,都有一种人格残缺,对他们的鼓励,有时等于召唤恶的力量,一个健康的社会,不应为了追求效率而无视对社会道德底线的侵蚀。对此,官家还算是清醒的,就在前不久,他刚刚否决了三司的一项提议:

> 三司请民有贩茶违法者,许家人告论。上曰:"此犯教义,非朝廷所当言也。"不许。[15]

贩私茶肯定是违法的,在一个农业社会里,食盐和茶叶的专卖占国家财政收入很大一块,对作奸犯科者施以严刑峻法也是必然的。三司的主事者先前是丁谓,现在是林特,这两个人都属能吏,有才干,多智术,鼓励家人举报贩私茶即智术之一种。但官家以"犯教义"而不许。关于这段史实,《宋史》中的记载为,帝谓以利败俗非国体,不许。[16]无论是"犯教义"还是"以利败俗",意思都是一样的。人为制造"亲"和义的对立,鼓励家人"大义灭亲",对国家而言,此为恶法;于民间而言,此为恶俗。

相比于具体私茶案的破获和国家财政收入的增加,家庭亲和力的解体和社会道德根基的坍塌才是值得警惕的。一个人与人之间缺乏信任和爱的社会是没有温度和凝聚力的社会,若亲情隔膜,人伦瓦解,这个社会的稳定将无以为继。因此,在任何一个时代,鼓励"大义灭亲"都是得不偿失的,这是一条基本常识。"诋天书案"是在全国上下因天书祥瑞而热昏的大环境下的极端个案,这是一种对圣意的曲线逢迎,经过这几年的折腾,大家已摸清了官家所患的仪式依赖症的典型症候,即每过一段时间就要找一个兴奋点折腾一下,从天书屡降祥瑞迭出到东封泰山,西祀汾阴,那么,下一个兴奋点在哪里呢?对于各州府的地方官来说,他们现在所面临的课题,就是如何运用本地元素,做好逢迎官家的大文章。

祥符六年正月,舒州抢先行动了。知州苏国华上书,说本地官吏、僧道、耆老二千二百七十人联名请愿,请车驾南下,谒灵仙观。

舒州属淮南西路,灵仙观是舒州的一处道观。应该承认,苏国华的思路是对头的。东封朝谒的是天神,那是万物的主宰;西祀朝谒的是地神,那是万物的根基;接下来应该朝谒掌控信仰的教义之神。赵宋的国教是道教,请求朝谒灵仙观顺理成章。这是一次光明正大的投机——投官家宗教狂热和仪式依赖症之机。但对于舒州官民的请愿,官家"诏谕止之"。[17]他为什么不同意呢?原因可能是:一、在道教的诸多宫观中,灵仙观不具有代表性,更不具有唯一性,资格不够。二、开封在黄河南岸,舒州在长江北岸，相距一千二百余里，车驾一动，难免扰动地方。且路程越长，基本设施的投入就越大。虽说朝廷不差钱，但沿途的京西淮南诸路近年迭经旱涝，民生多艰，若车驾千里铺张，有违圣上初心，政治上的影响也不好。

舒州请愿的意义在于启蒙，它的大方向无疑是正确的，只是限于自身的条件，才没有成功。接下来应该轮到亳州出场了。

> 己酉，亳州官吏父老三千三百六十人诣阙，请车驾朝谒太清宫。[18]

这条消息的新闻价值不大，因为类似的消息前些年已经出现过几次了。相比于先前类似的新闻，亳州的特色在于行动更坚决，因为他们具有得天独厚的优势。亳州太清宫是道教鼻祖老子的诞生地，可谓道教之祖庭，亦是赵宋王朝意识形态的祖庙。官家要朝谒意识形态的老祖宗，亳州太清宫是最具有权威性和唯一性的选择。开封距亳州只有四五日行程，朝谒虽难免兴师动众，却无须劳师以远。正因为如此，亳州方面摆出了毕其功于一役的姿态。首先他们不是由知州扭扭捏捏地向朝廷上书，而是直接组织父老们浩浩荡荡地"诣阙"请愿。东封前，兖州"诣阙"请愿者为一千二百八十七人；西祀前，河中府"诣阙"者为一千二百九十七人，现在亳州一下子组织了三千三百六十人的队伍，可见志在必得。请愿者赴京正值农历七月中旬，虽已立秋，但暑气未消，组织这么庞大的以老人为主体的队伍徒步赴京,是需要很大魄力的,万一路上热死了人怎么办?这个亳州知州有魄力,他得到了官家的赏识,官家"召对崇政殿,慰赐之"。[19]当然,官家召对的不光是知州,还有亳州父老的代表,这说明,车驾南谒的请求已经得到了认可。

接下来的程序基本上是抄以前的作业,围绕着车驾南谒,先是文武群臣上表请求,然后是朝廷正式下诏。但和前次稍有不同的是,东封西祀之前,群臣上表都至少把"请"与"拒绝"的文字游戏重复三次,即所谓的"表既三上"。这次群臣似乎只上了一表,官家马上"许之",这是不是有点……太迫不及待了?当然不是。上次西祀,从河中府父老诣阙请愿到朝廷正式下诏,前后总共八天;这次从亳州父老诣阙请愿到朝廷正式下诏,也是八天。这个八天,除去阁门请愿和金殿颁诏,正好是群臣上表"三请三复"。如果这期间没有"表既三上",将无法解释为什么官家已在崇政殿召见了请愿者,且"慰赐之",大臣们却要等到八天以后才上表。这肯定是不正常的。此番史书上之所以没有"表既三上"的表述,很可能是因为修史者自己也觉得这种文字游戏太滑稽老套,反正每次都是"三请三复",省略两次也无妨。

再接下来就更加熟门熟路了:成立工作班子(奉祀经度制置使之类),制定相关礼仪。按照惯例,先派一个执政级的官员到亳州去打前站,这次是派丁谓判知亳州。丁谓一到亳州就有了立竿见影的政绩,当然是关于祥瑞方面的。先是报告太清宫桧树再生,真源县菽麦再实。过了一段时间,又向朝廷献灵芝三万七千余本。其实丁谓和王钦若不同,他并不信奉鬼神之事。

但对于一个精致的利己主义者来说，信仰什么并不重要，重要的是利益，正是在利益的驱使下，不信奉"怪力乱神"的丁谓毅然投身于祥符年间的天书祥瑞大潮，成为弄潮的"五鬼"之一。

太清宫桧树再生和真源县菽麦再实的祥瑞奏报送到京师，官家大喜，又"作歌示近臣"。我不知道这个"作歌"是否包括谱曲，但官家肯定是能谱曲的，前年有司（即所谓的有关部门）上奏，说唐朝的宗庙乐章均出自明皇，请官家为本朝宗庙创作乐章。官家当仁不让，从文舞到武舞，从序曲到尾声，一出手就是十六曲乐章。官家的才华是全方位的，诗、歌、词、赋、铭、文、记、赞，抓到篮子里就是菜。祥符以来，朝廷踵事增华，官家的创作热情也很高，兴之所至，欣然命笔已成常态。写好后往往还要赐群臣作和。但大臣们并不都有他这样的才华和兴致，于是弄得不胜其烦。一次官家在玉宸殿赐宴赋诗，签书枢密院事马知节是个武人，推辞说自己不会写诗，但官家不许。马知节只得硬着头皮凑几句顺口溜，估计比后来那个丘八写的"大炮开兮轰他娘"或"远看泰山黑乎乎，上头细来下头粗"也好不到哪儿去。当然，也有一些官员认为与皇上和诗是无上的荣耀。祥符十年六月，官家作诗赐近臣及两制三馆，令群臣和进。有一个叫梅洵的官员——后来很著名的大诗人梅尧臣的叔父——刚刚以馆职外任，但仍上书请求赐予次韵的资格。官家同意了他的请求，"诏写本附驿赐之"。[20]特地通过驿站把御制诗的抄件送给他。梅洵可谓"希合"有术了。这样的表演太过分也会引起别人的反感，名相李沆去世前，真宗向他征求用人之道，李沆说：不要用小人。真宗问朝中哪些人是小人，李沆说了三个人，其中第一个就是梅询。这是十年前的事了，梅询亦因此一直沉沦下僚，郁郁不得志。

官家有诗文之好，下面就有人投其所好，各部门都争着请他题诗著文，他也当仁不让。祥符五年，大臣们请求出版官家的诗集，分赐给中央各部委主要领导以上的高级干部。过了一段时间，向敏中、丁谓等人又请求将官家诗集的分赐范围扩大到所有在职和致仕官员，人手一册。于是迎取圣诗又成为各级官府竞相攀比的仪式，那时候，士农工商，一个人的社会地位似乎就看他是不是拥有一本皇上的诗集。那本印刷在上好的白麻纸——那种白麻纸一般用于书写封拜执政级高官的诏书，颁诏即谓之"宣麻"——上的诗集，一时竟成为官僚阶层当之无愧的徽章，令全社会为之歆羡。但稍感遗憾的是，在官家连篇累牍的诗文中，传之后世的大概只有《励学篇》中的两句："书中自有黄金屋"，"书中有女颜如玉"。这种赤裸裸的实用主义，如此朴素而又如此华彩，如此粗暴而又如此亲切，如此触手可及而又如此望眼欲穿，千百年来，它激励了多少人悬梁刺股地苦读，直到今天，它仍像小兽一样在莘莘学子的心底蠢蠢欲动。

一个皇帝喜欢舞文弄墨一点也不稀奇，官家的特点还在于他自觉的理论追求。近年来，随着对天书祥瑞的怀疑情绪潜滋暗长，官家的理论热情空前高涨，遇到需要辨析的理论问题，他不靠翰林学士，亦不用写作班子，而是亲自操刀辨疑解难。请看看这些文章的标题：《祥瑞论》《勤政论》《俗吏辨》，其锋芒所向,一目了然。这些文章着力于从历史与现实的结合上阐述道理,从理论与实际的结合上解决问题。大概是为了激发官家的理论热情,南谒太清宫的诏书发布以后,那个以往老是唱反调的龙图阁待制孙奭又上书反对。孙奭是个很可爱的反对派,以往他一次又一次的反调,仅仅是验证了官家宽容不同政见的雅量,这次却在雅量之外又验证了官家的理论素养。针对孙奭的质疑,官家随即作《解疑论》予以反击,这几乎有点大论战的味道了。但官家并不以势压人,而是循循善诱,"然知奭朴忠,虽其言切直,容之弗斥也"。[21]官家是不是真的认为孙奭"朴忠",这不好说,而且几次三番地被孙奭上书批评,心里也肯定不会舒服。但他不能斥责对方,更不能加罪,只能有话好好说,这是宋代政治值得欣赏的地方。如果往后几百年,才不管你"朴忠"不"朴忠"呢,龙颜不悦,先按在地上打一顿屁股,然后投进诏狱。至于要不要留下你吃饭的家伙,以观后效吧。你想与朕谈雅量,切,做梦去吧。

孙奭屡次进谏无功,难免有点情绪。他老家在郓州,就打报告要求调到老家附近的州府任职,理由是父亲年迈,典近郡以便侍奉。官家正好顺水推舟,第二天就发布了他知密州的任命。其实相比于开封到郓州,密州到郓州的距离要远得多,官家这完全是为了把他踢出朝廷。这个孙奭也不知是怎么想的,新的任命下达后,他却不去上任,又提出要扈从南谒,等从亳州回来后再去上任。这就叫人看不懂了。你不是反对车驾南谒吗?说什么"臣愿陛下早自觉悟,抑损虚华,斥远邪佞,罢兴土木,不袭危机之迹,无为明皇不及之悔".[22]把南谒说得像要亡国似的,怎么现在自己也要去凑热闹捧臭脚呢?以他的人品,总不会是眼馋扈从圣驾的那份恩例吧?看不懂。

经历了东封和西祀,有关部门现在对这种大型活动,已经熟门熟路。到了祥符六年年底,南谒的一切准备均已就绪,只剩下最后一个悬念:官家这次派谁留守京师。

十二月九日,悬念揭晓:

> 丙寅,以兵部尚书寇准权东京留守。[23]

寇准,那个在"澶渊之盟"中力挽狂澜,在景德年间红得发紫的政治强人,要东山再起了。

说"东山再起"是因为这些年他有些失意,你不要看前面那个"兵部尚书"的头衔,那是他的寄禄官阶,他眼下的实职是"判尚书都省",这说明他已调回中央,先在尚书省帮忙。寇准是能力和欲望都很强的人,长期外放州府他岂能甘心?七年前,因王钦若的谗言,他从宰相位子上判知陕州,后来又调到宋辽前线的天雄军,当时正好有契丹使者路过,人家坏坏地问他:"相公望重,何故不在中书?"这当然是讽刺他。寇准怎么回答呢?他说:"主上以朝廷无事,北门锁钥,非准不可耳。"有几分吹牛,也有几分解嘲,其实那时候恰恰不是"朝廷无事",而是北门无事。寇准这次调回中央,可能是官家为东京留守的人选预做准备,也有可能出自王旦的推荐。自天书事件以后,王旦一直陷于自责和无奈之中,加之年事日高,体羸多病,他不能不考虑今后朝廷高层的政治格局。面对"五鬼"乱政的朝局,在自己离开后,他寄希望于寇准重回中书。寇准和他同为太平兴国五年进士,那一榜因人才济济被誉为"龙虎榜"。寇准字仲平,其性格却一点也不平,倒可称嶙峋峥嵘,比之于王旦那种机敏周到的平世良相风范,寇准则大刀阔斧桀骜不驯,天生具有当领袖的器识。寇仲平人才难得,这几乎是朝野上下一致的评价,只不过有人赞赏有人忌惮罢了。

但"五鬼"中的刘承珪这次不能扈驾南谒了,当然,他现在不叫刘承珪,叫刘承规,这是官家给他改的。刘长期多病,到前些时候快不行了,道家有改名以渡劫难的说法,官家就把他名字中的珪改为规。其实,人要死,谁也拽不住,改个名有什么用?如果改个名就可以不死,世界上会有多少"老不死"的恶人到处游荡生事?刘承规大限已到,临死前,他向官家请求封他为节度使。在天书事件中,刘承规帮了官家的大忙,像承天门上的天书,要暗中作弊上蹿下跳,也只有作为皇城使的刘承规才能帮得上忙。因此,官家对他感念于心,对于他的临终请求也很想成全。但官员的任免,皇帝不能独断,为了取得王旦的同意,官家替刘承规求情:"承规待此以瞑目。"话虽然说得很可怜,还是被王旦以"祖宗法"否决了。宋朝的"祖宗法"往往来自"祖宗"对某桩事情的处理。当年,宦官王继恩于烛影斧声中对太宗继位有大功,后来又领兵平定了王小波李顺起义,中书建议让他任宣徽使,太宗不许。宰相力言王有大功,非宣徽使不足以赏酬。

太宗怒责宰相,让别议官名。最后创了个宣政使的名目授予王继恩。这次关于刘承规的授衔官家几乎是涎着脸请求,志在必得,但还是被王旦拒绝。最后,官家只能授刘承规节度观察留后致仕,翻译成现代语言就是:暂时代理观察使,就地退休。需要说明的是,观察使位次于节度使。刘承规接到这张退休通知就咽气了,可以想象,他是在极度失望中离开这个世界的。王旦的态度,固然是从朝廷大局出发,重申对宦官严格驾驭的"祖宗法",但对刘承规在天书活动中上下其手的憎恶,也应是深层次的原因之一。

祥符七年正月十六日,车驾奉天书启程南谒,至二月五日回到京师,历时二十天。东封和西祀在前,南谒还能有什么新的花头呢?"一切如仪"就很够格了。按照惯例,这前后一段时间各地都有祥瑞及形势大好的奏报,但老实说,那些奏报不仅内容毫无新意,而且就文章的技法而言也乏善可陈。幸亏有了冯拯的这封奏报,在枯燥死板的公文表情中显露出几分鲜活的眉眼,才为政府公文的文学性稍微挽回了一点面子:

> 知河南府冯拯言军巡院自春狱空,有鸠巢其户,生二雏。[24]

这个冯拯,也真会挖空心思。体现形势大好,狱空是几乎被说烂的话题。狱空说明主上英明,为政宽仁,触犯刑律者少之又少;也说明社会祥和,官员勤政,没有久拖不决的烂尾案和冤假错案。用狱空来体现太平盛世,放之四海而皆准。但下面报告狱空,往往失之于枯燥和空泛。也难怪,狱空就是狱空,有什么可以多说的呢?但冯拯却把狱空这样一个冷冰冰的意象,渲染得活色生香摇曳多姿,他选择了一个别出心裁的细节:由于长时间没有犯人,以至有斑鸠在监房里做窠安家,而且孵了两只雏鸟。这样的细节出现在公文里,简直可以用惊艳来形容。可以说,监房里的这只鸟窝和两只毛茸茸的雏鸟,其感染力超过了以往所有关于狱空奏报的总和,这是细节的魅力,也是挖空心思的效果。

冯拯和寇准分别是太平兴国三年和五年的探花。我再说一遍,在北宋那个时候,殿试的第二名和第三名均称榜眼,而以每榜最年幼的进士称探花。因此,到了祥符七年这个时候,同榜的其他人大多退出了历史舞台,他们两人还在努力上进。冯拯没有寇准那样的魄力和才能,他靠的是挖空心思的表演功夫,像这种用"鸠巢其户,生二雏"来反映狱空,进而反映形势大好,即是挖空心思之一种。还有一次,官家遣使劳问冯拯,且看冯拯如何表演:

使还,言拯奉诏感动,涕泗交下。[25]

一个大老爷们,众目睽睽之下,即使内心翻江倒海,也不至于"涕泗交下"吧,这只能说明,或者是冯拯的表演功夫太好,或者是冯拯对使者打点得到位,使者在向官家回报时作了有利于冯拯的夸大其词的渲染。

寇准十九岁就进士及第,一时君臣际会,头角峥嵘,他是能力很强也很自负的人。但在官场上历经坎坷之后,他现在也似乎不得不适应时代:

> 辛未,内出丁谓所贡芝草,列文德殿庭宣示百官,从寇准所请也。[26]

史学界一直有关于寇准反对天书祥瑞的说法,但我始终没有看到有力的证据,至少在祥符六年年底,官家有意让寇准复出时,他对祥瑞非但没有反对,反而表示了某种程度的迎合。而且这时候,他和"五鬼"之一的丁谓关系也并不差,"从寇准所请也",这不明明是主动为丁谓站台吗?

注释

〔1〕〔15〕(宋)李焘《续资治通鉴长编》卷七十七。

〔2〕《续资治通鉴长编》卷七十五。

〔3〕(元)脱脱等《宋史》卷二百八十二。

〔4〕〔5〕〔6〕《续资治通鉴长编》卷七十九。

〔7〕《宋史》卷二百八十七。

〔8〕(宋)江少虞《事实类苑》。

〔9〕(宋)徐度《却扫编》。

〔10〕〔11〕〔14〕〔17〕《续资治通鉴长编》卷八十。

〔12〕《宋史》卷三百零五。

〔13〕(宋)欧阳修《归田录》。

〔16〕《宋史》卷八。

〔18〕〔19〕〔21〕〔22〕〔23〕〔26〕《续资治通鉴长编》卷八十一。

〔20〕〔24〕《续资治通鉴长编》卷八十二。

〔25〕《续资治通鉴长编》卷七十六。

第八章　神圣祭坛

1."四一六"工程纪要

高阳关副都署杨延昭病逝,这个杨延昭大家应该熟悉,就是《杨家将演义》中赫赫有名的杨六郎,在小说和戏剧舞台上,杨家将在东京的官邸叫天波府,这可能与邻近天波门有关。天波门的名称只见于北宋时期的开封,其他城市罕见。

奉安天书的玉清昭应宫就坐落在天波门东侧,后来人们才知道,这是一个包括三千六百多间房子的庞大的建筑群,该工程于祥符元年四月十六日立项,按照现在的说法,不妨称之为"四一六"工程。

"四一六"工程至第二年五月十二日才正式开工,一年多的时间差很正常,这么大的工程,无非用于设计和备料。当然,这中间不用考虑拆迁,在一个专制体制下,作为朝廷的一号工程,拆迁只是一张通告的事，不会有"钉子户"存在的任何空间。

那么就备料吧，首选是砖瓦。建筑工程又称土木之土，因此有大兴土木的说法。"土"就是砖瓦，也包括石头，在五行中，这些都属于"土"的范畴。开封原有官办的东、西窑务，负责烧制砖瓦，供营缮之用。景德年间，为就近取得柴草和石炭（煤），朝廷将窑务移至京师西北三百里的河阳，烧造的砖瓦则借助黄河运送京师。玉清昭应宫立项后，原先的东、西窑务又重新恢复，而所用的柴草和石炭则从怀州、九鼎渡和武德镇收市，然后通过黄河运抵京师。当时烧造琉璃瓦须用黄丹，价格相当昂贵，但昭应宫多用琉璃，作为朝廷的一号工程，再贵也得用。直到六十多年以后，有许州贾士民献新烧瓦法，用黑锡代替黄丹，琉璃瓦的成本才得以大幅降低。这是中国陶瓷史上一次不大不小的革新，顺便记在这里。

木、石及其他材料备用大概，好在后人洪迈在《容斋随笔》中有记载：

……玉清昭应之建，丁谓为修宫使，凡役工日至三四万。所用有秦、陇、岐、同之松，岚、石、汾阴之柏，潭、衡、道、永、鼎、吉之楩、楠、槠，温、台、衢、吉之梼，永、澧、处之槻、樟，潭、柳、明、越之杉，郑、淄之青石，衡州之碧石，莱州之白石，绛州之斑石，吴越之奇石，洛水之石卵，宜圣库之银朱，桂州之丹砂，河南之赭土，衢州之朱土，梓、信之石青、石绿，磁、相之黛，秦、阶之雌黄,广州之藤黄,孟、泽之槐华,虢州之铅丹,信州之土黄,河南之胡粉,卫州之白垩,郓州之蚌粉,兖、泽之墨,归、歙之漆,莱芜、兴国之铁……[1]

这中间名目太多,看得我眼花缭乱,但其中的"吴越之奇石"还是让我有似曾相识之感,再联系其他史料中关于昭应宫工程"多载奇木怪石"入京的记载,[2]很自然地就让人想到了北宋末年弄得天怒人怨的"花石纲"。由此可见,宋廷从江南索取花石由来已久,并非崇宁大观年间才有此"大观",亦无使堪称美学骑士的徽宗皇帝专美于前也。

以上洪迈所列举的建筑材料,都得通过水道运送京师,无论是通过汴河、蔡河还是五丈河,最后都要借道外城河进入金水河而抵达天波门码头。天波门码头离工地还有一段,虽然不很远,但对于这种大运输量的工程,特别是对于堪称庞然大物的石料和木头,以当时的条件,搬运相当困难。应该承认,丁谓确是个鬼精灵,他叫先开挖一条河道,让船队直接驶入工地,而开河挖出的泥土正好用于宫殿的地基,待工程竣工后,再用建筑垃圾填平河道。差不多一千年以后,这种管理理念被命名为统筹法,而丁谓在昭应宫的运作亦成为一则相当经典的案例。一项天才的创造,被用于一项鼓吹天命鬼神的愚蠢工程,真叫人不知说什么好。

昭应宫"役工日至三四万",丁谓成心要露一手给官家看看,一开工就快马加鞭,时方三伏,丁谓为了抢时间,大暑天也不让民工休息。有官员谢某"患劳役过甚,日与同职忿争不能制",[3]不得已要求罢去。连督促工程的官员都看不下去了,以辞职表示抗议。这个良心和人性尚未泯灭的官员叫谢德权,职务是西染院使,正七品。

王旦本来就对昭应宫工程耿耿于怀,遂将此事向官家反映,意思是万一热死了人,将有污圣德。官家当然期盼着工程大干快上,但他又很爱惜自己的羽毛,他是仁厚之君,怎能不顾民工死活呢?只得象征性地诏令"执土作者"三伏日可休息,其余工种"不须停作"。[4]

有谢德权这样摘下乌纱帽为民请命的官员,也有王旦这样对劳民伤财耿耿于怀的官员,但泱泱官场,更多的是跟在丁谓后面亦步亦趋的马屁精。荣膺"五鬼"之一的昭应宫副使林特则利用这个舞台百般巴结丁谓,"每见修宫使丁谓必拜,一日三见,亦三拜之"。[5]要知道,在宋代那个时候,除去上朝,大臣见皇帝也不用行跪拜礼,林特对丁谓这样每见必拜,不知丁谓是不是觉得太隆重了,但有一点是肯定的,礼多人不怪,装孙子总不会有坏处。而且林特这个人不光对上级诚惶诚恐,对同事和下级亦"煦煦惟恐伤人"。也就是说,他不光是个马屁精,还是个老好人。丁谓的精明苛酷加上林特的圆滑周到,这两个人搭班子,昭应宫不想大干快上都难。

官家对工程的关注超乎寻常,他经常亲自巡视工地,催促进度。但他又是有人情味的君王,为了表示对有关官员的嘉勉,请客吃饭便成了司空见惯的事,弄得臣子们那个感动啊,好像官家是掏自己的工资袋请客似的。一次,王钦若幸蒙召饮,夜里回来后辗转难眠,半醉半醒地扪腹自矜曰:"某江南寒生,遭际真主,适主上以巨觥敌饮,抵掌笑语,如僚友之无间。"[6]做臣子的都是贱骨头,领导用公款召他喝酒,主动和他干了一次杯——所谓"敌饮"也——又说了几句看似推心置腹的话,他就受宠若惊了。类似的召饮,史料中多有记载,都相当传神,且看祥符四年十月这一次:

> 戊辰,诏修玉清昭应宫使丁谓、同修宫使李宗谔、副使刘承珪、都监蓝继宗视内殿功德及御书,因命宴。而承珪、继宗则赐食于别次。[7]

这次官家虽然不是视察工程,而是叫臣子们来参观"内殿功德及御书",然后顺便请大家吃饭,但参与者都是工程上的负责人。这中间有一个疑问,除去官家,另外总共就四个人,为什么要分两拨吃饭呢?比较合理的解释是:刘承珪和蓝继宗是内侍,属于家臣,对他们用不着"命宴",只需"赐食"就可以了。"命宴"包含着尊重,即所谓大臣体面。"赐食"就有打发的意思了,可见宋代对宦官的控制是相当严格的。

在介绍这次"命宴"之前,先交代一段背景情况,寇准当宰相时,喜欢把同僚邀到家里喝酒,喝得高兴了,就叫家人把大门关紧,谁也不让出去,弄得那些拘谨的官员很怕预宴。李宗谔有一次也在被邀之列,天已经很晚了,李想回去,但大门打不开,他只能从大门下面偷偷地爬出去。——旧时官宦人家大门下的门槛很高,而且是活动的,可以上下抽动,如同一截闸门。大门拴上后,从里面可以抽出门槛。

李宗谔虽是太宗朝名相李昉之子,却是书生本色,加之天性拘谨,官家命宴,让内侍给他劝酒,他坚决不喝,说已经醉了。又说时间不早了,要回去。下面这一段很有意思:

上令中使附耳语云:"此间不须从门扉下出。"宗谔皇恐致谢,上笑而领之。[8]

请仔细体味这三者——官家、中使、李宗谔——之间的神情互动,官家那种虽居高临下却以调侃示亲近的做派,在中使传达的"附耳语云"和官家在一旁的"笑而领之"中体现得惟妙惟肖。当领导的在下属面前,有时只要把姿态放低一点,说几句看似知音会意的话,就足以让对方感激涕零了,这中间体现的其实是一种更深刻的不平等。

但官家的表演还没完:

(上)因谓宗谔曰:"闻卿至孝,宗族颇多,长幼雍睦。朕嗣守二圣基业,亦如卿辈之保守门户也。"宗谔顿首谢。[9]

不得不承认,官家这段话的情商很高。听说你很孝顺,宗族里人丁兴旺，长幼和睦。我继承二圣的基业，也就和你维护自己的家族荣誉一样啊。把自己放到和对方平等的地位，设身处地，将心比心，这种话做臣子的听了能不感动吗？"宗谔顿首谢。"前面已经说了，除去上朝，臣子对皇上一般是用不着行跪拜礼的，因此，从李宗谔的这个"顿首谢"可以看出，官家的笼络术之立竿见影。

李宗谔当初从寇准家的大门下爬出来，可能是因为他家住在里城之外，担心太晚出不了城。京师夜禁时间为三鼓至五鼓，王旦的老丈人赵昌言，入仕不久就曾因违犯夜禁与城管冲突而被处分。当时几个文友喝醉了酒，回家时已经过了夜禁时间，遭到巡夜金吾的责难，昌言等以唐代苏味道《上元》诗中的"金吾不禁夜，玉漏莫相催"相讥。把前朝诗人的两句诗作为抗拒城管的根据，这本身就很搞笑，何况他们还仗着酒性把金吾打了一顿。结果可想而知，几个新入官场的嫩雏儿都吃了处分。其实苏味道诗中的"不禁夜"特指上元之"夜"，其他日子是不适用的。那么官家向李宗谔担保"此间不须从门扉下出"的底气何在呢？他知道李宗谔是担心出不了城，但大内钥匙库有京师各城门的钥匙，到时候即使城门关了，也可以让内侍带着钥匙把他送出城门。开封是三道城：皇城、里城、外城，多数官员都住在里城，但也有住在外城的，丁谓就住在城外的水柜街，每天上下班要绕道朱雀门，很不方便。但好在近水楼台先得月，他当三司使时，城建归他管；他升为参知政事，城建还归他管。他就力主在里城之东南新开城门，将汴河两岸繁华的商业区连成一片，当然也方便了自己上下班。此门开通后,名保康门。

保康门开通于祥符五年,当时玉清昭应宫主体建筑已大体竣工,进入装修阶段。这项可以向秦之阿房汉之建章隔空叫板的工程,说它劳民伤财肯定不过分,但它也成全了工程专家和艺术家们大显身手的人生理想。现在轮到画师们登场了。北宋有国家级的专业美术机构,谓之翰林图画院,满编五十余人,但其中取得职称的画师仅十余人,其余都是学生。画院的主要任务是供宫廷御用,画师的最高职级为待诏,相当于从六品,但这种技术官,和公务员的待遇相差很远,他们不能参加三年一次的磨勘和晋升,亦不能享受荫子与赠官,而且到了待诏这一级就到顶了。但不管怎么说,一顶"御用"的桂冠还是让天下画工梦寐以求,趋之若鹜。到了昭应宫工程后期,翰林图画院的画师不敷使用,为甄选画师,全国共有三千人到京师应选。中国的文化人都是贱骨头,所谓"学成文武艺,货与帝王家"。"货"就是卖,不仅出卖才艺,还出卖灵魂,一言以蔽之:卖身。而卖身的主要途径是科举,这三千多名画师本来都无缘科举之正途,现在逮到了一次显姓扬名的机会,能不争先恐后?那期间,在京师天波门外一带,随便扔一块土疙瘩,说不定就能砸中一个画师。三千画师闯东京,这是中国美术史上蔚为壮观的风景,但最后选中的只有一百人。宋人刘道醇在《宋朝名画评》中有一段记载,很有意思:

……营玉清昭应宫,募天下画流,逾三千数,中其

> 选者才百人……朱崖为宫使,语僚佐曰:适见靡旗乱辙者,悉为宗元所逐矣。

众所周知,这里的"靡旗乱辙"出自《左传》中的《曹刿论战》,原文为"旗靡辙乱"。其实,一群穷画师,既无旗亦无车,落选回乡,哪里当得起这样的排场,这是宫使朱崖居高临下的评论,带着调侃和轻蔑,从中亦可见画师们落荒之情态。何以落荒?盖因卖身而未能成交也。而这里所说的"宗元"即洛阳画家武宗元,此君原先就有些名气,因此被任命为左部长。武部长长于道释,"笔法备曹(仲达)、吴(道子)之妙",[10]即所谓"曹衣出水,吴带当风"那种境界,因此被委以甄选之责。不用说,在这三千人中,他是一个卖得好的典型。

卖得好的还有河东画家王拙,他被任命为右部长,与武宗元为对手(这个"对手"是能力相当的意思),他的特长是"画本宫五百灵官,众天女朝元等壁"。[11]表现出道家仙风,亦极精彩。在左右两位部长麾下,有灵汝人张昉,笔专吴体,在宫内画奏乐天女,高丈余,"掇笔而成"。[12]有庞崇穆者"画山水列壁,而林峦、草竹、溪谷、磴道,莫不精备"。[13]还有开封人刘文通,善画屋木,"当代称之",他在昭应宫七贤阁所画壁画为"优等"。[14]这些名字之所以为后人所知,很大程度上就因为他们参与了昭应宫工程。一项劳民伤财的愚蠢的工程,却成就了一批艺术家的创造和名声,这样的现象,昭应宫并非孤例。

昭应宫原计划十五年完工,实际用时仅五年半,所谓多快好省只差一个"省"。工程据说花费白银近亿两,相当于王朝两年多的财政收入,以当时社会生产和财富积累的水平而言,这无疑是一个天文数字,揆诸整个中国古代社会,也恐怕寥寥无几。如此浩大的支出,实际上经历了一个在最初预算的基础上不断加码的过程,原因很简单,既然官家不问苍生问鬼神,鬼神之事便有恃无恐,一再登场,例如,一个子虚乌有的赵家的老祖宗,也堂而皇之地显灵了。

2. 天上掉下个老祖宗

要神化一个人,先从神化他的老祖宗开始,这一点地球人都知道。

赵宋的老祖宗,《宋史》中只追溯到赵匡胤的高祖赵朓,自高祖赵朓到父亲赵弘殷,这四代人都是当兵的,更准确地说是部队的中下级军官。残唐五代,天下纷攘,当兵是为了混口饭吃,没有什么值得显摆。但老赵家不同,是天降大任于斯人,先苦其心志而已。有一则传说,说兵荒马乱时,太祖之母杜氏,用篮子挑着太祖和太宗避乱,被"扶摇子"陈抟老祖遇到,陈脱口吟道:"莫道当今无天子,都将天子上担挑。"[15]这当然出自古人的杜撰,但其至少说明太祖兄弟当初生于乱世,起于寒微,是凭自己的胆略和权谋取得江山的。大凡凭自己的本事取得成功的人,都不大在乎所谓身世之辩,只有那些没有能耐的人,才会像阿Q那样显摆祖宗。作为一个和平继统又带着自卑情节的君王,真宗起先借重于先人(父亲)对他的选择,后来又借重于神仙(天书)对他的佑护。现在,他要先人和神仙合二为一,于是,一个以前从没听说过的圣祖出现了。这个"圣祖"既是老赵家的始祖,又是"人皇九人中一人"。⁽¹⁶⁾"人皇"即传说中的三皇之一,据唐人司马贞在《史记·补三皇本纪》中的说法,"人皇九头,乘云车,驾六羽,出谷口,兄弟九人,分长九州,各立城邑"。这就厉害了,不仅超越时空,而且人神合一。祥符五年十月,这个似人非人的"圣祖"显灵了,当然是在官家的梦中。

官家的这个梦其实没有多少新意,一个深宫里的帝王,坐井观天限制了他的想象力。他想象中的神仙的做派就如同道场上的术士和戏台上的演员一般,出场前无非是烟雾、异香、黄光,照例有手执玉圭的仪卫先出场;神仙的服饰亦无非通天冠、绛纱袍,全盘抄袭了他自己东封西祀时行大礼的那一身行头。这个自称赵之始祖的神仙出场后,不淡不咸地勉励了官家几句,随即又"乘云而去"。

但是这中间有一个问题:老祖宗的名字是谁披露的?他出场时不可能自报家门,他只能说"吾人皇九人中一人也,是赵之始祖",这已经说得够多的了,要知道,太多的自说自话是有失身份的。既然不方便自报家门,那就得安排一个报幕的。现在安排的就是那个在承天门天书事件中出现过的神人,他在某一天夜里先来传达玉皇的旨意:"先令汝祖赵玄朗授汝天书,今令再见汝"[17]，原来这个始祖叫赵玄朗。于是这边就准备道场迎接，吹吹打打地热闹了十几天，圣祖始姗姗登场。也就是说这场戏演了两个夜晚，具体时间是：祥符五年十月八日夜，神人先来通报；二十四日夜，圣祖赵玄朗出场。

天上掉下个老祖宗，这下子事情多了：避圣讳、上圣号、颂圣恩、建圣殿、设圣节。真所谓"圣"之时者也，当然，这个"时"是时髦的意思。

事情虽多，也无非虚实两务，而所谓务虚者，其实只是下几道圣旨的事，例如，避圣讳，圣祖名玄朗，这两个字，用于名字的不少，前面说到的高阳关副总兵杨六郎其实叫杨延朗，因为犯了圣祖的名讳，改为延昭，以至后人只知延昭而不知延朗也。官家东封时顺便祭孔，给孔子加尊号玄圣先师。现在对不起，这个"玄"字要收回，改为至圣先师。避讳不光是人名，还有地名，大内北门之玄武门，改拱辰门；荆湖南路之朗州，改为鼎州。上圣号也不难，就是给圣祖加一堆头衔，头衔太长，十六个字，反正都是伟光正高大上的字眼，不说了。有了圣祖，还得配一位圣祖母，上懿号曰"元天大圣后"。至于颂圣恩，满朝君臣更是争先恐后，官家带头撰写关于圣祖光辉事迹的重头文章《圣祖降临记》，王钦若的《圣祖事迹》、盛度的《圣祖天源录》等也纷纷出笼，一时鸿文俊采，蔚为大观。后来被称为报告文学的那种东西，其实早在北宋祥符年间就曾出现过几次不大不小的创作高峰，其浃髓沦肌的颂圣传统亦至少在那时候就已经奠定。

以上这些都是务虚，几道圣旨就搞定了。但有些事是"虚"

不了的,非得把银子花得流水似的不可。例如建圣殿。

起初的情节变数很多,我始终没有搞清楚。圣祖显灵后,即有人提出要给圣祖母安排宫殿和办公室(即所谓"治事之所"),当时的决策是以玉清昭应宫之玉皇后殿为圣祖母圣殿,东位司命殿为办公室。不久,又有人提出应该专门给圣祖和圣祖母建造宫殿,曰景灵宫。景灵宫建在曲阜寿丘,因为那里是圣祖的出生地。事情应该已经定下来了,这是祥符五年闰十月十四日的事。可到了十二月初,朝廷又决定在京师建造景灵宫。景灵宫的择地很有讲究,先是司天监上言,说根据天文志,太微宫南有天庙星,乃帝王祖庙也,宜就大内之丙地。这个"大内之丙地"即大内正南偏东的位置,也就是乾元门外、御街之东侧,乃锡庆院所在地。锡庆院是太宗登基之前的晋王官邸,又是真宗出生的地方,本来就是龙兴之地,在这里建造纪念圣祖的景灵宫,政治寓意相当丰富,又恰与太庙前后相望,举行祭祀活动也很方便。

景灵宫规模之大和规格之高仅次于太庙。工程大了,官员们中饱私囊的机会就来了,像王钦若这种不直接管工程的人,也要趁机为自己谋一点好处,不然就似乎对不起赵家的列祖列宗。但他干得很巧妙,并不显得贪婪,反倒是一副很无辜的样子。他其实是嫌原来的住房档次不高,一直想调整,但找不到堂皇的理由,这下理由来了,他说自己住在太庙之后,景灵宫之前,所谓"出入宴处,皆不遑宁"。因此"请易赐官第"。[18]并不是他要换更好的房子,而是因为上下班皆经过朝廷祭祖的地方,内心诚惶诚恐,难得安宁。于是——

> 诏可，寻于安定坊造第赐之。[19]

官家气量很大，索性给他另外造了一所新的宅第。

房子在任何时候都是稀缺资源，升斗小民要安身立命聊避风雨，达官贵人则华庭广厦贪得无厌。像王钦若这种可以谓之巧取，此外还有豪夺。卫国长公主是官家的妹妹，她要强买邻居张某的房子，但张某不想出售，只想出租，日租金五百钱。这个张某也不是无名之辈——你想想，小民百姓能够和公主驸马做邻居吗？即使做邻居，他的房子能让公主驸马眼馋吗？——他的背景虽然不是公主却也是县主，县主不是县令，而是皇族女子的封号，一般是皇帝的女儿封公主，亲王的女儿封郡主或县主。功臣的女儿也有封县主的，但那必须是大功臣，而且极少。张某的丈母娘就属于这"极少"中的一个，她是那个"半部《论语》治天下"的开国宰相赵普的女儿，被封为华容县主。一个是长公主，一个是县主的女儿，虽然双方身份不对等，但毕竟都是有身份的主儿。最后闹到官家那里，官家倒没有袒护妹妹，他对长公主说，人家如果立券出卖，是可以的，但不得强市。你要买房子，我给你二百万钱，你到其他地方去买。应该说，作为官家和哥哥，他都做得不错。

对圣主的颂扬，其实就是对赵宋家天下神圣性的颂扬，要让这种颂扬长效化，并不是下几道圣旨或建几座纪念堂式的宫殿就能一劳永逸的。不管多么神圣的权力意志，只有渗入世俗生活的细部，才能焕发出持久的生命力。这中间，最重要的是要把意识形态的教化转换为日常性的民众意愿——他们的喜怒哀乐、衣食住行以及社交休闲——并且固化为一种社会风尚。以圣祖显灵为契机，宋王朝把圣祖在后唐时降世的日期——七月一日——定为先天节；把最近这次降世的日期——十月二十四日——定为降圣节，发布了休假、设醮、禁屠、辍刑、士民宴乐以及京城张灯等规定。不久，朝廷又补充了一系列细则，规定先天节和降圣节期间，民间以延寿带、续命缕、保生酒更相赠遗，这就将一个宏大的政治命题悄悄地注入了世俗生活的细流。一般来说，民众对宏大的政治命题不可能产生持久的兴趣，但他们对延寿、续命、保生感兴趣，对生活中息息相关的衣带、缕结、美酒感兴趣，对亲朋之间的互相赠遗感兴趣。请想象一下两节（先天节和降圣节）期间那种世俗的狂欢吧，休假，张灯，宴游，走亲访友，互赠延寿带、续命缕、保生酒，所有这些都是活泼泼的人间烟火。当然还有设醮，道教的醮场本来就充满了娱乐元素，那是道士们卖弄身手和嗓门的炫技舞台。当斯时也，普天之下，欢乐祥和；率土之滨，人情醇美，主流意识形态润物无声，如此圣节，岂不懿欤？

接下来是奉迎圣像进京。圣像一共四尊：玉皇、圣祖、太祖、太宗，均在建安军铸造。建安军是扬州府辖下的滨江小邑，唐朝的时候叫扬子县。笔者老家为扬州东乡，旧时有几句说法："活在扬州，死在真州，葬在通州。""活在扬州"的理由就不用说了，兜缠十万贯，骑鹤下扬州，春风十里扬州路，谁不知道扬州是温柔乡销金窟呢？而通州处江尾海头，又有狼山之胜，风水佳绝,宜为葬身之地。至于"死在真州"则是因为真州的神像造得好,佛事的水平高。"南朝四百八十寺,多少楼台烟雨中。"多少楼台且不去管它,多少神像皆出自真州的工匠之手倒是不假的。这个"真州"即唐时的扬子县宋初的建安军,祥符年间因朝廷在此铸造圣像被升为真州,而熔铸圣像的工场后来则建为道观,名仪真观。此后,真州亦改名仪真。其实,四尊圣像,太祖和太宗已逝去多年,当时并无照相技术,"仪真"与否,只有天知道。至于玉皇和圣祖,本来就子虚乌有,"仪真"云云,更加无从说起。

圣像分乘四艘大船,先沿扬楚运河向北至楚州(淮安),再转槺汴河西行,经泗州、应天府,从通津门进入京师。这是很成熟的运道,每年有六千艘漕船往返于斯,几尊铁胎镀铜的圣像,本来无须烦忧。但问题是一路上仪式隆盛,排场浩大。圣像前有开道船十艘,载门旗、青衣、弓矢、殳义(作为仪仗的木制兵器)、道众、幢节。两岸则仪仗煊赫,光是被称为黄麾仗的仪卫就有二千五百人,外加乐队三百人,一路旌旗映日,吹吹打打。圣像每到一地,州县的官员皆出城十里,带着道士仪仗和地方的头面人物主持迎奉仪式,并宴请随行的官员和军士。这有点类似于现代社会奥运会前的火炬传递活动,借助于嘉年华一般的做派,让某种主旨的宣传尽可能地广泛深入,倾动视听,形成思维定式。就这样沿着大运河一路且行且热闹,虽然没有四百年前那种"春风举国裁宫锦,半作障泥半作帆"的风华流美的气象,却肯定算得上是后隋炀时代运河沿岸最豪阔的景观。

船队刚进入汴河,朝廷这边又有了新的动作——

遣迎奉大礼使王旦诣应天府酌献,奏青词。[20]

　　首先祝贺王旦又荣任迎奉大礼使,新一轮的龙套使命又开始了。新任迎奉大礼使为什么要风尘仆仆地跑三百多里路,到应天府来举行酌献仪式呢?这与应天府的政治地位有关。应天府即宋州(商丘),应天者,顺应天命也。中国历史上有过两个应天府,一为北宋的宋州,一为明代的南京,这当然都与有人从这里发迹当了皇帝有关,即所谓龙兴之地也。宋太祖赵匡胤在后周时曾任归德军节度使,治所即在宋州。故陈桥兵变后,新王朝立国号为宋,升宋州为应天府,作为东京的陪都。现在,朝廷特地派迎奉大礼使在这里迎奉圣像,体现的正是当今皇帝不忘初心的政治姿态。迎奉仪式上不仅演绎了酌献礼,还有敬献青词的程序。青词这个"词"大家听说过吗?这是道教举行斋醮时献给天神的祝文,我原先以为这种华丽而空洞的马屁骈文只盛行于明代中期的某段时间,因为当时的嘉靖皇帝——那位因一出名为《海瑞罢官》的京剧而与中国的现代政治关系最为纠结的古代帝王——痴迷道教,大臣们则争以青词邀宠,大学士严嵩父子就因为青词写得好而一时位极人臣。现在我才知道,青词其实在宋代就已登堂入室,被后世称为"平世之良相"的王旦此刻就在应天府向天神诵读青词。青词读完了,也"伏惟尚飨"过了,船队继续西行,到了京师通津门,这里是汴河进入外城的东水门。当斯时也,满朝文武都在这里迎候,那真是车马壅塞冠盖如云啊。若圣像有知,说不定会戏改杜子美的《宾至》诗自谦两句,诗云:"岂有神通惊海内,漫劳车马驻江干。"[21] 我们这几尊铜像有那么大的影响力那么大神通吗?要劳驾文武大臣们在江边迎奉等候。大家都平身吧!

进了京师,奉安圣像的排场就要大了,因为官家要亲自出场。大次、宫悬、衮冕、大驾卤簿,动用的无疑都是最高规格的礼仪。这中间的"大次"需要解释一下,"次"即停留、暂住,所谓"大次"即皇帝祭祀前临时住宿的帐篷。"大"不是表示程度,而是充当主语,代指皇帝。这个"大"厉害啊,要不怎么经常用来代指皇帝呢?你看,皇帝的住所谓之大内,皇帝的车驾谓之大驾,皇帝娶老婆谓之大婚,连皇帝病重也谓之大渐,皇帝翘辫子则称大行——陛下走了。好"大"喜功,帝王本色。那么问题来了,奉安圣像一切仪程都在京师举行,用得着为皇帝安排野营的帐篷吗?其实"大次"不是因为皇帝没有地方住宿,而是为了让皇帝暂时隔绝女色和荤腥等尘世的诱惑,以保证祭祀的圣洁和虔诚。

奉安神像是祥符六年五月中旬的事,到了六月初,传出了一则神神鬼鬼的新闻:

> 赵州言:"圣像玉石船经州之石桥,河水浅涩,有黑龙鼓浪以进船,凡历三滩。船既渡,河水浅涩如故。"诏遣官致祭。

这个"赵州"是地名还是人名,不清楚。如果是地名,从建安军到京师的运河沿线绝对没有这个州。如果是人名,这个人的神经应该有问题,圣像进京时值农历五月,正是江淮地区的梅雨季节,也是运河水势最丰沛的时期,不可能"浅涩"而需黑龙鼓浪以进船。如果这个季节运河"浅涩",势必影响被称为"天庾正供"的漕运,相关的转运使早就报告中央了,不可能等到一二十天以后,才由这个姗姗来迟的亦不知是单位还是个人的"赵州"上言。因此,断定这是一则假新闻应该不会错。但既然官家已经"遣官致祭",那就让他们去折腾吧,这些年,装神弄鬼的假新闻太多,大家也见怪不怪了。对一个以文化昌明而彪炳史册的王朝来说,这样的假新闻杀伤性不大,侮辱性极强。

3. 诗酒风光又一年

陕西转运使孙僅恐怕摊上大事了。

这个孙僅,我在前面介绍隐士魏野时曾说到他,那说的是他和名妓添苏的风流韵事,大家可能没有多少印象了。我现在从他的哥哥说起,大家还记得那个入仕前和丁谓齐名的孙何吗?"二百年来文不振,直从韩柳到孙丁。"这是太宗朝文坛祭酒王禹偁的诗句。如此看来,当时文坛上风头最盛的正所谓"一时有两","两"者,"孙丁"也;"孙丁"者,孙何丁谓也。在太宗淳化三年的殿试中,孙何被点为状元,丁谓名列第四,为此丁谓还很不服气。不服气其实就是忌妒。但状元是皇帝点的，你忌妒有什么用？而且六年之后，更加让人忌妒的事情来了，这一年殿试的状元是孙何的弟弟孙仅。弟兄俩连冠科甲，这样的荣耀有宋一代也有，但不多。孙仅现为陕西转运使，到了陕西还能不去看骊山吗？看了骊山还能不发思古之幽情吗？发思古之幽情还能不写诗吗？你不想写，陪同的地方官也要怂恿你写，于是，运使大人有《骊山诗》两篇。但这一写麻烦就来了，身在官场，众目睽睽，其中肯定不会全是友好的目光。有人想搞你，但一直找不到机会，现在机会来了，因为你的诗太不讲政治了，或者说太讲政治了，且看其后篇中的这两句："秦帝墓成陈胜起，明皇宫就禄山来。"好诗啊，我也不说你借古讽今，我更不说你心怀怨谤恶毒攻击，我只需原原本本地抄一份呈皇上御览，你老兄就等着吧。

那就等着官家发落吧，在等的这段时间里，我们先分析一下这中间有关的政治背景。

"秦帝墓成陈胜起，明皇宫就禄山来。"前一句中的"墓"实际上也应该是宫，阿房宫，但后一句用了"宫"，前面就不能用了，这是律诗的规矩。"墓"和"宫"都是喻体，影射什么呢？玉清昭应宫。玉清昭应宫原计划用时十五年，实际共用了五年半，据说花费白银近亿两，我对这个数字颇为怀疑，当时的中央财政每年只有四千万贯（两）左右，一项工程要花费两年多的财政收入，这不可想象。昭应宫工程缺少具体的支出记载，但这些年其他那些大轰大嗡装神弄鬼的活动是有记载的。东封泰山耗费八百余万贯，西祀汾阴耗费更增二十万贯。这还不计亳州之行。倘若再将京师景灵宫、太极观和各地宫观都计算在内，其费用之大倒真的不是几千万贯所能打住的。真宗前期，宋王朝经过近四十年的励精图治，天下富庶并非虚话。祥符以来，装神弄鬼加上大操大办，几乎把先人的积蓄挥霍殆尽。此前，龙图阁待制孙奭、知制诰王曾都曾谏阻昭应宫工程，话说得很重，几乎都说到亡国那份上。名臣张咏甚至在临死前上书，要求朝廷先斩丁谓之头置国门以谢天下，再斩自己之头置丁氏之门以谢丁谓。以两颗血淋淋的人头作为筹码，陈情之切，无以复加。对这些激烈的反对意见，官家既不采纳也不追究。这当然并不意味着人主的宽宏大度或恻隐之心，而是因为本朝自太祖以后，就有优容上书言事的祖宗家法。但如果你在背后舞文弄墨、含沙射影，那性质就不同了。

孙僅的两篇《骊山诗》此刻就摆在官家面前，官家近来诗情横溢，三天两头的就有大作问世，问世后还要大臣们奉和，奉和后还要进行评比，弄得大臣们苦不堪言。有人私下里发牢骚说："上古文字中的'苦'和'甚'字形差不多，《礼记》中的那句话不会是弄错了吧？"他的潜台词是：上有所好，下必苦焉。官家要大臣们奉和是为了让他评点，他很享受那种在政治场域以外的空间居高临下的权威感。现在他要评点孙僅的诗了。孙诗共两篇，前面有一段小序，属于人情世故的东西，运使大人来了，当地的官员自然马前鞍后，很是周到，而且这两首诗看来也并非作者本人心潮澎湃而欣然命笔，而是东道主向他讨要墨宝恭惠他写的。既然是写给人家的,当然要对人家的热情有所渲染,他写了东道主如何殷勤接待,朱衣吏如何引导他上山云云。官家看了,一下子就倒了胃口:"僅,小器也,此何足夸?"孙僅这个人格局不大,这种事情有什么值得夸耀的呢?"遂弃不读。"[22]

谢天谢地!幸亏官家"弃不读",这样,下面诗中的"陈胜、禄山之语,卒不得闻,人以为幸也"。[23]

人情世故挽救了孙僅,官家一句极鄙夷的"小器"却让他逃过一劫。

我也很赞同官家的评价:这样的序言,确实格局不大。常常看到类似的诗文,作者到某地去游玩,受到何种接待,哪些有头有脸的人物陪同,乘什么车,吃什么席,住什么宾馆,字里行间有一股洋洋自得的显摆和炫耀。实话实说,看到这样的诗文,我亦大倒胃口,也会"弃不读"。

建造玉清昭应宫是为了供奉天书,但天书的真迹其实一直供奉在大内的皇宫里,昭应宫供奉的只是刻玉副本,也就是把天书镌刻在一块一块的玉板上,然后用金绳连成有如竹简那样的东西。为此朝廷专门成立了一个规格很高的领导班子,照例由宰相王旦担任天书刻玉使,其他班子成员包括王钦若、丁谓、赵安仁、陈彭年,由内侍周怀政具体负责(都监)。不知大家注意到没有,每次说到天书,总会若隐若现地闪动着周怀政的身影,对天书的底细,这个人知道得太多了,福兮祸兮,后面自有分晓。刻玉天书奉安昭应宫,官家又写诗了,题为《奉祀礼成述怀》。这么重要的事情,他当然要"述怀",这很正常;"述怀"后要大臣们奉和,这也很正常。但问题是,这首诗的规模太大了——五言百韵。大臣们都没有皇上那么大的才情,以前奉和,臣子们下班后憋上半夜,写上十句八句还凑合;现在一下子要和百韵,这不是赶鸭子上架吗?于是大家——

咸奉章求免。不许。[24]

"咸"就是所有的。所有的官员都上书请求减免,但官家一点"费厄泼赖"也不讲:你们,所有的,统统都得给我打卡,偷懒的不许。文学——特别是诗歌——本来应该是发自心灵的自由的吟唱,现在却成了强权驱使的命题作文。看来,皇上的才气太大,臣子的日子也不好过。

衮衮诸公,"咸"无自由。

祥符七年十一月,玉清昭应宫正式落成。在此后的两个月时间里,大宋王朝的君臣基本上就围绕着三件大事折腾不休:一、拜谒;二、加官;三、赐宴。史书中关于这段时间内赐宴的记载比比皆是,诸如"宴近臣于集禧殿","宴近臣于会灵观","御乾元门观酺,自是凡五日"。官家的情绪相当好,他情绪好下面的人就沾光了。宴饮中有"礼客懈惰",也就是吃相难看者,阁门官据实报告要求处分,官家哈哈一笑:你们又要人家开怀畅饮,又要人家谨守礼仪,人家做得到吗?处分就免了,下不为例吧。什么叫通情达理,这就是。一个天底下最有权势的人能够通情达理,喊他几声"万岁"也无妨。

酒也喝了，诗也和了，热闹也热闹过了，一转眼就是祥符八年的暮春了。今年是大比之年，各路举子云集京师，他们有幸遇上了科举制度的一项重要改革——糊名。糊名就是将试卷中考生的身份信息弥封，交誊录人用规定字体誊写，再送考官批阅，这是为了杜绝后门请托及作弊，该制度的设计者就是那个名列"五鬼"之一、大家不太喜欢的陈彭年。但对于莘莘学子来说，不管糊名不糊名，反正是个考呗。"一试奔驰天下士，三年冷暖世间情。"这是南宋人《科举》诗中的句子，其实在北宋祥符年间那个时候，科举是四年一榜，那就是"四年冷暖"了。今年殿试的题目是官家亲自拟定的，分别是《君子以恐惧修省诗》《置天下如置器赋》《顺时慎微其中何先论》。这几年他都忘乎所以闹得昏天黑地的，出的试题却清水芙蓉一般的谦虚谨慎，可见大人物是可以有几副面孔的。待到金殿传胪，新科状元为莱州举子蔡齐。本来还有一个新喻人萧贯与蔡齐并列为候选，但蔡齐人长得帅，官家一看很欣赏。知枢密院事寇准又在一旁说：南方人不宜当状元。其实寇准的出发点倒不一定是地域歧视，萧贯与王钦若同为江西人，寇准不喜欢王钦若，萧贯也跟着沾腥味。在一百九十七名新科进士中，有一名叫朱说的青年，其实他本不姓朱，只因父亲亡故随母改嫁朱门。两年后，他归宗复姓。归宗复姓的这个名字后来知道的人比较多：范仲淹，字希文。

这期间还发生了一则请客吃饭的新闻，与官家赐宴无关。

大家或许还记得张耆吧？对了，就是那个一开始给官家——那时还是寿王——和刘娥拉皮条的王府胥吏。有的人一生只做对了一件事,但这件事就足够他受用一辈子,张耆就属于这种幸运儿。刘娥入宫后一直受宠,张耆这些年也理所当然地渐入佳境。现在刘娥当了皇后,张耆的身份则是三衙禁军的侍卫马军副都指挥使。以潜邸旧人出典禁军是本朝惯例,而且,从禁军将领到西府(枢密院)掌门只有一步之遥。可以预料,属于张耆的飞黄腾达的仕途才刚刚开始。

张耆要请客吃饭,对象是"禁从诸公",也就是翰林学士之类的文学侍从,其实与宴者远远超出了"禁从诸公",而是囊括了两府两制及所有的执政高官。这件事他先请示了官家,官家同意了。当然如果你认为是出自官家的授意,那也不会错,因为张耆下一步要进入执政班子,人际关系很重要,到时候,任命书是需要宰相签署的。经官家同意的宴请,这顿饭的规格就不同了。这顿饭吃了些什么,史无记载;有记载的是吃了多长时间:

> 既昼集尽欢,曰:"更毕今日之乐。"于是罗帏翠幌,稠叠围绕,高烧红烛,列坐蛾眉,极其殷勤。每数杯,则宾主各少歇,如是者凡三数。诸公但讶夜漏如是之永,暨撤席出户,则已再昼夜矣。[25]

一顿饭,从第一天白天吃到第二天夜间,超过了一昼夜,而且与宴者还不觉得。张耆宴客之豪奢,或许不能说明其他什么,但有一点是毫无疑义的:刘娥得势了,这个女人的影响力正在从后宫走向前台……

注释：

〔1〕(宋)洪迈《容斋随笔·三笔》卷十一《宫室土木》。

〔2〕〔3〕〔4〕(宋)李焘《续资治通鉴长编》卷七十一。

〔5〕《续资治通鉴长编》卷八十一。

〔6〕(宋)释文莹《湘山野录》。

〔7〕〔8〕〔9〕《续资治通鉴长编》卷七十六。

〔10〕(宋)《宣和画谱》卷四《道释·武宗元》。

〔11〕(宋)刘道醇《圣朝名画评》卷一《人物门·王拙》。

〔12〕(宋)郭若虚《图画见闻志》卷三《纪艺·张昉》。

〔13〕《圣朝名画评》卷二《山林木门·庞崇穆》。

〔14〕(宋)郭若虚《图画见闻志》卷四《纪艺·刘文通》。

〔15〕(清)杜文澜辑《古谣谚》。

〔16〕〔18〕〔19〕《续资治通鉴长编》卷七十九。

〔17〕(明)陈邦瞻《宋史纪事本末》卷二十二。

〔20〕《续资治通鉴长编》卷八十。

〔21〕(唐)杜甫《宾至》，原诗为"岂有文章惊海内，漫劳车马驻江干"。

〔22〕〔23〕(宋)欧阳修《归田录》。

〔24〕《续资治通鉴长编》卷八十二。

〔25〕(宋)王明清《挥麈录》。

第九章　还降天书

1. 天禧

祥符九年十一月,诏来年改元天禧。

一般来说,龙廷上没有换人,改换年号无非三种情况:其一,为了宣示某种新的执政理念;其二,发生了什么大事喜事,以兹庆贺(例如眼下的"大中祥符"即此);其三,流年不利,希望否极泰来。此次改元,大致属于"其三","否"者,蝗灾也。

在中国历史上,以乡野间的某种小虫对政治和社会的颠覆力而言,恐怕无过于蝗虫者,这是一个关于天灾、饥荒、动乱甚至末世的话题,令人谈之色变。祥符九年和天禧元年的史册上充斥着关于蝗灾的记载。但奇怪的是,围绕这场天灾,自始至终有两种声音,一种声音是睁着眼睛说的,一种声音是闭着眼睛说的。睁着眼睛说话的人实话实说,在他们的奏报中,王朝广袤的国土上到处都是蝗虫的盛宴,灾戾蔓延,触目惊心,饿殍遍野,民不聊生。老实说,这样的奏报有点讨人嫌,特别是讨人主嫌,因此又可以称之为讨嫌派。闭着眼睛说话的人则只承认有蝗虫,不承认有蝗灾。何以无灾?原因是铺天盖地的蝗虫或"抱草死",或"投海死""投湖死",或"殒于涧中",或莫名其妙地"自死"。这些深明大义慷慨赴死的蝗虫啊,就是死活不吃庄稼,其原因当然是官家的圣德感动了上天,让蝗不为害。从这个意义上说,这些人又可以称之为歌德派。有时候,歌德派和讨嫌派的争论一直闹到朝堂上,连皇帝和宰相也不得不站队发声,例如天禧元年七月的这一次。

> 先是,上出死蝗以示大臣,曰:"朕遣人遍于郊野视蝗,多自死者。"翌日,执政有袖死蝗以进者,曰:"蝗实死矣,请示于朝,率百官贺。"王旦曰:"蝗虫为灾,灾弭,幸也,又何贺焉!"皆力请之,旦固称弗可,乃止。于是,二府方奏事,飞蝗遮天,有堕于殿庭间者。上顾旦曰:"使百官方贺而蝗若此,岂不为天下笑耶。"[1]

蝗虫的生命周期本来就很短,此君一辈子就是不停地吃。吃饱了,腿一蹬,死翘翘。至于死在什么地方,完全是一个随机性情节,可能"抱草死",可能"投海死""投湖死",或"殒于涧中"。既然如此,在旷野里发现几只死蝗虫有什么值得大惊小怪的呢?你看看这幕闹剧演的,先是皇帝"出死蝗以示大臣",证明蝗虫"多自死者"。第二天，大臣们就纷纷"袖死蝗以进"，要求官家接受庆贺。王旦实在看不下去了，他说，蝗虫为灾，这是坏事。坏事刚过去，有什么值得庆贺的呢？但朝堂上的那些马屁精好不容易逮到了一次机会，岂肯放过？"皆力请之。"一个"皆"，一个"力"，歌德派之人多势众，且志在必得，跃然也。王旦一向是喜欢和稀泥的，但这次没有，他态度坚决，"固称不可"。当时那场景也真是滑稽，外面骄阳如火，皇帝和大臣们拿着几只死蝗虫在朝堂上唾沫乱飞地争论不休，而他们争论的问题就智商而言肯定没有超过低幼级别，即，蝗虫到底吃不吃庄稼。争论后来因倏然而至的"飞蝗遮天"而告结束。是役，歌德派暂时铩羽而归。

但争论并没有结束，在后来的日子里，歌德派关于"蝗不成灾"的合唱一再上演，仅同年的七月和八月，此类报告就不胜枚举：

> 开封府言祥符县赤岗村蝗附草而死者数里，撷其草来上。[2]

> 京兆府、华州并言，田谷滋茂，蝗飞越境有自死者。[3]

> 相州言安阳县有蝗抱草而死者，约十余里。磁、华、瀛、博等州并言蝗不为灾。[4]

> 诸路使臣言飞蝗多不食苗。[5]

好了,不抄了,干脆跳到第二年的七月看看:

> 知永兴军寇准,言部内民稼蝗伤之后,茎叶再茂,蝗多抱草死。

仍然是"抱草死"的陈词滥调,但这一条新闻的看点在于上书人的身份,那个曾在太宗朝"挽衣留谏",在"澶渊之盟"中力挽狂澜,对装神弄鬼的王钦若之流嗤之以鼻的立朝刚正的寇准,竟然也加入了歌德派的合唱。

但不管歌德派如何表演,朝廷上下对蝗灾的严重性其实都心知肚明,不然用不着采取那么多应对措施,而且所有的措施都做到了极致。例如,禁屠宰,以前一般只针对六畜,也就是《三字经》中所说的"马牛羊,鸡犬豕"。今年连鹅鸭也咸与上位,进入了禁屠之列。再例如,因天旱及蝗灾,照例有由朝廷和各级政府主导的祭祀活动,宋代的国教为道教,佛教是没有地位的,以前举行类似的祭祀活动,佛寺从来没有名分。今年朝廷却破例"命辅臣分祈天地、庙社、神祠、宫观、佛寺,旱故也"。[6]也就是说,今年佛寺也有冷猪头了,待遇与道教的宫观相同,只是排名在其后。为了表达对上天的虔诚恭谨,从春天开始,朝廷就停止娱乐活动。先是罢上巳宴(三月三日水边饮宴),然后又罢社日(立春和立秋后第五个戊日)饮会,罢重阳宴。从太祖开宝三年开始每年例设的秋宴亦暂停。随着灾情愈演愈烈,又罢各级政府的基建工程,罢诸路进贡瑞物。"罢"这"罢"那,当然都是好事,至少"罢"去了不少开支,但蝗虫是不肯作"罢"的。在当时的条件下,剩下的办法也只有祈求上天了。朝廷派出各路使者分赴全国各地进香,并且在操作层面上务求严谨恭肃,生怕在哪个环节上有所疏漏,惹得老天不高兴。但世界上的事你怕什么往往来什么,这不,派到南海去进香的使者出事了。

派去南海进香的使者是张信。中使出京,用的都是各地驿站提供的马匹。一个殿前的小武官,好不容易有了一次出京办差的机会,张信很珍惜。他骑在马上,把祭祀用的一应圣物——敬献给神灵的青词、祝版和御封的名贵龙涎香——全都抱在怀里。一路颠颠簸簸,晓行夜宿。也不知是体质的原因,还是天气太热了,或是路赶得太急,或者三种原因凑在一起,反正,中使张信中途突然坠落马下,当场殒命。

这下麻烦了。

麻烦在于人命关天。这不是说张信的命有多重要,而是说他这一死,牵涉到去南海进香这趟皇差还要不要办了,进香当然关乎老天,所以叫人命"关天"。张信还有随行人员,现在他们有两种前途,一种是打马回京,向朝廷复命;一种是前赴后继,完成张信的未竟之业。若半途而废,回京复命,一行人由于没有完成使命,肯定不会有好果子吃。那么前赴后继呢?光是这说法就相当堂皇,当然是"后继"好。但问题是,不是你想"后继"就可以"后继"的,必须得到朝廷的旨意。而决定朝廷旨意的是对张信之死及其后果的研判：张信坠马而死，那些抱在他怀里的祭祀用品应该已经不干净了，还能用来祭天吗？

有一种说法：时势造英雄。但英雄毕竟是凤毛麟角，在更多的时候，则是时势造谎言。在当时的情况下，张信的那些随从别无选择，他们只能编造鬼话。他们说，在张信坠马时，他们听到空中有声音，曰："无损祝版、香合。"[7] 也就是说，张信虽死，于祭祀用品无碍，亦不应影响南海之行。

老实说，这样的鬼话编得太蹩脚了，但在一个从上到下鬼话连天的时代，编造鬼话不会有什么风险，你即便编得再蹩脚，也不会有人来戳穿，朝廷反而据此下诏，严申中使出京进香的若干细则，其中不仅包括一应祭祀用品如何"缄封护持"，还包括在驿站过夜时如何保证安静严肃，甚至还规定选派进香的使者，其资格必须是承节郎以上。顺便说一下，死去的那个张信，其身份只是应奉衹应的殿侍——一种未入流品的低级武官，这就对老天不大恭敬了。

我在上文中说编造鬼话不会有什么风险，这话肯定太绝对了，因为不久就发生了两件与装神弄鬼有关的案件，闹得朝野沸沸扬扬。

婺州有一个叫黄衮的人跑到京师乾元门击登闻鼓，状告另一个叫袁象的人"家藏禁书，课视星纬，妖妄惑众"。[8] 实际上袁象就是民间那种以占候卜筮为业的江湖术士，但他为了哗众取宠骗吃骗喝，把星象风水和政治运势联系在一起，这就犯大忌了。朝廷马上令御史台派员查处，这种事情，查处的效率当然是不用怀疑的,一个带有政治色彩的阴谋小集团很快就被挖出来了,涉案者包括乡民、进士、政府官员多人,他们或是听了袁大师的讲座,或是请袁大师为自己占卜过前程。结果,袁象和州民童某、进士吴某被处死,其他人或流放或除名,无一幸免。那个到京师告状的黄某人自然是立了大功,他受到的奖励是"补三班奉职",堂而皇之地进入了公务员队伍。

这桩案子的处理相当严厉,在宋代,除去搞武装政变和叛乱,因政治问题而掉脑袋的很少,这次一下子就砍了三颗脑袋,其中还有一个进士。就因为一个贪图小利而狂妄无知但绝对谈不上有什么政治野心的江湖术士,竟兴此大狱,实在有点杀鸡用牛刀。而且,该案在审理中各方并无歧义,一致拥护。

但不久以后的另一桩案子就没有这么舆论一律了,犯案者其实也是一个占候卜筮的角色,这种人整天沉湎在神神鬼鬼的思维中,时间长了就出不来了,就真的以为自己能穿越人神两界未卜先知了,他竟然"上书言宫禁事"。结果"坐诛,籍其家"。[9]他在上书中究竟说了些什么,不知道,这属于敏感话题,不方便披露。那就让他"坐诛"吧。但接下来"籍其家"时,却抄出了不少朝士(中央官员)向他占问吉凶的书信。官家很愤怒,政府官员,而且还是中央机关的官员,竟然参与这种神神鬼鬼的活动,太不讲政治了。他下令把这些人统统交御史台审判。这时候王旦站出来说话了,他说,占卜吉凶,这是人之常情,而且他们所说的都与政治无关,不值得追究。又说,我当年还没有发达时,这种事也做过,官家一定要问罪,就先从我这里开始。官家说,这件事我已经通知御史台,只能这样处理了。话说到这种地步,做臣子的不应该再坚持什么了。王旦却仍然据理力争,说我作为宰相,执行国家的法律,怎么可以自己违法没被发现就暗自庆幸,一面又用同样的法律去惩罚其他人呢?官家对王旦一向尊重,说敬畏也不为过分,见他态度坚决,也只得听他的。王旦一回到中书,就叫把那些抄来的书信全烧了。但有和那些涉案官员过不去的人却不肯放手,一再揪住不放,上书要求究治。官家也心生悔意,叫王旦把那些书信拿出来,王旦双手一摊:"臣已焚之矣。"(10)遂作罢。

以上的两桩案子都发生在天禧元年二月左右,当时王旦的身体已经不行了,由此我们亦可以理解,向来性格温厚绵里藏针的王旦,这次在官家面前何以如此不依不饶。一个人在接近生命的终点时,考虑问题可能要简单一些,没有那么多的患得患失。两个多月以后,王旦上表请求病退,官家不许。两天后,再请,仍不许。但批准他五日一赴中书,遇军国重事,不论时日入预参决。也就是说,可以不用正常上班,但大权还在他手里。又给他加了很多光鲜的头衔。这其实不是什么好兆头,一般来说,朝廷忙着给某位老臣加官晋爵,特别是加一大堆荣誉性的虚衔,那就有点临终关怀的意思了。

真正的临终关怀是在王旦死前数日,官家亲自登门探望,除去对军国大事有所垂询,临走时又赐白金五千两。事后,王旦令家人奉还。奉还皇帝的赏赐要写一道表章,到了这种时候,估计只能让家人代笔了,但最后四句是他自己加上去的:"已惧多藏,况无所用,见欲散施,以息咎殃。"[11]为什么要说"以息咎殃"呢?难道他担心身后政局的动荡会殃及自身吗?不好说。在此之前,官家曾让人把王旦抬进宫中,问以后事,其实就是让他推荐接班人。王旦起初仅说"知臣莫若君",官家只好一一列举人名,王旦都不表态。直到最后,王旦才说:"以臣之愚,莫若寇准。"但官家不喜欢寇准的个性强势刚愎自用,要他推荐其他人,王旦说了一句:"他人,臣不知也。"[12]就不再说话了,他还能说什么呢?从天书首降到现在已经十年,十年折腾,国事日非,可官家仍执迷不悟。加之后宫太子孤幼,刘后擅权;外朝则有王钦若丁谓之流跃跃欲试。这样的政治局面让晚年的王旦忧心如焚。多事之秋,山雨欲来,他只能寄希望于耿介敢为的寇准,就才能和魄力而言,寇准可能更胜于自己,这是王旦对寇准的评价。

王旦最大的心病,是在天书问题上随波逐流。临终,他对儿子说:我没有别的过失,只有不谏天书,为过莫赎,死后为我削发披缁以殓。他也许是想用佛教的葬仪,对崇尚道教的皇帝做无言的抗议。儿子准备执行遗嘱,以表其父的无尽悔恨,最后被杨亿劝阻,毕竟,大家还得在赵宋的天空下过日子哩。

王旦死矣。这位鞠躬尽瘁的平世之良相,堪称死而后已。但最后连自己的遗嘱都未能实现,宰相若地下有知尚能"已"乎?王旦是个复杂的历史人物,后世对他的评价有各种声音。褒之者赞赏他的鞠躬尽瘁且奉身至薄,个人品德臻于完美,几乎把他捧上圣坛。贬之者则认为他世故圆滑且长袖善舞,所有的赞美都是"箭垛效应",对其不以为然。李焘在《续资治通鉴长编》中借"议者"之口这样评价："旦逢时得君，言听谏从，安于势位而不能以正自终，或比之冯道云。"[13]这样的评价稍显偏颇，特别是把王旦比之于五代时期没有政治节操的不倒翁冯道很不合适。因为两人所处的时代不同，一为乱世，一为治世。更重要的是，王旦对真宗并非一味逢迎，而且他自始至终也没有与"五鬼"同流合污。真宗死后，王旦配享庙廷，作为臣子，这是极高的荣誉。建碑时，其碑额由仁宗亲篆，曰"全德元老之碑"。这个"全德元老"大体上可以代表主流评价。其实，把一尊素颜装扮成道德完人，也是不靠谱的。最靠谱的还是他自己临终前对儿子说的那两句话：我没有别的过失，只有不谏天书，为过莫赎。这种自知之明，难能可贵。

这些年闹闹哄哄，折腾不歇，国家财政和政治生态固然每况愈下，各级官员也累得疲猴子似的。这么大的国家，万方多难，宰相首当其冲。王旦本来就体质羸弱，有人说他是累死的，这个"累"主要还是心累。其实，累死的不是他一个人，就在王旦去世半年前，比他小四岁的陈彭年就先倒下了。陈彭年学问不错，做事认真，但他是南唐降臣，为生存计只能奋不顾身地附和新主子。官家信奉天书祥瑞，他不仅不吝惜自己的老嗓门大唱赞歌，而且千方百计地为之提供理论根据，并因此名列"五鬼"，坏了自己的名声。说他名声不好，有一个例子。陈死于中风，他发病时的情况，史书有详细记载：

初，加上（皇帝）祖宗谥册，刑部侍郎、参知政事陈

彭年，侍上朝天书毕，将诣太庙，退诣中书阁中，方如厕，风眩仆地……[14]

他太辛苦了，"侍上""将诣""退诣""方"，一连串表示趋向和时态的动词渲染出马不停蹄的紧迫感。他是倒在厕所里的，厕所不是什么值得大事张扬的所在，一般来说，这种情节在史书中没有必要交代得如此详细，除非史书的作者厌恶其人，故意用这种笔法糟践他。史家笔下，看似客观冷峻，其实是有情感有温度的。你看，"方如厕，风眩仆地"。刑部侍郎、参知政事、"五鬼"中的学者和理论家陈彭年最后死在厕所里，他死得其"所"。其实官家自己的身体也已危机四伏，他才虚岁五十，正值壮年，但皇帝这种职业很难高寿，何况他又是资质平平却又责任感很强的君王，其内心承受的压力自然更大些。天禧元年三月，两浙路转运使向朝廷报告赈灾举措，由于去年蝗灾歉收，开春后各州府即设厂放粥。但由于外邑地远，饥民为了吃碗糜粥要跑很远的路，势必影响耕作。转运司决定就地给米，"人日三合，颇济穷乏"。我不知道这个"人日三合"的"合"是多大的量器，但我知道当时的两浙路不仅包括后来浙江的大部，还包括后来江苏的南部和整个上海，其核心区域即太湖平原。自晋室南迁以后，这一带就成了全国最富庶的鱼米之乡。现在，连素称富庶的两浙路也饥民奔竞，嗷嗷待哺，接到这样的报告，官家当作何感想呢？

官家只说了一句话：

前转运司言蝗不为灾,皆妄也。[15]

"妄"者,荒谬也。官家总算知道了所谓蝗不为灾全是荒谬的假话,但把板子全打在下面官员的屁股上则难说公允。如果不是这些年到处装神弄鬼报喜不报忧的大气候,下面的官员能睁着眼说瞎话吗?真正的"妄"者,恰恰是官家自己。人最痛苦的,就是否定自己,所谓诛心者,莫过于自我批判。这些年,随着国事日非,官家内心的那座神殿正在一点一点地坍塌,他当然不会甘心,但又无可奈何。

七月的一天中午,他目睹了京师飞蝗蔽空的黑色一幕:

飞蝗之过京城也,上方坐便殿阁中御膳,左右以告,上起,临轩仰视,则蝗势连云障日,莫见其际。上默然还坐,意甚不怿,乃命撤膳,自是圣体遂不康。[16]

一叶落而知天下秋,官家患的是心病。

冬天来了,天禧元年的冬天似乎特别冷。一进入腊月,京师大雪兼旬。这时候,朝廷照例把一个本来就温情脉脉的成语用最煽情的方式演示一番,这个成语当然是雪中送炭。其实也不全是"送",而是减价鬻炭十万秤(每秤为十五斤)。公告腊月十六日五鼓开售,每人限购一秤。这个"限购"是上限也是下限,也就是每人只能购一秤,多购不行,少购也不行。结果很多市民大老远赶来排队,但口袋里的钱不够买一秤炭,白跑一趟。

朝廷只得又下诏，改为一斤起购，让那些升斗小民好歹也能分享一点朝廷德政的温暖。

这样的新闻令人彻骨生寒，都说天子脚下，金粉繁华，却竟然有连一秤炭也买不起的贫民。"朱门酒肉臭，路有冻死骨"，在这个承平时代的腊月里，开封以一种栩栩如生的方式向诗圣致敬。

2. 出山

太宗太平兴国五年的进士有"龙虎榜"之称，所谓"龙虎榜"就是走出的重量级人物特别多，那一榜后来在高层政坛上有头有脸的人物，随口就能说出李沆、苏易简、王旦、向敏中等名字。其中苏易简为新科状元，而王旦和苏易简则是儿女亲家，著名诗人苏舜钦就是王旦的外孙。

那一榜还有寇准。

后人对寇准的了解，多是通过话本小说《杨家将》，那自然带着很多演义的成分。因上谷为寇氏郡望，寇准入仕后，人们尊称他为上谷公或上谷寇公。上谷在山西，这样传来传去，后人便以为他是山西人，其实他是陕西华州人。他也不是旧戏舞台上那个节俭得抠门的寇老西，恰恰相反，作为高级官僚的寇准生活相当奢华，他好声色，好排场，好美食，宴客常通宵达旦。他还特别喜欢跳舞,那种名叫柘枝的舞蹈,有点类似于后来的迪斯科,寇准亦有"柘枝颠"之称。这个"颠",是痴迷的意思。景德元年冬,契丹大举南侵,真宗在寇准的裹挟下勉强亲征,与契丹对峙于澶州。真宗心虚,老是派人去打听寇准在做什么,回报或曰寇准大白天在睡觉,鼻息如雷;或曰:"寇准方命庖人斫鲙",真宗才稍觉宽心。"斫鲙"就是制作生鱼片。当时宋军在澶州城内,城外是契丹二十万大军,大战一触即发,作为军事上负总责的寇准,竟然有心思叫厨师制作生鱼片。要知道,生鱼片要用活鱼,这些活鱼肯定都是养在水柜里由开封运来的。家国存亡之秋,戎马倥偬之际,斫鲙其重乎?但在北宋那个时候,官员——特别是高级官员——生活奢侈并不会引起非议,反而会得到鼓励,这种鼓励从太祖立国之初就开始了,那是在一次被称为"杯酒释兵权"的宴会上,太祖鼓励大家多积攒金钱,多买田置宅,多收歌儿舞女。当然还不止这"三多",反正是鼓励大家纵情声色,及时行乐。上有所倡,谁还愿意苦逼呢?赶紧向着幸福裸奔呀。裸奔也要讲究品位,像钱惟演知淮宁府时,在城头上植草坪,每宴客命官妓光着袜子分行步于其上,一边传唱《踏莎行》,那样的创意,堪称一时盛事。有一次皇上在金明池赐宴,太宗亲自给寇准戴上鲜花,且赞叹道:爱卿青春年少,正是戴花饮酒之时啊。若说戴花饮酒,享受生活,寇准确实比别人更有资格,因为他还有一重光环,他的岳父是宋偓,宋偓有两个女儿,大女儿即太祖皇帝的孝章皇后,小女儿嫁给寇准。也就是说,寇准是太祖皇帝的连襟。可以想见,寇准当年不仅科场得意,颜值也应该不低,不然,一榜那么多进士,他又不是大魁天下的状元,娶太祖皇帝的小姨子,这种好事怎么单单落到他头上?男神呗。

寇准自景德三年罢相外放,已整整十三年了,其间他曾于祥符七年一度进京,任枢密使,但大半年后即被罢,判永兴军。这个永兴军就是汉唐的首都长安,当年王维笔下"九天阊阖开宫殿,万国衣冠拜冕旒"的国际大都市,如今已泯然州府矣。随着全国的经济重心逐渐南移,京都越来越依赖大运河的供养,从唐昭宗天复四年至今,时间不过一百年多一点,中国的政治中心已由长安而洛阳而开封。"衰兰送客咸阳道,天若有情天亦老。"一部带着悲情色彩的残唐五代史,就浓缩在三座都城的盛衰更替和一路向东的迁徙之中,令人不胜感慨。

一个对生活质量孜孜以求的士大夫,不可能不留恋官场,也不可能甘于长期沉沦州府。这些年,寇准一直密切注视着京师的官场,窥测方向,以求上位。官家东封西祀,他都上表请从,以表明自己的政治站位。各地官员以祥瑞取悦官家,寇准也踊跃跟风。祥符七年他短暂进入中央高层,曾"内出丁谓所贡芝草列文德殿庭宣示百官"。[17]这说明他对祥瑞并不反感,而且那时候他和丁谓的关系还没有闹翻。寇准是能力和个性都相当强势的人,其作风不是绵里藏针而是锋芒毕露。当年在朝堂上,他曾演绎过对皇帝"挽衣留谏"的情节。臣子敢于犯颜直谏并不稀奇,但臣子在朝堂上动手拉住皇帝的衣服,强令皇帝坐下来听他的意见,这种事情历史上似乎还不多见,何况对方乃一向强权的太宗。寇准一生三起三落,如果说前两次起落都与他的耿介孤忠刚直自任有关,那么现在为了第三次"起",他或许会暂时把政治节操放到一边,当一回风派人物。因为归根结底,目的才是一切,要讲节操,也要等爬到了那个位置再讲,不然谁能看见?历史是势利的舞台,它只铭记成功者的名字。寇准已经五十九岁了,再不进入中枢,他就没有机会了。

作为后祥符时代的天禧年,虽然仍旧保持着祥符政治的巨大惯性,但一切已成强弩之末,同样是装神弄鬼,原先那种堂堂正正的做派已逐渐式微,而代之以社会底层的鼠窃狗偷之举。天禧二年夏天,西京洛阳讹言有"帽妖"入民家食人,闹得全民恐慌,市民竟每夜"聚族环坐,达旦叫噪"。连军营中的军士也不敢睡觉。这些年,官家自己装神弄鬼是家常便饭,但他决不容许别人借此"因缘为奸"。于是下诏追查谣言。但谣言跑得比天使快,天使到了洛阳,谣言已攻陷京师;天使回到京师,谣言又大举南侵,应天府望风而下,"时自京师以南,皆重闭深处"。[18]大半个国家的民众,天一黑就"重闭深处",惶惶不可终夜。朝廷只得加大打击力度,公开列出赏格,鼓励民众举报妖人。但举报之门一开,便如同打开了潘多拉的魔盒,平日里人与人之间所有的争斗、仇隙、忌妒或者那些莫名其妙的人格缺陷,全都成了举报背后最蓬勃的动机,一时沉渣泛起,奸徒弹冠相庆;诬告奔竞,冤狱遍于国中。而涉案者一经举报,就被从快从重从严处理,有的被杀头,有的被流放。杀头者,皆弃市,也就是在闹市执行,以发挥震慑作用。那些滚在大街上的头颅多出自和尚道士及江湖术士之躯。祥符以来,朝廷高层装神弄鬼的政治气氛,对民间的左道旁门不无鼓励,但这些人其实是自作多情,不错,装神弄鬼从本质上讲都是一路货,但关键在于你是否在御用之列,如果有幸被官家御用——例如王钦若周怀政之流——你怎样胡说怎样讨喜;如果你只是游走江湖骗吃骗喝,那对不起,说不定什么时候就抓你一个"妖言惑众"。"帽妖案"以社会流言为滥觞,以群众性的举报和倾陷为高潮,以一大堆冤假错案为终结。其流言初起是在天禧二年六月中旬,到了七月中旬流言已大致消弭。这时候,始有谏官上言,认为这些案子多因"枉觊重赏"而"诬执平民",要求重新审理。不久,官家发话了:

"比令纠告造妖者,及吕夷简推劾,屡戒其审察,无使枉滥,果多不实。"即诏令今日已前犯者,更不问罪。[19]

他也知道"果多不实",于是皇恩浩荡,一律不予追究。但那些在闹市被砍的头颅,还能长回去吗?

不久,陕西商州又破获了一件装神弄鬼的案子,一名道士因私藏禁书,而且吹嘘能用法术驱使六丁六甲,结果被逮捕。在审讯中,该道士交代曾出入王钦若家,并且有王钦若赠他的诗作和书籍。宋代严禁民间私藏天文卜相书,因为笃信天命鬼神的皇上认为,民众掌握了这些书就会危及统治。王钦若本身是个狂热的宗教信徒,他与那些人有来往很正常。但在官家看来,你帮我搞神道设教是可以的,但你与那些人搞在一起,究竟意欲何为？难道想驱使六丁六甲入宫造反不成？这样一想，王钦若还有好果子吃吗？祥符以来的天书闹剧，功劳最大的就是周怀政和王钦若，其中承天门天书和功德阁天书具体炮制者就是周怀政，王钦若则有鼓吹襄助之功。而泰山醴泉亭天书从创意到操作都是王钦若一手包办，以王钦若在天书事件中的表现，他早就应该跻身相位了，只是因为王旦厌恶其为人，一直以"南人不相"的祖宗法力阻。王旦去世前夕，王钦若才好不容易由枢密使拜相。为此他很有些愤愤不平："为王子明故，使我作相晚却十年。"子明是王旦的字，王钦若字定国。现在，这位因帮助官家装神弄鬼好不容易爬上相位的王定国，在相位上屁股还没坐热，却因为自己装神弄鬼被官家罢免。

官场上有一个人倒霉，就意味着另一个人的机会，这样的定律既残酷又温馨。王钦若下台，拜相的机会大概率会轮到寇准头上，这不光因为王旦离世前曾向官家力荐；更赶巧的是，前些时在永兴军辖下的乾祐山发生了一件大事，官家要寇准向朝廷报告。

要你报告，就是考察你的政治站位。站位很重要。

但是这中间有一个问题，既然是永兴军发生的事，首先向朝廷报告的应该是当地最高军政长官寇准。现在官家指定要寇准报告，只能说明此前向朝廷报告的是其他人，寇准对事件还没有表态。这就有点令人费解了。

我们还是来看看事情本身。

事情的起因是永兴军巡检朱能在乾祐山中发现了天书，巡检的职能相当于后来的警察，除了负责日常的巡逻、捕盗、缉私、消防之外，战时还参加作战。这个朱能实在是"能"，一个正九品的小武官，能够把报告直接上达天听，说明他在朝廷高层有内应。这个内应就是和官家有一"腿"的宦官头目周怀政。

朱能伪造天书无非是想跟风投机，捞政治资本。但这种事周怀政已经干过好几次了，为什么还要干呢？这我们以后再说。先说说寇准如何站位。

乾祐山天书是祥符以来的第四封天书，但距离第三封天书已十年有余，十余年后再做天书的文章，朝野都知道是在造假。我们无法窥测官家内心的真实想法，但他别无选择，只能相信，因为这封天书是周怀政报告的，周怀政对前面的三封天书知道得太多了，一个臣子掌握了太多的最高机密，就等于掌握了官家的许多把柄，他就会拥"柄"自重。这时候，官家实际上就被他绑架了。周怀政说乾祐山发现了天书，官家只能相信，并下诏迎入大内，一面又让寇准进京报告。

寇准踌躇满志地上路了，春风得意马蹄疾，一日看遍长安花。长安的花他是无心多看了，他急着要去赶赴京师官场的加冕盛典。吟鞭东指，关河雄阔，此一去，他是认定了要大展宏图的。

但其他人却并不这样认为。

首先是处士魏野给他泼冷水。寇准判雄州期间，魏野曾为幕宾；寇准判永兴军，魏野退隐还山，与寇准仍时有过从。处士都能写诗，魏野的诗还写得不错，甚至连契丹皇帝也是他的粉丝。寇准这次进京，魏野自然有诗相赠，其中有"好去上天辞富贵，却来平地作神仙"这样的句子，对寇准去京师征逐官场持明确的反对态度。在他看来,朝廷的政局已远非寇公往日出入中枢时可比,帝政、后党以及执政集团内外,各种矛盾交织在一起,形势异常险恶。寇准是魄力有余而政治智慧不足的莽夫,此时入局,凶多吉少。魏野世事洞明,又处身局外,自然旁观者清。但寇准此时心气浮躁,一门心思向往"上天富贵",岂愿作"平地神仙"?"公得诗不悦。"他当然"不悦",并且从心底里鄙视山人陋见。两年后,寇准果然从官场落荒而去,贬斥道州。去国怀乡,满目萧然,失意凄惶之际,他才想起当初魏野诗中的人生规划是何等高远,遂"题前诗于窗间,朝夕吟讽之"。[20]

如果说魏野的送行诗只是一种意向性的规劝,那么寇准的门生则以上中下三策提出了相当详细的应对方案:

> 寇准自永兴来朝,准将发,其门生有劝准者曰:"公若至河阳,称疾坚求外补,此为上策;倘入见,即发乾祐天书诈妄之事,尚可全平生正直之名,斯为次也;最下则再入中书为宰相尔。准不怿,揖而起。君子谓准之卒及于祸,盖自取之也。"[21]

对魏野的诗,寇准是"不悦";对门生的上中下三策,他是"不怿"。"不悦"等于"不怿",都是不高兴。因为他太想"再入中书为宰相"了。"准不怿,揖而起。"那种义无反顾一意孤行的姿态太传神了,该姿态如果用于一项正义的事业,足可成就易水悲风之不朽,可惜他只是为了自己头上的一顶乌纱帽。

寇准拜相的制词出自杨亿之手。杨学士确是大手笔,制词大开大阖、华采赡丽,评价寇准数言以蔽之:"能断大事,不拘小节。有干将之器,不露锋芒;怀照物之明,而能包纳。"据说寇准本人对这几句尤为欣赏。制词这东西本来就是不着边际的大话套话,但杨亿评价寇准的这几句大体上还算贴切,只是"不露锋芒"与"而能包纳"难说实事求是。官场上的寇准缺少的恰恰是一点涵养,他锋芒太露,对别人也不够"包纳",这是他政治智慧不足的体现。制词中最确切的是"能断大事,不拘小节",但有时就是这个"不拘小节",让他的政治空间日见支绌。例如所谓的"拂须"事件。

寇准拜相的同时,丁谓也进入了内阁,为参知政事(副宰相)。两个强人相遇,要么惺惺相惜,要么暗斗明争。这两个"要么"他们全占了:先是惺惺相惜,后来暗斗明争。惺惺相惜是因为两人不在一个起跑线上,寇准虽然只比丁谓大五岁,但他少年得志,在官场上堪称前辈。寇准曾与李沆同在中书,李沆是真宗的老师,为人器度宏远,有"圣相"之誉。寇准多次向李沆推荐丁谓,李沆说:这种人品的人,能让他居于人上吗?寇准说:这样有才能的人,你能老压着不让他上吗?对于寇准的反问,李沆不置可否,只是笑道:"他日后悔,当思吾言也。"[22]"他日"是哪一天呢?没有谁说得准,那就不管他吧。在寇准的推荐下,丁谓果然上升得很快。寇准外放后,丁谓又搭上了天书事件的顺风车,在这场祸国殃民的闹剧中,丁谓居功至伟,亦一路青云。现在寇准和他又同在中书,鉴于寇准既往的声誉,丁谓起初对他甚

为恭谨,于是便发生了"拂须"事件:

> 谓在中书,事准谨甚。尝会食,羹污准须,谓起,徐拂之。准笑曰:"参政,国之大臣,乃为官长拂须耶?"谓甚愧之,由是倾诬始萌矣。[23]

这里的"会食"应该是工作餐,因此一切后果与公款吃喝或腐败之类无关,但与人的面子有关。不知寇准是玩笑开得太随便还是出于厌恶丁谓的奉承,反正他确实太过分了。打人不打脸,这是中国的古训;打脸易翻脸,这是人之常情。同僚之间,又不是什么原则问题,何苦当人目众地羞辱对方让对方下不了台呢?说到底,这还是一个政治智慧问题。

寇准和丁谓之间的惺惺相惜从此翻篇,暗斗明争正式拉开帷幕。强人出手,招招见血,真宗朝晚期波诡云谲的政治乱局,又平添了几分步步惊心的险恶气氛。

3. 乱局

入内内侍省副都知周怀政玩的这一手有点小儿科。大背景是,官家似乎正在疏远他,一个据说和官家有一"腿"的贴身内侍,现在连召见的机会也不多了。后宫那种地方,一个个都像乌眼鸡似的,恨不得我吃了你,你吃了我。谁得宠谁失意,大家都看在眼里。你得宠了,别人羡慕忌妒恨,但面常上还得奉承你、巴结你。但一旦发现你失意了,谁对你的脸色和腔调都不会好。这么多年,周怀政是用这脸色和腔调对待别人的,现在,轮到别人这样来对待他了。起初,他还能玩点小聪明:

> 怀政忧惧,时使小黄门自禁中出,诈称宣召,入内东门,坐别室,久之而还,以欺同类。[24]

但这样的小聪明有什么意思呢?也只能"以欺同类"而已。而且,一直这样玩,露馅是迟早的事。周怀政在后宫厮混了数十年,从太宗侍候到真宗,亦经历过不少政治大场面,面对目前的政治乱局,他当然不会无所作为,而所谓"作为"也肯定不仅仅是那些"以欺同类"的小花招,现在,策划乾祐山天书就是他的一个大动作。

关于乾祐山天书的具体内容,史书中一直没有披露,但从天禧三年八月朝廷因天书再降而大赦天下的制词中,可以推测天书中有"庆及元嗣"的表述。这是向天下宣告,皇太子与皇帝一样受命于天,是不容动摇的。为什么要强调这样的主题呢?在周怀政看来,朝廷高层的政治走向主要体现在帝党和后党的明争暗斗上,皇帝已患风疾,病情时好时坏,类似的症状在他大哥元佐身上也出现过,这种家族病,要痊愈也难。由于皇太子尚在冲龄,官家一旦失去执政能力,权力很有可能落到刘娥手中，而这恰恰是周怀政最不愿看到的。周怀政不愿看到当然不是出于对赵宋皇统的忠诚或所谓的历史正义感，他没有那么高尚。他担忧的是个人的官场利益。不知是不是他和官家那一"腿"被人们污名化了，刘娥明摆着很讨厌他。可以想象，一旦刘娥专政，他这个大内总管势必就此毕业。周怀政不甘心坐以待"毕"，他怎么说也要蹦跶几下，策划乾祐山天书就是一次大蹦跶，其目的在于唤起官家对前面三次天书主仆合作的美好记忆。同时也借助天书，把皇太子推上政治舞台，以阻击刘娥的专政之路。

但官家对刘娥的态度要更复杂一些。首先，作为帝王，他要维护赵宋的皇统，决不容许任何人觊觎神器，这是王朝最大的政治。而随着自己健康状况的恶化，身后的皇权赓续理所当然地成了他最大的心病，对于刘娥干政甚至篡政的危险，他有着足够的警惕。其次，作为男人，刘娥是他的妻子，他们的结合当然是权势和美貌的互相接纳，但又不全是，不然不会经历那么多的周折。那几乎是万水千山的周折，万水千山总是情啊。从街头卖艺的银匠的女人，到襄王府的专房宠幸，再到殿侍张耆家的金屋藏娇，不能说帝王和嫔妃之间就没有爱情。刘娥低贱的出身，乳母心怀恶意的小报告，太宗的雷霆震怒棒打鸳鸯，都没能阻止他们终成眷属，那只能证明他们确实是一对有情人，刘娥身上也确实有值得官家欣赏的东西。即便到了晚年，这种爱情记忆也并未湮灭。因此，即使刘娥在后宫权势日盛，官家的态度也只是遏制，而不是封杀。

周怀政的天书就是这时候出笼的,说官家对天书情有独钟,这当然没有错;但乾祐山天书给了他明确而及时的提醒,这才是他深信不疑的真正原因。"庆及元嗣",这是上天的神谕。时局如此,山雨欲来,在政治上把皇太子推上前台,不失为王朝长治久安的根本大计。

天禧三年八月二十三日,乾祐山天书被迎入大内,不久,朝廷举行了一个盛大的仪式,参加者包括所有在京的高级干部和宗室贵胄,由当今皇上向皇太子赐书。书目为:《元良述》《六艺箴》《承华要略》《授时要略》《国史》《两朝实录》《太宗文集》《御集》《御览》。对于眼下的绝大多数读者来说,这些秘笈听起来相当古拙且陌生,那我可以告诉你,它们集中在一起,大体上就是当皇帝必备的一个技能包,或者说是当皇帝的一座思想武库,其选拔和组成的原则是"三突出",即,在所有的思想武器中突出历史,在历史中突出当代史,在当代史中突出赵宋帝王统治术的理论与实践。把这些堪称统治秘笈的宝典非常仪式感地赐予皇太子,其寓意不亚于一次提前举行的皇权交接仪式,也就是说,官家借此向外界宣示:皇太子就是未来的继承人,大家要齐心协力支持他。

不久,朝廷制定了重大典礼的座次图,把皇太子的位置排在宰相之上。太子恳让。官家把太子的态度诏谕辅臣。这种事,老皇帝给儿子招呼一下,就说这是政治,叫他不要客气,不就行了吗?但他偏要诏谕辅臣,他这一"诏谕",就有演戏的意思了,寇准等辅臣当然要配合演出,他们反复称颂太子的美德,又反复强调储副之重，不可谦让。"凡再请乃许。"〔25〕这段话前半句的主语应该是寇准等，后半句的主语是太子，宰相等再三请求太子遵守新出台的仪制，太子只得同意。于是，幕落，剧终。

皇帝病危叫"不豫"。豫：安适；不豫，说白了就是不舒服，我老家一带至今仍称长辈或老人生病为"不舒服"，这是一种婉转的说法。天禧四年二月，官家再次"不豫"，虽然后来转危为安，却让朝廷高层的各派政治力量愈发地感到危机在即，他们不约而同地加快了应对非常情势的步伐，准备最后的摊牌。

说各派政治力量，其实主要是两派：皇后刘娥和宰相寇准。刘娥有没有想当女皇的野心，由于后来并没有发生这样的情节，后人也就无从揣测。但她出身寒微，好不容易才爬到这个位置，其中包含了多少荣耀，多少辛酸，还有多少侥幸。现在，她绝不容许别人损害自己的地位，哪怕是太子也不行。她要捍卫自己和家庭的既得利益。这期间还发生了一件事，让她和寇准的矛盾更加激化：

> 刘氏宗人横于蜀，夺民盐井。上以皇后故，欲赦其罪，准必请行法，重失皇后意。〔26〕

刘娥的族人在四川横行不法，官家睁一只眼闭一只眼，寇准却坚持要依法惩处。以皇后之尊，这样的处理对刘娥可谓伤害性和侮辱性兼具，结果不言而喻，寇准"重失皇后意"。从道德和法律的角度讲，寇准在这件事上并无过错；但从政治斗争的角度而言,他做了一件蠢事。在各派政治力量盘马弯弓暗中较劲的关键时刻,人为地激化和皇后的矛盾,实在没有必要。因为政治斗争不是以道德人格论是非,而是以成败论英雄,这是政治斗争的残酷之处,也是其丑陋之处。

那么就早一点摊牌吧。

在一个皇权社会里,所谓的政治斗争,最重要的就是取得权力金字塔顶层的皇帝的支持。这中间,个人私情的作用不可小视。现在的情况是,争斗的双方和官家都有着源远流长的个人私情。皇后刘娥自不必说了,他们不仅有恩爱,而且曾共患难。而太宗当初之所以选择真宗,寇准则有拥立之恩,定策之功,仅凭这一点,真宗对他就应该用一辈子的眷顾来偿还。

寇准决定首先出牌,但这必须具备两个条件。其一,官家的神志时而清醒时而糊涂,出牌必须在他思维正常能够做出负责任的决策的时候。其二,宋朝实行执政班子集体进谒皇帝的制度,没有皇帝的召见,即使是宰相,一般也没有单独和皇帝说话的机会。而且宫中密布皇后的耳目,不能打草惊蛇。

但只要有心,机会总会有的:

> 准尝独间曰:"皇太子人望所属,愿陛下思宗庙之重,传以神器,以固万世基本。丁谓,佞人也,不可以辅少主,愿择方正大臣为羽翼。"上然之。[27]

间:秘密。独间曰:单独秘密进言。进言的内容,一是要真宗交权给太子；二是要丁谓彻底下课。这中间似乎没有涉及刘皇后，其实处处针对的都是刘皇后。在皇帝面前说皇后的坏话，这肯定不是聪明的做法。寇准要丁谓下课，这是就"辅少主"而言，太子才十一岁，若入承大统，刘皇后顺理成章地将是小皇帝的监护人。寇准进言的实质是把皇权移交给太子，撇开后宫的刘皇后，由自己单独充当监护人。

"上然之。"真宗照单全收。

人对决定自己一生命运的大事会永远铭记，直至生命的末期。真宗虽然神思恍惚，但他会永远记得当年寇准向太宗推荐他继承皇位的情节，这一情节成就了他和寇准之间数十年君臣际遇的主体色调，也是他即便不满意寇准的性格，也终不愿黜落的根本原因。当此风云变幻的非常时刻，他又把信任押在寇准肩上，让他有机会成为拥立两朝君主的元勋重臣。

据说那天寇准出宫时踌躇满志意气洋洋，不知这个"据说"是"据"谁人之"说"，谁这么关注寇准的一举一动一颦一笑。在这个敏感时期，这种"关注"同样很值得关注。

寇准的政治经验是不用怀疑的，这种带有政变性质的大动作，果断和保密尤其重要。寇准马上召来杨亿，让他连夜起草群臣拥戴太子的请愿书。杨亿亦深知事机重大，回家后他屏退所有的下人和家眷，一个人闭门疾书。当时照明无论是用油灯还是蜡烛，本来要有专人挑灯芯的，但为了保密，杨学士只得自己亲自"挑灯"。

但秘密还是泄露了。其中的原因，一说是杨亿跟小舅子讲了("小舅子"又被污名化);一说是寇准自己酒后失言;一说真宗和寇准的密谈被刘皇后侦知,因为整个后宫都在刘皇后的掌控之下。我觉得最后一种说法比较可信,应该是有人向刘皇后报告了寇准单独面君及出宫时的神态,机警的刘皇后预感到这中间有问题,遂向真宗施加压力。归根结底,还是软弱而糊涂的真宗出卖了寇准。

后党的反击迅疾而犀利。丁谓拜见真宗,大讲寇准让他禅让帝位,扰乱朝政,居心叵测的坏话。其实刘娥在后宫已用这番话对真宗洗过脑,真宗也已照单全收。于是接下来就是罢免寇准的相位。这实际上也是一场政变,但丁谓搞政变比寇准更专业。现在看来,当时寇准在进言得到官家首肯后就不应该出宫,应该马上召杨亿进宫起草诏书,当着真宗的面把程序走完,再召集群臣宣布,这就叫趁热打铁。"趁热打铁才能成功",这样的法则不仅国际通用,而且古今同理。现在丁谓就是这么干的,官家刚同意罢免寇准,丁谓马上宣知制诰晏殊入宫,要他起草罢免诏书。晏殊可能觉得事情不太正常,想拖延一下,就说,我掌外制,任免宰相的诏书我无权起草。他说的是对的,任免宰相的诏书应该由翰林学士(内制)起草。丁谓马上召钱惟演入宫,同时为了保密,命晏殊当夜不得回家,寄宿学士院。

真宗不是那种强梁霸悍的马上天子,他生性文弱。面对来自外朝和后宫的压力,他现在能做的,只有尽可能地维护寇准的一部分利益。当钱惟演提议授与寇准太子太保时,官家认为应"更与加优礼",最后授与太子太傅、莱国公。寇准被罢相后,也没有离开朝廷,而是以太子太傅归班,作为一品大员,上朝时列班的位置仍然很醒目。这些都体现了官家对他的回护。丁谓等人知道,像寇准这样的对手,如果不把他彻底扳倒,不仅旧恨难消,而且后患无穷。因此,决不能讲绅士风度和"费厄泼赖"。他们轮番在官家面前进谗倾陷,一会儿说寇准在京师纠结朋党,煽风点火,危害安定团结的政治局面;一会儿又攻击他女婿王曙为东宫宾客,趋附者甚众,于太子不利。总之,污名化加妖魔化,无所不用其极。官家虽然顺从他们的意愿调整了中书班子,把丁谓擢为宰相,却始终不肯把寇准逐出京师,对这位有拥立之功的老臣,他心头总有一份情义在。

天禧四年夏秋的气候如同政坛情势一样阴晴难测,先是整个六月酷热难当,昔日繁华的街市上人影寥落生机惨淡,只有旧宋门外卖冰块的店铺生意出奇地好。生计无虞的人家大多懒得上街,叫外卖相当普遍,雪柜冰盘和浮瓜沉李——那种浸在冰水里的瓜果——都可以随叫随送。这是开封市民的盛暑炎夏,不像《清明上河图》上那般活色生香。热浪扑城,殃及美人,大内的地下冰窖也告急了,那里面储存的冰块皆去年冬天采自金明池,今年还没到三伏,储冰已所剩无几。内侍省只得紧缩供应,后宫嫔妃身份在美人以下者(含美人)一律取消供冰待遇。大暑天,照理总该有几场雷阵雨的,可老天吝啬,每次都是雷声大雨点小,终不肯痛痛快快地下场透雨。待一进入七月,老天又突然像个苦大仇深忍无可忍的怨妇,终于歇斯底里地爆发了:

> 甲子,大雨,流潦泛溢公私庐舍大半,有压死者。
> 是月连雨,而此夕为甚。[28]

甲子这一天是七月十五日,中元节,俗称鬼节,本来是生者祭祀死者,想不到祀礼方休,就有生者跟着死者去了。开封地势低平,又居河川下游,汴河、惠民河、五丈河被称为"东都三带"。"三带"固然"带"来了便利的漕运水网,但也"带"来了频繁的水患,暴雨成灾或河川决口是一再上演的惊险情节。淳化年间,有一次汴河决口,京师大水,居民惶恐不安。太宗率文武百官亲赴现场,见水势汹涌堵口困难,太宗毅然将乘坐的步辇行入洪水中百步。随从的大臣极为震惊,一个个都奋不顾身地下水抢险,扈驾的禁军亦拼死奋战,终于堵住决口。作为参与开国的皇帝,太宗在非常情况下那种义无反顾的狠劲,确实是后辈帝王无法望其项背的。

京师的暴雨并没有让政客们须臾分心,相反,以天地间的这场大喧闹为掩护,有关各方都加快了拼死一搏的准备,因此,当天灾的阴云刚刚消散,政坛的地震又接踵而来。

和官家有一"腿"的周怀政出事了。

作为在大内有相当掌控权的入内副都知,周怀政串联了禁卫侍奉系统的一批军官,图谋发动政变。其政治纲领是:杀丁谓,废刘后,再相寇准,奉真宗为太上皇,传位太子。但起事的前一天晚上,政变团队中有人向丁谓告密,丁谓迅速反击,周怀政在崇政殿东庑被执,经过简单的审讯,即被押往城西普安佛寺斩首，其他的涉案者亦很快被一网打尽。接下来轮到丁谓享受这桩谋反案的剩余价值了，首先是挖出伪造天书的朱能。朱能杀人拒捕，后在追兵围堵下自杀。挖出伪造天书的朱能，是为了清算上奏天书的寇准。现在连官家也无法保护他了，只得下旨派他到一个小州去做官。可是诏书发布时，丁谓把"小州"改成"远小州"。一字之增，处分就严重多了，意思是发配到更恶劣的偏远地方。很显然，丁谓已经开始弄权了，"拂须"的心理阴影笼罩着他，不把寇准置于死地他是不肯善罢甘休的。

丁谓胜利了，堪称完胜。他不仅把寇准扫地出门，而且自己又擢升首相。他将会用什么方式来向世界张扬自己的胜利呢？

> （谓）召亿至政府，亿惧，便液俱下，面无人色。
> 谓……徐曰："谓当改官，烦公作一好麻耳。"亿乃少安。[29]

杨亿，杨大年、杨学士、杨文公，这个当年曾是丁谓的西昆诗友后来"道不同不相为谋"的文坛巨擘，这个曾因为官家改了他文稿中的一个字而拂袖请辞的高傲才子，这个曾拒绝起草刘皇后册封诏书的铁骨铮铮的男人，此刻竟"便液俱下，面无人色"。他以为丁谓要清算他参与寇准集团的政治账，要罢官、流放，甚至杀头。毕竟是书生啊，到了这种境地，就不由自主地草鸡了。丁谓要的就是这种效果，他胜利了、升官了，一定要由这位名气最大同时又是自己对立面的大文豪来草制。请体味丁谓的那个

"徐曰",为什么是"徐曰"?因为他要细细地欣赏、咀嚼、享受对方的恐惧,还有由恐惧转而释怀再转而感激的细微变化,就有如品味一席美食,他要慢慢受用,舍不得狼吞虎咽。因此他"徐曰","徐"就是细嚼慢咽,在这个"徐曰"中,丁谓的刻薄、险狭和小人得志尽显无遗。此刻,他很享受杨亿在自己面前的唯唯诺诺甚至感激涕零。他相信,这个往日里牛皮哄哄傲骨嶙峋的大才子,将会动用自己全部的才华,向他奉献一篇最华采的升官制词。

这一年的夏秋之交天灾频仍,人祸迭现。在政坛上"三起三落"的寇准落荒而去,大才子杨亿在宰相府尿了裤子,彻底的唯利主义者丁谓志得意满,一手遮天的刘皇后做着她的女皇梦。万家墨面,苍天无语,大家都在恐惧和不安中等待一件大事的降临:

老皇帝驾崩。

注释：

〔1〕〔2〕〔3〕〔4〕〔5〕〔7〕(宋)李焘《续资治通鉴长编》卷八十七。

〔6〕〔11〕〔13〕《续资治通鉴长编》卷九十。

〔8〕〔9〕〔10〕〔14〕〔15〕《续资治通鉴长编》卷八十九。

〔12〕(宋)朱熹《五朝名臣言行录》卷二。

〔16〕《续资治通鉴长编》卷八十八。

〔17〕《续资治通鉴长编》卷八十一。

〔18〕〔19〕《续资治通鉴长编》卷九十二。

〔20〕(宋)司马光《温公诗话》。

〔21〕《续资治通鉴长编》卷九十三。

〔22〕(元)脱脱等《宋史·李沆列传》。

〔23〕《宋史》卷二百八十一。

〔24〕《宋史》卷四百六十六。

〔25〕《续资治通鉴长编》卷九十四。

〔26〕〔27〕《续资治通鉴长编》卷九十五。

〔28〕《续资治通鉴长编》卷九十六。

〔29〕(宋)苏辙《龙川别志》。

尾声　从坑书到焚书

一门兄弟皆大魁天下,这样的情况有,但不多,阆中陈氏兄弟——陈尧叟和三弟陈尧咨——即其一例。陈尧咨状元及第后曾以监丞通判州府,当时李迪尚在场屋,两人时相过从,每宴游题壁,最后也给李某人带上一笔,曰:"布衣李迪捧砚。"[1] 李迪后来中了景德二年乙巳科状元,当时他已经三十五岁了,大器晚成。

这个曾经给陈尧咨"捧砚"的"布衣",进入仕途后却比陈尧咨进步快。

天禧四年七月,李迪与丁谓同时拜相,不久就发生了周怀政的未遂政变。丁谓趁机大搞政治清洗,寇准被逐出京师。官家本来说的是让他出知"小州",却被丁谓改成出知"远小州",对此,当时在场的李迪提出抗议,说皇上没说"远"字,丁谓则霸道地反诬李迪想篡改圣旨。丁谓太过分了,他已经不把病中的皇帝放在眼里了,他知道在当时的局势下,即使李迪去找官家对质,官家也可能装糊涂,甚至顺从他的说法。在众目睽睽之下,丁谓公然对圣谕上下其手信口雌黄,他有恃无恐啊!所"恃"者,皇后刘娥也。

在中书,丁谓越来越任性了,连任命官员也不与李迪打招呼。李迪愤然道:"我起自布衣,位至宰相,岂能屈服权幸而苟且自安?"两人经常争吵,有一次还差点在办公室里打起来。李迪因此郁郁不乐,为发泄愤懑,他常在政事堂的粉墙上题诗,但所题都是这样两句:"灰心缘忍事,霜鬓为论兵。"这是唐代裴晋公(裴度)《中书即事》诗中的句子,今天写过了,明天情绪上来了,再写,还是这两句。政事堂的粉墙上到处都是"灰心缘忍事,霜鬓为论兵",竟然有数十处。若干年后晏殊当宰相,亦写有《中书即事》诗,诗曰:"惨惨高槐落,凄凄馀菊寒。粉墙多记墨,聊为拂尘看。"所谓"粉墙多记墨",说的就是李迪题在墙上的诗。[2]

李迪当然也不光是在粉墙上题诗,官家视朝时,他当众列数丁谓柱上弄权的种种劣迹,说自己愿意与丁谓同时罢相,交御史台推问。这是豁出去鱼死网破同归于尽的姿态。两个当朝宰相闹成这样,官家很不高兴,一怒之下就命翰林学士起草两人同时罢相的制诰,李迪出知郓州;丁谓是首相,出知开封以外的第一大府河南府,亦即西京洛阳。

李迪老老实实地到郓州上任去了,丁谓却赖着不走,他利用入谢(大臣罢政入朝谢罪)的机会向官家诉说自己的无辜,表示愿意继续留在中央。官家还没有明确表态,他就自说自话地传达自己仍入中书视事的上谕,命翰林学士起草他复相的诏书。这等于是在朝堂上耍流氓。当年能写出那么唯美精丽的西昆体诗歌,又在传胪大典中名列前茅的丁谓,在政坛上怎么会这样流氓呢?这只能说明,有没有文化并不是一个人流氓不流氓的必要条件,有时候,反倒是有文化的流氓更可怕。丁谓不仅有文化,而且智商很高,因此耍起流氓来几乎所向披靡。

李迪离开中书后,王曾由参知政事拜相。王曾不仅是咸平五年壬寅科状元,而且乡试、会试亦为第一,是谓"连中三元"。我们还记得,早在祥符二年,王曾就曾上疏谏止昭应宫工程,他责问官家的那一句"奈何特欲过先帝之制作乎"(你为什么一定要超过先帝那些工程的规模呢),何等大胆。当时他的身份是知制诰。在真宗晚年的政治乱局中,王曾是站在寇准李迪他们这一边的,但他不像寇准和李迪那样赤膊上阵。事实证明,在君权旁落,后党坐大的情势下,赤膊上阵只能牺牲得更壮烈,其实于事无补。王曾入相后,中书凑足了三名宰相,除去首相丁谓(昭文相),还有一位就是那个曾经为了拍官家马屁、挖空心思地用斑鸠在监房里做窠孵雏来体现"狱空"进而体现形势大好的冯拯。王曾和冯拯都是集贤相,但冯的寄禄官阶是吏部尚书,王是礼部尚书,因此王曾排名垫底。这样一个班子,一看就知道是丁谓要风得风要雨得雨一手遮天的格局。面对丁谓的专横,王曾讲究的不是斗争,而是周旋,表面上他是个老好人,不动声色甚至唯唯诺诺,但在重大原则问题上决不让步。真宗驾崩后,在几个关键时刻，力挽狂澜的都是这个表面上不动声色甚至唯唯诺诺的老好人。

又改年号了。

年号就像个旧式女人，夫君得意时，她就是诰命夫人，光鲜且体面。夫君一旦流年不利，就要弃旧迎新，这时年号就成了冲喜的侍妾。天禧年号用了五年，现在主人要"冲喜"了，又急急忙忙地改元乾兴。乾兴元年正月初一，朝廷一连下了三道诏书，除去改元，第二道诏书更加出人意料：移今年南郊恩赏于二月初一颁行。南郊大礼三年一次，本来应该在今年初冬举行，一应恩赏当然在大礼之后，但现在将恩赏提前颁行，这就不光让人意外，而且喜出望外了。第三道诏书是命道士建道场于大内天安殿，宰执大臣轮流"斋宿焚香"。这一切，据说都是因为——

上疾浸愈也。[3]

皇上的病渐渐好起来了。

"上疾浸愈"当然很好，但稍加分析就会发现，情况可能不那么乐观。三道诏旨，其中只有改元在时间上紧迫一点，其他的两道有什么必要在年初一一大早急急忙忙地宣布呢？像提前颁行郊祀恩赏这种事，以前从来不曾有过，现在这样做，完全是等不及了。那么发生了什么事才这么急迫呢？只有皇上"大渐"，也就是病危。这样一分析，就和第三道诏旨对上了，让宰执大臣每晚轮流"斋宿焚香"为皇上祈福，这往往是皇上病危才会采取的措施。因此,所谓"上疾浸愈"可能只是一种委婉的说法,真实情况要比这严峻得多,最乐观的推测也是官家刚刚经历了一次病势垂危,现在暂时缓过来了,这才又是改元,又是祈天,又是提前颁行恩例,以求得上天的护佑。至于往后的事,不好说。

不好说那就不说,说点别的。

正月十三日,官家命皇太子朝拜启圣院。启圣院是太宗皇帝出生的地方,按照惯例,这种地方后来都改成了进行某种教育的纪念馆。一向在东宫深居简出的皇太子不仅走出宫城出头露面,而且去的是政治寓意极其丰富的启圣院,这应该是皇太子即将接班的信号。接班之前,先到启圣院接受打天下坐天下的传统教育,以体现不忘初心。一个十二岁的孩子,平时据说喜欢赤着脚在后院乱跑,此刻他会想些什么呢?

一个月后,真宗驾崩。

后事的一切都按照既定方针办,既定方针就是大行皇帝的遗诏,但大行皇帝的遗诏就真的靠得住吗?也未必。因为遗诏在公布之前往往经过了大臣们的修改,有时甚至因修改遗诏而争得面红耳赤。

真宗的遗诏大致有三条:一、皇太子即皇帝位,他就是两宋历史上在位时间最长的宋仁宗。二、尊皇后为皇太后,权处分军国事,也就是垂帘听政。三、尊淑妃杨氏为皇太妃。三条中,第一条没有疑问,二、三两条小有争议。首先是丁谓为了讨好刘太后,提出把遗诏中刘太后"权处分军国事"的"权"字去掉。"权"是权宜之意,也就是在仁宗年幼尚未亲政这期间,暂时由

325

刘太后代行处理军国大事。如果去掉了"权"字，不仅仁宗的亲政会遥遥无期，刘太后的权力亦被无限放大，重演武周代唐那样的情节也不是没有可能。面对如此严峻的原则问题，王曾表现了一个士大夫应有的坚守，他对丁谓这样说：

政出房闼，斯已国家否运，称权尚足示后。且言犹在耳，何可改也。[4]

"房闼"，后宫。军国大事由太后兼权乃是不得已的事情，有个"权"字，表示是临时性的，对历史还可以交代。后面的话分量就重了，"且言犹在耳"，谁的"言"，当然是先帝的遗言。先帝的遗言，大家都听到了，你怎么能篡改呢？对于丁谓这种彻底的唯利主义者来说，他并不怕背负所谓的历史责任，身后名，功过评说，他才不管呢。但他不敢背负篡改先帝遗诏的罪名，一向胆大妄为的丁谓，被王曾的一句"何可改也"镇住了。

但丁谓岂是忍耻包羞之辈？当接下来王曾又提出不必把尊杨淑妃为皇太妃载入遗诏时，丁谓顺势反咬一口，说王曾想"擅改制书"。王曾在得不到同僚支持的情况下，也就不再坚持。皇太妃入不入遗诏，这件事看似无所谓，其实刘太后有心机在焉。在后宫，她和杨淑妃一直负责养育小皇子，小皇子亦称她们为"大孃孃"和"小孃孃"。大小孃孃，一个有心笼络，一个倾心巴结，关系当然很铁。现在，以先帝遗诏的形式提高杨淑妃的政治地位，是为了增加后党的基干力量，听政以后，自己一旦和小皇帝或外朝大臣发生冲突，皇太妃也是可以站出来说话的。王曾当然看到这些，也当然要予以阻击。但有时候明明是政治问题，当事人却故意不讲政治，讲程序。王曾说：尊礼淑妃这次太仓促，待日后再议，就不必载入遗诏了。要知道，同样是尊淑妃为皇太妃，出自先帝的遗诏和日后进封，分量是不同的，王曾这个人不简单，政治上他看得很远。十一年以后，刘太后去世，果然遗诏以杨太妃为皇太后，与皇帝同议军国事，那道女后听政的珠帘还是不肯撤除。御史中丞蔡齐和谏官范仲淹上书指出：尊皇太妃为皇太后可以，军国重事就不烦劳了。皇帝青春鼎盛，岂能让女后相继称制。于是删去遗诏中"同议军国事"的内容，仁宗正式亲政。

先帝升遐，按照惯例，由首相兼任山陵使，也就是负责修建大行皇帝的陵墓。赵宋的皇陵在巩县，丁谓当然用不着去现场监工，他只是政治上负总责。现场监工的是入内押班雷允恭。雷允恭是丁谓的亲信，又是大内副总管（总管是入内都知），这个人和丁谓几乎是一个模子里出来的，胆大妄为，无法无天。丁谓把皇陵工程交给这种人实在不大妥当。要知道，皇陵工程要么不出事，一出事就是可以让政敌抓住无限上纲的大事。那就让我们和丁谓的政敌一起，瞪大眼睛等着出事吧。

丁谓的眼睛也瞪得大大的，他盯着谁呢？他盯着贬放在外的寇准和李迪。一个人已经倒台了，却仍然让他的对手惴惴不安无法释怀，这恰恰证明了他的强大，不愧牛人。仁宗即位，太后听政，听政的地方在延和殿。延和殿是大内诸殿中唯一坐南朝北的宫殿，俗称"倒座殿"。从倒座殿最先发出的诏令都与大行皇帝的后事有关，例如大赦、加恩、赏赐近臣、营建山陵等，这些都是规定动作。到了第十天，自选动作来了：

> 戊辰，贬道州司马寇准为雷州司户参军，户部侍郎、知郓州李迪为衡州团练副使，仍播其罪于中外。[5]

"仍播其罪于中外"，就是向国内外宣传他们的罪行，这样的做法很少见。宋代是一个政治上相对宽容的社会，比较讲究大臣体面，政治上犯了错误属于公罪，公罪不像私罪（例如贪赃枉法）那样会身败名裂，大臣犯了公罪并不是什么见不得人的事，也不会受到人格上的羞辱，像这种一旦在政治上倒台就把所有的屎盆子都扣到他头上，一定要把人搞臭的做法，并非当时主流的社会风气。对寇准和李迪的追加处理是丁谓提出来的，理由是寇准勾结周怀政图谋发动政变，真宗受了惊吓，病势由此加重；李迪则是在真宗面前詈骂丁谓，也让真宗受惊而病重。两人贬迁的责词起初由知制诰宋绶起草，丁谓觉得不满意，亲自动笔修改："当丑徒干纪之际，属先皇违豫之初，罹此震惊，遂至沉剧。"丁谓确有才华，一出手就不同凡响。但他的才华却是用来整人的。他这样一改，就把真宗之死的账算到了寇准和李迪头上，于是寇准流放雷州，李迪发配衡州。

但丁谓的目的是要置两人于死地，而宋王朝有不杀士大夫的祖宗法，写在太庙密室的誓碑上。这时候，丁谓聪明才智中的那部分小人心术蠢蠢而出了。一个绝顶的聪明人，因为品格卑下而将其聪明才智阴谋化、伎俩化，这是人类智力进化中的悲剧。丁谓和宣旨的使者勾结起来，先故意制造朝廷要杀寇准的假象，中使则"以锦囊贮剑揭于马前，示将有所诛戮状"。因此，中使还在路上，坏消息已先风传。中使到道州时，寇准正在和地方上的官吏喝酒，同席的官吏去迎接中使，中使不见，地方官们感觉来者不善，一个个都吓白了脸。寇准去见中使，中使也不肯出来。这都是为了对寇准形成心理压力，诱使他因误判而自杀，因为在宣旨前自杀，可免于株连家眷。但寇准何等人物，他可是经历过大场面大风浪的，他神色自若，坚持要看圣旨。中使无奈，只得开读，原来是贬他到雷州去当司户参军。此前由于真宗的眷顾，寇准在道州的寄禄官阶为太常卿，正三品，服紫袍。而雷州司户参军仅为从八品，当服绿袍。寇准没有合适的官服接旨，就向在座的官吏借了一件绿袍穿上。这件绿袍很不合身，"短才过膝"（由此亦可见其身材魁梧，前文因其娶太祖宋皇后之妹而谓其男神当不为虚妄也）。好一个寇准，"拜敕于庭，升阶复宴"。[6]拜谢了皇恩，重又入席。来呀，都满上！人情高谊，浊酒一杯；是非成败，尽付笑谈。宴毕，拂须上马，一路风尘往雷州去了。

撇开政治作为不论，单说性格魅力，寇平仲也无愧男神。

再说郓州那边。李迪的心理素质不如寇准，让丁谓的阴谋几乎得逞：

> 中使到郓州，迪闻其异于他日，即自裁，不殊，其

子东之救之,乃免。[7]

"不殊"就是不死,李迪自杀未成,丁谓又指使中使一路折磨他,幸有门客邓余护送,"迪由是得全"。事后有人问丁谓:李迪如果贬死,你如何面对后人的评判呢?他若无其事地说:日后有好事者舞文弄墨,"不过曰'天下惜之'而已"。好一个"而已",轻佻得如同吐瓜子皮一般。确实,比之于注重身后名节的士大夫,丁谓是一个异数。他曾在中书对同僚说:史书中的人物评价——所谓功与过、忠与奸、贤与愚——都是史家出自教化目的编造出来的,根本不足信。对历史、对政治、对所谓的千秋名节,他看得太透了,最后只剩下一个字:利,现世的、眼前的、实实在在的利益。所以我给他命名:彻底的唯利主义者。什么"主义"一旦"彻底",就会无所畏惧,丁谓既不畏惧当世的公议,也不畏惧历史的耻辱柱,他无所畏惧。

但无论是人类还是个体的人,都应该有所畏惧,若一味恣意妄为,恐怕离倒霉就不远了。

丁谓的倒霉缘于一次偶发事件。王曾知道,对付丁谓这样的对手,若不利用偶发事件,不借助皇权,是无法将其扳倒的。事件当然要足够敏感,才能惊动皇上和太后,例如眼下,最好出在皇陵工程上……

正如不少人瞪着眼睛所期待的,皇陵工程果然出事了。

雷允恭毕竟是个小人,小人得志,就容易忘乎所以,他竟然以"法宜子孙"为名,自说自话地将皇陵上移百步,结果墓穴一开挖就出水不止。按照风水的说法,葬地受水乃凶事,不仅梓宫不稳,而且要冲散子孙后世的福泽。现在轮到王曾出手了,他将此事秘密报告太后,太后大惊,又派他实地调查。这一查,不仅查出了雷允恭私移皇堂曾得到丁谓的庇护,而且查出了两人勾结贪赃枉法的其他劣迹。这中间,仅"包藏祸心,擅移皇堂于绝地"一条,就足以杀头。好在宋朝不杀士大夫,但雷允恭乃宦者,难逃一刀。

于是雷允恭赐死,丁谓流放崖州。

丁谓听说刘太后派王曾调查他的问题,"知得罪,颇哀请"。曾隔着帘子跪求刘太后:

> (谓)自辩于帘前,未退,内侍忽卷帘曰:"相公谁与语? 驾起久矣。"谓皇恐不知所为,以笏叩头而出。[8]

这就是那个专横跋扈的丁谓吗? 从气焰熏天到可怜巴巴,只在转瞬间,这就叫专制皇权。在此奉告那些当政者,不要有了一点权就以为自己有什么了不起,错矣,只要上司一变脸,你什么都不是。不知官人以为然否?

丁谓倒台后,他在宝康门外的住宅被籍没,赐给了观察留后杨景宗。观察留后是个品级较高但没有什么正经事的闲差,正四品,一般都授予皇亲国戚。杨景宗当然也是皇亲国戚,他是杨淑妃的弟弟。此人本是个游手好闲的无赖,因犯罪而黥面隶军,服役京师。一次真宗幸玉清昭应宫回銮,六宫则乘金车迎驾于道上，杨景宗正好在这里担任警戒。淑妃在车内看到景宗，令问其姓名骨肉。景宗知道自己有个姐姐在宫中，就直呼淑妃带排行的小名，于是姐弟相认。后面的事就不用多说了，身为国舅，杨景宗不想富贵也难，先升右班殿直，再升观察留后，连脸上的黥痕也用药水去除了。皇亲国戚这个行业真是养人啊，不长时间，"小舅子"就出落得"肥皙如玉"，而且脾气也大了，"性横，好以木挝击人，世谓之杨骨槌"[9]。丁谓倒台，朝廷把他的住宅赐给杨景宗，这本来很平常，不值得多说，但此中有一桥段很有意思。当初丁谓建房时，动用了三衙禁军，杨景宗也在这里施工，他每天的活计就是运土垫高一块地基。如今他乔迁新居，竟发现"其正寝乃向所筑地也"。在这个世界上，所谓为谁辛苦为谁忙，谁说得清呢？杨景宗当初做梦也不会想到，那么堂皇的房子是给自己准备的。

在洛阳牡丹进京的驿铃声中，天气渐渐暖和了，大内的各种应时花卉亦喜笑颜开，全不似朝堂上的衮衮诸公那样因为皇上升遐而故作戚容。皇上升遐，庶民的治丧期只有三天，也就是三天之内停止娱乐活动。现在，三天早就过了，京师的瓦舍勾栏一如既往地活色生香。这是对庶民而言，对官员的要求当然要严格些，例如每年三月二十日皇上要驾幸金明池观龙舟争标并赐宴，今年就取消了。这并不完全是国丧的缘故，官员的治丧期为二十七天，皇上升遐是二月十九日，至三月二十日已过了治丧期。真正的原因在于，现在是皇太后垂帘听政，但皇太后又不方便抛头露面，若只是小皇帝驾幸金明池，太后既不放手也不放心，那就索性取消活动。估计此类活动以后几年举办的可能性都不大了——因为皇上才十二岁。

四月一日为天祥节，也就是天书降于大内功德阁的日子。这些年来，每逢重要节日——与天书有关的天庆节、天祥节、天贶节，以及与圣祖降世有关的先天节和降圣节——真宗都要率两府两制的近臣拜谒天书，这已经成为一项政治制度。天书的原件并不在玉清昭应宫，昭应宫里奉安的是玉刻副本，原件藏大内龙图阁。既然龙图阁拜谒天书是已有的政治制度，太后和皇上当然应该遵守。但太后又不宜和外朝大臣一起参加活动，因此今年只能由太后带着皇上先行拜谒，辅臣的拜谒则由宰相率领嗣后进行。当天在龙图阁，太后还向小皇帝讲了先帝的一段逸事。龙图阁其实就是皇家图书馆，除去历代的经典史传、子书、文集、天文、图册以外，这里还贮有开国以来的诏令和奏章。先帝万机之暇亦常在这里读书。一次他读到太宗朝翰林学士王禹偁的奏章，其论述之切直及文笔之漂亮令其大为赞赏。王禹偁是当时的文坛领袖，诗文辞章冠绝一代。先帝便打听他后人的状况，得知其子嘉言举进士及第，为江都县尉，颇勤于词学，而家贫母老。先帝嗟叹久之，下旨召对，且特授大理评事。[10]特授就是不经过官员除授的正常途径，由皇帝特旨任用。江都县尉，从九品；大理评事，从八品，月俸从七千增加到十千，聊解无米之炊。小皇帝听了这样的故事，也应该会有所感慨的。仁宗是历史上有名的仁厚之君，刘太后虽不是他的生母，但从他一降生就一直陪伴到他二十三岁，女性那种宽悯温和的天性对他当有更多的滋润。所谓"长在妇人之手",有时也不一定都是贬义。承平时代的君王,可以不那么雄才大略,却绝对不能缺少宽容仁厚。

天祥节过了,下一次拜谒天书当是六月六日的天贶节,然后是七月一日的先天节、十月二十四日的降圣节,再然后又是正月初三的天庆节。一年到头,然而有后;周而复始,没完没了。仪式依赖症患者已然升遐,但仪式仍在延续。三封天书静静地躺在金匮里,承受着一个王朝最神圣的崇拜,这是先帝留下的政治遗产,这遗产太重了,对继任的执政者来说,太重的遗产,很容易变成包袱。刘太后是极聪明的女人,也是极清醒的政治家,她不可能不知道天书出笼过程中那些装神弄鬼的把戏,不可能不知道这些年折腾的后果,不仅天怒人怨,而且国家财政也吃不消了。但先帝晚年基本上就做了这一桩大事,对天书的评价涉及对一段历史的评价,当然也涉及对先帝历史地位的评价。这中间有很多政治忌讳,也有很多难言之隐,让后继者有临渊履薄之感。况且,更重要的是刘太后本人的执政合法性来自先帝,她不能容忍对先帝形象的丝毫亵渎。

对天书的处置,考验着执政集团的政治智慧。

乾兴元年九月十一日,皇帝和皇太后视朝延和殿。过去皇帝视朝,皇帝坐着,辅臣站着,中间有一块象征性的仪石作为界线,君臣面对面地说话,对方的神情举止都看得一清二楚,太宗时甚至发生过寇准越过仪石拉住皇帝的袖子"挽衣留谏"的事。现在还是面对面地说话,但中间有一道帘子,谁也看不见谁。这样语言以外的一切辅助因素都无法传达,只剩下了语言本身。但有道是说话听音,即便隔着一道帘子,话的感情色彩还是听得出来的。当天视朝时有一段话,史书记载为"上与皇太后谕辅臣曰",其实应该出自皇太后之口。这段话水平极高,内涵亦相当丰富,须全文照录:

> 上与皇太后谕辅臣曰:"前后所降天书,皆先帝尊道奉天,故灵贶昭答。今复土有日,其刻玉副本已奉安于玉清昭应宫,元降真文止于内中供养,则先意可见。矧殊尤之瑞,专属先帝,不可留于人间,当从葬永定陵,以符先旨。"〔11〕

除去一个"矧"(连词,况且的意思),这段话的意思并不难懂:天书原件将从葬永定陵。其中最关键的是两句,一句是"先意可见",一句是"以符先旨"。"先"就是先帝,"先意"和"先旨"意思一样,都是先帝的意愿。先帝的意愿是什么呢?一句话:他离不开天书。生前离不开,因此把刻玉副本陈列在面向公众的玉清昭应宫,真迹则藏于大内,以方便自己朝夕瞻仰。死后也离不开,因为这样富于特殊意义的祥瑞(殊尤之瑞),只属于先帝本人,不可留于人间。最后的结论是:天书应从葬永定陵,"以符先旨"。

"以符先旨",这是何等聪明的说辞,先前所有的政治忌讳,所有的难言之隐,所有的临渊履薄,这一句就全给打发了:这是遵从先帝的遗愿。就这么简单。各位还有什么要说的吗？没有了，那好，退朝。

一个月后，真宗奉安于永定陵，三卷天书亦随同入土。这一天是乾兴元年十月十一日，距承天门天书降世已十四年矣。这十四年，宋王朝的天空日朗风和，既无战乱亦无全国性的灾荒，这位文明武定章圣元孝皇帝却兢兢业业地把太祖太宗两朝以及自己执政早期总共半个世纪积累的家底挥霍一空。元朝人在修《宋史》时，面对这一段历史竟大为不解：

及澶渊既盟，封禅事作，祥瑞沓臻，天书屡降，导迎奠安，一国君臣如病狂然。吁，可怪也。〔12〕

但终于结束了。

坑书，或许标志着一个新时代的开始。

真宗时期的祭祀体系是以天书为中心的，天书入土似乎向人们传递了某种信号。于是，紧接着便有大臣以财政问题为理由，提出裁减与天书相关的节庆：

而宰相冯拯因奏"海内久安，用度宜有节"。帝及太后曰："此先帝意也，会寝疾，不果行。"即诏礼仪院裁定。〔13〕

冯拯就是那个曾以监狱里鸠窠生雏来歌颂"狱空"的马屁

精,他算不上敢作敢为,但他善于观察风向。现在他能站出来说话,说明天书造成的祭祀政治的弊端大家都看在眼里,拨乱反正势在必行。而太后所采取的策略还是和决定天书陪葬时一样,都是假借先帝的遗愿:这是先帝先前就想做的,只是因为生病,没来得及实施。既然是先帝未完成的遗愿,那还有什么说的呢?赶紧落实吧。

这几乎是一场禁锢之后的思想解放运动,坚冰已经打破,但航路尚未开通,因为沉迷旧梦者大有人在,例如王钦若。

丁谓倒台后,王钦若又进京拜相。此时的中书有三名宰相:冯拯、王曾、王钦若,正好一个左中右的组合。三个人吵架是常事,但谁也不能独大。一次,王钦若与王曾在太后帘前发生争论,争论的由头是王钦若认为"宫观钦奉之礼,疏怠不若昔时"。[14]也就是说,以天书为中心的那一套礼仪活动,现在废除的废除,压缩的压缩,还有的名存实亡,政风日下,今不如昔,老臣王钦若忧心如焚。他屡次奏请恢复先帝时的祭祀制度,而太后则"依违未能决"。这一天,王钦若又在帘前大谈旧时的"宫观钦奉之礼",而且口口声声"昔先帝在日",俨然以功勋老臣自居,结果被王曾嘲弄一顿。王曾凭什么嘲弄王钦若呢?他并不是凭借雄辩滔滔的论战,而是通过对一个历史细节的回味和反诘,让对方理屈词穷下不了台。王曾起初也是以"天道远人道迩"这种穿靴戴帽式的套话开始的,但他突然觉得和王钦若讲理论,你永远占不了上风,最多只能打个平手。因为理论是灰色的,正反两面都是灰色,怎样说怎样有理;而事实之树常绿——即使那是许多年以前的事实,既然王钦若动不动就"昔先帝在日",自己何不拿一件当时的事情怼一怼他?

王曾说:有一件事,太后想必也记得,那一年天书中说先帝圣寿三万日,王钦若抢先祝贺先帝:三万日,八十三岁。现在我问一句,说得好好的八十三岁呢?应验了吗?

他这样问,王钦若能说什么呢?他只能"赧然而退"。

王钦若这次"赧然而退",竟然从此就"退"出了政治舞台,因为不久他就死了。而在此前不久,首相冯拯也死了。他们都是太宗时期进入政坛的老臣,已经侍奉过两代帝王了。见证真宗祥符闹剧的老一代政治家相继凋零,而作为一个特殊年代的标志,天书也渐渐淡入了历史的深处。

到了天圣七年时,年富力强且风头正劲的首相王曾却突然被罢,因为京师出了一件大事:

> 丁未,大雷雨,玉清昭应宫灾。宫凡三千六百一十楹,独长生崇寿殿存焉。[15]

楹,《辞海》中的解释是:"计算房屋的单位,一列为一楹。一说一间为一楹。"如果取前者,三千六百一十列,那就太夸张了。但即使取后者,也已相当可观。现在,三千六百一十间宫殿——除去几间小殿——一夕延燔殆尽,玉石皆焚。

"玉石皆焚"在这里不是修辞,而是实指,因为奉安于昭应宫的天书刻玉副本亦毁之一炬。

天书玉殒香消。

天书灰飞烟灭。

天书休矣！

现在我们来打量一下这片废墟，原先立项时说位于天波门外、大内西北之乾位。但后来丁谓在施工时又向东扩展至景龙门外，整个建筑群实际上在大内之正北。当初施工时，又因基地"多黑土疏恶，乃于东京城北取良土易之，自三尺至一丈有六不等"。〔16〕所谓"取良土易之"其实就是填土增高，玉清昭应宫就建在天波门至景龙门之间的这块台基上。

我之所以絮絮叨叨地说得这么详尽，是为了考定一个事实，北宋末年的艮岳就大致建在玉清昭应宫的地基上，只不过艮岳的规模更大，又从昭应宫地基向东扩展至封丘门，向南延伸至里城内侧，因而其总体方位在大内之东北，为八卦中的艮位。也就是说，艮岳大致是在玉清昭应宫填土增高的台基上再堆山叠石，尽宫室之丽，夺天工之巧。而且其由头竟也和昭应宫一样，是为了"多子之福"。其实当时徽宗已有了三十多个儿子。他要那么多儿子干什么呢？靖康之难后，那些龙子龙孙都成了金人的奴隶，猪狗一样苟活在金人的淫威之下，只有九子赵构侥幸逃脱。所谓"多子之福"，福兮？祸兮？

艮岳催生了中国政治史上臭名昭著的弊政个案——花石纲。当是时也，在从江南到东京的千里运道上，装载花木奇石的纲船艨艟相继。云帆浩荡，洋洋大观，渲染了一个王朝最后的奢华，那种极致之恶和极致之美的联袂演出，盛大而绝望，令人不

339

敢回眸。

现在是宋仁宗天圣七年,耗费巨亿的玉清昭应宫毁于天火,连同三封天书的刻玉副本。到了宋钦宗靖康二年,还是在这块传承了某种精神基因的地基上,比玉清昭应宫耗费更巨的艮岳毁于战火,而时间正好在百年之后。

在民间,"百年之后"就是寿终正寝的意思。

北宋遂亡。

亡于斯。

辛丑年立秋于兰香湖畔

注释：

〔1〕（宋）高晦叟《珍席放谈》。

〔2〕（宋）阮阅《诗话总龟》。

〔3〕〔4〕〔5〕〔6〕〔7〕〔8〕（宋）李焘《续资治通鉴长编》卷九十八。

〔9〕（宋）司马光《涑水纪闻》。

〔10〕《续资治通鉴长编》卷八十三。

〔11〕《续资治通鉴长编》卷九十九。

〔12〕（元）脱脱等《宋史·真宗本纪》。

〔13〕《续资治通鉴长编》卷一百。

〔14〕《续资治通鉴长编》卷一百零二。

〔15〕《续资治通鉴长编》卷一百零八。

〔16〕《续资治通鉴长编》卷七十一。